Bukhari
Europäisches Brand Management

GABLER EDITION WISSENSCHAFT

Imaan Bukhari

Europäisches Brand Management

Entwicklung und Umsetzung erfolgreicher europäischer Marketingkonzepte

Mit einem Geleitwort
von Prof. Dr. Hermann Diller

Springer Fachmedien Wiesbaden GmbH

Die Deutsche Bibliothek - CIP-Einheitsaufnahme

Bukhari, Imaan:
Europäisches Brand Management : Entwicklung und Umsetzung erfolgreicher europäischer Marketingkonzepte / Imaan Bukhari. Mit einem Geleitw. von Hermann Diller.
- Wiesbaden : Dt. Univ.-Verl. ; Wiesbaden : Gabler, 1999
(Gabler Edition Wissenschaft)
Zugl.: Erlangen-Nürnberg, Univ., Diss., 1997

ISBN 978-3-8244-6847-8 ISBN 978-3-663-08483-9 (eBook)
DOI 10.1007/978-3-663-08483-9

Ursprünglich erschienen bei Betriebswirtschaftlicher Verlag Dr. Th. Gabler GmbH, Wiesbaden, und Deutscher Universitäts-Verlag, Wiesbaden GmbH, 1999.

Lektorat: Ute Wrasmann / Marcus Weber

http://www.gabler-online.de
http://www.duv.de

Geleitwort

Das von Bukhari behandelte Thema besitzt angesichts der Einführung der Euro-Währung, womit die Entwicklung des Europäischen Binnenmarktes einen weiteren entscheidenden Schritt vorangetrieben wird, allerhöchste Aktualität. Es geht inhaltlich um die Frage, welche Maßnahmen ein Markenartikel-Unternehmen zu ergreifen hat, um mit seiner Politik in einem vereinten Europäischen Binnenmarkt bestmöglichen Erfolg zu erzielen. Diese Frage wurde bisher sehr einseitig nur im Hinblick auf die notwendige Standardisierung bzw. Individualisierung verschiedener Marketingaktivitäten behandelt. In der Praxis höchst virulente Fragen, wie jene der zweckmäßigen Wege zur Standardisierung und der angemessenen Argumentation gegenüber spezifischen Ländergesellschaften, blieben dabei weitgehend ausgespart. Bukharis Arbeit könnte ein Meilenstein in der Weiterentwicklung der Theorie des Internationalen Marketing werden, weil sie einen Weg aus der Sackgasse des Standardisierungs-Differenzierungs-Paradigmas weist und mit der eingeschlagenen Prozeßorientierung innovative, problem- und realitätsgerechtere Perspektiven aufzeigt.

Der Verfasser strukturiert und analysiert zunächst die Ausgangssituation für die Konsumgüterindustrie in einem zusammenwachsenden Europäischen Markt. Anschließend überprüft er die vorliegenden theoretischen Arbeiten zum Euro- bzw. Internationalen Marketing. Er hinterfragt, inwieweit verschiedene einschlägige Modellierungsversuche für die eigenen Untersuchungszwecke geeignet sind und prüft den Erkenntniswert dieser Modelle für die eigenen Fragestellungen. Dabei werden die Defizite traditioneller Forschungsströmungen des Internationalen Marketing deutlich herausgearbeitet. Folgerichtig wählt der Verfasser dann nachfolgend einen völlig anders gearteten und derzeit noch nicht so gängigen hermeneutischen Untersuchungsansatz nach dem "Interpretativen Paradigma". Er erfordert freilich ein Umdenken in der Beurteilung bestimmter Aussagen und der Angemessenheit bestimmter empirischer Methoden. Bukhari verwendet hier insgesamt 50 tiefschürfende, teilstrukturierte Fachgespräche, die sich auch dadurch auszeichnen, daß sie in verschiedenen Ländern, bei Mutter- und Tochtergesellschaften und auf verschiedenen hierarchischen Ebenen stattfanden. Darüber hinaus werden eine Vielzahl von Branchen und Unternehmenstypen abgedeckt.

Auf dieser Grundlage bearbeitet der Verfasser dann die Frage, welche Faktoren das Europäische Brand-Management erfolgreich machen. Marktorientierung und Prozeßgerechtigkeit schälen sich dabei als die zentralen Orientierungsgrößen für ein erfolgreiches Europäisches Brand-Management heraus. Zwangsläufig wird der Arbeit damit eine weniger technokratische als potential- und implementationsorientierte Perspektive gegeben.

In einem weiteren Arbeitsschritt belegt der Verfasser dann, daß ein effektives Europäisches Brand-Management tatsächlich strategische Wettbewerbsvorteile generieren kann. Er zieht hierfür die sog. "ressourced-based view" heran, einen Theorieansatz, der mit den schon bisher gewählten Perspektiven gut harmoniert, und entwickelt eine eigenständige Klassifikation von Erfolgspotentialen generierenden Ressourcen und Fähigkeiten.

Abschließend behandelt Bukhari dann die Umsetzung eines effektiven Europäischen Brand-Management. Dabei zeigt sich, daß einem strukturell und prozessual orientierten Organisationsverständnis für die Realisation von Marktorientierung und Prozeßgerechtigkeit enorme Bedeutung zukommt. Der Verfasser entwickelt hier drei tragfähige Gestaltungsprinzipien für die heterarchische Organisation des Euro-Marketing. Er geht auf die Rollen und die Bedeutung integrierter Netzwerke, der informellen Kommunikation und der kulturellen Koordination ausführlich ein und belegt sie mit eindrucksvollen Zitaten aus den empirischen Fallstudien. Anschließend werden Koordinationsinstrumente eher formaler Art vorgestellt und diskutiert. Der Verfasser schließt damit eine Lücke in der Literatur zum Internationalen Marketing bzw. Management, indem er die Umsetzung heterarchischer Organisationsprinzipien in derartige Koordinationsinstrumente im Kontext des Internationalen Marketing diskutiert und auch empirisch beleuchtet.

Im abschließenden Kapitel faßt Bukhari seine Überlegungen zu einem "handlungsleitenden Bezugsrahmen für effektives Europäisches Brand-Management" zusammen. Die methodologischen Ausgangspositionen und die wichtigsten Erkenntnisse der Arbeit werden hier noch einmal übersichtlich und kompakt zusammengefaßt und hinsichtlich ihrer Gültigkeit und Reichweite kritisch hinterfragt.

Die Arbeit von Bukhari ist aus methodischer wie inhaltlicher Sicht außergewöhnlich. Der Verfasser wagt es erfolgreich, einen methodologisch neuartigen Weg zu gehen. Es gelingt ihm, ein sehr interessantes Bild von den erforderlichen Ausrichtungen und Instrumenten des Europäischen Marken-Managements zu zeichnen. Daß hierbei die Implementierungsaspekte in den Mittelpunkt gerückt werden, entspricht voll und ganz dem prozeßorientierten Denken, das der Verfasser bewußt gewählt hat und das der derzeitigen Problemlage angemessen ist. Die Arbeit scheint deshalb eher im Bereich des Internationalen Managements als des Internationalen Marketing zu liegen. Berücksichtigt man freilich, daß das Internationale Marketing ohne eine zweckmäßige Implementierung durch entsprechende strategische Fundierung und durch organisatorische Regelungen nicht erfolgreich sein kann, erkennt man, welcher Brückenschlag vom Verfasser geleistet wurde. Er verbindet sehr erfolgreich wichtige Forschungstraditionen aus der Theorie der Unternehmensführung und der Organisationstheorie mit Erkenntnissen der Marketingtheorie und bewährt sich auf beiden Theoriefeldern.

Prof. Dr. Hermann Diller

Sowenig wie das Lesen kann bloße Erfahrung das Denken ersetzen. Die reine Empirie verhält sich zum Denken wie Essen zum Verdauen und Assimilieren. Wenn jene sich brüstet, dass sie allein, durch ihre Entdeckungen, das menschliche Wissen gefördert habe, so ist es, wie wenn der Mund sich rühmen wollte, dass der Bestand des Leibes sein Werk allein sei.

Schopenhauer [Parerga und Paralipomena II, 22.]

Vorwort

Die Einführung des Euro zum 1.1.1999 ist ein weiterer Meilenstein in der *Europäisierung der Wirtschaft*, ein Prozess der sich seit Gründung der Europäischen Gemeinschaft über die Einheitliche Europäische Akte von 1987 und die Vollendung des Binnenmarktes zum 1.1.1993 stetig fortgesetzt hat. Dabei ist unverkennbar, daß sich die Europäisierungsdynamik seit Ende der 80er Jahre enorm verstärkt hat. Internationale Unternehmen als Akteure im Wirtschaftsgeschehen sind dabei sowohl die Treiber als auch die Betroffenen dieses Prozesses. Wie das *Brand Management* - also die Entwicklung und Umsetzung von Marketingkonzepten für Marken - im Rahmen dieser Entwicklung erfolgreich europäisiert werden kann steht im Mittelpunkt dieser Untersuchung.
In der vorliegenden Arbeit wird jedoch nicht der Pfad vieler Studien zum Euro-Marketing bzw. zum internationalen Marketing eingeschlagen, in denen die Vorteilhaftigkeit der Standardisierung des Marketing-Mix bei gegebenen Rahmenbedingungen analysiert wird. Vielmehr wählt diese Untersuchung einen anderen Weg, indem sie die Betrachtung auf die dem europäischen Brand Management zu Grunde liegenden *Entscheidungsprozesse* lenkt. Konsequenterweise erfordert diese prozessuale Perspektive auch eine Auseinandersetzung mit der Frage, wie ein europäisches Brand Management (organisatorisch) *umzusetzen* ist. Hierzu werden sowohl theoretische Erkenntnisse aus der Marketingwissenschaft, dem strategischen Management sowie der Organisationslehre als auch die praktischen Erfahrungen einer Reihe von internationalen Markenartikelherstellern, die mit dem Problemfeld der Europäisierung des Marketing konfrontiert sind, zusammengetragen und zu zentralen *Erfolgsbedingungen* und *Gestaltungsprinzipien* des europäischen Brand Managements verdichtet.
Wesentlicher Bestandteil dieser Arbeit sind die Ergebnisse von über 50 Interviews mit Marketing Managern internationaler Konsumgüterunternehmen. Den Befragten wurde Anonymität zugesichert, so daß eine namentliche Kenntlichmachung der Interviewpartner in der Arbeit nicht erfolgt. Die Interviews wurden mit einem Tonbandgerät aufgezeichnet und sind in einem 900-seitigen Anlagenband, der mit der Dissertation bei der Prüfungsbehörde der WISO Fakultät der Universität Erlangen-Nürnberg eingereicht wurde, schriftlich dokumentiert. Die Aussagen der Gesprächspartner wurden zur Illustration und zur Untermauerung der theoretischen Erkenntnisse dieser Arbeit zum Teil direkt wiedergegeben, zum Teil sinngemäß in die Ausführungen integriert. Sofern bestimmte Ausführungen auf den Aussagen von Interviewpartnern beruhen, wird dies in der Arbeit durch eine entsprechende Fußnote kenntlich gemacht. Die direkten Zitate der Interviewpartner wurden wortgetreu übernommen, um einer Verfälschungsgefahr durch Umformulierungen vorzubeugen. Da die Aussagen im Rahmen eines Diskurses entstanden, entsprechen sie jedoch nicht immer den Anforderungen an eine Schriftsprache.

An dieser Stelle danke ich den *Interviewpartnern* aus den untersuchten Konsumgüterunternehmen, die bereitwillig Auskunft zu ihren Erfahrungen gaben und damit entscheidend zum Gelingen dieses Forschungsprojekts beitrugen. Meßlatte für die Zweckmäßigkeit des von mir gewählten Forschungsansatzes und der Validität der damit gewonnenen Erkenntnisse zum europäischen Brand Management bleibt letztendlich die betriebliche Praxis. Erste, seit Abschluß der Studie und meiner Forschungstätigkeit am Lehrstuhl für Marketing der Universität Erlangen-Nürnberg selbst gemachte Erfahrungen im Marketing eines internationalen Konsumgüterherstellers sind in dieser Hinsicht ermutigend. Mein Anspruch an meine Arbeit geht jedoch darüber hinaus. Für eine weitere Validierung oder auch Relativierung meiner Forschungserkenntnisse möchte ich sowohl die bereits Befragten als auch andere interessierte Leser hiermit einladen, mit mir (erneut) in einen Diskurs zu treten.

Mein Dank gilt weiterhin meinem Doktorvater *Prof. Dr. Hermann Diller* für die Möglichkeit, sowohl das Thema als auch den Forschungsansatz meiner Dissertation weitgehend eigenständig zu bestimmen. Die Ergebnisse meiner Arbeit gehen aber nicht zuletzt auf seinen Anspruch zurück, theoretisch fundierte aber zugleich praktisch relevante und praxisnahe Forschung zu betreiben. Der am Lehrstuhl für Marketing der Universität Nürnberg angeschlossenen *GIM - Gesellschaft für Innovatives Marketing e.V.* danke ich für die Übernahme eines Teils der Reisekosten, die mir durch mein Forschungsprojekt entstanden sind. Für die Übernahme des Korreferats und seine konstruktiven Anmerkungen danke ich *Prof. Dr. Brij Nino Kumar*.

Für die Korrekturarbeit und die zahlreichen Anregungen möchte ich mich herzlich bei meinen Freunden *Matthias Fischer*, *Peter Götz, Joachim Lückin,* und *Renata Slisuric* bedanken. Darüber hinaus möchte ich hiermit meinen Dank dem gesamten Lehrstuhl-für-Marketing-Team der Uni Nürnberg aussprechen - meinen ehemaligen Assistenten-*Kollegen*, dem *Sekretariat*, den *Hiwis* und den *Marketing-Studenten* - zum einen für die Unterstützung bei der Fertigstellung der Dissertation, zum anderen dafür, daß mir meine Zeit dort nicht nur durch Forschungs- und Lehrarbeit in Erinnerung bleibt. Ausdrücklich möchte ich mich hierfür bei *Andreas Brielmaier* bedanken, der mit mir zeitgleich den Weg der Promotion beschritten hat und der während dieser Zeit zu einem guten Freund wurde.

Mein besonderer Dank gilt auch meiner Familie: zum einen meinen Eltern *Ulla* und *Helmut Lautenbach*, die mich in jeder Phase meines Lebens bisher gefördert haben und mir dabei aber auch die Freiheit ließen, meine Ziele selbst zu definieren; zum anderen meiner Großmutter *Anna Harrer* und meiner Großtante *Emilie Kuhn*, die mich während meines ganzen Studiums in vielfältiger Weise unterstützt haben, aber leider die Fertigstellung meiner Dissertation nicht mehr erleben konnten.

Schließlich möchte ich mich mit ganzem Herzen bei meiner langjährigen Lebensgefährtin *Iris Munzer* bedanken - nicht nur für das Korrekturlesen der Arbeit. Sie hat mich während meiner gesamten Dissertationszeit begleitet und diese Zeit trotz der damit verbundenen Belastungen zu einer insgesamt glücklichen Zeit für mich gemacht.

Imaan Bukhari

INHALTSVERZEICHNIS

ABBILDUNGSVERZEICHNIS

TABELLENVERZEICHNIS

A. FORSCHUNGSFRAGEN DES EUROPÄISCHEN BRAND MANAGEMENTS

Auf den europäischen Konsumgütermärkten haben sich innerhalb der vergangenen zehn Jahre entscheidende Veränderungen vollzogen. Diese Veränderungen hängen - zumindest indirekt - mit der damals auch als »EG 93« bezeichneten *Vollendung des Binnenmarktes* zusammen. So gab es Ende der 80er Jahre eine wahre »Europa-Euphorie«, der aber teilweise Ernüchterung gefolgt ist.[1] Es stellt sich daher die Frage, ob die durch EG 93 ausgelösten Veränderungen von strategischer Relevanz für das Marketing sind. Die Betroffenen, d.h. die in Europa tätigen Unternehmungen, stuften diese Entwicklungen im Vorfeld durchaus als bedeutend ein, wie verschiedene empirische Untersuchungen belegen. Dies zeigte z.B. eine 1990/91 von DICHTL/MÜLLER durchgeführte Delphi-Studie zu den zentralen Herausforderungen der deutschen Markenartikelindustrie in den 90er Jahren. Die größte Herausforderung wurde dabei in der *Europäisierung* und *Globalisierung* der *Absatzmärkte* gesehen. Insbesondere die grenzüberschreitenden Unternehmensaktivitäten des Einzelhandels, die internationale Markenpolitik, die Rechtsanpassung im Gefolge des europäischen Einigungsprozesses sowie die Intensivierung des horizontalen Wettbewerbs und eine Konzentrationswelle in Verbindung mit dem Binnenmarkt wurden herausgestellt.[2] Ähnliche Problemfelder ermittelte auch eine von CALORI/LAWRENCE 1990 in Europa durchgeführte Befragung in vier Branchen zu den strategischen Implikationen der Vollendung des Binnenmarkts.[3]

Diese Problemfelder werfen einige interessante *Forschungsfragen* mit unmittelbarer praktischer Relevanz für das *europäische Brand Management*[4] auf. Insbesondere drängt sich die Frage auf, wie ein europäisches Brand Management angesichts der bestehenden Herausforderungen *erfolgreich* gestaltet werden kann. Die Beantwortung dieser zentralen Frage und die Diskussion der mit dieser Frage verbundenen wissenschaftlichen und praxisorientierten Problemstellungen sind Gegenstand dieser Untersuchung.

Als erster Untersuchungsschritt wird im nächsten Kapitel der Arbeit eine genaue *Problemanalyse* vorgenommen. Die Beantwortung folgender Fragen steht dabei im Vordergrund:

- Welche *konkreten Entwicklungen* fanden im Zuge der Binnenmarktvollendung in der europäischen Konsumgüterindustrie statt?
- Worin genau besteht die Herausforderung für das europäische Brand Management?

Ein weiterer Bestandteil der Problemanalyse ist die Untersuchung, welchen Beitrag *bisherige Studien* zum internationalen bzw. zum Euro-Marketing zur Bewältigung der Herausforderung

---

1 Vgl. *Remmerbach/Walters* (1994), S. 654.

2 Vgl. *Dichtl/Müller* (1992), S. 85-86.

3 Vgl. *Calori/Lawrence* (1992), S. 33-34. Untersucht wurden dabei folgende Branchen: Automobilhersteller, Brauereien, Verlage und Banken

4 Unter europäischem Brand Management soll zunächst die Steuerung europäischer Marketingaktivitäten von Markenartikelherstellern verstanden werden. Eine genauere Definition des Begriffs erfolgt in Abschnitt D.I.

des europäischen Brand Managements leisten und welche Fragen in diesem Zusammenhang offen bleiben. Ausgehend vom Ergebnis der Problemanalyse wird das *Ziel der Untersuchung* genau spezifiziert. Dabei gilt es auch zu klären, welche *Methodologie* zur Erfüllung des konkreten Forschungsziels geeignet erscheint.

Im zweiten Untersuchungsschritt folgt die *Identifikation und Analyse der Erfolgsbedingungen* des europäischen Brand Managements. In diesem Zusammenhang stehen drei Fragen im Vordergrund:

- Was ist *erfolgreiches* europäisches Brand Management?
- Was *bedingt* den Erfolg des europäischen Brand Managements?
- Kann ein *Wettbewerbsvorteil* aus erfolgreichem europäischen Brand Management resultieren?

Der dritte Untersuchungsschritt widmet sich schließlich der *Umsetzung* eines erfolgreichen europäischen Brand Managements. Im Mittelpunkt der Analyse dieses Teils steht die *organisatorische Gestaltung* eines erfolgreichen europäischen Brand Managements. Folgende Abbildung liefert einen Überblick über den Aufbau der Untersuchung:

Untersuchungs-schritt	Forschungsfragen	Gliederungs-abschnitt
Problemanalyse des europäischen Brand Managements	❑ Welche konkreten Entwicklungen haben sich im Zuge von EG 93 in der europäischen Konsumgüterindustrie vollzogen?	B.I.
	❑ Worin besteht die Herausforderung für das europäische Brand Management?	B.I.4.
	❑ Welchen Beitrag leisten bisherige Studien zur Bewältigung dieser Herausforderung?	B.II.
	⇒ Ziel und Methodologie der Untersuchung	C.
Identifikation und Analyse der Erfolgsbedingungen des europäischen Brand Managements	❑ Was ist erfolgreiches europäisches Brand Management?	D.II.
	❑ Was bedingt den Erfolg des europäischen Brand Managements?	D.III.
	❑ Kann ein Wettbewerbsvorteil aus einem erfolgreichem europäischen Brand Management resultieren?	D.IV.
Umsetzung eines erfolgreichen europäischen Brand Managements	❑ Wie soll ein erfolgreiches europäisches Brand Management organisatorisch gestaltet werden?	E.I.
	❑ Welche Instrumente eignen sich zur Umsetzung eines erfolgreichen europäischen Brand Managements?	E.II.

Abbildung 1: Forschungsfragen und Aufbau der Untersuchung zum europäischen Brand Management

B. EUROPÄISCHES BRAND MANAGEMENT ALS HERAUSFORDERUNG

Im folgenden Abschnitt wird zunächst untersucht, welche relevanten Veränderungen sich im Zuge von EG 93 für das Konsumgütermarketing in Europa ergeben haben. Anschließend werden die *grundsätzlichen Implikationen* dieser Entwicklungen für das europäische Brand Management dargestellt. Dabei wird sich zeigen, dass die primäre Herausforderung des europäischen Brand Managements in einem gestiegenen *Koordinationsbedarf der europäischen Marketingaktivitäten* besteht.

I. Entwicklungen in europäischen Konsumgütermärkten

Um festzustellen, welche Auswirkungen sich für das europäische Konsumgütermarketing ergeben haben, ist es sinnvoll, die Marketingumwelt der Konsumgüterindustrie in verschiedene Sub-Umwelten einzuteilen und die einzelnen Teilbereiche zunächst getrennt zu analysieren. Die Literatur bietet dabei eine Vielzahl von Möglichkeiten zur Klassifikation relevanter Umweltvariablen an.[1] Formal besteht die Möglichkeit der Trennung zwischen der Makroumwelt und der Mikro- bzw. Aufgabenumwelt. Die Makroumwelt beinhaltet eine Vielzahl von durch die Unternehmen (weitgehend) nicht-kontrollierbarer Variablen. Sie lässt sich in folgende Sub-Umwelten weiter unterteilen: politisch-rechtliche, sozio-kulturelle, natürlich-technische und sozio-ökonomische Umwelt. Die Mikroumwelt des internationalen Marketing dagegen beinhaltet die unmittelbar in Beziehung zur Unternehmung stehenden und durch das Marketing beeinflussbaren Marktteilnehmer. Diese sind im wesentlichen die Konsumenten, die Konkurrenten sowie der Groß- und Einzelhandel.[2]

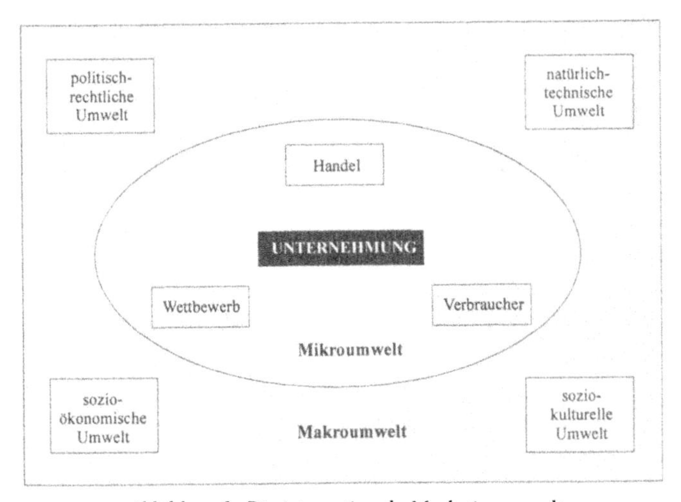

Abbildung 2: Die internationale Marketingumwelt

1 Vgl. *Dülfer* (1981), S. 1-3.

2 Vgl. *Meffert/Althans* (1982), S. 40.

Die *unmittelbar* durch den Binnenmarkt ausgelösten Veränderungen in der internationalen Marketingumwelt von Konsumgüterunternehmen sind im Makrobereich - v.a. in der politisch-rechtlichen Umwelt - angesiedelt. Dies ist einleuchtend, wenn man bedenkt, dass der Gemeinsame Markt eine überstaatliche Vereinbarung darstellt und somit insb. rechtliche und institutionelle Rahmenbedingungen tangiert. So wurden bspw. die Angleichung des Wettbewerbsrechts, technischer Normen und steuerlicher Vorschriften, die Vereinheitlichung von Zulassungsverfahren sowie der Abbau tarifärer und nicht-tarifärer Handelshemmnisse in Verbindung mit EG 93 als veränderte Rahmenbedingungen für das Marketing herausgestellt.[3] Zu beachten ist jedoch, dass die Veränderungen in der rechtlichen Umwelt einen unterschiedlichen Stellenwert für verschiedene Branchen einnehmen.[4] Z.B. berührt die Angleichung von technischen Normen und Vorschriften in der Regel die Investitionsgüterindustrie stärker als die Konsumgüterindustrie. Im Konsumgüterbereich sind hauptsächlich Automobile, Pharmazeutika, Nahrungsmittel, Tabak- und Lederwaren von rechtlichen Änderungen betroffen.[5]

Allerdings wurden die Auswirkungen der EG 93 begleitenden rechtlichen Prozesse auf das Marketing oftmals überschätzt. Insgesamt gesehen enthält das Gemeinschaftsrecht auch nach dem 1.1.1993 nur punktuell EU-weit harmonisierte Regelungen, so dass das *Territorialitätsprinzip* bei den rechtlichen Rahmenbedingungen weitgehend bestehen bleibt.[6] Nach wie vor gilt als Folge dieses Prinzips, dass eine Marketingaktion, welche in mehreren europäischen Staaten durchgeführt wird, sich in jedem dieser Staaten einer eigenständigen rechtlichen Prüfung unterziehen muss. Eine in mehreren Staaten einheitliche, geplante Marketingaktion ist am Recht desjenigen Landes auszurichten, das die betreffende Aktion am strengsten regelt, wobei dies häufig das deutsche Wettbewerbsrecht ist.[7] Lediglich der erleichterte Marktzugang für ausländische Unternehmen als Folge der gegenseitigen Anerkennung von Produktzulassungsverfahren[8] sowie des Abbaus der Grenzkontrollen und der dadurch allgemein erwarteten Reduktion der Transportkosten kann direkte Konsequenzen für das Marketing beinhalten. Diese Entwicklungen wirken sich im horizontalen Wettbewerbsumfeld von Unternehmen aus, indem aus ihnen eine *Senkung der Markteintrittsbarrieren* resultiert.[9]

Entscheidend ist letztendlich, dass EG 93 auch in rechtlicher Sicht kein »Datum«, sondern einen langjährigen und noch kaum vollendeten Prozess darstellt[10], und dass die direkten Konsequenzen dieses Prozesses für das Marketing eher von zweitrangiger Bedeutung sind. Diese Einschätzung teilten auch die von CALORI/LAWRENCE befragten Führungskräfte. Von ihnen wurde das Datum 1.1.93 als ein *non event* oder lediglich als sekundäre Kraft in der Markt-

---

3 Vgl. z.B. *Dichtl/Dohet* (1992), S. 221-223.

4 Vgl. *Meffert* (1990a), S. 22.

5 Vgl. *Plinke* (1990), S. 66-67.

6 Vgl. *Reuter* (1991), S. 84-86.

7 Vgl. *Reuter* (1991), S. 77-78.

8 Vgl. z.B. *Wiechmann* (1991), S. J16.

9 Vgl. *Halliburton/Hünerberg/Töpfer* (1993), S. 94.

10 Vgl. *Remmerbach/Walters* (1994), S. 654; *Reuter* (1991), S. 83-84.

dynamik eingestuft.[11] Nach ihrer Ansicht würde EG 93 eher längerfristig und graduell wirken und dabei vorhandene Marktentwicklungen verstärken oder beschleunigen.[12] Es zeigt sich auch, dass die für das europäische Marketing weitaus wichtigeren Entwicklungen im Zuge des Gemeinsamen Marktes auf der Mikroebene stattgefunden haben bzw. noch im Gange sind. Im Folgenden werden die Veränderungen der Aufgabenumwelt daher näher analysiert.

1. Europäisierung des Wettbewerbs

Im Zusammenhang mit EG 93 lassen sich v.a. zwei Faktoren identifizieren, die auf die horizontale Wettbewerbsstruktur in der Konsumgüterindustrie eingewirkt haben. Einer dieser Faktoren ist die bereits erwähnte Abnahme der Markteintrittsbarrieren. Branchenübergreifend weitaus wichtiger war jedoch der zweite Faktor: der *psychologische Effekt*, den EG 93 auf Top-Manager hatte.[13] So hat die Diskussion um die Binnenmarktvollendung ein zunehmendes Bewusstsein für Aspekte der internationalen Unternehmenstätigkeit in den Köpfen von Entscheidern hervorgerufen. TIETZ stellte bereits 1990 fest, dass der größte Effekt des EG-Binnenmarkts die »strategischen Lockerungsübungen« von Unternehmen sind. EG 93 wirkte wie ein Katalysator, der Veränderungsprozesse in der Unternehmensstruktur, der Marktbearbeitung und im Management ausgelöst und beschleunigt hat. Darüber hinaus hat die Binnenmarktinitiative in Verbindung mit der Öffnung Osteuropas dazu geführt, dass viele Unternehmen sich strategisch neu ausrichteten, um für den zukünftigen Wettbewerb gerüstet zu sein.[14]

Diese zwei Faktoren haben bei Konsumgüterunternehmen entsprechende Aktionen und Reaktionen ausgelöst. Zum einen nahmen außereuropäische Wettbewerber - insb. amerikanische und ostasiatische - EG 93 zum Anlass, in den europäischen Markt einzutreten.[15] Neben der Abnahme der Markteintrittsbarrieren bestand das Motiv dieser Firmen darin, dass in ihrer Vorstellung ein »neuer«, einheitlich bearbeitbarer Markt mit großem Potential entstand.[16] Zum anderen ergriffen bereits in Europa etablierte Anbieter ihrerseits strategische Maßnahmen, um den aus ihrer Sicht veränderten Rahmenbedingungen Rechnung zu tragen. So haben in Europa ansässige Unternehmen ebenfalls ihre internationalen Aktivitäten verstärkt und sind in Märkte eingedrungen, die bisher eher durch nationale Anbieter geprägt waren. Hauptmotive dieser zunehmenden Internationalisierung lagen einerseits in der Nutzung neuer Marktchancen, andererseits im Aufbau einer im Zuge der veränderten Umfeldbedingungen als notwendig erachteten europäischen Wettbewerbsposition.[17]

---

11 Vgl. *Calori/Lawrence* (1992), S. 34.

12 Vgl. *Calori/Lawrence* (1992), S. 41.

13 Vgl. *Calori/Lawrence* (1992), S. 41.

14 Vgl. *Tietz* (1990), S. 19.

15 Vgl. *Halliburton/Hünerberg/Töpfer* (1993), S. 94; *Melin* (1992), S. 112; *Zentes* (1995), S. 6.

16 Die Binnenmarktvollendung stellt kein allein wirkendes Internationalisierungsmotiv dar, sondern hat in Verbindung mit anderen, evtl. bereits vorhandenen Motiven zur Internationalisierung geführt. Zu Internationalisierungsmotiven vgl. z.B. *Berekoven* (1985), S. 56-58; *Meffert/Bolz* (1994), S. 93-101.

17 Vgl. *Halliburton/Hünerberg* (1993b), S. 30; *Halliburton/Hünerberg/Töpfer* (1993), S. 94; *o.V.* (1992c), S. 63; *Sommerlatte/Maier-Rothe/Lerner* (1992), S. 75-77.

Diese Ziele waren am leichtesten und schnellsten durch die Übernahme von Unternehmen und deren Markenportfolios zu erreichen.[18] So haben diese Entwicklungen um das Datum EG 93 herum eine Welle von *Unternehmensakquisitionen* ausgelöst, die es bis dahin in diesem Umfang in der europäischen Konsumgüterindustrie noch nicht gab.[19] 1989 erfolgten in Europa mehr als 1.500 große grenzüberschreitende Käufe mit einem Gesamtwert von über 100 Milliarden ECU. Dies ist von der Anzahl dreimal und vom Wert der Übernahmen acht mal höher als 1984.[20] Besonders ausgeprägt waren die Akquisitionsaktivitäten multinationaler Konzerne in der Ernährungsindustrie. Man denke an die Übernahmen von Rowntree, Buitoni (beide 1988) und Source Perrier (1991) durch Nestlé, Douwe Egbert durch Sarah Lee (1989), General Biscuits (1986) und Galbani (1989) durch BSN, Jacobs Suchard durch Philip Morris (1990).[21] Der Nestlé-Konzern hat alleine 1992 Ausgaben für Akquisitionen in Höhe von 4,3 Mrd. SFr getätigt.[22] Aber auch im *non-food* Sektor und bei Gebrauchsgütern fand eine ähnliche Entwicklung statt, wie die Übernahmen der größten Teile von VP Schickedanz durch Procter & Gamble,[23] der italienischen Unternehmen Mira Lanza und Panigal sowie der Lancaster Group durch Benckiser,[24] oder der Philips Hausgeräte-Sparte durch Whirlpool und der AEG Hausgeräte durch Elektrolux[25] verdeutlichen.

Das Resultat der Internationalisierungs- und Übernahmeaktivitäten ist eine erhöhte und zum Teil noch anhaltende *Konzentration* in vielen Konsumgütermärkten auf nationaler und europäischer Ebene.[26] Darüber hinaus haben der Eintritt neuer Konkurrenten aus EU- und nicht-EU-Ländern sowie die Bemühungen bereits vorhandener Marktteilnehmer, ihre Position auszubauen, zu einer nachhaltigen *Steigerung der Wettbewerbsintensität* in den betroffenen Branchen geführt.[27] Dies ist in der Regel auch dann der Fall, wenn der Markteintritt mittels einer grenzüberschreitenden Akquisition erfolgt, da der neue Anbieter oftmals ein bereits international tätiger Konzern ist, und zu einer Rekonfiguration der strategischen Gruppen[28] in diesem Ländermarkt führt. Während alle Unternehmen von der zunehmenden Wettbewerbs-

---

18 Vgl. *Lerner* (1991), S. J44.

19 Vgl. *Hünerberg* (1993b), S. 674.

20 Vgl. *Amt für amtliche Veröffentlichungen der Europäischen Gemeinschaft* (1991); *Meffert/Meurer* (1993), S. 223; *Sommerlatte/Maier-Rothe/Lerner* (1992), S. 78.

21 Vgl. *Lannon* (1993), S. 19.

22 Vgl. *o.V.* (1993a), S. 15.

23 Vgl. *Schlitt* (1996a), S. 46.

24 Vgl. *Hedewig-Mohr* (1991), S. J50.

25 Vgl. *Hirn* (1992), S. 153-154.

26 Vgl. *Calori/Lawrence* (1992), S. 34; *Meffert/Meurer* (1993), S. 223.

27 Vgl. *Hünerberg* (1993a), S. 207; *Hünerberg* (1993b), S. 673-674; *Macharzina/Oesterle* (1995), S. 204; *Meffert/Meurer* (1993), S. 223; *Töpfer/Hünerberg* (1990), S.77; *Zentes* (1995), S. 6.

28 Eine strategische Gruppe ist die Gruppe der Unternehmen einer Branche, die dieselbe oder eine ähnliche Strategie entsprechend den strategischen Dimensionen verfolgen. Vgl. *Porter* (1987), S. 177.

intensität[29] betroffen sind, bergen diese Entwicklungen Gefahren, insb. für die eher national ausgerichteten, im Vergleich zu den multinationalen Großkonzernen kleineren Anbieter. Diese stehen nun vermehrt im Wettbewerb zu internationalen Unternehmen, welche über gewaltige finanzielle Ressourcen und in der Regel lange Erfahrung im internationalen Marketing verfügen.[30] Darüber hinaus geraten nationale Nischenanbieter zunehmend unter Wettbewerbsdruck, da ehemals kleine Marktsegmente durch pan-europäische Bearbeitung für größere Unternehmen attraktiv werden.[31] Die multinationalen Unternehmen der Ernährungsindustrie haben im Zuge von EG 93 durch ihre Akquisitionen oftmals den Zugang zu Ländermärkten mit zersplitterten Marktstrukturen gesucht, wie Backwaren, Mineralwasser oder Teigwaren.[32] Aber auch nationale Massenmärkte werden gefährdet, da sie in europäische Teil- oder Nischenmärkte zerfallen können.[33] Diese erhöhte Wettbewerbsintensität äußert sich sowohl in einem erhöhten *Preiswettbewerb* und einem daraus resultierenden gestiegenen Kostendruck[34] als auch in einem entsprechenden *Innovationswettbewerb*.[35] Insgesamt hat auch dadurch bedingt der *Zeitwettbewerb* spürbar zugenommen. So ist die schnelle internationale Einführung und Diffusion von Produktneuheiten ein entscheidender Faktor im Wettbewerb geworden.[36]

Die verstärkten internationalen Aktivitäten insbesondere der großen multinationalen Unternehmen führen jedoch auch in solchen Branchen, in denen eher national ausgerichtete Anbie-

---

29 Auf Basis industrieökonomischer Überlegungen scheint hier ein Widerspruch zwischen der Erhöhung der Konzentration und einer Zunahme der Wettbewerbsintensität vorzuliegen. Wettbewerbsintensität wird als eine Sammelgröße verstanden, die alle Aspekte des Verhaltens der Wettbewerber beinhaltet. Allerdings wird Wettbewerbsintensität in industrieökonomischen Studien nicht direkt gemessen, sondern mittels einer Proxy-Variable, in der Regel ein Konzentrationsmaß. Inhaltlich begründet wird dies mit dem Argument, dass mit zunehmender Konzentration abgestimmtes Verhalten zwischen Wettbewerbern eher möglich und wahrscheinlich ist, und dadurch die Wettbewerbsintensität sinkt. Die Studie von LÜCKING in Märkten von technischen Gebrauchsgütern und andere dort genannte Studien zeigen jeodch, dass ein positiver Zusammenhang zwischen Konzentration und Wettbewerbsintensität vorliegen kann. Vgl. *Lücking* (1995), S. 209-229. Begründet werden kann dies mit der Erklärung, dass bei „zunehmender Konzentration (sich) der Markt verengt und bei den oligopolistischen Wettbewerbern das Bewußtsein entsteht, dass sie aggressiv agieren müssen, um im Wettbewerb zu bestehen." *Lücking* (1995), S. 228. Ähnlich plausible Begründungen für die allgemein konstatierte Erhöhung der Wettbewerbs bei gleichzeitigen Konzentrationsprozessen können hier angeführt werden. Erstens kann eine Konzentration als Reaktion auf erwartete oder erfolgte Erhöhung des Wettbewerbsdrucks stattfinden. Zweitens kann der Fall vorliegen, dass die Sensibilisierung der Manager für den internationalen Wettbewerb beides gleichzeitig auslöst. Drittens können auch unterschiedliche Hintergrundfaktoren für die Zunahme beider verantwortlich sein. So kann die Zunahme der Konzentration v.a. das Resultat der Bemühungen sein, schnell eine europäische Wettbewerbsposition aufzubauen, während die erhöhte Intensität des Wettbewerbs die Folge durch Internationalisierung veränderter Branchenspielregeln darstellt. Für die Entwicklungen in der europäischen Konsumgüterindustrie scheinen alle drei Argumente gemeinsam das o.g. industrieökonomische Paradoxon aufzulösen.

30 Vgl. *Lademann* (1993), S. 88.

31 Vgl. *Hünerberg* (1993a), S. 212; *Tiphine/Lehmann* (1991), S. J12.

32 Vgl. *Lademann* (1993), S. 87-88.

33 Vgl. *Hünerberg* (1993a), S. 213.

34 Vgl. *Macharzina/Oesterle* (1995), S. 204; *Sommerlatte/Maier-Rothe/Lerner* (1992), S. 75.

35 Vgl. *Sommerlatte/Maier-Rothe/Lerner* (1992), S. 75.

36 Vgl. *Meffert/Meurer* (1993), S. 224.

ter (noch) eine bedeutende Rolle spielen, zu einer fortschreitenden Herausbildung europäischer Wettbewerbsstrukturen. Als Resultat dieser Entwicklungen findet in der europäischen Konsumgüterindustrie allgemein eine zunehmende *Polarisierung der Branchen* zwischen großen internationalen, Multi-Segment-Wettbewerbern und kleineren, nationalen Anbietern, die sich auf ein oder wenige Segmente konzentrieren, statt.[37] Begleitet wird die Europäisierung der Wettbewerbsstrukturen durch eine langfristige, langsame Veränderung der *kognitiven Schemen* und *Perzeptionen* der Entscheidungsträger in Richtung eines zunehmenden europäischen Denkens und somit auch Handelns. Hierbei beeinflussen sich die Europäisierung der Wettbewerbsstrukturen und die Veränderung der kognitiven Prozesse gegenseitig. Einerseits werden kognitiven Schemen von den Wettbewerbsstrukturen mitgeprägt. Andererseits beeinflussen die kognitiven Schemen der Entscheidungsträger ihre Entscheidungen, welche insgesamt wiederum auf die Entwicklung der Wettbewerbsverhältnisse einwirken. Dabei unterscheiden sich die kognitiven Schemen der Top-Manager oftmals noch von Land zu Land, vor allem bei denjenigen aus Branchen mit noch eher nationalen Strukturen.[38] Die Differenzen in der Wahrnehmung der Marktkräfte resultieren aus historisch andersartigen Marktstrukturen, Unterschieden im politischen und wirtschaftlichen System und kulturellen Unterschieden. Nach dieser Logik wird die Homogenisierung der Gedanken und Perzeptionen der Manager und die Homogenisierung der Wettbewerbsstrukturen in Europa noch lange andauern.[39] Auch hieraus folgt die Notwendigkeit, EG 93 nicht als Datum, sondern als *langfristigen Prozess* zu betrachten und zu begreifen.

Analysiert man einzelne Konsumgütermärkte, lassen sich durchaus Unterschiede zwischen Ländermärkten und zwischen Branchen bezüglich der Ausgangslage, des Ausmaßes und der Dynamik dieser oben skizzierten Entwicklungen erkennen.[40] Insofern sind die Auswirkungen der Binnenmarktharmonisierung in Umfang und Qualität für jedes Unternehmen, meist sogar für jedes Geschäftsfeld einzeln zu analysieren.[41] Allerdings ist die *Entwicklungsrichtung* hin zur Europäisierung des Wettbewerbs in vielen Produktmärkten die Gleiche. So treffen die in diesem Abschnitt erläuterten Entwicklungen auf so unterschiedliche Branchen und Produktmärkte wie Süßwaren,[42] Speiseeis,[43] Frühstücksflocken,[44] Teigwaren,[45] Haushaltspro-

---

37 Vgl. *Calori/Lawrence* (1992), S.34; *Lademann* (1993), S. 88.

38 Vgl. *Calori/Lawrence* (1992), S.40.

39 Vgl. *Calori/Lawrence* (1992), S.40.

40 Bei einem Ländervergleich der Wettbewerbsstrukturverhältnisse einzelner Produktmärkte der Konsumgüterindustrie lässt sich z.B. feststellen, dass häufig noch bedeutende strukturelle Unterschiede zwischen Märkten in verschiedenen europäischen Ländern bestehen. Oftmals weisen die südeuropäischen Ländermärkte eine wesentlich stärker zersplitterte Struktur auf. Ähnlich große Unterschiede liegen auch zwischen einzelnen Branchen vor. Vgl. *Bukhari* (1992), S. 6-9; *Lademann* (1993), S. 87.

41 Vgl. *Meffert/Meurer* (1993), S. 220.

42 Vgl. *Hölper* (1994), S. 77-110; *o.V.* (1992d), S. 16; *o.V.* (1996d), S. 18.

43 Vgl. *Bukhari* (1992), S. 9.

44 Vgl. *Lerner* (1991), S. J44.

45 Vgl. *o.V.* (1994a), S. 15.

dukte,[46] Körperpflege, Reinigungs- und Waschmittel,[47] Hygienepapiere,[48] Uhren,[49] Feinstrumpfhosen,[50] Bekleidung und Lederwaren,[51] Wohneinrichtungen (Möbel, Heimtextilien, Badausstattungen),[52] Schreibgeräte,[53] Batterien,[54] Konsumerelektronik,[55] Haushaltsklein-[56] und -großgeräte[57] sowie Kraftfahrzeuge[58] zu. Daher kann bei der Europäisierung durchaus von einem *branchenübergreifenden* Trend der Konsumgüterindustrie gesprochen werden. Dies ist um so mehr der Fall, wenn die Entwicklungen auf der Handelsseite nachvollzogen werden. Abbildung 3 stellt die durch den Binnenmarkt induzierten, generellen Entwicklungen des horizontalen Wettbewerbs und deren Zusammenhänge in der europäischen Konsumgüterindustrie dar.

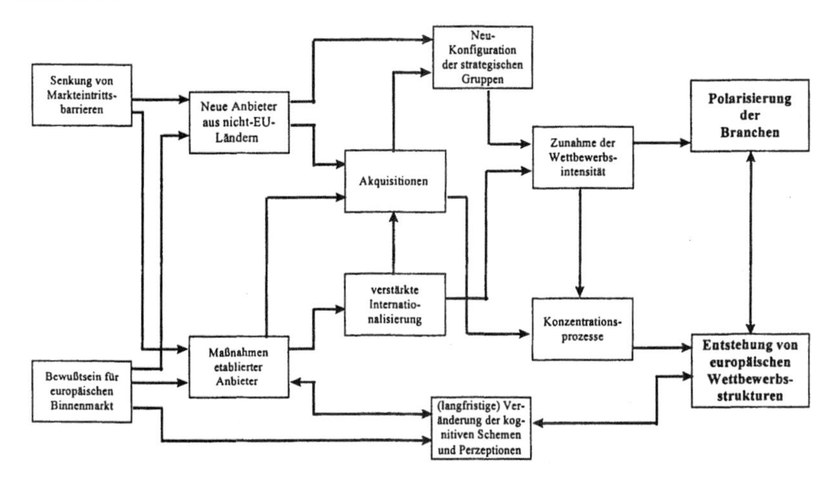

Abbildung 3: Wettbewerbsstrukturveränderungen der europäischen Konsumgüterindustrie

46 Vgl. *Ernst-Motz* (1992), S. 70; *o.V.* (1992b), S. 6.

47 Vgl. *Bukhari* (1992), S. 8-9, *Hedewig-Mohr* (1991), S. J50; *Lademann* (1993), S. 87; *Morwind* (1992), S. 84; *Schlitt* (1995b), S. 12.

48 Vgl. *Braun/Schiele/Schlickmann* (1996), S. 182-183; *Schlitt* (1993c), S. 18; *Schlitt* (1995a), S. 12; *Schlitt* (1996a), S. 46.

49 Vgl. *Hoopen* (1996), S. 24-25.

50 Vgl. *Lerner* (1991), S. J44.

51 Vgl. *o.V.* (1992c), S. 63.

52 Vgl. *o.V.* (1992c), S. 63.

53 Vgl. *o.V.* (1992c), S. 63.

54 Vgl. *Shipman* (1993a), S. 50-53.

55 Vgl. *Meyer* (1992), S. 180-185.

56 Vgl. *de la Perrière/Lours* (1992), S. 209-212.

57 Vgl. *Hirn* (1992), S. 153-154; *Wörner/Mollenhauer/Maier-Rothe* (1992), S. 216-221.

58 Vgl. *Gresens* (1992), S. 127-128.

2. *Europäisierung des Einzelhandels*

Um die Entwicklung des Einzelhandels in Europa in Verbindung mit der Vollendung des Binnenmarktes zu erfassen, muss zunächst auf die Ausgangssituation, so wie sie sich Ende der achtziger Jahre darstellte, hingewiesen werden. Hierbei ist es notwendig, zwischen dem Lebensmittel- (*Food*) und lebensmittelnahen (*Near-Food*) Handel[59] einerseits und dem *Non-Food*-Handel (z.B. Textilien, Möbel, Schuhe, Lederwaren) andererseits zu unterscheiden. Bis Ende der achtziger Jahre war der LEH in Europa im wesentlichen durch *nationale Strukturen* geprägt. In den jeweiligen Märkten dominierten eindeutig inländische Anbieter. Internationale Aktivitäten der Einzelhandelsunternehmen waren nur in geringem Maße zu beobachten. Des Weiteren waren im Ländervergleich große Unterschiede in der Marktstruktur vorhanden. Während die südeuropäischen Länder (Italien, Spanien, Portugal und Griechenland) weitgehend eine atomistische Struktur hatten, waren die nördlicheren Länder (insb. Frankreich, Deutschland, Großbritannien und die Benelux-Staaten) durch eine hohe Konzentration der Umsätze auf wenige Unternehmen und intensiven Wettbewerb zwischen diesen gekennzeichnet. Der *Non-Food*-Handel in Europa wies dagegen bereits in den achtziger Jahren einen höheren Europäisierungsgrad auf.[60]

Anfang der neunziger Jahre setzte dann in Verbindung mit EG 93 eine nach wie vor anhaltende *Internationalisierungswelle* im LEH ein.[61] 1991 wagten z.B. 81 Einzelhandelsunternehmen (*Food* und *Non-Food*) den Schritt in einen anderen europäischen Markt, 1992 waren es 45, wobei rezessionsbedingt die Internationalisierungsaktivitäten etwas nachließen.[62] Die Möglichkeit für grenzüberschreitende Absatzaktivitäten des Einzelhandels bestand zwar bereits vor EG 93, die Binnenmarktinitiative stellte aber ähnlich wie bei etlichen Konsumgüterherstellern die *Initialzündung* zur (intensivierten) Internationalisierung dar.[63] Hervorzuheben sind hierbei zum einen die Verbreitung deutscher Discounter (Aldi, Lidl, Norma und Schlecker) in Frankreich, Spanien, Großbritannien und Italien und zum anderen die verstärkte Expansion französischer *Hypermarché*-Unternehmen (Promodès, Carrefour, Auchan) in die benachbarten romanischen Länder (Spanien, Italien und Portugal) sowie in Deutschland und Griechenland.[64] Aber selbst vormals überzeugte nationale Handelsunternehmen wie die deutsche Rewe-Gruppe oder die Schweizer Migros expandieren inzwischen ins Ausland.[65]

Bezüglich der Markteintrittsform lässt sich feststellen, dass *integrative* Formen dominieren.[66] Über die Hälfte der Internationalisierungsvorhaben des Einzelhandels wurden mittels organi-

59 Im folgenden werden diese beiden Bereiche zusammengefasst und vereinfacht als Lebensmitteleinzelhandel (LEH) bezeichnet.

60 Vgl. *Zentes* (1993), S. 565-566.

61 Vgl. *Disselkamp* (1995), S. 26-32; *Meffert/Meurer* (1993), S. 222; *Molle* (1992), S. 150-151.

62 Vgl. *o.V.* (1993c), S. 80.

63 Vgl. *Zentes* (1993), S. 566.

64 Vgl. *Dawson* (1993), S. J4-J8; *Lebensmittel Zeitung* (1995), S. 50; *Zentes* (1993), S. 566.

65 Vgl. *M+M Eurodata* (1995), S. II,2.

66 Vgl. *Meffert/Meurer* (1993), S. 222-223.

schem Wachstum, d.h. mit dem Aufbau eigener Auslandsfilialen durchgeführt. Daneben wurde ein bedeutender Teil der Markteintritte in Form von Akquisitionen vollzogen. Die europäische Expansion mittels Joint Ventures und Franchising-Konzepte stellte dagegen eine eher seltenere Markteintrittsform dar.[67]

Inzwischen sind bereits 16 der 20 größten Handelsunternehmen Europas mit eigenen Niederlassungen europäisch aktiv, neun hiervon sogar in fünf oder mehr EU- bzw. EFTA-Ländern. Außer Schweden, Norwegen, Finnland und Island wurden auch alle westeuropäischen Länder von dieser Europäisierung erfasst. Abbildung 4 stellt die Verbreitung der Top 20 Handelsunternehmen in Westeuropa dar.

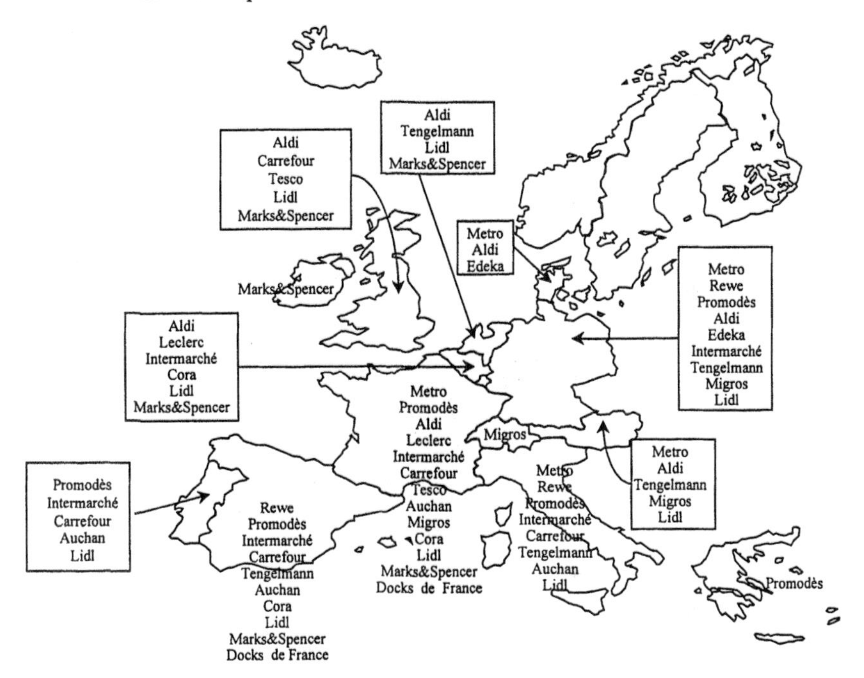

Abbildung 4: Präsenz der Top 20 Handelsunternehmen Europas in der EU und den EFTA-Staaten (1994)[68]

Darüber hinaus findet eine Europäisierung des *Food*-Handels auf einer anderen Ebene statt. Seit 1989 haben bis dahin weitgehend national operierende Großunternehmen des LEH damit begonnen, *internationale strategische Allianzen* zu bilden. Initiiert wurden auch diese durch die Binnenmarktvollendung. Die Ziele dieser Kooperationen bestehen im allgemeinen im Informationsaustausch der Mitglieder, in der Koordinierung von Handelsmarketingaktivitäten

67 Vgl. *o.V.* (1993c), S. 80; *Zentes* (1993), S. 567. Zu Vor- und Nachteilen verschiedener internationaler Markteintrittsstrategien des Einzelhandels vgl. *George/Diller* (1993), S. 174-178.

68 Nicht aufgeführt wurden Unternehmen, die nur in ihrem Stammland aktiv sind. Aus den Top 20 sind dies: Karstadt, Sainsbury, Casino und Argyll. Vgl. *M+M Eurodata* (1995), S. V,7.

und in der Durchführung von sogenannten Euro-Promotions sowie zum Teil in der gemeinsamen Warenbeschaffung und in der Entwicklung von Euro-Handelsmarken. Diese Allianzen sind in der Regel in einer Gesellschaft, an der die Mitgliedsfirmen die Anteile halten, institutionalisiert. Üblicherweise ist pro Land ein Handelsunternehmen Mitglied einer dieser Gruppierungen, wobei diese sogenannten *Euro-Kooperationen* mit Ausnahme der AMS und der NAF von den deutschen Mitgliedsfirmen dominiert werden.[69] Einen Überblick über diese Euro-Kooperationen liefert Tabelle 1:[70]

Bezeichnung	Mitgliedsfirmen	Umsätze 1994 (Mrd. ECU)
EMD European Marketing Distribution AG	Markant (D), NISA Today's (UK), NISA Today's (UK), Euromadi (E), Dagab (SWE), ZEV-Markant (A) Selex (I), UNIL / KK (NOR), Supervib (DK), Musgrave (IRL), Uniarme (POR)	72,5
AMS Associated Marketing Services AG	Edeka (D), Casino (F), Argyll (UK), ICA (SWE), Ahold (NL), Kesko (FIN), Allkauf (D), Rinascente (I), Hakon (NOR), Mercadona (E), JMR (POR), Superquinn (IRL)	63,0
Deuro/MIAG Deuro Buying AG, Metro International AG	Metro (D/CH), Carrefour (F), Makro (NL)	62,0
Eurogroup S.A.	Rewe (D), Coop (CH), Paridoc (F), GIB (B), Vendex (NL), Markant (NL)	38,8
NAF N.A.F. International	CWS (UK), Coop Italia (I), KF Gruppe (SWE), FDB (Coop DK), SOK (FIN), NKL (NOR), EKA (FIN)	29,5
SEDD	Sainsbury (UK), Docks de France (F), Delhaize de Lion (B), Esselunga (I)	25,5
PWT Promodès World Trade	Promodès (F) und Promodès-Töchter im europäischen Ausland, Marinopoulos (HEL), Garosci (I), Mestdagh (B)	22,4
BIGS/SPAR International Buying International Group SPAR	TUKOSPAR (FIN), Despar (I), SPAR (A), SPAR (UK), Unigro (NL), Dagrofa (DK), BWG (IRL), Unidis (B), Veropoulos (HEL), Aspiag Italia (I), Bernag Ovag (CH)	12,9
Europartners	Superunie (NL), Somerfield (UK), Billa (A)	11,8

Tabelle 1: Euro-Kooperationen des Lebensmitteleinzelhandels

Aufgrund ihrer heterogenen Mitgliederstruktur sind die Euro-Kooperationen noch durch geringe interne Durchsetzungskraft und durch Instabilität gekennzeichnet, so dass ihre Ziele teilweise eher Absichtserklärungen darstellen. Insgesamt stehen die Euro-Kooperationen noch am Anfang ihrer Entwicklung. Sie beinhalten jedoch ein gewaltiges Internationalisierungs-

---

69 Vgl. *Lebensmittel Zeitung* (1995), S. 50; *M+M Eurodata* (1993), S. IV,4-5; *M+M Eurodata* (1995), S. IV,18-19; *Zentes* (1993), S. 567.

70 Eine genaue Beschreibung der einzelnen Gruppierungen, ihrer Mitgliedsfirmen und der derzeitigen Aktivitäten dieser Kooperationen findet sich bei *M+M Eurodata* (1995), S. VII,4-40.

und europäisches Marktmachtpotential. Immerhin entfallen circa 50% des gesamten europäischen LEH-Umsatzes auf Mitgliedsfirmen der Euro-Kooperationen.[71] Diese Kooperationen haben auch dazu beigetragen, dass sich kleinere LEH-Unternehmen gegen die großen Euro-Filialisten und nationalen Handelskonzerne behaupten können.[72]

Eine weitere, zumindest auch teilweise mit der Europäisierung des Handels verbundene Entwicklung, ist die Zunahme der Bedeutung von *Handelsmarken.* Auf europäischer Ebene liegen zwar noch deutliche Unterschiede in den Marktanteilen der Handelsmarken zwischen einzelnen Ländern vor. Insgesamt sind ihre Anteile aber fast in allen europäischen Ländern in den vergangenen Jahren gestiegen. So hat von 1990 bis 1994 der Umsatz des europäischen Lebensmitteleinzelhandels mit Handelsmarken jährlich um 7,5% zugenommen, während seine Gesamtumsätze im gleichen Zeitraum lediglich um 3,4% jährlich gestiegen sind.[73] Abbildung 5 liefert einen Überblick über die Bedeutung und die Entwicklung von Handelsmarken von 1992 bis 1994 in den westeuropäischen Ländern.

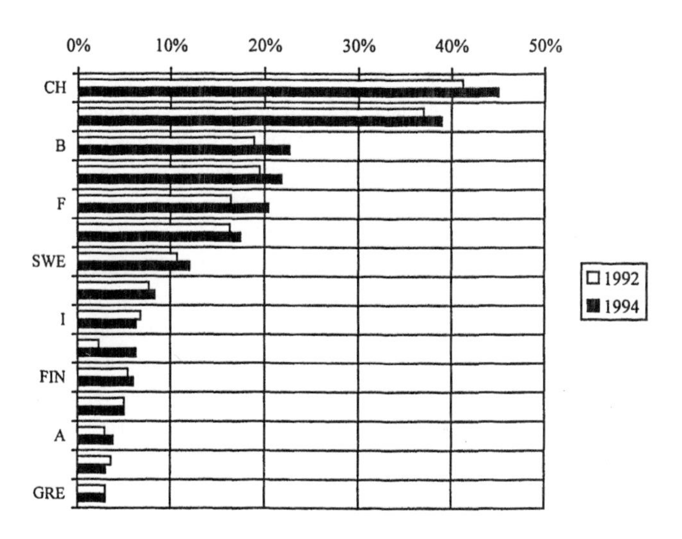

Abbildung 5: Handelsmarkenanteile im LEH in westeuropäischen Ländern[74]

Hinzu kommt, dass ähnlich wie in Großbritannien auch in anderen Ländern Handelsmarken nicht mehr nur bei unproblematischen Warengruppen in den unteren Preislagen zu finden sind, sondern dass sie auch in anspruchsvollere Produktgattungen und höhere Preis- und Qua-

---

71 Vgl. *M+M Eurodata* (1993), S. IV,5-7; *M+M Eurodata* (1995), S. VII,4; *Zentes* (1993), S. 567.

72 Vgl. *M+M Eurodata* (1995), S. IV,19.

73 Vgl. *o.V.* (1996c), S. 7.

74 Für Dänemark und Luxemburg liegen keine Angaben vor. Quelle: Nielsen, November 1995, zitiert aus: *Lebensmittel Zeitung* (1995), S. 19.

litätssegmente vordringen, die bis dahin nur von klassischen Markenartikeln besetzt waren.[75] Schließlich sind sogar die ersten Versuche seitens einiger Euro-Filialisten und Euro-Kooperationen festzustellen, mit *Euro-Handelsmarken* aktiv zu werden.[76]

Diese Entwicklungen beinhalten insgesamt etliche Konsequenzen für die Struktur der europäischen Handelslandschaft. Eine insbesondere aus der Internationalisierung des Handels resultierende Konsequenz ist, dass die *Konzentrationsprozesse*, welche in den achtziger Jahren auf nationaler Ebene stattfanden, sich nun auch auf *europäischer Ebene* vollziehen.[77] Mit Ausnahme sogenannter regionaler Spezialisten werden kleinere Unternehmen zunehmend aus dem Markt verdrängt, entweder durch Übernahme oder Aufgabe aufgrund mangelnder Erträge.[78] So erhöhte sich der Marktanteil der Top 10 des europäischen LEH von 17,7% im Jahre 1987 auf 30,9% in 1994.[79] Der Marktanteil der Top 50, von denen bereits über die Hälfte außerhalb ihres Mutterlandes engagiert ist, erhöhte sich ebenfalls stetig von 60,7% in 1991 auf 62% in 1992 und auf 64% bis 1994.[80] Ein Ende der Internationalisierung und der damit verbundenen Konzentration ist noch nicht in Sicht; von Experten wird sogar eine zunehmende Dynamik dieser Entwicklungen erwartet.[81]

Eine andere Konsequenz ist, dass sich der LEH im Übergang von der ehemals nationalen zu einer europäischen Wettbewerbsstruktur befindet, in der die bedeutenden Anbieter vermehrt ihre Aktivitäten international ausrichten. Allerdings ist der Stand der Entwicklung im Vergleich zur Konsumgüterindustrie noch nicht so weit fortgeschritten. Inzwischen weisen zwar einige der größten Unternehmen dieses Sektors, allen voran Promodès, bereits einen beträchtlichen Europäisierungsgrad auf.[82] Die Mehrzahl der Handelsunternehmen erzielt jedoch noch geringe Umsätze außerhalb des Stammlands (siehe Abbildung 6). Außerdem bestehen noch beachtliche *strukturelle Unterschiede*, z.B. bezüglich der Konzentrationsgrade[83], der Bedeutung einzelner Betriebstypen[84], der Outlet-Dichte und der Ausstattung mit Scannerkassen[85] zwischen den Ländern, so dass mit Sicherheit heute noch keine einheitliche europäische Handelslandschaft vorliegt.[86] Es findet aber durchaus eine Angleichung der Strukturen im europäischen Einzelhandel statt, insbesondere in Form eines Wandels der südeuropäischen Ver-

---

75 Vgl. *Bodenbach* (1996), S. 3.

76 Vgl. *Bodenbach* (1996), S. 5. Eine detaillierte Analyse der internationalen Handelsmarkenpolitik im europäischen LEH sowie ein internationaler Vergleich nationaler Handelsmarkenkonzepte findet sich bei *Bodenbach* (1996), S. 34-231.

77 Vgl. *Bodenbach* (1996), S. 42; *Disselkamp* (1995), S. 25; *M+M Eurodata* (1995), S. IV,17

78 Vgl. *M+M Eurodata* (1995), S. IV,21.

79 Vgl. *Hampl* (1996).

80 Vgl. *Lebensmittel Zeitung* (1995), S. 50; *o.V.* (1993b), S. 13.

81 Vgl. *Hampl* (1996); *Koch* (1996); *Lebensmittel Zeitung* (1995), S. 50.

82 Vgl. *M+M Eurodata* (1995), S. IV,20; *o.V.* (1993b), S.13; *o.V.* (1993e), S. 34-35.

83 Vgl. *M+M Eurodata* (1995), S. IV,18.

84 Vgl. *o.V.* (1996b), S. 6.

85 Vgl. *Lebensmittel Zeitung* (1995), S. 17-18.

86 Vgl. *M+M Eurodata* (1995), S. II,2.

hältnisse hin zu denen in den nördlicheren europäischen Ländern. Diese Angleichung spiegelt sich sowohl in der dort stattfindenden Flächen- und Umsatzkonzentration als auch in dem französisch bzw. deutsch getriebenem Vormarsch der großflächigen Betriebstypen, der Discount- und C+C-Konzepte wider.[87] Demnach lässt sich trotz der bestehenden Unterschiede durchaus von einer *Europäisierung des Handels* sprechen.[88]

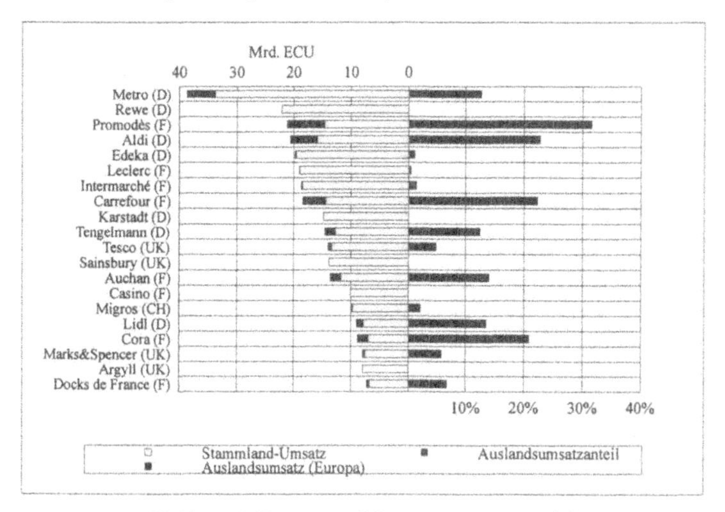

Abbildung 6: Umsätze und Europäisierungsgrad der Top 20 Handelsunternehmen Europas (1994)[89]

Eine weitere Konsequenz der Europäisierung und der Konzentration des Handels ist die Zunahme der *Markttransparenz* für diese Wirtschaftsstufe. Durch ihre internationalen Aktivitäten - sei es in Form von Filialisierung, Akquisitionen oder Kooperationen - gewinnen Einzelhandelsunternehmen einen besseren Überblick über die in den jeweiligen Ländermärkten bestehenden Gemeinsamkeiten bzw. Unterschiede in den Marktverhältnissen. Dies betrifft sowohl das Konsumentenverhalten als auch das Verhalten ihrer Wettbewerber sowie ihrer Lieferanten. Handelsunternehmen können dadurch konkrete Informationen bezüglich internationaler Unterschiede in den Abgabepreisen und Konditionen der Konsumgüterhersteller erhalten.[90] Schließlich bewirken die Veränderungen beim europäischen Handel auch eine zunehmende Wettbewerbsintensität zwischen den einzelnen Handelsunternehmen, vor allem in Form eines steigenden Kosten- und Preiswettbewerbs.[91]

---

87 Vgl. *A.C. Nielsen Co.* (1990), S. 54; *M+M Eurodata* (1995), S. IV,19-20; *Michaelidis* (1991), S. 38-40; *o.V.* (1992e), S. 68; *o.V.* (1992f), S. 28-30; *o.V.* (1993f), S. 13-15.

88 Vgl. *Meffert/Meurer* (1993), S. 223.

89 Die Umsätze beinhalten sowohl *Food* als auch *Non-Food*. Vgl. *M+M Eurodata* (1995), S. V,8-9.

90 Vgl. *Disselkamp* (1995), S. 39.

91 Vgl. *Bodenbach* (1996), S. 42.

Insgesamt ist das Resultat dieser Entwicklungen für Konsumgüterhersteller, dass diese nun vermehrt mit sowohl immer größer und mächtiger werdenden als auch zunehmend europäisch ausgerichteten Einzelhändler konfrontiert sind. Diese gestiegene Macht resultiert zum einen aus der (europäischen) Konzentration des Handels. Die durch internationale Bündelung des Umsatzes erhöhte Einkaufsmacht spiegelt sich in Forderungen des Handels nach sogenannten »Euro-Boni« wider.[92] Zum anderen ist die gestiegene Macht eine Folge der erhöhten Markttransparenz. Hierdurch sind Handelsunternehmen in der Lage, vorhandene internationale Preisdifferenzen bei praktisch identischen Produkten[93] in Form von *Arbitragehandel* auszunutzen und sie dort zu beschaffen, wo sie am günstigsten sind.[94] Ansonsten können Handelsunternehmen diese Informationen verwenden, um den preisdifferenzierenden Hersteller durch Forderung nach dem europäisch niedrigsten Netto-Abgabepreis unter Druck zu setzen und somit seine Politik der internationalen Preisdifferenzierung zu unterlaufen.[95]

Einerseits bergen diese Entwicklungen ein nicht zu unterschätzendes *Gefahrenpotential* für Konsumgüterhersteller in sich.[96] So hat eine Modellrechnung für ein deutsches Gebrauchsgüterunternehmen ergeben, dass es einen Umsatzverlust von circa 3,3 Mio. DM nur für eine Warengruppe in fünf Ländern in Kauf nehmen müßte, wenn seine vier Euro-Key-Accounts Arbitrage durchführen bzw. die Produkte zum jeweilig niedrigsten Preisniveau einkaufen würden.[97] Dies entspricht zwar nur 3,5% des Umsatzes dieser Warengruppe,[98] diese Umsatzreduktion würde sich aber direkt und in gleicher Höhe auf den Deckungsbeitrag und den Gewinn niederschlagen und die Profitabilität entsprechend reduzieren.[99] Auch die Zunahme der Handelsmarken beinhaltet letztlich für die meisten Konsumgüterhersteller negative Konsequenzen. Hierdurch geraten ihre Markenartikel teilweise in direkte Konkurrenz zu Handelsmarken[100] und die verbleibende Regalfläche für alle Herstellermarken verringert sich. Insgesamt trägt die zunehmende Bedeutung der Handelsmarken damit zur steigenden Wettbewerbsintensität auf Konsumgütermärkten bei.[101]

---

92 Vgl. *Disselkamp* (1995), S. 38-40

93 Verschiedene Studien haben ergeben, dass innerhalb der EU in vielen Warenbereichen erhebliche Preisunterschiede, zum Teil bis zu 100%, für quasi-identische Produkte bei sowohl Endverbraucherpreisen als auch (Netto-)Einkaufspreisen des Handels vorliegen. Diese Unterschiede sind dabei auch Resultat einer gezielten internationalen Preisdifferenzierung der Hersteller. Insgesamt haben diese Differenzen zwar in den vergangenen Jahren abgenommen, auch aufgrund der hier beschriebenen Entwicklungen. Nach wie vor lassen sich aber bei etlichen Produkten noch deutliche Unterschiede feststellen. Vgl. *Bukhari/Cordes* (1994), S. 5-6; *Diller/Bukhari* (1994), S. 165-166; *Maucher/Brabeck-Letmathe* (1991), S. 1121-1122; *Simon/Wiese* (1992), S. 247.

94 Zu verschiedenen Varianten und Motiven des Arbitragehandels vgl. *Bukhari/Cordes* (1994), S. 3.

95 Vgl. *Bukhari/Cordes* (1994), S. 1-3; *Diller/Bukhari* (1994), S. 167-169; *Simon/Wiese* (1992), S. 246.

96 Vgl. *Bukhari/Cordes* (1994), S. 4; *Simon/Wiese* (1992), S. 246.

97 Vgl. *Bukhari/Cordes* (1994), S. 4-10.

98 Vgl. *Bukhari/Cordes* (1994), S. 9.

99 Vgl. *Bukhari/Cordes* (1994), S. 4.

100 Vgl. *Diller* (1992), S. 240-241.

101 Vgl. *Mei-Folter* (1991), S. J18.

Andererseits ergeben sich aus der Europäisierung des Lebensmitteleinzelhandels auch Chancen für Markenartikelhersteller. Zum einen führt die langsame Angleichung der nationalen Handelslandschaften dazu, dass sich die Konsumgüterindustrie in allen westeuropäischen Ländern zunehmend auch ähnlicher absatzpolitischer Konzepte, insb. was das Trade-Marketing und die Absatzkanalpolitik betrifft, bedienen kann. Zum anderen bietet die Europäisierung des Handels ein breites Feld an kooperativen Maßnahmen im vertikalen Marketing.[102] Der offensiv agierende Hersteller kann Vorteile hieraus ziehen, indem er pro-aktiv diese Entwicklungen bei seinen Handelspartnern unterstützt und durch gemeinsame Aktivitäten mit ihm, beispielsweise auf europäischer Ebene angelegte *ECR*-Projekte[103], Neuprodukteinführungen oder Verkaufsförderungsmaßnahmen, beiderseitige Kostensenkungs- oder Erlöserhöhungspotentiale ausschöpft und ihn stärker an sich bindet. In derartigen Kooperationsfeldern kann auch ein typischer Aufgabenbereich eines *Euro-Key-Account-Managements* liegen.[104]

3. *Europäisierung der Konsumenten?*

Als drittes Element der Aufgabenumwelt gilt es zu analysieren, inwieweit Veränderungen beim Verhalten der Konsumenten in den letzten Jahren stattfanden. Im Zusammenhang mit der Vollendung des Binnenmarktes konzentrierte sich die Diskussion hierbei meist auf die Frage, ob es einen sogenannten »Euro-Konsumenten« mit europaweit homogenem Kaufverhalten gibt bzw. geben wird.[105] Letztendlich ist diese Diskussion auch vor dem Hintergrund der umstrittenen *Konvergenzthese*, die eine globalen Angleichung der Konsumentenbedürfnisse und deren Verhalten annimmt, zu sehen und zu bewerten.[106]

Insgesamt kann man davon ausgehen, dass das Zusammenwachsen Europas auch bei den Konsumenten einen lang andauernden Prozess von Verhaltensänderungen ausgelöst hat.[107] Beispielsweise sprechen die zunehmende Reisetätigkeit und die wachsende Mobilität der Bevölkerung für eine generelle Verhaltens- und Konsumangleichung in Europa. Unterstützt wird dieser Prozess auch durch die europaweiten Aktivitäten vieler Unternehmungen, z.B. Euro-Kampagnen.[108] Allerdings besteht auch Einigkeit darüber, dass es *den* Euro-Verbraucher nicht gibt, wobei sich diese Feststellung in der Regel auf das Konsumverhalten bei Verbrauchsgütern, speziell bei Lebensmitteln bezieht.[109] Belegt wird diese Aussage mit zahlreichen Beispielen über Unterschiede zwischen europäischen Ländern in sozio-demographischen Merkmalen, in der Verteilung des Haushaltseinkommens, in Pro-Kopf-Verbräuchen be-

---

102 Vgl. *Diller* (1992), S. 240-241.

103 *ECR* steht für *Efficient Consumer Response*.

104 Vgl. *Brielmaier* (1996), S. 19-27; *Bukhari/Diller* (1994), S. 169; *Diller* (1992), S. 240-241.

105 Vgl. *Meffert/Meurer* (1993), S. 221; *Paitra* (1993), S. 63-70.

106 Vgl. *Müller/Kornmeier* (1995), S. 341-343.

107 Vgl. *Meffert/Meurer* (1993), S. 221.

108 Vgl. *Meffert/Meurer* (1993), S. 222.

109 Vgl. *Deutsch* (1992), S. 76-78; *Kroeber-Riel* (1992), S. 262; *Meffert/Meurer* (1993), S. 222; *Paitra* (1993), S. 63-64; *Remmerbach* (1989), S. 73; *Rüschen* (1988), S. 235.

stimmter Produkte, unterschiedlichen Assoziationen zu Markennamen oder Produkten sowie mit dem allgemeinen Hinweis auf die landesspezifischen Geschmäcker und Mentalitäten.[110]

Auch wenn diese Unterschiede zwischen den Ländern zweifelsohne bestehen, erscheint es wenig zweckmäßig, überhaupt die Frage nach *dem* Euro-Verbraucher zu stellen. Schließlich lassen sich immer - auch innerhalb eines Landes - Unterschiede zwischen einzelnen Konsumenten bzw. Konsumentengruppen feststellen. So gibt es ja auch keinen »Germano-Verbraucher«! Für das (internationale) Marketing im allgemeinen und für die vorliegende Untersuchung im speziellen ist es wesentlich sinnvoller zu fragen, ob Unterschiede oder Gemeinsamkeiten bei kaufverhaltensrelevanten Aspekten vorliegen und ob eine Angleichung dieser Aspekte in den letzten Jahren bei europäischen Konsumenten stattgefunden hat.[111] Um für konkrete Problemstellungen des internationalen Marketing entscheidungsrelevant zu sein, müssen diese Fragen allerdings produkt- und zielgruppenspezifisch untersucht werden. Das ist hier jedoch nicht möglich, so dass sich die Betrachtung (zunächst) auf allgemeinere, produkt- und zielgruppenunabhängige Faktoren und Entwicklungen beschränken wird. Die Frage, ob neben der Europäisierung der Industrie und des Handels auch eine Europäisierung der Verbraucher stattfindet, kann an dieser Stelle nur durch eine kurze Analyse einzelner *Hintergrundfaktoren*[112], für die ein grundsätzlicher Zusammenhang zum Konsumentenverhalten angenommen wird, allgemein erörtert werden.

Betrachtet man verschiedene sozio-demographische und sozio-ökonomische Größen, so lässt sich feststellen, dass in den vergangenen Jahren eine Angleichung der Verhältnisse innerhalb Europas stattgefunden hat, auch wenn zum Teil noch deutliche Niveauunterschiede bestehen. Dies betrifft z.B. die Entwicklung der *Altersstruktur*. In allen Ländern steigt der Anteil der Personen, die älter als 50 Jahre sind, wodurch eine entsprechende Erhöhung des Durchschnittsalters stattfindet (siehe Abbildung 7).[113] Dadurch gleichen sich die Altersstrukturen innerhalb Westeuropas tendenziell an. Des Weiteren sind in ganz Europa Trends zu kleineren Familien, zu einem späteren Zeitpunkt der Heirat, einer höheren Scheidungsrate und einem steigenden Anteil berufstätiger Frauen festzustellen.[114]

---

110 Vgl. z.B. *Disselkamp* (1995), S. 9-11; *Deutsch* (1992), S. 76-78; *Maucher/Brabeck-Lethmathe* (1991), S. 1114-1116; *o.V.* (1992a), S. 71; *Remmerbach* (1989), S.73; *Veitengruber* (1992), S. 45-47.

111 Vgl. *Kroeber-Riel* (1992), S. 262.

112 Derartige Hintergrundfaktoren sind beispielsweise die sozio-demographischen und sozio-ökonomischen Verhältnisse, allgemeine Lebenseinstellungen oder die Kultur der Konsumenten. Vgl. z.B. *Kroeber-Riel* (1990), S. 444-447; *Kroeber-Riel* (1992), S. 262-263.

113 Vgl. *o.V.* (1992a), S. 71.

114 Vgl. *o.V.* (1992a), S. 71. So schwankt der Beschäftigungsanteil von Frauen in den europäischen Kernländern nur noch zwischen 32% und 44%. Vgl. *Shipman* (1993b), S. 10.

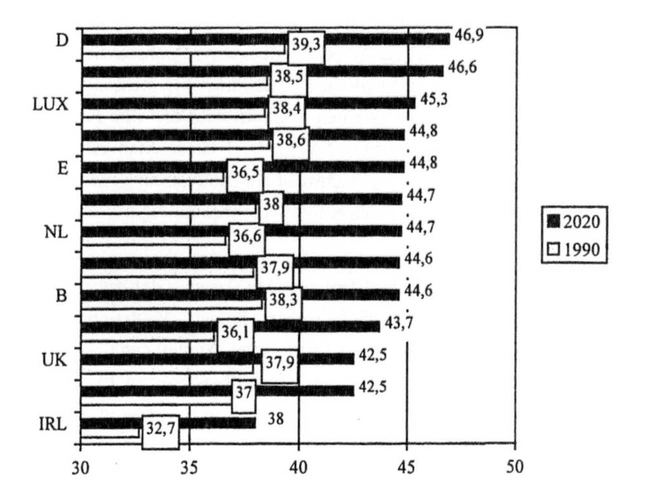

Abbildung 7: Europäischer Vergleich des Durchschnittsalters der Bevölkerung[115]

Einen anderen pan-europäischen »Megatrend« stellt die zunehmende *Individualisierung* dar. In allen europäischen Ländern steigt die Betonung und die Bedeutung der persönlichen Entfaltungsmöglichkeiten. Diese äußern sich z.B. darin, dass Konsumenten vermehrt das Bedürfnis haben, sich von anderen abzusetzen.[116] Allerdings ist dieser Trend von Niveauunterschieden innerhalb Europas überlagert. Eine deutliche Differenz besteht zwischen dem romanischen (Frankreich, Italien, Spanien) und dem germanisch/angelsächsischen Europa (Großbritannien, Deutschland, Niederlande).[117] Die potentiellen Auswirkungen auf das Nachfrageverhalten und auf Konsumpräferenzen hinsichtlich einer zunehmenden Europäisierung sind allerdings *ambivalent.* Die überall steigende Individualisierung impliziert einerseits eine Konvergenz des Konsumentenverhaltens in Europa, da Verbraucher den gleichen Bedürfnissen eine steigende Bedeutung zumessen. Das kann sich wiederum in ähnlichen Nutzenstrukturen und Produktpräferenzen manifestieren. Andererseits kann die Individualisierung dazu führen, dass das Bedürfnis, sich von anderen zu differenzieren, gerade deswegen pro Land und Zielgruppe inhaltlich unterschiedlich erfüllt wird. Dann würde die Heterogenität des Konsumentenverhaltens weiter zunehmen.

Ein weiterer zwiespältiger Trend, der mit der Individualisierung zusammenhängt, liegt bei den Ernährungsgewohnheiten der Europäer vor. So sind in ganz Europa konträre Entwicklungsrichtungen zu beobachten, z.B. eine Tendenz zur Einfachheit und Schlichtheit bei gleichzeitiger Zunahme der genussbetonten *haute cuisine*, eine Neigung zu Modernem und Exotischem

---

115 Quelle: Institut der deutschen Wirtschaft. Zu den Annahmen dieser Schätzung vgl. *Institut der deutschen Wirtschaft* (1993), S. 1.

116 Vgl. *Noelle-Neumann* (1992), S. 85.

117 Vgl. *Noelle-Neumann* (1992), S. 91, 96.

sowie eine Rückbesinnung auf Traditionelles und Rustikales und eine allgemeine Internationalisierung des Speisezettels parallel zur Wiederentdeckung regionaler Spezialitäten. Das Besondere hierbei ist, dass diese unterschiedlichen Ernährungsstile nicht ausschließlich von bestimmten Verbrauchertypen praktiziert werden, sondern dass dieselbe Person je nach Situation diesen verschiedenen Verhaltensweisen nachgeht.[118] Diese Ambivalenz spiegelt die mit der Kaufverhaltensforschung insgesamt nachweisbare Entwicklung wider, die durch eine Europäisierung der Verbraucher bei gleichzeitiger Rückbesinnung auf nationale oder lokale Werte gekennzeichnet ist.[119]

Bei einem anderen, aus deutscher Sicht bedeutenden Trend - der zunehmenden Sensibilisierung von Verbrauchern hinsichtlich *ökologischer* Themen - lässt sich dagegen keine Annäherung innerhalb Europas feststellen, höchstens eine Angleichung innerhalb bestimmter Zonen. So existieren deutliche Unterschiede im Umweltbewusstsein zwischen germanischen und romanischen Ländern, wie sich bei einer Befragung von Hausfrauen in neun europäischen Ländern zeigte. Besonders deutlich wird dies bei einem Vergleich der deutschsprachigen und der französischsprachigen Schweiz.[120] Eine Trennung von Europa in ein nördliches, germanisches und protestantisch geprägtes Europa und ein südliches, romanisch und katholisch geprägtes Europa lässt sich auch bei einer Vielzahl anderer potentiell kaufverhaltensrelevanter Faktoren aufzeigen.[121]

Die beispielhaft dargestellten Entwicklungen von potentiell kaufverhaltensrelevanten Hintergrundfaktoren verdeutlichen bereits, dass die Frage nach einer Europäisierung der Verbraucher auf dieser Ebene nicht eindeutig beantwortbar ist. Darüber hinaus birgt der Versuch, diese Frage anhand solcher allgemeinen Faktoren zu beantworten, gravierende Nachteile in sich. Zum einen sind die oftmals in der Diskussion um die Europäisierung der Konsumenten angeführten Variablen noch relativ weit entfernt vom Kaufverhalten und in ihrer Wirkung auf das Verhalten daher nicht unbedingt sehr stark. Bei der Vielzahl von Faktoren, die auf das Konsumentenverhalten wirken, lässt sich deswegen sogar bei Angleichung einiger dieser Hintergrundfaktoren noch nicht darauf schließen, ob das konkrete Kaufverhalten sich auch annähert. Zum anderen liegen sowohl den Aussagen über eine Konvergenz als auch denen einer Divergenz des Verhaltens oftmals Durchschnittsbetrachtungen von Einflussgrößen des Kaufverhaltens zugrunde. Dies widerspricht jedoch dem Denken in Zielgruppen, einem der ureigensten Gedanken des Marketing. Letztlich kann eine derartige Betrachtung von Hintergrundfaktoren nur ein allgemeines Europäisierungs*potential* aufzeigen, auf die eine genauere Analyse kaufverhaltensrelevanter Variablen folgen müsste.

Der Versuch, stärker zielgruppenspezifisch vorzugehen, liegt den aus der kommerziellen Marktforschung stammenden europäischen *Lifestyle*-Konzepten zugrunde. Hierbei werden

---

118 Vgl. *Maucher/Brabeck-Lethmathe* (1991), S. 1114-1115; *o.V.* (1992a), S. 71; *Rüschen* (1988), S. 235.

119 Vgl. *Meffert/Meurer* (1993), S. 222; *o.V.* (1992a), S. 71.

120 Vgl. *Noelle-Neumann* (1992), S. 91-92.

121 Vgl. z.B. allgemein hierzu *Disselkamp* (1995), S. 11-12; *Twardawa* (1996). Für ein Beispiel aus dem Produktbereich der Frauenhygiene vgl. *Gascard* (1992), S. 80-83.

Personen anhand ihres Lebensstils, der eine Kombination typischer Verhaltensmuster darstellt und sich in ihren Aktivitäten, Interessen und Einstellungen niederschlägt,[122] zu länderübergreifenden Clustern anhand von demographischen, psychographischen und beobachtbaren Variablen zusammengefasst.[123] Es zeigt sich, dass die einzelnen Lebensstiltypen, in allen westeuropäischen Ländern vorhanden sind, zum Teil aber mit unterschiedlichem Gewicht pro Land. Abbildung 8 zeigt die Verteilung der *Euro-Styles*[124] in Frankreich und Deutschland im Vergleich zum westeuropäischen Durchschnitt:

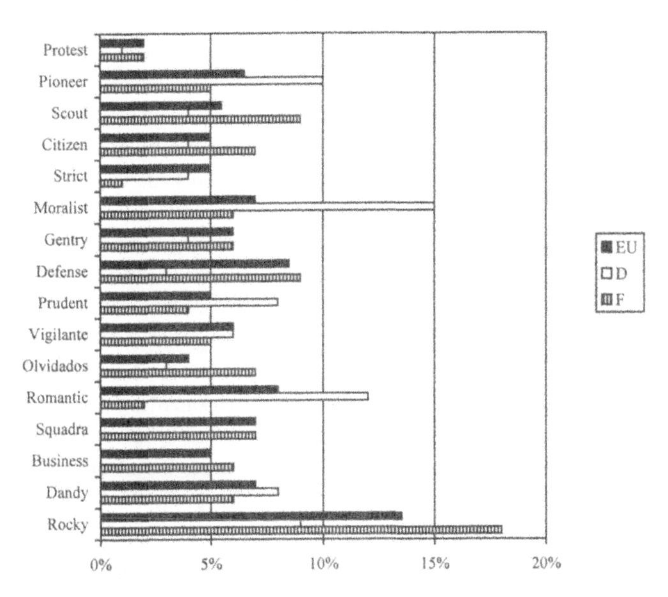

Abbildung 8: Prozentuale Verteilung der Euro-Styles-Typen in F, D und Europa[125]

Dieses Vorgehen entspricht zwar grundsätzlich dem Gedanken der managementorientierten Marktsegmentierung,[126] und die hierdurch ermittelten europäischen Verbrauchertypen lassen

122 Vgl. *Kroeber-Riel* (1990), S. 582-583.

123 Die bekanntesten europäischen *Lifestyle*-Typologien sind die *Euro-Styles* des Europanel (einem Zusammenschluss von 15 europäischen Marktforschungsinstituten, u.a. der GfK) und der CCA (*Centre de Communication Avancé*) sowie die *ACE - Anticipating Change in Europe* des RISC (*Research Institute on Social Change*). Vgl. *Woesler-de Panafieu* (1990), S. 53-55; *Kramer* (1991), S. 216-219; *Meissner* (1990), S. 147. Die *Euro-Styles* z.B. basieren auf zwei großen Studien, die Ende der 80er Jahre durchgeführt wurden. In insgesamt 24.000 Interviews wurden 3.500 Variablen zu vielen Aspekten des Lebens erhoben. Hieraus ergaben sich 16 verschiedene Lebensstiltypen, die auf einer dreidimensonalen »Landkarte« mit zwei Grunddimensionen positioniert und zu sechs verschieden »Mentalitätstypen« zusammenfassbar sind. Vgl. *Anders* (1989), S. 418; *GfK/G&I Lebensstilforschung* (1989).

124 Eine Beschreibung der verschiedenen Typen findet sich bei *GfK/G&I Lebensstilforschung* (1989).

125 Quelle: GfK, entnommen aus: *Berndt/Altobelli/Sander* (1995), S. 195.

126 In der deutschsprachigen Literatur zum internationalen Marketing bezeichnet man das Identifizieren von länderübergreifenden Segmenten und die entsprechende Marktbearbeitung dieser Segmente auch als „integrale Marktsegmentierung“. Vgl. z.B. *Berekoven* (1985), S.119-121.

sich anhand von soziodemographischen Größen und Lebensstilmerkmalen anschaulich beschreiben und darstellen. So lässt sich feststellen, dass europäische Verbrauchertypologien auf der Basis von Lebensstilanalysen im Zuge der Entwicklungen des europäischen Binnenmarktes an Bedeutung gewonnen haben.[127]

Konzeptionell ist bei diesem Vorgehen zu kritisieren, dass letztendlich ein »modellhaftes« Europa konstruiert wird. Durch die Vorentscheidung, auf europäischer Ebene zu segmentieren, dominiert Europa die Länder. Denkbar wäre nämlich auch, zuerst auf Länderebene zu segmentieren und dann einen Europavergleich durchzuführen. Weiterhin problematisch erscheint - neben der mangelnden theoretischen Fundierung dieser Ansätze, der schlechten Dokumentation und Zugänglichkeit der zugrunde liegenden Daten -[128] vor allem die konkrete Anwendung der europäischen Verbrauchertypologien jenseits der globalen Identifikation von potentiellen transnationalen Zielgruppen. Die Lebensstiluntersuchungen basieren nämlich auf hoch aggregierten Daten (Verhaltensclustern) und lassen sich weder auf einzelne Produkte noch auf einzelne Marketinginstrumente beziehen.[129] Außerdem sind insbesondere internationale *Life-Style*-Typologien mit einer Reihe von methodischen Problemen wie eingeschränkter Reliabilität und zweifelhafter Validität behaftet.[130] Darüber hinaus erfahren die europäischen *Life-Style*-Ansätze Kritik, da sie die kulturelle Vielfalt der betrachteten Länder vernachlässigen und sich überwiegend mit der Veränderung von sozio-kulturellen Werten befassen, die eher kurzfristiger Natur sind.[131] Kultur ist jedoch als ein langfristiges und geschichtliches Phänomen zu begreifen und unterliegt keinen kurzfristigen Schwankungen.[132] Daher muss eine Analyse der europäischen Konsumenten auch kulturelle Phänomene als potentiell kaufverhaltenswirksame Hintergrundfaktoren bei der Frage nach der Ähnlichkeit oder Unterschiedlichkeit der Konsumenten berücksichtigen, selbst bei solchen, die dem gleichen Lebensstil-Cluster angehören.

Die Betrachtung der europäischen Länder und Regionen zeigt, dass eine große *kulturelle Heterogenität* innerhalb Europas vorliegt und diese auch in Zukunft bestehen bleiben wird.[133]

---

127 Vgl. *Stegmüller* (1995), S. 249.

128 Vgl. *Müller/Kornmeier* (1995), S. 363.

129 Vgl. *Esch* (1995), S. 187; *Kapferer* (1992), S. 240; *Kroeber-Riel* (1993), S. 263; *Stegmüller* (1995), S. 261. In Kombination mit anderen Untersuchungen, z.B. Verbraucherpanels, lassen sich bereits konkretere Implikationen für das internationale Marketing ableiten. Vgl. *Stegmüller* (1995), S. 261-263 und siehe hierzu das bei *Müller/Kornmeier* (1995), S. 363-365 angeführte Beispiel. Dennoch kann auch darauf aufbauend noch nicht endgültig entschieden werden, ob beispielsweise eine Standardisierung einzelner Marketinginstrumente möglich ist. Eine weitere Einschränkung in diesem Kontext erfahren *Life-Style*-Ansätze dadurch, dass ein Zusammenhang zwischen Lebensstil und Kaufverhalten bei *low-involvement* Produkten meist nicht angenommen werden kann. Vgl. *Stegmüller* (1995), S. 251.

130 Vgl. *Stegmüller* (1995), S. 275-277.

131 Vgl. *Homma* (1991), S. 256; *Seidel* (1995), S. 164-165. Insgesamt gesehen gelten *Life-Style*-Segmente auch als zeitlich relativ instabil. Vgl. *Stegmüller* (1995), S. 277-278.

132 Vgl. *Fischer* (1996), S. 19-32 sowie die in der interkulturellen Managementforschung weitgehend akzeptierten und verwendeten Kulturkonzepte von *Herskovits* (1967), S. 9; *Keller* (1982), S. 118-119; *Kluckhohn/Kelley* (1972), S. 85; *Kroeber/Kluckhohn* (1952), S. 181; *Schein* (1992), S. 6-15.

133 Vgl. *Seidel* (1995), S. 170.

Zieht man die Kulturdimensionen[134] von HOFSTEDE und seine Ergebnisse zur Bewertung der Länder auf diesen Dimensionen heran, werden die kulturellen Unterschiede innerhalb Westeuropas deutlich. Abbildung 9 zeigt die Punktwerte ausgewählter Länder im Vergleich zum westeuropäischen Durchschnitt auf vier dieser Dimensionen.[135]

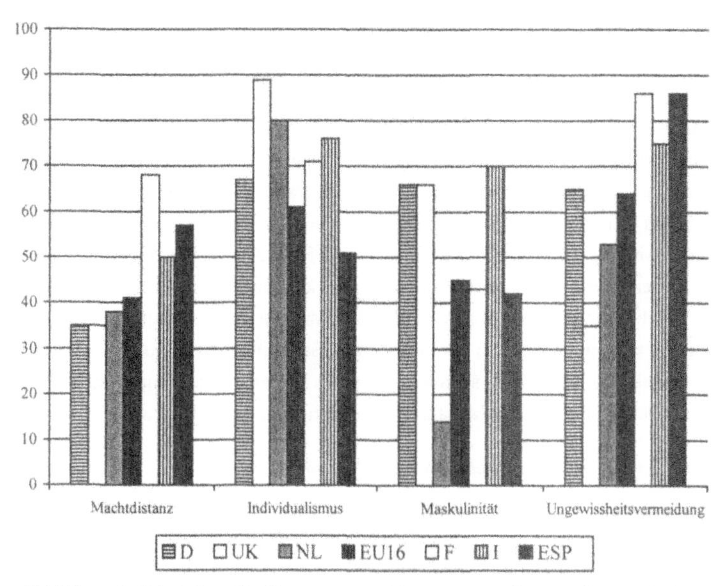

Abbildung 9: Die kulturelle Heterogenität Westeuropas dargestellt mittels der Kulturdimensionen von HOFSTEDE

Ähnliche Ergebnisse bezüglich der kulturellen Heterogenität Europas weisen die qualitativen Arbeiten der Forscher, die dem Ansatz der historischen Kulturanthropologie folgen, auf.[136] So beschreibt und erklärt z.B. FISCHER anhand der von ihm genannten kulturellen Grunddimensionen („Religion-Raum-Zeit“, „Gesellschaft“, „Technik“ und „Ästhetik“) die grundsätzliche Andersartigkeit der französischen und deutschen Kulturen.[137]

Die Verschiedenartigkeit der Kulturen kann zur Erklärung von kaufverhaltensrelevanten Unterschieden beim Informationsverhalten, bei der Entschlüsselung von Werbebotschaften, den Präferenzstrukturen oder den allgemeinen Verbrauchs- oder Gebrauchsgewohnheiten

---

134 Diese sind „Machtdistanz“, „Individualismus/Kollektivismus“, „Maskulinität/Feminität“, „Ungewissheitsvermeidung“ und „Langfrist-/Kurzfristorientierung“. Vgl. *Hofstede* (1992), S. 306-311.

135 Vgl. *Hofstede* (1992), S. 312-313. Der westeuropäische Durchschnitt ergibt sich aus den Punktwerten folgender Länder: Belgien, Dänemark, Deutschland, Finnland, Frankreich, Griechenland, Großbritannien, Irland, Italien, Niederlande, Norwegen, Österreich, Portugal, Schweden, Schweiz und Spanien.

136 Zu den unterschiedlichen Ansätzen in der interkulturellen Managementforschung siehe *Fischer* (1996), S. 5-38; *Kumar* (1988), S. 389-394.

137 Vgl. *Fischer* (1996).

herangezogen werden. Beispielsweise können der typisch französische, dreistufige Aufbau von Werbetexten[138] auf die aus dem Rationalismus aufbauende französische Denkweise[139] oder die im Vergleich zu deutschen Fernsehspots im Durchschnitt schnellere Bildfolge französischer Werbung[140] auf das andere Zeitverständnis der Franzosen[141] zurückgeführt werden. Auch das unterschiedliche Umweltbewusstsein romanischer und germanischer Hausfrauen lässt sich aus dem kulturbedingt andersartigen Verhältnis zur Natur ableiten.[142] Ein in mehreren europäischen Ländern agierendes Unternehmen muss zur Erzielung von Kundennähe diese kulturellen Unterschiede bewusst zur Kenntnis nehmen.[143]

Als Fazit dieses Abschnitts ist festzuhalten, dass trotz einer teilweisen Angleichung bei einigen sozio-demographischen Kenngrößen und dem Vorliegen pan-europäischer Lebensstile nicht von einer allgemeinen Konvergenz der Konsumgewohnheiten in Europa gesprochen werden kann. Das gilt auch für Konsumenten desselben *Life-Style*-Segments. Es muss vielmehr akzeptiert werden, dass aufgrund der kulturellen Heterogenität der europäischen Konsumenten verhaltensrelevante Unterschiede vorliegen können, die das internationale Marketing berücksichtigen muss. Allerdings ist die Relevanz dieser Unterschiede nicht immer gegeben, sondern muss im Einzelfall geprüft werden. Schließlich ist es auch eine Frage der Ertrags-Kosten-Relation, inwieweit solchen relevanten Unterschieden dann tatsächlich im Marketing durch länderspezifische Maßnahmen Rechnung getragen wird.

4. Implikationen für das europäische Brand Management

Zusammenfassend kann festgestellt werden, dass einerseits die Europäisierung der Wettbewerbsstrukturen bei gleichzeitiger Wettbewerbsintensivierung sowie die Europäisierung des Einzelhandels die bedeutendsten branchenübergreifenden Entwicklungen in der Konsumgüterindustrie darstellen. Andererseits ist zu beachten, dass eine solche Europäisierung nicht in gleichem Maße auf Konsumentenseite stattfindet. Vielmehr muss beim Konsumentenverhalten von für das Marketing potentiell relevanten internationalen Divergenzen ausgegangen werden. Schließlich muss berücksichtigt werden, dass branchen- und unternehmensbedingte Unterschiede in der Ausgangssituation der Europäisierungsentwicklung vorliegen. Diese oben erläuterten Entwicklungen haben zum Teil weitreichende Implikationen für das europäische Brand Management.

Zum einen erfordert die Verschärfung und Europäisierung des Wettbewerbs Maßnahmen zur *Kostenreduktion.*[144] Dies ist um so mehr der Fall, je stärker Konsumgüterunternehmen im

---

138 Vgl. *Klenkler* (1982), S. 128.

139 Vgl. *Fischer* (1996), S. 44-48.

140 Vgl. *Schroeder* (1991), S. 97.

141 Vgl. *Fischer* (1996), S. 51-53.

142 Vgl. *Noelle-Neumann* (1992), S. 92.

143 Vgl. *Seidel* (1995), S. 170.

144 Vgl. allgemein *Disselkamp* (1995), S. 40; *o.V.* (1992a), S. 71; *Hünerberg* (1993a), S. 215-216; *Meffert/Bolz* (1989), S. 41-42; *Sommerlatte/Maier-Rothe/Werner* (1992), S. 75; *Winkhaus* (1990), S. 63. Für Branchenbeispiele vgl. *Braun/Schiele/Schlickmann* (1996), S. 144; *Hölper* (1994), S. 108-110.

Wettbewerb zu ostasiatischen Anbietern stehen. Auch die Europäisierung des Handels und der daraus resultierende Preisdruck auf die Markenartikelhersteller zwingt zur Suche und Ausschöpfung von Kostensenkungspotentialen. Eine Möglichkeit, Kosten zu senken, besteht in der internationalen Standardisierung von Marketinginstrumenten, insbesondere von Produkten, Verpackungen und Werbemaßnahmen.[145] Aber auch die Rationalisierung und europäische Ausrichtung der Marketinglogistik bietet Spielräume für Kosteneinsparungen.[146] Die Homogenisierung der Wettbewerbsstrukturen auf europäischer Ebene und der internationalen Aktivitäten des Handels bedingt ebenfalls, dass die Möglichkeiten zur internationalen Preisdifferenzierung innerhalb Europas immer geringer werden, bei standardisierten Produkten zum Teil sogar gänzlich verschwinden.[147] Insgesamt steigt aus dieser Sicht die Erfordernis, das Marketing länderübergreifend zu vereinheitlichen.

Zum anderen bewirken diese Entwicklungen im Konsumgüterbereich eine steigende Notwendigkeit einer klaren *Profilierung* der eigenen Marken, um sich vom Wettbewerb zu differenzieren und dem Preiswettbewerb auszuweichen.[148] Hierbei führen die gestiegenen Kosten für die Profilierung dazu, dass Dachmarken oder Markenfamilien zunehmend im Vordergrund stehen und/oder national erfolgreiche Markenkonzepte auf die europäischen Märkte übertragen und aktiv geführt werden müssen.[149] Die Notwendigkeit der klaren Profilierung im Wettbewerb kann aber auch bedeuten, dass bestimmte Aspekte des Marketing-Mix auf die länderspezifisch zugeschnitten werden müssen.[150] Darüber hinaus steigen auch die Anforderungen an die Innovationsfähigkeit der Unternehmen und die Notwendigkeit, Innovationen rasch im gesamten Europa zu vermarkten.[151]

Eine weitere strategische Implikation der oben dargestellten Entwicklungen besteht im Erfordernis des *Aufbaus einer europäischen Marktposition*. Sie wird erstens benötigt, um die zur Verbesserung der Kostenposition notwendigen *economies-of-scale* zu erzielen. Zweitens ermöglicht eine europäische Marktposition eine entsprechende Verhandlungsmacht gegenüber dem europäisierten Handel. Das kann entscheidend sein, um im Regalwettbewerb zu bestehen.[152] Die Internationalisierung und Aufbau einer derartigen Position erfolgte dabei oftmals durch Akquisition bestehender (nationaler) Marken.[153]

Betrachtet man die derzeitige Situation der europäischen Konsumgüterindustrie, so lässt sich feststellen, dass einerseits einige bedeutende Faktoren vorliegen, die eine zunehmende Euro-

---

145 Vgl. *Kux/Rall* (1990), S. 73-74; *Meffert/Bolz* (1995), S. 136-137; *Morwind* (1992), S. 88-89; *Stegmüller* (1995), S. 51-52.

146 Vgl. *Klein* (1995), S. 54-55.

147 Vgl. *Diller/Bukhari* (1994), S. 168-169.

148 Vgl. *Bruhn* (1989), S. 27; *Disselkamp* (1995), S. 40.

149 Vgl. *Remmerbach/Walters* (1994), S. 657; *Sommerlatte/Maier-Rothe/Werner* (1992), S. 75-77.

150 Vgl. *Remmerbach/Walters* (1994), S. 658.

151 Vgl. *Meffert/Meurer* (1993), S. 224; *Morwind* (1992), S. 84; *Sommerlatte/Maier-Rothe/Werner* (1992), S. 75-77; *Winkhaus* (1990), S. 62.

152 Vgl. *Braun/Schiele/Schlickmann* (1996), S. 144; *Mei-Folter* (1991), S. J18.

153 Vgl. *Sommerlatte/Maier-Rothe/Werner* (1992), S. 75-77.

päisierung und Integration des Marketings erfordern. Andererseits bestehen aber nach wie vor eine Vielzahl von Einflussfaktoren, die eine Anpassung des Marketing an lokale, landesspezifische Gegebenheiten verlangen. Zu der zweiten Gruppe zählen insbesondere kulturell bedingte Unterschiede beim Konsumverhalten, unterschiedliche Marktpositionen der Unternehmen in den jeweiligen Ländern sowie die ehemals bzw. teilweise immer noch vorhandene dezentralen Organisationsstrukturen der Unternehmen. Einen Überblick über diese verschiedenen Faktoren und ihre Wirkungen liefert folgende Abbildung.[154] Es wird deutlich, dass einerseits die Erfordernisse zur *lokalen Anpassung* für die europäische Konsumgüterindustrie hoch sind. Andererseits ist die Notwendigkeit zur *globalen Integration*[155] ebenfalls relativ hoch bzw. signifikant angestiegen.

Abbildung 10: Erfordernisse der globalen Integration und lokalen Anpassung in der europäischen Konsumgüterindustrie

Anhand der Bedeutung der jeweiligen Erfordernisse zur globalen Integration sowie zur lokalen Anpassung lassen sich vier unterschiedliche Grundtypen von Internationalisierungsstrategien unterscheiden.[156] Grundsätzlich ist dabei zunächst zu beachten, dass in den seltensten Fällen weder rein globale noch rein lokale Branchen existieren; in der Regel sind immer einzelne Erfordernisse der globalen Integration und der lokalen Anpassung *gleichzeitig* vorhanden. Im wesentlichen geht es um die Stärke der einzelnen Ausprägungen und ihre relativen Bedeutungen.[157]

---

154 Angesichts der Vielzahl der Einflussfaktoren sowie der Interdependenzen zwischen diesen Faktoren können hier nur Tendenzaussagen gemacht werden. Für einen allgemeinen Überblick über Faktoren, die globale Integration erfordern, und solchen, die lokale Anpassung erfordern, vgl. *Prahalad/Doz* (1987), S. 18-21. Zu speziell in der europäischen Konsumgüterindustrie wirksamen Faktoren vgl. z.B. *Diller/Bukhari* (1994), S. 168; *Remmerbach/Walters* (1994), S. 662-668.

155 Der Begriff »globale Integration« wird dabei nicht unter geographischen Gesichtspunkten, sondern als grundsätzlicher Gegensatz zur Strategie der lokalen Anpassung verwendet.

156 Vgl. *Meffert* (1986a), S. 691.

157 Vgl. *Doz* (1987), S. 31; *Prahalad/Doz* (1987), S. 22-24.

Sind die Erfordernisse sowohl der Integration als auch der lokalen Anpassung eher niedrig, dann ist die sogenannte *internationale* Strategie adäquat. Sie zeichnet sich durch ein zentralisiertes Managementkonzept aus: Bei ihr werden Stammland-Konzepte unverändert auf die Auslandsmärkte übertragen. Sind nur die Globalisierungserfordernisse relativ hoch, dann ist die *globale* Strategie sinnvoll. Bei diesem Strategietyp steht die Erzielung globaler Effizienz im Vordergrund, wobei Struktur und Prozesse in den Auslandsmärkten im Hinblick auf die übergreifenden Ziele des Gesamtunternehmens abgestimmt werden. Dominieren dagegen eindeutig die Erfordernisse der lokalen Anpassung, dann ist die *multinationale* Strategie geeignet. Hierbei erfolgt nur geringe Koordination zwischen den einzelnen Einheiten des Unternehmens, die ihre jeweils eigene spezifische Strategie pro Land verfolgen.[158] Wenn die Erfordernisse zur globalen Integration und zur lokalen Anpassung beide relativ hoch sind, dann ist eine *Misch*-Strategie, die in der Literatur auch als *transnationale* oder *multi-focale* Strategie bezeichnet wird, erforderlich.[159] Dieser Strategietyp versucht, die teilweise konfligierenden Ansprüche auszubalancieren und miteinander zu verbinden, um dadurch sowohl bestimmte Globalisierungs- als auch Lokalisierungsvorteile auszuschöpfen. Dies erfolgt entweder durch Erfüllung der jeweiligen Erfordernisse im Sinne eines Transzendierens der spezifischen Anforderungen durch ein Gesamtkonzept oder im Sinne eines Abgleichs, bei dem auf die jeweiligen Anforderungen durch entsprechend spezifische lokale bzw. globale Maßnahmen eingegangen wird.[160] Letztlich bedeutet dies, dass auf der Grundlage global konzipierter Rahmenkonzepte eine lokale Anpassung einzelner Konzeptelemente zu erfolgen hat. Hierzu ist eine globale Sichtweise, die aber offen für lokale Spezifika ist, erforderlich.[161]

Die Ergebnisse einer empirischen Untersuchung von KUMAR deuten ebenfalls darauf hin, dass europäische Konsumgüterunternehmen im Vergleich zu Industriegüterunternehmen anderer Sektoren tendenziell häufiger dem transnationalen Strategiefeld zuzuordnen sind.[162] Die Implikation der veränderten Rahmenbedingungen der europäischen Konsumgüterindustrie im Kontext der aufgezeigten Grundtypen der Internationalisierungsstrategie besteht dann darin, dass tendenziell ein Wechsel von einer multinationalen Strategie hin zu einer transnationalen Strategie für viele Konsumgüterunternehmen erforderlich wurde.

158 Vgl. *Kumar* (1993), S. 57; *Welge/Böttcher* (1991), S. 436-437; *Welge* (1992), S. 570-572.

159 Vgl. *Bartlett/Ghoshal* (1990a), S. 79-80; *Kumar* (1993), S. 57-58; *Martinez/Jarillo* (1991), S. 430-431; *Meffert* (1990b), S. 101; *Prahalad/Doz* (1987), S. 25.

160 Vgl. *Doz/Prahalad* (1991), S. 146; *Gustavsson/Melin/MacDonald* (1994), S. 257-258; *Kumar* (1993), S. 58; *Meffert* (1990), S. 99-100.

161 Dies wird auch durch die häufig in der Literatur genannten Erfolgsformeln wie „*Think global, act local*" oder „*Global vision with a local touch*" ausgedrückt. Vgl. *Meffert* (1990b), S. 99-100.

162 Vgl. *Kumar* (1993), S. 64.

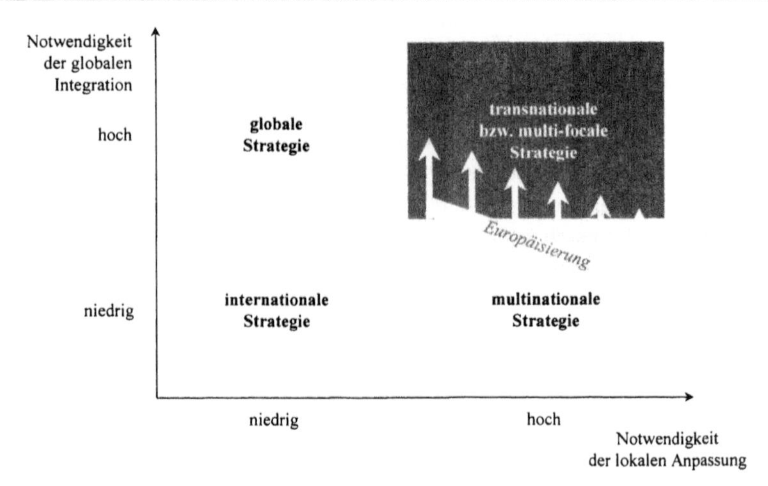

Abbildung 11: Varianten der Internationalisierungsstrategie und Auswirkung der Europäisierung der Konsumgüterindustrie

Insgesamt gesehen implizieren die oben erläuterten Entwicklungen, dass der länderübergreifende *Koordinationsbedarf* für das Marketing deutlich angestiegen ist[163] und gleichzeitig landesspezifische Bedingungen mit berücksichtigt werden müssen. Die Herausforderung des europäischen Marketing-Managements für Konsumgüterunternehmen besteht darin, den zum Teil gegensätzlichen Anforderungen gerecht zu werden und gegebenenfalls einen Wandel hin zu einer transnationalen Strategie erfolgreich zu bewerkstelligen.

II. Kritische Würdigung von Studien zum internationalen und Euro-Marketing

Nachdem die gestiegene Notwendigkeit zur Koordination internationaler Marketingaktivitäten bei einem gleichzeitigen Vorliegen von Faktoren, die eine lokale Anpassung erfordern, als die zentrale Herausforderung des europäischen Konsumgütermarketings herausgearbeitet wurde, stellt sich nun die Frage, welchen Beitrag Ansätze des internationalen Marketing zur Bewältigung dieser Herausforderung liefern. Zur Beantwortung dieser Frage sollen daher in diesem Abschnitt zunächst eine kurze Darstellung des klassischen Ansatzes des internationalen Marketing und dessen Defizite präsentiert werden. Daraufhin folgen ein Überblick der wichtigsten Veröffentlichungen zum Euro-Marketing sowie neuerer deutschsprachiger Studien zum internationalen Marketing im allgemeinen und eine kritische Würdigung dieser Studien.

1. Der klassische Ansatz des internationalen Marketing

Der klassische Ansatz des internationalen Marketing, der in den 60er und 70er Jahren entwickelt wurde,[164] beschäftigt sich hauptsächlich mit der Frage, ob eine *länderübergreifende*

---

163 Vgl. *Martinez/Jarillo* (1991), S. 429-430.

164 Als erste bedeutende Veröffentlichungen werden hier i.d.R. *Elinder* (1961), *Elinder* (1965), *Fatt* (1964), *Fatt* (1967) und *Buzzell* (1968) genannt. Vgl. *Jain* (1989), S. 70; *Meffert/Bolz* (1994), S. 31.

Standardisierung der einzelnen Marketinginstrumente möglich und sinnvoll ist. Um dies zu beantworten, wurden zum einen Modelle gebildet, in denen die Einflussfaktoren dieser Entscheidung aufgelistet sind. Grundsätzlich liegt dabei eine Unterscheidung zwischen unternehmensexternen und -internen Determinanten vor. Bei den externen Faktoren war die zentrale Aussage, dass bei länderübergreifender Homogenität dieser Größen die Marketinginstrumente zu standardisieren bzw. bei Heterogenität zu differenzieren seien. Bei den internen Einflussgrößen wird die Möglichkeit zu standardisieren in Abhängigkeit von bestimmten Unternehmens-, Entscheidungsträger- sowie Produktcharakteristika gesehen. Zum anderen wurden diverse Vor- und Nachteile der Standardisierung und der lokalen Anpassung des Marketing aufgezählt, um die situative Zweckmäßigkeit der alternativen Vorgehensweisen bewerten zu können. In der Regel wird dabei unterstellt, dass durch Differenzierung aufgrund der besseren länderspezifischen Anpassung die Umsatzerlöse höher ausfallen und bei Standardisierung Kosten eingespart werden.[165]

BUZZELL stellte beispielsweise fest, dass die Zweckmäßigkeit der länderübergreifenden Vereinheitlichung des Marketing-Mix von Barrieren zur Standardisierung, wie internationalen Unterschieden in Rechtsvorschriften oder im Konsumentenverhalten, und dem potentiellen ökonomischen Nutzen einer Standardisierung abhängt.[166] Ähnliches konstatierten WIND/ DOUGLAS/PERLMUTTER, die die Unternehmensgröße, die Auslandserfahrung des Unternehmens, die Größe des Auslandsmarktes, den Grad der Heterogenität des Auslandsmarktes und die Art des Produktes als Determinanten des Standardisierungsgrades der Marketinginstrumente identifizierten.[167]

In den 80er Jahren fand eine Erweiterung dieses klassischen Ansatzes um strategische Aspekte statt, bedingt vor allem durch die sogenannte *Globalisierungsdiskussion*.[168] Zusätzlich zu der Problematik der Standardisierung der Marketinginstrumente griff man Themen wie Länderwahl, Markteintrittsstrategie, Kooperationen und internationale Wettbewerbsstrategien auf.[169] Darüber hinaus gewann die Standardisierungsdiskussion erneuten Auftrieb durch den in der Folge kontrovers diskutierten Beitrag von LEVITT[170] zur Globalisierung der Märkte.[171] Einerseits wurden die zahlreichen Einflussgrößen auf zentrale Dimensionen der Globalisierung reduziert, insbesondere zur Entscheidung über die grundsätzliche Ausgestaltungsform der internationalen Marktbearbeitungsstrategie.[172] Andererseits wurde eine immer differen-

165 Vgl. allgemein hierzu *Jain* (1989), S. 70-71; *Meffert/Bolz* (1994), S. 31; Eine Aufzählung von Einflussfaktoren sowie von Vor- und Nachteilen der Standardisierung/Differenzierung findet sich z.B. bei *Berekoven* (1985), S. 135-142; *Meffert/Althans* (1982), S. 106-107.

166 Vgl. *Buzzell* (1968), S. 102.

167 Vgl. *Wind/Douglas/Perlmutter* (1975), S. 20-21.

168 Vgl. *Meffert/Bolz* (1994), S. 29-30.

169 Vgl. z.B. *Segler* (1986); *Takeuchi/Porter* (1986).

170 Vgl. *Levitt* (1983) sowie z.B. die kritische Auseinandersetzung mit den Thesen von LEVITT bei *Douglas/Wind* (1987).

171 Vgl. *Meffert/Bolz* (1994), S. 31.

172 Vgl. *Meffert/Bolz* 1991; *Meffert/Bolz* (1994), S. 30; *Yip* (1989).

ziertere Betrachtung der Einflussfaktoren zur Standardisierbarkeit der einzelnen Marketinginstrumente vorgenommen.[173] Insgesamt gesehen ist der zugrunde liegende Ansatz, die Beurteilung der Zweckmäßigkeit der Standardisierung von Marketingstrategie und -Mix anhand verschiedener Einflussfaktoren, jedoch gleich geblieben. Dieser hier als *klassisch* bezeichnete Ansatz des internationalen Marketing ist allerdings mit einigen, teilweise gravierenden Defiziten versehen. Diese sollen im Folgenden aufgezeigt werden.

2. *Defizite des klassischen Ansatzes*

a) Mangelnde theoretische und empirische Basis

Ein erstes Defizit des klassischen Ansatzes und vieler Studien zum internationalen Marketing besteht in ihrer ungenügenden theoretischen Fundierung.[174] Die Identifikation von potentiellen Einflussfaktoren auf die Standardisierungsentscheidung, auch als *IR-Paradigma*[175] bezeichnet, erweist sich als aufschlussreich[176] und lässt sich auf den konzeptionellen Bezugsrahmen der internationalen Unternehmung von FAYERWEATHER zurückführen. In diesem werden die gegensätzlichen Strategien von *Innovation vs. Konformität* und *Unifikation vs. Fragmentation* darlegt. Das erste Gegensatzpaar bezieht sich auf die Interaktionen der internationalen Unternehmung mit den Auslandsmärkten, das zweite auf das Innenverhältnis der Unternehmenseinheiten bei der Bearbeitung mehrerer Ländermärkte. Zusammen genommen ergeben diese beiden Handlungsalternativen die Strategien der globalen Integration und der lokalen Anpassung.[177] Bei der Konzipierung des Bezugsrahmens bezieht sich FAYERWEATHER auf Ansätze der internationalen Handelstheorie, hier insb. auf das Konzept des komparativen Wettbewerbsvorteils, sowie auf Erkenntnisse der Kulturanthropologie und der Politikwissenschaften.[178] Die auf diesem Bezugsrahmen aufbauenden Globalisierungs- und Lokalisierungsstrategien weisen darüber hinaus eine Parallelität zu dem sogenannten *E.P.R.G.-Paradigma* von PERLMUTTER auf.[179] Die zentrale Annahme dieses Paradigmas ist, dass der Internationalisierungsgrad, dem das Management verpflichtet ist oder den es anstrebt, die Wahl der spezifischen Internationalisierungsstrategie beeinflusst.[180]

Trotz der Verwendung dieser beiden Bezugsrahmen erweist sich das Feld des internationalen Marketing insgesamt als *theoretisch wenig durchdrungen.*[181] Insbesondere fehlen bei vielen

---

173 Vgl. z.B. *Harvey* (1993); *Kreutzer* (1991), S. 366-393; *Jain* (1989), S. 71-76.

174 Vgl. *Müller/Kornmeier* (1994), S. 158.

175 *IR* steht für *Integration-Responsiveness.*

176 Vgl. *Meffert/Bolz* (1994), S. 29.

177 Vgl. *Fayerweather* (1969); *Fayerweather* (1978); *Fayerweather* (1981) sowie eine Würdigung dieses Konzepts bei *Soldner* (1984), S. 38-42.

178 Vgl. *Fayerweather* (1981), S. 18-22; *Soldner* (1984), S. 38.

179 Vgl. *Kutschker* (1993), S. 4. *E.P.R.G.* steht dabei für *Ethnozentrisch*, *Polyzentrisch*, *Regiozentrisch* und *Geozentrisch* und typisiert die internationale Orientierung der Entscheidungsträger einer internationalen Unternehmung. Vgl. hierzu *Perlmutter* (1969), S. 9-18.

180 Vgl. *Wind/Douglas/Perlmutter* (1975), S. 15.

181 Vgl. *Soldner* (1984), S. 25.

Veröffentlichungen zum internationalen Marketing ein expliziter Rückgriff auf die verschiedenen theoretischen Konzepte des strategischen und internationalen Managements sowie eine *Integration der grundlegenden Erkenntnisse* dieser Nachbardisziplinen.[182] Darüber hinaus lässt sich feststellen, dass internationale Wettbewerbsstrategien ebenfalls durch eine vergleichsweise große Theoriearmut gekennzeichnet sind. Die in der Literatur aufgezeigten situationsspezifischen Handlungsalternativen entsprechen daher eher deskriptiven Klassifikationsschemata als Normstrategien im eigentlichen Sinne.[183]

Neben einer mangelhaften theoretischen Basis sind viele Studien im internationalen Marketing auch mit gravierenden *empirischen Problemen* behaftet. Die Probleme liegen oftmals in der ungenügenden messtechnischen Fundierung der verwendeten Konstrukte, was insbesondere bei international vergleichenden Studien erhebliche Auswirkungen haben kann, dem allzu schlichten Erhebungsdesign und der unzureichenden Datenqualität. Außerdem zeichnen sich etliche Studien durch eine (zu) simple statistische Beweisführung aus.[184] Die theoretischen und empirischen Mängel der Studien, die dem klassischen Ansatz des internationalen Marketing folgen, sind nicht zuletzt der Grund dafür, dass vielfach widersprüchliche empirische Ergebnisse in dieser Forschungsdisziplin vorliegen.[185]

b) Überbetonung und Vereinfachung der Standardisierungsproblematik

Die Frage, ob das Marketing länderübergreifend standardisiert werden kann, ist sicherlich eine zentrale Fragestellung des internationalen Marketing.[186] Dabei hat sich die Diskussion in der Literatur zum internationalen Marketing überwiegend um die Standardisierbarkeit der *Marketing-Instrumente* gedreht,[187] wobei dem länderübergreifend einheitlichen Einsatz von Werbung die meiste Aufmerksamkeit zukam.[188] Dagegen lässt sich feststellen, dass trotz der Integration strategischer Aspekte in das internationale Marketing in den 80er Jahren strategische Fragestellungen in diesem Forschungsbereich insgesamt noch sehr vernachlässigt werden.[189] Aber auch bei der Evaluierung internationaler Strategien wurde die Analyse oftmals auf die Alternativen Standardisierung *versus* lokale Anpassung fokussiert.[190] Diese Überbetonung der Standardisierungsproblematik im Rahmen des klassischen Ansatzes hat vielfach dazu geführt, die falsche Ausgangsfrage zu stellen. Schließlich ist weder die Möglichkeit zu standardisieren allein entscheidend noch die Standardisierung der Marketinginstrumente und -strategie ein per se erstrebenswertes Ziel. Vielmehr muss im Vordergrund stehen, wie ein Unternehmen durch internationales Marketing

182 Vgl. *Douglas/Craig* (1992), S. 291 und 310.

183 Vgl. *Kutschker* (1993), S. 12.

184 Vgl. *Kaynak* (1984), S. 338-339; *Müller/Kornmeier* (1994), S. 158.

185 Vgl. z.B. *Kroeber-Riel* (1992), S. 261.

186 Vgl. *Meffert/Bolz* (1994), S. 1; *Müller/Kornmeier* (1996), S. 24.

187 Vgl. *Douglas/Craig* (1992), S. 305; *Jain* (1989), S. 71.

188 Vgl. *Douglas/Craig* (1992), S. 306; *Jain* (1989), S. 70-71; *Walters* (1986), S. 57.

189 Vgl. *Douglas/Craig* (1992), S. 311.

190 Vgl. *Douglas/Wind* (1987), S. 320.

Wettbewerbsvorteile erzielen kann.[191] Darüber hinaus stellt sich für die meisten Unternehmen gar nicht die Frage, *ob* sie globalisieren sollen, sondern *wie* sie ihre internationalen Aktivitäten erfolgreich gestalten und umsetzen können.[192]

Neben der Überbetonung der instrumentellen Standardisierung stellt die zu starke *Vereinfachung der Standardisierungsproblematik* ein weiteres Defizit des klassischen Ansatzes dar. Diese Vereinfachung findet in zweifacher Weise statt: erstens in einer zu geringen Differenzierung und zweitens in einer isolierten Betrachtung der Elemente des Entscheidungsproblems.

Der klassische Ansatz beinhaltet letztendlich eine *Dichotomisierung* der Handlungsempfehlungen in Standardisierung *versus* lokaler Anpassung.[193] Es wird durchaus erkannt, dass weder eine vollständige Standardisierung noch die totale lokale Anpassung des Marketings sinnvolle Vorgehensweisen darstellen, dennoch impliziert auch die Suche nach dem richtigen Standardisierungsgrad, dass es sich hierbei um eine Entweder-Oder-Entscheidung handelt. Die Entscheidung ist zwar abgestuft, aber das Entscheidungsfeld im klassischen Ansatz wird zwischen den Polen Standardisierung und lokale Anpassung eindimensional aufgespannt.[194] Das stellt aber eine unzulässige Simplifizierung dar, da in der Realität die Standardisierungsproblematik nicht auf ein eindimensionales Entweder-Oder-Problem reduzierbar ist. Vielmehr muss die Standardisierungsentscheidung als ein komplexes mehrdimensionales Problem aufgefasst werden. Die Frage nach dem zweckmäßigen Standardisierungsgrad stellt sich der typischen Mehr-Produkt Konsumgüterunternehmung, die in verschiedenen Ländern aktiv ist, in mindestens vier Dimensionen, und zwar differenziert nach Funktionen, Produkten, Instrumenten und Ländern.[195] Eine einfache Polarisierung der Handlungsalternativen erscheint wenig sinnvoll, da in der Regel entlang dieser Dimensionen das Marketing *sowohl* standardisiert *als auch* lokal angepasst wird. Das Essentielle beim internationalen Marketing besteht darin, die *richtige Balance* beim *simultanen* Einsatz standardisierter und differenzierter Elemente zu erzielen und erfolgreich einzusetzen.[196]

Darüber hinaus vereinfacht der klassische Ansatz die Standardisierungsproblematik zu sehr, indem er eine *isolierte* Betrachtungsweise von Einzelentscheidungen vornimmt.[197] In einigen Studien, die diesen Ansatz verfolgen, wird zwar erwähnt, dass bei Standardisierungsentscheidungen Interdependenzen zwischen einzelnen Elementen des Marketing bestehen. Allerdings werden bei der Betrachtung situativer Einflussfaktoren auf die Standardisierbarkeit der Marketingstrategie oder einzelner -instrumente solche Interdependenzen nicht berücksichtigt.

Im Rahmen des klassischen Ansatz ist es möglich, potentielle Determinanten für die Standardisierung einzelner Elemente des Marketing zu identifizieren. Auf Grund der isolierten Be-

---

191 Vgl. *Takeuchi/Porter* (1986), S. 117.

192 Vgl. *Meffert* (1990b), S. 94.

193 Vgl. *Takeuchi/Porter* (1986), S. 111, 117.

194 Vgl. *Murtha/Lenway/Kimmel* (1994), S. 148.

195 Vgl. *Quelch/Hoff* (1986), S. 60-62.

196 Vgl. *Müller/Kornmeier* (1996), S. 24; *Takeuchi/Porter* (1986), S. 111; *Welge/Böttcher* (1991), S. 438.

197 Vgl. *Meffert/Bolz* (1994), S. 29.

trachtung und der Dichotomisierung der Handlungsalternativen gelingt es aber nicht, die Faktoren zu bestimmen, welche die richtige Balance von Standardisierung und lokaler Anpassung beeinflussen.[198]

c) Pauschalisierte oder nicht übertragbare Handlungsempfehlungen

Ein weiteres Defizit des klassischen Ansatzes ist, dass er nicht in der Lage ist, verallgemeinerbare aber trotzdem konkrete Handlungsempfehlungen zu generieren. Dies hängt mit mehreren Faktoren zusammen. Mit eine Rolle spielen die ungenügende theoretische Durchdringung und problembehaftete empirische Validierung beim internationalen Marketing. Dadurch wird die Ableitung fundierter präskriptiver Aussagen weitgehend verhindert. Oftmals ist auch der Abstraktionsgrad - z.B. bezüglich der Produkte - zu hoch, um aussagekräftige Erkenntnisse zu erhalten.[199] Angesichts der Komplexität des Entscheidungsproblems ist es sowieso zweifelhaft, ob der klassische Ansatz durch seine vereinfachte Sichtweise überhaupt generalisierbare Erkenntnisse bezüglich des inhaltlich zweckmäßigen Standardisierungsgrades erzeugen kann. Dies liegt daran, dass es unmöglich erscheint, die tatsächliche Relevanz einzelner, im klassischen Ansatz identifizierter potentieller Einflussfaktoren jenseits einer spezifischen Situation *a priori* zu ermitteln. Selbst im Einzelfall besteht enormer Spielraum für unterschiedliche Interpretationen, insbesondere bei der Frage, ob zwei Märkte als homogen zu bezeichnen sind und ob eventuelle Unterschiede zwischen Ländermärkten eine Standardisierungsentscheidung beeinflussen oder nicht.[200] Daher wird in vielen Veröffentlichungen dazu geneigt, Handlungsempfehlungen mit Plausibilitätsargumenten zu versehen und »passende« Beispiele anzuführen. Das ist jedoch weder aus wissenschaftlicher noch aus praxisorientierter Sicht befriedigend. Bei der Komplexität der Standardisierungsproblematik kann auf der Ebene von Beispielen jede Begründung für die eine oder andere Alternative meist durch ein genauso überzeugendes Gegenargument entkräftet werden.[201] Auch die *Wirkungen* der Standardisierungsentscheidung sind oft schwer zu prognostizieren, wobei in der Regel die Kosteneffekte der Standardisierung bzw. Differenzierung leichter zu ermitteln sind als die entsprechenden Erlöswirkungen.[202] Weiterhin wird in der Diskussion um die Standardisierbarkeit des Marketing oftmals implizit ein *situativer Determinismus* zu Grunde gelegt. Eine solche Vorgehensweise mündet dann oft in die Handlungsanweisung, bei kulturfreien Gütern das Marketing zu standardisieren und bei kulturgebundenen Produkten entsprechend zu differenzieren. Diese vereinfachte Anweisung ist jedoch nicht haltbar, da die Bestimmung der »Kulturgebundenheit« sich als problematisch und nicht unbedingt eindeutig lösbar erweist.[203] Außerdem wird dabei vernachlässigt, dass Unternehmen gerade durch ihre Marketingaktivitäten in der Lage sind, auf Marktverhältnisse und Konsumentenpräferenzen einzu-

198 Vgl. *Takeuchi/Porter* (1986), S. 117.

199 Vgl. *Müller/Kornmeier* (1996), S. 24-25.

200 Vgl. *Walters* (1986), S. 56.

201 Vgl. *Müller/Kornmeier* (1996), S. 10.

202 Vgl. *Kreutzer* (1991), S. 365.

203 Vgl. *Kelz* (1989), S. 245.

wirken.[204] Die Beantwortung der Frage, ob standardisiert werden soll, kann daher leicht die Form eines *Glaubenskrieges* zwischen Befürwortern der Konvergenzthese und Anhängern der Kulturgebundenheit des Marketing annehmen.

Insgesamt ist das internationale Marketing dadurch gekennzeichnet, dass sehr viele Aussagen auf der Ebene von »man könnte« oder »man sollte« angesiedelt sind.[205] Die einzigen verallgemeinerungsfähigen Handlungsanweisungen, die der klassische Ansatz erzeugen kann, sind so pauschal, dass sie inhaltlich leer bleiben. Das klassische Beispiel hierfür ist die auch von MEFFERT/ALTHANS formulierte Handlungsmaxime, soviel wie möglich zu standardisieren und soviel wie nötig zu differenzieren.[206] Aber auch folgende Feststellung von MEISSNER verdeutlicht, wie wenig der simplifizierende klassische Ansatz des internationalen Marketing in der Lage ist, präskriptive Aussagen jenseits von Allgemeinplätzen zu erzeugen:

> „Die ausführlich diskutierte Dichotomie zwischen der Unifizierung und der Differenzierung des Internationalen Marketing reduziert sich dabei im Kern auf die Frage nach dem strategischen oder dem operativen Marketing: Das strategische Marketing ist stärker global ausgerichtet, das operative dagegen stärker international differenziert."[207]

Der klassische Ansatz im internationalen Marketing ist durchaus dazu geeignet, ein *Analyseraster* für die Beurteilung der Zweckmäßigkeit der Standardisierung eines Einzelfalls im Sinne einer Entscheidungsheuristik bereitzustellen. Allerdings gelingt es dem klassischen Ansatz nicht, aussagekräftige und generalisierbare Erkenntnisse über den richtigen Grad der Standardisierung des Marketing zu erzeugen.

d) Unzureichende Berücksichtigung der Umsetzungsproblematik

Das vielleicht größte Defizit des klassischen Ansatzes im internationalen Marketing besteht in der vollkommen unzureichenden Behandlung der Umsetzungsproblematik, insbesondere was die Implementierung standardisierter Marketingkonzepte betrifft. Es existieren viele Studien, die den Inhalt effektiver globaler Strategien zu identifizieren versuchen, aber diese sprechen die Frage, *wie* internationale Unternehmen diese Strategien konzipieren und ausführen können, nicht direkt an.[208] Dies ist erstaunlich, da bereits in den 70er Jahren Ergebnisse empirischer Untersuchungen darauf hindeuteten, dass Faktoren, die die Umsetzung des internationalen Marketing betreffen, mindestens genauso bedeutend, wenn nicht sogar wichtiger sind, als die Fragen nach der inhaltlichen Ausgestaltung und der Standardisierbarkeit des Marketing. SORENSON/WIECHMANN stellten z.B. in ihrer viel zitierten Studie Folgendes fest:

> „When we asked executives of the most successful multinationals in the packaged goods field about this question, we heard again and again that the fact that they have better systems for planning and implementing their local marketing efforts is what really sets them apart from their competitors. To the successful multinational, it is not really important whether marketing

---

204 Obwohl FAYERWEATHER in seinem konzeptionellen Bedingungsrahmen explizit die Rolle der internationalen Unternehmung als *cultural change agent* darlegt. Vgl. *Fayerweather* (1981), S. 20.

205 Vgl. *Müller/Kornmeier* (1996), S. 24-25.

206 Vgl. *Meffert/Althans* (1982), S. 107.

207 *Meissner* (1991), S. 418-419.

208 Vgl. *Kim/Mauborgne* (1993a), S. 420.

programs are internationally standardized or differentiated; the important thing is that the *process* through which these programs are developed is standardized."[209]

Auch in einer neueren Untersuchung stellte KASHANI bei einem systematischen Vergleich von neun erfolgreichen Fällen der Standardisierung mit acht fehlgeschlagenen Versuchen fest, dass die Ergebnisunterschiede dieser Fälle im wesentlichen von den *Entscheidungsprozessen* in den Unternehmen und der *Art der Umsetzung* innerhalb der Unternehmensnetzwerke abhängen.[210] Insgesamt weisen die Ergebnisse empirischer Studien auf die Bedeutung prozessualer und organisationaler Aspekte in diesem Zusammenhang hin.[211] Oftmals sind es gerade unternehmensinterne Faktoren, die die erfolgreiche Umsetzung einer standardisierten Marketingkonzeption verhindern.[212] Immer wieder genannt werden dabei Aspekte wie die mangelnde Einbeziehung des lokalen Managements, unzureichende Koordinationsaktivitäten, Widerstände des lokalen Managements der Tochtergesellschaften gegen Standardisierung und Demotivation des lokalen Managements.[213] Zwar wird die Implementierungslücke, die bei der Verbindung internationaler Marketingkonzepte und ihrer Umsetzung vorliegt, oft beklagt.[214] Im Mittelpunkt der Standardisierungsdiskussion steht jedoch häufig die Analyse der externen Faktoren.[215] Dagegen liegen zur Problematik der Implementierung oder zu Entscheidungsprozessen im internationalen Marketing nur wenige wissenschaftliche Studien vor.[216] Die Umsetzung internationaler Marketingkonzepte wurde in der Literatur wenn, dann nur unter zwei allgemeinen Themengebieten berücksichtigt: zum einen im Rahmen der aufbauorganisatorischen Einbindung der Tochtergesellschaften und der Kompetenzverteilung zwischen Zentrale und Auslandsgesellschaften,[217] zum anderen bei der internationalen Standardisierung von Marketingprozessen.[218]

Bei der Betrachtung der Organisation eines internationalen Unternehmens liegt jedoch, wie im klassischen Ansatz, eine übermäßig vereinfachte kontingenztheoretische Perspektive vor.[219] Erstens liegt bei der Analyse organisationaler Größen oft implizit die idealtypische Annahme einer von Null auf internationalisierenden Unternehmung zu Grunde. Dies betrifft vor allem die Proponenten einer globalen Standardisierung. Diese ahistorische Betrachtung vernachlässigt dadurch aber Einflüsse von bestehenden internationalen Aktivitäten und

209 *Sorenson/Wiechmann* (1975), S. 54.

210 Vgl. *Kashani* (1989), S. 92.

211 Vgl. *Welge/Al-Laham* (1995), S. 67.

212 Vgl. *Meffert* (1989), S. 450.

213 Vgl. *Meffert* (1990b), S. 94-95; *Quelch/Hoff* (1986), S. 62-63; *Riesenbeck/Freeling* (1991), S. 10-11.

214 Vgl. *Meffert* (1990b), S. 94.

215 Vgl. *Meffert* (1990b), S. 97.

216 Vgl. *Douglas/Craig* (1992), S. 312; *Meffert* (1990b), S. 94; *Walters* (1986), S. 59-60.

217 Vgl. z.B. *Meffert/Althans* (1982), S. 189.

218 Vgl. z.B. *Sorenson/Wiechmann*, S. 54, 166-167.

219 Vgl. *Doz/Prahalad* (1991), S. 151.

organisationalen Faktoren auf die Implementierung.[220] Zweitens wird bei der Analyse und Bildung von internationalen Organisationstypen häufig nur der zweiten Hierarchieebene Aufmerksamkeit geschenkt.[221] Und drittens wird die Lösung des Implementierungsproblems meist auf die Frage der Zentralisierung *versus* Dezentralisierung der Entscheidungskompetenzen reduziert.[222] Die hierbei ausgesprochenen Hypothesen bzw. Handlungsempfehlungen lauten, dass eine Standardisierung der Marketingaktivitäten Zentralisierung erfordert, während die lokale Anpassung durch dezentrale Strukturen umzusetzen ist.[223] Als Begründung hierfür wird meist (explizit oder implizit) auf die *structure-follows-strategy* These von CHANDLER[224], die Überlegungen von FOURAKER/ STOPFORD,[225] die diese These auf internationale Organisationstypen übertrugen, und die empirischen Ergebnisse der Studie von STOPFORD/WELLS zurückgegriffen.[226] Verkannt wird dabei jedoch, dass STOPFORD/WELLS ihr sogenanntes *Struktur-Stadien-Modell* als ein deskriptives und nicht präskriptives Modell, wie es vielfach angewandt wird, entwarfen.[227] Selbst STOPFORD/WELLS waren skeptisch, ob man lineare Schlüsse über die Beziehungen zwischen Strategie und Struktur und vom Strategie-Struktur-Fit zum Erfolg ziehen kann.[228] Sie stellten fest, dass der Erfolg mehr von den *organisationalen Fähigkeiten* als von der Struktur einer internationalen Unternehmung abhängt. Über solche Erkenntnisse, die sogar STOPFORD/WELLS als Vertreter des *structure-follows-strategy* Paradigmas trafen, wird jedoch vielfach hinweggesehen.[229] Inzwischen wird auch zunehmend anerkannt, dass die Übertragung des Strategie-Struktur-Modells auf das internationale Management grundsätzlich problematisch ist.[230] In der deutschsprachigen Literatur wird allerdings noch ein relativ klar bestimmbarer Strategie-Struktur-Zusammenhang vertreten.[231] Es besteht zumindest weitgehend Einigkeit darüber, dass die Umsetzungsproblematik nicht auf »Zentralisierung versus Dezentralisierung« reduziert und nicht mit rein strukturellen Maßnahmen gelöst werden kann. Im Hinblick auf die Implementierung globaler Marketingkonzepte bedarf es der Berücksichtigung weiterer

---

220 Vgl. *Bartlett/Ghoshal* (1986), S. 89; *Bartlett/Ghoshal* (1991), S. 11; *Douglas/Wind* (1987), S. 329; *Kutschker* (1993), S. 11.

221 Vgl. *Bartlett/Ghoshal* (1990a), S. 51; *Welge/Böttcher* (1991), S. 441.

222 Vgl. *Bartlett/Ghoshal* (1990a), S. 53; *Doz/Prahalad* (1991), S. 146; *Welge/Böttcher* (1991), S. 448.

223 Vgl. z.B. *Jain* (1989), S. 236; *Meffert/Althans* (1982), S. 192-194. Für ein klassisches Beispiel dieser insgesamt eingeschränkten Sichtweise in einem Standardwerk des internationalen Marketing vgl. *Terpstra* (1987), S. 613-626.

224 Vgl. *Chandler* (1962).

225 Vgl. *Fouraker/Stopford* (1968), S. 47-48.

226 Vgl. *Stopford/Wells* (1972).

227 Vgl. *Bartlett/Ghoshal* (1990a), S. 50-51.

228 Vgl. *Stopford/Wells* (1972), S. 6, 79.

229 Vgl. *Melin* (1992), S. 106.

230 Vgl. *Bartlett/Ghoshal* (1991), S. 12; *Hedlund/Rolander* (1990), S. 19-22; *Melin* (1992), S. 106.

231 Z.B. bei *Macharzina* (1992a). Vgl. *Meffert/Bolz* (1994), S. 33.

Variablen, um die organisatorische Komplexität eines internationalen Unternehmens adäquat zu erfassen.[232]

Ansonsten findet eine Auseinandersetzung mit der Umsetzungsproblematik in der internationalen Marketing Literatur nur im Rahmen der Frage nach der Zweckmäßigkeit der internationalen Standardisierung von Marketingprozessen statt. *Prozessstandardisierung* bezieht sich dabei auf die länderübergreifende Vereinheitlichung der Verfahren und Werkzeuge zur Entwicklung und Durchsetzung von Marketingkonzepten.[233] Es beschäftigen sich aber nur vergleichsweise wenige Studien mit dieser Thematik.[234] Zwar kann es zunächst als Fortschritt gegenüber der rein inhaltlichen Betrachtung des klassischen Ansatzes gewertet werden, dass explizit Aspekte wie Planungs- und Kontrollsysteme aufgegriffen wurden, die in direktem Zusammenhang mit der Konzipierung und Umsetzung von internationalen Marketingstrategien stehen. Allerdings konzentrierten sich die Analysen meist auf eine Herausarbeitung von Vor- und Nachteilen der internationalen Prozessstandardisierung und auf eine empirische Erhebung des Standardisierungsgrades solcher Prozesse.[235] Diese Perspektive berücksichtigt die Implementierung von internationalen Marketingkonzepten daher nicht ausreichend. Problematisch ist zunächst, dass die betrachteten Prozesse in der Regel nur unter dem Aspekt der Standardisierung und nicht in ihrem Gesamtzusammenhang als *Koordinationsinstrumente* gesehen werden. Weiterhin ist bei den durchgeführten Studien oft nicht klar zu erkennen, genau welche Prozesse gemeint sind, oder die Prozesse werden viel zu undifferenziert betrachtet. Die Konzeptionalisierung bspw. des Marketingentscheidungsprozesses als einen monolithischen Prozess, den es zu standardisieren gilt oder nicht, erscheint angesichts der Problemkomplexität wenig zweckmäßig.[236] Darüber hinaus kann grundsätzlich in Frage gestellt werden, ob eine derart vorgenommene Dichotomisierung in Inhalt und Prozess sich zur Beantwortung der Fragen, die die Implementierungsproblematik aufwirft, wirklich eignet.[237]

3. Die Prozess-Schule des internationalen Managements

Einige der oben beschriebenen Defizite des klassischen Ansatzes des internationalen Marketing, insbesondere die Vereinfachung der Standardisierungsdiskussion und die mangelhafte Berücksichtigung der Umsetzungsproblematik, entsprechen den Defiziten des internationalen Managements in den 60er und 70er Jahren.[238] Diese Defizite wurde von der sogenannten

---

232 Vgl. *Bartlett/Ghoshal* (1990a), S. 53; *Douglas/Craig* (1992), S. 312; *Meffert/Bolz* (1994), S. 32-34; *Welge/Böttcher* (1991), S. 441.

233 Vgl. *Jain* (1989), S. 71; *Kreutzer* (1989), S. 60.

234 Vgl. *Douglas/Craig* (1992), S. 301; *Walters* (1986), S. 59-60.

235 Vgl. z.B. *Kreutzer* (1989), S. 60-84; *Sorenson/Wiechmann*, (1975), S. 54.

236 Vgl. *Walters* (1986), S. 60.

237 Vgl. *Melin* (1992), S. 102.

238 Dies ist nicht verwunderlich, da einerseits der klassische Ansatz des internationalen Marketing einen Großteil seiner Konzepte aus dem internationalen Management übernahm (z.B. die Konzepte von FAYERWEATHER oder PERLMUTTER) und andererseits ein bedeutender Teil der Diskussion im internationalen Management von Marketingfragen getrieben war (z.B. die Globalisierungsdiskussion). Eine strikte Trennung dieser beiden Forschungsgebiete erscheint daher weder möglich noch sinnvoll.

process school des internationalen Managements aufgegriffen. Die Prozess-Schule entstand Ende der 70er Jahre an der Harvard Business School unter dem Einfluss der Arbeiten von BOWER[239] auf Basis der Dissertationen von PRAHALAD, DOZ und BARTLETT.[240] Diese Schule des internationalen Management festigte sich im Laufe der 80er Jahre und hat inzwischen paradigmatische Qualität erreicht.[241] Neben den o.g. Personen zählen GHOSHAL, HAMEL und HEDLUND zu ihren Hauptvertretern. Zusammen genommen haben die Arbeiten der Vertreter dieser Schule ein reichhaltigeres und tieferes Verständnis des Managements internationaler Unternehmungen erzeugt und dadurch einen bedeutenden Fortschritt in diesem Gebiet bewirkt.[242] Ein zentraler Bestandteil der Sichtweise der Prozess-Schule ist, Aspekte der Konzipierung und Umsetzung internationaler Strategien stärker mit der inhaltlichen Ausgestaltung dieser Strategien zu integrieren. Dabei haben die Vertreter dieser Perspektive sich vom simplen Determinismus der *structure-follows-strategy* These gelöst und die *Interaktion* von Umweltdeterminanten, Strategie- und Organisationsvariablen im internationalen Management anerkannt. Weiterhin ergänzte die Prozess-Schule die dominierende, rein strukturelle Sichtweise internationaler Organisationen um weichere Faktoren sowie subtilere Koordinations- und Kontrollmechanismen und relativierte damit die Suche nach der »richtigen« Struktur. Eine andere wichtige Erkenntnis dieser Schule betrifft das Standardisierungs-Differenzierungs-Dilemma. Die Dichotomie dieser Entscheidungsalternativen wurde konsequent aufgelöst und die isolierte Betrachtung der Auswirkung einzelner Faktoren bei der Suche nach dem »richtigen« Standardisierungsgrad ersetzt durch eine integrierte Perspektive in der Suche nach der »richtigen« Balance von Standardisierung und Differenzierung.[243] Die Erkenntnisse dieser Prozess-Schule wurden inzwischen auch in einigen deutschsprachigen Beiträgen des internationalen Managements[244] und internationalen Marketing[245] aufgegriffen.

Trotz dieses durch die Prozess-Schule bedingten Perspektivenwandels liegen immer noch einige Defizite bei ihrer Analyse der Implementierung internationaler Marketingkonzepte vor. Erstens fehlt meist eine explizite Einbindung in Konzepte der Organisationstheorie und des strategischen Managements. Auch wenn die Vertreter der Prozess-Schule ausdrücklich Management-Relevanz vor theoretische Eleganz[246] setzen, würde eine stärkere theoretische Fundierung die Aussagefähigkeit und Verbindlichkeit ihrer Konzepte erhöhen und ihre normativen Implikationen weniger spekulativ erscheinen lassen.[247] Zweitens sind die von der Prozess-Schule generierten Handlungsempfehlungen vor allem zur Gestaltung der Koordi-

---

239 Vgl. *Bower* (1970).

240 Vgl. *Melin* (1992), S. 107; *Murtha/Lenway/Kimmel* (1994), S. 148.

241 Vgl. *Doz/Prahalad* (1991), S. 145; *Melin* (1992), 107-108.

242 Vgl. *Doz/Prahalad* (1991), S. 158; *Melin* (1992), 111.

243 Vgl. *Doz/Prahalad* (1991), S. 159; *Melin* (1992), 108.

244 Z.B. bei *Welge/Al-Laham* (1995).

245 Z.B. bei *Meffert/Bolz* (1994) und *Hermanns* (1995). Bezeichnenderweise erscheinen diese Beiträge auch unter dem Titel „Internationales Marketing Management".

246 Vgl. *Doz/Prahalad* (1991), S. 161.

247 Vgl. *Melin* (1992), S. 110-111.

nationsmechanismen immer noch wenig konkretisiert. Bei BARTLETT/GHOSHAL bspw. liegt dies sicherlich auch an ihrer Konzeptionierung des Modells der »Transnationalen Unternehmung« als einen Idealtypus[248] im WEBERschen Sinn.[249] So verstehen sie ihr Modell weder als „eine spezifische strategische Grundhaltung noch eine besondere Organisationsform", sondern vielmehr als eine „neue Management Mentalität".[250] Weiterhin ist den Beiträgen der Prozess-Schule kritisch anzumerken, dass sie nach wie vor die Unternehmensaufgabe in einzelne Funktionen bzw. funktionelle Elemente zerlegen, die sie einzelnen Organisationseinheiten zuweisen. Sinnvoller wäre es, die Koordinationsaufgabe in der internationalen Unternehmung nicht mehr als Koordination der Outputs weitgehend selbstständiger Organisationseinheiten, sondern als Koordination bereichsübergreifender Prozesse aufzufassen.[251]

Es lässt sich allgemein feststellen, dass die Formulierung und Typologisierung globaler Strategien ausführlich diskutiert und weitgehend abgehandelt wurden, hinsichtlich der Umsetzung aber trotz des durch die Prozess-Schule bedingten Fortschritts auf diesem Gebiet nach wie vor eine Fülle offener Fragen besteht.[252] Z.B. wird die Bedeutung des Strategiekonzipierungs- und Entscheidungsprozesses für die internationale Strategieumsetzung deutlich, allerdings wurden diese Prozesse bisher kaum *systematisch* erforscht.[253] Weiterhin wird der Koordinationsbedarf multifocaler Strategien ausführlich beschrieben, aber weniger Aufmerksamkeit der Frage geschenkt, wie dieses Spannungsfeld *konkret* koordiniert werden kann. Dazu existieren bisher nur fragmentarische Lösungen.[254] So hat die Exploration von Erfolgsfaktoren der Strategieimplementierung noch keine eindeutigen Ergebnisse erzielen können. Gründe hierfür liegen wiederum in der zu geringen Reichweite und der mangelnden theoretischen Fundierung der Ausgangsbezugsrahmen.[255] Oft werden nur Teilbereiche wie die Organisationsstruktur oder das Kontrollsystem isoliert voneinander im Hinblick auf ihren Erfolgsbeitrag untersucht.[256] Vor allem herrscht trotz der zentralen Bedeutung der Strategieimplementierung für den Erfolg nur wenig konzeptionelle und

---

248 Vgl. *Weber* (1951), S. 546.

249 Vgl. *Bartlett/Ghoshal* (1990a), S. 81.

250 *Bartlett/Ghoshal* (1990a), S. 35.

251 Vgl. *Kutschker* (1993), S. 18. Zu weiteren Kritikpunkten an der Prozess-Schule allgemein siehe *Melin* (1992), S. 110-111 sowie speziell an dem Modell von BARTLETT/GHOSHAL die Rezension von *Engelhard/Dähn* (1994), S. 256-258. Nach Meinung des Verfassers ist jedoch die Kritik der beiden letztgenannten deutschen Autoren weit überzogen, insbesondere angesichts der Zielsetzung von BARTLETT/ GHOSHAL, der von diesen selbst getroffenen Einschränkungen und der alternativ gebotenen Konzepte des internationalen Managements. Daher ist die abschließende Bewertung von ENGELHARD/ DÄHN, dass das Werk von BARTLETT/GHOSHAL „...wohl kaum den Anspruch erheben kann, die Literaturdiskussion zum internationalen Management wesentlich befruchtet zu haben." (*Engelhard/Dähn* 1994, S. 258) nicht haltbar und wird dem Forschungsbeitrag von BARTLETT/GHOSHAL nicht gerecht.

252 Vgl. *Welge/Böttcher* (1991), S. 448.

253 Vgl. *Kim/Mauborgne* (1993a), S. 420.

254 Vgl. *Hermanns* (1995), S. 36; *Johnson* (1994), S. 289.

255 Vgl. *Johnson* (1994), S. 294-295; *Welge/Al-Laham* (1995), S. 69.

256 Vgl. *Welge/Al-Laham* (1995), S. 69.

empirische Klarheit über die konkrete Ausgestaltung der damit verbundenen Aufgabenfelder.[257] Benötigt wird mehr Wissen und Verständnis über die Wirkung verschiedener Mechanismen zur länderübergreifenden Abstimmung des Marketing im Entscheidungsprozess, z.B. wie der internationale Austausch von Informationen und Know-how zu gestalten ist und wie einzelne Mechanismen in ihrer Gesamtheit zu beurteilen sind.[258]

4. Studien zum Euro-Marketing

Bereits im Vorfeld, aber auch im Zuge der Vollendung des Binnenmarkts entstanden zahlreiche Studien, die sich mit der Europäisierung aus Sicht des Marketing auseinandersetzten. Ein Versuch, diese Studien zu klassifizieren, lässt erkennen, dass im wesentlichen vier verschiedene Arten von Beiträgen zum Euro-Marketing vorliegen. In diesem Abschnitt soll untersucht werden, inwieweit diese Studien Lösungsansätze für die strategischen Herausforderungen der europäischen Konsumgüterindustrie bieten können.

Die erste Kategorie beinhaltet Studien, die die *allgemeinen Auswirkungen* des Binnenmarktprogramms nur im Hinblick veränderter Rahmenbedingungen aufzeigen. Ihnen ist gemein, dass sie in der Regel nur einen Überblick der Entstehungsgeschichte der Europäischen Gemeinschaft bzw. Union und eine sehr allgemeine Beschreibung des veränderten Umfelds liefern, dafür aber keine oder nur sehr oberflächliche Implikationen für das Marketing beschreiben.[259] Daher erübrigt sich jede weitere Kritik an dieser Stelle.

In die zweite Kategorie fallen solche Studien, die die Konsequenzen des Binnenmarkts für das Marketing im Vergleich zur ersten Kategorie tiefer analysieren. In ihnen wird hinsichtlich der Auswirkungen oftmals differenziert nach bestimmten Branchen, Unternehmen oder Marketing-Mix-Bereichen. Typisch für Beiträge dieser Art ist, dass sie *strategische Aspekte* stärker in den Blickpunkt rücken und »strategische Implikationen« für das Marketing ableiten. Aber auch in dieser Kategorie befinden sich zahlreiche Studien, die lediglich sehr allgemeine und unverbindliche Handlungsempfehlungen zum Euro-Marketing aufzeigen.[260] Weiterhin liegen in dieser Kategorie Beiträge vor, die zwar konkretere Implikationen herleiten, allerdings zur Marktbearbeitung de facto eine Dichotomisierung in Standardisierung versus Differenzierung vornehmen.[261] Typisch für solche Analysen ist, dass »Idealtypen internationaler Markenstrategien« dargestellt, fast nur Faktoren des externen Umfelds einbezogen und die Auswirkungen einzelner Rahmenbedingungen beispielhaft aufgezeigt werden.[262] In den verschiedenen Beiträgen, an denen HÜNERBERG beteiligt ist, wird zumindest ein Bezugsrahmen zur Ableitung strategischer Optionen vorgestellt. Die strategischen Optionen

---

257 Vgl. *Bartlett/Ghoshal* (1990a), S. 18; *Welge/Al-Laham* (1995), S. 58.

258 Vgl. *Douglas/Craig* (1992), S. 301, 312.

259 Vgl. z.B. *Dichtl/Dohet* (1992); *Giersch* (1990); *Halliburton/Hünerberg* (1993a); *Reuter* (1991); *Zentes/Lubritz* (1992).

260 Vgl. z.B. *Backhaus/Hensmann/Meffert* (1990); *Belz/Müller/Müller* (1996); *Hamman* (1990); *Meffert* (1990a); *Remmerbach* (1989); *Rohleder/Gratzer* (1990).

261 Vgl. z.B. *Böcker* (1990); *Bruhn* (1989); *Sommerlatte/Maier-Rothe/Lerner* (1992); *Tietz* (1990).

262 Vgl. z.B. *Meissner* (1994), S. 676-679.

beschränken sich aber im wesentlichen auf Markteintrittsstrategien und auf den Grad der Marktabdeckung. Insb. Nischenstrategien werden herausgestellt. Implizit liegt auch diesen Beiträgen die vereinfachte Kontingenzperspektive des klassischen Ansatzes zu Grunde.[263] In manchen Studien wird zwar erkannt, dass es nicht um Standardisierung *oder* Differenzierung geht. Bei der Entwicklung von Handlungsempfehlungen löst man sich aber nicht von dieser Simplifizierung.[264] In vielen Beiträgen dieser zweiten Kategorie wird die Implementierungsproblematik überhaupt nicht thematisiert.[265] Wenn die Umsetzung angesprochen wird, dann entweder kurz am Schluss des Beitrags - mit dem Hinweis auf die Bedeutung der Problematik aber ohne weitere inhaltliche Betrachtung[266] - oder die Implementierung wird auf das Thema »Zentralisierung versus Dezentralisierung« reduziert.[267] Nur ein einziger Beitrag der zweiten Kategorie identifiziert explizit bestimmte Bereiche, über die Zentrale und Auslandsgesellschaft gemeinsam bestimmen sollten, allerdings ohne konkreteren Hinweis, wie dies erfolgen könnte.[268]

Eine dritte Kategorie von Studien beschäftigt sich speziell mit den Auswirkungen des Binnenmarkts auf *einzelne Instrumentalbereiche* des Marketing. Besonders berücksichtigt wurde dabei die preispolitische Problematik vor dem Hintergrund veränderter Rahmenbedingungen, insbesondere der Europäisierung des Handels.[269] Viel Beachtung fand auch die Kommunikationspolitik[270] und die Markenpolitik,[271] dabei vor allem Aspekte der Namensgebung.[272] Weniger behandelt wurden dagegen die Bereiche Marktforschung,[273] Logistik[274] und Produktpolitik.[275] Die Beiträge der dritten Kategorie unterscheiden sich jedoch sehr stark in ihrer Differenziertheit und der empirischen Fundierung ihrer Aussagen. Einige der Studien gehen über eine Auflistung der Parameter des jeweiligen Instrumentalbereichs und der Abgabe spekulativer Handlungsempfehlungen bezüglich der Standardisierung nicht hinaus.[276] In anderen wird zumindest die Analyse relativ differenziert vorgenommen.[277] Diese Beiträge

263 Vgl. z.B. *Halliburton/Hünerberg* (1993b); *Halliburton/Hünerberg/Töpfer* (1993); *Hünerberg* (1993a); *Hünerberg* (1993b); *Töpfer/Hünerberg* (1990).

264 Vgl. z.B. *Cova/Halliburton* (1993); *Halliburton/Hünerberg* (1993b); *Remmerbach/Walters* (1994).

265 Vgl. z.B. *Böcker* (1990); *Bruhn* (1989); *Cova/Halliburton* (1993); *Halliburton/Hünerberg/Töpfer* (1993); Meffert (1990); *Hünerberg* (1993b); *Tietz* (1990); *Töpfer/Hünerberg* (1990).

266 Vgl. z.B. *Halliburton/Hünerberg* (1993b); *Hünerberg* (1993a), S. 217; *Meffert/Meurer* (1993), S. 229;

267 Vgl. z.B. *Sommerlatte/Maier-Rothe/Lerner* (1992); Winkhaus (1990).

268 Vgl. *Remmerbach/Walters* (1994), S. 670.

269 Vgl. z.B. *Bukhari* (1992); *Bukhari/Cordes* (1994); *Diller/Bukhari* (1994); *Gaul/Lutz* (1993); *Maucher/Brabeck-Lethmathe* (1991); *Simon/Wiese* (1992).

270 Vgl. z.B. *Esch* (1995); *Kroeber-Riel* (1992); *Schalk* (1990); *Stelzer* (1994).

271 Vgl. z.B. *Weinberg* (1992).

272 Vgl. z.B. *Ibielski* (1990); *Sprengel* (1990).

273 Vgl. z.B. *Hehl* (1994); *Meissner* (1989).

274 Vgl. z.B. *Bovet* (1993); *Klein* (1995).

275 Vgl. z.B. *Carr/Texeraud* (1993).

276 Vgl. z.B. *Weinberg* (1992).

277 Vgl. z.B. *Bukhari* (1992); *Diller/Bukhari* (1994); *Esch* (1995).

sind zwar insgesamt durchaus informativ im Hinblick auf die spezielle Problematik einzelner Marketinginstrumente, allerdings liegt hier meist eine dementsprechende isolierte Betrachtungsweise vor. Außerdem wird die Implementierungsproblematik praktisch nicht erörtert.

Die Studien der letzten Kategorie widmen sich stärker *organisatorischen Aspekten* des Euro-Marketing. Bezeichnenderweise ist diese Kategorie fast nicht besetzt. EULER, der sich in seinem Beitrag auf Industriegüter bezieht, listet Anforderungen an eine »marketing-orientierte Euro-Organisation« auf. Letztendlich geht er bei der Umsetzung nicht über die Verteilung von Entscheidungskompetenzen zwischen Zentrale und Auslandstochter hinaus. Immerhin lässt er Raum für gemeinsame Entscheidungen; er geht aber nicht näher darauf ein, wie diese stattfinden sollten.[278] DILLER behandelt in seinem Beitrag über europäisches Key-Account-Management explizit umsetzungsorientierte Aspekte, indem er z.B. verschiedene Koordinations-, Informations- und Planungsfunktionen aufzeigt. Darüber hinaus diskutiert er die organisatorische Einbindung eines europäischen Key-Account-Managements. DILLER schafft in seinem Beitrag einen Bezugsrahmen für die Umsetzung eines europäischen Key-Account-Managements, der allerdings insb. hinsichtlich der Überwindung des auch in diesem Bereich vorhandenen Spannungsfeldes zwischen Europäisierung und lokaler Anpassung auszufüllen wäre.[279] MACHARZINA/OESTERLE stellen in ihrem Beitrag die Implementierung in den Vordergrund. Sie beziehen dabei die Erkenntnisse der Prozess-Schule des internationalen Managements mit ein und erkennen, dass der Europäisierung weniger mit strukturellen als mit prozessualen Maßnahmen zu begegnen ist. Allerdings setzt sich ein Großteil ihrer Ausführungen doch wieder mit rein strukturellen Aspekten der Organisation auseinander. MACHARZINA/OESTERLE bleiben auf einem sehr allgemeinen Niveau stehen, insbesondere bei den aus ihrer Sicht bedeutenderen organisatorischen Implikationen.[280] Insgesamt zeichnen sich die Beiträge der vierten Kategorie auch dadurch aus, dass sie die Marktbearbeitung im engeren Sinne praktisch nicht thematisieren.

Gemein ist allen in diesem Abschnitt genannten Studien, dass ein *expliziter Versuch* einer theoretischen Fundierung unterbleibt. Den meisten liegt implizit der klassische Ansatz mit seinen oben aufgezeigten Defiziten zu Grunde. Erstaunlich ist auch, dass fast keine der angeführten Studien auf empirischen Untersuchungen beruht.[281] Insofern ist die Verbindlichkeit der meisten Aussagen mangels Theorie und Empirie als sehr gering einzustufen. Die aufgezeigten Handlungsalternativen überzeugen bestenfalls aus Plausibilitätsgründen; oft sind sie jedoch eher spekulativer Natur. Zur Lösung der strategischen Herausforderung, die sich Konsumgüterunternehmen durch die veränderten Rahmenbedingung in westeuropäischen Märkten stellt, wird insgesamt wenig beigetragen. Lediglich einige Studien, die sich auf einzelne Instrumentalbereiche beschränken, erhellen diese spezifischen Bereiche.

---

278 Vgl. *Euler* (1990).

279 Vgl. *Diller* (1992).

280 Vgl. *Macharzina/Oesterle* (1995).

281 Ausnahmen hierzu sind lediglich *Belz/Müller/Müller* (1996); *Bukhari* (1992); *Bukhari/Cordes* (1994) *Diller/Bukhari* (1994); *Gaul/Lutz* (1993); *Meffert/Bolz* (1989).

5. *Deutschsprachige Dissertationen der 90er Jahre im internationalen Marketing*

In der ersten Hälfte der 90er Jahre sind mehrere deutschsprachige Dissertationen im Bereich internationales Marketing erschienen. Teilweise setzen sie sich spezifisch mit der durch EG 93 induzierten Europäisierung auseinander. Meist ist ihr Betrachtungsfeld jedoch weiter gespannt. Es sollen in diesem Abschnitt einige ausgewählte Arbeiten in der Reihenfolge ihrer Erscheinung kurz dargestellt und diskutiert werden, inwieweit sie die aufgezeigten Defizite des klassischen Ansatzes im internationalen Marketing überwinden und welchen Beitrag sie zur Bewältigung der Herausforderung des europäischen Brand Managements leisten.

„Segmentierungsstrategien für den europäischen Markt" von LANGNER[282]

Die Zielsetzung ihrer Arbeit beschreibt LANGNER folgendermaßen:

> „Ausgehend von einer Analyse der grundsätzlichen Auswirkungen des EG-Binnenmarktprogramms für das Marketing werden die Möglichkeiten und spezifischen Erfolgsvoraussetzungen bei der Gestaltung von Marketingstrategien mittelständischer Investitionsgüterhersteller für den europäischen Markt erörtert."[283]

Laut LANGNER geht es bei der Wahl der Basisstrategie, die auf Grundlage der Marktsegmentierung zu erfolgen hat, zentral um die Frage der richtigen Mischung von Standardisierung und Differenzierung.[284] Diese Mischung betrachtet sie jedoch wie im klassischen Ansatz als Punkt auf einem eindimensionalen Kontinuum.[285] Bei der Erarbeitung von „segmentspezifischen Marketingkonzeptionen für den EG-Binnenmarkt" listet sie auf, welche Kriterien die Standardisierungsentscheidung beeinflussen können, wobei eine isolierte Betrachtung der einzelnen Faktoren vorliegt.[286] Daraus leitet sie die Handlungsmaxime „*Think European*" im Sinne einer Standardisierung von Marketingprozessen und „*Act Local*" durch Differenzierung der Marketinginstrumente ab und zeigt Ansatzpunkte für die jeweilige Alternative auf.[287] Langner führte eine empirische Untersuchung bei mittelständischen Investitionsgüterherstellern in Deutschland durch (n=125). Ihr Ziel war dabei vor allem herauszufinden, welchen Internationalisierungs- und welchen Standardisierungsgrad die untersuchten Unternehmen bei Marketinginstrumenten und -prozessen aufweisen, ob und wie sie Verfahren zur Marktsegmentierung einsetzen und welche Vor- und Nachteile die Befragten jeweils mit Standardisierung bzw. Differenzierung verbinden.[288] In ihrer empirischen Analyse bewegt sie sich dabei auf einer rein deskriptiven Ebene. Erstaunlich ist auch, dass ihre Befragung trotz ihres Anliegens, Marketingstrategien für Europa zu untersuchen, keine Fragen enthält, die die

---

282 Vgl. *Langner* (1991). Die Studie von LANGNER bezieht sich zwar auf das internationale Marketing mittelständischer Investitionsgüterhersteller, dennoch soll untersucht werden, ob ihre Erkenntnisse auf die Herausforderungen der europäischen Konsumgüterindustrie übertragbar sind.

283 *Langner* (1991), S. 4.

284 Vgl. *Langner* (1991), S. 53.

285 Vgl. *Langner* (1991), S. 48-49.

286 Vgl. *Langner* (1991), S. 104-113.

287 Vgl. *Langner* (1991), S. 124-140.

288 Vgl. *Langner* (1991), S. 141-142.

Marketingstrategie im eigentlichen Sinne betreffen.[289] Ihre empirischen Erkenntnisse sind nicht sonderlich aufschlussreich.[290] Die daraus abgeleiteten vier Thesen[291] sind entweder banal[292] oder spekulativ.[293] Ihre Arbeit kulminiert in der Definition einer „Typologie segmentorientierter Marketingstrategien für den Binnenmarkt." Die acht unterschiedlichen Euromarktstrategien ergeben sich anhand der Ausprägungen dreier Einflussfaktoren: Homogenität der Abnehmerstruktur, Homogenität der Marketing-Infrastruktur und Grad der Produktkomplexität.[294] Dabei fehlt jegliche theoretische oder empirische Fundierung dieser Strategien. Darüber hinaus wird die Umsetzungsproblematik außer einiger kurzer Anmerkungen zur Prozessstandardisierung[295] nicht thematisiert. Insgesamt zeichnet sich die Arbeit von LANGNER dadurch aus, dass sie sämtliche oben genannten Defizite des klassischen Ansatzes praktisch nahtlos übernimmt.

„Wettbewerbsorientierte Standardisierung der internationalen Marktbearbeitung" von Bolz[296]

Weitaus gehaltvoller als die Studie von LANGNER, sowohl aus theoretischer als auch empirischer Sicht, ist die Untersuchung von BOLZ. Die Hauptziele seiner Arbeit bestehen zum einen in der Erarbeitung eines integrierten Gesamtkonzepts der Marketingstandardisierung, zum anderen in der Analyse des Einflusses wettbewerbsbezogener Kontextfaktoren auf die Standardisierung und des Erfolgsbeitrags der Standardisierung.[297] Zur empirischen Validierung der aufgestellten Hypothesen wurde eine schriftliche Befragung bei Herstellern langlebiger Konsumgüter durchgeführt (n=92). Problematisch ist, dass nur in Deutschland befragt wurde. Eine Internationalität in der Befragung sollte erreicht werden, indem die Befragten Auskunft über mehrere Ländermärkte zu geben hatten.[298] Darüber hinaus ist zu kritisieren, dass fast keine Informationen zur Stichprobe gegeben werden und auch im weiteren Verlauf der Arbeit fast keine der Analysen untersucht, ob länderbezogene Unterschiede bei einzelnen Variablen vorliegen. Bei seiner Untersuchung unterscheidet BOLZ verschiedene Objektbereiche der Standardisierung, und zwar nach einer Strategie- und Instrumenteebene einerseits und nach Inhalten und Prozessen andererseits.[299] Insbesondere bei der Analyse der marketingstrategischen Standardisierung geht BOLZ theoriegestützt vor und bezieht zentrale Er-

---

289 Siehe den Fragebogen im Anhang bei *Langner* (1991), S. 220-225.

290 Vgl. *Langner* (1991), S. 161-162.

291 Vgl. *Langner* (1991), S. 163-180.

292 Z.B. „Unternehmensexterne und -interne Faktoren bestimmen die Möglichkeiten zur Standardisierung und Differenzierung der Marketinginstrumente." *Langner* (1991), S. 163.

293 Z.B. „Eine segmentspezifische Differenzierung sollte auf der Basis einer einheitlichen Euromarktkonzeption erfolgen." *Langner* (1991), S. 163.

294 Vgl. *Langner* (1991), S. 171-172.

295 Vgl. *Langner* (1991), S. 114-115.

296 Vgl. *Bolz* (1992).

297 Vgl. *Bolz* (1992), S. 17-20..

298 Vgl. *Bolz* (1992), S. 20-21; und siehe den Fragebogen im Anhang seiner Arbeit, S. 201-215.

299 Vgl. *Bolz* (1992), S. 7-10.

kenntnisse der Strategie- und Erfolgsfaktorenforschung mit ein.[300] Trotz seiner Betrachtung unterschiedlicher Problemstellungen im Rahmen der Standardisierungsproblematik erscheint seine Analyse dennoch nicht ausreichend differenziert. Zum einen nimmt BOLZ innerhalb der einzelnen Objektbereiche bzw. bei den einzelnen Parametern eine eindimensionale Betrachtung auf dem Standardisierungs-Differenzierungs-Kontinuum vor. Zum anderen liegt im Prinzip auch eine isolierte Betrachtung der einzelnen Standardisierungsparameter vor. Es werden zwar Zusammenhänge zwischen den Standardisierungsgraden einzelner Strategien, Instrumente und Prozesse untersucht und festgestellt.[301] Bei den Analysen zum Einfluss der Kontextvariablen auf den Standardisierungsgrad[302] und zur Erfolgswirkung der Standardisierung[303] werden jedoch die Wirkungszusammenhänge zwischen den aufgestellten unabhängigen und abhängigen Variablen jeweils einzeln betrachtet. Aspekte der Umsetzung werden bei BOLZ neben der Prozessstandardisierung und der Zentralisierung auch durch den Einbezug verschiedener struktureller Koordinationsmechanismen berücksichtigt. Bei der Zentralisierung argumentiert er noch implizit entlang des klassischen *structure-follows-strategy* Paradigmas,[304] bei den Koordinationsmechanismen verlässt er dieses jedoch.[305] Problematisch ist die konzeptionelle Trennung zwischen der Standardisierung von Prozessen (z.B. Informationsprozessen) und Koordinationsmechanismen (z.B. Gesprächskreisen). Es erscheint sinnvoller, die Standardisierung von Prozessen als einen Baustein im Rahmen der länderübergreifenden Koordination von Marketingaktivitäten zu begreifen. Nicht berücksichtigt werden darüber hinaus informale Koordinationsmechanismen. Letztendlich bleibt auch bei BOLZ die Frage, wie internationale Marketingkonzepte zweckmäßig umzusetzen sind, noch unbeantwortet.

„Strategien im internationalen Marketing" von WISSMEIER[306]

WISSMEIER konstatiert zunächst, dass Unklarheit darüber besteht, was unter einer internationalen Marketingstrategie zu verstehen ist, und dass ein Ansatz zur breiten Erfassung und Strukturierung der im internationalen Marketing relevanten Strategien fehlt.[307] Seine Arbeit verfolgt daher das Ziel der „Entwicklung und Überprüfung eines entscheidungsorientierten Ansatzes internationaler Marketingstrategien"[308], wobei ein „Konzept für eine umfassende Behandlung und Berücksichtigung"[309] dieser Strategien entwickelt werden soll. Hierzu leitet WISSMEIER sechs inhaltliche Entscheidungsfelder des strategischen internationalen Marketing

300 Vgl. *Bolz* (1992), S. 24-42.

301 Vgl. *Bolz* (1992), S. 84-89.

302 Vgl. *Bolz* (1992), S. 90-170.

303 Vgl. *Bolz* (1992), S. 171-182.

304 Vgl. *Bolz* (1992), S. 146-151.

305 Vgl. *Bolz* (1992), S. 151-154.

306 Vgl. *Wißmeier* (1992).

307 Vgl. *Wißmeier* (1992), S. 3.

308 *Wißmeier* (1992), S. 4.

309 *Wißmeier* (1992), S. 68.

aus der Strategieliteratur ab: internationales Wachstum, internationaler Wettbewerb, internationale Innovation, internationale Marktabdeckung, internationale Marktbearbeitung und Einsatz der Marketinginstrumente im internationalen Umfeld.[310] Diesen Entscheidungsfeldern werden dann entsprechende internationale Marketingstrategien mit strategischen Optionen zugeordnet.[311] Bei der Betrachtung der Marketinginstrumente geht Wissmeier jedoch nur auf Standardisierung versus Differenzierung ein, wobei er die Komplexität und Interdependenz dieser Entscheidung verkennt.[312] Seine wesentliche konzeptionelle Leistung besteht letztendlich in der Entwicklung eines internationalen Strategieprofils zur Darstellung unternehmensspezifischer Kombinationen internationaler Marketingstrategien.[313] Das Klassifikationsschema erweist sich jedoch als nicht mehr als eine Aneinanderreihung verschiedener strategischer Aspekte. Dabei fehlt die theoretische Stringenz in der Ableitung des Schemas. Darüber hinaus berücksichtigt WISSMEIER Interdependenzen zwischen den einzelnen Strategieelementen überhaupt nicht. Anhand einer Befragung der deutschen Industrie soll dann empirisch die Anwendbarkeit des von ihm zusammengestellten Rasters überprüft werden (n=115).[314] Die mangelnde Aussagekraft seines Konzepts internationaler Marketingstrategien wird bereits durch seine, im folgenden wiedergegebenen Untersuchungshypothesen verdeutlicht:

H1: „Jedes Unternehmen verfügt über eine Reihe von internationalen Marketingstrategien mit unterschiedlichen Entscheidungsschwerpunkten."

H2: „Die Gesamtheit der internationalen Marketingstrategien ergibt eine unternehmensspezifische Strategiekombination."

H3: „Unternehmen lassen sich anhand der gewählten Strategiealternativen in Gruppen von Unternehmen gleicher Strategiekombinationen einteilen."[315]

Die durchgeführte empirische Studie ist dabei rein deskriptiv. Es wurden weder Kontextfaktoren der externen Umwelt erhoben noch der Versuch unternommen, Zusammenhänge zur Zweckmäßigkeit einzelner Strategiealternativen festzustellen.[316] Die Haupterkenntnis seiner Studie ist, dass bei den untersuchten Unternehmen zwei Cluster ermittelbar sind, die sich durch Unternehmensgröße, Auslandsanteil des Umsatzes und bei der Schwerpunktsetzung einzelner Strategiealternativen unterscheiden![317] Die Umsetzung von Strategien wird gar nicht thematisiert. Insgesamt ist der Beitrag dieser Arbeit zum Erkenntnisfortschritt im internationalen Marketing im allgemeinen und zur Bewältigung spezifischer strategischer Herausforderungen als eher gering einzustufen.

310 Vgl. *Wißmeier* (1992), S. 101-108.

311 Vgl. *Wißmeier* (1992), S. 110-151.

312 Vgl. *Wißmeier* (1992), S. 145-151.

313 Vgl. *Wißmeier* (1992), S. 152-155.

314 Vgl. *Wißmeier* (1992), S. 196-205.

315 *Wißmeier* (1992), S. 197.

316 Vgl. *Wißmeier* (1992), S. 242-249.

317 Vgl. *Wißmeier* (1992), S. 219-230.

„Die Wettbewerbschancen der deutschen Süßwarenindustrie im EG-Binnenmarkt" von HÖLPER[318]

Der Beitrag von HÖLPER hat das Ziel „... alternative Strategien zu entwicklen, mit denen die Unternehmen auf die Herausforderungen des europäischen Binnenmarkts reagieren können."[319] Hierzu erörtert sie zunächst die durch das Binnenmarktprogramm veränderten Rahmenbedingungen[320] und zeigt die dadurch bedingten ökonomischen Implikationen auf.[321] Darauf folgt eine relativ detaillierte Analyse der Wettbewerbsbedingungen der deutschen Süßwarenindustrie.[322] Um herauszufinden, „... wie die Unternehmen der deutschen Süßwarenindustrie ihre Wettbewerbsposition im Hinblick auf den EG-Binnenmarkt selbst einschätzen und welche Strategien sie für erfolgversprechend halten",[323] führte HÖLPER eine schriftliche Befragung in dieser Branche durch (n=108).[324] In ihrer Analyse bewegt sie sich jedoch auf einer rein deskriptiven Ebene.[325] Sowohl bei der empirischen Erhebung als auch bei der Konzipierung internationaler Marketingstrategien beschränkt sie sich auf die grundlegenden Alternativen Eurostrategie *versus* Nischenstrategie und auf die Frage Standardisierung *versus* Differenzierung einzelner Elemente des Marketing-Mix.[326] Die Implementierungsproblematik findet bei ihr keine Berücksichtigung. Insofern ist die Studie von HÖLPER voll dem klassischen Ansatz des internationalen Marketing mit all seinen aufgezeigten Defiziten verhaftet.

„Internationale Marktbearbeitung - Erfolgreiche Strategien für Konsumgüterhersteller" von JENNER[327]

Die Studie von Jenner verfolgt das Ziel, „... die Übertragbarkeit eines Teilbereiches des Marketingkonzepts - der Marketing-Grundsatzstrategie - vor dem Hintergrund unterschiedlicher Rahmenbedingungen zu überprüfen."[328] Hierzu führte er eine standardisierte Befragung bei Konsumgüterunternehmen in Deutschland durch (n=55). Die Internationalität der Untersuchung sollte wie bei BOLZ durch Auskunft der Befragten über Auslandsmärkte hergestellt werden.[329] Positiv hervorzuheben an der Studie ist, dass sich JENNER von der *structure-follows-strategy* These löst und die Implementierungsproblematik aufgreift, indem er erkennt, dass „Entscheidungen bezüglich der Organisationsstruktur in engem Zusammenhang mit den

318 Vgl. *Hölper* (1994).

319 Vgl. *Hölper* (1994), S. 1.

320 Vgl. *Hölper* (1994), S. 77-101.

321 Vgl. *Hölper* (1994), S. 101-110.

322 Vgl. *Hölper* (1994), S. 111-161-

323 *Hölper* (1994), S. 162.

324 Vgl. *Hölper* (1994), S. 162-172.

325 Vgl. *Hölper* (1994), S. 172-216.

326 Vgl. *Hölper* (1994), S. 195-209, 225-228, 236-249.

327 Vgl. *Jenner* (1994).

328 *Jenner* (1994), S. 2.

329 Vgl. *Jenner* (1994), S. 181-188.

Schlüsselelementen der internationalen Marketingplanung stehen."[330] Weiterhin gibt JENNER die einfache Dichotomisierung zwischen Zentralisierung und Dezentralisierung auf und betrachtet sowohl strukturelle als auch kulturelle Koordinationsmechanismen. Allerdings bleibt er auf einer eher allgemeinen, beschreibenden Ebene ohne Bezugsrahmen verhaften. Bei der Entwicklung seines Forschungsdesigns, das dem situativen Ansatz »Kontext-Gestaltung-Erfolg« folgt, modelliert er organisationale Größen zunächst als intervenierende Variablen.[331] Den Fortschritt in der Betrachtung macht JENNER jedoch gleich anschließend wieder zunichte, da er diese Größen bei der empirischen Analyse ausschließt, und zwar einerseits aus erhebungstechnischen Gründen und andererseits, um die Komplexität des Modells zu beschränken![332] Letztendlich bleibt damit die vereinfachte Sichtweise des klassischen Ansatzes übrig. Weiterhin ist zu seiner Analyse kritisch anzumerken, dass auch er eine partialanalytische, also isolierte Betrachtung bei der Standardisierung einzelner strategischer Grunddimensionen vornimmt. Immerhin erkennt er selbst die Limitationen dieser Vorgehensweise:

> „Für die Planungsaufgabe in der Praxis ergeben sich vor dem Hintergrund insbesondere dann Schwierigkeiten, wenn mehrere Situationsvariablen die Effizienz der Wahl einer Strategiealternative beeinflussen und die Ausprägungen der verschiedenen Situationsvariablen die Wahl gegenläufiger Gestaltungsentscheidungen nahelegen."[333]

Problematisch ist auch, dass sich die Untersuchung bei der Gestaltungskomponente nur auf relativ abstrakte Strategiedimensionen beschränkt[334] und keine Aussagen über Marketinginstrumente oder -prozesse erfolgen. Darüber hinaus findet die Umsetzungsproblematik standardisierter Strategien keine Berücksichtigung mehr im Rahmen seiner Handlungsempfehlungen. Aus diesen Gründen tragen die zentralen Erkenntnisse seiner Studie, dass die Vorteilhaftigkeit der Standardisierung von Marketingstrategien situationsabhängig zu beurteilen ist und die Homogenität der Konsumentensituation und Wettbewerbsposition der Marke entscheidende Kontextvariablen darstellen,[335] nichts zur Bewältigung der strategischen Herausforderungen der Konsumgüterindustrie bei.

„Markteintritts- und Marktbearbeitungsstrategien im globalen Wettbewerb" von WANING[336]

WANING sieht in mangelnden praktischen Handlungsempfehlungen, der ungenügenden Berücksichtigung der Umweltkomplexität sowie der oftmals eindimensionalen Betrachtung der Globalisierungsproblematik erhebliche Forschungsdefizite.[337] Die Ziele seiner Arbeit bestehen in der Verminderung dieser Defizite und „... in der Entwicklung einer geschlossenen Gesamtkonzeption zur Auswahl und Ausgestaltung situationsgerechter globaler Marktein-

330 *Jenner* (1994), S. 38.

331 Vgl. *Jenner* (1994), S. 90-93.

332 Vgl. *Jenner* (1994), S. 93-94.

333 *Jenner* (1994), S. 275.

334 Vgl. *Jenner* (1994), S. 149-175.

335 Vgl. *Jenner* (1994), S. 272-273.

336 Vgl. *Waning* (1994).

337 Vgl. *Waning* (1994), S. 8-9.

tritts- und Marktbearbeitungsstrategien."[338] Hierzu wählt er den situativen Ansatz, wobei er organisationale Größen wie Organisationsstruktur, Unternehmenskultur, Informations-, Planungs- und Kontrollsysteme als Determinanten der Strategiewahl und des Erfolgs einer länderübergreifenden Marktbearbeitung aufnimmt.[339] Positiv ist weiterhin zu bewerten, dass WANING sich bei der Betrachtung von Branchentypen und Strategiealternativen von der einfachen Dichotomisierung global versus lokal löst und diese Problematik differenziert auf mehreren Ebenen ansiedelt.[340] Seine „Konzeption zur Bestimmung internationaler Markteintrittsstrategien im globalen Wettbewerb" erfolgt in der Form einer bloßen Auflistung strategischer Entscheidungsfelder und Optionen sowie der Diskussion der allgemeinen Vorteilhaftigkeit einzelner Optionen.[341] Die Betrachtung ist daher doch eher oberflächlich, und das Resultat ist eine Unverbindlichkeit bezüglich möglicher Handlungsalternativen, auch aufgrund mangelnder empirischer Fundierung. Im weiteren Verlauf der Arbeit behandelt WANING unter der Thematik der Marktbearbeitung die Frage, „... wie international oder weltweit agierende Unternehmen ihre Marketingaktivitäten unter den veränderten Rahmenbedingungen ausgestalten und koordinieren können."[342] Hierzu führte er eine explorative Untersuchung mittels mündlicher Interviews bei 30 großen Markenartikelherstellern in Deutschland durch.[343] Die Ausführungen zur Marktbearbeitung enttäuschen jedoch, da dann doch wieder nach klassischer Manier vorgegangen wird. Erst werden die verschiedenen Vor- und Nachteile der Standardisierung und Differenzierung erörtert,[344] um dann allgemeine Überlegungen zur Standardisierung einzelner Marketinginstrumente anzustellen.[345] Zu den einzelnen Aspekten werden empirische Erkenntnisse seiner Interviews präsentiert, die allerdings rein deskriptiv sind. Immerhin thematisiert WANING die Umsetzung internationaler Marketingkonzepte. Die Betrachtung beschränkt sich jedoch auf das Aufzeigen der Vor- und Nachteile der Zentralisierung bzw. Dezentralisierung sowie verschiedener struktureller Koordinationsmechanismen und Maßnahmen internationaler Personalpolitik. Abschließend nennt WANING die Vor- und Nachteile einer Prozessstandardisierung und zeigt auf, dass Informations-, Planungs- und Kontrollprozesse Ansatzpunkte einer derartigen Standardisierung sein können.[346] Bei der Betrachtung der Umsetzung fehlen jedoch sowohl ein Bezugsrahmen als auch empirische Ergebnisse, die über den Standardisierungsgrad dieser drei Marketingprozesse hinausgehen. Anscheinend wurde die Umsetzungsthematik im Rahmen

---

338 *Waning* (1994), S. 9.

339 Vgl. *Waning* (1994), S. 10-15.

340 Vgl. *Waning* (1994), S. 57-63.

341 Vgl. *Waning* (1994), S. 124-246.

342 *Waning* (1994), S. 246.

343 Vgl. *Waning* (1994), S. 246-247. Es ist wird allerdings nicht angegeben, ob die Interviews standardisiert, strukturiert oder teil-strukturiert waren. Einerseits ist von mehrstündigen Gesprächen die Rede, andererseits werden Ergebnisse der Interviews nur in standardisierter Form wiedergegeben. Leider fehlen in der Arbeit genauere Angaben zu den Interviews sowie ein Interviewleitfaden bzw. Fragebogen.

344 Vgl. *Waning* (1994), S. 248-261.

345 Vgl. *Waning* (1994), S. 261-306.

346 Vgl. *Waning* (1994), S. 306-332.

der Befragung nicht weiter bedacht. Leider bleiben seine Aussagen zu diesen Punkten eher allgemein und oberflächlich. Insgesamt bleibt der Beitrag von WANING damit deutlich hinter seinen selbstgesteckten Zielen zurück und bietet trotz seiner Erkenntnis über die Bedeutung der Implementierungsproblematik keine konkreten, theoretisch oder empirisch fundierten Handlungsempfehlungen hierzu.

„Eurobrands: Developmental Strategies and Managerial Issues in the European Food Industry" von DISSELKAMP[347]

Der Titel und die Zielsetzung der Arbeit von DISSELKAMP lassen zunächst vermuten, dass dort Lösungsansätze zur Bewältigung der strategischen Herausforderungen europäischer Konsumgüterhersteller präsentiert werden:

> The aim of the thesis is to describe Eurobrands as a meaningful and strategic weapon in today's challenging food market and to set up a concept for the launch of Eurobrands in the food industry."[348]

Hierzu sind durchaus sinnvolle Ansätze in der Arbeit vorhanden. Beispielsweise greift DISSELKAMP das Konzept der Mischstrategie auf, die sowohl globale als auch lokale Erfordernisse gleichermaßen berücksichtigt.[349] Darüber hinaus thematisiert er auch die Umsetzung von europäischen Markenkonzepten, indem er die in der internationalen Management Literatur diskutierten Koordinationsmechanismen aufgreift.[350] Die Ausführungen in der Arbeit bleiben jedoch weit hinter den Erwartungen zurück. Zum einen fehlt jeglicher Versuch einer theoretischen Fundierung. Nicht einmal ein einfacher Bezugsrahmen zur Strategiewahl wird entwickelt. Zum anderen ist auch die empirische Basis der Arbeit von DISSELKAMP als schwach zu beurteilen. Seine Erkenntnisse beruhen auf einer standardisierten Befragung der Top 25 europäischen Nahrungsmittel- und Getränkehersteller, wovon 14 geantwortet haben! Dabei sind auch noch die gestellten Fragen viel zu vereinfachend, um die von ihm selbst als komplex beschriebenen Sachverhalte adäquat zu erfassen.[351] Weiterhin bleibt er bei der Diskussion der Strategiealternativen und Marketinginstrumente letztendlich der vereinfachenden Sichtweise des klassischen Ansatzes verhaftet. Schließlich rezipiert er bei der Betrachtung der Umsetzung von europäischen Markenkonzepten im wesentlich nur die Konzepte der Vertreter der Prozess-Schule des internationalen Managements ohne sie durch eigene Erkenntnisse zu vertiefen.[352] Insgesamt sind die Ausführungen von DISSELKAMP daher rein beschreibend, oberflächlich und beschränken sich auf das Aufzeigen von Vor- und Nachteilen verschiedener Alternativen. Dadurch sind die abgeleiteten Handlungsempfehlun-

---

347 Vgl. *Disselkamp* (1995). Diese Dissertation ist nicht deutschprachig, wurde aber an einer Universität in der Schweiz verfasst. Daher und aufgrund der unmittelbaren thematischen Nähe zu der vorliegenden Arbeit wird der Beitrag von DISSELKAMP an dieser Stelle ebenfalls gewürdigt.

348 *Disselkamp* (1995), S. 1.

349 Vgl. *Disselkamp* (1995), S. 83-95 und siehe hierzu Abschnitt B.I.4.

350 Vgl. *Disselkamp* (1995), S. 144-168.

351 Vgl. den Fragebogen und die dargestellten Ergebnisse der Befragung im Anhang bei *Disselkamp* (1995), S. 231-239.

352 Vgl. *Disselkamp* (1995), S. 85-87, 132-168.

gen als spekulativ zu werten. Insofern ist der Erkenntnisbeitrag dieser Studie vernachlässigbar.

„Internationale Marktsegmentierung als Grundlage für internationale Marketing-Konzeptionen" von STEGMÜLLER[353]

Die Ziele der Arbeit von STEGMÜLLER bestehen darin, „ein(en) Vorschlag zur Formulierung internationaler Marketing-Konzeptionen" zu unterbreiten und aufzuzeigen, „welche Unternehmensziele und welche Rahmenbedingungen eher für und welche eher gegen eine Standardisierung bzw. Differenzierung einer internationalen Marketing-Konzeption sprechen."[354] Dazu wird eine Zuordnung von Standardisierung und Differenzierung der Marketingziele, -strategien und des Marketing-Mix zu den unterschiedlichen Arten der Auslandsorientierung (ethno-, poly-, regio-, und geozentrisch) vorgenommen. Seine Zuordnung ist jedoch sehr pauschal, lediglich auf der Ebene von Beispielen fundiert und dem eindimensionalen Gedanken von Standardisierung versus Differenzierung verhaftet.[355] Es folgt eine Auflistung und Beschreibung einzelner Einflussfaktoren der Standardisierungsentscheidung.[356] Dabei legt STEGMÜLLER folgende Annahme zugrunde:

> Nur wenn derartige (länderübergreifend identische, Anm. des Verf.) Zielgruppen vorliegen, kann eine standardisierte Marketing-Konzeption umgesetzt werden."[357]

Hieraus wird auf die Zweckmäßigkeit der internationalen Marktsegmentierung als Grundlage für internationale Marketing-Konzeptionen geschlossen. Im weiteren Verlauf der Arbeit werden verschiedene Segmentierungsansätze dargestellt und hinsichtlich ihrer internationalen Anwendbarkeit beurteilt.[358] Am Beispiel des Marktes interkontinentaler Flugreisen findet dann eine Beurteilung unterschiedlicher Marktsegmentierungskriterien hinsichtlich ihrer Eignung, länderübergreifende identische Zielgruppen zu ermitteln, statt. Die Grundlage hierfür war eine empirische Erhebung in Form einer standardisierten mündlichen Befragung von Privatflugreisenden in Deutschland (n_D=658), den USA (n_{USA}=300) und Japan (n_J=200).[359] Zwar konnte STEGMÜLLER zeigen, dass dekompositionell gemessene Nutzenerwartungen sich in seinem Fall als ein gutes Segmentierungskriterium zur intranationalen Marktsegmentierung eignen.[360] Allerdings kann er nicht die essentielle Frage beantworten, ab wann eine Zielgruppe ausreichend »identisch« ist, um eine standardisierte Marketing-Konzeption zu erlauben. Darüber hinaus berücksichtigt er auch keine Aspekte der Umsetzung internationaler Marketingkonzepte. Es wird damit deutlich, dass die Arbeit von STEGMÜLLER dem klassischen Ansatz des internationalen Marketing folgt und dessen Defizite nicht überwinden kann.

---

353 Vgl. *Stegmüller* (1995).

354 Vgl. *Stegmüller* (1995), S. 4.

355 Vgl. *Stegmüller* (1995), S. 23-35.

356 Vgl. *Stegmüller* (1995), S. 55-76.

357 *Stegmüller* (1995), S. 77.

358 Vgl. *Stegmüller* (1995), S. 78-287.

359 Vgl. *Stegmüller* (1995), S. 288-303.

360 Vgl. *Stegmüller* (1995), S. 330-331.

6. *Zusammenfassende kritische Würdigung*

Bei der Durchsicht der Beiträge zum Euro- bzw. internationalen Marketing fällt auf, dass fast keine der Studien eine *echte* internationale empirische Basis aufweist.[361] Erkenntnisse, die nur auf Befragungen in Deutschland beruhen, sind jedoch der Gefahr einer zu sehr deutsch geprägten Sichtweise ausgesetzt. Ebenfalls wird bei keiner der vorhandenen Befragungen explizit berücksichtigt, ob die Befragten in der Zentrale oder einer Tochtergesellschaft eines internationalen Unternehmens tätig sind. Aufgrund der möglicherweise unterschiedlichen Interessen und Erfahrungen dieser Personen darf dieser Aspekt nicht vernachlässigt werden. Weiterhin zeigt sich, dass die meisten angeführten Studien nach wie vor durch den klassischen Ansatz geprägt sind und entsprechende Defizite aufweisen. Potentielle Einflussfaktoren der Standardisierung internationaler Marketingkonzepte sind inzwischen vielfach identifiziert und diskutiert worden. Mehr als ein Suchraster zur Entscheidungsunterstützung ist dabei in der Regel jedoch nicht heraus gekommen. Die Umsetzungsproblematik wurde dagegen nicht hinreichend berücksichtigt und durchdrungen.

Bei der Anwendung der Erkenntnisse dieser Studien besteht die Gefahr, dass die simplifizierende Sichtweise des klassischen Ansatzes und die mit ihm implizit verbundene Trennung zwischen Konzipierung und Umsetzung internationaler Marketingkonzepte zu gleichermaßen einfachen Handlungsempfehlungen verleiten, die der Komplexität der Entscheidungs- und Umsetzungsproblematik nicht adäquat entsprechen. Das *vereinfachte Kontingenzdenken* des klassischen Ansatzes führt letztendlich dazu, dass auch Manager internationaler Unternehmen in dichotomen Kategorien wie Standardisierung-Differenzierung oder Zentralisierung-Dezentralisierung denken.[362] Eine bedeutende Ursache für das Scheitern international standardisierter Marketingkonzepte liegt aber gerade in der Annahme, dass die Vorteile der Standardisierung einfach und durch klar bestimmbare Managementaktivitäten realisierbar sind.[363] Es stellen sich daher die berechtigten Fragen, ob der klassische Ansatz sowohl aus wissenschaftlicher wie auch aus praxisorientierter Sicht nicht in eine unfruchtbare Sackgasse führt, und ob nicht ein Perspektivenwechsel entlang der Gedanken der Prozess-Schule des internationalen Managements erforderlich ist. Bezogen auf die konkreten Herausforderungen des europäischen Brand Managements bedeutet dies eine Abkehr von der Suche nach dem »richtigen«, inhaltlich zu bestimmenden Standardisierungsgrad. In den Mittelpunkt der Überlegung muss vielmehr die Frage gestellt werden, wie ein europäisches Brand Management und die damit verbundenen Entscheidungsprozesse zu gestalten sind, um die zunehmende Komplexität auf den europäischen Märkten erfolgreich zu bewältigen. In der Frage nach dem »*Wie*« liegt die Herausforderung des europäischen Brand Managements, aus Sicht sowohl der Praxis als auch der Wissenschaft.

---

361 Ausnahmen hierzu sind die Studien von *Bukhari* (1992), *Gaul/Lutz* (1993) und *Stegmüller* (1995).

362 Vgl. *Doz/Prahalad* (1991), S. 151; *Quelch/Hoff* (1986), S. 59.

363 Vgl. *Riesenbeck/Freeling* (1991), S. 5.

C. ZIELE UND VORGEHENSWEISE DER UNTERSUCHUNG

I. Ziele der Untersuchung

Das zentrale Ziel der Untersuchung besteht in der Entwicklung eines theoretischen fundierten und empirisch gestützten *Bezugsrahmens*, der *Gestaltungsempfehlungen* zum europäischen Brand Management aufzeigt. In diesem Bezugsrahmen sollen zum einen die strategischen Herausforderungen der europäischen Konsumgüterindustrie berücksichtigt und Ansätze zu deren Bewältigung aufgezeigt werden. Zum anderen werden die Defizite des klassischen Ansatzes im internationalen Marketing und der bisherigen Studien zum Euro-Marketing aufgegriffen und es wird versucht, diese Defizite bei der Entwicklung des Bezugsrahmens zu überwinden. Dabei sind vor allem folgende fünf Punkte maßgeblich für die Entwicklung des Bezugsrahmens: Erstens soll er *theoretisch fundiert* sein. Explizit einbezogen werden dabei insb. folgende Theorien: das Konstrukt der »Marktorientierung«[1] aus der Marketingwissenschaft, die Konzepte des »transnationalen Unternehmens«[2] und der »Prozessgerechtigkeit«[3] aus dem internationalen Management, die *»resource-based view«*[4] aus dem strategischen Management und Gedanken des »organisationalen Lernens«[5] aus der Organisationstheorie. Zweitens wird angestrebt, sowohl *Entscheidungs-* als auch *Umsetzungsaspekte* des europäischen Brand Managements gleichermaßen zu berücksichtigen und in den Bezugsrahmen zu integrieren. Drittens ist die Entwicklung des Bezugsrahmens aus *strategischer Perspektive* vorzunehmen. Im Vordergrund stehen dementsprechend Überlegungen, ob und wie durch europäisches Brand Management Wettbewerbsvorteile erzielt werden können. Viertens soll der Bezugsrahmen *handlungsorientiert* sein und Vorschläge zur Gestaltung des europäischen Brand Managements aufzeigen. Ziel ist, dass die entwickelten Handlungsempfehlungen einerseits über den spezifischen Einzelfall hinaus anwendbar, aber andererseits nicht so verallgemeinert sind, dass sie inhaltsleer bleiben. Schließlich ist fünftens der Bezugsrahmen nicht im »luftleeren Raum« zu konzipieren, sondern soll die *Erfahrungen der betrieblichen Praxis* widerspiegeln und integrieren.

Mit dem klassischen Ansatz des internationalen Marketing ist es aufgrund seiner Defizite nicht möglich, einen Bezugsrahmen zum europäischen Brand Management zu entwickeln, der diesen fünf Anforderungen entspricht. Daher erscheint es notwendig, einen konsequenten *Perspektivenwechsel* bei der Auseinandersetzung mit den strategischen Herausforderungen der europäischen Konsumgüterindustrie und in der Entwicklung von Lösungsansätzen zu ihrer Bewältigung in der vorliegenden Untersuchung vorzunehmen.

---

1 Vgl. z.B. *Fritz* (1995); *Kohli/Jaworski* (1990);*Narver/Slater* (1990).

2 Vgl. *Bartlett/Ghoshal* (1990a).

3 Vgl. *Kim/Mauborgne* (1991); *Kim/Mauborgne* (1993a).

4 Siehe die in Abschnitt D.IV.1. dieser Arbeit hierzu angegebene Literatur.

5 Vgl. z.B. *Hennemann* (1997); *Reber* (1992); *Senge* (1990).

Bei den bisher durchgeführten Untersuchungen zum Euro- oder internationalen Marketing standen - in Anlehnung an den klassischen Ansatz - erstens die Bedingungen zur Standardisierung des Marketing, zweitens die situationsspezifischen Vor- und Nachteile der Standardisierung bzw. Differenzierung und drittens die Erfolgsträchtigkeit der Standardisierung im Vordergrund des Interesses. Ziel war dabei die Ermittlung eines »richtigen« Standardisierungsgrades der Marketingstrategien, -instrumente und gegebenenfalls -prozesse. Dies ist allerdings in verbindlicher, konkreter und generalisierbarer Form nicht gelungen. Erzeugt wurden letztendlich nur unterschiedlich stark differenzierte Suchraster, die die potentiellen Einflussfaktoren und ihre isolierte Wirkung für diese Entscheidung identifizieren. Aufgrund der Komplexität der Entscheidung lässt sich die Frage nach dem »richtigen« Standardisierungsgrad des Marketing inhaltlich auf einer verallgemeinerungsfähigen Ebene gar nicht beantworten. Daher wird bei der Entwicklung des theoretischen Bezugsrahmens ein völlig anderer Kurs eingeschlagen. Im Vordergrund steht nicht mehr diese inhaltlich unbeantwortbare Frage, sondern vielmehr die Frage, wie die dem europäischen Brand Management zu Grunde liegenden *Entscheidungsprozesse* zu gestalten sind, damit der richtige Standardisierungsgrad für das Marketing erreicht und internationale Marketingkonzepte erfolgreich umgesetzt werden können. Damit wird eine Abkehr von der inhaltlichen Sichtweise des klassischen Ansatzes, die das richtige »WAS« bestimmen will, und die Übernahme einer *prozessualen Perspektive*, in der das angemessene »WIE« ermittelt werden soll, vollzogen.

Ein derartig grundlegender Perspektivenwechsel kann einen entsprechend anderen Forschungsansatz und eine andere Methodik erfordern, da nach der HEISENBERGschen Unschärferelation Beobachter, Beobachtung und Beobachtetes eine Einheit bilden und somit die (Art der) Beobachtung beinflusst, was beobachtet wird.[6]

> „Die wissenschaftliche Methode des Aussonderns, Erklärens und Ordnens wird sich der Grenzen bewußt, die dadurch entstehen, daß der Zugriff der Methode ihren Gegenstand verändert und umgestaltet, daß sich die Methode also nicht mehr vom Gegenstand distanzieren kann."[7]

Im Folgenden wird die Methodologie der Untersuchung offengelegt und begründet.

II. Methodologie der Untersuchung

Der Untersuchungsgegenstand, das europäische Brand Management, ist wie oben bereits dargelegt, durch folgende Eigenschaften gekennzeichnet: Zum einen liegt eine Problemkonstellation mit hoher Komplexität vor. Diese ergibt sich aus den teilweise gegenläufigen Wirkungen der Kontextfaktoren, der Interdependenz der Handlungsparameter und der Vielzahl möglicher Handlungsalternativen. Zum anderen spielt der Faktor »Mensch« eine entscheidende Rolle bei der Implementierung von Marketingkonzepten. Weiterhin mangelt es neben einer ausreichenden theoretischen Durchdringung an gesicherten empirischen Ergebnissen in die-

---

6 Vgl. *von Krogh/Roos/Slocum* (1994), S. 54; *Lamnek* (1988), S. 231.

7 *Heisenberg* (1965), S. 21, zitiert aus: *Lamnek* (1988), S. 231.

sem Problembereich. Hieraus ergeben sich einige Implikationen für die Methodologie, für den Theoriebildungsansatz und das empirische Design.

Zunächst lässt sich feststellen, dass eine *Exploration* des Untersuchungsgegenstandes angemessen erscheint. Der zu entwickelnde *Bezugsrahmen* soll dabei jedoch *nicht* nur eine strukturierende Funktion einnehmen, um die explorative Beobachtung zu leiten, und somit *nicht* lediglich als Zwischenschritt zur Konstruktion eines Modells verstanden werden.[8] Vielmehr ist der Bezugsrahmen als ein *framework* im Sinne PORTERs aufzufassen. Ein so verstandener Bezugsrahmen stellt eine im Vergleich zu Modellen grundsätzlich andere Vorgehensweise der *Theorieentwicklung* dar. Während Modelle versuchen, die Komplexität durch Identifikation einiger weniger relevanter Variablen zu reduzieren und die Beziehungen zwischen diesen Variablen in Tiefe zu analysieren, wird in einem *framework* durch Einbezug einer sehr großen Zahl von Variablen möglichst viel der Komplexität bewahrt. Die Theorie im Hintergrund eines solchen Bezugsrahmens manifestiert sich in der Wahl der einbezogenen Variablen, wie die Variablen in Beziehung gesetzt werden, welche Interaktionen zwischen den Variablen bestehen und wie bestimmte Kombinationen von Variablen auf Zielgrößen wirken. Dabei wird nicht der Anspruch erhoben, alle Interaktionen zwischen den Variablen exakt zu spezifizieren. Der Zweck des Bezugsrahmens besteht vielmehr darin, den Untersuchungsgegenstand in seiner Komplexität zu erfassen, zu durchleuchten und ein Gesamtverständnis der zugrunde liegenden Wirkungsmechanismen zu erzeugen. Ein solcher Bezugsrahmen dient weiterhin als »Redeinstrument« zur Generierung von Handlungsalternativen und hat damit einen *handlungsleitenden* Charakter.[9]

Das *interpretative Paradigma*[10] stellt die methodologische Leitlinie der Untersuchung dar, und das Forschungsdesign wird - diesem Paradigma entsprechend - nach dem Ansatz der *qualitativen* empirischen Sozialforschung entwickelt. Entscheidend für die Wahl dieses Paradigmas und des korrespondierenden qualitativen Ansatzes[11] waren vor allem folgende damit verbundenen Implikationen: das Verfolgen eines Konsistenzansatzes, die Auffassung vom menschlichen Handeln, die Art der Theorienentwicklung sowie die Offenheit und Flexibilität des Untersuchungsinstrumentariums.

Die Entwicklung eines wie oben beschrieben *framework* entspricht dem Konsistenzansatz, der im Gegensatz zum Kontingenzansatz steht. Bei letzterem wird versucht, wenige Variablen zu isolieren und Hypothesen, die auf Unterschiede abstellen, zu den Beziehungen zwischen den

---

8 Vgl. z.B. *Fritz* (1995), S. 75; *zu Knyphausen-Aufseß* (1995), S. 401.

9 Vgl. *Osterloh/Grand* (1994), S. 279-280; *Porter* (1991), S. 97-98

10 Für einen Überblick dieses Paradigmas vgl. *Lamnek* (1988), S. 43-44; *Schnell/Hill/Esser* (1993), S. 86-87. Für eine Kontrastierung des deterministischen Paradigmas einerseits mit dem interpretativen Paradigma, seiner Entwicklung aus der „Erklären vs. Verstehen" Debatte, der Ethnomethodologie und dem symbolischen Interaktionismus andererseits vgl. *Osterloh* (1993), S. 70-93.

11 Hier soll weder der Richtungsstreit zwischen Anhängern der quantitativen und qualitativen Sozialforschung aufgegriffen noch die Auffassung einer Überlegenheit der qualitativen Sozialforschung vertreten werden. Vielmehr geht es um die Angemessenheit des gewählten Untersuchungsansatzes im Lichte des derzeitigen Erkenntnisstands zum europäischen Brand Management.

Variablen zu überprüfen. Bei Vorliegen komplexer Wirkungszusammenhänge ist ein solcher Ansatz jedoch wenig geeignet, da er die Komplexität vieler interagierender Faktoren auf künstliche Weise vereinfacht.[12] Außerdem werden beim Kontigenzansatz trotz der Anwendung multivariater Analyseverfahren meist doch nur Zwei-Variablen-Beziehungen aufgestellt und eventuelle weitere Faktoren durch ceteris-paribus-Annahmen abgedeckt.[13] Wenn sich aufgrund der Komplexität keine simplen Wenn-Dann- oder Je-Desto-Beziehungen zwischen Variablen aufstellen lassen, erscheint die Anwendung des Konsistenzansatzes sinnvoller. Bei diesem Ansatz steht nicht das Suchen nach Unterschieden, sondern nach Ähnlichkeiten von Merkmalszusammenhängen im Vordergrund. Eine gesamtheitliche, *konfigurative* Darstellung soll dabei durch die Bildung von Typen oder Gruppen ähnlicher Gestalt, deren Elemente eine interne logische Konsistenz aufweisen, erreicht werden.[14]

Eine weitere Implikation der Verwendung des interpretativen Paradigmas betrifft die Auffassung über menschliches Handeln. Beim normativen bzw. deterministischen Paradigma und den darauf basierenden Organisationstheorien wird eine feste Verbindung zwischen der Situation des Handelnden und seinem Handeln angenommen.[15] Das menschliche Handeln wird damit auf ein Verhalten im Sinne eines Reagierens auf äußere und innere Kontextfaktoren reduziert und kann durch Gesetze beschrieben werden. Im interpretativen Paradigma wird dagegen das Handeln eines Individuums als absichtsgeleitetes Tun aufgefasst und muss daher in Bezug auf sein Wissen und seiner Intention gedeutet werden, was eine *Rekonstruktion* des Handlungssinns erfordert. Damit lässt es sich nicht ohne weiteres durch einfache Gesetzmäßigkeiten erfassen.[16] Zur Untersuchung des europäischen Brand Managements erscheint die zweite Auffassung zweckmäßiger, um das Handeln von Personen z.B. im Zusammenhang mit Phänomenen wie dem „*NIH*-Syndrom“[17] einer Erklärung zugänglich zu machen und zu verstehen. Dies erscheint vor allem deswegen wichtig, weil sich gezeigt hat, dass die Umsetzung internationaler Konzepte aufgrund solcher Faktoren scheitern kann, dagegen aber der Faktor »Mensch« und sein Handeln nicht oder lediglich als »Störfaktoren« mit in die konzeptionelle Betrachtung integriert werden.

---

12 Vgl. *Osterloh* (1993), S. 51-52.

13 Vgl. *Osterloh* (1993), S. 94.

14 Dieses Vorgehen ist zwar nicht nur bei Vertretern des interpretativen Paradigmas zu finden, allerdings zeigt sich, dass „interpretative Verfahren vorzugsweise auf eine ganzheitliche-typisierende Darstellungsweise abstellen.“ *Osterloh* (1993), S. 51-52.

15 Es bestehen durchaus Unterschiede zwischen verschiedenen Theorien, die Stärke dieser Relation teilweise abschwächen, z.B. die quasi-behavioristischen Ansätze. Vgl. *Osterloh* (1993), S. 70-72.

16 Vgl. *Osterloh* (1993), S. 93; *Steinmann* (1978), S. 79. Zwar argumentieren *Schnell/Hill/Esser* (1993, S. 86-94), dass intentionales Handeln durchaus einer deduktiv-nomologischen Erklärung in Form einer sogenannten genetischen Erklärung zugänglich sei, allerdings erscheint diese Vorgehensweise aufgrund seiner Komplexität nicht praktikabel.

17 *NIH* steht für *not invented here* und bezeichnet die grundsätzliche ablehnende Haltung von Managern in einer Auslandstochter gegenüber Konzepten, die aus anderen Ländern stammen und übernommen werden sollen. Vgl. z.B. *Macharzina/Oesterle* (1995) und die dort angegebenen Quellen.

Entscheidend für die Wahl des interpretativen Paradigmas und des qualitativen Ansatzes ist auch das Theorieverständnis, das dem zu entwickelnden Bezugsrahmen des europäischen Brand Managements zugrunde liegt. Im klassischen, quantitativen Ansatz der empirischen Sozialforschung ist die Theoriebildung und -überprüfung ein linearer Prozess. Hypothesen sollen deduktiv abgeleitet und anhand von statistischen Verfahren überprüft werden, ob sie sich in der empirisch erfassten Realität bewähren.[18] Dabei liegt oftmals der Schwerpunkt auf der Operationalisierung von Variablen und der Überprüfung der Hypothesen. Beim qualitativen Ansatz steht dagegen die Hypothesengenerierung im Vordergrund.[19] Die Entwicklung einer Theorie soll dabei in direktem wechselseitigen Zusammenspiel mit der Realität im Sinne einer *grounded theory* von GLASER/STRAUSS erfolgen.[20] Durch die unmittelbare Verankerung der Theorie in der Realität entfallen somit weitgehend Operationalisierungs- und damit verbundene Reliabilitäts- und Validitätsprobleme.[21] Die zentrale Methode zur Theoriegewinnung ist die vergleichende Analyse.[22] Für die Auswahl der empirischen Untersuchungseinheiten impliziert dies anstatt eines *statistical sampling* im Sinne einer Zufallsauswahl ein *theoretical sampling*. Das bedeutet, dass die Stichprobe bewusst so auszuwählen ist, dass möglichst ein breites Spektrum an Ausprägungskombinationen hinsichtlich verschiedener Variablen, die aufgrund (theoretischer) Vorüberlegungen bedeutend sind, berücksichtigt wird. Die Repräsentativität in statistischer Sicht wird dadurch vom Begriff des »Typischen« abgelöst.[23] In dieser Untersuchung soll aber nicht die extreme Position der *grounded theory*, die die Theoriebildung insgesamt als induktiven Prozess ansieht, übernommen werden.[24] Vielmehr soll ein *Wechselspiel von Deduktion und Induktion* die Entwicklung des Bezugsrahmens leiten. Damit wird allerdings die in der quantitativen empirischen Sozialforschung unterstellte, in der Forschungspraxis sowieso unhaltbare und unrealistische Trennung zwischen Entdeckungs- und Begründungszusammenhang aufgegeben. Der theoretische Bezugsrahmen zum europäischen Brand Management soll letztendlich zwischen *grounded* und *grand theory* angesiedelt sein und als theoretisches Konzept mittlerer Reichweite fungieren.[25]

Darüber hinaus spricht die Offenheit und Flexibilität des qualitativen Ansatzes für dessen Verwendung zur Untersuchung des europäischen Brand Managements. Gerade wenn die Zusammenhänge des zu Untersuchungsfelds noch nicht hinreichend bekannt sind, sollte das Untersuchungsinstrumentarium auf unerwartete Entdeckungen angemessen reagieren können. Dabei stellt es einen Vorteil bei der Exploration dar, wenn im Verlauf der empirischen Erhe-

---

18 Vgl. *Lamnek* (1988), S. 124.

19 Vgl. *Lamnek* (1988), S. 93-94.

20 Vgl. *Glaser/Strauss* (1979). Für eine Beschreibung der zentralen Gedanken der *grounded theory*, im Deutschen auch als „datenbasierte Theorie" bezeichnet, vgl. *Lamnek* (1988), S. 106-123.

21 Vgl. *Lamnek* (1988), S. 138-140.

22 Vgl. *Lamnek* (1988), S. 109-113.

23 Vgl. *Lamnek* (1988), S. 112, 175-176.

24 Vgl. *Lamnek* (1988), S. 119, 123.

25 Analog beispielsweise zu *von Krogh/Roos/Slocum* (1994), S. 54-55.

bung erzielte Erkenntnisfortschritte für nachfolgende Untersuchungsschritte verwertbar sind.[26] Auch wenn nicht von vornherein sichergestellt ist, dass Forscher und Befragte bei zentralen Begriffen der Erhebung über die gleichen Anwendungsregeln verfügen, weisen interpretative im Vergleich zu standardisierten Verfahren Vorteile auf. Gerade bei einer internationalen Befragung kann ein unterschiedliches Begriffsverständnis einen nicht zu vernachlässigenden Aspekt darstellen.

Aufgrund der Zielsetzung der Untersuchung und der Verwendung des interpretativen Paradigmas und des qualitativen Ansatzes ergeben sich noch einige weitere, konkrete Konsequenzen für die Gestaltung der empirischen Erhebung und ihrer Auswertung. Zum einen ist eine mündliche, nicht-standardisierte Befragung erforderlich, da die Forschung als Kommunikation aufgefasst wird. Es sollten eine möglichst natürliche Kommunikationssituation hergestellt, der Befragte ein gleichberechtigter Dialogpartner, die Befragung möglichst offen gestaltet und nicht die Kategorien des Forschers dem Interviewpartner aufgedrängt werden.[27] Zum anderen werden die durch die Befragung mehrerer Personen zu einem Sachverhalt (beispielsweise verschiedene Personen eines Unternehmens zu dessen internationaler Strategie) entstehenden Perspektivendifferenzen aufgrund der doppelten Hermeneutik „nicht als messtechnisches Unglück, sondern als konstituierender Bestandteil der untersuchten Realität gesehen." [28] Hieraus entstand die Konsequenz, dass bei dieser Untersuchung pro Unternehmen immer mindestens je eine Person in der Zentrale eines Unternehmens und in einer Auslandsgesellschaft befragt wurden, da gerade bei dieser Konstellation interpretationswürdige Unterschiede in der Auffassung gleicher Sachverhalte zu vermuten sind. Schließlich erhält wegen der Methodik die Schaffung einer Vertrauensbasis beim Zugang zu den Befragten einen herausragenden Stellenwert.[29] Für die Auswertung[30] und Validierung impliziert der gewählte Forschungsansatz, dass diese im Sinne eines „hermeneutischen Rekonstruktionismus"[31] durchzuführen sind. Die Validierung erfolgt dabei insgesamt weniger messtechnisch, sondern eher interpretativ-kommunikativ in einem mehrstufigen Verständigungsprozess zwischen Forscher und Befragten.[32] Das bedeutet, dass nach einer Kommunikationsphase eine Distanzierung des Forschers stattfindet. In dieser Rekonstruktionsphase erfolgt ein Deutungsversuch, der dem oder den Befragten dann in einer Reflexionsphase offengelegt und im

---

26 Vgl. *Lamnek* (1988), S. 25-28.

27 Vgl. *Lamnek* (1988), S. 23-24 ; *Osterloh* (1993), S. 95-96.

28 *Osterloh* (1993), S. 99.

29 Vgl. *Lamnek* (1989), S. 65-68.

30 Die Auswertungsproblematik beim qualitativen Ansatz wird in der Regel als dessen größter Nachteil im Vergleich zum quantitativen Ansatz angesehen. Vgl. z.B. *Lamnek* (1998), S. 180-185 und die dort angeführten Quellen sowie ausführlicher zur Auswertungsproblematik bei der interpretativen Sozialforschung *Osterloh* (1993), S. 101-129. Angesichts der bisher auf Basis standardisierter Befragungen erzielten Erkenntnisse zum internationalen Marketing im allgemeinen und zum Euro-Marketing im speziellen erscheint dieser Nachteil nicht mehr so gravierend, vor allem nicht vor dem Hintergrund der explorativen Zielsetzung dieser Studie.

31 Vgl. hierzu *Habermas* (1981), S. 163-166.

32 Vgl. *Lamnek* (1988), S. 157.

Diskurs mit den Betroffenen wiederum argumentationszugänglich gemacht wird. Dabei findet in der Reflexionsphase eine kommunikative Validierung der erstellten Rekonstruktionen statt.[33] In der vorliegenden Untersuchung fand diese Art der Validierung einerseits innerhalb eines Interviews, andererseits über verschiedene Interviews hinweg statt.[34] Dies bedeutet letztendlich auch, dass der zu entwickelnde Bezugsrahmen nicht den Charakter von nomologischen Gesetzesaussagen hat, sondern einen mehr oder weniger angemessenen Rekonstruktionsvorschlag darstellt.

III. Empirische Basis der Untersuchung

Zur empirischen Unterstützung bei der Entwicklung des Bezugsrahmens fand - in Anlehnung an den qualitativen Forschungsansatz - eine mündliche Befragung bei 15 internationalen Konsumgüterunternehmen statt. Die Befragung wurde dabei in Form von *problemzentrierten Interviews* vorgenommen. Diese Interviewform kann als mündlich, nicht-standardisiert und teil-strukturiert charakterisiert werden.[35] Insgesamt fanden 50 Interviews mit 54 Gesprächspartnern bei 46 Unternehmenseinheiten[36] zwischen Dezember 1994 und Juni 1996 statt. Die Gespräche dauerten dabei circa eineinhalb Stunden.[37]

Bei der *Auswahl der Gesprächspartner* stand die Bereitschaft, über das Themengebiet ausführlich zu berichten, im Vordergrund. Das notwendige Vertrauen für ein solches Gespräch wurde zum einen durch Referenzen dritter Personen, zum anderen durch Zusicherung von Anonymität für die beteiligten Personen erzeugt.[38] Bei der *Selektion der Unternehmen* wurde darauf geachtet, dass sowohl solche mit Firmensitz in Deutschland, als auch andere europäische sowie außer-europäische in die Studie eingehen. Weiterhin wurde die Stichprobe so gewählt, dass sich verschiedene Arten von Konsumgütern darin befinden. Gemeinsam ist zwar

---

33 Vgl. *Osterloh* (1993), S. 125-126. Zur kommunikativen und anderen Arten der Validierung im Rahmen der qualitativen Sozialforschung vgl. *Lamnek* (1988), S. 151-159.

34 Die dritte Stufe der kommunikativen Validierung soll durch Veröffentlichung der in der Untersuchung gewonnenen Erkenntnisse und dem Feedback der Beteiligten hierzu erfolgen. Vgl. *Osterloh* (1993), S. 126.

35 Problemzentrierte Interviews zeichnen sich dadurch aus, dass sie im Vergleich zu narrativen Interviews nicht rein induktiv vorgehen, sondern ein theoretisches Konzept zugrunde legen, das aber im Laufe der Gespräche modifiziert werden kann. Problemzentrierte Interviews sind dennoch relativ offen, an keinen festen Ablauf gebunden und benutzen einen Interviewleitfaden als Stütze für den Forscher, dem er jedoch nicht zwanghaft folgen muss. Insgesamt dominiert bei problemzentrierten Interviews die Konzeptgenerierung. Vgl. hierzu *Lamnek* (1989), S. 74-78. Ein Vergleich verschiedener Formen qualitativer Interviews findet sich bei *Lamnek* (1989), S. 90.

36 Vier der Interviews fanden mit zwei aktiven Gesprächspartnern statt, und bei vier Unternehmenseinheiten, d.h. entweder Zentrale oder Tochter, wurden jeweils zwei getrennte Gespräche geführt.

37 Das längste Gespräch dauerte zweieinhalb Stunden, das kürzeste eine.

38 Insgesamt angesprochen wurden zunächst Manager von 18 Unternehmen. Davon lehnten drei die Teilnahme an der Studie ab. Bei den verbleibenden 15 Unternehmen wurden die zuerst interviewten Personen gebeten, in Frage kommende Gesprächspartner des gleichen Unternehmens in anderen Ländern zu benennen. Von diesem Personenkreis waren fast alle kontaktierten Personen zu einem Gespräch bereit. Lediglich bei fünf Unternehmenseinheiten konnte kein Gesprächstermin vereinbart werden, wobei bei vier davon Zeitprobleme wegen Messen oder Urlaub angeführt wurden und nur eine Absage mit mangelnder grundsätzlicher Bereitschaft begründet wurde.

allen, dass es sich um Markenartikel handelt. Unterschiede bestehen aber hinsichtlich der Wertigkeit der Produkte, der Absatzwege, der Markenkonzepte, der Breite der Marktabdeckung und des Standardisierungsgrades der Marketingparameter. Schließlich war auch beabsichtigt, dass die beteiligten Unternehmen deutliche Unterschiede in ihrem Internationalisierungsgrad und ihrer Erfahrung in der Umsetzung europäischer Marketingkonzepte aufweisen. In Tabelle 2 sind die in der Studie erfassten Unternehmen, Marken[39] und Geschäftsfelder zusammengestellt:

Unternehmen	Marken	Geschäftsfelder
• Audi	8X4, ALWAYS, AUDI, BAHLSEN, BMW,	• Car Audio
• Bahlsen	BOSCH, BRESSE BLEUE, CALOR, CAPRICE	• Eiscreme
• Beiersdorf	DES DIEUX, CAPTURE, CHAVROUX,	• Fruchtsäfte
• BMW	CONSTRUCTA, DEMAK'UP, DIOR, DIOR	• Haushaltskleingeräte
• Bongrain	SVELTE, DIXAN, DOLCE VITA, DOPPEL	• Haushaltsgroßgeräte
• Bosch Siemens	DUSCH, DUNE, FAHRENHEIT, FOL EPI,	• Hygienepapiere
Hausgeräte	GAGGENAU, GERAMONT, GRUNDIG,	• Käse
• Groupe SEB / Tefal	HYDRADIOR, HYDRASTAR, LABELLO, LE	• Körper- und Hautpflege
• Grundig	CHAT, LE TARTARE, LEIBNIZ, MARS MICRO,	• Parfums
• Henkel	MIR, MÖVENPICK, NEFF, NIVEA, NORIS	• PKWs
• Christian Dior	CLUB, PAMPERS, PERLANA, PERSIL,	• Schreib- und Zeichengeräte
• Philips	PERWOLL, PHILIPS, POISON, PRIL, PUNICA,	• Süßwaren
• Procter & Gamble	ROWENTA, SCHÖLLER, SEB, SIEMENS,	• Unterhaltungselektronik
• Schöller	SONY, SUPER CROIX, STAEDTLER MARS,	• Wasch- und Reinigungsmittel
• Sony	ST.MICHEL, TEFAL, TEMPO, VERNEL,	
• Staedtler	ZEOZON	

Tabelle 2: Unternehmen, Marken und Geschäftsfelder der empirischen Untersuchung

Pro Unternehmen wurde mindestens je ein Gespräch in der Zentrale[40] und bei einer Auslandstochtergesellschaft dieses Unternehmens geführt. Die Befragung fand in fünf Ländern statt: Deutschland, Frankreich, Italien, Belgien und den Niederlanden. Die letzten beiden Länder wurden bewusst einbezogen, da auch Auslandstöchter mit vergleichsweise geringer Umsatzbedeutung im internationalen Unternehmensverbund berücksichtigt werden sollten. Die Gesprächspartner in den Zentralen waren solche Manager der oberen Führungsebenen, die konkrete Aufgaben in der internationalen Marketingstrategieentwicklung eines Geschäftsbereichs und/oder bei der internationalen Koordination des Marketings wahrnehmen. Bei den Tochtergesellschaften waren die Interviewten auf der ersten oder zweiten Hierarchieebene des

---

39 Dabei werden nicht sämtliche in der Studie angesprochenen Sub-Brands der hier angeführten Markenfamilien bzw. Dachmarken aufgelistet.

40 Bei den Unternehmen, die ihren Hauptsitz außerhalb Europas haben, fand das Zentral-Gespräch in den *European Headquarters* statt.

Marketing Managements angesiedelt. Je nach spezifischer Unternehmensorganisation waren dies die Geschäftsführer, Marketingleiter, Geschäftsbereichsleiter, Produktgruppen- bzw. Brand Manager oder Werbeleiter.[41] Insgesamt wurden 16 Gespräche mit Personen, die in Zentralen tätig waren, und 34 mit Managern von Auslandstöchtern durchgeführt. Der Interviewer war in allen Fällen der Verfasser dieser Arbeit; Interviewsprache war in 25 Fällen Deutsch, ansonsten Englisch (23) und Französisch (3).[42] Die meisten Gespräche wurden auf Tonband aufgezeichnet und sind in Interviewbänden dokumentiert. Zur Unterstützung der Auswertung der Gespräche wurde eine Themenmatrix[43] erstellt. Deren Grobaufbau ist im Anhang dieser Arbeit dargestellt. Folgende Tabelle gibt die Anzahl der Interviews pro Land, erfasste Unternehmenseinheiten pro Land und die Nationalität der Gesprächspartner wider.

	D	F	I	NL	B	Σ
Anzahl der Interviews pro Land	16	11	11	5	7	50
Unternehmenseinheiten pro Land	15	10	10	5	6	46
Nationalität der Gesprächspartner	20	14	7	6	6	54

Tabelle 3: Internationale Verteilung der Interviews

Schließlich stellt sich noch die Frage, ob für die untersuchten Unternehmen die aufgezeigten Herausforderungen des europäischen Brand Managements überhaupt relevant sind. Dies kann eindeutig positiv beantwortet werden. Ein Indiz dafür ist, dass alle beteiligten Unternehmen entweder in den 5 Jahren vor der Befragung größere organisatorische Umstrukturierungen, bei denen ein Ziel in der besseren Koordination des europäischen Marketings lag, vorgenommen haben, oder die Unternehmen waren während des Untersuchungszeitraums dabei, solche Maßnahmen durchzuführen bzw. zu planen. Des Weiteren hat sich im Verlauf der Untersuchung gezeigt, dass das Marketing aller 15 Unternehmen starken Zwängen einer lokalen Anpassung ausgesetzt ist. Meist resultiert dies entweder aus landesspezifischen Konsumentenpräferenzen bzw. -verhaltensweisen und/oder aus unterschiedlichen Wettbewerbspositionen in den einzelnen Ländern. Z.B. stellt der belgische Marketingdirektor einer deutschen Unternehmung eine zunehmende Regionalisierung fest und verdeutlicht das daraus resultierende Erfordernis zur lokalen Anpassung:

> „Because, honestly, we have two cultures. And I think, I see that in reactions of potential clients, with Europe growing and with borders that are going away, the need to go back to the roots and one's own culture is becoming stronger and stronger. One example, ten years ago it was completely normal, that you had at that moment only German brochures or literature, because the client understood that it was a German car, so the first thing that you hand out was a

41 Vgl. das Gesprächspartnerverzeichnis im Anhang dieser Arbeit.

42 Bei der Durchführung der Interviews wurden keine Verständigungsprobleme wahrgenommen. Der Interviewer ist zweisprachig aufgewachsen (Englisch - Deutsch) und beherrscht das Französische ausreichend, um derartige Gespräche zu führen.

43 Vgl. hierzu *Lamnek* (1989), S. 114-115.

> German document. At the moment this is not accepted. For the moment, when you are introducing a car, you have to be ready with a Flemish literature and with your French literature. They are becoming very sensitive on that point.“

Andererseits existieren aber gleichzeitig starke Erfordernisse hinsichtlich einer europäischen Ausrichtung des Marketing. Gründe hierfür liegen meist in einem zunehmenden Wettbewerbsdruck, der Europäisierung des Wettbewerbs und Handels sowie in möglichen Effizienz- und Effektivitätsvorteilen eines stärker koordinierten Euro-Marketing. Folgende Aussage des belgischen Marketing Managers der belgischen Tochtergesellschaft einer deutschen Unternehmung zeigt die Europäisierungsproblematik auf:

> „In the past, individual countries had a lot of freedom. There was very little control. Every country did their own thing, made their own strategy, which was of course presented to the headquarters, but there was a large freedom. X itself was also a very German company, In new product development, they were only developed first of all based on the demands of the German market, what were the needs of the German consumers, where were holes to fill in the German market. Then every country was informed about which new products were developed, and every country looked if they had a chance in their own market. So, very little structure, large autonomy of individual countries, and no harmonization of marketing strategy whatsoever, and a very strong German influence. Now with the new thinking in the group, X wants to profile itself more as a European group, due to the changing circumstances in our environment in Europe: concentration of the trade, europeanization of the trade and of competitors, etc. So X is now in a stage of a process in order to organize itself more on a European basis.“

Dabei sind alle untersuchten Unternehmen prinzipiell von diesen gegenläufigen Voraussetzungen und Entwicklungen betroffen. Diese grundsätzliche Betroffenheit ist unabhängig davon, ob es Hersteller von Automobilen, Unterhaltungselektronik, Waschmittel oder Käse sind, wenn auch verschiedene einzelne Aspekte bei den jeweiligen Unternehmen im Vordergrund stehen.

D. ERFOLGSBEDINGUNGEN DES EUROPÄISCHEN BRAND MANAGEMENTS

In diesem Kapitel werden die zentralen Elemente des Bezugsrahmens zum europäischen Brand Management dargestellt, theoretisch begründet und an den untersuchten Fällen widergespiegelt. Der Fokus der Betrachtung liegt dabei auf der Frage, welche Faktoren dazu beitragen, dass europäisches Brand Management erfolgreich ist oder nicht. Dazu bedarf es zunächst einer Klärung, welchen Anforderungen ein europäisches Brand Management genügen muss, um erfolgreich zu sein. Daher werden nach einer Definition des Begriffs »europäisches Brand Management« dessen Effektivitätskriterien erörtert.

I. Definition des europäischen Brand Managements

In dieser Untersuchung ist der Begriff »europäisches Brand Management« im Sinne einer Nominaldefinition[1] folgendermaßen definiert:

> *Europäisches Brand Management ist die Gestaltung, Steuerung und Umsetzung der Marketingaktivitäten von in mehreren europäischen Ländern tätigen Markenartikelherstellern im Konsumgütersektor.*

Diese Definition ist weiter gefasst als der klassische Begriff des Brand (oder Produkt) Managements. Dieser stellt auf die *organisatorische Struktur* ab, in der Marken (oder Produkte) gesteuert werden und den damit verbundenen Aufgaben des Brand- bzw. Produkt Managers.[2] Der hier angeführte Begriff entspricht eher dem des »internationalen Marketing Management«.[3] Durch die Verwendung von »Brand« anstelle von »Marketing Management« soll jedoch zum einen darauf hingewiesen werden, dass sich die Ausführungen auf *Markenartikel im Konsumgüterbereich* beziehen. Zum anderen werden damit grundlegende Entscheidungen der Unternehmens-Gesamtstrategie (*corporate strategy*), bei der es um die Wahl der Produkt-Markt-Kombinationen im Sinne des *defining the business* geht,[4] von der Betrachtung ausgeklammert. Bezüglich der geographischen Begriffsextension ist anzumerken, dass mit »europäisch« die Staaten der *Europäischen Union und der Europäischen Freihandelszone* (EFTA) - also im Prinzip Westeuropa - gemeint sind. Der Grund, weswegen die osteuropäischen Staaten hier nicht mit eingeschlossen werden, liegt darin, dass die Marktbearbeitung dieser Länder derzeit noch anderen, speziellen Problemstellungen unterliegt. Schließlich soll sich der hier angeführte Begriff auch nur auf die Steuerung der Marketingaktivitäten solcher

---

1 Vgl. *Schnell/Hill/Esser* (1993), S. 39-40.

2 Vgl. z.B. *Diller* (1975), S. 53-63; *Köhler* (1991), S. 167; *Kotler* (1989), S. 611-614; *Kotler* (1991), S. 690-696; *Low/Fullerton* (1994), S. 173; *Nieschlag/Dichtl/Hörschgen* (1991), S. 948-957; *Tietz* (1992), Sp. 2067-2072.

3 Beispielsweise definiert HERMANNS internationales Marketing Management als „Planung, Organisation, Koordination und Kontrolle aller auf die aktuellen und potentiellen internationalen Absatzmärkte bzw. den Weltmarkt gerichteten Unternehmensaktivitäten." *Hermanns* (1995), S. 25-26.

4 Vgl. *Meffert* (1986b), S. 37-38; *Steinmann/Schreyögg* (1990), S. 129-131.

Konsumgüterunternehmen beziehen, die im Ausland mittels eigener *Tochtergesellschaften* tätig sind.[5]

Das europäische Brand Management umfasst demnach eine Vielzahl unterschiedlicher Facetten. Analog zur Analyse des Key Account- bzw. Kundenmanagements bei DILLER[6] können hierbei *strategische, organisatorische und funktionale* Aspekte des europäischen Brand Managements differenziert werden. Der strategische Aspekt liegt hier in der Erarbeitung internationaler, zur Zielerreichung geeigneter Marketingkonzepte für den betreffenden Geschäftsbereich. Dabei sind die Konzepte nicht pro Land isoliert, sondern unter Berücksichtigung einer internationalen Strategie zu bestimmen. Zur Realisierung benötigt das europäische Brand Management eine aufbau- und ablauforganisatorische Verankerung in der internationalen Unternehmung. Schließlich hat das europäische Brand Management eine Reihe von Funktionen zu erfüllen. Die wichtigsten Aufgaben bestehen dabei in der Planungsfunktion, der Organisationsfunktion, der Koordinationsfunktion, der Kontrollfunktion und der Führungsfunktion.[7] Eine Analyse des europäischen Brand Managements entlang solcher Dimensionen erscheint jedoch hinsichtlich der Zielsetzung, eine prozessorientierte Betrachtung des europäischen Brand Managements vorzunehmen, wenig fruchtbar, da dies ein Rekurs auf inhaltliche Aspekte des europäischen Marketing erfordert und entsprechend nur fallspezifische Aussagen getroffen werden könnten. Zur Entwicklung des Bezugsrahmens wird dagegen auf einer (noch) abstrakteren Ebene angesetzt. Auf einer Meta-Ebene besteht die Aufgabe des europäischen Brand Managements im Sinne des interpretativen strategischen Managements[8] in der *Gestaltung, Entwicklung und Transformation adäquater Kontexte* zur Sicherung der Wettbewerbsfähigkeit des europäisch tätigen Unternehmens. Das europäische Brand Management ist damit als ein Teil des Wechselspiels zwischen den Kognitionen der beteiligten Personen und deren positiv erfassbaren Handlungen aufzufassen.[9] Entscheidend ist daher, dass die zu schaffenden Kontexte - also die *aufbau- und ablauforganisatorischen Rahmenbedingungen*, in die das europäische Brand Management eingebunden ist - eine Verständigung über die Interpretation von Umfeldbedingungen, Handlungen und deren Folgen ermöglichen. Dabei manifestieren sich diese Kontexte in dem Prozess, der zur inhaltlichen Ausgestaltung europäischer Marketingkonzepte führt. Somit vereinen sich die oben beschriebenen strategischen, organisatorischen und funktionalen Aspekte des europäischen Brand Managements in der Schaffung dieser Kontexte. Die Aktivitäten des europäischen Brand Managements stellen dementsprechend einen Prozess der „Willensbildung und Willensdurchsetzung“[10] dar. Der europäische Brand Managementprozess lässt sich dabei in ver-

5 Auf die Frage, inwieweit die Ergebnisse dieser Untersuchung z.B. auf andere Länder, Markteintrittsformen oder Produktbereiche übertragbar sind, wird in Kapitel F dieser Arbeit eingegangen.

6 Vgl. *Diller* (1989), S. 213-217; *Diller* (1994), S. 2, 9-16.

7 Vgl. *Hermanns* (1995), S. 28-46.

8 „Interpretatives strategisches Management betrifft die Gestaltung, Entwicklung und Transformation von Kontexten, die der Verständigungsfähigkeit, Handlungsfähigkeit, und damit der Überlebensfähigkeit des Unternehmens in komplexen sozialen Gefügen dienen.“ *Klaus* (1987), S. 55.

9 Vgl. *Klaus* (1987), S. 55.

10 *Meffert* (1986b), S. 36.

schiedene Prozessphasen untergliedern: Informationssammlung, Entscheidungsvorbereitung, Entscheidungsfindung, Umsetzung, Kontrolle und gegebenenfalls Modifikation.[11] Bei dieser Unterteilung ist jedoch zu berücksichtigen, dass die einzelnen Prozessphasen *interdependent* sind und der gesamte Prozess des europäischen Brand Managements diese Phasen mit verschiedenen Rückkopplungsschleifen durchläuft. Auch daher erscheint es nicht sinnvoll, die Entscheidung über die inhaltliche Gestaltung von europäischen Marketingkonzepten von deren Umsetzung zu trennen, weder konzeptionell noch organisatorisch. Folgende Abbildung veranschaulicht nochmals das dieser Untersuchung zu Grunde liegende Begriffsverständnis des europäischen Brand Managements:

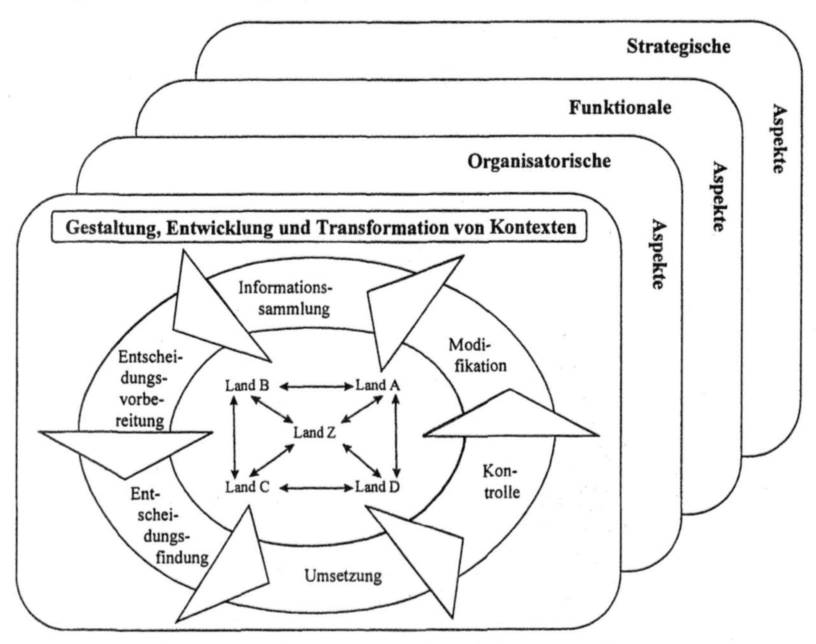

Abbildung 12: Der europäische Brand Management Prozess

II. Effektivität des europäischen Brand Managements

Sowohl aus theoretischer als auch aus praktischer Sicht ist es entscheidend zu verstehen, wann ein europäisches Brand Management als effektiv gilt, um Aussagen darüber treffen zu können, was diese Effektivität beeinflusst. Zur Bestimmung der Effektivität müssen Kriterien herangezogen werden, die die Leistungsfähigkeit eines solchen Prozesses charakterisieren.[12]

---

11 Für ähnliche Einteilungen des (internationalen) Marketing Managementprozesses vgl. *Hermanns* (1995), S. 46-47; *Kotler* (1991), S. 62-63; *Meffert* (1986b), S. 36-37; *Meffert/Bolz* (1994), S. 34-35.

12 Vgl. *Scholz* (1992), Sp. 534.

1. *Organisationale Effektivität*

In der Management- und Organisationslehre ist das Konzept der organisationalen Effektivität sehr umstritten.[13] Es liegt keine einheitliche oder allgemeingültige Definition dafür vor. Eine übereinstimmende Auffassung besteht nur darin, dass sich Effektivität auf die Erreichung langfristiger Ziele bezieht.[14] Die Unterscheidung zwischen Effektivität und Effizienz wird ebenfalls weitgehend akzeptiert. Das Erste wird verwendet, um den *Zielerreichungsgrad* langfristiger Ziele zu beschreiben, während das Zweite zur Erfassung von *Output-Input-Relationen* dient. Dabei hat sich das Verständnis durchgesetzt, das Effektivität als »*doing the right things*« und Effizienz als »*doing the things right*« auffasst.[15]

Zur Bestimmung der Effektivität werden in der Organisationsliteratur verschiedene Ansätze verfolgt, z.B. der Zielansatz, der Systemansatz oder der Interaktionsansatz, die jedoch alle mit diversen Nachteilen behaftet sind.[16] Als Synthese aus diesen verschiedenen Ansätzen kann ein Kriterienkatalog mit vielen Einzelkriterien gebildet werden, die sich beispielsweise in vier Kategorien, und zwar nach einer personalwirtschaftlichen-, einer Anpassungs-, einer Integrations- und einer Zielerreichungsfunktion einteilen lassen.[17] Diese können jedoch keine *generellen Effektivitätsindikatoren* darstellen; vielmehr müssen diese für den konkreten Anwendungsfall bzw. die Forschungssituation abgeleitet werden.[18]

In der Marketingliteratur werden von einigen Autoren spezifische Effektivitätskriterien für eine Marketingorganisation angeführt. Zur Bestimmung der Leistungswirksamkeit der Marketingorganisation stellt beispielsweise MEFFERT neben die für alle Unternehmensbereiche geltenden Kriterien, wie Kosten, Zeit, Motivation und Entlastung, folgende Kriterien auf: Integrationsfähigkeit, Flexibilität, Kreativität und Innovationsbereitschaft sowie Spezialisierung.[19] Ähnliche Kriterien zur Beurteilung von Absatzorganisationen nennt auch KÖHLER, und zwar Koordinationsfähigkeit, Marktanpassungs- und Innovationsfähigkeit, schnelle und reibungslose Informationsversorgung, Möglichkeit aussagefähiger Kontrollaktivitäten und die Zufriedenheit der Mitarbeiter.[20] Als besondere Anforderungen an eine internationale Marketingorganisation werden von EULER die richtige Kombination aus Differenzierung und Integration, eine eingebaute Flexibilität, klare Verantwortlichkeiten, Wirtschaftlichkeit und die differenzierte Orientierung an den Möglichkeiten des Geschäftsbereichs innerhalb des Gesamtunternehmens angeführt.[21] Auch RALL führt vier Fragen an, mit denen die Leistungsfä-

---

13 Vgl. *Jones/Jacobs/van't Spijker* (1992), S. 227.

14 Vgl. *Budäus/Dobler* (1977), S. 61.

15 Vgl. *Budäus/Dobler* (1977), S. 62; *Scholz* (1992), Sp. 533.

16 Für einen Überblick über diese verschiedenen Ansätze vgl. *Budäus/Dobler* (1977), S. 63-67; *Scholz* (1992), Sp. 537-538; *Staehle/Grabatin* (1979).

17 Vgl. hierzu *Scholz* (1992), Sp. 542 sowie andere mögliche Kataloge bei *Budäus/Dobler* (1977), S. 67-70.

18 Vgl. *Scholz* (1992), Sp. 534.

19 Vgl. *Meffert* (1986b), S. 540-541.

20 Vgl. *Köhler* (1991), S. 140.

21 Vgl. *Euler* (1990), S. 90.

higkeit einer internationalen (Marketing-) Organisation erfasst werden sollen: Erstens ob die richtige Balance von globalen und lokalen Marketingelementen sichergestellt wird, zweitens ob die Entwicklung und Nutzung von international einsetzbaren Marketingkonzepten gefördert wird, drittens ob ausreichende lokale Kompetenz und die Durchführung von Programmen vor Ort gewährleistet sind und viertens ob Kostensenkungspotentiale ausreichend ausgeschöpft werden.[22] Die hier genannten Kriterien erscheinen zur Bestimmung der Effektivität einer (internationalen) Marketingorganisationen zwar durchaus sinnvoll. Problematisch ist jedoch, dass keine systematische Begründung für ihre Anwendung gegeben wird. Daher soll hier der Versuch unternommen werden, spezifische Anforderungen an das europäische Brand Management auf Basis dessen zentraler strategischen Zielsetzung herzuleiten.

2. *Grundlegende strategische Zielsetzung*

Ausgehend von dem Grundgedanken der marktorientierten Unternehmensführung soll das europäische Brand Managements dazu beitragen, die *Wettbewerbsfähigkeit* der internationalen Unternehmung zu sichern und *Wettbewerbsvorteile* aufzubauen. Im spezifischen Kontext der europäischen Konsumgüterindustrie bedeutet dies die Bewältigung der *Komplexität,* welche durch die internationale Tätigkeit des Unternehmens und den simultanen Anforderungen zur lokalen Anpassung und zur Europäisierung entsteht. Die organisatorische Herausforderung des europäischen Brand Managements liegt demnach im Aufbau einer *multiplen strategischen Kompetenz.*[23] Die Fähigkeit zur Entwicklung und Umsetzung entsprechend komplexer Strategien und die Beherrschung der daraus resultierenden organisatorischen Komplexität sind entscheidend für die Sicherung der internationalen Wettbewerbsfähigkeit und den Aufbau und Erhalt von Wettbewerbsvorteilen.[24] Auf einer Meta-Ebene stellt daher die *multi-dimensionale und flexible Integrationsfähigkeit* die Hauptanforderung an das europäische Brand Management dar. Einerseits gilt es, auf einer inhaltlich-strategischen Ebene die unterschiedlichen Erfordernisse, die die verschiedenen Funktionen, Länderumwelten sowie Produkte stellen, und andererseits auf einer formal-organisatorischen Ebene die verschiedenen Unternehmenseinheiten und Hierarchien sowie die Strategieentwicklung und -umsetzung zu integrieren.[25] Um die Effektivität beurteilen zu können, ist es jedoch erforderlich, diese allgemeine Anforderung weiter zu *konkretisieren.* Im spezifischen Kontext des europäischen Brand Managements lassen sich dabei vier grundlegende *Effektivitätskriterien* ableiten:

- Die Erzielung einer adäquaten Balance zwischen den Erfordernissen der lokalen Anpassung und der Europäisierung bzw. Globalisierung (»global-lokal Balance«)
- Die Fähigkeit zur Erzeugung, Verbreitung und Ausschöpfung von Know-how (»internationale Lernfähigkeit«)

---

22 Vgl. *Rall* (1991), S. 427.

23 Vgl. *Bartlett/Ghoshal* (1990a), S. 33.

24 Vgl. *Hamel/Prahalad* (1986), S. 97; *Prahalad/Doz* (1987), S. 158.

25 Vgl. *Lorange/Probst* (1990), S. 156-160.

- Flexibilität und Reagibilität
- Die Fähigkeit zur Implementierung europäischer Marketingkonzepte

Diese Aspekte werden in den folgenden Abschnitten dargestellt und diskutiert. Dabei gilt es zu beachten, dass auf Grund der hier verwendeten Prozessperspektive sowohl der *Prozess* an sich - also das Vorgehen bei der Entscheidung und Umsetzung - als auch das *Prozessergebnis* zur Konkretisierung der Effektivität des europäischen Brand Managements herangezogen werden.[26]

3. *Konkretisierung der Effektivitätskriterien*

a) Global-lokal Balance

Als erstes gilt es zu spezifizieren, was *Integrationsfähigkeit* bezogen auf die Realisierung der Marketingaktivitäten eines europäischen Konsumgüterunternehmens bedeutet. Vor allem steht dabei die Frage nach der Standardisierung oder Differenzierung des Marketing im Vordergrund. Allgemein geht es darum, die für diese Entscheidung relevanten Faktoren zu identifizieren und in der Entscheidungsfindung entsprechend zu berücksichtigen. Wie bereits dargestellt, liegen eine Vielzahl verschiedener potenzieller Einflussfaktoren vor, wobei speziell für Marketingentscheidungen in der europäischen Konsumgüterindustrie prinzipiell davon auszugehen ist, dass gleichzeitig Erfordernisse zur Standardisierung als auch zur lokalen Anpassung vorliegen. Eine essentielle Anforderung an das europäische Brand Management besteht demnach darin, diese verschiedenen Anforderungen abzugleichen, d.h. eine *adäquate Balance* zwischen »global«, also europäisch standardisiert, und »lokal«, im Sinne von länderspezifisch angepasst, zu finden.[27] Die Erzielung einer angemessen Balance kann auf verschiedene Art und Weise stattfinden. Denkbar ist z.B., dass einige Elemente des Marketing standardisiert, während andere länderspezifisch gestaltet werden, oder dass eine Variation über verschiedene Länder erfolgt.

Allerdings ist dabei nicht gewährleistet, dass immer Lösungen gefunden werden, die allen Erfordernissen vollkommen gerecht werden. Gelegentlich lässt es sich nicht vermeiden, dass für einzelne Märkte Marketingentscheidungen getroffen werden, die nicht optimal dem lokalen Umfeld entsprechen. Ein klassisches Beispiel zur Verdeutlichung dieser Problematik liefert der Automobilmarkt mit seinen unterschiedlichen Segmenten hinsichtlich des Motorvolumens. In Italien wird für PKWs mit Motoren, die größer als zwei Liter sind, eine deutlich höhere Steuer verlangt, so dass diese nur sehr schlecht verkäuflich sind. In Deutschland werden Fahrzeuge der oberen Mittelklasse mit einem Motorvolumen von 1,8 Liter und 2,4 Liter verlangt, wohingegen für den italienischen Markt 2-Liter Motoren optimal wären. Aus Kostengründen kann jedoch nicht der für Italien optimale Motor hergestellt werden. Hier muss eine Entscheidung für Varianten getroffen werden, die in beiden Ländern verkauft werden. Auf-

---

26 Vgl. *Witte* (1992), Sp. 562.

27 Vgl. *Bartlett/Ghoshal* (1990a), S. 33; *Doz/Prahalad/Hamel* (1990), S. 118-119; *Gustavsson/Melin/MacDonald* (1994), S. 255-256; *Kim/Mauborgne* (1993a), S. 434; *Prahalad/Doz* (1987), S. 169; *Rall* (1991), S. 427; *Takeuchi/Porter* (1986), S. 111; *White/Poynter* (1990), S. 95-96.

grund des größeren Volumens des deutschen Marktes für deutsche Automobilhersteller wird in praxi die Motorgröße nach den deutschen Anforderungen ausgerichtet. Im konkreten Fall wurde versucht, durch das Angebot eines 1,8 Liter Motors mit sehr hoher PS Zahl sich besser an die italienischen Marktbedürfnisse anzupassen.[28]

Das Auffinden einer adäquaten Balance zwischen den verschiedenen Erfordernissen bedeutet also nicht unbedingt, dass alle Erfordernisse optimal erfüllt werden. Bezüglich der inhaltlichen Ausgestaltung des Marketing manifestiert sich die adäquate Balance darin, dass das *Entscheidungsergebnis* so weit wie möglich die verschiedenen lokalen und globalen Erfordernisse abgleicht.[29] D.h., dass eine Lösung zu finden ist, die aus einer Gesamtsicht sinnvoll und aus lokaler Sicht tragfähig erscheint. Dabei kann es durchaus sein, dass eine bewusste Entscheidung getroffen wird, auf ein bestimmtes Umsatzpotential durch mangelnde Anpassung an landesspezifische Gegebenheiten zu verzichten, wenn wie in dem oben aufgezeigten Fall die Kosten der Anpassung zu hoch sind. Entscheidend ist für die Erzielung der bestmöglichen global-lokal Balance, dass alle relevanten Faktoren für diese Entscheidung *berücksichtigt* werden und in den Entscheidungsprozess *einfließen können.*[30] Ineffektiv ist das europäische Brand Management dann, wenn Umsatzpotentiale in Ländern aufgrund von Unkenntnis oder einfacher Vernachlässigung lokaler Spezifika nicht ausgeschöpft werden. Gleichzeitig hat ein effektives europäisches Brand Management aber zu gewährleisten, dass Synergiepotentiale durch europäische Standardisierung von Marketingaktivitäten dann ausgeschöpft werden, wenn dies mögliche Umsatzverluste in einzelnen Ländern und eventuell damit verbundene Organisationskosten überkompensiert. Gerade bei Entscheidungen zu einem höheren Standardisierungsgrad sind aber auch die potentiellen Hürden einer Standardisierung, die oftmals in unternehmensinternen Faktoren liegen können, zu berücksichtigen. Da solche Entscheidungen auch fast nie in ihrer Nettowirkung am Markt vollständig quantifizierbar und damit »objektiv« lösbar sind, spielen im Rahmen der Entscheidungsfindung *subjektive Auffassungen* über die Relevanz und Auswirkung einzelner Einflussfaktoren eine bedeutende Rolle. Um so wichtiger ist es, dass in einem europäischen Brand Managementprozess weder die lokale noch die globale Sichtweise die jeweils andere von vornherein dominiert.[31] Ein effektives europäisches Brand Management erfordert eine *grundlegende Offenheit* gegenüber beiden Perspektiven.

b) Internationale Lernfähigkeit

Das erste Effektivitätskriterium des europäischen Brand Managements - global-lokal Balance - leitet sich aus der Integrationsfähigkeit bezogen auf die konkrete inhaltliche Ausprägung des Marketing ab. Das zweite Kriterium - *internationale Lernfähigkeit* - bezieht sich dagegen auf die Frage nach der *Vorgehensweise* beim Aufbau, Erhalt und Sicherung von Wett-

---

28 Auskunft eines bei einem deutschen Automobilunternehmen tätigen Marketing Managers.

29 Vgl. *Kim/Mauborgne* (1993a), S. 434.

30 Vgl. *Doz/Bartlett/Prahalad* (1981), S. 66; *Prahalad/Doz* (1987), S. 169.

31 Vgl. *Doz/Bartlett/Prahalad* (1981), S. 67; *Kim/Mauborgne* (1993a), S. 434; *Rall* (1991), S. 428; *White/Poynter* (1990), S. 99.

bewerbsvorteilen, und welche Integrationsleistung das europäische Brand Management hierbei zu leisten hat.

Nach BARTLETT/GHOSHAL liegt in der Innovationsfähigkeit eine Grundvoraussetzung für den Erfolg im internationalen Wettbewerb.[32]

> „The new winners are the companies that are sensitive to market or technological trends, no matter where they take place, creatively responsive to the threats and opportunities they perceive world-wide, and able to exploit their new ideas and products globally in a rapid and efficient manner."[33]

Allgemein kann die *Fähigkeit zum organisationalen Lernen* die Grundlage für die Erzielung eines dauerhaften Wettbewerbsvorteils darstellen.[34] Hierunter wird die Fähigkeit verstanden, neues Wissen zu generieren, es in der Organisation zu verbreiten und in die Leistungen und Systeme der Organisation zu integrieren.[35] In komplexen und dynamischen Umwelten kann sogar der einzige dauerhafte Wettbewerbsvorteil in der Fähigkeit eines Unternehmens darin bestehen, schneller als seine Wettbewerber zu lernen.[36] Organisationales Lernen umfasst dabei die Prozessphasen der Informationsbeschaffung, der Dissemination und der gemeinsamen Interpretation der Information.[37]

Für multinationale Unternehmen, deren *raisons d'être* ja gerade in Innovationen und deren Verbreitung bestehen,[38] stellen der Zugriff auf international vorhandenes Know-how und seine Nutzung elementare Bestandteile in der Erzielung von Wettbewerbsvorteilen dar.[39] Lernen und dadurch bedingte Innovationen können in internationalen Unternehmen durch ihre Tätigkeit in verschiedenen Umwelten entstehen. Es besteht dadurch die Möglichkeit, Kunden-, Markt- und Wettbewerberinformationen in verschiedene Länder zu transferieren.[40] Außerdem hat ein solches Unternehmen Zugang zu einer größeren Palette an Ressourcen und Fähigkeiten, insbesondere zu einem breiteren Potential an Kreativität.[41] Lernen kann das internationale Unternehmen auch durch die Funktionsweise seiner Strategien in verschiedenen Ländern und den potentiellen Unterschieden in ihrer Wirksamkeit.[42] Insbesondere für das Marketing hat das organisationale Lernen in diesem Zusammenhang eine herausragende Be-

---

32 Vgl. *Bartlett/Ghoshal* (1990a), S. 149. Auch im Rahmen der strategischen Erfolgsfaktorenforschung hat sich gezeigt, dass die Innovationsfähigkeit zu den Schlüsselfaktoren des Unternehmenserfolgs zählt. Vgl. hierzu *Fritz* (1995), S. 56-57 und die dort angegebene Literatur.

33 Vgl. *Bartlett/Ghoshal* (1990b), S. 216.

34 Vgl. umfassend zum organisationalen Lernen und der dadurch bedingten Erzielung von Wettbewerbsvorteilen *Hennemann* (1997). Vgl. auch *Slater/Narver* (1995), S. 66-67 sowie Abschnitt D.IV.5.b) dieser Untersuchung.

35 Vgl. *Nonaka/Takeuchi* (1995), S. 3.

36 Vgl. *De Geus* (1988), S. 74; *Dickson* (1992), S. 73; *Slater/Narver* (1995), S. 63.

37 Vgl. *Sinkula* (1994), S. 36; *Slater/Narver* (1995), S. 64.

38 Vgl. *Bartlett/Ghoshal* (1990b), S. 216.

39 Vgl. *Frese* (1993), S. 56.

40 Vgl. *Takeuchi/Porter* (1986), S. 129.

41 Vgl. *Bartlett/Ghoshal* (1990a), S. 149; *Bartlett/Ghoshal* (1990b), S. 218.

42 Vgl. *Lorange/Probst* (1990), S. 151.

deutung.[43] Die organisatorische Integration fördert die Entstehung von guten Ideen durch das Zusammenlegen von Ressourcen und internationalem Screening von Konzepten.[44] Hierdurch erhöht sich die Wahrscheinlichkeit, dass hervorragende Konzepte entwickelt werden können.[45]

Neben der Entstehung von innovativen Konzepten ist jedoch die Verbreitung und mehrfache Verwendung von guten Marketingkonzepten ebenfalls kritischer Bestandteil der Erzielung von Wettbewerbsvorteilen. Hierunter ist auch der sogenannte *transfer of best practice* zu subsumieren.[46] Darüber hinaus kommt es in vielen Branchen inzwischen darauf an, mit Innovationen als erster am Markt zu sein. Dies erfordert dann, dass entwickelte Konzepte möglichst schnell international verbreitet und verwertet werden, damit nicht die Konkurrenten die Innovationen in einzelnen Märkten imitieren und dadurch dort die entsprechenden *first mover* Vorteile realisieren kann.[47]

Hiermit wird deutlich, dass eine der Hauptanforderungen an das europäische Brand Management in der Ermöglichung und Förderung internationaler Lernfähigkeit besteht. Diese umfasst wiederum *prozessuale Aspekte*, dass also erstens Know-how aus den verschiedenen organisatorischen Einheiten in den europäischen Brand Managementprozess einfließt, dass zweitens dieses Know-how zur Förderung neuer Erkenntnisse, erweiterter Einsichten und Innovationen zusammengelegt wird, und dass drittens das (neu entstandene) Know-how wiederum an die einzelnen Einheiten verteilt wird. Darüber hinaus manifestiert sich die internationale Lernfähigkeit auch im *Prozessergebnis*. Das bedeutet, dass Innovationen tatsächlich auch so entstehen und international Verwendung finden bzw. ein *transfer of best practice* konkret stattfindet.[48]

c) Flexibilität und Reagibilität

Die Komplexität des europäischen Brand Managements ergibt sich aus der großen Anzahl und Vielfalt der externen und internen Einflussfaktoren auf europäische Marketingentscheidungen und aus ihrer teilweise nicht genau bestimmbaren oder sogar konfligierenden Wirkungen auf solche Entscheidungen. Die Erzielung einer adäquaten global-lokal Balance kann dabei nicht einheitlich für das gesamte Geschäftsfeld, sondern muss je nach Produkt, Aktivität und Land *differenziert* erfolgen.[49] Das europäische Brand Management muss in der Lage sein, einerseits diese Komplexität durch Binnendifferenzierung zu bewältigen, andererseits in einem System zu vereinen. Dies entspricht dem Grundgedanken des Ansatzes von LAWRENCE/ LORSCH. Danach sollte die Gestaltung der Organisationsstruktur sowie der

---

43 Vgl. *Kogut* (1990), S. 54.

44 Vgl. *Rall* (1991), S. 428.

45 Vgl. *Rall* (1991), S. 429.

46 Vgl. *Kim/Mauborgne* (1993b), S. 16; *Müller* (1994), S. 316.

47 Vgl. *Kux/Rall* (1990), S. 78; *Rall* (1991), S. 428.

48 Vgl. *Kim/Mauborgne* (1993a), S. 434.

49 Vgl. *White/Poynter* (1990), S. 111.

formellen und informellen Managementprozesse entsprechend der Komplexität der Unternehmensumwelt differenziert werden. Dabei erfordert die interne organisatorische Differenzierung auf Grund von Umweltheterogenität *integrative Mechanismen* zur Erzielung organisatorischer Effektivität.[50]

Zur Erzielung der angemessenen global-lokal Balance muss der europäische Brand Managementprozess daher entsprechend vielschichtig sein und die Fähigkeit besitzen, je nach Entscheidungslage von einer lokalen hin zu einer europäischen Orientierung (und zurück) zu wechseln.[51] Die *differenzierte Anpassungsfähigkeit* an verschiedene Anforderungen kann dabei zu einer Organisation führen, die ihrerseits komplex und schwierig zu managen ist.[52] Paradoxerweise reduzieren oftmals gerade die Prozesse, die zur Beherrschung solcher komplexen Situationen eingesetzt werden, die Flexibilität des Systems.[53] Insofern ist es notwendig, dass ein europäisches Brand Management über ausreichende interne Flexibilität verfügt, um die unterschiedlichen Anforderungen innerhalb eines Systems und im Rahmen der Gesamtstrategie anzusprechen, aber gleichzeitig nicht so komplex gestaltet wird, dass dadurch die Flexibilität leidet.[54] Dabei stellt die Forderung nach Flexibilität keinen Selbstzweck, sondern ein Mittel zur Erhöhung der Anpassungs- und Entwicklungsfähigkeit und somit auch Wettbewerbsfähigkeit von Organisationen dar.[55]

Die Flexibilität des europäischen Brand Managements ist vor allem in Bezug auf drei Aspekte zu berücksichtigen: *Tochtergesellschaften, Produkte und Aktivitäten*. Die undifferenzierte Behandlung von Auslandstochtergesellschaften stellt für ein international agierendes Unternehmen oftmals ein Haupthindernis beim Aufbau der notwendigen Flexibilität dar.[56] Die Tochtergesellschaften von internationalen Unternehmen agieren in Länderumwelten, die sich sehr stark unterscheiden können, beispielsweise hinsichtlich des Entwicklungsgrades, der Größe oder der Wettbewerbsintensität des Marktes. Darüber hinaus weisen die Auslandstöchter zum Teil große Unterschiede bezüglich ihres Ressourcenpotentials und ihren spezifischen Kompetenzen auf. BARTLETT/GHOSHAL unterscheiden daher vier typische Rollen für ausländische Tochtergesellschaften.[57]

---

50 Vgl. *Lawrence/Lorsch* (1967). Für eine kurze Beschreibung des Ansatzes von LAWRENCE/LORSCH vgl. *Frese* (1992), S. 155-164. Für eine theoretische Diskussion dieses und anderer organisationstheoretischer Konzepte und deren Übertragung in den Kontext der multinationalen Unternehmung zur Erklärung der differenzierten Behandlung der Auslandstöchter vgl. *Ghoshal/Nohria* (1989), S. 324-329.

51 Vgl. *Lorange/Probst* (1990), S. 147; *Prahalad/Doz* (1987), S. 168-169.

52 Vgl. *Nohria/Ghoshal* (1994), S. 499.

53 Vgl. *Lorange/Probst* (1990), S. 156.

54 Vgl. *White/Poynter* (1990), S. 111.

55 Vgl. *Lorange/Probst* (1990), S. 156.

56 Vgl. *Bartlett/Ghoshal* (1990a), S. 129.

57 Vgl. *Bartlett/Ghoshal* (1990a), S. 138-146. Ähnliche Rollendifferenzierungen für Auslandstöchter finden sich bei *Ghoshal/Nohria* (1989), S. 328; *Gupta/Govindarajan* (1991a), S. 21; *Martinez/Jarillo* (1991), S. 433-434.

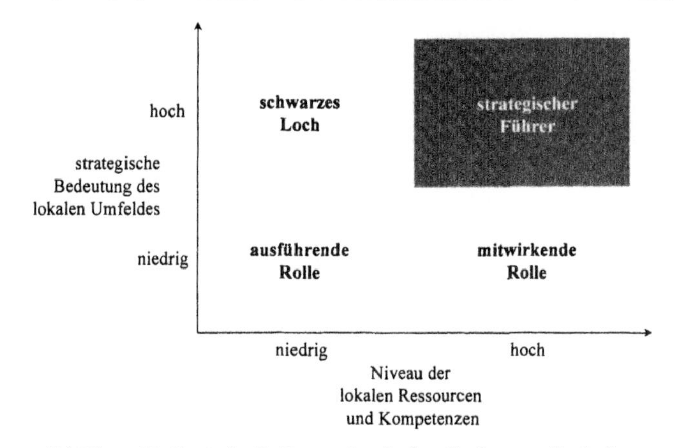

Abbildung 13: Typische Rollen ausländischer Tochtergesellschaften

Die Zuweisung verschiedener Rollen innerhalb des internationalen Konzerns bedingt jedoch, dass kein gleichförmiger Einsatz von Mechanismen zur Koordination der Aktivitäten der Tochtergesellschaften stattfinden sollte. Vielmehr sind hier Art und Intensität verschiedener Koordinationsmechanismen je nach Rolle der Auslandstochter zu variieren.[58] Die differenzierte Steuerung der Tochtergesellschaften von europäischen Konsumgüterunternehmen benötigt jedoch zur Bewältigung dieser Unterschiede eine ausreichende *Flexibilität* des europäischen Brand Managements als Meta-Steuerungssystem.[59]

Die unterschiedlichen Anforderungen verschiedener Produkte erfordern ebenfalls Flexibilität des europäischen Brand Managements. In Europa tätige Markenartikelhersteller sind üblicherweise diversifizierte Mehr-Produkt-Unternehmen. Die Bosch Siemens Hausgeräte GmbH als ein Beispiel vereint in ihrem Portfolio Produkte wie Kochstellen, deren Gebrauch noch sehr traditionsgebunden ist und damit regional variiert, mit Produkten wie Geschirrspülautomaten, die vergleichsweise neu am Markt sind und daher länderübergreifend ähnliches Gebrauchsverhalten aufweisen.[60] Aber selbst innerhalb einer Geschäftseinheit eines Markenartikelherstellers finden sich oftmals Produkte, die unterschiedlich starken Anforderungen der lokalen Anpassung und der europäischen Standardisierung ausgesetzt sind. Das Produktportfolio der PHILIPS *Domestic Appliances Division* erstreckt sich beispielsweise von Produkten mit relativ geringen lokalen Markteinflüssen und weitgehender Möglichkeit zur europaweiten Standardisierung des Marketing (z.B. Elektrorasierer) bis hin zu solchen, deren Marketing aufgrund lokaler Marktspezifika stärker angepasst werden muss (z.B. Dampfbügeleisensysteme, Staubsauger, oder Küchenmaschinen).[61] Darüber hinaus wirken die Erfordernisse zur lokalen Anpassung und zur Europäisierung auch unterschiedlich in Bezug auf einzelne

58 Vgl. *Martinez/Jarillo* (1991), S. 433.

59 Vgl. auch *Doz/Prahalad/Hamel* (1990), S. 118-119; *Prahalad/Doz* (1987), S. 159.

60 Auskunft verschiedener, für die Bosch Siemens Hausgeräte GmbH im Ausland tätige Manager.

61 Auskunft verschiedener Marketing Manager von Philips.

Elemente des Marketing. Dadurch bedingt liegen verschieden starke Standardisierungs- bzw. Anpassungsgrade bei einzelnen Marketingaktivitäten zur Erzielung der adäquaten global-lokal Balance vor, wobei in der Regel zu den produktspezifischen Unterschieden noch landesspezifische hinzukommen (siehe Abbildung 14). Es ergibt sich daher eine scheinbar unendliche Anzahl verschiedener *Produkt-Marketingaktivität-Länder-Konstellationen* mit entsprechend unterschiedlichen Ausprägungen der global-lokal Balance, die aber im Rahmen eines übergeordneten Managementprozesses zu gestalten sind. Auch in dieser Beziehung muss das europäische Brand Management ausreichende Flexibilität aufweisen, um die verschiedenen Anforderungen und möglichen inhaltlichen Gestaltungsvarianten des europäischen Marketing zu berücksichtigen und innerhalb eines Systems und zu vereinen.

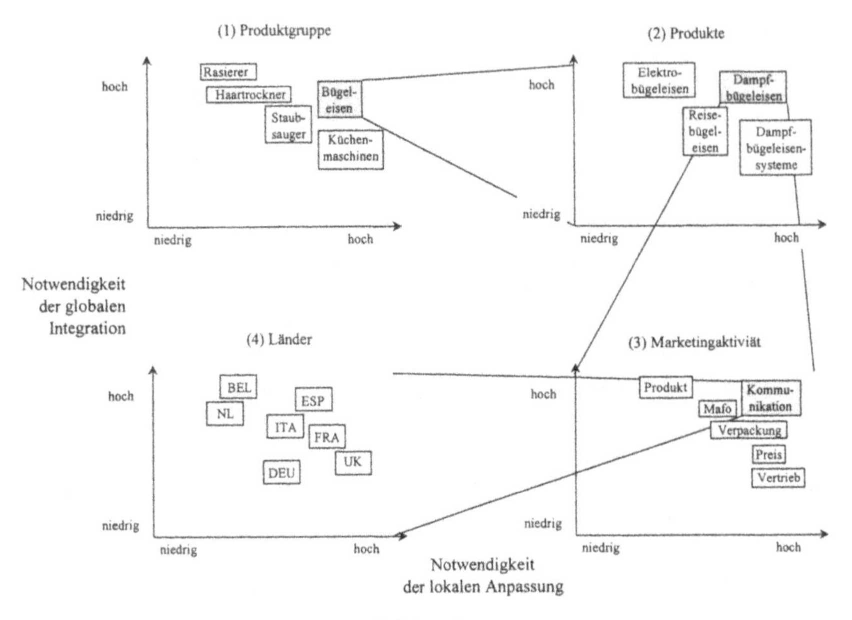

Abbildung 14:
Erfordernisse der europäischen Standardisierung und lokalen Anpassung des europäischen Brand Management in einer Mehr-Ebenen-Betrachtung[62]
am Beispiel der Domestic Appliances Division der Marke PHILIPS

Neben der simultanen Berücksichtigung unterschiedlicher Anforderungen muss das europäische Brand Management auch in der Lage sein, Veränderungen in relevanten Einflussfaktoren zu erkennen und entsprechend zu reagieren.[63] Im Rahmen der Planung und Durchführung europäischer Marketingkonzepte vollbringt der europäische Brand Managementprozess immer eine gewisse Selektionsleistung. Zur *Kompensation des Selektionsrisikos* bedarf es der

62 In Anlehnung an *Bartlett/Ghoshal* (1990a), S. 128.

63 Vgl. *Doz/Prahalad/Hamel* (1990), S. 118-119; *Prahalad/Doz* (1987), S. 159.

strategischen Kontrolle, die die fortwährende Gültigkeit dieser Selektion überprüft.[64] Wie in Abschnitt B.I. gezeigt, durchläuft die europäische Konsumgüterindustrie nach wie vor einen relativ starken Wandel. Durch die fortschreitende Europäisierung des Lebensmitteleinzelhandels oder der Wettbewerbsstrukturen können sich zentrale Annahmen für die Erarbeitung europäischer Marketingkonzepte verändern. Gerade dann ist *Reagibilität* entscheidend für den Aufbau und Erhalt der Wettbewerbsfähigkeit.

Im europäischen Brand Management müssen also Mechanismen eingebaut werden, die verhindern, dass Manager in überkommenen Denkweisen verhaften und Konzepte auf Basis überholter Annahmen entwickeln und umsetzen. Der europäische Brand Managementprozess sollte *offen gestaltet* sein und sich regelmäßig *selbst überprüfen*, um Veränderungen in der Umwelt wahrnehmen und schnell auf neue Chancen oder Risiken reagieren zu können.[65] Reagibilität hat als Voraussetzung, dass Veränderungen in relevanten Rahmenbedingungen *identifiziert* und adäquat im Managementprozess *berücksichtigt* werden. Reagibilität impliziert die regelmäßige Überprüfung der Zweckmäßigkeit der verfolgten europäischen Marketingstrategie. Dies beinhaltet auch, dass die *Annahmen*, die den europäischen Marketingentscheidungen zu Grunde liegen, im Rahmen des europäischen Brand Managementprozesses laufend in Frage gestellt werden. Im Ergebnis äußert sich Reagibilität darin, dass europäische Marketingkonzepte nicht nur einfache Replikationen von in der Vergangenheit durchgeführten Maßnahmen darstellen.[66]

d) Fähigkeit zur Implementierung

Damit europäisches Brand Management effektiv ist, muss es schließlich gewährleisten, dass die entwickelten europäischen Marketingkonzepte in den Ländern implementiert werden. Selbst große internationale Markenartikelhersteller unterscheiden sich zum Teil bedeutend hinsichtlich ihrer lokalen Umsetzungskraft. Hierdurch werden auch entsprechende Unterschiede im Markterfolg dieser Unternehmen bedingt.[67]

Grundsätzlich umfasst die *Strategieimplementierung* „die Umsetzung strategischer Pläne in konkretes, strategiegeleitetes Handeln der Unternehmensmitglieder."[68] Dabei beinhaltet die Implementierung zwei Teilbereiche: erstens die sachorientierte Umsetzung und zweitens die verhaltensorientierte Durchsetzung von Strategien. Der erste Bereich betrifft die Konkretisierung der Strategie und der mit ihr verbundenen Maßnahmen. Der zweite Bereich befasst sich dagegen mit der Akzeptanz von Strategie durch Organisationsmitglieder und der Förderung dieser Akzeptanz.[69]

---

64 Vgl. *Steinmann/Schreyögg* (1990), S. 116-118, 200-202.

65 Vgl. *Lorange/Probst* (1990), S. 152-153.

66 Vgl. *Kim/Mauborgne* (1993a), S. 434.

67 Vgl. *Rall* (1991), S. 429.

68 *Welge/Al-Laham* (1995), S. 61. Zum Implementierungsbegriff vgl. auch *Hilker* (1993), S. 2-6.

69 Vgl. *Welge/Al-Laham* (1995), S. 61.

Die Fähigkeit zur Implementierung europäischer Marketingkonzepte wird entscheidend dadurch beeinflusst, inwieweit es durch das europäische Brand Management gelingt, die Befolgung europäischer Maßnahmen durch die einzelnen Tochtergesellschaften zu gewährleisten.[70] Die Effektivität des europäischen Brand Management äußert sich darin, dass die auf europäischer Ebene beschlossenen Marketingentscheidungen auf lokaler Ebene sorgfältig umgesetzt werden.[71] Zur erfolgreichen Implementierung europäischer Marketingkonzepte kann es durchaus notwendig sein, dass das lokale Management die Erzielung eines lokalen Optimums zugunsten einer Alternative aufgibt, die aus gesamteuropäischer Sicht am erfolgversprechendsten ist.[72] Das europäische Brand Management muss also in der Lage sein, einen *Entscheidungskonsens* zu generieren und die einzelnen Tochtergesellschaften bzw. ihre Manager verpflichten, diesen Konsens zu tragen. So betont ein deutscher Manager, der für die internationale Koordination des Marketing eines Produktbereichs in einem deutschen Unternehmen verantwortlich ist, dass es für die Umsetzung eines europäischen Projekts sehr wichtig sei, nach der Berücksichtigung verschiedener Interessen und Diskussion einzelner Alternativen eine Geschlossenheit zu erzeugen, damit alle Beteiligten hinter der letztendlich getroffenen Entscheidung stehen und „alle gleichzeitig an einem Strang“ ziehen.

Nicht alle Marketingaktivitäten werden auf europäischer Ebene bestimmt. Den einzelnen Tochtergesellschaften obliegt in der Regel die alleinige Verantwortung für die Gestaltung eines Teils des lokal eingesetzten Marketing-Mix. Zur erfolgreichen Umsetzung europäischer Konzepte bedarf es dabei der Unterstützung durch solche lokale Elemente des Marketing. Insofern zeigt sich die Implementierungsfähigkeit des europäischen Brand Management, indem sämtliche auf lokaler Ebene beschlossenen Marketingaktivitäten im *Einklang* mit den auf europäischer Ebene getroffenen Entscheidungen stehen.[73] Dies erfordert von den Managern der Auslandstöchter, dass sie über ein Gesamtverständnis des Wettbewerbs in Europa verfügen, und ihre lokalen Marketingentscheidungen aus diesem Verständnis heraus entwickeln. Zur effektiven Implementierung europäischer Marketingkonzepte ist die Sicherstellung eines exzellenten lokalen Marketing notwendig.[74]

4. *Zusammenfassung der Effektivitätskriterien*

Die oben aufgezeigten Effektivitätskriterien beschreiben das *Aufgabenfeld* des europäischen Brand Managements und stehen in einem *inneren Zusammenhang.* Flexibilität und Reagibilität beziehen sich auf die Umweltbedingungen des europäischen Brand Managements und die spezifischen Anforderungen, die sich daraus ableiten. Internationale Lernfähigkeit stellt auf den spezifischen Beitrag des europäischen Brand Managements zum Aufbau und Erhalt der Wettbewerbsfähigkeit ab. Global-lokal Balance betrifft den durch einen europäischen Brand

---

70 Vgl. *Kim/Mauborgne* (1993a), S. 421.

71 Vgl. *Kim/Mauborgne* (1993a), S. 435.

72 Vgl. *Gates* (1994), S. 10.

73 Vgl. *Kim/Mauborgne* (1993a), S. 435.

74 Vgl. *Rall* (1991), S. 426.

Managementprozess zu generierenden Inhalt. Die Fähigkeit zur Implementierung umfasst schließlich die Um- und Durchsetzbarkeit europäischer Konzepte.

Diese Kriterien sind daher nicht unabhängig voneinander. Die Erhöhung der Flexibilität kann beispielsweise die Innovationsfähigkeit steigern.[75] Innovationen im weitesten Sinne versetzen ein Unternehmen manchmal in die Lage, eine bessere global-lokal Balance zu erreichen. Weiterhin erscheint es plausibel, dass die Verwendung von Marketingkonzepten, die eine sehr gute global-lokal Balance aufweisen, die Implementierungsfähigkeit positiv beeinflusst. Erfolge in der Umsetzung verstärken letztendlich das Ressourcenpotential, das zur Erfüllung der anderen Kriterien benötigt wird. Trotz dieser (möglichen) Abhängigkeiten erscheint es sinnvoll, die Kriterien getrennt voneinander zu betrachten. Zum einen sind die aufgezeigten Zusammenhänge nicht zwangsläufig vorhanden. Zum anderen betreffen die einzelnen Kriterien unterschiedliche Aspekte des europäischen Brand Managements. Diese Kriterien bilden den *spezifischen Maßstab* für die Effektivität des europäischen Brand Managements. Abbildung 15 fasst die vier Effektivitätsindikatoren zusammen. Die einzelnen Ausprägungen der Kriterien können als Operationalisierungen der Prozess- und Ergebniseffektivität der Indikatoren aufgefasst werden. Insofern stellen die Kriterien eine *Check-Liste* zur konkreten Bewertung des europäischen Brand Managements dar.[76]

75 Vgl. *Bartlett/Ghoshal* (1990a), S. 148; *Lorange/Probst* (1990), S. 156.

76 Neben diesen Kriterien müssen zur vollständigen Bewertung einer europäischen Marketingorganisation noch andere wie Kosten, Mitarbeitermotivation usw. herangezogen werden. Die hier angeführten stellen auch (nur) die spezifischen Kriterien des europäischen Brand Managements dar.

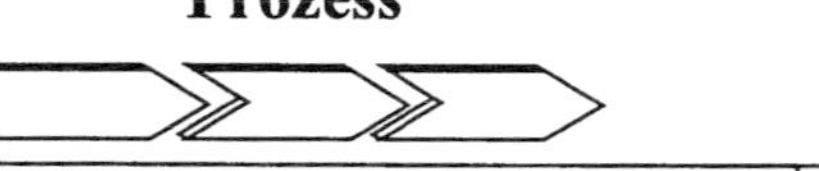

		Prozess	Ergebnis
multi-dimensionale, flexible Integrationsfähigkeit	**global-lokal-Balance**	• Im Prozess werden sowohl europäische Synergiepotentiale als auch lokale Marktspezifika ausreichend berücksichtigt • Im Prozess dominiert weder die europäische noch die lokale Sichtweise	• Die in den Ländern eingesetzten Marketingkonzepte berücksichtigen die Erfordernisse der europäischen Standardisierung als auch die der lokalen Anpassung so gut wie möglich
	internationale Lernfähigkeit	• Zwischen den Auslandstöchtern und der Zentrale und zwischen den verschiedenen Auslandstöchtern findet ein gut funktionierender Austausch von Informationen statt • Prozess fördert das Zusammenlegen von Know-how zur Erzielung neuer Erkenntnisse, erweiterteter Einsichten und Innovationen	• Die in den Ländern eingesetzten Marketingkonzepte beinhalten auch Know-how von anderen Ländern bzw. der Euro-Zentrale
	Flexibilität und Reagibilität	• Tochtergesellschaften spielen eine adäquat differenzierte Rolle im Rahmen des Entscheidungsprozesses • Prozess erlaubt und fördert eine nach Land, Produkt und Aktivität differenzierte Behandlung • Zweckmäßigkeit und Annahmen der europäischen Marketingstrategie werden regelmäßig und sorgfältig überprüft	• Die in den Ländern eingesetzten Marketingkonzepte sind in ihrem Standardisierungsgrad je nach Land, Produkt und Aktivität differenziert • Die in den Ländern eingesetzten Marketingkonzepte replizieren nicht nur Maßnahmen der Vergangenheit, sondern berücksichtigen die Veränderungen im europäischen Umfeld
	Fähigkeit zur Implementierung	• Prozess fördert Konsensbildung und erzeugt Geschlossenheit für auf europäischer Ebene getroffene Marketingentscheidungen • Prozess fördert auf lokaler Ebene die Entwicklung von Marketingaktiväten, die aus einem Gesamtverständnis des Wettbewerbs in Europa resultieren	• Die Marketingkonzepte werden in den Ländern auch dann umgesetzt, wenn sie lokal sub-optimal sind • Alle auf lokaler Ebene beschlossenen Marketingaktivitäten sind im Einklang mit den auf europäischer Ebene getroffenen Marketingentscheidungen und fördern sie

Abbildung 15: Effektivitätskriterien des europäischen Brand Managements

III. Zentrale Erfolgsfaktoren des europäischen Brand Managements

Ein effektives europäisches Brand Management ermöglicht die Erzielung einer adäquaten global-lokal Balance, ist international lernfähig, flexibel sowie reagibel und fördert die Implementierung europäischer Marketingkonzepte. Es stellt sich daraufhin die Frage, welche Faktoren die Effektivität des europäischen Brand Managements bedingen, also nach den *Erfolgsfaktoren* des europäischen Brand Managements. Dabei werden Erfolgsfaktoren hier als *Basisbedingungen* für eine erfolgreiche Entwicklung und Umsetzung europäischer Marketingkonzepte verstanden.[77] Die eingeschlagene prozessuale Perspektive des europäischen Brand Managements impliziert dabei, dass solche Basisbedingungen auf *unternehmensinternen* Faktoren beruhen, während der methodologische Ansatz bedingt, dass bei der Analyse *qualitative* Erfolgsfaktoren im Vordergrund stehen.

Europäisches Brand Management wird, wie in Abschnitt D.I. dargelegt, als ein Prozess aufgefasst. In Anlehnung an die verhaltenswissenschaftliche Entscheidungstheorie besteht die Grundprämisse hierbei in der Annahme, dass die Entscheidungsergebnisse von den *Charakteristika des Entscheidungsprozesses* beeinflusst werden.[78] Die Suche nach den zentralen Erfolgsfaktoren dieses Prozesses impliziert also die Frage, wie der europäische Brand Managementprozess grundsätzlich zu gestalten ist, damit er effektiv ist. Ein Prozess kann allgemein durch seinen *Input*, die Verarbeitung des Inputs (*Throughput*) und den daraus resultierenden Output beschrieben werden. Da es sich beim europäischen Brand Managementprozess um einen *Marketingentscheidungsprozess* handelt, besteht der Prozess-Input in Informationen und der Output in Marketingentscheidungen. Die Qualität des Outputs stellt eine Funktion der Qualität der Inputs und der Verarbeitung der Inputs dar. Analog hierzu wird die Effektivität des europäischen Brand Managements also durch die Informationen, die in diesen Prozess einfließen und ihre Verarbeitung bei der Entscheidungsfindung determiniert. Einen zentralen Stellenwert nimmt dabei die Überwindung von Schnittstellen in diesem Prozess ein.[79]

Zwei Faktoren können dann als maßgeblich für die Erzielung eines effektiven Prozesses identifiziert werden: erstens die *Marktorientierung* und zweitens die *Prozessgerechtigkeit*. Marktorientierung stellt auf die Fokussierung des europäischen Brand Managementprozesses auf *Marktinformationen* als Inputs des Entscheidungsprozesses und die Verwendung solcher Informationen zur Entscheidungsfindung ab. Prozessgerechtigkeit betrifft speziell das *Zusammenspiel der einzelnen organisatorischen Einheiten* einer internationalen Unternehmung im Rahmen des europäischen Brand Managementprozesses - also die internationalen Schnittstellen in diesem Prozess - und beschreibt die Qualität der Beziehungen, insbesondere zwischen Zentralen und ausländischen Tochtergesellschaften.

In den folgenden Abschnitten werden die Konstrukte der Marktorientierung und der Prozessgerechtigkeit vorgestellt und ihre Wirkung auf die Effektivität des europäischen Brand Ma-

77 Vgl. *Hildebrandt* (1992), S. 274.

78 Vgl. *Simon* (1979), S. 509. Für eine kurze Beschreibung der Grundannahmen der verhaltenswissenschaftlichen Entscheidungstheorie vgl. *Berger/Bernhard-Mehlich* (1993), S. 127-160.

79 Vgl. im ähnlichen Zusammenhang der allgemeinen Marketingimplementierung *Hilker* (1993), S. 92.

nagements aufgezeigt. Schließlich sollen mögliche moderierende Faktoren der Wirkung der Marktorientierung und der Prozessgerechtigkeit sowie der Zusammenhang zwischen diesen beiden Konstrukten im Kontext des europäischen Brand Managements thematisiert werden.

1. Internationale Marktorientierung des europäischen Brand Managements

Das Konstrukt der Marktorientierung und insbesondere die Fragen, wodurch marktorientierte Unternehmen sich auszeichnen und ob sie erfolgreicher sind als nicht-marktorientierte, haben in der Marketingliteratur seit Ende der 80er Jahre zunehmend Beachtung gefunden. Allerdings wurden zu diesen Fragen noch keine definitiven Antworten gefunden.[80] Dieser Abschnitt greift die bisherigen Überlegungen zum Konstrukt der Marktorientierung auf und überträgt diese Überlegungen auf ein international tätiges Unternehmen. Dabei soll die Marktorientierung um *spezifische internationale Aspekte erweitert* bzw. aus internationaler Sicht *interpretiert* werden.

a) Der Begriff der Marktorientierung

In der Marketingliteratur liegen zwei unterschiedliche Sichtweisen des Konstrukts der Marktorientierung vor.[81] Einerseits wird Marktorientierung als eine *Werthaltung* bzw. als ein Bestandteil der Organisationskultur aufgefasst.[82] NARVER/SLATER beispielsweise definieren Marktorientierung folgendermaßen:

> „Market orientation is the organization culture that most effectively and efficiently creates the necessary behaviors for the creation of superior value for buyers and, thus, continuous superior performance for the business."[83]

Empirisch ermitteln NARVER/SLATER, dass eine so verstandene Marktorientierung aus drei Verhaltenskomponenten besteht: der Kundenorientierung, der Wettbewerberorientierung und der interfunktionellen Koordination.[84] Kunden- und Wettbewerberorientierung beinhalten dabei alle Aktivitäten der Erzeugung und Sammlung von Informationen über Abnehmer und Wettbewerber sowie der Verteilung dieser Informationen in der Organisation.[85] Die interfunktionelle Koordination beruht auf Abnehmer- und Wettbewerberinformationen und umfasst die abgestimmten Anstrengungen einer Organisation zur Erzielung eines (im Vergleich zur Konkurrenz höheren) Abnehmernutzens.[86]

---

80 Vgl. *Day* (1994); *Deshpande/Webster* (1989); *Fritz* (1995); *Jaworski/Kohli* (1993); *Kohli/Jaworski* (1990); *Kohli/Jaworski/Kumar* (1993); *Moorman* (1995); *Narver/Slater* (1990); *Shapiro* (1988); *Sinkula* (1994); *Slater/Narver* (1994); *Slater/Narver* (1995).

81 Vgl. *Slater/Narver* (1995), S. 67.

82 Vgl. z.B. *Day* (1994); *Desphande/Webster* (1989); *Narver/Slater* (1990).

83 *Narver/Slater* (1990), S. 21.

84 Vgl. *Narver/Slater* (1990), S. 21-24.

85 Vgl. *Narver/Slater* (1990), S. 21.

86 Vgl. *Narver/Slater* (1990), S. 21.

Andererseits wird Marktorientierung von KOHLI/JAWORSKI als *konkrete Verhaltensweise* im Sinne der Umsetzung des Marketingkonzepts verstanden.[87] Sie definieren Marktorientierung als bestehend aus drei Komponenten: 1. die Erzeugung von Marktinformationen, 2. die organisationsweite Verbreitung von Marktinformationen und 3. das Eingehen auf solche Informationen durch Aktivitäten, deren Ziel es ist, Kundenbedürfnisse zu befriedigen.[88]

> „Market orientation is the organizationwide *generation* of market intelligence pertaining to current and future customer needs, *dissemination* of the intelligence across departments, and organizationwide *responsiveness* to it."[89]

Diese zwei Sichtweisen der Marktorientierung sind jedoch nicht als Gegensätze zu verstehen. Vielmehr erscheint es sinnvoll, das Konstrukt der Marktorientierung als ein Mehr-Ebenen Konstrukt, bestehend aus einer *kulturellen Ebene* und einer *Verhaltensebene*, aufzufassen und eine Synthese der Definitionen von NARVER/SLATER und KOHLI/JAWORSKI vorzunehmen.[90]

Auf einer übergeordneten Ebene stellt die Marktorientierung eine Grundhaltung einer Organisation bzw. ihrer Mitglieder dar. Diese Grundhaltung besteht darin, die *Anforderungen des Absatzmarktes* zum Ausgangspunkt für unternehmerisches Handeln zu machen.[91] Die konsequente „Ausrichtung aller unmittelbar und mittelbar den Markt berührenden Entscheidungen an den Erfordernissen und Bedürfnissen der Verbraucher bzw. Abnehmer"[92] stellt die *organisationskulturelle Komponente* der Marketingorientierung dar. Diese Grundhaltung bildet eine übergeordnete Klammer für die Unternehmensaktivitäten, indem sie den Markt zum Maßstab des Handelns erklärt. Dies beinhaltet auch ein weitgefasstes Verständnis dessen, was der »Markt« darstellt.

Damit ein Unternehmen marktorientiert ist, muss sich eine derartige Grundhaltung auf der *Verhaltensebene* in entsprechenden Handlungen der Organisation und ihrer Mitglieder niederschlagen. Auf dieser Ebene spiegelt sich die Bedeutung von Marktinformationen für eine marktorientierte Entscheidungsfindung wider. Konkret bedeutet Marktorientierung auf dieser Ebene folgendes: 1. die Erzeugung von Marktinformationen,[93] 2. die Verbreitung der Marktinformationen innerhalb der gesamten Organisation und die dadurch bedingte Abstimmung der abnehmerwirksamen Aktivitäten der verschiedenen organisatorischen (Teil-) Einheiten[94]

---

87 Vgl. *Kohli/Jaworski* (1990), S. 1.

88 Vgl. *Kohli/Jaworski* (1990), S. 3.

89 *Kohli/Jaworski* (1990), S. 6.

90 Bei genauer Betrachtung der jeweiligen Definitionen und Operationalisierungen des Konstrukts der Marktorientierung von NARVER/SLATER und KOHLI/JAWORSKI sowie ihrer empirischen Ergebnisse lässt sich eine breite Übereinstimmung zwischen den Auffassungen dieser Autoren zum Konstrukt der Marktorientierung, dessen Wirkungen und dessen Bedingungsfaktoren feststellen. Vgl. *Jaworski/Kohli* (1993); *Kohli/Jaworski* (1990); *Narver/Slater* (1990); *Slater/Narver* (1994).

91 Dies entspricht dem Konzept des Marketing als Maxime von NIESCHLAG/DICHTL/HÖRSCHGEN bzw. dem Konzept der marktorientierten Unternehmensführung von BEREKOVEN sowie dem Philosophieaspekt der Management-Konzeption des Marketing von MEFFERT. Vgl. *Nieschlag/Dichtl/Hörschgen* (1991), S. 8; *Berekoven* (1986), S. 53; *Meffert* (1986b), S. 31.

92 *Nieschlag/Dichtl/Hörschgen* (1991), S. 8.

93 Vgl. *Kohli/Jaworski* (1990), S. 3; *Narver/Slater* (1990), S. 21.

94 Vgl. *Kohli/Jaworski* (1990), S. 3; *Narver/Slater* (1990), S. 21; *Shapiro* (1988), S. 120.

und 3. die Verwendung der gewonnenen Marktinformationen durch ihren Einbezug in die Entscheidungsfindung.[95] Die kulturelle Grundhaltung der Marktorientierung unterstützt dabei die Marktinformationsaktivitäten sowie die Koordination der Maßnahmen zur Erzielung von Abnehmernutzen, indem sie normative Richtlinien für die Entwicklung und Verwendung von Marktinformationen bereitstellt und einen Konsens über die gemeinsame Interpretation solcher Informationen fördert.[96]

Abbildung 16 stellt die einzelnen Elemente der Marktorientierung dar. Im folgenden Abschnitt sollen diese Elemente im Kontext des europäischen Brand Managements interpretiert und um spezifische internationale Aspekte erweitert werden.

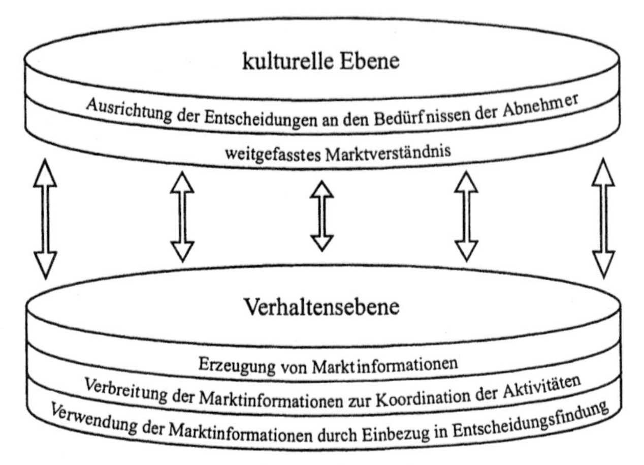

Abbildung 16: Elemente der Marktorientierung

b) Die kulturelle Ebene der internationalen Marktorientierung

Der Begriff der Organisationskultur[97] bezieht sich auf die tiefer liegende Struktur einer Organisation. Diese Struktur besteht aus gemeinsam geteilten Annahmen, Werten und Überzeugungen der Organisationsmitglieder.[98] Insofern stellt eine Organisationskultur ein kollektives Phänomen einer Organisation dar, das durch die gemeinsamen Vorstellungs- und Orientierungsmuster das Selbstverständnis der Organisation und die Handlungen der Organisationsmitglieder nach innen und außen prägt.[99] Die Organisationskultur bleibt dabei im Kern »unsichtbar«, sie manifestiert sich in den spezifischen Normen, Werten, Symbolen und Ritualen einer Organisation.[100]

---

95 Vgl. *Kohli/Jaworski* (1990), S. 3.

96 Vgl. *Day* (1994), S. 43; *Slater/Narver* (1995), S. 67.

97 Organisationskultur und Unternehmenskultur gelten hier als synonym.

98 Vgl. *Denison* (1996), S. 624; *Deshpande/Webster* (1989), S. 4; *Schein* (1992), S. 12.

99 Vgl. *Deshpande/Webster* (1989), S. 4; *Steinmann/Schreyögg* (1990), S. 533.

100 Vgl. *Schein* (1984), S. 4; *Steinmann/Schreyögg* (1990), S. 533-537.

Die Marktorientierung kann dabei einen Bestandteil einer Organisationskultur darstellen, indem der »Markt« und seine Anforderungen als bedeutender Maßstab des Denkens und Handelns der Organisationsmitglieder fungiert.[101] Eine solche Grundhaltung erhebt auch für ein international tätiges Unternehmen die *Bedürfnisse der Abnehmer zum Ausgangspunkt für internationale Marketingentscheidungen*. Ein französischer Marketing Manager des Unternehmens Procter & Gamble, das eine ausgeprägte marktorientierte Unternehmenskultur aufweist, verdeutlicht dies mit folgender Aussage:

> „If I sit back and think about ... what are the marketing strengths of Procter, I would say that the first one is to understand the consumer needs, to truly understand their needs, and once this is done, to use our technology in order to come up with product innovations which are going to best fit those consumer needs. ... What is vital is to share the same values. One clear value is integrity. The second value is to do whatever we can to best meet our consumer needs. I could keep going on. Those values are going to create close links among our people. This is a key factor."

Bei einer Vielzahl anderer, auch großer international tätiger Unternehmen, ist ein derartiges Verständnis bei den Organisationsmitgliedern noch nicht weit verbreitet. So berichtet z.B. der deutsche Geschäftsführer der italienischen Tochtergesellschaft eines Gebrauchsgüterunternehmens, dass bei einer Diskussion um Vor- und Nachteile der Einführung eines Neuprodukts mit hoch-innovativer Technologie die persönlichen Vorstellungen und Geschmäcker und nicht die Bedürfnisse der Verwender die Diskussion bestimmten:

> „Und dann gibt's natürlich Leute, die gesagt haben - da wird dann diskutiert und entschieden - 'gefällt mir' oder 'gefällt mir nicht' ... Das waren die Geschäftsführer oder die Verkaufschefs der Auslandsgesellschaften, nicht einmal die Verkäufer selbst."

Die konsequente und systematische Orientierung an den Bedürfnissen der Verbraucher für das Treffen von Marketingentscheidungen stellt noch keinen festen Bestandteil der Kultur dieses Unternehmens dar. Der Gesprächspartner stellt allerdings fest, dass das Unternehmen dabei ist, die marktorientierte Sicht stärker zu verfolgen, und sich ein positiver Wandel vollzieht.

> „Das ist die Systematik dann, die wir brauchen im Unternehmen, dass wir v.a. neue Produktentwicklungen rechtzeitig beim Verbraucher abklopfen. ... Aus meiner Sicht wird das in vielen Dingen schon gemacht, aber nicht konsequent genug, nicht systematisch. Und das muss eigentlich der Weg sein. Aber ich habe sehr viel Hoffnung, dass wir da auf dem richtigen Weg sind. Und das ist Marketing für mich, wie es in jedem Textbuch steht, vom Markt zurück, die Bedürfnisse des Verbrauchers zu erforschen und entsprechende Produktkonzepte zu entwickeln. Ich will damit nur sagen, dass unser Unternehmen schon nahe dran ist, diesen klassischen Weg zu gehen. Also wir machen das schon."

Zur Ausrichtung der Aktivitäten an den Anforderungen des Marktes ist es zunächst erforderlich, dass bei den Organisationsmitgliedern ein klares und gemeinsames Verständnis darüber vorliegt, was der »Markt« eigentlich bedeutet. In internationalen Unternehmen kann dies eine spezifische Problematik darstellen, aufgrund der Vielzahl der Ländermärkte, auf denen ein solches Unternehmen tätig sein kann. Ein in der Zentrale tätiger deutscher Marketing Manager berichtet über das Problem, wenn kein gemeinsames, dafür aber ein sehr subjektives Marktverständnis bei den Organisationsmitgliedern vorliegt:

---

101 Dies schließt nicht aus, dass auch andere Orientierungen (z.B. soziale Verantwortung, Mitarbeiterorientierung, Ökologieorientierung) als Bestandteile der Organisationskultur einen Maßstab für das Denken und Handeln der Organisationsmitglieder darstellen können.

> „Früher, und auch heute noch in Teilbereichen, wenn wir nicht aufpassen, lief das so: Wer am lautesten geschrien hat und behauptet, er wäre der Markt - obwohl ich bis heute noch nicht weiß, wer der Markt ist. Der Markt ist ein völlig abstrakter Prozess, ich finde zwar den Viktualienmarkt, aber den Markt in Frankreich finde ich nicht. ... Wer also laut genug gesagt hat: 'Der Markt fordert', dem (hat man) das ganz entgeistert geglaubt, und dann (hat man das) auch gebaut. Manche Dinge können wir noch ... zum Sonderangebot verkaufen, von dem was der Markt so heftig gefordert hat!"

Die Anforderungen des Marktes werden dabei nicht nur von den derzeitigen Konsumentenbedürfnissen bestimmt. Entscheidend für eine Marktorientierung ist auch die Antizipation und Berücksichtigung zukünftiger Konsumentenbedürfnisse und der Faktoren, die auf die Konsumentenpräferenzen einwirken. Somit erfordert eine konsequente Marktorientierung auch den Einbezug solcher Faktoren wie das Verhalten der Konkurrenz, der Absatzmittler und anderer exogener Faktoren, z.B. gesetzlicher Vorschriften, die das Konsumentenverhalten beeinflussen.[102] Notwendig ist also das Vorliegen einer *weiten Auffassung* des Marktbegriffs bei den Organisationsmitgliedern. Ein weiter Marktbegriff beinhaltet dabei sämtliche relevanten Akteure und Einflussfaktoren auf das momentane und zukünftige Konsumentenverhalten. Dabei ist es für eine Marktorientierung entscheidend, dass die Anforderungen des Marktes jenseits der eigenen subjektiven Meinungen der Organisationsmitglieder liegen. Für ein international tätiges Unternehmen bedeutet dies, dass für eine Geschäftseinheit multiple (Länder-) Märkte und die Bedürfnisse der Konsumenten auf diesen Märkten zur Richtschnur für Marketingentscheidungen werden, wobei die Verankerung der Marktorientierung in der Organisationskultur das Bindeglied für die in den verschiedenen Ländern befindlichen Organisationsmitglieder darstellt.

Die Herstellung einer marktorientierten, internationalen Unternehmenskultur ist jedoch nicht einfach und schnell zu bewerkstelligen. Eine Organisationskultur ist das Ergebnis eines *Lernprozesses* der Organisationsmitglieder im Umgang mit Problemen aus der externen Umwelt und der internen Koordination der Aktivitäten.[103] Dabei wird eine Unternehmenskultur durch ein neues Mitglied nicht »bewusst« ge- oder erlernt, sondern durch einen Sozialisationsprozess vermittelt.[104] Daher erfordert der Aufbau einer internationalen Marktorientierung auf kultureller Ebene die *Gestaltung von Sozialisationsprozessen* in der Organisation.[105]

c) Die Verhaltensebene der internationalen Marktorientierung

Auf der Verhaltensebene schlägt sich die Marktorientierung in der Erzeugung, Verbreitung und Verwendung von Marktinformationen nieder. Das bedeutet nicht, dass Unternehmen, die weniger marktorientiert sind,[106] keine Marktinformationsaktivitäten durchführen. In stärker

---

102 Vgl. *Kohli/Jaworski* (1990), S. 4; *Fritz* (1995), S. 34; *Slater/Narver* (1995), S. 68.

103 Vgl. *Schein* (1992), S. 12; *Steinmann/Schreyögg* (1990), S. 533.

104 Vgl. *Denison* (1996), S. 624; *Steinmann/Schreyögg* (1990), S. 534.

105 Siehe hierzu Kapitel E.

106 Marktorientierung wird nicht als ein dichotomes Konstrukt aufgefasst, das vorhanden ist oder nicht. Marktorientierung liegt vielmehr graduell auf einem Kontinuum vor. Vgl. *Kohli/Jaworski* (1990), S. 6.

marktorientierten Unternehmen sind die Aktivitäten zur Erzeugung, Verbreitung und Verwendung von Marktinformationen jedoch *systematischer* und *konsequenter*.[107]

ca) Erzeugung von Marktinformationen

Auf der Verhaltensebene liegt der Startpunkt der Marktorientierung in der *Erzeugung* von Marktinformationen. Marktinformationen sind - entsprechend dem weiten Marktverständnis - Informationen über die derzeitigen und zukünftigen Abnehmerbedürfnisse und über die Faktoren, die diese Bedürfnisse beinflussen.[108] Dabei beruht die Generierung solcher Informationen nicht nur auf Kundenbefragungen, sondern vielmehr auf einer Vielzahl unterschiedlicher Arten der Informationserzeugung. Marktinformationen können sowohl auf *formelle* als auch auf *informelle* Art beschafft werden. Zu den formellen Mechanismen der Informationsgewinnung zählen z.B. sämtliche Instrumente der Marktforschung, Panelberichte, Wettbewerberanalysen, Benchmarkingstudien, die Analyse von Verkaufsstatistiken, Branchenstudien, Presseberichte, usw. Durch Gespräche mit Konsumenten, Händlern oder anderen Marktteilnehmern lassen sich Marktinformationen auch auf informelle Weise gewinnen.[109]

Ein marktorientiertes europäisches Brand Management zeichnet sich also dadurch aus, dass eine breite Palette verschiedener Instrumente zur Erzeugung von Marktinformationen aus den verschiedenen Märkten *systematisch* eingesetzt wird. Beiersdorf - als Beispiel für ein Unternehmen mit einer relativ starken internationalen Marktorientierung - führt neben den üblichen Panelanalysen regelmäßige Verbraucherstudien auf internationaler Ebene durch, um potentielle Bedürfniswandel rechtzeitig aufzuspüren, betreibt systematische Wettbewerberbeobachtung in den wichtigsten Ländermärkten, begleitet Projekte zur Neuprodukt- oder Werbekonzeptentwicklung mit entsprechenden Tests in verschiedenen Ländern, erhebt Informationen über den Erfolg bestimmter Aktionen auf internationaler Basis und gewinnt auch systematisch internationale Marktinformationen über die Außendienste in den einzelnen Ländern.[110]

Bei einem anderen der untersuchten Unternehmen, das bisher noch keine so ausgeprägte internationale Marktinformationserzeugung betrieben hat, erkennt das Management inzwischen die Notwendigkeit, auf internationaler Ebene systematisch Marktinformationen zu erheben. Bei solchen Unternehmen hat die Generierung von Marktinformationen über die Auslandsmärkte in der Vergangenheit oft nur auf den Marktkenntnissen und Erfahrungen des lokalen Managements und des lokalen Außendiensts beruht.[111] Dieses Know-how ist nicht zu vernachlässigen, allerdings erscheint es sinnvoll, auch die Informationserzeugung durch diesen Personenkreis zu systematisieren und durch andere Instrumente zu ergänzen. Ein deutscher Marketing Manager dieses Unternehmens weist beispielsweise darauf hin, dass, wenn man nur auf den Außendienst zurückgreift, um Marktinformationen zu erhalten, die Gefahr be-

107 Vgl. *Day* (1994), S. 43.

108 Vgl. *Kohli/Jaworski* (1990), S. 4; *Moorman* (1995), S. 319.

109 Vgl. *Kohli/Jaworski* (1990), S. 4; *Moorman* (1995), S. 315-316.

110 Auskunft eines deutschen Marketing Managers der Beiersdorf AG.

111 Bemerkung eines der befragten, in der Unternehmenszentrale tätigen deutschen Marketing Managers.

steht, dass der Aussendienst sich bei der Informationsbeschaffung nur am Angebot des Wettbewerbs orientiert und die Neuproduktentwicklung dadurch mehr in imitative als in innovative Bahnen gelenkt wird.

> „Mit dem alten Verfahren waren wir hier ein bisschen auf *me too* vorprogrammiert. Denn wenn sie sich vom Vertrieb sagen lassen, was wir brauchen, außer *me too* fällt denen nichts ein. Und das wollen wir jetzt aufbrechen."

Darüber hinaus gilt es im Rahmen der Marktinformationserzeugung zu beachten, dass diese Aktivität nicht nur im Verantwortungsbereich der Marketing- oder Marktforschungsabteilung in der Zentrale liegt. Diese Aufgabe fällt auch zum einen Managern anderer Funktionsbereiche, wie F&E oder Produktion,[112] zum anderen Managern der Auslandstöchter zu. Es erscheint zwar durchaus sinnvoll, dass eine zentrale Abteilung die Durchführung insb. größerer internationaler Marktstudien koordiniert. Allerdings wäre eine zentrale Abteilung überfordert, die gesamte Bandbreite der Informationserzeugungsaktivitäten in allen Ländern vorzunehmen, da ihre »Distanz« zu den Auslandsmärkten zu groß ist und ihr das lokale Markt-Know-how sowie der Kundenkontakt fehlt, um landesspezifische Informationen in den Auslandsmärkten zu erzeugen. Dies bestätigt auch einer der in den Niederlanden interviewten Marketing Manager:

> „Und dann ist es so, wir hier sind eine kleine Firma, wir sind sehr nah an dem Markt und an unseren Kunden dran. In einer großen Firma wie (unsere Zentrale), da sind die Leute, die damit beschäftigt sind, die sind oft in zentralen Positionen und haben nicht diesen Kundenkontakt. Und das ist ... doch sehr wichtig. Und das kommt im allgemeinen mehr vor, dass man sagt, dass die Leute nicht in der tagtäglichen Praxis drin sind. Und in einer Landesgesellschaft, und dann auch noch so einer kleinen, da haben wir viel mehr Kontakt mit dem Kunden."

Entsprechend der strategischen Bedeutung des Auslandsmarktes spielen die Auslandsgesellschaften bei der Informationsbeschaffung eine herausragende Rolle, die aus der Zentrale nicht bewältigt werden könnte. Die Hauptwettbewerber eines der untersuchten Unternehmen stammen aus Frankreich. Hier ist der internationale Konzern auf entsprechende Marktinformationen aus der französischen Tochtergesellschaft angewiesen, wie ein französicher Marketing Manager erläutert:

> „Because when you are in the headquarters, you are very far from the market, from the customers. And there you can't imagine the business, you must have frequent information, detailed information to understand how to develop, how to move. And what is important in France, the competitors of (this business) are French competitors, so it may be more important to bring information to the headquarters."

Ein Unternehmen mit einer internationalen Marktorientierung zeichnet sich also dadurch aus, dass mehrere Funktionsbereiche und insbesondere auch alle im Ausland tätigen Organisationseinheiten aktiv am Prozess der Marktinformationsbeschaffung beteiligt sind und auch dafür Verantwortung tragen.

Marktinformationen werden im europäischen Brand Management entsprechend den Phasen des Entscheidungsprozesses sowohl für die Entscheidungsvorbereitung als auch für den Voll-

---

112 Vgl. *Kohli/Jaworski* (1990), S. 5; *Kohli/Jaworski/Kumar* (1993), S. 476.

zug und für die Kontrolle von Entscheidungen benötigt.[113] Das Informationsproblem stellt sich dabei in zweifacher Weise. Zum einen werden Marktinformationen bereits zur Erkennung und Formulierung von Entscheidungsproblemen im Rahmen des europäischen Brand Managements benötigt. Zum anderen sind Informationen notwendig, um Entscheidungsalternativen zu evaluieren und die Umsetzung von Entscheidungen zu kontrollieren.[114] Die Zwecke der Information und dadurch bedingt auch der Informationsbedarf sind dabei für die einzelnen Phasen des Entscheidungs- und Umsetzungsprozesses unterschiedlich.[115]

Darüber hinaus werden Marktinformationen auf einer Meta-Ebene zur Lenkung der Informationsbeschaffung benötigt. Anders formuliert bedeutet dies, dass die Frage, welche Marktinformationen zu beschaffen sind, ebenfalls ein Entscheidungsproblem darstellt, das auf jeder Stufe des Entscheidungsprozesses über die Inhalte von europäischen Marketingkonzepten anfällt. Auch für diese Entscheidung sind letztendlich Marktinformationen erforderlich. Die Erzeugung von Marktinformationen kann jedoch teilweise routinisiert werden. Tendenziell gilt, dass der *Routinegrad* mit fortschreitendem Verlauf des Entscheidungsprozesses zunehmen kann. Zum anderen kann die Informationsbeschaffung für eher operative Entscheidungen in der Regel stärker routinisiert werden als für Entscheidungen mit eher strategischem Charakter.[116] Insgesamt lässt sich feststellen, dass Informationen und Entscheidungen sich auf allen Stufen des Entscheidungsprozesses gegenseitig bedingen.[117] Abbildung 17 zeigt exemplarisch den Informationsbedarf für die Entwicklung und den Einsatz einer internationalen Werbekampagne für ein Neuprodukt anhand verschiedener Prozessphasen auf:

Im europäischen Brand Management bestehen zwei *spezifische* Problembereiche im Hinblick auf die Gestaltung und Durchführung der Informationsbeschaffung. Eine Problematik liegt in der Notwendigkeit begründet, zugleich valide und vergleichbare Informationen in den Auslandsmärkten zu erzeugen.[118] Diese Problematik kann vor allem bei der allgemeinen Ermittlung von Bedürfnisstrukturen und Präferenzen der Abnehmer in den einzelnen Märkten virulent werden. Unter Umständen werden landesspezifische Aspekte alleine schon durch die Vorgehensweise bei der Informationsbeschaffung ausgeblendet. Der holländische Repräsentant eines Gebrauchsgüterunternehmens vermutet beispielsweise, dass eine europäisch durchgeführte, standardisierte Konsumentenbefragung nur eingeschränkt valide Erkenntnisse für den holländischen Markt liefert. Das Problem besteht seiner Ansicht nach darin, dass die

---

113 Vgl. *Kulhavy* (1989), Sp. 834.

114 Vgl. *Hamman/Erichson* (1994), S. 1.

115 DILLER beispielsweise differenziert den Informationsbedarf allgemein anhand der Strukturierung eines Entscheidungsprozesses in Informationen für die Problemerkennung und Zielbildung, Informationen für die Identifikation des Entscheidungsproblems, Informationen für die Ermittlung von Handlungsalternativen und Informationen für die Ermittlung der Konsequenzen relevant erachteter Alternativen. Vgl. *Diller* (1975), S. 27-32. Den konkreten und spezifischen Informationsbedarf eines Entscheidungsprozesses verdeutlicht DILLER dann anhand der operativen Aufgaben des Produkt-Marketing-Prozesses, den er in sieben Phasen einteilt. Vgl. *Diller* (1975), S. 112-240.

116 Vgl. *Kulhavy* (1989), Sp. 834.

117 Vgl. *Hamman/Erichson* (1994), S. 2.

118 Zu Problemen der Vergleichbarkeit international erhobener Marktinformationen vgl. *Holzmüller* (1995), S. 90-126.

Befragungsinhalte bereits zu sehr von technischen Produktspezifikationen geprägt sind. Nach seiner Meinung sind jedoch für holländische Gebraucher technische Produktcharakteristika für die Einkaufsentscheidung weniger ausschlaggebend im Vergleich zu deutschen Gebrauchern. Diese Möglichkeit wurde jedoch durch die Art der Befragung nicht ausreichend berücksichtigt. Dies verdeutlicht, dass bei internationaler Marktinformationserzeugung die Problematik der unter Umständen *eingeschränkten Vergleichbarkeit* der Informationen stets bedacht werden muss.[119]

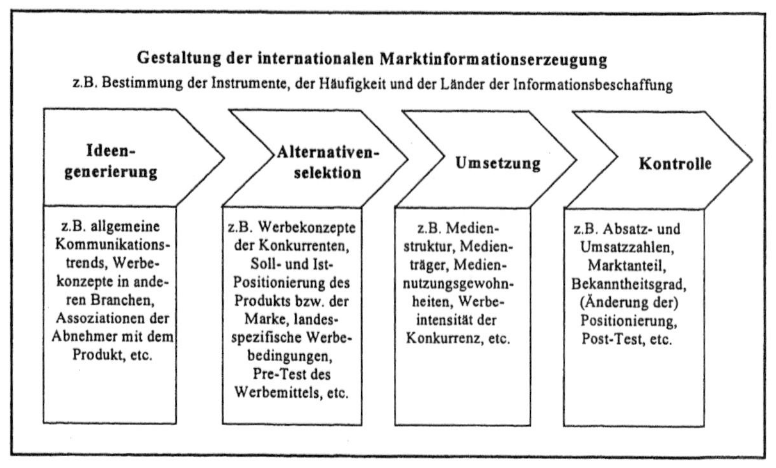

Abbildung 17: Exemplarischer Informationsbedarf bei Entwicklung und Einsatz einer internationalen Werbekampagne für ein Neuprodukt

Die zweite Problematik besteht darin, dass die Erzeugung von internationalen Marktinformationen mit erheblichem *Aufwand und Kosten* verbunden ist. Dadurch wird z.B. verhindert, dass repräsentative und regelmäßige Konsumentenuntersuchungen oder Tests zur Anwendbarkeit entwickelter Marketingkonzepte in allen Ländern, in denen ein Unternehmen aktiv ist, durchgeführt werden können. Ein Unternehmen wie Parfums Christian Dior, dessen Produkte insb. aus Imagegründen weltweit standardisiert werden, testet zur Begrenzung des Floprisikos sowohl Neuproduktkonzepte als auch Werbekonzepte vor der Einführung bei Konsumenten. Diese Tests finden allerdings nur in den umsatzstärksten Ländern und v.a. bei Werbetests nur in einem kleinen Umfang statt.[120] Für Ländermärkte mit vergleichsweise geringer Umsatzbedeutung sind die Kosten für die Durchführung von Marktstudien oder Tests[121] oft zu hoch.[122] Dies betrifft insb. Pre-Tests von Werbemitteln. Ein belgischer Marketing Manager eines internationalen Unternehmens verdeutlicht das Problem durch folgende Aussage:

---

119 Zu verschiedenen Möglichkeiten der Erzielung internationaler Vergleichbarkeit von Marktinformationen vgl. *Holzmüller* (1995), S. 195-276.

120 Auskunft verschiedener befragter Marketing Manager von Parfums Christian Dior.

121 Zu Testdesigns in der Marktforschung vgl. z.B. *Hamman/Erichson* (1994), S. 174-193.

122 Aussage mehrerer der befragten Marketing Manager.

> „I cannot tell you really if this campaign is appropriate for the Belgian market, because then we would have to invest so heavily in research of every advertising message, that we would spend half our money on research."

Darüber hinaus ist die Verfügbarkeit von zuverlässigen Marktinformationen durch Handels- oder Verbraucherpanels in einigen Branchen außerhalb Deutschlands nicht gegeben oder stark eingeschränkt.[123]

Die hier angeführten spezifischen internationalen Probleme der Marktinformationserzeugung bedeuten aber nicht, dass auf Informationsbeschaffung verzichtet werden sollte. Die Konsequenz dieser Probleme liegt vielmehr im Auffinden *pragmatischer Lösungen* zur Gestaltung der Informationsgewinnung. Dies kann sich darin äußern, dass Untersuchungen oder Tests nur in wenigen Ländern durchgeführt werden sollten, dafür dann aber in solchen, die ein relativ gutes Abbild von Westeuropa abgeben.[124] In dieser Sicht stellen oftmals Belgien oder die Schweiz aufgrund ihrer kulturellen Heterogenität geeignete Testmärkte dar. Weiterhin lassen sich durch systematische Ausnutzung bereits vorhandener Kontakte zu Abnehmern relativ kostengünstig Marktinformationen generieren. Beispielsweise gehört es bei einem der untersuchten Gebrauchsgüterunternehmen zu den Pflichten des Kundendienstes, allgemeine Informationen über die bedienten Kunden zu notieren. Diese Informationen werden dann systematisch erfasst und gehen in Überlegungen zur Produktpolitik mit ein.[125] Schließlich erscheint es auch sinnvoll bei der Informationsgenerierung abgestuft vorzugehen, insbesondere dann, wenn die Einsetzbarkeit eines international entwickelten Konzepts in Märkten geringerer Bedeutung zur Debatte steht. Z.B. kann ein entwickeltes Werbekonzept zunächst wenigen Abnehmern vorgeführt und erst dann extensivere Untersuchungen durchgeführt werden, wenn sich aus diesem kleineren Kreis gravierende Probleme andeuten.

cb) Verbreitung von Marktinformationen

Die Erzeugung von Marktinformationen ist die erste Bedingung für marktorientiertes Verhalten einer Organisation. Dies allein ist jedoch nicht ausreichend. Damit ein Unternehmen als marktorientiert gilt, müssen die erzeugten Informationen auch innerhalb der Organisation *verbreitet* werden. Die Verbreitung der Marktinformationen in der Organisation ist notwendig dafür, dass die Aktivitäten der einzelnen organisatorischen Teileinheiten sich an den Erfordernissen des Marktes ausrichten und aufeinander abgestimmt sind. Die effektive Berücksichtigung der Marktanforderungen erfordert letztendlich die Beteiligung aller Abteilungen eines Unternehmens.[126] Die verbreiteten und dadurch geteilten Marktinformationen stellen die gemeinsame Basis für die einzelnen Handlungen der verschiedenen Abteilungen und Organisationsmitglieder dar.[127] Eine der zentralen Erkenntnisse der Untersuchung von RUEKERT/WALKER zur interfunktionalen Marketingkoordination bestätigt indirekt die Bedeutung der

---

123 Aussage mehrerer der befragten Marketing Manager.

124 Aussage des belgischen Marketing Direktors eines der untersuchten Unternehmen.

125 Auskunft eines befragten Marketing Managers dieses Unternehmens.

126 Vgl. *Kohli/Jaworski* (1990), S. 5.

127 Vgl. *Kohli/Jaworski* (1990), S. 5.

Verbreitung von Marktinformationen. Nach RUEKERT/WALKER wird die Konfliktintensität zwischen verschiedenen Funktionalbreichen bei der Koordination von Marketingaufgaben entscheidend durch Kommunikationsprobleme bedingt,[128] also im Prinzip durch den mangelnden Austausch von (Markt-) Informationen.

Zur Koordination und Ausrichtung der Aktivitäten an den Markterfordernissen müssen in einem internationalen Unternehmen Marktinformationen in *drei Richtungen* verbreitet werden: erstens zwischen Abteilungen und Funktionalbereichen,[129] zweitens zwischen Hierarchieebenen[130] und drittens zwischen internationalen Einheiten. Die Informationsverbreitung kann dabei wiederum sowohl formell als auch informell erfolgen. Die Verbreitung von Information gilt als formell, wenn sie organisiert oder strukturiert durchgeführt wird, z.B. mittels Memoranden, Protokollen, Marktinformationssystemen oder auch im Rahmen von Sitzungen, Teams oder Projektgruppen. Informelle Informationsverbreitung erfolgt dagegen durch (nicht-institutionalisierte) interpersonelle Interaktionen, z.B. durch Gespräche zwischen Mitarbeitern außerhalb offizieller Zusammenkünfte.[131] Gerade für internationale Unternehmen stellt jedoch die Verbreitung und die Verwertung der verfügbaren, aber international verstreuten Marktinformationen ein entscheidendes Problem dar.[132]

Aus Marketingsicht spielt insbesondere bei der *Entwicklung marktgerechter Produkte* die Weitergabe von Marktinformationen an den Produktions- und F&E-Bereich eine entscheidende Rolle. Der deutsche Geschäftsführer einer französischen Niederlassung, der selbst bereits über Erfahrung im Produktmanagement in der deutschen Zentrale verfügt, sieht darin eine bedeutende Aufgabe für Marketing Manager liegen:

> „Die großen Produktentwicklungsideen, die kommen nicht aus den Ländern. Ich bin ein alter Produktmann, ich habe 8 oder 9 Jahre Produktmarketing gemacht, ich weiß das irgendwo einzuschätzen, aber wir bringen hier keine Produktideen. Mal irgendwas, ... aber im Prinzip, kommen keine Dinge dabei raus, die für den Markt eine Innovation bedeuten. Das ist ein gewisses Problem. Das ist so. Ich sage, für mich trotzdem immer noch die logischste Art und Weise - ich habe auch immer meine Produktmarketing-Aufgabe so verstanden, ich habe nie versucht, die Arbeit des Entwicklers zu ersetzen. Bei gewissen Analysen kann ich sagen, was kritisieren Konsumenten heute an unseren Produkten, was haben Konkurrenten vielleicht besser als wir, aber darüber hinausgehende Lösungsvorschläge habe ich auch selten zu Wege gebracht. Auch nicht als zentraler Produktmarketing-Mann. Dafür haben wir den Entwickler. Nur, wir müssen die in die Lage versetzen, dass sie das Richtige tun. ... Die Entwickler, man sollte die gar nicht in ihre Fabrik einsperren und sagen: „Entwickelt mal vor euch hin." Man muss sie mit Marktforschungsdaten auch füttern und sponsern, das ist eine klassische Marketingaufgabe."

Die spezifische Problematik in einem internationalen Unternehmen besteht darin, dass die Marktinformationen aus den verschiedenen Ländermärkten in die Zentrale gelangen und dort auch in den betroffenen Funktionsbereichen der Zentrale verbreitet werden. In einem der un-

---

128 Vgl. *Ruekert/Walker* (1987) sowie die Zusammenfassung und Würdigung ihrer Ergebnisse bei *Hilker* (1993), S. 95-99.

129 Vgl. *Kohli/Jaworski* (1990), S. 5; *Shapiro* (1988), S. 120.

130 Vgl. *Moorman* (1995), S. 320.

131 Vgl. *Jaworski/Kohli* (1993), S. 66; *Kohli/Jaworski* (1990), S. 5-6; *Moorman* (1995), S. 320.

132 Vgl. *Auerbach* (1994), S. 76-79.

tersuchten Unternehmen, dass als im Vergleich zu den meisten anderen relativ wenig marktorientiert ist, berichtete ein französischer Manager, dass bestimmte Informationen, die er zwei Jahre zuvor bereits übermittelt hatte, für einige Abteilungen in der Zentrale immer noch überraschende Neuigkeiten darstellen. Er deutete an, dass der Austausch marktrelevanter Informationen zwischen den einzelnen organisatorischen Teileinheiten oft nicht ausreichend gewährleistet sei. Dementsprechend schlecht wäre auch die Abstimmung zwischen den einzelnen Abteilungen und Funktionalbereichen. Bei einem anderen der untersuchten Unternehmen wird inzwischen dafür gesorgt, dass die für Entscheidungen notwendigen Marktinformationen aus den Auslandsmärkten direkt in der Zentrale auch bei der Entwicklungsabteilung durch gemeinsame Workshops verbreitet werden, wie ein ehemals in England tätiger deutscher Marketing Manager berichtet:

> „Und die Frage der Produkte ist natürlich eine Frage, die man heute - und das ist absolut notwendig, dass man sich da in der Arbeitsteilung sehr intensiv mit den verantwortlichen Stellen, und das sind teilweise auch die Werke, die Entwicklungsabteilungen direkt... Ich hatte z.B. vor 12 Jahren schon in Workshops in Deutschland von England aus meine Mitarbeiter rüber gebracht, und die saßen mit dem ganzen Entwicklungsteam am Tisch, wir haben englische (Produkte) uns kommen lassen und haben uns mal die englischen (Produkte) angesehen, also die Verkäufer und die Entwickler zusammen, weil wir keine Produkte hatten, die auf dem Markt passten, um einfach mal festzustellen, ob wir nicht auch mal so etwas machen können, was die da drüben bauen. Mit der Erkenntnis, dass man doch etwas tun kann, auch an einem deutschen Produkt kann man so viel ändern, dass es zumindest verkäuflich wird oder attraktiver wird. Und das ist ein Prozess, der inzwischen fast in allen Werken angelaufen ist oder läuft."

Insgesamt bescheinigt dieser Manager, der inzwischen die italienische Niederlassung des Unternehmens führt, ein gute Zusammenarbeit der Auslandstöchter mit den zentralen Entwicklungsabteilungen. An diesem Beispiel erkennt man deutlich, dass die Durchführung derartiger Aktivitäten, mit dem Ziel der Verbreitung von Marktinformationen eine internationale marktorientierte Orientierung im Sinne einer Werthaltung voraussetzt.

> „Deutschland ist der *home market* für (unser Unternehmen), und da lief es immer gut und da hat man immer mehr und mehr und mehr verkauft. Das andere hat man so halt mitgenommen: 'Da machen wir halt für den Export noch ein paar Stück mehr.' Aber was die wirklich wollen und brauchen da draußen, darüber hat man sich nicht so große Gedanken gemacht. Das hat sich aber geändert. Und man hat dann doch erkannt, in den letzten 10 Jahren eigentlich, dass das der falsche Weg ist. Vor allem nachdem einige Konkurrenten da ein bisschen schneller sind. Aber ich glaube, dass sich die Denke überhaupt gewandelt hat. Und man macht heute das Produktmarketing doch schon sehr viel intensiver von außen nach innen als von innen nach außen."

Insgesamt zeichnet sich ein international marktorientiertes Unternehmen insbesondere dadurch aus, dass Marktinformationen aus den verschiedenen Ländermärkten in der gesamten Organisation systematisch verbreitet werden. Dabei muss dafür Sorge getragen werden, dass die Marktinformationen aus den Ländern auch die hierarchischen und funktionellen Schnittstellen überbrücken können.

cc) Verwendung von Marktinformationen

Die dritte Verhaltenskomponente der Marktorientierung besteht in der *Verwendung* von Marktinformationen. In einem Unternehmen können Marktinformationen erzeugt und verbreitet werden; ohne ihre *Berücksichtigung im Entscheidungsprozess* unterbleibt jedoch eine

Entsprechung der Markterfordernisse in den Aktivitäten des Unternehmens. Insofern stellen die Erzeugung und Verbreitung notwendige Bedingungen für marktorientiertes Verhalten dar, während die Verwendung von Marktinformationen im Entscheidungsprozess die hinreichende Bedingung darstellt.[133]

Die Verwendung von Marktinformationen findet dabei auf zwei Ebenen statt: zum einen auf einer konzeptionellen Ebene und zum anderen auf einer instrumentellen Ebene. Auf der *konzeptionellen Ebene* finden Prozesse statt, in denen Marktinformationen zu Know-how durch Verstehen, Interpretation und Kategorisierung von Informationen verarbeitet werden.[134] Die Umwandlung von Marktinformationen zu Know-how äußert sich in der Veränderung der Kognitionen und Perzeptionen der relevanten (Marketing-) Umwelt der Entscheidungsträger, wodurch Entscheidungen indirekt beeinflusst werden.[135] Auf der *instrumentellen Ebene* schlägt sich die Verwendung von Marktinformationen dagegen direkt in der Entscheidungsfindung und den marktgerichteten Aktivitäten nieder durch die systematische Berücksichtigung dieser Informationen in den einzelnen Phasen des Entscheidungs- und Umsetzungsprozesses.[136] Besonders marktorientierte Unternehmen nutzen hierbei die verschiedenen Instrumente, die das *Total Quality Management* (TQM) bietet. Z.B. fördert das Verfahren des *Quality Function Deployment* (QFD) mit dem *House of Quality*, wodurch Kundenbedürfnisse konsequent in konkrete Produktanforderungen umsetzt werden, eine marktgerechte Produktentwicklung systematisch.[137] In der *Domestic Appliances Division* von PHILIPS beispielsweise wird das Instrument des QFD im Rahmen der internationalen Produktentwicklung verwendet, wobei die Kundenbedürfnisse aus den wichtigsten Ländermärkten als Informationsinput dienen.[138]

Im Vergleich zu den beiden anderen Verhaltenskomponenten der Marktorientierung weist die Verwendung von Marktinformationen keine internationalen Spezifika auf. Folgendes Beispiel, das der belgische Marketing Manager eines deutschen Automobilunternehmens schilderte, soll nochmals verdeutlichen, wie sich die Verwendung von Marktinformationen letztendlich in Aktivitäten des Unternehmens äußert. Dabei zeigt das Beispiel auch, dass der Informationsbeitrag eines relativ kleinen Marktes zu einer insgesamt, d.h. für alle Ländermärkte, besseren Produktlösung führen kann:

> „But anyway, it's a positive ongoing process, because those engineers, too, they are developing cars for consumers. And at that moment, we are their customer. And that is the way they are treating us, because if we are making comments about, for example, the leg space in the back of the car, they are very attentive, and they try to respond to everything. Everything is a question of money, too, and that we know. So we have to take that into consideration, too. But I have several examples where in a dialogue with the Development Department, they

133 Vgl. *Kohli/Jaworski* (1990), S. 6.

134 Vgl. *Moorman* (1995), S. 320 und die dort angegebene Literatur.

135 Vgl. *Day/Nedungadi* (1994), S. 33; *Dickson* (1994), S. 46; *Moorman* (1995), S. 320.

136 Vgl. *Jaworski/Kohli* (1993), S. 54; *Moorman* (1995), S. 320.

137 Zu den Prinzipien des TQM und seinen Instrumenten zur Marketingimplementierung vgl. *Hilker* (1993), S. 183-214. Zum QFD speziell vgl. *Hilker* (1993), S. 203-211.

138 Auskunft eines in der Zentrale tätigen Marketing Managers von Philips.

took our questions or our needs into consideration. ... For example, once in the first presentation of the compact, the hatchback of the compact, when you opened it, it was immediately standing up. And that was a great danger, because when you're opening your compact hatchback, and you have the garage door, then you can slam your garage door. So that was the comment that we made immediately: 'Sorry, you have to change that, because you have to be able to lift it with one finger, but you have to assist it. It cannot go on its own.' That was one of the corrections that they immediately took into consideration. Another example, our diesel needs in the past, when the German market was not interested at all in a diesel motorization, after analyzing the potential and taking the responsibility for a volume, we had a diesel motorization built ... with specifications that we needed for local tax regulations. ... And I think that this dialogue starting already 2 or 3 years before the launch (of a new car), is a high degree of motiviation for the engineers working on the product, and for the markets, because they immediately are involved with the products and there is a big identification."

d) Wirkung der internationalen Marktorientierung auf die Effektivität des europäischen Brand Managements

Die Ergebnisse verschiedener empirischer Studien weisen einen Zusammenhang zwischen der Marktorientierung bzw. einzelner Komponenten der Marktorientierung und dem Unternehmenserfolg auf,[139] zum Teil allerdings mit gewissen Einschränkungen.[140] Der *Unternehmenserfolg* wird dabei entweder durch einzelne ökonomische Erfolgsgrößen wie ROI,[141] Umsatzwachstum,[142] Neuprodukterfolg,[143] Marktanteil[144], eine globale Erfolgsbeurteilung[145] oder durch ein Erfolgskonstrukt, das den Zielerreichungsgrad zentraler Unternehmensziele beinhaltet,[146] operationalisiert und gemessen. Lediglich JAWORSKI/KOHLI berücksichtigen auch Erfolgsgrößen wie den Teamgeist („*esprit de corps*") und die Selbstverpflichtung

139 Vgl. *Fritz* (1995), S. 248-273; *Jaworski/Kohli* (1993), S. 63-64; *Moorman* (1995), S. 325-327; *Narver/Slater* (1990), S. 32; *Slater/Narver* (1994), S. 52-53.

140 JAWORSKI/KOHLI kommen zu dem Ergebnis, das Marktorientierung zwar positiv mit einer Selbsteinschätzung des Erfolgs durch die befragten Manager, aber nicht signifkant mit dem objektiv gemessenen Marktanteil zusammenhängt. Vgl. *Jaworski/Kohli* (1993), S. 63-64. Bei der Studie von FRITZ leistet eine marktorientierte Unternehmensführung zwar einen Erfolgsbeitrag. Dieser ist aber geringer als der Erfolgsbeitrag der mitarbeiterorientierten und auch der produktions- bzw. kostenorientierten Unternehmensführung. Vgl. *Fritz* (1995), S. 248-273. Hierzu kann jedoch entgegnet werden, dass bei FRITZ die empirische Messung der Marktorientierung sehr eng ausfällt, da dieses Konstrukt bei ihm empirisch auf jeweils ein Statement nach der Kundenorientierung, der Vertriebsorientierung und der Bedeutung des Kundenzufriedenheitsziels reduziert wird. Vgl. *Fritz* (1995), S. 196, 201. Bei einer weiterem Überprüfung der Wirkung der Marktorientierung auf den Erfolg unter Berücksichtigung situativer Faktoren stellt FRITZ selbst fest: „Es ist offensichtlich gerade das Zusammenspiel von Marketing, Produktion sowie Forschung und Entwicklung und somit nicht die einseitige Hervorhebung eines dieser Bereiche, was den Unternehmenserfolg fördert." *Fritz* (1995), S. 297. Dies entspricht jedoch wieder den eher weitergefassten Operationalisierungen der Marktorientierung von NARVER/SLATER und KOHLI/JAWORSKI.

141 Vgl. *Narver/Slater* (1990), S. 26-27; *Slater/Narver* (1994), S. 51.

142 Vgl. *Slater/Narver* (1994), S. 51.

143 Vgl. *Moorman* (1995), S. 325-327; *Slater/Narver* (1994), S. 51.

144 Vgl. *Jaworski/Kohli* (1993), S. 60.

145 Vgl. *Jaworski/Kohli* (1993), S. 60.

146 Die zentralen Unternehmensziele Wettbewerbsfähigkeit, Kundenzufriedenheit, langfristige Gewinnerzielung und Sicherung des Unternehmensbestands werden dabei additiv verknüpft, um den „zentralen Unternehmenserfolg" zu ergeben. Vgl. *Fritz* (1995), S. 230-240.

(„*commitment*") der Organisationsmitglieder.[147] In diesem Abschnitt sollen jedoch entsprechend der Anlage und Zielsetzung der Untersuchung weder die Wirkung der Marktorientierung statistisch gemessen noch ein Zusammenhang zu allgemeinen Erfolgsgrößen diskutiert werden. Vielmehr geht es darum, den Zusammenhang zwischen der Marktorientierung einerseits und den spezifischen *Effektivitätskriterien* des europäischen Brand Managements andererseits aufzudecken und argumentativ zu begründen.[148]

da) Marktorientierung und global-lokal Balance

Eine marktorientierte Unternehmenskultur fördert die Erzielung einer global-lokal Balance, indem sie den Markt zum Maßstab des Handelns für alle Organisationsmitglieder erklärt. Sie unterstützt dadurch die Berücksichtigung aller Marktfaktoren beim europäischen Brand Managementprozess, wobei das weitgefasste Marktverständnis die Identifikation der relevanten Einflussfaktoren ermöglicht. Insofern kann eine marktorientierte Kultur dazu beitragen, sowohl interne organisatorische Hürden bei der Entwicklung europäischer Marketingkonzepte (z.B. das NIH-Syndrom) zu überwinden als auch eine zu einseitige Fixierung der Entscheidungsträger auf Kosteneinsparungen durch Standardisierungsmaßnahmen zu verhindern. Eine marktorientierte Kultur stellt daher eine gute Voraussetzung für eine ausgewogene Berücksichtigung sowohl der Europäisierungs- als auch der Lokalisierungserfordernisse im europäischen Brand Managementprozess dar. Marktorientiertes Verhalten ist dann die *Basis* für das Erzielen einer global-lokal Balance. Die Berücksichtigung lokaler Marktspezifika und europaweiter Synergiepotentiale im Entscheidungsprozess bedingt, dass Marktinformationen zu diesen Aspekten erzeugt und verbreitet werden. Damit das Ergebnis des europäischen Brand Managementprozesses - die beschlossenen und umgesetzten Marketingaktivitäten - bestmöglich auf die Markterfordernisse zugeschnitten werden, müssen die erzeugten Marktinformationen letztendlich zur Entscheidung und Umsetzung über europäischen Marketingkonzepte verwendet werden.

Eine internationale Marktorientierung ist daher notwendig, damit der europäische Brand Managementprozess die richtige Balance zwischen den Erfordernissen der Europäisierung und der lokalen Anpassung aufweist. Je marktorientierter ein Unternehmen ist bzw. sich verhält, desto besser fällt die Balance zwischen globalen und lokalen Elementen aus. Einer der befragten Marketing Manager verdeutlichte durch seine Aussage, wie Marktorientierung als Basis für das Auffinden von wohl balancierten europäischen Marketingkonzepten dient:

> „The way it really goes is along the concept of 'Think local and act global'. Thinking local means that every local country is responsible for understanding the business needs and business opportunities in their country and the process goes that every year this is reviewed, which is then being shared with the European Marketing Groups. Out of these business reviews, the European Marketing Groups look at what are the opportunities in the different countries and group them together, which have the most potential. So this, for example, was an idea coming from the UK, was then checked in other countries and proved to be on a European scale a meaningful project. And that's why it was done on a European level. Sup-

---

147 Vgl. *Jaworski/Kohli* (1993), 57, 60, 64.

148 Dabei können die Effektivitätskriterien durchaus als allgemeine Ziele einer internationalen Unternehmung interpretiert werden.

pose the UK group would have identified this as a good idea for the UK, and the other countries would not agree that this is a good idea for the whole of Europe, there is very little chance that the idea would have been made. That's what I mean by 'Think local, act global.' So if in different countries you come to the same conclusion that you need something local, and then there is enough leverage behind it to make it an European idea, you will do it. But the good thing about the idea is that it is driven by local marketing understanding, local consumer understanding, bottom up, and then in the center of Europe they decide which ones will be done, then decide on what are the basics, and then it goes back to »bottom« and then executed locally."

Dabei kehrt dieser Manager die übliche Formulierung des *„think global, act local*" um in *„think local, act global*"! Was damit zum Ausdruck kommt, ist die Notwendigkeit, europäische Marketingkonzepte auf der Basis eines *lokalen Marktverständnisses* zu entwickeln. Dies wird durch eine ausgeprägte Marktorientierung, erreicht.

Bei etlichen Unternehmen hat eine fehlende internationale Marktorientierung im Zuge der »Europa-Euphorie« und der erwarteten, großen Kosteneinsparungen durch Standardisierung des Marketing zur Entwicklung europäischer Marketingkonzepte geführt, die lokale Marktgegebenheiten nicht ausreichend berücksichtigten. Der Geschäftsführer einer Auslandstochter berichtet hierzu Typisches aus dem Bereich der Werbung:

„...man hat so ein bisschen in der Euphorie um Europa versucht, Europa-Konzepte zu entwickeln. Diese alte Idee, dass man also eine Einheitswerbung macht, die eben wie COCA COLA überall läuft. Und da hat man herum-experimentiert und hat eigentlich festgestellt, dass es eigentlich doch nicht ganz so geht. Ich könnte Ihnen das jetzt zeigen: Wir haben also aus Deutschland die Werbung für die Marke X und für die Marke Y übernommen, kaum adaptiert eigentlich. In Deutschland haben aber die Marken eine ganz andere Position. Die Marke X hat einen Bekanntheitsgrad von 80% oder 70%. Y hat einen ähnlich hohen Wert. In Italien hat die Marke X einen spontanen Bekanntheitsgrad von 8%. Die Marke X ist hier eine Edel-Marke, Y auch. In Deutschland ist es eine Qualitätsmarke ohne besonderen Akzent. In England z.B. ist X eine ganz besondere Marke, auch für den Verbraucher etwas Besonderes. In Frankreich auch. Also wir haben mehr das Edel-Markenimage, das Prestige-Image in diesen Ländern, und dazu passt natürlich diese Standardwerbung, die für Deutschland gemacht worden ist, nicht unbedingt. Also das sind so Dinge, wo man jetzt gelernt hat. ... Das hat man natürlich auch ein bisschen falsch angegangen, das hätte man vermeiden können. Diese Werbung, die da gemacht wurde, ist also nicht in einer europäischen Ausschreibung gemacht worden, sondern man hat eine deutsche Agentur beauftragt: ... Und dann hat man versucht, dieses Konzept zu exportieren als Europa-Werbung, weil man geglaubt hätte, die Idee ist gut genug: 'Und außerdem wollen wir das auch, wir wollen einfach einen (internationalen) Auftritt. Wir sind eine internationale Marke!' - und diese banalen, relativ oberflächlichen Aussagen. Und so wurde das abgearbeitet."

Das Unternehmen hat, so der Gesprächspartner, aus diesen Fehlern gelernt und geht bei der Erarbeitung von Marketingkonzepten inzwischen stärker marktorientiert vor. Dadurch wird eine bessere global-lokal Balance erreicht:

„Und Sie sehen daraus, dass wir jetzt doch eigentlich auf dem klassischen Weg sind, von den ausländischen Märkten zurück - wie Italien z.B. - vom Markt zurück eine Kommunikationsstrategie zu entwickeln für unsere Marken mit den Produktkenntnissen, die man natürlich braucht. ... So dass wir eigentlich jetzt bereit sind, diese Europa-Euphorie wieder so ein bisschen abzulegen und mehr regional zu denken, aber doch irgendwo ein Minimum an Gemeinsamkeit erhalten wollen."

Ein weiteres Beispiel für mangelnde lokal-global Balance liefert ein anderes Unternehmen mit einer relativ schwachen internationalen Marktorientierung. So schildert ein deutscher Marketing Manager dieses Unternehmens, dass die Produktentwicklung sich nur oberflächlich an den Marktbedürfnissen orientiert:

„Das Ganze bei (unserer Geschäftseinheit) entspringt noch der alten Idee, dass irgendwo Ingenieure eine gute Idee haben und das entwickeln. Es wird insofern durch den Markt gesteuert, dass man die Vorstellung hat, man müsste jeweils in 100er Schritten und in gewissen Bereichen in 50er Schritten ein Modell haben. Dann macht man eben ein Modell für 499,- oder für 399,- und packt dann so viele *features* rein wie reinpassen."

Aus internationaler Sicht ist dabei problematisch, dass in einigen wichtigen Auslandsmärkten, das Produkt bestimmte Funktionen aufweisen muss, um am Markt akzeptiert zu werden, die in Deutschland nicht erforderlich, aber auch nicht abträglich sind. Der Einbau dieser Funktion in das Produkt führt jedoch dazu, dass die für Deutschland ausgerichteten Preisschwellen nicht mehr erreichbar sind:

„Und da so ein ... Baustein in der Fertigung so ca. 9,- DM kostet, was sich auf den Preis gleich 2,5 bis 3-fach auswirkt, dann kommen sie nicht mehr mit den 499,- hin, wobei das dann häufig deutsch gedacht ist."

Mit dieser Begründung werden dann für Auslandsmärkte sogenannte Exportmodelle produziert und auch mit anderen Produktbezeichnungen versehen, was unter anderem folgende negative Konsequenzen beinhaltet:

„Und deswegen gibt es dann Exportmodelle, die sich im Prinzip nur dadurch unterscheiden. Es ist aber auch unsinnig. Das ist ein wahnsinniges administratives *handling*. Das ist auch für die Kommunikationspolitik schlecht. Also, wenn sie eine europaweite Kommunikationspolitik machen, dann ist das immer schwierig, insb. wenn man die auch anders nennt."

Laut der Meinung des deutschen Marketing Managers wäre es jedoch durchaus möglich, ein für alle Märkte adäquates Produkt zu entwickeln. In einem solchen Produkt wäre die Funktion, die bestimmte Auslandmärkte nachfragen, integriert. Dafür könnte ohne Problem auf dem deutschen Markt auf ein anderes *feature* verzichtet werden, damit die Preisschwellen nicht überschritten werden. Eine solche Lösung ist jedoch bisher nicht erzielt worden, da die für die Produktentwicklung verantwortlichen Personen in ihrer Denkweise zu sehr einzelnen technischen Details, die die Konsumenten in ihrer Einkaufsentscheidung kaum oder nicht berücksichtigen, verhaftet sind:

„Das Produktmanagement lebt noch in einer Welt, dass die (Käufer) sich Testzeitschriften kaufen und dann wälzen. Das (macht) ... eine bestimmte Zielgruppe, aber der Masse ist das ziemlich egal."

Dieses Beispiel zeigt auch, dass eine fehlende Marktorientierung nicht nur - wie man vielleicht annehmen könnte - die Erzielung einer angemessenen global-lokal Balance durch mangelnde Berüchsichtigung lokaler Marktspezifika verhindert. Zu schwache Marktorientierung kann wie bei diesem Geschäftsbereich auch zu unzureichender *Ausschöpfung europäischer Synergiepotentiale* führen.

db) Marktorientierung und internationale Lernfähigkeit

Die Verwandtschaft der Konstrukte Marktorientierung und organisationales Lernen ist offensichtlich: Marktorientiertes Verhalten äußert sich in der Erzeugung, Verbreitung und Verwendung von Marktinformationen; organisationales Lernen beruht auf ähnlichen *Informationsverarbeitungsprozessen.*[149] Die internationale Lernfähigkeit eines Unternehmens wird im

149 Vgl. *Day* (1994), S. 43.

wesentlichen durch seine Fähigkeiten bestimmt, Marktinformationen aus den verschiedenen Ländern zu verarbeiten.[150] Dabei stellen der Austausch und die Interpretation der Marktinformationen die essentiellen Faktoren zum organisationalen Lernen dar.

Die Beseitigung von Faktoren, die den Austausch entlang der verschiedenen Ebenen und Richtungen behindert, ermöglicht einen effizienteren und effektiveren europäischen Brand Managementprozess.[151] Die *Effizienz* wird gesteigert, da der Informationsaustausch schneller und ohne »Reibungsverluste« stattfinden kann. Hierdurch ist eine schnellere Umsetzung von innovativen Marketingkonzepten auf europäischer Ebene möglich. Die *Effektivität* wird gesteigert, da der Austausch von Marktinformationen die Voraussetzung für die (internationale) Lernfähigkeit einer Organisation darstellt. Neben dem reinen Informationsaustausch ist es für das organisationale Lernen allerdings erforderlich, dass über die Bedeutung der (ausgetauschten) Marktinformationen und ihrer Implikationen für die Geschäftseinheit ein Konsens entwickelt wird.[152] Marktinformationen sind oftmals unstrukturiert, unvollständig oder nicht eindeutig. Im internationalen Kontext wird diese Problematik noch um ein Vielfaches verschärft. Daher wird die *Interpretation von Marktinformationen* zum Schlüssel für organisationale Lernfähigkeit.[153] Eine marktorientierte Kultur als ein übergeordnetes Wertesystem liefert starke Normen für den Austausch und die Interpretation von Marktinformationen und daher für die Erzielung eines Konsens über die Bedeutung der Informationen.[154] Insofern kann die Marktorientierung das grundlegende *kulturelle Fundament* einer lernenden Organisation darstellen.[155] Ein weitgefasstes Marktverständnis als Bestandteil der Marktorientierung unterstützt dabei nicht nur *adaptives*, sondern ermöglicht auch *generatives Lernen*[156] einer Organisation.[157] Marktorientierung alleine reicht jedoch nicht aus, um eine lernfähige Organisation zu erzeugen. Erforderlich sind Risiko- und Veränderungsbereitschaft als zusätzliche Kulturelemente einer Organisation, vor allem zur Förderung generativen Lernens.[158]

Insgesamt lässt sich feststellen, dass eine Marktorientierung einen entscheidend Beitrag zur internationalen Lernfähigkeit des europäischen Brand Managements leisten kann. Dabei be-

---

150 Vgl. *Hilker* (1993), S. 260.

151 Vgl. *Slater/Narver* (1995), S. 65.

152 Vgl. *Slater/Narver* (1995), S. 65.

153 Vgl. *Sinkula* (1994), S. 38.

154 Vgl. *Slater/Narver* (1995), S. 67.

155 Vgl. *Slater/Narver* (1995), S. 67.

156 Adaptives Lernen (entspricht dem sog. *single-loop learning* von ARGYRIS/SCHÖN) äußert sich in der Anpassung der Mittel zur Erreichung vorgegebener Ziele. Die Ziele und die dahinterstehenden Annahmen werden jeodch nicht in Frage gestellt. Generatives Lernen (entspricht dem *double-loop learning* bei ARGYRIS/SCHÖN) findet dagegen statt, wenn die Ziele und Annahmen, die den Handlungen der Organisation zu Grunde liegen, sowie die Normen, die Handlungen steuern, in Frage gestellt werden. Generatives Lernen führt zu einer neuen Sichtweise der Organisation in ihrem Verhältnis zur Umwelt und der darin herrschenden Wirkungszusammenhänge. Vgl. *Argyris/Schön* (1978), S. 10-18; *Hennemann* (1997), S. 167-170; *Slater/Narver* (1995), S. 64.

157 Vgl. *Slater/Narver* (1995), S. 67-68.

158 Vgl. *Hilker* (1993), S. 258-260; *Slater/Narver* (1995), S. 67-68.

stehen durchaus starke Interaktionen zwischen der Marktorientierung und der internationalen Lernfähigkeit. Organisationales Lernen kann dazu führen, dass Marktinformationsprozesse anders gestaltet werden.[159] Hierdurch kann sich die Marktorientierung einer Organisation verbessern, was letztendlich wiederum die Lernfähigkeit erhöhen kann.[160]

dc) Marktorientierung, Flexibilität und Reagibilität

Die Wirkung der Marktorientierung auf die Flexibilität des europäischen Brand Managements ist eher indirekt. Die Rollen, die ausländische Tochtergesellschaften innerhalb des internationalen Unternehmens einnehmen, richten sich nach der strategischen Bedeutung des jeweiligen Auslandsmarkts und den Kompetenzen der einzelnen Tochtergesellschaft.[161] Eine Ausrichtung der Unternehmensaktivitäten an den Erfordernissen des Marktes hilft bei der *Bestimmung der Rolle* einer Tochtergesellschaft, da sie es ermöglicht, die Faktoren zu identifizieren, die die strategische Bedeutung eines Marktes beeinflussen. Darüber hinaus bedingt die Wahrnehmung differenzierter Rollen durch die Tochtergesellschaften, dass die internationalen Aktivitäten der einzelnen Organisationseinheiten aufeinander abgestimmt sind. Diese Abstimmung erfordert jedoch eine entsprechende Verbreitung von Marktinformationen. Schließlich setzt die Ermittlung des nach Land, Produkt und Aktivität adäquat differenzierten Standardisierungsgrads die Verwendung von Marktinformationen voraus. Insgesamt stellt die Marktorientierung ein *integratives Bindeglied* dar, das die Flexibilität des europäischen Brand Managementprozess ermöglicht.

Eine marktorientierte Kultur und marktorientiertes Verhalten fördern ebenfalls die Reagibilität des europäischen Brand Managements. Eine konsequente Marktorientierung verhindert, dass entwickelte Marketingkonzepte nur vergangene Maßnahmen widerspiegeln, da sie die aktuellen und zukünftigen Marktanforderungen zum Maßstab des Handelns macht. Weiterhin unterstützen das zu einer Marktorientierung dazugehörige weitgefasste Marktverständnis und die systematische Erzeugung von Marktinformationen, Änderungen bei relevanten Einflussfaktoren oder Änderung der Relevanz von solchen Faktoren aufzuspüren. Damit und durch die anschließende Verbreitung der Marktinformationen wird es erst ermöglicht, dass das europäische Brand Management auf Änderungen in der Marketingumwelt reagieren bzw. durch rechtzeitige Antizipation solcher Veränderungen gestaltenden Einfluss auf die Branchenentwicklung nehmen kann. Als adaptiver und generativer Lernprozess unterstützt die Markt-

---

159 Vgl. *Sinkula* (1994), S. 38-39.

160 Hier könnte daher auch die berechtigte Frage gestellt werden, ob sich Marktorientierung und organisationales Lernen konzeptionell überhaupt unterscheiden, aufgrund der weitgehenden Übereinstimmung dieser Konstrukte bei den Informationsverarbeitungsprozessen und der starken Wechselbeziehungen zwischen ihnen. Es erscheint dennoch sinnvoll, diese beiden Konstrukte zu trennen. Zum einen unterscheiden sie sich auf der kulturellen Ebene. Zum anderen findet organisationales Lernen auch durch die Verarbeitung anderer Informationen als Marktinformationen statt und kann sich auf die Gestaltung von »marktfernen« Arbeitsprozessen beziehen. Darüber hinaus beinhaltet Marktorientierung durch die instrumentelle Verwendung von Marktinformationen einen direkten Entscheidungs- und Handlungsbezug, während organisationales Lernen bereits durch die Veränderung des potentiellen Verhaltens gegeben ist. Vgl. *Sinkula* (1994), S. 36, 43. Zu diesen und anderen Spezifika des marktorientierten organisationalen Lernens vgl. *Sinkula* (1994), S. 37-38.

161 Vgl. *Bartlett/Ghoshal* (1990a), S. 138-139.

orientierung auch indirekt die Überprüfung der Zweckmäßigkeit und der zugrundeliegenden Annahmen der verfolgten europäischen Marketingstrategie.

dd) Marktorientierung und Implementierungsfähigkeit

Marktorientierung unterstützt ebenfalls die Fähigkeit zur Implementierung des europäischen Brand Managements. Eine marktorientierte Kultur schafft einen gemeinsamen Wertemaßstab für die Organisationsmitglieder in den verschiedenen Ländern. Hierdurch fördert eine Marktorientierung das Auffinden einer *konsistenten Unternehmensstrategie*. Die Konsistenz einer Strategie ist das Ausmaß, in dem die Strategie in sich widerspruchsfrei ist und die gemeinsamen Ziele und Politiken der Organisationsmitglieder reflektiert. Dabei erhöht sich die Wahrscheinlichkeit, dass eine Strategie inkonsistent ist, wenn die Strategie aus Interaktionen und Verhandlungen vieler Personen aus unterschiedlichen Teilen der Organisation entsteht.[162] D.h., dass die Gefahr einer inkonsistenten Strategieentwicklung insbesondere bei internationalen Unternehmen gegeben ist. Eine konsequente Marktorientierung wirkt dem jedoch entgegen. Insofern fördert eine marktorientierte Kultur die *Konsensbildung* im europäischen Brand Managementprozess.

Weiterhin bietet eine Marktorientierung einen Nutzen auf der psychologischen und sozialen Ebene der Organisationsmitglieder.[163] JAWORSKI/KOHLI haben empirisch nachgewiesen, dass marktorientiertes Verhalten sowohl den Teamgeist als auch das *commitment* der Organisationsmitglieder, also ihre *Selbsverpflichtung und Bindung an die Organisationsziele*, erhöhen.[164] Das bedeutet, dass eine Marktorientierung auch dazu beiträgt, dass Manager in Auslandsgesellschaften europäische Marketingkonzepte umsetzen, die für ihren lokalen Markt nicht die optimale Entscheidung darstellen. Unterstützt wird dies zusätzlich, wenn die lokalen Marketing Manager selbst ein - auch geographisch - weitgefasstes Marktverständnis haben. Schließlich stellt die Verbreitung von Marktinformationen die Voraussetzung dafür dar, dass die lokal beschlossenen Marketingmaßnahmen im Einklang mit den auf europäischer Ebene getroffenen Entscheidungen stehen, denn die Kenntnis der Marktsituationen in anderen Ländern ist notwendig für die Entwicklung eines Gesamtverständnis des Wettbewerbs auf europäischer Ebene.

de) Moderierende Faktoren der Wirkung der Marktorientierung

Es stellt sich schließlich die Frage, ob die positive Wirkung der internationalen Marktorientierung auf die Effektivität des europäischen Brand Managements durch bestimmte Faktoren *moderiert* wird, also ob die Wirkung der Marktorientierung in manchen Situationen stärker oder schwächer ausfällt als bei anderen Umständen. Für die Wirkung der Marktorientierung auf die jeweiligen allgemeinen Erfolgsvariablen, die in den bisherigen Studien zur Marktorientierung verwendet wurden, liegen keine eindeutigen Erkenntnisse zur Existenz bestimmter moderierender Faktoren vor.

---

162 Vgl. *Kohli/Jaworski* (1990), S. 13.

163 Vgl. *Kohli/Jaworski* (1990), S. 13.

164 Vgl. *Jaworski/Kohli* (1993), S. 64.

Aus theoretischer Sicht lässt sich wohl für einen moderierenden Einfluss verschiedener Umweltvariablen auf die Erfolgswirkung der Marktorientierung argumentieren.[165] KOHLI/JAWORKSI beispielsweise postulieren, dass sich bei hoher Markt- und Technologiedynamik sowie bei hoher Wettbewerbsintensität eine vergleichsweise stärkere Erfolgswirkung der Marktorientierung einstellt.[166] Empirisch konnten sie jedoch keinen moderierenden Effekt dieser Umweltvariablen feststellen.[167] Auch SLATER/NARVER finden in ihrer Untersuchung wenig Bestätigung dafür, dass Umweltvariablen den Effekt der Marktorientierung auf den Erfolg einer Unternehmung moderieren.[168] Sie schließen daraus, dass eine Marktorientierung *unabhängig* von der Umweltsituation Vorteile bietet und daher Manager versuchen sollten, die Marktorientierung ihres Unternehmens zu erhöhen, ohne sich zu stark auf bestimmte Marktaspekte zu fixieren.[169] Die breiteste Überprüfung moderierender Effekte auf die Wirkung der Marktorientierung führte FRITZ durch, da er neben Umweltfaktoren auch organisationale Faktoren hinzuzieht.[170] FRITZ kommt zu dem Ergebnis, dass durchaus einige moderierende Größen vorliegen. Z.B. ist die Wirkung der Marktorientierung auf den Unternehmenserfolg dann besonders ausgeprägt, wenn ein Unternehmen einer geringen Eigentümerkontrolle unterliegt, der Absatzbereich den dominanten Engpass bildet oder eine hohe gesamtwirtschaftliche Dynamik vorherrscht.[171] Allerdings können die diesbezüglichen Ergebnisse der Studie von FRITZ mit denen von KOHLI/JAWORSKI und SLATER/NARVER aufgrund der unterschiedlichen Operationalisierungen von Erfolg und Marktorientierung nicht direkt verglichen werden. Das Fazit aus den theoretischen Überlegungen und empirischen Ergebnissen dieser Studien besteht darin, dass eine Marktorientierung auf jeden Fall *keine negativen* Auswirkungen auf den Unternehmenserfolg hat, unabhängig von der Operationalisierung dieser Konstrukte.[172]

Im Rahmen der vorliegenden Untersuchungen ergeben sich keine konkreten Hinweise, weder aus theoretischer noch aus empirischer Sicht, für das Vorliegen moderierender Faktoren der Wirkung der internationalen Marktorientierung auf die Effektivität des europäischen Brand Managements. Es lässt sich zwar durchaus dafür argumentieren, dass sich in bestimmte Situationen der *inhaltliche Fokus* der Marktorientierung verschieben kann. Z.B. berichtete einer der befragten Manager, dass die Markt- und Produktentwicklung der Branche, in der das Unternehmen tätig ist, nicht sehr dynamisch verlaufen. Daher erhalte die Wettbewerberbeobachtung einen besonderen Stellenwert für die Entwicklung von europäischen Marketingkonzepten. Die *grundsätzliche* Wirkung der Marktorientierung auf die Effektivität des europäischen Brand Management bleibt jedoch bestehen.

---

165 Vgl. *Kohli/Jaworski* (1990), S. 14-15; *Slater/Narver* (1994), S. 46-47.

166 Vgl. *Kohli/Jaworski* (1990), S. 14-15.

167 Vgl. *Jaworski/Kohli* (1993), S. 64.

168 Vgl. *Slater/Narver* (1994), S. 52.

169 Vgl. *Slater/Narver* (1994), S. 52.

170 Vgl. *Fritz* (1995), S. 273-428.

171 Vgl. *Fritz* (1995), S. 431-433.

172 Vgl. *Fritz* (1995), S. 430-431; *Slater/Narver* (1994), S. 54.

df) Zusammenfassende Beurteilung der Wirkung der Marktorientierung

Zusammenfassend lässt sich also feststellen, dass eine Marktorientierung für ein Unternehmen notwendig ist, um ein effektives europäisches Brand Management zu gewährleisten. Die spezifische Bedeutung der Marktorientierung im europäischen Brand Managementprozess ergibt sich weiterhin daraus, dass sowohl die Erfordernisse der Europäisierung und als auch die der lokalen Anpassung des europäische Marketing im wesentlichen *marktgetrieben* sind. Dabei entfaltet die Marktorientierung vor allem eine direkte Wirkung auf die global-lokal Balance, die internationale Lernfähigkeit und die Implementierungsfähigkeit des europäischen Brand Managements. Die Auswirkung der Marktorientierung auf die Flexibilität und Reagibilität ist dagegen zum Teil eher indirekt. Insgesamt haben die vorangegangen Ausführungen aber gezeigt, dass der europäische Brand Managementprozess um so effektiver wird, je stärker die marktorientierte Kultur und das marktorientierte Verhalten eines internationalen Unternehmens ist. Insofern stellt die Marktorientierung einen zentralen Erfolgsfaktor des europäischen Brand Managements dar.

2. Prozessgerechtigkeit des europäischen Brand Managements

Im Gegensatz zur Marktorientierung wurde das Konstrukt der Prozessgerechtigkeit in der Marketingliteratur noch gar nicht und in der internationalen Managementliteratur bisher nur durch KIM/MAUBORGNE aufgegriffen.[173] Dies ist erstaunlich, da einerseits im Zuge der Prozess-Schule des internationalen Managements die *Umsetzung* internationaler Strategien stärker in der Vordergrund rückte[174] und andererseits KIM/MAUBORGNE empirisch die Bedeutung der Prozessgerechtigkeit für die Umsetzung internationaler Strategien aufzeigten.[175] In diesem Abschnitt soll das Konstrukt der Prozessgerechtigkeit dargestellt und - analog zur Marktorientierung - im Kontext des europäischen Brand Managementprozesses diskutiert werden. Dabei werden die grundlegenden Erkenntnisse von KIM/MAUBORGNE aufgegriffen und insbesondere durch Ergebnisse der Interviews *ausgebaut* und *vertieft*.[176]

a) Der Begriff der Prozessgerechtigkeit

Prozessgerechtigkeit im allgemeinen bezieht sich darauf, inwieweit Personen *Entscheidungsprozesse*, die sie betreffen, als gerecht bzw. als fair beurteilen.[177] Die *theoretischen Wurzeln* des Konstrukts der Prozessgerechtigkeit liegen in der Sozialpsychologie und in den Rechts-

173 Vgl. *Kim/Mauborgne* (1991); *Kim/Mauborgne* (1993a); *Kim/Mauborgne* (1993b).

174 Siehe Abschnitt B.II.3.

175 Vgl. *Kim/Mauborgne* (1993a).

176 Im Vergleich zu den Ergebnissen von KIM/MAUBORGNE wird in dieser Untersuchung ein Erkenntnisfortschritt zur Prozessgerechtigkeit im internationalen Marketing Management in dreifacher Weise erzielt: Zum einen wird das Konstrukt der Prozessgerechtigkeit in diesem Abschnitt vertieft und genauer spezifiziert. Zum anderen erfolgt in Kapitel E. eine ausführliche Diskussion der Möglichkeit, Prozessgerechtigkeit durch die organisatorische Gestaltung des europäischen Brand Managements umzusetzen. Schließlich wird das Konstrukt der Prozessgerechtigkeit in einem umfassenden Bezugsrahmen des europäischen Brand Managements gestellt.

177 Vgl. *Lind/Tyler* (1988), S. 7.

wissenschaften.[178] THIBAULT/WALKER, die den Begriff der *»procedural justice«* prägten, verknüpften psychologische Erkenntnisse zum Gerechtigkeitsempfinden mit der Untersuchung von Prozessen im Rahmen der Rechtsprechung. Sie zeigten auf, dass Unterschiede in der empfundenen Gerechtigkeit von Prozessen Auswirkungen auf die Einstellungen und das Verhalten von Personen haben, die von den Prozessen betroffen sind. D.h., Personen reagieren nicht nur auf Ergebnisse von Entscheidungen, sondern auch darauf, *wie diese Entscheidungen zustande gekommen sind.* Insbesondere konnten THIBAULT/WALKER folgendes zeigen: Eine höhere Prozessgerechtigkeit bewirkt höhere Zufriedenheit mit den Ergebnissen einer Entscheidung, bessere Akzeptanz sowie bessere Befolgung der Entscheidung.[179] LEVENTHAL argumentierte, dass das psychologische Phänomen der Prozessgerechtigkeit nicht nur im Bereich der Rechtswissenschaften bzw. im Kontext der Auswirkung der Rechtsprechung wirksam sei, sondern auch auf eine breite Palette anderer sozialer »Prozesse« übertragen werden könne.[180] Verschiedene Studien haben die Bedeutung der Prozessgerechtigkeit auch im Bereich des Managements, insbesondere bezüglich des Verhaltens von Individuen in Organisationen aufgezeigt. Neben der höheren Zufriedenheit mit dem Ergebnissen von Entscheidungen zeigt die Prozessgerechtigkeit auch einen positiven Einfluss auf das *commitment*, das Vertrauen und die soziale Harmonie der Organisationsmitglieder.[181]

KIM/MAUBORGNE übertrugen die Erkenntnisse zur Prozessgerechtigkeit auf das internationale Management.[182] Sie definieren Prozessgerechtigkeit als das *Ausmaß*, in dem die Führungskräfte von Tochtergesellschaften die strategischen Entscheidungsprozesse in einem multinationalen Unternehmen als fair beurteilen.[183] Empirisch zeigen KIM/MAUBORGNE, dass das Konstrukt der Prozessgerechtigkeit aus folgenden *fünf Elementen* besteht:[184]

1) das Vorliegen zweiseitiger Kommunikation zwischen Tochtergesellschaft und Zentrale,
2) die Möglichkeit für die Tochtergesellschaft, legitime Einsprüche zu Entscheidungen der Zentrale geltend zu machen,
3) eine gute Kenntnis der lokalen Situation durch die Zentrale,
4) die Abgabe von Erklärungen für endgültige Entscheidungen der Zentrale an die Tochtergesellschaften und
5) die konsistente Behandlung der Tochtergesellschaften durch die Zentrale.

Das Vorliegen dieser fünf Elemente ist maßgeblich dafür, dass Entscheidungsprozesse in einem internationalen Unternehmen als gerecht beurteilt werden. Wie die Marktorientierung ist die Prozessgerechtigkeit kein dichotomes Konstrukt; Prozessgerechtigkeit kann vielmehr in

---

178 Vgl. *Kim/Mauborgne* (1993a), S. 420.

179 Vgl. *Thibault/Walker* (1975); *Thibault/Walker* (1978).

180 Vgl. *Leventhal* (1980).

181 Vgl. *Kim/Mauborgne* (1991), S. 127 und die dort angegebenen Studien.

182 Vgl. *Kim/Mauborgne* (1991), S. 127-128.

183 Vgl. *Kim/Mauborgne* (1993a), S. 422.

184 Vgl. *Kim/Mauborgne* (1991), S. 130-131.

verschiedenen Graden vorhanden sein. Im folgenden werden die fünf Elemente der Prozessgerechtigkeit im Kontext des europäischen Brand Managements erläutert.

b) Die Elemente der Prozessgerechtigkeit

ba) Zweiseitige Kommunikation zwischen Tochtergesellschaft und Zentrale

Das erste Element der Prozessgerechtigkeit besteht in der *zweiseitigen Kommunikation* zwischen Tochtergesellschaft und Zentrale.[185] Wenn Entscheidungen auf europäischer Ebene getroffen werden und diese Entscheidungen nachhaltige Auswirkungen auf die Tochtergesellschaft haben, schätzen die Manager der Auslandstöchter die Möglichkeit, ihre Meinung zu äußern und mit den zentralen Entscheidungsträgern in einen Dialog zu treten.[186] Durch einen solchen *Dialog* mit der Zentrale partizipieren die Tochtergesellschaften zumindest indirekt am Entscheidungsprozess und können aus ihrer Sicht das Entscheidungsergebnis beeinflussen. Der Dialog kann sich dabei auf alle Stufen des europäischen Entscheidungsprozesses beziehen. Je umfassender der Dialog zwischen Tochtergesellschaft und Zentrale ist, desto gerechter wird der Entscheidungsprozess bewertet.

Damit ein Dialog im Rahmen des europäischen Brand Managementprozesses stattfindet, muss bei den Beteiligten zum einen eine grundsätzliche *Kommunikationsbereitschaft* vorliegen. Hilfreich ist hierbei eine offene Werthaltung, die andere Meinungen respektiert und sich mit diesen auseinandersetzt. Ein französischer Marketing Manager, z.B., hebt dies als sehr positiv bei Beiersdorf hervor. Bei Beiersdorf herrsche eine Unternehmenskultur, anderen Leuten zuzuhören, andere Länderkulturen zu respektieren, abweichende Meinungen zu würdigen und sich diese auch anzuhören.[187] Eine solche Dialog-Orientierung trägt entscheidend dazu bei, dass die Entscheidungsprozesse als gerecht empfunden werden.

Zum anderen muss neben dieser grundsätzlichen Gesprächsbereitschaft die *konkrete Möglichkeit* für die Marketing Manager der Auslandstöchter bestehen, mit der Zentrale in den Dialog zu treten. Der holländische Marketing Manager eines Unternehmens, bei dem alle befragten Auslandsmanager den mangelnden Dialog zwischen Tochtergesellschaft und Zentrale stark kritisierten, verdeutlicht die Notwendigkeit, ausreichend Zeit und Raum für zweiseitige Kommunikation zu schaffen:

> „Ich habe schon einen Vorschlag gemacht für eine Agenda (für ein einmal im Quartal stattfindendes internationales Meeting der Marketing Manager), und jetzt ist es wieder so, dass die Agenda so ist: Präsentation Deutschland, Deutschland, Deutschland, Deutschland, Deutschland, und dann ist es 16 Uhr, und dann können die Ausländer auch etwas austauschen. Und dann ist mein Flieger schon weg im Zweifel. Und für das Wichtigste, für die Kommunikation und die Zusammenarbeit ist dann keine Zeit mehr. ... Aber ich habe Probleme, und die kommen gar nicht an Bord, die sind nicht da. ... Die werden nicht angesprochen, weil die Zeit fehlt. Und das sind sehr schwierige Probleme."

---

185 Mit »Zentrale« ist hier nicht unbedingt das *world* oder *corporate headquarters* sondern die Unternehmenseinheit gemeint, die für strategische Marketingentscheidungen in dem betreffenden Geschäftsfeld auf europäischer Ebene verantwortlich ist.

186 Vgl. *Kim/Mauborgne* (1993b), S. 13.

187 Aussage eines französischen Marketing Managers der Beiersdorf Tochtergesellschaft in Frankreich.

Schließlich gilt es im Rahmen der zweiseitigen Kommunikation auch, nicht nur die Meinungen der Auslandmanager einzuholen. Darüber hinaus muss in einem »echten« Dialog auch auf das Informationsbedürfnis der lokalen Marketing Manager eingegangen werden. Die belgische Marketing Managerin desselben Unternehmens schildert dies wie folgt:

> „... and when you come to a meeting, you have two pages of questions, but nobody gives me an answer to all these questions. They only present me procedures, to fill out paperwork, but I have questions and questions, and nobody gives me answers. And they say: 'I'm sorry, we don't have enough time. We first have to do our homework and give me some more figures and some more of this and this.'"

Zweiseitige Kommunikation im Rahmen des europäischen Brand Managements bedeutet also, dass die Marketing Manager der Auslandstöchter auf Dialogbereitschaft in der Zentrale treffen, ausreichend Gelegenheit zum Führen eines Dialogs haben und im Rahmen des Dialogs nicht nur Informationslieferant sondern auch *Gesprächspartner* sind.

bb) Möglichkeit der Geltendmachung legitimer Einsprüche durch die Tochtergesellschaft

Das zweite Element der Prozessgerechtigkeit besteht darin, dass die Manager der Tochtergesellschaften die Möglichkeit besitzen, *legitime Einsprüche* gegenüber Entscheidungen der Zentrale geltend zu machen. Die grundsätzliche Möglichkeit, Einspruch zu erheben, bewirkt bereits, dass die lokalen Manager den Entscheidungsprozess als fair beurteilen. Dadurch sind Auslandsmanager in der Lage, auf eventuell falsche, die lokale Marktsituation betreffende Annahmen oder Sichtweisen seitens der Entscheidungsträger in der Zentrale hinzuweisen und diese zu korrigieren.[188]

Die *Möglichkeit* des Einspruchs durch die Tochtergesellschaften setzt voraus, dass in der Zentrale eine grundsätzliche Bereitschaft besteht, auf solche Einsprüche einzugehen. Das bedeutet nicht unbedingt, dass jeder Einwand dann auch in der endgültigen Entscheidung enthalten ist. Es mag durchaus sein, dass gesamteuropäische Belange die konkrete Umsetzung eines lokalen Einspruchs verhindern. Wichtig ist, dass überhaupt die Möglichkeit im Rahmen des europäischen Brand Managementprozesses gegeben ist, Einspruch zu erheben und dass dieser Einspruch auch »gehört« wird. Weiterhin erscheint es sinnvoll, Einspruchsmöglichkeiten durch die Tochtergesellschaften nicht nur am Ende des Entscheidungsprozesses einzuräumen. Dort kann die Entscheidung schon so weit fortgeschritten sein, dass keine Berücksichtigung von Einwänden ohne größeren Aufwand mehr möglich ist. Insofern sollte den Marketing Managern der Tochtergesellschaften im Rahmen des europäischen Brand Managementprozesses an verschiedenen Stellen *systematisch* die Möglichkeit gegeben werden, Einsprüche zum fortlaufenden Prozessergebnis geltend zu machen. Ein derartig institutionalisierter Einbau von Einspruchsmöglichkeiten fördert die empfundene Gerechtigkeit der Entscheidungsprozesse.

Problematisch hinsichtlich des Einspruchsrechts kann die Frage der *Legitimität* des Einspruchs sein. Eine pauschal ablehnende Haltung des Managements der Tochtergesellschaft gegenüber Entscheidungen, die auf europäischer Ebene getroffen werden, führt letztendlich

188 Vgl. *Kim/Mauborgne* (1993b), S. 14.

zu einer Verwässerung des Einspruchsrechts. Das bedeutet, dass die Möglichkeit der Geltendmachung von Einsprüchen voraussetzt, dass die Auslandsmanager ihre Einwände legitimieren. Grundsätzlich sind Einsprüche nur durch den »Markt« legitimiert. Dabei ist der allgemeine Hinweis, dass ein europäisches Konzept nicht einsetzbar wäre, weil der lokale Markt ganz anders sei,[189] weder für eine Legitimation des Einspruchs ausreichend noch für einen konstruktiven Dialog im europäischen Brand Managementprozess förderlich. Ein Marketing Manager aus der Zentrale eines deutschen Unternehmens bemerkt hierzu:

> „Also, wenn er (ein Auslandsmanager) schon mal so anfängt, dass er sagt: 'Das geht bei uns nicht', dann hat er schon mal die erste »6« geschrieben, weil 'Geht Nicht' geht nicht. Das ist der erste Punkt. Die Frage ist nun, mit welchem Erfolg es geht oder nicht geht. Und ich glaube, es ist das Beste, dann so zu argumentieren, warum man nicht auf Tonnage, Marktanteile oder auf den Profit kommt. Das ist die beste Argumentation..."

Einsprüche sind also zu substantiieren, damit sie als legitim gelten. Für das Marketing Management einer Tochtergesellschaft ist es daher notwendig, seine Einwände mit Marktgegebenheiten inhaltlich zu begründen und die Auswirkungen der Entscheidungen auf Marketingzielgrößen aufzuzeigen. Derselbe Marketing Manager fügt hierzu an:

> „D.h., hier geht es natürlich dann um *financial figures* und um Marktdurchsetzung. Immer dann, wenn er (ein Auslandsmanager) beweisen kann, dass es im Markt nicht durchsetzbar ist, weil zu starke Mitbewerber, weil Produkte schon da sind, weil keine *unique selling proposition*, weil zu viel *spending* und damit keine Effizienz oder Rendite usw., dann sind das Argumente, wo man sagen kann: 'OK, lass uns arbeiten, wie können wir das tun?' ... Ab heute wird jeder Nationale nur dann *spendings* bekommen, wenn er mit *facts and figures* beweisen kann, dass sie auch wirken. Die Zeiten sind vorbei, dass man mit Liebe, Glaube, Hoffnung behandelt wird. Wir geben im Unternehmensbereich mehr als 100 Millionen aus europaweit und diese 100 Millionen werden ab sofort behandelt wie eine Anlageinvestition. D.h., sie wird in irgendeiner Weise zu begründen sein auch hinsichtlich ihrer - das ist sehr schwierig - Wirkung oder hinsichtlich zumindest ihrer Effizienz oder ihres Erfolges, sagen wir es mal so. Eine Wirkung zu messen ist sicher ein schwieriges Thema."

Ein Marketing Manager der italienischen Tochtergesellschaft des gleichen Unternehmens, der sich darüber beschwert, dass seine Einwände in der Zentrale gar nicht berücksichtigt bzw. als unfundiert abgetan werden, hat die Notwendigkeit erkannt, seine Einsprüche mit konkreten Argumenten zu legitimieren. In der Vergangenheit hat er mit seiner Markterfahrung argumentiert; er sieht jedoch ein, dass die Rechtfertigung seiner Einwände durch Marktforschung stärker »objektiviert« werden sollte:

> „... until now we gave them our opinion which came from years and years of experience. But if we arrive with a book saying: „Research #1", then probably..."

Dabei erscheint es um so leichter, Einsprüche zu legitimieren und entsprechend geltend zu machen, je stärker die Marktargumente in Form von »harten« Daten vorgelegt werden. Dies bestätigt auch eine Marketing Managerin der deutschen Tochtergesellschaft einer internationalen Unternehmung. Sie berichtet, dass in einem Produktbereich eine bestimmte Packungsgröße, und zwar die kleinste und damit relativ kostenintensivste, auf dem deutschen Markt im Unterschied zu den meisten anderen Märkten präferiert wird. Ihr Vorgehen im Rahmen der

---

189 Diese Haltung kann auch als MCID-Syndrom bezeichnet werden. MCID steht dabei für: My Country Is Different.

Absatzplanung, von der durch die Zentrale vorgegebenen Budgetempfehlung abzuweichen, schildert sie folgendermaßen:

> „Wir müssen natürlich mit entsprechendem Beweismaterial unserem Mutterhaus sagen, wenn die uns sagen: 'Ihr müsst, weil es weltweit mehr oder weniger dem Durchschnitt entspricht, wenn ihr eure Budgets macht, soundsoviel 100ml, 50ml, 30ml verkaufen', weil auch noch dazu kommt, dass 30ml im Herstellungspreis teurer ist als 50ml oder 100ml. 'Darauf solltet ihr doch achten, dass ihr ca. den und den Prozentsatz einhaltet.' Worauf wir wieder antworten: 'Das ist ja schön, dass der Herstellungspreis so ist und dass durchschnittlich in Europa die Verhältnisse so sind, das ist aber atypisch für unseren Markt. Von daher ist unsere Empfehlung, ca. 50% 30ml, denn der Markt liegt bei gut 50% bis 60%.' Wir versuchen, das zu beweisen. Je mehr Zahlenmaterial man hat, desto besser sind die Chancen, dass das auch verstanden wird. Hier kann z.B. ein Institut wie die GfK sehr gut helfen."

Die Möglichkeit, dass Auslandsmanager legitimierte Einsprüche geltend machen können, bedeutet also folgendes: Zum einen ist eine entsprechende Bereitschaft hierzu seitens der Zentrale notwendig. Günstig erscheint dabei die *Institutionalisierung des Einspruchsrechts* in verschiedenen Stufen des europäischen Marketingentscheidungsprozesses. Zum anderen erfordert dies seitens der Manager der Tochtergesellschaften die Legitimierung ihrer Einsprüche durch *marktbezogene Argumente*. Darüber hinaus gilt es jedoch zu beachten, dass gerade bei Marketingentscheidungen Einwände z.B. auf Grund von Messproblemen oder der Kosten der Datenerhebung nicht immer mit »harten« Fakten belegt werden können. Insofern ist bei der Beurteilung der Legitimität eines Einspruchs durch die Zentrale ein gewisses Mindestmaß an *Vertrauen in die Kompetenz der Auslandsmanager* unumgänglich. Folgendes von derselben Marketing Managerin erzählte Beispiel zeigt nochmals idealtypisch die Legitimierung eines Einspruchs durch eine Auslandstochter auf:

> „Ich nehme jetzt einmal das Beispiel auf, wir haben vor einem Jahr eine neue Feuchtigkeitsserie eingeführt: HYDRASTAR. HYDRASTAR gab es in Frankreich, bzw. ursprünglich in der Entwicklung, nur im Topf. Wir haben gesagt, in Deutschland brauchen wir auch Tuben, weil viele Frauen aus Hygienegründen einfach Tuben favorisieren. Das war auch kein Thema, es galt zu beweisen, wieviel Umsatz generell innerhalb der Kosmetikbranche mit Tuben gemacht wird, ein paar Endverbraucherinterviews zu machen, wieso, weshalb jemand, der eine Tube nimmt, selten zu einem Topf greifen wird, selbst wenn sie die Creme gut findet, und dann auch zeigen zu können, soundsoviel Umsatz zusätzlich würden wir machen, wenn wir die Tube hätten, oder auch nicht machen, wenn wir die Tube nicht haben. Dann wurde auch entsprechend die Tube produziert."

bc) Gute Kenntnis der lokalen Situation durch die Zentrale

Das dritte Element, das die Prozessgerechtigkeit in internationalen Unternehmen charakterisiert, besteht darin, dass die Entscheidungsträger in der Zentrale über eine ausreichend *gute Kenntnis der lokalen Marktsituation*, in der sich eine Tochtergesellschaft befindet, verfügen. Wenn die Manager der Tochtergesellschaft der Meinung sind, dass die Zentrale sich mit den lokalen Marktverhältnissen nicht auskennt, fehlt ihnen das Vertrauen, das die Zentrale sinnvolle Entscheidungen auch für ihren lokalen Markt treffen kann. Als Konsequenz davon verlieren die Auslandsmanager den Respekt vor Entscheidungen, die in der Zentrale getroffen werden.[190]

---

190 Vgl. *Kim/Mauborgne* (1993b), S. 13.

Dabei ist die Kenntnis lokaler Marktverhältnisse durch Manager in der Zentrale nicht bis ins Detail erforderlich. Über die *Detailkenntnisse* lokaler Märkte sollten schließlich die Marketing Manager der Tochtergesellschaften verfügen.[191] Wichtig für die Prozessgerechtigkeit ist jedoch, dass in der Zentrale ein *Grundverständnis* des lokalen Marktgeschehens existiert. Dabei darf sich die Marktkenntnis nicht nur auf die Umsatzzahlen der Tochtergesellschaft beziehen, sondern muss auch *fundamentale Marktzusammenhänge* beinhalten. Ein Marketing Manager einer Tochtergesellschaft bemängelt eine derartige Kenntnis beim verantwortlichen Management in der Zentrale:

> „... and you know, probably Mr. XY - I don´t know - every month looks at the results of Italy, if it´s doing good or bad, he sees the total invoices, but not the problems of products, problems of the situation here."

Ein gewisses Grundverständnis lokaler Marktverhältnisse fördert auch die Effizienz im europäischen Brand Managementprozess. Ansonsten müssen sich die Auslandsmanager bei der Schilderung ihrer Marktsituation immer wiederholen, was auch zu Verstimmungen im Verhältnis zwischen Tochtergesellschaft und Zentrale führen kann. Ein anderer italienischer Marketing Manager berichtet z.B. folgendes:

> „And we always have to say: 'Listen, in Italy, it's like this and this and this.' But we can't lose our time to have to explain this to all the Product Managers of the group, to ask all of them to come to Italy for one week. So the problem is, when we build up the pre-marketing plan, with the new Product Managers, you always have to spend or waste time explaining the reality to them."

Von den Marketing Managern der Auslandstöchter wird weiterhin meist erwartet, dass die Entscheidungsträger bzw. Koordinatoren in der Zentrale neben dem Grundverständnis über Marktverhältnisse in den Ländern auch über Erfahrung in der konkreten Vermarktung der Produkte, also selbst über *lokale Markterfahrung* verfügen. Derartige Erfahrung, auch wenn sie auf einem anderen Markt gemacht wurde, trägt nach Meinung der Auslandsmanager zu einem besseren allgemeinen Verständnis länderspezifischer Marktverhältnisse und Probleme bei. Entsprechend wird das Fehlen von solchem Know-how bei Managern aus der Zentrale durch Auslandsmanager angeprangert.[192]

Da eine umfassende Kenntnis aller lokaler Märkte durch Manager in der Zentrale weder möglich noch sinnvoll ist, beinhaltet die Forderung nach Kenntnis lokaler Marktverhältnisse darüber hinaus ein »Know-how« auf einer *übergeordneten Ebene*. Entscheidungsträger in der Zentrale müssen anerkennen, dass das spezielle Marktwissen in den Tochtergesellschaften vorliegt, und bereit sein, im Entscheidungsprozess darauf zurückzugreifen. Insofern erfordert die ausreichende Kenntniss lokaler Märkte nicht nur konkretes Wissen über grundsätzliche Verhältnisse in den Auslandsmärkten, sondern auch eine bestimmte *Mentalität*. Dies verdeutlicht ein Marketing Manager der belgischen Tochtergesellschaft eines deutschen Unternehmens:

> „I ask myself another question. In what way do they (managers in headquarters) need to have enough understanding of the Belgian market? I think, it´s my responsibility to inform them

---

191 Bemerkung des niederländischen Geschäftsführers einer Auslandstochter eines deutschen Unternehmens.

192 Aussagen verschiedener in ausländischen Tochtergesellschaften tätigen Marketing Manager.

> on the situation here. So, if they are not well enough informed, it's my fault. I think this is a process, again. You don't have to expect miracles in one year. I see positive signals for the evolution towards a more comprehensive understanding of what is happening in other countries. And it's more a question of mentality, if you're open for it as a responsible person in Germany, or if you're not interested and say: 'I do what I want in Germany, and the rest follows.' I think it's a question of openness."

Dabei weist dieser Manager darauf hin, dass es auch die Pflicht der Auslandsmanager sei, die Zentrale über lokale Marktgegebenheiten zu informieren, damit dort das notwendige Wissen über Auslandsmärkte aufgebaut werden kann. Darüber hinaus erfordert die Kenntnis der lokalen Marktsituation entsprechende Aktivitäten seitens der Zentrale. Wichtig erscheint hierbei, dass die Marketing Manager aus der Zentrale gelegentlich in die einzelnen Länder reisen, um sich ein Bild über die Marktverhältnisse vor Ort zu verschaffen. Der zuständige Koordinator und in einem deutschen Unternehmen international für einen Produktbereich verantwortliche Manager antwortete folgendermaßen auf die Frage, wie in der Zentrale »lokale Kompetenz« aufgebaut würde:

> „Indem wir erstens einmal uns vertiefen in alle Informationen, die wir von den Tochtergesellschaften bekommen, auf dem offiziellen Wege über Geschäftsberichte usw., Marktanteilszahlen, Daten, Umsatzzahlen usw. Die zweite Möglichkeit natürlich über den direkten Telefonkontakt, Briefkontakt, Austausch mit den entsprechenden Marketingkollegen und die dritte Möglichkeit, das ist das Wesentliche, sehr sehr viel in die Länder reisen. Wir machen es so, dass wir nicht nur Gespräche führen, sondern wenn immer möglich, wir auch Geschäfte besuchen, also die sogenannten *store checks*, mit dem Personal in den Geschäften reden oder wenn möglich sogar mit dem Außendienst des entsprechenden Landes einmal ein oder zwei Tage mitreisen oder eine Zusammenarbeit machen. Anders geht es gar nicht. Als ich ungefähr vor 10 oder 12 Jahren angefangen habe, mich speziell um Skandinavien und Schweden zu kümmern, ist da erst einmal gesagt worden, man kann mit uns überhaupt nicht reden, wenn man nicht mindestens vier- bis fünfmal hier oben gewesen ist. Das ist getan worden und dann ist die Akzeptanz natürlich auch sehr viel stärker, weil dann der Mann von der Zentrale mitreden kann und nicht ein Fachidiot vom grünen Tisch ist. Diese Kompetenz muss erworben werden."

Neben dem Wissenserwerb beinhaltet das Bereisen der Auslandsmärkte auch eine psychologische Komponente. Es signalisiert den lokalen Managern Interesse an ihrer spezifischen Situation und schafft damit ein Vertrauen, dass die Zentrale auch ihre Belange in der Entscheidungsfindung berücksichtigt. Insofern trägt dies entscheidend zur empfundenen Gerechtigkeit des europäischen Brand Managementprozesses bei. Das regelmäßige Besuchen der Auslandsmärkte bedingt allerdings einen entsprechenden Zeit- und Kostenaufwand für die Manager der Zentrale. Ein belgischer Marketing Manager, der für die Koordination des Marketing in den Benelux-Staaten verantwortlich ist und diese Regionen häufig bereist, weist jedoch darauf hin, dass eine gute Kenntnis der Auslandsmärkte weniger durch die physische Entfernung sondern eher durch eine fehlende internationale Mentalität verhindert wird:

> „C'est pas tellement un problème de distance, c'est plutôt une question de mentalité. Si les gens veulent coopérer, connaître leur marché, le faire fonctionner, ça ne pose pas de problème. Moi, je vais régulièrement voir des magasins en Hollande; demain je suis toute la journée à Amsterdam en *store check* avec un représentant..."

Insgesamt bedeutet eine ausreichende Kenntnis lokaler Marktverhältnisse durch die Zentrale also folgendes: Zum einen sollten die Marketing Manager der Zentrale über ein Grundverständnis der lokalen Marktverhältnisse verfügen. Eigene lokale Markterfahrung und das regelmäßige Informieren »vor Ort« fördern dabei das Verständnis spezifischer Probleme der

Auslandsmärkte und tragen entscheidend zum Aufbau lokaler Kompetenz in der Zentrale bei. Zum anderen wird eine gute Kenntnis der Auslandsmärkte durch eine international orientierte Mentalität bei den Entscheidungsträgern in der Zentrale komplementiert.

bd) Erklärungen für endgültige Entscheidungen

Die Manager von Tochtergesellschaften haben in der Regel das Bedürfnis, die hinter Entscheidungen der Zentrale stehende Ratio zu erfahren und zu verstehen. Sie empfinden Entscheidungsprozesse daher dann als gerecht, wenn die Zentrale ihnen die auf zentraler Ebene getroffenen Entscheidungen *erklärt*. Darin besteht das vierte Element der Prozessgerechtigkeit. Dabei ist die Erklärung, warum bestimmte Entscheidungen getroffen wurden, umso wichtiger, wenn die Entscheidung nicht der aus Sicht des lokalen Managements optimalen Entscheidung entspricht oder sogar den eigenen Interessen der Tochtergesellschaft widerspricht.[193]

Ebenso wie die Einsprüche einer Tochtergesellschaft legitimiert werden müssen, sind auch endgültige Entscheidungen der Zentrale inhaltlich gegenüber den Auslandsmanagern zu fundieren. Dabei sollte eine Entscheidung auf europäischer Ebene nicht alleine durch den Hinweis auf die Firmenphilosophie oder einen Verweis auf die globale Strategie des Unternehmens begründet werden. Hinter einer solch allgemeinen Begründung kann das Marketing Management einer Tochtergesellschaft eher einen mangelnden Willen der Entscheidungsträger in der Zentrale zu einer sachlichen Auseinandersetzung oder geheime, noch zurückbehaltene Informationen vermuten.[194]

Damit Erklärungen der Zentrale für Entscheidungen, die die Interessen der Auslandstöchter konterkarieren, dennoch von den lokalen Marketing Managern akzeptiert werden, benötigen die Auslandsmanager ihrerseits ein gewisses *Basisverständnis* für die Erfordernisse des Wettbewerbs auf europäischer Ebene. Ohne ein solches Basisverständnis würden sie den europäischen Brand Managementprozess letztendlich nicht als fair beurteilen können. Die Division Managerin der italienischen Tochtergesellschaft eines internationalen Unternehmens verdeutlicht die seitens des lokalen Managements erforderliche Einstellung am Beispiel von internationalen produktpolitischen Entscheidungen:

> „After getting all the input and discussing and so on, sooner or later (the marketing people in the headquarters) will have to decide exactly what product in how many versions with what specifications and so on and so forth. I mean it can be either that a) products are decided not to launch or not to develop further, or b) it can be decided that certain versions or variations are not feasible or are not interesting for us. One thing that I think that we have to understand is that we are a multinational company and that at a certain point you have to accept that we should exploit at maximum the strength - which is the possibility to have the whole range of products and so on - but at the same time that not every local opportunity can be exploited, because it doesn't make any sense. So it can be that on some product area we do not get what we would like to get. But I think that that is very easy to understand at a certain point."

193 Vgl. *Kim/Mauborgne* (1993b), S. 14.

194 Vgl. *Kenter* (1985), S. 135.

Weiterhin bewirkt auch die Offenlegung des konkreten Entscheidungsprozesses und der von der Zentrale verwendeten Entscheidungsregeln, dass die auf europäischer Ebene getroffenen Marketingentscheidungen von den Marketing Managern der Tochtergesellschaften verstanden und daher der europäische Brand Managementprozess insgesamt als gerechter beurteilt wird. Ein französischer Marketing Manager eines deutschen Unternehmens berichtete, dass gerade bei so sensiblen Angelegenheiten wie der Festlegung eines Preiskorridors die *Transparenz der Entscheidungsprozesse* sehr förderlich für die Beurteilung sowohl des Prozesses als auch des Ergebnisses sei. In der Division, die dieser Manager in Frankreich leitet, wurde bei der Festlegung des Preiskorridors früher so vorgegangen: In der Zentrale wurde ein sogenannter *lead price* festgelegt, und die einzelnen Ländergesellschaften durften den *lead price* um nicht mehr als 10% über- oder unterschreiten. An diesem Vorgehen kritisierte der Manager, dass keiner der in den Auslandsmärkten betroffenen Manager wusste, wie dieser *lead price* festgelegt wurde. Der Entscheidungsprozess stellte für die Auslandsmanager eine *black box* dar. Dadurch entstand der Eindruck, dass die Festlegung des internationalen Referenzpreises eher willkürlich erfolgte. Daher erschien, so der befragte Manager, der Preiskorridor für die Ländermärkte auch nicht immer tragfähig bzw. wurde auch von den Tochtergesellschaften nicht immer eingehalten. Inzwischen wurde das Verfahren der Bestimmung des Preiskorridors offengelegt. Die zuständigen Marketing Manager aus jedem Land müssen pro Artikel den niedrigsten Nettopreis, den sie gewähren, an die Zentrale berichten. Aus diesen Preisen bildet die Zentrale einen mit dem Umsatzvolumen der Länder gewichteten Durchschnittspreis, der dann als *lead price* für den jeweiligen Artikel fungiert. Die Tochtergesellschaften dürfen diesen Preis nicht um mehr als 10% unterschreiten. Wenn dies der Fall wäre, müssten sie innerhalb eines bestimmten Zeitraums ihre Preise entsprechend anheben. Für die Tochtergesellschaften, die über dem *lead price* liegen, besteht kein Zwang zur Preisanpassung; sie können selbst entscheiden, ob sie das durch höhere Preise bedingte Risiko von Querimporten eingehen. Den Marketing Managern der Auslandstöchter werden dabei nicht nur der *lead price*, sondern auch die Preise der anderen Ländermärkte und die Berechnungsformel mitgeteilt. Durch eine derartige Transparenz empfinden die Auslandsmanager den *lead price* nicht mehr als willkürlich durch die Zentrale festgelegt und akzeptieren den Preiskorridor eher.

Die Abgabe von Erklärungen für auf europäischer Ebene getroffene Marketingentscheidungen an das Marketing Management der Auslandstöchter erfordert also zum einen, dass die Begründungen der Zentrale nicht pauschal, sondern inhaltlich fundiert werden. Zum anderen ist es für die Förderung der Prozessgerechtigkeit durch solche Erklärungen notwendig, dass die Auslandsmanager ihrerseits über eine internationale Orientierung verfügen, die sich in einem Basisverständnis des Wettbewerbs auf europäischer Ebene niederschlägt. Schließlich fördert eine transparente Gestaltung des Entscheidungsprozesses das Verständnis für Marketingentscheidungen, die für eine Tochtergesellschaft eventuell nachteilig sind.

be) Konsistente Behandlung der Tochtergesellschaften durch Zentrale

Das fünfte Element der Prozessgerechtigkeit besteht in der *konsistenten Behandlung* der Auslandstöchter durch die Zentrale. Die Auslandsmanager erwarten dabei nicht, dass die Tochtergesellschaften identisch behandelt werden. Ihnen ist in der Regel durchaus bewusst, dass die einzelnen Tochtergesellschaften für das gesamte internationale Unternehmen unterschiedliche strategische Bedeutung besitzen. Damit die Entscheidungsprozesse als gerecht beurteilt werden, muss jedoch eine über alle Auslandtöchter hinweg konsistente Anwendung von Entscheidungsregeln erfolgen.[195] Das Fehlen einer solchen Konsistenz hat zur Folge, dass die Manager der Tochtergesellschaften die Entscheidungsprozesse als willkürlich empfinden.[196]

Konsistenz im Kontext des europäischen Brand Managementprozesses bedeutet also, dass klare, für die Tochtergesellschaften *nachvollziehbare*, allgemeine Regeln vorliegen, wie Marketingentscheidungen auf gesamteuropäischer Ebene getroffen werden, und diese Regeln auch von der Zentrale eingehalten werden. Diese Regeln sollten beispielsweise beinhalten, unter welchen Voraussetzungen sich einzelne Tochtergesellschaften europäischen Mehrheitsurteilen beugen müssen, wie der »Minoritätenschutz« geregelt ist und nach welchen Kriterien Mehrheiten zustandekommen. Marketing Manager von umsatzschwächeren Ländermärkten wie Belgien akzeptieren durchaus, dass die Argumente der deutschen Marketing Manager bei der Suche nach pan-europäischen Konzepten stärker ins Gewicht fallen und bei unvereinbaren Ansichten die deutsche Meinung »gewinnen« wird. Das verhindert nicht, dass der Entscheidungprozess als fair beurteilt wird.[197]

Problematisch ist vielmehr, wenn bestimmten Ländermärkten im Rahmen des Entscheidungsprozesses mehr Bedeutung zugesprochen wird, als aus ökonomischen Gründen nachvollziehbar ist. Dies betrifft insbesondere die Berücksichtigung der *Stammlandinteressen.* Es erscheint für die Gerechtigkeit des europäischen Brand Managementprozesses außerordentlich wichtig, das Stammland nicht über dessen Umsatzbedeutung hinaus zu bevorzugen. Eine solche Bevorzugung kann dabei viele Formen annehmen. Sie kann z.B. schon gegeben sein, wenn die für das Stammland verantwortlichen Marketing Manager besser oder schneller von der Zentrale informiert werden als die Auslandsmanager. Ein alleiniges und häufig praktiziertes Vetorecht des Stammlands gegenüber pan-europäischen Entscheidungen kann ebenfalls als ungerechtfertigte Bevorzugung verstanden werden. Die Gefahr der Bevorzugung des Heimatmarktes erscheint vor allem dann gegeben, wenn die für die Koordination des Marketing auf europäischer Ebene zuständigen Marketing Manager und die für das Stammland zuständigen Marketing Manager räumlich nicht weit getrennt sind und der Heimatmarkt für das Gesamtunternehmen relativ bedeutend ist. Ein in der Zentrale tätiger Marketing Manager eines deutschen Unternehmens verdeutlicht diese Problematik:

> „Dadurch, dass die internationale Abteilung hier ist und eine Etage darunter sind die Deutschen, eh' der größte Markt, eh' schon wichtig von der Umsatzbedeutung, und dann noch an der (zentralen Koordination) nahe dran und dann auch noch an den Fachabteilungen der Konzernzentrale, dann haben die Länder natürlich draußen 'Immer so ein bisschen die Meinung: 'Naja, wir kommen vielleicht zu kurz.' oder: immer diese Deutschen, die haben ja immer den Vorsprung.' Aber: das ist das Leben, das ist halt so. Wir werden nicht aus dem Argument heraus irgendetwas verändern, das gibt es in anderen Konzernen genauso und wir versuchen das auszugleichen, indem wir sehr demokratisch eigentlich auch unsere *meetings* machen. Und wichtig ist halt, dass wir darauf achten, dass der Informationsfluss an die Be-

---

195 Vgl. *Kim/Mauborgne* (1993b), S. 13-14.

196 Vgl. *Kim/Mauborgne* (1993b), S. 14.

197 Aussage eines belgischen Marketing Managers eines internationalen Unternehmens.

teiligten gleichermaßen geht. Wenn wir das nicht aussteuern, dann können natürlich solche Klischees oder Falscheinschätzungen schnell aufkommen."

Ähnliches, aber aus Sicht einer Tochtergesellschaft, schildert eine italienische Marketing Managerin eines französischen Unternehmens:

„I think that they (the International Marketing Managers at headquarters) sometimes base all the things that they decide on the French market. Maybe sometimes this is because the French subsidiary is very strong. It's the first subsidiary in the world. Then there is Germany and Italy which are about the same. So we have a weight, Italy and Germany are important subsidiaries, so they have a weight on the International, but France has the strongest. So sometimes the impression is that many decisions are taken on the basis of the French market and on the basis of what the French subsidiary Marketing or French subsidiary General Management thinks. So my impression is that the International is still a bit dependent on the French subsidiary. Also physically they are very very close. And you know it's very very easy to speak with the General Manager of France; it's more difficult to speak with our General Manager. You have to take the phone, with the French he is in the next office. ... It's really an impression we feel in some situations. But the impression is that if the French subsidiary says, for example, that this campaign is not good, they can have a weight on the decision, more weight than the other subsidiaries have."

Für die konsistente Behandlung aller Tochtergesellschaften und damit für die Prozessgerechtigkeit erscheint es daher vor allem wichtig dafür zu sorgen, dass sich das Stammland den gleichen Entscheidungsregeln auf europäischer Ebene unterwerfen muss und im Rahmen des Entscheidungsprozesses nicht ungebührlich bevorzugt wird.

bf) Zusammenfassung der Prozessgerechtigkeit des europäischen Brand Managements

In einer Studie von KIM/MAUBORGNE zeigte sich, dass alle fünf Elemente der Prozessgerechtigkeit relevant sind für die Beurteilung von Entscheidungsprozessen als fair, unabhängig sowohl von der Branche des Unternehmens als auch von der strategischen Bedeutung der Tochtergesellschaft.[198] Diese fünf Elemente sind jedoch nicht unabhängig voneinander. Vielmehr *verstärken* sie sich gegenseitig in ihrer Wirkung auf die Beurteilung der Fairness des europäischen Brand Managementprozesses. Gute lokale Marktkenntnisse, z.B., bewirken auch eine bessere Berechenbarkeit der Meinungen des lokalen Marketing Managements und ermöglichen dadurch eine konsistentere Entscheidungsfindung durch die Zentrale. Ein in der Zentrale für einen Produktbereich international verantwortlicher Manager berichtet hierzu:

„If you go back for instance 25 years ago, then you could see that the people from the headquarters came with a certain (product) range, and then Germany said: 'No, no, no - this is absolutely impossible for Germany, we are not going to buy it!' That could happen really long ago. And with your regular contacts, whether it's the Marketing Managers or myself, then you know exactly what the problems are, then there is no surprise - then the attitudes of the country cannot be a surprise."

Schließlich ist lokale Marktkenntnis auch wichtig für die Berücksichtigung legitimer Einwände aus den Tochtergesellschaften. Dabei wird der Aufbau lokaler Kompetenz in der Zentrale entscheidend durch einen Dialog mit den Tochtergesellschaften unterstützt. Ein ebenfalls in der Zentrale tätiger Marketing Manager eines anderen internationalen Unternehmens schildert dies wie folgt:

198 Vgl. *Kim/Mauborgne* (1993b), S. 12.

„Ich glaube, die Kompetenz hiermit wurde erst höher, je mehr die Personen des *headquarters* Markttransparenz in den verschiedenen lokalen Märkten haben. D.h. je mehr wir natürlich kompetent sind, über die Märkte in den verschiedenen europäischen Ländern, d.h. je länger wir im Geschäft sind, je mehr wir Erfahrung haben, desto weniger kann uns natürlich lokal jemand etwas vormachen, so dass wir prüfen, ... ob es wirklich der Konsument ist, der so etwas fordert oder ob es ein Scheinargument ist. Irgendwann kann man sehr schnell herausfinden, ob es Scheinargumente sind oder ob wir *facts and figures* haben - ZDF: Zahlen, Daten, Fakten -, die vorgelegt werden können, so dass man sagen muss, der Einwand ist berechtigt oder die Ausnahme ist berechtigt und wir müssen diese Ausnahme zulassen, oder dass man sagt, hier versucht jemand nur sich sein lokales Geschäft einfach zu erhalten und er ist nicht bereit, international oder im Sinne der Standardisierung mitzuarbeiten."

Die Dialogbereitschaft seitens der Zentrale und der Tochtergesellschaften fördert wiederum sowohl die Möglichkeit, Einsprüche geltend zu machen und zu legitimieren, als auch die Abgabe und das Verständnis von Erklärungen für europäische Marketingentscheidungen. Die Aussage eines belgischen Marketing Managers eines Unternehmen, bei dem der europäische Brand Managementprozess von allen Befragten dieses Unternehmens als sehr gerecht empfunden wurde, verdeutlicht das Zusammenwirken der einzelnen Elemente der Prozessgerechtigkeit:

„Well, first we are trained to work with numbers, and not with emotions. And, so if I feel that my case is taken seriously and is being evaluated, so my emotions are taken care of. Second, if they then present to me the numbers on why this decision has been taken against it, I understand the numbers and I am very analytical, and I know that if I were sitting in their situation I would decide the same. So that is the first way to take care of it. Second thing is by sending people around from small countries to big countries, by sending people from local groups to international groups. We make sure that people appreciate the issues and opportunities on both sides: small country, big country - local group, international group. Because having worked on both sides of the equation, I know what my limitations are in Belgium, I know that in Italy I have a lot more power because my volume is a lot bigger, and I respect that. So, I know the situation on both sides, and in the end I try to do what is best for the Belgian business within a European framework. The third thing I think is that you will see in 80% of the cases of whatever Europe does is in your favor, 20% will go against you. If you would have to do everything by yourself, you would fight your local competitor with equal arms. Being a European competitor fighting sometimes against small local competitors, you get a lot more done and you get a lot more ideas and you can still win on the local situation. Let's say that instead of getting only 20% of the ideas, you get 100% of which 80% are right. But you still have 80 versus 20 in terms of number of ideas. So you know that being a part of Europe is a very good thing for your local business. So in that sense most European decisions taken are acceptable for you, and you know that many more things are coming for you. ... So, two-way communication is very important. I think that if you work in a company, you state your case and people decide against you without even explaining it to you, that would be very demotivating."

Abbildung 18 fasst die Überlegungen zur Prozessgerechtigkeit des europäischen Brand Managements nochmals zusammen.

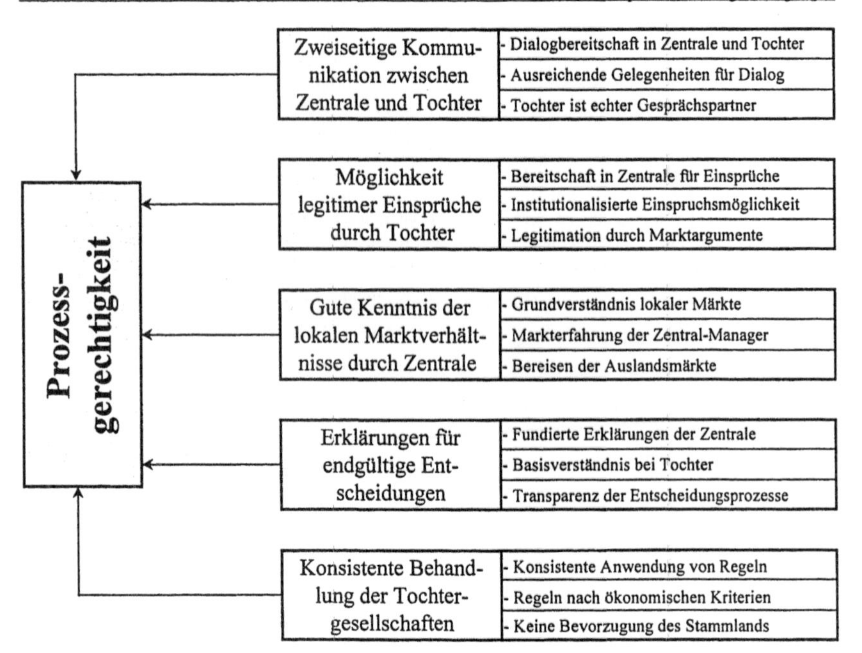

Abbildung 18: Elemente der Prozessgerechtigkeit des europäischen Brand Managements

c) Wirkung der Prozessgerechtigkeit auf die Effektivität des europäischen Brand Managements

KIM/MAUBORGNE untersuchten die Wirkung der Prozessgerechtigkeit auf verschiedene Erfolgsvariablen internationaler Unternehmen. In einer ersten empirischen Studie konnten KIM/MAUBORGNE aufzeigen, dass die Elemente der Prozessgerechtigkeit die innere Verpflichtung (*commitment*) der Manager von Tochtergesellschaften, ihr Vertrauen in das Management in der Zentrale, die soziale Harmonie zwischen Managern und auch die Zufriedenheit der Auslandsmanager mit den Ergebnissen der Entscheidungsprozesse positiv beeinflussen.[199] In einer weiteren empirischen Untersuchung zeigten KIM/MAUBORGNE zum einen, dass ein positiver Zusammenhang zwischen der durch Auslandsmanager perzipierten Fairness der Entscheidungsprozesse in internationalen Unternehmen und der besseren Befolgung der internationalen Strategie durch die Tochtergesellschaften besteht. Zum anderen konnten sie eine positive Wirkung der Prozessgerechtigkeit auf die inhaltliche Formulierung inter-

199 Vgl. *Kim/Mauborgne* (1991), S. 135-137. Zu weiteren Ergebnissen hierzu vgl. *Kim/Mauborgne* (1993b), S. 19-22.

nationaler Strategien nachweisen.[200] Darüber hinaus zeigte sich ein positiver Zusammenhang zwischen der Prozessgerechtigkeit und dem Erfolg der Tochtergesellschaften.[201] Im folgenden soll - analog zur Diskussion beim Konstrukt der Marktorientierung - die Wirkung der Prozessgerechtigkeit auf die einzelnen Effektivitätskriterien des europäischen Brand Managements erläutert werden.

ca) Prozessgerechtigkeit und global-lokal Balance

In der Regel richtet das Marketing Management der Tochtergesellschaften seine Aufmerksamkeit stärker auf lokale Marktspezifika, während die Zentrale eher pan-europäische Synergiepotentiale im Blick hat. Ein Dialog zwischen Zentrale und Tochtergesellschaft fördert eine global-lokal Balance des europäischen Brand Managements, da dadurch *beide Sichtweisen* im Entscheidungsprozess Berücksichtigung finden.[202] Somit wird es wahrscheinlicher, dass die eingesetzten Marketingkonzepte in ihren lokalen und europäischen Elementen ausgewogen sind. Die Möglichkeit der Tochtergesellschaften, legitime Einsprüche geltend zu machen, verhindert darüber hinaus, dass die Sichtweise der Zentrale den europäischen Entscheidungsprozess *dominiert*.[203] Durch ein Grundverständnis lokaler Marktverhältnisse und eigene lokale Markterfahrung sind Entscheidungsträger in der Zentrale selbst eher in der Lage, bei Marketingentscheidungen lokale und pan-europäische Belange gegeneinander abzuwägen.[204] Die Notwendigkeit, ihre Entscheidungen auch zu rechtfertigen und den Auslandsmanagern zu erklären, zwingt die Manager der Zentrale indirekt dazu, lokale Marktbedürfnisse ausreichend zu berücksichtigen.[205] Inkonsistente Behandlung der Tochtergesellschaften gefährdet dagegen die global-lokal Balance. Die Bevorzugung des Stammlands im europäischen Brand Management kann dazu führen, dass die Sicht des Heimatmarkts den Entscheidungsprozess dominiert bzw. implizit zur europäischen Sicht erhoben wird. Insgesamt zeigt sich also, dass alle Elemente der Prozessgerechtigkeit direkt oder indirekt dazu beitragen, dass das europäische Brand Management eine adäquate global-lokal Balance aufweist.[206]

---

200 Vgl. *Kim/Mauborgne* (1993a), S. 441-442. In Anlehnung an BARTLETT/GHOSHAL und DOZ/PRAHALAD benennen KIM/MAUBORGNE »globales Lernen«, »Balance zwischen globalen und lokalen Perspektiven« und »globale strategische Erneuerung« als die allgemeinen Ziele multinationaler Unternehmen. Die in der vorliegenden Studie hergeleiteten Effektivitätskriterien des europäischen Brand Managements weisen Ähnlichkeit mit den Operationalisierungen der Erfolgsvariablen von KIM/MAUBORGNE in ihrer Studie auf. Vgl. hierzu *Kim/Mauborgne* (1993a), S. 421, 434-435 und Abschnitt D.II.4., Abbildung 15. Dies liegt nicht zuletzt daran, dass das Modell der transnationalen Unternehmung sowohl für die Studie von KIM/MAUBORGNE als auch für die vorliegende Untersuchung einen gemeinsamen Bezugspunkt darstellt.

201 Vgl. *Kim/Mauborgne* (1993a), S. 428.

202 Vgl. *Kim/Mauborgne* (1993a), S. 425-426.

203 Vgl. *Kim/Mauborgne* (1993a), S. 426.

204 Vgl. *Kim/Mauborgne* (1993a), S. 426.

205 Vgl. *Kim/Mauborgne* (1993a), S. 427.

206 KIM/MAUBORGNE konnten auch empirisch einen positiven Zusammenhang zwischen der Ausgewogenheit globaler und lokaler Perspektiven und der perzipierten Gerechtigkeit der Entscheidungsprozesse nachweisen. Vgl. *Kim/Mauborgne* (1993a), S. 442.

cb) Prozessgerechtigkeit und internationale Lernfähigkeit

Internationale Lernfähigkeit erfordert, dass ein gut funktionierender Austausch von Informationen zwischen den einzelnen internationalen Einheiten eines Unternehmens stattfindet. Der Austausch von Informationen kann aber nicht erzwungen werden, sondern es muss eine *Bereitschaft* seitens der Organisationsmitglieder existieren, Informationen auszutauschen und mit anderen zu teilen. Eine solche Bereitschaft liegt jedoch nicht automatisch vor. Informationen, Know-how und Expertise bedeuten schließlich Macht für den Halter. Darüber hinaus erfährt der Empfänger den unmittelbaren Nutzen des Informationsaustauschs, während dem Geber zunächst nur Aufwand entsteht.[207] Ein gerecht empfundener europäischer Brand Managementprozess hilft, diese Hürden des Informationsaustauschs zu überwinden und fördert dadurch die internationale Lernfähigkeit.

Eine entscheidende Rolle spielt dabei die *zweiseitige Kommunikation* zwischen Zentrale und Tochter.[208] Die Bereitschaft und die Gelegenheit zum Dialog zwischen den verschiedenen Organisationseinheiten fördert das Teilen von Informationen und Know-how und bewirkt, dass europäische Marketingkonzepte auch das in der gesamten internationalen Organisation vorhandene Know-how berücksichtigen. Das folgende von einer Marketing Managerin geschilderte Beispiel verdeutlicht, wie durch einen Dialog zwischen Zentrale und den Ländergesellschaften der Know-how Austausch zu einem besseren internationalen Marketingkonzept führt:

> „...wenn jetzt ein Produkt nahe an der Geburt ist, dann wird es natürlich in diesen Runden, die stattfinden, vorgestellt. Da wird gesagt: 'So, da stehen wir im Moment. Wir haben die und die Interviews durchgeführt, der Name hat zu 98% gut gefallen, das *packaging* zu 60%, der Test der Produktleistung hat ergeben, dass 20% der Frauen etwas merken, 30% zufrieden sind etc.' Darüber wird natürlich diskutiert. Und da kommen auch kleine Ideen oder Bemerkungen, das sind Feinheiten zum Schluss, wo man sagt: Mensch, man sollte vielleicht diesen oder jenen Punkt, eine Leistung z.B., unter den Namen mit draufschreiben. Vorher war das vielleicht nicht der Fall. ... Ich gebe hier ein Beispiel, wir haben jetzt ein Produkt eingeführt aus der Linie DUNE, das ist ein Duft, den man auch so auf den Körper aufsprühen kann, das hat einen erfrischenden Effekt etc. und es hat u.a. die Eigenschaft, dass man es in der Sonne tragen kann, weil es keinen Alkohol enthält. So, für die Franzosen und selbst die Italiener oder Amerikaner etc. war es zwar eine Nebeneigenschaft, aber was soll's, darüber haben wir nichts zu schreiben. Wir in Deutschland haben gesagt: 'Nein, wir sollten groß auf das *packaging* schreiben, dass man es in der Sonne tragen kann.' Sie haben damit einen super USP auf dem deutschen Markt. Denn Mitbewerber machen uns vor, was sie für Umsätze mit solchen Düften machen. So, daraus ist eben dieser Gedanke geworden, dass einer der USPs, der als Botschaft weltweit mittlerweile weitergegeben wird, mit auf dem Produkt steht. Das wäre aber, wenn diese Diskussionsrunde nicht gewesen wäre, nicht der Fall gewesen."

Auch die Abgabe von Erklärungen für auf europäischer Ebene getroffene Marketingentscheidungen durch die Zentrale fördert die internationale Lernfähigkeit. Durch eine fundierte Begründung für die Berücksichtigung oder für die Ablehnung der Vorschläge der Tochtergesellschaften, erhalten die Auslandsmanager ein besseres Gesamtverständnis des europäischen Wettbewerbs. Dieser Feedback ist also erforderlich, damit die lokalen Marketing Manager

---

207 Vgl. *Kim/Mauborgne* (1993b), S. 16.

208 Vgl. *Kim/Mauborgne* (1993a), S. 425.

»lernen« können.[209] Analog hierzu unterstützt der Aufbau lokaler Kompetenz bei Marketing Managern der Zentrale z.B. durch Bereisen der Auslandsmärkte die internationale Lernfähigkeit der europäischen Marketingorganisation. Schließlich unterstützt eine konsistente Entscheidungsfindung den Aufbau von Vertrauen in die Zentrale bei den Marketing Managern der Auslandstöchter. Dadurch wird auch die Bereitschaft zum Informationsaustausch und damit die internationale Lernfähigkeit erhöht.[210] Dies unterstreicht nochmals die Bedeutung der informatorischen Gleichbehandlung der Stammland-Marketingeinheit. Insgesamt erweist sich also die Prozessgerechtigkeit als förderlich für die internationale Lernfähigkeit des europäischen Brand Managements.[211]

cc) Prozessgerechtigkeit, Flexibilität und Reagibilität

Bei der Diskussion der Wirkung der Prozessgerechtigkeit stellt sich die Frage, ob eine konsistente Behandlung der Tochtergesellschaften nicht im *Widerspruch* zur Flexibilität des europäischen Brand Managements steht. Diese Flexibilität zeichnet sich schließlich durch eine Wahrnehmung differenzierter Rollen der einzelnen Tochtergesellschaften im Rahmen des europäischen Brand Managementprozesses aus. KIM/MAUBORGNE vermuten, dass ein *trade-off* zwischen einer durch Konsistenz gekennzeichneten, maximalen Prozessgerechtigkeit einerseits und der optimalen internen Rollendifferenzierung der einzelnen Organisationseinheiten einer internationalen Unternehmung andererseits besteht.[212] Ein derartiger *trade-off* erscheint jedoch nicht zwangsläufig vorzuliegen. Flexibilität im europäischen Brand Managementprozess würde z.B. implizieren, dass einzelne Tochtergesellschaften bei der Entwicklung von europäischen Marketingkonzepten unterschiedlich stark partizipieren. Wenn die Kriterien, die den Partizipationsgrad der Tochtergesellschaften bestimmen, ökonomisch sinnvoll erscheinen und nicht bei jeder Entscheidung wechseln, sondern über einen längeren Zeitraum konstant bleiben, wird der Entscheidungsprozess von allen, auch den im Einzelfall nicht beteiligten Auslandsmanagern dennoch als konsistent und daher als gerecht beurteilt. Die in Tochtergesellschaften tätigen Marketing Manager erkennen durchaus an, dass sie im europäischen Brand Managementprozess je nach Kompetenz und Bedeutung ihres lokalen Marktes nicht die gleiche Rolle spielen und das gleiche Gewicht besitzen wie andere Tochtergesellschaften. Folgende Aussage eines Marketing Managers eines der befragten Unternehmen in Belgien verdeutlicht dies:

> „If we would have been Germany or France or UK, our influence would be enormous, but Belgium is representing some 3% of Europe. So let's be serious, the influence is rather low."[213]

---

209 Vgl. *Kim/Mauborgne* (1993a), S. 426-427.

210 Vgl. *Kim/Mauborgne* (1993a), S. 427.

211 In der Untersuchung von KIM/MAUBORGNE bestätigte sich der positive Zusammenhang zwischen Prozessgerechtigkeit und der von ihnen gewählten Operationalisierung von »globalem Lernen«, die der hier gewählten Definition von internationaler Lernfähigkeit ähnelt. Vgl. *Kim/Mauborgne* (1993a), S. 442.

212 Vgl. *Kim/Mauborgne* (1991), S. 139.

213 Ähnliche Aussagen wurden von Marketing Managern anderer untersuchter Unternehmen getroffen.

Insofern erscheint eine konsistente Behandlung der Auslandstöchter nicht der Flexibilität des europäischen Brand Managements zu widersprechen. Vielmehr kann sogar vermutet werden, dass die *konsistente Anwendung* von Regeln, die den Partizipationsgrad des lokalen Managements bei europäischen Entscheidungen nach ökonomischen Gesichtspunkten festlegen, die Akzeptanz für adäquat differenziertes Rollenspiel der Tochtergesellschaften und somit die Flexibilität des Prozesses fördert.

Die Wirkung der Prozessgerechtigkeit auf die Reagibilität des europäischen Brand Managements erscheint dagegen vergleichsweise offensichtlich. Ein »echter« Dialog zwischen dem Marketing Management der Zentrale und der Auslandstöchter fördert die Fähigkeit eines Unternehmens, seine bisher verfolgte Strategie kritisch zu hinterfragen.[214] Ähnlich hilfreich für die permanente Überprüfung der Zweckmäßigkeit und der zugrunde liegenden Annahmen der europäischen Marketingstrategie erweisen sich die Einspruchsmöglichkeiten der Tochtergesellschaften.[215] Weiterhin trägt ein in der Zentrale vorhandenes Grundverständnis lokaler Märkte dazu bei, dass Veränderungen in den Märkten vor sowohl einem lokalen als auch dem pan-europäischen Hintergrund gewürdigt werden können. Insgesamt unterstützt die Prozessgerechtigkeit die *Fähigkeit* und die *Bereitschaft* von Marketing Managern, Veränderungen in relevanten Einflussgrößen zu erkennen und adäquat im Rahmen des europäischen Brand Managementprozesses auf sie zu reagieren.[216]

cd) Prozessgerechtigkeit und Implementierungsfähigkeit

Die empfundene Gerechtigkeit der Marketingentscheidungsprozesse trägt schließlich auch wesentlich zur Implementierungsfähigkeit des europäischen Brand Managements bei. Durch zweiseitige Kommunikation mit der Zentrale nehmen die Tochtergesellschaften (zumindest indirekt) am Entscheidungsprozess über europäische Marketingkonzepte teil. Dieser Dialog fördert die *Konsensbildung* auf europäischer Ebene. Auf Grund der Partizipation am Prozess fassen die lokalen Marketing Manager die auf europäischer Ebene verabschiedeten Konzepte auch als ihre Entscheidungen auf und identifizieren sich mit ihnen.[217] Das durch die Prozessgerechtigkeit erzeugte *commitment* und Vertrauen bewirken, dass Auslandsmanager auch eher bereit sind, europäische Marketingkonzepte zu akzeptieren und umzusetzen, selbst wenn die Konzepte aus lokaler Sicht nicht optimal sind.[218] Dabei unterstützt auch die Einspruchsmöglichkeit der Tochtergesellschaften die Befolgung europäischer Konzepte in der Umsetzung. Falls sich nämlich herausstellen sollte, dass ein Konzept auf lokaler Ebene doch nicht tragfähig wäre, kann dies durch einen Einspruch korrigiert werden.[219]

---

214 Vgl. *Kim/Mauborgne* (1993a), S. 426.

215 Vgl. *Kim/Mauborgne* (1993a), S. 426.

216 KIM/MAUBORGNE konnten in ihrer Studie einen positiven Zusammenhang zwischen der Prozessgerechtigkeit und der »strategischen Erneuerungsfähigkeit« empirisch aufzeigen. Dieses Konstrukt ist dabei ähnlich wie der Begriff der »Reagibilität« des europäischen Brand Managements in der vorliegenden Untersuchung operationalisiert. Vgl. *Kim/Mauborgne* (1993a), S. 442.

217 Vgl. *Kim/Mauborgne* (1993b), S. 13.

218 Vgl. *Kim/Mauborgne* (1991), S. 138; *Kim/Mauborgne* (1993b), S. 15.

219 Vgl. *Kim/Mauborgne* (1993b), S. 14.

Zweiseitige Kommunikation und die Abgabe von Erklärungen für zentral getroffene Entscheidungen fördern schließlich auf lokaler Ebene die Entwicklung eines *Gesamtverständnisses* des Wettbewerbs in Europa. Ein solches Verständnis ist die Voraussetzung dafür, dass auch alle auf lokaler Ebene beschlossenen Marketingaktivitäten im Einklang mit der europäischen Marketingstrategie stehen.

Wenn die lokalen Marketing Manager den europäischen Brand Managementprozess als nicht gerecht beurteilen, unterstützen sie die Umsetzung der europäischen Marketingkonzepte weniger. Diese lokale Unterstützung, die von der Zentrale nicht erzwungen werden kann, ist jedoch meist erforderlich, damit das Konzept erfolgreich wird. Ein in einer Auslandstochter tätiger italienischer Marketing- und Vertriebsleiter berichtete z.B., dass er der Meinung ist, dass die aus seiner Sicht berechtigten Einsprüche gegen eine Marketingentscheidung aus der Zentrale nicht gehört werden, auch auf Grund mangelnder internationaler Orientierung der Verantwortlichen in der Zentrale. Die Entscheidung muss die italienische Tochter dann zwar umsetzen, indem bestimmte Produkte auch in Italien ins Programm aufgenommen werden. Allerdings würden diese Produkte keine weitere lokale Verkaufsunterstützung erfahren, so dass sich auch kein Absatzerfolg für diese Produktlinie einstellen könne. Es zeigt sich also insgesamt, dass ein europäischer Brand Managementprozess, der als gerecht beurteilt wird, auch entscheidend zur Implementierungsfähigkeit des europäischen Brand Managements beiträgt.[220]

ce) Moderierende Faktoren der Wirkung der Prozessgerechtigkeit

Analog zur Diskussion des Konstrukts der Marktorientierung stellt sich auch hier die Frage, ob die positive Wirkung der Prozessgerechtigkeit auf die Effektivität des europäischen Brand Managements durch situative Faktoren *moderiert* wird. Die Wirkung der Prozessgerechtigkeit beruht letztendlich auf sozial-psychologischen Prozessen bei der Interaktion von Personen, die an Entscheidungsprozessen beteiligt bzw. von diesen betroffen sind. Daher lässt sich vermuten, dass die positive Wirkung der Prozessgerechtigkeit vor allem dann zur Entfaltung kommt, wenn entweder die Entscheidungsprozesse potentiell *konfliktbeladen* sind, z.B. durch unterschiedliche Zielsetzungen der beteiligten Personen, oder wenn Betroffene des Prozesses Entscheidungen umsetzen müssen, die ihren eigenen Interessen eventuell *widersprechen*. Im Kontext des europäischen Brand Managements bedeutet dies, dass der Nutzen der Prozessgerechtigkeit vor allem bei solchen Marketingentscheidungen vorliegt, bei denen ein hoher internationaler Koordinationsbedarf vorliegt oder wenn Europäisierungserfordernisse manche Tochtergesellschaften zur Übernahme von lokal sub-optimalen Entscheidungen zwingen.[221]

KIM/MAUBORGNE konnten nachweisen, dass der positive Effekt der Prozessgerechtigkeit auf das *commitment*, das Vertrauen und die soziale Harmonie vor allem dann zum Tragen kommt, wenn die Entscheidungsergebnisse von den Organisationsmitgliedern als eher negativ für sie

---

220 KIM/MAUBORGNE konnten empirisch ebenfalls aufzeigen, das Prozessgerechtigkeit zur besseren Befolgung zentraler Entscheidungen durch das lokale Management führt. Vgl. *Kim/Mauborgne* (1993a), S. 440-442.

221 Vgl. *Kim/Mauborgne* (1991), S. 139.

beurteilt werden.[222] Dementsprechend postulieren KIM/MAUBORGNE, dass die Wirkung der Prozessgerechtigkeit auf die Befolgung zentral getroffener Entscheidungen in »globalen« Branchen vergleichsweise stärker ausgeprägt ist als in »multi-lokalen« Branchen.[223] Dieser moderierende Effekt der Branche bei der Wirkung der Prozessgerechtigkeit auf die Umsetzung internationaler Strategien konnte von ihnen auch empirisch nachgewiesen werden. In beiden Branchentypen lag zwar ein positiver Effekt der Prozessgerechtigkeit vor, in globalen Branchen war die Stärke dieses Effekts jedoch signifikant höher.[224] Ebenso zeigte sich, dass nur in globalen Branchen ein signifikanter positiver Zusammenhang zwischen Prozessgerechtigkeit und dem Gesamterfolg einer Tochtergesellschaft vorliegt, während in multi-lokalen Branchen ein derartiger Zusammenhang nicht bestätigt wurde.[225] Dagegen konnte kein moderierender Effekt des Branchentyps bei der Untersuchung der positiven Zusammenhänge zwischen der Prozessgerechtigkeit einerseits und der von KIM/MAUBORGNE ähnlich operationalisierten Konstrukte der global-lokal Balance, der internationalen Lernfähigkeit und der Reagibilität festgestellt werden.[226]

Im Gegensatz zur Marktorientierung sprechen einige theoretische und empirische Argumente für das Vorliegen moderierender Faktoren bei der Prozessgerechtigkeit. Der positive Effekt der Prozessgerechtigkeit auf die Effektivität des europäischen Brand Managements, und hier insbesondere auf die Implementierungsfähigkeit, erscheint um so stärker ausgeprägt, je höher die simultanen Erfordernisse der Globalisierung und der lokalen Anpassung des Marketing sind. Die grundsätzlich positive Wirkung der Prozessgerechtigkeit auf das europäischen Brand Management bleibt jedoch von situativen Faktoren unberührt.

cf) Zusammenfassende Beurteilung der Wirkung der Prozessgerechtigkeit

Zusammenfassend lässt sich feststellen, dass die Prozessgerechtigkeit einen *dualen Effekt* auf das europäische Brand Management ausübt. Zum einen bewirkt Prozessgerechtigkeit, dass die Inhalte europäischer Marketingkonzepte »besser« sind. Die europäischen Marketingkonzepte sind besser, weil sie sowohl lokale als auch europäische Aspekte adäquat berücksichtigen, das international vorhandene Know-how des Unternehmens ausschöpfen, ausreichend differenziert sind und Umweltveränderungen einbeziehen. Zum anderen haben gerechte Entscheidungsprozesse zur Folge, dass europäische Marketingkonzepte auch »besser« in den einzelnen Ländermärkten umgesetzt werden. Die bessere Umsetzung entsteht vor allem durch das höhere *commitment* der lokalen Marketing Manager und ihr erweitertes Gesamtverständnis des Wettbewerbs auf europäischer Ebene.

Die Bedeutung der Prozessgerechtigkeit ergibt sich aus der Notwendigkeit der gleichzeitigen Berücksichtigung von Europäisierungs- und Lokalisierungserfordernissen durch das europäi-

---

222 Vgl. *Kim/Mauborgne* (1993b), S. 19-20.

223 Vgl. *Kim/Mauborgne* (1993a), S. 423-424. In ihrer Untersuchung unterscheiden KIM/MAUBORGNE entsprechend der Terminologie PORTERs nur zwischen »globalen« und »multi-lokalen« Branchen.

224 Vgl. *Kim/Mauborgne* (1993a), S. 440-442.

225 Vgl. *Kim/Mauborgne* (1993a), S. 442-443.

226 Vgl. *Kim/Mauborgne* (1993a), S. 442.

schen Brand Management und der dadurch bedingten Inkaufnahme lokal sub-optimaler Ergebnisse für ein europäisches Optimum.[227] Ein gerechter europäischer Brand Managementprozess vermittelt den Marketing Managern in eindeutiger Weise, dass ihre Meinungen sowie die Prioritäten und Belange des lokalen Marktes im Entscheidungsprozess ausreichend berücksichtigt werden.[228] Besonders dann, wenn das Marketing Management einer Tochtergesellschaft mit dem Ergebnis einer europäischen Marketingentscheidung unzufrieden ist, kommt die positive Wirkung der Prozessgerechtigkeit zum Tragen. Gerechte Entscheidungsprozesse gleichen Unzufriedenheit mit zentral getroffenen Entscheidungen aus und verhindern letztendlich, dass das lokale Management bei Entscheidungen, die nicht im Einklang mit den Interessen der Tochtergesellschaft stehen, die Entscheidungen durch mangelnde Unterstützung in der Umsetzung untergraben.[229] Im spezifischen Kontext des europäischen Brand Managements gewinnt die Prozessgerechtigkeit daher vor allem für die kleinen, umsatzschwächeren Ländermärkte an Bedeutung.

Für die konkrete Ausgestaltung des europäischen Brand Managementprozesses implizieren die Ergebnisse der Diskussion um die Prozessgerechtigkeit, dass die Beziehungen zwischen Zentrale und Tochtergesellschaften nicht hierarchisch oder im Sinne einer Kontrollausübung durch die Zentrale aufzufassen sind. Vielmehr weisen die Erkenntnisse über den Inhalt und die Wirkung der Prozessgerechtigkeit darauf hin, dass die Interaktionen zwischen den zentralen und lokalen Marketing Managern als ein »Meinungsbildungsprozess« auf Basis gemeinsamer Werte und Prinzipien zu verstehen sind.[230] Allerdings - und hierin besteht ein potenziell negativer Effekt der Prozessgerechtigkeit - kann die gerechte Gestaltung von Entscheidungsprozessen dazu führen, dass das Treffen von Entscheidungen lange dauert, z.B. durch Berücksichtigung jedes Einspruchs.[231] Insofern birgt die Prozessgerechtigkeit eine Gefahr der Ineffizienz des Entscheidungsprozesses in sich. Insgesamt überwiegt die positive Wirkung der Prozessgerechtigkeit auf die Effektivität des europäischen Brand Managements.[232] Daher stellt die Prozessgerechtigkeit neben der Marktorientierung einen zentralen Erfolgsfaktor für das europäische Brand Management dar.

3. Zusammenhang von internationaler Marktorientierung und Prozessgerechtigkeit

Zusammengenommen stellen die internationale Marktorientierung und die Prozessgerechtigkeit die beiden zentralen Faktoren dar, welche die Effektivität des europäischen Brand Managements beeinflussen bzw. bedingen. Diese beiden Konstrukte sind daher auch die Richtmaße für das konkrete Design des europäischen Brand Managementprozesses. Die im Rahmen des europäischen Brand Managements eingesetzten Koordinationsinstrumente und Entscheidungsprozesse - und hierbei insbesondere das Zusammenspiel der einzelnen Einheiten

---

227 Vgl. *Kim/Mauborgne* (1991), S. 128.

228 Vgl. *Kim/Mauborgne* (1993a), S. 422-423.

229 Vgl. *Kim/Mauborgne* (1993b), S. 19-20.

230 Vgl. *Kim/Mauborgne* (1993a), S. 444.

231 Vgl. *Kim/Mauborgne* (1991), S. 140.

232 Vgl. hierzu auch Kapitel F.

der europäischen Marketingorganisation - müssen also derart gestaltet werden, dass der Prozess sowohl marktorientiert als auch gerecht ist. Insofern gelten die Marktorientierung und die Prozessgerechtigkeit als *theoretische Vorbedingungen* für die Gestaltung eines effektiven europäischen Brand Managements.[233]

Marktorientierung und Prozessgerechtigkeit sind jedoch nicht unabhängig voneinander. Vielmehr *ergänzen* und *verstärken* sie sich gegenseitig in ihrer Wirkung auf die Effektivität des europäischen Brand Managements. Der Zusammenhang zwischen Marktorientierung und Prozessgerechtigkeit wird klar, wenn die einzelnen Komponenten der Konstrukte gemeinsam betrachtet werden. Einerseits betreffen alle fünf Elemente der Prozessgerechtigkeit auch (direkt oder indirekt) die Fähigkeit eines internationalen Unternehmens, Informationen zu erzeugen, zu verteilen und zu verwenden.[234] Diese Fähigkeit ist jedoch Kernbestandteil der Marktorientierung auf der Verhaltensebene. Beispielsweise führt der Dialog zwischen den Auslandstöchtern und der Zentrale zu einer Verbreitung von Marktinformationen in der europäischen Marketingorganisation. Andererseits fördert eine Marktorientierung auch die Gerechtigkeit des europäischen Brand Managementprozesses. Eine gute Kenntnis der lokalen Marktverhältnisse ist z.B. Bedingung dafür, dass die Marketing Manager in der Zentrale die Marktinformationen aus den Ländern interpretieren, verstehen und verwenden können. Dies wiederum erfordert zweiseitige Kommunikation, also einen Austausch von Marktinformationen als gemeinsamen Interpretations- und Verständigungsprozess. Diesen Zusammenhang verdeutlicht beispielsweise folgende Aussage eines holländischen Marketing Managers, der in einem internationalen Unternehmen tätig ist, das sich durch relativ geringe Marktorientierung und Prozessgerechtigkeit auszeichnet:

> „Das ist *one way*... Und das ist natürlich das Problem, wenn das Marketing nicht mal weiß, was in den Ländern geschieht und es keinen zentralen europäischen Vertrieb gibt, dann ist es ganz schwierig, die Ergebnisse in den Ländern als *feed back* zu benutzen - mehr als nur reine Statistik. Jetzt haben wir »soviel Stück«, aber es wäre interessant zu wissen, weshalb haben wir soviel Stück. Diesen *feed back* gibt es heute nicht."

Weiterhin werden Einsprüche der Tochtergesellschaft eher als legitim empfunden und von der Zentrale gehört, wenn sie mit Marktargumenten hinterlegt werden. Darüber hinaus stellen Marktbedürfnisse einen von den Auslandsmanagern als gerecht empfundenen Maßstab für die Konsistenz in der Behandlung der einzelnen Tochtergesellschaften dar. Insofern unterstützt eine konsequente Ausrichtung von Entscheidungen an den Bedürfnissen der Märkte die Gerechtigkeit der Entscheidungsprozesse. Die positive Wirkung der Marktorientierung zusammen mit der Prozessgerechtigkeit zeigt das Beispiel des Unternehmens Procter & Gamble. In diesem Unternehmen herrscht eine starke Kultur vor, die die Bedürfnisse der Kunden zum Maßstab für sämtliche marktwirksamen Entscheidungen erhebt. Dabei beinhaltet diese marktorientierte Kultur die Fundierung sämtlicher Vorschläge oder Entscheidungen mit konkreten Marktargumenten. Hierdurch wird der europäische Brand Managementprozess bei

---

233 Die Implikationen der Forderung nach einem marktorientierten und gerechten europäischen Brand Managementprozess für den Einsatz bestimmter Koordinationsmechanismen werden in Abschnitt E.I. der vorliegenden Untersuchung behandelt.

234 Vgl. *Kim/Mauborgne* (1993a), S. 425.

Procter & Gamble weitgehend von subjektiven Macht- oder Machterhaltungsargumenten befreit, somit »ent-emotionalisiert« und quasi »objektiviert«. Dementsprechend betrachten die Marketing Manager den Entscheidungsprozess auch als sehr gerecht. Folgende Aussage eines Marketing Managers bei Procter & Gamble verdeutlicht den Zusammenhang zwischen Marktorientierung und Prozessgerechtigkeit:

> „Da kommt uns so eine kulturelle Eigenheit zu Gute. Procter & Gamble ist ein extrem zahlengläubiges Unternehmen und letztendlich ist es so: Derjenige, der die besseren Zahlen hat, gewinnt. Auch wenn ich bessere Zahlen habe als mein *General Manager*, dann gewinne ich; wenn er die besseren Zahlen hat, gewinnt er. Also das ist lateral als auch vertikal so. Und wenn es da Diskrepanzen gibt zwischen den Ländern, dann ist die Diskussion relativ einfach: '*Prove me wrong or prove me right.*' Wenn die Franzosen sagen: 'Das Konzept ist in Frankreich nicht machbar', dann müssen sie das mit Zahlen belegen. Dann müssen sie sagen: 'Ich hab das Konzept in Frankreich getestet und 2/3 aller Mütter sagen tatsächlich »Ich würde es nie kaufen.«' Dann haben sie einen recht guten Fall, um das Ganze aufzuräumen und zu sagen: 'Nein, das können wir in Europa so nicht machen.' Und dann muss Europa und das originäre Land nochmal überdenken, ob das die richtige Strategie ist."

Das Gegenbeispiel zu Procter & Gamble liefert eines der anderen untersuchten Unternehmen. Bei diesem deutschen Unternehmen ist sowohl die Marktorientierung als auch die Prozessgerechtigkeit sehr schwach ausgeprägt. Als Resultat davon erscheint das europäische Brand Management dieses Unternehmens als nicht sehr effektiv. Dabei sind sich alle vier befragten Marketing Manager dieses Unternehmens in ihrer grundsätzlich negativen Einschätzung des europäischen Brand Managements bei diesem Unternehmen einig. Dieses Unternehmen liefert somit ein anschauliches Beispiel für den Zusammenhang zwischen Marktorientierung und Prozessgerechtigkeit. Daher soll dieser Fall hier etwas ausführlicher anhand der Aussagen der befragten Marketing Manager dargestellt werden.

Das Unternehmen ist auf seinem Heimatmarkt Deutschland als einer der führenden Anbieter am Markt durchaus erfolgreich. Auf den europäischen Auslandsmärkten nehmen die Marken dieses Unternehmens dagegen nur eine untergeordnete, teilweise fast vernachlässigbare Position ein, obwohl das Unternehmen mit mehreren Tochtergesellschaften und auch mit Produktionsstätten im europäischen Ausland präsent ist. Dementsprechend liegt der Anteil des Absatzes, den der untersuchte Geschäftsbereich dieses Unternehmens auf dem deutschen Markt tätigt, bei circa 88% während nur circa 2% des Absatzes in anderen westeuropäischen Ländern erzielt werden.

Insgesamt verzeichnete das Unternehmen bisher auch ein stetiges Absatzwachstum. Allerdings - so die Marketing Managerin der belgischen Tochtergesellschaft - wurde das Unternehmen auch durch einen wachsenden Gesamtmarkt verwöhnt:

> „The market is growing, and there was always the possibility to produce products and push them in the retail trade and say: 'Well, the consumer will (buy more of these products), we are lucky if they choose our brands.'"

Die Art der Marktbearbeitung des Unternehmens sei dagegen wenig marktorientiert. Dem Unternehmen fehlt es nach Meinung dieser Managerin an einer marktorientierten Kultur, die die Unternehmensaktivitäten konsequent an den Konsumentenbedürfnissen ausrichtet:

> „So this is a producer's mentality, this is not really a marketing mentality or a marketing-driven company. (Our company) is a really producer-driven company, and people don't involve consumers in their thinking, in their strategies, in their product developments, some-

times in their advertising strategies. People are not used to involve consumers in their thinking."

Die fehlende marktorientierte Kultur wird durch eine starke ethnozentrische Orientierung begleitet. Dies hat zur Konsequenz, dass die Bedürfnisse der Auslandsmärkte bei der Entwicklung von Marketingkonzepten nicht berücksichtigt werden. Ein in der Zentrale tätiger deutscher Marketing Manager, der für die internationale Koordination des Marketing zuständig ist, schildert z.B., dass bisher Produktneuheiten in diesem Unternehmen nur auf der Basis von Informationen über den deutschen Markt entwickelt und die Auslandsgesellschaften gar nicht in diesen Prozess involviert wurden:

> „Der wichtigste Punkt sind (Produkt-)Entwicklungen, Neuheiten, Innovationen, wo bis dato die Ausländer relativ schlecht integriert waren. Sie haben immer mehr oder weniger das aus Deutschland übernommen... Und das war halt häufig so: »Friss mich oder stirb!« Irgendwann wurden die Neuheiten präsentiert, im Juli, August - letztes Jahr war es etwas früher, ansonsten war es immer im Herbst, also relativ spät. D.h., sie hatten wenig Handlungsspielraum."

Die Marketing Manager der Auslandstöchter kritisieren diese Vorgehensweise. Nach ihrem Verständnis ist das Marketing des Unternehmens zu stark auf den Heimatmarkt fixiert. Die Auslandsmanager können dagegen keinen Einfluss auf Marketingentscheidungen in der Zentrale nehmen. Die belgische Marketing Managerin sagt beispielsweise hierzu:

> „They always think first of the German market. I've had now 2 or 3 meetings in headquarters, and I met my German colleagues who are young, dynamic, and marketing people. ... These were not people 50 years old. They were in their thirties, late twenties, saying: 'You understand that we have a bigger volume in Germany, and that the product must be good for the German consumers, and packaging must be good for the German consumers, and that we won't change for all the others.' That was like in the middle ages! Of course we are in Belgium, and Belgium is a small country, and everybody faces these problems, but these sentences or these ideas, for instance at Procter, they are irrelevant! ... Of course, you face the problem as a young Product Manager when you have to make the forecast for the next year, that France and Germany have much bigger volumes, and that from time to time they have a bigger influence on the market, but nevertheless you have something to say. But here, nobody asks you anything! It is done for you."

Der Marketing Manager der niederländischen Tochtergesellschaft bestätigt ebenfalls, dass das Unternehmen keine internationale Marktorientierung besitzt. Problematisch daran ist, dass durch die unzureichende Berücksichtigung der Bedürfnisse der Auslandsmärkte auch keine größeren Umsätze auf diesen Märkten erzielt werden. Vorschläge von den ausländischen Marketing Managern, das Marketing mehr an die Bedürfnisse der lokalen Märkte anzupassen, werden von der Zentrale mit der Begründung abgelehnt, dass die Absatzvolumina auf den Auslandsmärkten zu klein für solche Anpassungen sind. Dabei wird auf Grund der mangelnden Marktorientierung und der starken Stammlandorientierung übersehen, dass durch eine bessere Anpassung des Marketingkonzepts möglicherweise ein durchaus vorhandenes Potential ausgeschöpft werden könnte und dadurch mittelfristig Absatzvolumina zu erreichen wären, die spezifische Marketingkonzepte rechtfertigen würden.

> „Und dann ist ganz menschlich, das Ausland, das nur einen Bruchteil des Umsatzes ausmacht, nicht so seriös zu nehmen. Und der Fehler, den man meiner Meinung nach dabei macht, ist, dass man sich nicht die Frage stellt, was es für ein Potential in Holland gibt, oder in Belgien oder in Frankreich, was könnte man noch mehr tun. Weil, wenn ich sage, dass ich gerne eine andere Verpackung haben möchte, ... das ist für Deutschland nicht so wichtig, weil man sagt: 'Holland ist zu klein.' Aber man stellt sich nicht die Frage, wenn wir das tun: 'Was kostet das, und was bringt uns das?' ... Aber das hat Deutschland niemals benötigt, weil das

> Land ist schon so groß und hat schon so einen großen Heimatmarkt, da sagt man immer, dass die Ausländer Satelliten sind. Und das ist auch die Strategie: 'Alles, was wir im Ausland verdienen können ist schön', aber es gibt keine spezifische Konzeption für Ausländer. Und jetzt sieht man, dass man noch viel mehr Möglichkeiten hat, dass der Markt viel größer wäre..."

Die fehlende marktorientierte Kultur verbunden mit der ethnozentrischen Orientierung bei diesem Unternehmen wird durch wenig ausgeprägtes marktorientiertes Verhalten ergänzt. So erwähnt der Geschäftsführer der belgischen Tochtergesellschaft, dass keine systematischen Anstrengungen stattfinden, Marktinformationen auch im Ausland zu erzeugen:

> „There is no measure, we don't measure things. That's a big lack in this company. ...You can't say if we're better or if we're bad - we don't know it."

Darüber hinaus ist der Informationsfluss im Unternehmen als ungenügend zu bewerten. Die belgische Marketing Managerin berichtete z.B., dass die Zentrale es versäumte, sie über das wichtigste Neuprodukt der folgenden Verkaufssaison zu informieren.

> „Well, in November ... I had to present together with my General Manager the marketing plans for Belgium, and I learned there in (headquarters) that they had a new product called ABC. And they asked us: „Please take it in your assortment for `96." And we said: 'No, this is too late. Our assortment is finished.' We were not involved, we were even not informed on this new product. And this was the biggest new distinctive and unique product. I still miss a product concept, I still miss a communication concept on ABC. ... If we launch a new product, then it's with a whole big fuss around it. You start with a big product idea, then with an advertising platform, with a whole lot of noise around this brand. But: 'We have a new product - ABC. Please try it. And please put it in the market and make that people buy it.' So this is not the way that you create consumer demand. So there is a lack of concept thinking on the whole, not only on the product. ... The people from the European countries where even not informed on this new product, even General Managers had never seen the product."

Diese Managerin beschwert sich weiterhin, dass sie auch bei Anfragen nicht oder nur mit viel Aufwand die Informationen, die sie benötigt, aus der Zentrale erhält. Niemand in der Zentrale erklärt sich für zuständig oder kann ihr sagen, wer zuständig ist und über die von ihr gesuchten Informationen verfügt. Sie bezeichnet diese Situation sogar als kafkaesk:

> „The whole organization is that scattered. You have a department for market research. ... The Brand Manager is not always aware of what they are doing. There is a packaging department that doesn't know exactly what the logo of BRAND Φ is. You have to ask Mr. and Mr. and Mr., and he says: 'I'm not responsible.' They do not know themselves! Ask Mr. Z.; I had a discussion with him, and he said: 'Well, I do not know.' And he is our coordination responsible. He even does not know for headquarters himself where to go. It takes time and time and time to find somebody. And then they say: 'Don't change the BRAND Φ logo, don't change everything that we have done with BRAND Φ. You have to first ask for an agreement.' But nobody knows what is now the standard for BRAND Φ. And if somebody knows, nobody knows who knows it. So this is like Kafka."

Auch der holländische Marketing Manager sagt aus, dass gravierende Probleme der europäischen Marketingorganisation in der mangelnden Kommunikation und dem schlechten Informationsfluss liegen. Er bestätigt den von der belgischen Managerin angeprangerten Missstand der fehlenden Zuständigkeiten für das Informieren der Auslandsgesellschaften:

> „Wenn ich Informationen haben möchte über ein Produkt, dann weiß ich nicht, wen ich anrufen muss. Es sind so viele Leute zuständig, um das alles zu arrangieren. Und das ändert sich dann alles wieder."

Dieses fehlende marktorientierte Verhalten verstärkt die von den Auslandsmanagern als mangelhaft empfundene Prozessgerechtigkeit des europäischen Brand Managements dieses Unternehmens. Die belgische Marketing Managerin beschwert sich, dass in der Zentrale keine Dialogbereitschaft vorliegt und die ausländischen Tochtergesellschaften nicht als echte Gesprächspartner gesehen werden. Auch fehlt ihrer Meinung nach ein Grundverständnis der lokalen Marktverhältnisse, da keine systematischen internationalen Marktanalysen stattfinden:

> „For me, it's a basic company culture problem. ... It's like they (headquarters) are saying: 'I am the father, and you Netherlands, Belgium, you are the children and you will do what I say.' It's a patronized position. In an American company, everybody is a discussion partner, and they say: 'I will learn from you.' But what I lack here the most is a critical analysis of what is happening. You don't have it for Belgium, and I doubt if we have it for Europe. A big analysis of the market, then gain insights, and then say: 'How can we improve this?' There is no idea of how to do things better."

Der Marketing Manager der holländischen Niederlassung bemängelt ebenfalls die unzureichende Dialogbereitschaft der Zentrale. Ähnlich wie die belgische Managerin empfindet er die Kommunikation mit der Zentrale eher aus einer hierarchisch untergeordneten Position heraus als auf einer gleichberechtigten Ebene:

> „Und man hat hier immer noch die Hierarchie, und ich merke auch, dass das in Deutschland sehr stark ist. ... Das ist natürlich ganz gut, dieser Respekt, und da könnten wir in Holland vielleicht auch mehr davon brauchen, das muss ich auch ehrlich dazu sagen. Aber von so einem Gedanken aus ist es auch sehr schwierig, miteinander auf gleicher Ebene zu kommunizieren. Es gibt einige Leute, die finden es schwierig, mit Leuten, die in den Augen von diesen Leuten auf einer anderen Ebene sind, gleich zu kommunizieren auf eine offene Art."

Die Aussagen der befragten Manager zeigen, dass die internationale Marktorientierung und die Prozessgerechtigkeit des europäischen Brand Managements dieses Unternehmens vergleichsweise schwach ausgeprägt sind. Es wird auch deutlich, wie die Marktorientierung und die Prozessgerechtigkeit ineinandergreifen. Eine zentrale Rolle spielen dabei die mangelhafte Gestaltung der Informationsprozesse zwischen den Auslandstöchtern und der Zentrale und das Fehlen einer international ausgerichteten Unternehmenskultur. Das europäische Brand Management dieses Unternehmens stellt sich daher auch als wenig effektiv dar. Eine global-lokal Balance wird nicht erreicht, da die deutsche Sichtweise den Entscheidungsprozess dominiert und lokale Marktspezifika nicht berücksichtigt werden. Der holländische Marketing Manager berichtet z.B., dass das in Deutschland entwickelte Werbekonzept in Holland (und auch in den anderen Auslandsmärkten) nicht sinnvoll einsetzbar sei. Das deutsche Konzept geht von einem bereits vorhandenen hohen Marktanteil und Bekanntheit der Unternehmensmarken aus. In den Auslandsmärkten liegt jedoch eine vollkommen andere Wettbewerbsposition vor, so dass auch im Vergleich zu Deutschland andere Werbeziele und entsprechend andere Werbebotschaften notwendig wären. Ähnlich ungeeignet für den holländischen Markt seien die Verpackungen der Produkte, da diese mit einem Produkt *Claim* in deutscher Sprache beschriftet sind. Dabei stellt der holländische Marketing Manager nochmals die mangelnde Bereitschaft der Zentrale heraus, sich mit diesem Problem ernsthaft auseinanderzusetzen:

> „... Dass wir nicht immer sagen in der Diskussion, wenn wir über Verpackungen reden z.B. - ich habe jetzt eine Verpackung für Holland und da steht drauf: »(Produkt *Claim* in deutscher Sprache)«, das steht auf der Verpackung in Holland. Damit verkaufe ich keine Produkte mehr. Und wenn man dann sagt: 'Ja, Sie haben recht, aber die Stückzahlen, die Stückzahlen, das lohnt sich nicht, eine Verpackung zu machen.' Wenn man noch immer diesen Gedanken hat, dann hat es kaum einen Zweck, eine Diskussion zu führen, weil er redet nur über Stück-

zahlen, die ich jetzt abgeben kann, weil ich kein geeignetes Produkt mit einer geeigneten Verpackung habe. Aber was sind die Möglichkeiten - das ist ein ganz anderer Gedanke. Und das fehlt im Moment, und das hat mit Leuten zu tun."

Auch die internationale Lernfähigkeit und die Implementierungsfähigkeit in diesem Unternehmen muss als mangelhaft bezeichnet werden. Der Geschäftsführer der belgischen Tochtergesellschaft berichtet hierzu, dass keine Zusammenarbeit mit der Zentrale bei der Entwicklung von Marketingkonzepten stattfindet. Im Gegensatz zu anderen Unternehmen, bei denen dieser Manager früher tätig war, wird nicht versucht, Know-how zu transferieren und von anderen Märkten oder durch Marktforschung zu lernen. Eine Unterstützung der Tochtergesellschaft durch die Zentrale bleibt daher aus. Die Aussage des belgischen Managers verdeutlicht den Zusammenhang zwischen Marktorientierung, Prozessgerechtigkeit und internationaler Lernfähigkeit in einem internationalen Unternehmen:

„I'm with this company for about 5, 6 months now. And before I worked with Unilever and also with Campbell Soup Company. And let me give you the example on how they did it at Campbell Soup Company. Campbell is a US company, and there was a team that was called the Global Team. And this was structured as follows. The guy who was responsible for this, he was president of the Global Team, and he defined in which countries CAMPBELL soup should be launched. And Belgium was one of the countries where CAMPBELL soup was launched last year. And this guy has several assistants. He has a marketing manager, he has a financial guy, a person for market research, someone for production and development, and he said: 'OK, we are going to launch CAMPBELL soups in Belgium next year. The whole team will assist you.' And he came to Belgium to me, and all together as a team we prepared this introduction. And they said, for instance, that they have introduced CAMPBELL soup, let's say this tomato soup with this flavor in Australia or that they have launched pumpkin soup in Australia and that it's a big success for this and this and this reason. ... It was a learning process from what they had done in other countries. And they said: 'OK, look at it, it's your decision if you say that you won't do it in Belgium. That's your decision.' But when this is the decision, it should be based on consumer research. And they assisted us in doing consumer research on the same basis that they did it each other country. I worked together, for instance, with a US research company that was based in New York. I had contacts with them daily, to make the questionnaire, to discuss the results. They were presented in the same form that they were presented in the US or in Malaysia, exactly. And we could compare figures and learn. And this was for us - let's say it gave us the confidence that what we decided was done on a really good basis. And then we, the whole team presented it to the US directors. And this team, the Belgian marketing team and the US Global Team presented this project - the launch of CAMPBELL soup in Belgium - together. Everybody was behind this plan. And then they said: 'Go!' The financial guy made his calculations, the product development guy says that we have done this and that, just to customize the taste to the Belgian taste. And that's how it works. And we launched the whole thing in Belgium, the whole team, and it works now. But I think that they have never heard about this in our company."

In der deutschen Zentrale ist man sich inzwischen dieser Probleme des europäischen Brand Managements und des grundsätzlichen Veränderungsbedarfs bewusst. So ist angedacht, die Kommunikation mit den Auslandstöchtern zu verbessern und sie v.a. auch stärker in den Produktentwicklungsprozess einzubeziehen. Allerdings - so ein in der Zentrale tätiger deutscher Marketing Manager - besteht noch keine Klarheit darüber, wie dies zu erfolgen hat.

„Und es gibt auch seit letztem Jahr ein standardisiertes Innovationsverfahren bei (unserem Unternehmen) ... Da sitzen also die Leute aus der Geschäftsleitung und aus der Holding drin und da werden also Projekte in verschiedenen Entwicklungsstadien besprochen, und es ist Pflichtprogramm, also Pflichtdurchlauf für alles was in die Marke reinkommt. Also für alle Neuheiten ist das ein Pflichtdurchlauf. Und das ist eine Geschichte, die jetzt neu anläuft, im Herbst letzten Jahres neu angelaufen ist, wo die Ausländer bislang noch nicht integriert sind. Und das ist jetzt gerade ein sehr aktuelles Problem bei uns, denn die Innovationen für 1997

> müssen jetzt in den ersten 4 Monaten des Jahres gemacht werden, und es ist momentan noch nicht klar, wie die Ausländer partizipieren können, wie sie sich einbringen können. Das müssen wir jetzt aber klären. Wir haben jetzt mit den Auslandstöchtern so vierteljährliche Auslands-*quarterlies* und jetzt im März haben wir das Thema Innovation, und in dieser Vorbereitungsphase sind wir momentan. D.h., das ist momentan zentraler Punkt, wie sie jetzt mit einbezogen werden. ... Sie (die Manager der Tochtergesellschaften) wissen noch gar nicht, wie es geht, es hat auch noch niemand vom Konzeptansatz her gesagt, ob das dann z.B. über mich läuft, ob sie selbst kommen. Das ist also noch ein offenes Thema, was jetzt mal von oben entschieden werden muss. Also es ist momentan eben noch so in der Schwebe. Aber es ist meines Erachtens ein ganz heikler Punkt, denn daran wird sich entscheiden, wie die Organisation zukünftig akzeptiert wird. ... Also, sie müssen in den Innovationsprozess mit eingebunden werden."

Das Beispiel von Procter & Gamble und der andere hier geschilderte Fall eines deutschen Unternehmens zeigen einmal in positiver und einmal in negativer Weise den Zusammenhang zwischen der internationalen Marktorientierung und der Prozessgerechtigkeit und ihre sich gegenseitig beeinflussenden Wirkungen auf die Effektivität des europäischen Brand Managements auf. Dabei wird weiterhin deutlich, dass die internationale Marktorientierung und die Prozessgerechtigkeit vor allem durch die *Unternehmenskultur* und durch die *Informations-* bzw. *Kommunikationsprozesse* zusammenhängen.

Insgesamt führen die Marktorientierung und die Prozessgerechtigkeit zum einen dazu, dass im Rahmen des europäischen Brand Managements nach Marketingkonzepten gesucht wird, die soweit wie möglich länderspezifische Differenzen überwinden und europäisch einsetzbar sind. Zum anderen gewährleisten die Marktorientierung und die Prozessgerechtigkeit, dass für das Marketing relevante lokale Marktspezifika nicht unberücksichtigt bleiben. Weiterhin stellen die Marktorientierung und die Prozessgerechtigkeit sicher, dass die entwickelten europäischen Marketingkonzepte von den lokalen Marketing Managern auch dann akzeptiert und umgesetzt werden, wenn diese auf Grund von pan-europäischen Zwängen lokal nur suboptimal sind. Schließlich bestehen in *dynamischer Sicht* über die internationale Lernfähigkeit des europäischen Brand Managements auch eine Rückkopplung und damit selbstverstärkende Wirkung der Marktorientierung und der Prozessgerechtigkeit. Wie bereits dargestellt, erhöhen Marktorientierung und Prozessgerechtigkeit die Lernfähigkeit eines Unternehmens. Organisationales Lernen wiederum kann, indem es die effektive Wirkung der Marktorientierung und Prozessgerechtigkeit registriert und innerhalb des Unternehmens verbreitet, dazu beitragen, dass Maßnahmen ergriffen werden, um die Marktorientierung und die Prozessgerechtigkeit zu erhöhen. Abbildung 19 stellt die Wirkungen der Marktorientierung und der Prozessgerechtigkeit auf die Effektivität des europäischen Brand Managements zusammenfassend dar.

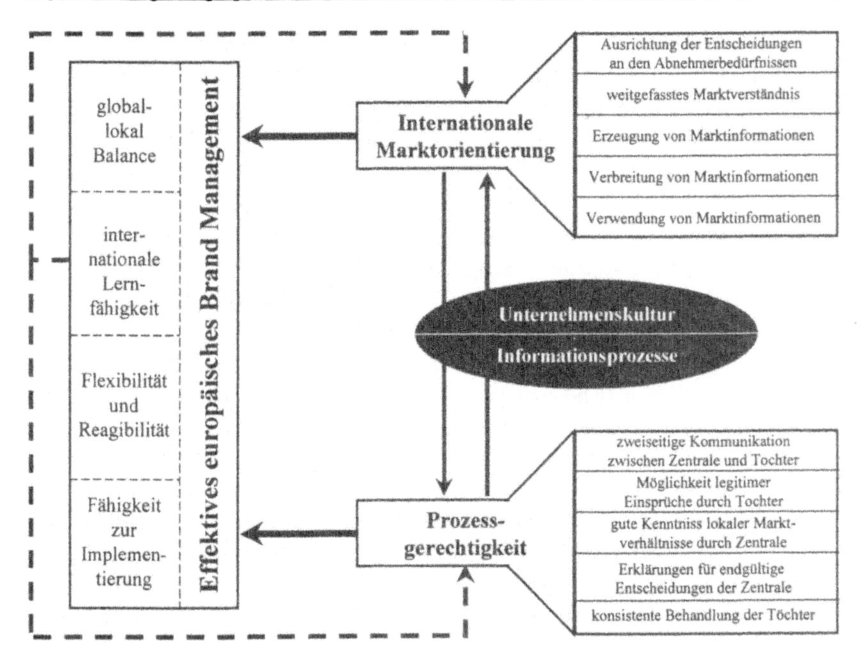

Abbildung 19: Marktorientierung, Prozessgerechtigkeit und Effektivität des europäischen Brand Managements

IV. Wettbewerbsvorteile durch europäisches Brand Management im Lichte der resource-based view

Die bisherigen Überlegungen dieses Kapitels befassten mit den Fragen, wodurch sich ein effektives europäisches Brand Management auszeichnet (Abschnitt D.II.) und welche Faktoren die Effektivität des europäischen Brand Managements beeinflussen (Abschnitt D.III.). Die Betrachtung der Erfolgsbedingungen des europäischen Brand Managements wird nun auf einer anderen, *übergeordneten* Ebene fortgesetzt. Dieser Abschnitt setzt sich mit der Frage auseinander, ob ein effektives europäisches Brand Management die *Quelle strategischer Wettbewerbsvorteile* darstellen kann. Ein strategischer Wettbewerbsvorteil liegt vor, wenn ein Unternehmen seinen Abnehmern bzw. Kunden einen im Vergleich zu den Konkurrenten höheren (Netto-)Nutzen bei zumindest einem vom Kunden als wichtig erachteten Leistungsmerkmal des Produktes bietet, dieser Vorteil vom Kunden auch wahrgenommen wird und von Dauer ist.[235] Die Beantwortung der Frage, ob ein effektives europäisches Brand Management einen solchen strategischen Wettbewerbsvorteil generieren kann, erfolgt unter Rückgriff auf die sogenannte *resource-based view*. In der deutschsprachigen Management Literatur hat dieser An-

235 Vgl. *Coyne* (1986), S. 54-55; *Simon* (1992), S. 59-60.

satz bisher noch keine große Verbreitung gefunden.[236] Auch im Bereich des (internationalen) Marketing liegen bislang keine Studien vor, in der die *resource-based view* einen zentralen Stellenwert einnimmt. Daher werden zunächst die Argumentation und die Grundannahmen dieses vergleichsweise neuen Ansatzes des strategischen Managements dargestellt.

1. Argumentation und Grundannahmen der resource-based view

Ausgangspunkt der Entwicklung der *resource-based view*[237] waren Überlegungen, dass sich Untersuchungen zum strategischen Management zu sehr auf die Analyse der *Chancen* und *Risiken* der technologisch-ökonomischen Umwelt und auf die *Positionierung* von *Geschäftsfeldern* in dieser Umwelt als Basis von Wettbewerbsvorteilen beschränken.[238] Stellvertretend für diese von der *resource-based view*[239] kritisierten Sichtweise kann der in der Tradition der *Industrial Organization* (IO)-Forschung von PORTER entwickelte Ansatz der Branchenstrukturanalyse[240] genannt werden, der große Beachtung in Wissenschaft und Praxis fand.[241] Der theoretische Hintergrund dieser Fokussierung auf die Branchenstruktur liegt im *structure-conduct-performance* Paradigma bzw. revidierten IO-Paradigma.[242] Grundgedanke dieses Paradigmas ist, dass die Profitabilität eines Geschäftsfeldes von dessen Zugehörigkeit zu einer *strategischen Gruppe* in einer Branche abhängt, wobei sogenannte *Mobilitäts-* bzw. *Eintrittsbarrieren* als strukturelle Kräfte dazu führen, dass die Profitabilität zwischen strategischen Gruppen bzw. Branchen systematisch und dauerhaft *variiert*.[243] Empirische Bestätigung für diese Sichtweise wurde v.a. in der viel zitierten Studie von SCHMALENSEE gesehen.[244]

---

236 Die erste umfassende deutschsprachige Diskussion der *resource-based view* stammt von RASCHE. Vgl. *Rasche* (1994). Für weitere inhaltliche Auseinandersetzungen mit der *resource-based view* vgl. *Bamberger/Wrona* (1996); *Knyphausen* (1993); *Knyphausen-Aufsess* (1995), S. 82-87; *Rasche/ Wolfrum* (1994) und *Rühli* (1994). Eine Anwendung der *resource-based view* führt z.B. HENNEMANN durch. Sie verwendet diesen Ansatz zur Fundierung des organisationalen Lernens. Vgl. *Hennemann* (1997).

237 RASCHE verwendet die Begriffe »ressourcenorientierter Ansatz« und »ressourcenorientierte Unternehmensführung« synonym mit *resource-based view*. Vgl. *Rasche* (1994), S. 4, Fußnote 18. Andere Autoren benutzen den Begriff »Ressourcenansatz«. Vgl. *Bamberger/Wrona* (1996). In dieser Arbeit werden neben der englischen Bezeichnung *resource-based view* die Begriffe »ressourcenorientierter Ansatz«, »ressourcenorientierte Sicht bzw. Perspektive« gleichbedeutend verwendet.

238 Vgl. *Barney* (1986a); *Dierickx/Cool* (1989), S. 1504; *Grant* (1991), S. 114; *Hennemann* (1997), S. 52; *Knyphausen* (1993), S. 771-772, 774-775; *Rasche* (1994), S. 3; *Wernerfelt* (1984).

239 Ein relativ umfassender Überblick der Namen der Vertreter der *resource-based view* findet sich bei *Rasche* (1994), S. 38.

240 Vgl. *Porter* (1987); *Porter* (1991), S. 99-101; *Rühli* (1994), S. 34-37.

241 Vgl. *Cool/Schendel* (1988), S. 207-208; *Knyphausen* (1993), S. 771-772; *Rasche/Wolfrum* (1994), S. 502; *Rühli* (1994), S. 35, 41.

242 Vgl. hierzu insb. die Ausführungen bei *Porter* (1981).

243 Vgl. *Cool/Schendel* (1988), S. 207-208; *Porter* (1991), S. 99-100; *Schwalbach* (1993), S. 104-105.

244 Die auf einer breiten empirischen Basis deskriptiv angelegte Studie von SCHMALENSEE untersuchte, welcher Varianzanteil der Rentabilität von Geschäftseinheiten auf die Branchenzugehörigkeit, den Marktanteil und die Zugehörigkeit zu einem Konzern (*corporate parent)* zurückzuführen ist. Ergebnis war, dass kein *corporate*-Effekt besteht, der Marktanteilseffekt vernachlässigbar ist, die Branchenzugehörigkeit ca. 20% der Varianz der Rentabilität von Geschäftseinheiten und der Brancheneffekt 75% der Varianz der Branchenrentabilität erklärt. Vgl. *Rumelt* (1991), S. 167; *Schmalensee* (1985), S. 349.

Vertreter der *resource-based view* üben an dieser auf *externe* Unternehmensfaktoren konzentrierten Sichtweise des strategischen Managements sowohl *konzeptionelle* als auch *empirische* Kritik. Zum einen führen sie in Anlehnung an den klassischen *SWOT*-Ansatz[245] an, dass der Erfolg einer Strategie von dem Grad der Anpassung der internen Stärken und Schwächen einer Unternehmung mit den in der Umwelt liegenden Chancen und Risiken abhängt. Die auf der IO-Forschung basierende Strategielehre vernachlässige jedoch gerade die Analyse und Einbeziehung der *unternehmensspezifischen Stärken* und *Schwächen.* Dabei werden v.a. die kreativen und innovativen Beiträge des Managements und anderer Organisationsmitglieder ausgeblendet und die im Zusammenhang mit der Formulierung und Implementierung von Strategien stehenden Prozesse vernachlässigt. Daher sei die IO-basierte Strategielehre nicht hinreichend, um erfolgreiche Strategieformulierung und überdurchschnittliche Unternehmensgewinne zu erklären.[246]

Zum anderen werden zahlreiche empirische Untersuchungen angeführt, in denen bei Erfolgsgrößen signifikante Unterschiede zwischen Geschäftseinheiten *derselben* Branche nachgewiesen werden.[247] Auf Basis dieser Ergebnisse wird argumentiert, dass die klassischen branchenstrukturellen Variablen der IO-Forschung nicht ausreichen, um Unterschiede in der Profitabilität von Geschäftseinheiten zu erklären. Weiterhin zeigen diese Untersuchungen, dass unternehmensspezifische Variablen durchaus mit dem Erfolg korrelieren und auch nach der Bereinigung von Brancheneffekten einen signifikanten Anteil der Erfolgsvarianz erklären[248]

Diese Ergebnisse stehen offensichtlich im *Widerspruch* zu denen der o.g. Studie von SCHMALENSEE. Die detaillierte Auseinandersetzung mit der SCHMALENSEE-Studie und nochmalige Schätzung der verschiedenen Effekte mit derselben Stichprobe, aber mittels einer verbesserten Datenbasis[249] und einem komplexeren Schätzmodell[250] durch RUMELT zeigen die Defizite dieser viel zitierten Studie auf.[251] RUMELT weist nach, dass in den von SCHMALENSEE verwendeten Daten durchaus ein signifikanter und beträchtlicher Teil der Profitabilitätsvarianz

245 *SWOT* ist das englische Akronym für *Strengths, Weaknesses, Opportunities and Threats.* Vgl. hierzu *Andrews* (1971); *Learned/Christensen/Andrews/Guth* (1969).

246 Vgl. *Amit/Schoemaker* (1993), S. 34-35; *Barney* (1991), S. 99-100; *Barney* (1992), S. 41-42; *Collis* (1991), S. 65-66; *Conner* (1991), S. 122; *Conner* (1994), S. 17; *Hennemann* (1997), S. 58-61; *Knyphausen* (1993), S. 772, 777; *Rasche* (1994), S. 14-15; *Rasche/Wolfrum* (1994), S. 502; *Wernerfelt* (1984), S. 171.

247 Vgl. *Knyphausen* (1993), S. 772-774; *Rumelt* (1991), S. 169-170.

248 Vgl. z.B. die Untersuchungen von *Hansen/Wernerfelt* (1989); *Jacobsen* (1988); *Powell* (1992a).

249 Vgl. *Rumelt* (1991), S. 170-171.

250 Vgl. *Rumelt* (1991), S. 171-176.

251 Grundlage der SCHMALENSEE-Studie waren *FTC* (*Federal Trade Commission*) *Line of Business*-Daten von 1975 für Unternehmen des verarbeitenden Gewerbes. RUMELT übt hieran Kritik, da die Ergebnisse von SCHMALENSEE nicht unterscheiden, ob der durch den Brancheneffekt erklärte Varianzanteil der Geschäftsfeldprofitabilität zeitlich stabil ist oder aufgrund der Situation eines bestimmten Jahres zustande kommt. Daher verwendet RUMELT in seiner Studie dieselbe Datenbasis, allerdings von 1974-1977 und bereinigt die Varianz in der Profitabilität von branchenspezifischen jährlichen Fluktuationen. Vgl. hierzu und zu weiterer Kritik an den Ergebnissen von SCHMALENSEE: *Rumelt* (1991), S. 167-168.

geschäftseinheitenspezifisch ist.[252] RUMELT zieht auf Basis seiner empirischen Ergebnisse folgende Schlüsse: Erstens unterscheiden sich Geschäftseinheiten innerhalb einer Branche wesentlicher stärker voneinander als Branchen untereinander.[253] Zweitens liegt die wichtigste Hürde für die Angleichung der langfristigen Profitraten von Geschäftseinheiten nicht in der Branchenstruktur sondern in der *Einzigartigkeit* einzelner Geschäftseinheiten hinsichtlich ihrer Ressourcenausstattung und Strategie.[254] Drittens müssen daher theoretische Arbeiten oder empirische Untersuchungen, die einen bedeutenden Teil des unterschiedlichen Erfolges von Geschäftseinheiten erklären wollen, die Geschäftseinheit als Analyseeinheit heranziehen und sich auf Ursachen der Heterogenität innerhalb von Branchen fokussieren.[255]

Während die Ergebnisse von RUMELT noch offenlassen, ob die Intra-Branchen-Varianz des Erfolges durch die Zugehörigkeit der Geschäftseinheiten zu bestimmten strategischen Gruppen innerhalb der Branche erklärt werden kann, zeigen andere empirische Untersuchungen, auf die Vertreter der *resource-based view* in ihrer Kritik an der IO-basierten Strategielehre zurückgreifen, dass auch innerhalb strategischer Gruppen systematische und zeitlich stabile Profitabilitätsunterschiede zwischen Geschäftseinheiten bestehen und diese Unterschiede mit unternehmensspezifischen Variablen zusammenhängen.[256]

Diese hier kurz beschriebene konzeptionelle und empirische Kritik[257] an der aus der IO-Forschung abgeleiteten Strategielehre mündet letztendlich in die *Ausgangsüberlegung* der *resource-based view*, dass Unternehmen *heterogen* sind und daher die Quelle von Wettbewerbsvorteilen und dadurch bedingten überdurchschnittlichen Gewinnen bei *unternehmensspezifischen* Faktoren (im Gegensatz zu branchen- oder strategischen Gruppen-spezifischen Faktoren) zu suchen sind. Insofern gibt die *resource-based view* auch die der IO-Forschung

---

252 Vgl. *Rumelt* (1991), S. 168, 176-178. RUMELT kommt zu folgenden empirischen Ergebnissen:
- Ein signifikanter Teil der Varianz in der Profitabilität von Geschäftseinheiten lässt sich zwar durch einen zeitlich stabilen Brancheneffekt erklären, allerdings nur ca. 8% davon.
- Unterschiede in der Branchenrentabilität werden nur zu 40% von einem zeitlich stabilen Brancheneffekt erklärt.
- 46% der Varianz in der Profitabilität von Geschäftseinheiten lassen sich durch einen zeitlich stabilen Geschäfsfeldeffekt erklären.
- Ein *corporate*-Effekt auf die Profitabilität besteht nicht bzw. kaum.

Den vernachlässigbar kleinen *corporate*-Effekt bezeichnet RUMELT als erstaunlich und als ein Rätsel, das es noch weiter zu untersuchen gelte, da dies impliziert, dass gängige strategische Konzepte wie Synergie zwischen den Geschäftseinheiten einer Unternehmung oder Unternehmenskultur mit ihrer postulierten positiven Wirkung auf den Erfolg einer Geschäftseinheit nicht existieren. Vgl. *Rumelt* (1991), S. 182. Andererseits bestehen auch empirische Untersuchungen, die einen derartigen *corporate*-Effekt nachweisen. Vgl. hierzu *Knyphausen* (1993), S. 774 und die dort angegebenen Quellen.

253 Vgl. *Rumelt* (1991), S. 179.

254 Vgl. *Rumelt* (1991), S. 168.

255 Vgl. *Rumelt* (1991), S. 182.

256 Vgl. *Cool/Schendel* (1988); *Lawless/Bergh/Wilsted* (1989).

257 An dieser Stelle soll nicht der Eindruck entstehen, dass die hier angeführten, im Einklang mit der *resource-based view* stehenden empirischen Ergebnisse im Vergleich zu anderen überlegen sind oder sogar objektive Wahrheiten verkünden. So lässt sich schließlich, wie KNYPHAUSEN (1993, S. 774) es formuliert, „...für nahezu alle Forschungshypothesen entsprechende empirische Evidenz (finden)." Ziel ist es nur hier, die Argumentation der Vertreter der *resource-based view* nachzuvollziehen.

im wesentlichen zugrunde liegende Betrachtung von Unternehmen als *black box* bei der Analyse von Wettbewerbsvorteilen auf.[258] Diese Überlegung schlägt sich bei der Analyse der Quellen von Wettbewerbsvorteilen durch die *resource-based view* in den zwei *grundlegenden Annahmen* dieser Sichtweise nieder:[259]

Erstens können Unternehmen einer Branche (bzw. strategischen Gruppe) *heterogen* sein bezüglich der strategischen Ressourcen[260], über die sie verfügen.[261] Zweitens sind solche Ressourcen *nicht vollkommen mobil* zwischen Unternehmen, so dass diese Heterogenität dauerhaft bestehen kann.[262] Die eingeschränkte Mobilität von Ressourcen entsteht dabei entweder durch unvollständige oder durch nichtexistente strategische Faktormärkte für diese Ressourcen.[263] Unvollständige Faktormärkte liegen dann vor, wenn der Wert einer Ressource unternehmensspezifisch ist bzw. der potentielle Wert im Marktpreis dieser Ressource nicht vollständig enthalten ist.[264] Unvollständige Faktormärkte lassen sich dabei im wesentlichen durch unterschiedliche Erwartungen bei Käufer und Verkäufer bezüglich des Werts der Ressource, also Informationsasymmetrien bzw. Know-how-Vorsprüngen beim Erwerb strategisch relevanter Ressourcen begründen.[265] Weiterhin kann die eingeschränkte Mobilität einer Ressource konzeptionell durch ihre Spezifität erklärt werden.[266] Mit zunehmender Spezifität einer Ressource nehmen die Transaktionskosten des Transfers dieser Ressource zu, so dass der Wert einer firmenspezifischen Ressource außerhalb des angestammten Verwendungszwecks sinkt.[267] Im allgemeinen ist dabei die Spezifität einer Ressource abhängig von ihrer Komplexität.[268] Darüber hinaus bestehen für etliche strategische Ressourcen, die starken firmenspezifischen Charakter aufweisen, gar keine korrespondierenden Faktormärkte, so dass hier überhaupt keine Mobilität dieser Ressource gegeben ist. Dabei handelt es sich um nicht-transferierbare bzw. nicht-transaktionsfähige Ressourcen wie eine innovationsfördernde Unternehmenskultur, gute Beziehungen zum Betriebsrat oder persönliche Bindungen und

258 Vgl. *Amit/Schoemaker* (1993), S. 42.

259 Vgl. *Barney* (1991), S. 101.

260 In der Sprache der *resource-based view* sind »strategische Ressourcen« die Ressourcen, die notwendig sind, um eine Strategie zu implementieren, und »strategische Faktormärkte« sind die Märkte, auf denen diese Ressourcen beschafft werden. Vgl. *Barney* (1986a), S. 1231-1232; *Rasche* (1994), S. 55. Zum Ressourcenbegriff der *resource-based view* siehe den folgenden Abschnitt D.IV.1.b).

261 Vgl. *Barney* (1991), S. 101; *Peteraf* (1993), S. 185; *Rasche* (1994), S. 55-57.

262 Vgl. *Barney* (1991), S. 101.

263 Vgl. *Chi* (1994), S. 273-274; *Rasche* (1994), S. 57.

264 Bei vollkommenen strategischen Faktormärkten wären die Kosten für eine strategische Ressource ungefähr gleich dem Wert dieser Ressource. Vgl. *Barney* (1986a), S. 1231.

265 Vgl. *Barney* (1986a), S. 1233-1238; *Rasche* (1994), S. 58-63.

266 Vgl. *Chi* (1994), S. 273; *Peteraf* (1993), S. 183-184.

267 Wenn dies zutrifft, handelt es sich hierbei um eine sog. Quasi- oder Pareto-Rente einer Ressource, die sich als Differenz zwischen ihrem optimalen Einsatz und der nächstbesten Verwendungsmöglichkeit ergibt. Vgl. *Bamberger/Wrona* (1996), S. 134; *Peteraf* (1993), S. 184; *Rasche* (1994), S. 83; *Rühli* (1994), S. 33. Für einen Überblick und Definitionen der verschiedenen Arten von Renten-Begriffen, die in der Literatur zur *resource-based view* verwendet werden, siehe *Peteraf* (1994), S. 154-155.

268 Vgl. *Rasche* (1994), S. 83.

Vertrauen der Abnehmer. Für derartige Ressourcen liegen keine »Beschaffungsmärkte« vor, so dass diese nur unternehmensintern entwickelt und akkumuliert werden können.[269]

Wenn diese Prämissen der Ressourcenheterogenität und -immobilität nicht erfüllt sind, können Unternehmungen einer Branche auch keinen dauerhaften strategischen Wettbewerbsvorteil erzielen.[270] Die Existenz eines strategischen Wettbewerbsvorteils impliziert, dass ein Unternehmen eine Strategie implementiert, die nicht von bestehenden Konkurrenten gleichzeitig und gleichartig kundenwirksam verfolgt wird. Dauerhaft wird dieser Wettbewerbsvorteil, wenn bestehende oder potentielle Konkurrenten auch nicht in der Lage sind, diese Strategie zu duplizieren.[271] Zur Entwicklung und Umsetzung einer Strategie benötigt ein Unternehmen bestimmte Ressourcen.[272] Wenn nun alle Unternehmen einer Branche über exakt dieselben strategisch relevanten Ressourcen verfügen würden, wäre keines dieser Unternehmen in der Lage, eine Strategie zu implementieren, die nicht auch gleichzeitig und gleichartig von ihren Konkurrenten dupliziert und umgesetzt werden könnte. Insofern ist es für das Vorliegen eines dauerhaften Wettbewerbsvorteils notwendig, dass die Ressourcenausstattung der Unternehmen unterschiedlich ist und die Ressourcen auch beschränkt mobil sind.[273]

Die *resource-based view* geht durch ihre Annahmen letztendlich von der Überlegung aus, dass erfolgreiche Produkt-Markt-Positionen lediglich das *letzte Glied* des unternehmerischen Wertschöpfungsprozesses darstellen.[274] Insofern geht die primär *inside-out* orientierte Denkweise der *resource-based view* einen Schritt weiter als die Wertketten- und Wettbewerbsvorteilsanalyse von PORTER, indem sie die *originären Triebkräfte* und Einflussfaktoren, die solchen Erfolgspositionen zugrunde liegen und diese dauerhaft absichern, in spezifischen Merkmalen bzw. der heterogenen Ressourcenausstattung von Unternehmen sieht.[275] Daher ist es zur Erklärung von Wettbewerbsvorteilen auch notwendig, die Ressourcenausstattung eines Unternehmens zu analysieren.[276] Hierbei gilt es zu untersuchen, welche (formale) Bedingungen Ressourcen erfüllen müssen, damit die Prämissen der Heterogenität und eingeschränkten Mobilität erfüllt sind und sie daher eine Quelle von Wettbewerbsvorteilen sein können. Zunächst soll aber der Ressourcenbegriff der *resource-based view* kurz erläutert werden.

269 Vgl. *Rasche* (1994), S. 63-68.

270 Vgl. *Barney* (1991), S. 103.

271 Vgl. *Barney* (1991), S. 102-103.

272 Vgl. *Barney* (1991), S. 104; Wernerfelt (1984), S. 171.

273 Vgl. *Barney* (1991), S. 103-104.

274 Daher wird die Denkweise der *resource-based view* gelegentlich auch als *resource-conduct-performance* Paradigma bezeichnet und hiermit der Sichtweise des *structure-conduct-performance* Paradigmas kontrastiert. Vgl. *Rasche/Wolfrum* (1994), S. 502; *Rühli* (1994), S. 42.

275 Vgl. *Barney* (1991), S. 105; *Rasche* (1994), S. 23; *Rasche/Wolfrum* (1994), S. 502.

276 Vgl. *Amit/Schoemaker* (1993), S. 36.

2. *Der Ressourcenbegriff der resource-based view*

Der Ressourcenbegriff der *resource-based view* ist einerseits viel weiter gefasst und wird differenzierter interpretiert als die drei klassischen Produktionsfaktoren (Boden, Arbeit und Kapital) der Nationalökonomie.[277] Andererseits ist die Auslegung des Begriffs auch enger als in der Volkswirtschaftslehre, da einer Ressource zumindest implizit ein gewisser Grad an Unternehmensspezifität zugrunde gelegt wird.[278] Weiterhin ist der Ressourcenbegriff dabei nicht auf tangible Einsatzfaktoren beschränkt, sondern beinhaltet auch sogenannte immaterielle Aktivposten. WERNERFELT definiert eine Ressource z.B. wie folgt:

> „By a resource is meant anything which could be thought of as a strength or weakness of a firm. More formally, a firm's resources at a given time could be defined as those (tangible and intangible) assets which are tied semipermanently to the firm."[279]

Der Bezug zur Unternehmensstrategie wird durch die Interpretation einer Ressource als relative Stärke oder Schwäche einer Unternehmung deutlich. Als Beispiele für Ressourcen führt WERNERFELT dann Marken, unternehmensinternes Technologie-Know-how, gut ausgebildetes Personal, Kontakte zu Geschäftspartnern, Anlagen, effiziente Verfahren und Kapital an, wodurch die Spannweite des Ressourcenbegriffs verdeutlicht wird.[280] Bei BARNEY ist die strategische Perspektive des Ressourcenbegriffs noch ausgeprägter. In seiner Definition steht der Zweck einer Ressource im Vordergrund. Dieser besteht darin, einen Beitrag zur Konzipierung und Umsetzung von Strategien, die die Effizienz und Effektivität einer Unternehmung erhöhen, zu leisten.

> „...firm resources include all assets, capabilities, organizational processes, firm attributes, information, knowledge, etc. controlled by a firm that enable a firm to conceive of and implement strategies that improve its efficiency and effectiveness."[281]

Allerdings besteht Unklarheit über die genaue Bedeutung und Abgrenzung der von den Vertretern der *resource-based view* verwendeten (Ressourcen-)Begriffe. So verwenden manche Autoren Begriffe wie Aktivposten (*asset*), Fertigkeit (*skill*), Fähigkeit (*capability*), Kompetenz (*competence*) synonym zum oben genannten Ressourcenbegriff. Zum Teil werden diese Begriffe aber zur Beschreibung unterschiedlicher Arten oder Unterkategorien von Ressourcen herangezogen.[282] In der vorliegenden Untersuchung erfolgt eine Anlehnung an den Ressourcenbegriff von BARNEY, da dieser aufgrund seiner sowohl weiten Fassung als auch strategischen Orientierung am zweckmäßigsten für die Untersuchungsziele geeignet

---

277 Vgl. *Bamberger/Wrona* (1996), S. 132; *Rühli* (1994), S. 42.

278 Vgl. *Rasche* (1994), S. 38.

279 *Wernerfelt* (1984), S. 172.

280 Vgl. *Wernerfelt* (1984), S. 172.

281 *Barney* (1991), S. 101.

282 Vgl. *Rasche* (1994), S. 92-93; *Teece/Pisano/Shuen* (1992), S. 17-18. Für Beispiele dieser teilweise unterschiedlichen Begriffsauffassungen im Schrifttum, das der *resource-based view* zugeordnet werden kann, siehe *Black/Boal* (1994); *Collis* (1991); *Dierickx/Cool* (1989); *Grant* (1991). Auch aus diesem Grund stellt RASCHE (1994, S. 93) das „Fehlen einer vermittelnden terminologischen Basis" der *resource-based view* fest. RASCHE leistete dabei im deutschen Sprachraum Pionierarbeit durch seine sehr differenzierte Auseinandersetzung mit den verschiedenen begrifflichen Grundlagen der Vertreter der *resource-based view*. Vgl. *Rasche* (1994), S. 92-211.

erscheint. Des Weiteren soll »Ressource« als Oberbegriff für sämtliche anderen verwandten Konzepte wie »Fähigkeiten« oder »Kompetenzen« verstanden werden.[283]

3. *Formale Anforderungen an erfolgspotentialgenerierende Ressourcen*

In der ressourcenorientierten Sicht führt die Heterogenität in der Ressourcenausstattung und die Immobilität (bzw. eingeschränkte Mobilität) der Ressourcen dazu, dass bestimmte Unternehmen eine relativ bessere Ressourcenausstattung haben, die es ihnen erlaubt, eine erfolgreichere Strategie zu implementieren. Die Existenz und die Dauerhaftigkeit eines ressourcenbasierten Wettbewerbsvorteils hängen letztendlich davon ab, inwieweit Konkurrenten in der Lage sind, eine erfolgspotentialgenerierende Ressourcenausstattung zu replizieren. Falls die hierzu notwendigen Ressourcen nicht auf Faktormärkten erhältlich sind, können die Konkurrenten versuchen, diese zu imitieren und selbst zu entwickeln oder entsprechend gleichwertige Substitute zu beschaffen.[284]

Aus dieser Überlegung heraus lassen sich *vier Eigenschaften* spezifizieren, die Ressourcen (gleichzeitig) aufweisen müssen, damit die Annahmen der Heterogenität und der Immobilität erfüllt sind und die Ressourcen somit eine potentielle Quelle von dauerhaften Wettbewerbsvorteilen sein können. Die Ressourcen müssen:[285]

a) wertvoll sein (*valuable*),
b) rar sein (*rare*),
c) nicht vollkommen imitierbar sein (*imperfectly imitable*) und
d) keine strategisch äquivalente Substitute für sie vorhanden sein (*no strategically equivalent substitutes*)

Diese Eigenschaften von Unternehmensressourcen können als *empirische Indikatoren* für den Grad der Heterogenität und Immobilität einer Ressource aufgefasst werden und zeigen dann auf, wie nützlich diese Ressource zur Generierung dauerhafter Wettbewerbsvorteile ist.[286] Im folgenden sollen nun diese einzelnen Eigenschaften kurz erläutert werden.

a) Wertvolle Ressourcen

Die erste Bedingung, die eine Ressource zu erfüllen hat, um die Quelle eines Wettbewerbsvorteils darzustellen, besteht darin, dass sie *wertvoll* sein muss. Im ressourcenorientierten Ansatz sind Ressourcen dann wertvoll, wenn sie dazu beitragen, Strategien zu konzipieren oder zu implementieren, die die Effizienz oder Effektivität eines Unternehmens erhöhen. Das traditionelle »Stärken/Schwächen - Chancen/Risiken» Modell des Unternehmenserfolgs suggeriert, dass Unternehmen nur dann erfolgreich sind (bzw. ihren Erfolg verbessern), wenn ihre Strategien die in der Umwelt liegenden Chancen ausnutzen oder die dort vorhandenen Risiken neutralisieren. Bestimmte Merkmale oder Eigenschaften eines Unternehmens stellen also nur

---

283 Eine stärkere Differenzierung des Ressourcenbegriffs und eine Klassifikation von erfolgspotentialgenerierenden Ressourcen erfolgt in Abschnitt D.IV.5.

284 Vgl. *Dierickx/Cool* (1989), S. 1507, 1510; *Mahoney/Pandian* (1992), S. 364.

285 Vgl. *Barney* (1991), S. 105-106; *Rasche* (1994), S. 69.

286 Vgl. *Barney* (1991), S. 106.

dann eine wertvolle Ressource dar, wenn sie Chancen ausnutzen oder Risiken neutralisieren, die in der Unternehmensumwelt liegen.[287] Dies weist darauf hin, dass der Wert bzw. die strategische Relevanz einer Ressource auch von Marktaspekten beeinflusst wird und die Marktseite deshalb in die Analyse einbezogen werden muss.[288] Letztendlich äußert sich der Wert einer Ressource darin, dass er dazu beiträgt, einen aus Kundensicht wahrgenommenen Nutzen bei den angebotenen Leistungen des Unternehmens zu schaffen.[289]

Bei der Betrachtung des Werts einer Ressource ist es jedoch notwendig, auch die *Kosten der Beschaffung* bzw. der Entwicklung dieser Ressource zu beachten. Damit eine Ressource überdurchschnittliche Unternehmensgewinne generiert, muss ihr Wert größer sein als diese Kosten. Hierbei wird deutlich, dass diese Bedingung bei Ressourcen, die auf Faktormärkten verfügbar sind, nur dann erfüllt ist, wenn der zukünftige Wert der Ressource nicht vollständig in dessen Preis antizipiert ist, also der Faktormarkt im Sinne des Vorliegens von Informationsasymmetrien unvollkommen ist.[290]

b) Rare Ressourcen

Damit eine Ressource erfolgspotentialgenerierend ist, muss sie als zweite Bedingung *rar* sein. Wertvolle Unternehmensressourcen können keine Quelle eines Wettbewerbsvorteils sein, wenn viele aktuelle oder potentielle Konkurrenten auch über diese Ressource verfügen. Wenn viele Unternehmen über eine wertvolle Ressource verfügen, können sie alle diese Ressource in der gleichen Art und Weise nutzen und dadurch eine gleiche Strategie implementieren, so dass kein Unternehmen daraus einen Wettbewerbsvorteil zieht. Das Gleiche gilt nicht nur für einzelne Ressourcen, sondern auch für *Ressourcenbündel*.[291] Wie rar eine Ressource konkret sein muss, um als Quelle eines Wettbewerbsvorteils zu gelten, ist nicht beantwortbar. Es ist durchaus möglich, dass eine kleine Zahl von Firmen über diese wertvolle Ressource verfügt und sie dennoch einen Wettbewerbsvorteil generieren kann. Allgemein lässt sich nur sagen, dass die Zahl der Unternehmen mit dieser Ressource geringer sein muss als die Zahl der Unternehmen, die notwendig ist, um eine Situation des vollkommenen Wettbewerbs, der überdurchschnittliche Gewinne erodiert, in einer Branche in Gang zu setzen.[292] Bei hochgradig unternehmensspezifischen Ressourcen oder Ressourcenbündeln wird die Bedingung der Rarheit auf jeden Fall erfüllt.[293]

287 Vgl. *Barney* (1991), S. 106.

288 Vgl. *Rasche* (1994), S. 88-89.

289 Vgl. *Rasche* (1994), S. 89.

290 Vgl. *Barney* (1986a), S. 1231-1238; *Barney* (1989), S. 1513; *Peteraf* (1993), S. 185; *Rasche* (1994), S. 58-63.

291 Vgl. *Barney* (1991), S. 106.

292 Vgl. *Barney* (1991), S. 107.

293 Vgl. *Hennemann* (1997), S. 77.

c) Begrenzt imitierbare Ressourcen

Wertvolle und rare Ressourcen können eine Quelle eines Wettbewerbsvorteils darstellen. Unternehmen mit solchen Ressourcen werden häufig Innovatoren sein, Strategien entwickeln und verfolgen können, welche andere zu diesem Zeitpunkt nicht entwickeln und/oder nicht umsetzen können.[294] Wertvolle und rare Ressourcen können jedoch nur die Quelle von dauerhaften Wettbewerbsvorteilen sein, wenn Unternehmen, die nicht über diese Ressourcen verfügen, sich diese auch nicht aneignen können. Das bedeutet, dass die Dauerhaftigkeit des Wettbewerbsvorteils von der *Imitierbarkeit* der erfolgspotentialgenerierenden Ressource durch bestehende oder potentielle Konkurrenten abhängt.[295] Die Möglichkeit, dass eine bestimmte Ressource imitiert wird, ist im allgemeinen wiederum mit den Charakteristika des *Prozesses der Akkumulierung* dieser Ressource verknüpft. Im einzelnen hängt der Grad der (Nicht-) Imitierbarkeit einer Ressource von folgenden spezifischen Eigenschaften dieses Prozesses bzw. deren Kombination ab:[296]

a) Unternehmensindividuelle Vergangenheitsentwicklung,
b) Zeitinduzierte Ineffizienzen bei der Ressourcenakkumulation,
c) Multiplikatoreffekte bei der Ressourcenakkumulation,
d) Interdependenz der Ressourcen und
e) Kausale Ambiguität.

Hierbei gilt es jedoch auch zu beachten, dass die eingeschränkte Imitierbarkeit nicht nur das Resultat der mangelnden Fähigkeit (im Sinne von Know-how Potential) der Konkurrenten ist, die entsprechende Ressource zu duplizieren. Eingeschränkte Imitierbarkeit liegt auch dann vor, wenn die *Kosten der Imitation* für einen Konkurrenten so hoch wären, dass dadurch der Vorteil des Ressourcenaufbaus kompensiert würde.[297]

ca) Unternehmensindividuelle Vergangenheitsentwicklung

Wenn die Akkumulation einer wertvollen und raren Ressource eng mit der *unternehmensindividuellen Vergangenheitsentwicklung* verknüpft ist, kann dies die vollständige Imitation der Ressource verhindern.[298] Die *resource-based view* geht davon aus, dass Unternehmen historische und soziale Gebilde sind und ihre Fähigkeit, sich Ressourcen anzueignen und zu nutzen, oftmals orts- und zeitgebunden ist. Wenn ein Unternehmen sich wertvolle und rare Ressourcen aufgrund seines einzigartigen Pfades durch die Vergangenheit aneignen kann, wird es diese Ressourcen zur Umsetzung wertschöpfender und nicht duplizierbarer Strategien nutzen können, da Unternehmen, die nicht diesen einzigartigen Pfad in der Vergangenheit gefolgt sind, sich nicht die Ressourcen zur Umsetzung dieser Strategie aneignen können.

---

[294] Die Feststellung, dass wertvolle und rare Ressourcen eine Quelle von Wettbewerbsvorteilen sein können, ist laut BARNEY letztendlich eine andere Art der Beschreibung von *first mover* Vorteilen, die Unternehmen mit vorteilhafter Ressourcenausstattung zukommen. Vgl. *Barney* (1991), S. 107.

[295] Vgl. *Barney* (1991), S. 107.

[296] Vgl. *Barney* (1991), S. 107; Vgl. *Dierickx/Cool* (1989), S. 1507; *Rasche* (1994) S. 70.

[297] Vgl. *Barney* (1994a), S. 8-9.

[298] Vgl. *Rasche* (1994), S. 70-73.

Insofern sind diese Ressourcen nicht oder nur beschränkt imitierbar.[299] So kann z.B. eine einmalige und wertvolle Organisationskultur, die während der Gründerjahre eines Unternehmens entstand, einen schwer imitierbaren Vorteil gegenüber Konkurrenten, die während einer anderen Periode gegründet wurden, darstellen.[300]

cb) Zeitinduzierte Ineffizienzen bei der Ressourcenakkumulation

Die Imitierbarkeit einer Ressource kann weiterhin eingeschränkt sein, wenn ihre Akkumulation in einem kurzen Zeitraum vergleichsweise ineffizient ist.[301] So lassen sich beispielsweise Rückstände im Forschungs-Know-how eines Konkurrenten selten durch »*crash* Programme« in kürzester Zeit aufholen, da der Know-how-Zugewinn bei einer konstanten F+E-Ausgabenrate in einem bestimmten Zeitintervall in der Regel größer ist als bei Verdopplung der Rate in der Hälfte der Zeit.[302] Wenn derartige *zeitinduzierte Ineffizienzen* bei der Akkumulation einer wertvollen und raren Ressource vorliegen, kann der Vorteil gegenüber Unternehmen, die nicht über diese Ressource verfügen, dauerhaft bestehen.[303]

cc) Multiplikatoreffekte bei der Ressourcenakkumulation

Die Dauerhaftigkeit eines ressourcenbasierten Vorteils wird verstärkt, wenn die Aufstockung einer wertvollen Ressource durch die Existenz eines hohen Ausgangsniveaus der Ressource erleichtert wird. Der dahinter liegende Gedanke ist, dass Erfolg Erfolg erzeugt: Historischer Erfolg führt zu günstigen Ressourcenbeständen, die wiederum einen weiteren Ressourcengewinn erleichtern.[304] Beispiele hierfür können ein hohes Niveau an F&E-Know-how sein oder wenn der Wert eines Produktes oder einer Leistung mit der Zahl der Anwender oder Käufer zunimmt (wie beim Franchising oder bei Händlernetzwerken) Die Implikation ist, dass der Aufbau einer Ressource für einen Konkurrenten schwierig ist, wenn solche Multiplikatoreffekte vorhanden sind; vor allem, wenn der Akkumulationsprozess *Diskontinuitäten* aufweist, also z.B. eine kritische Masse notwendig ist.[305]

cd) Interdependenz der Ressourcen

Die Fähigkeit, eine bestehende Ressourcenbasis aufzustocken, kann wie im oben genannten Fall nicht nur vom Niveau derselben Ressource abhängen, sondern auch vom Niveau anderer Ressourcenbestände.[306] Diese *Interdependenz* verschiedener Ressourcen kann eine weitere Hürde der Imitation durch Konkurrenten darstellen. Solche Interdependenzen und die ent-

---

299 Vgl. *Barney* (1991), S. 107-108.

300 Vgl. *Barney* (1986b), S. 661; *Barney* (1991), S. 108.

301 DIERICKX/COOL bezeichnen diese Eigenschaft als *time compression diseconomies*. Konzeptionell entsprechen *time compression diseconomies* dem abnehmenden Grenznutzen wenn ein Input gegenüber der »Zeit« konstant gehalten wird. Vgl. *Dierickx/Cool* (1989), S. 1507.

302 Vgl. *Dierickx/Cool* (1989), S. 1507.

303 Vgl. *Dierickx/Cool* (1989), S. 1507; *Rasche* (1994), S. 78-80.

304 Vgl. *Dierickx/Cool* (1989), S. 1507: *Rasche* (1994), S. 80-81.

305 Vgl. *Dierickx/Cool* (1989), S. 1508.

306 Vgl. *Dierickx/Cool* (1989), S. 1508.

sprechende begrenzte Imitierbarkeit liegen oftmals bei Ressourcen bzw. Ressourcenbündel vor, die hochkomplexe soziale Phänomene beinhalten, z.B. die Beziehungen zwischen den Führungskräften eines Unternehmens oder der gute Ruf eines Unternehmens bei seinen Lieferanten oder Abnehmern.[307] Bei derartig komplexen Ressourcenbündel wirken meist materielle und immaterielle Faktoren so zusammen, dass daraus ein entsprechend komplexes Erfolgspotential entsteht. Rein materielle Faktoren, z.B. eine bestimmte Technologie, die in einer Anlage verkörpert ist, sind in der Regel imitierbar. Die Imitationshürde bei solchen Ressourcenbündeln basiert primär auf den »weichen« Faktoren bzw. den immateriellen Ressourcen und ihrer Interaktion mit den materiellen Komponenten des Ressourcenbündels.[308] Als weiteres Beispiel, das diesen Zusammenhang verdeutlicht, kann ein ausgefeiltes Marketing-Informationssystem (MAIS) gelten.[309] Die rein technische Installation ist vermutlich von den meisten Unternehmen bewältigbar und somit imitierbar. Allerdings hängt die Qualität des MAIS letztendlich auch vom Dateninput ab. Die Erzeugung und Weitergabe der Daten erfordert wiederum, dass eine bestimmte Unternehmenskultur, die eine Offenheit und eine Sensibilität gegenüber Umweltentwicklungen beinhaltet, im internationalen Unternehmen von sämtlichen mit Marktinformationen konfrontierten Personen geteilt wird.

ce) Kausale Ambiguität

Als weiterer Faktor, der die Imitation einer erfolgspotentialgenerierenden Ressource bzw. eines derartigen Ressourcenbündels einschränkt, wird in der Literatur zur *resource-based view* die kausale Ambiguität (*causal ambiguity*) angeführt. Im allgemeinen wird kausale Ambiguität verstanden als Unklarheit über die Wirkungszusammenhänge von Handlungen und Resultaten.[310] In der ressourcenorientierten Sicht liegt kausale Ambiguität vor, wenn der Zusammenhang zwischen den Ressourcen, über die ein Unternehmen verfügt, und dem dauerhaften Wettbewerbsvorteil nicht oder kaum verstanden wird.[311] Dann ist es schwer für Konkurrenten, welche die Strategien eines erfolgreichen Unternehmens zu kopieren versuchen, zu wissen, welche Ressourcen sie nun imitieren sollen.[312] Die Unklarheit darüber, welche Faktoren bzw. Ressourcen entscheidend für den Erfolg (bzw. Misserfolg) sind, stellt daher eine große Hürde für die Imitation durch Konkurrenten dar.[313] Kausale Ambiguität liegt vor allem dann vor, wenn die Ressource bzw. das Ressourcenbündel *implizites, nicht-kodifizierbares* Wissen enthält, hochkomplex oder interdependent ist oder hohe Spezifität

---

307 Vgl. *Barney* (1991), S. 110-111; *Dierickx/Cool* (1989), S. 1508; *Rasche* (1994), S. 73-76.

308 Vgl. *Barney* (1991), S. 110; *Rasche* (1994), S. 73-74.

309 Vgl. *Diller/Heinzelbecker* (1992), S. 667-669.

310 Vgl. *Lippman/Rumelt* (1982), S. 420.

311 Vgl. *Barney* (1991), S. 108-109.

312 Vgl. *Barney* (1991), S. 108; *Dierickx/Cool* (1989), S. 1508-1509; *Rasche* (1994), S. 76-78.

313 Vgl. *Lippman/Rumelt* (1982), S. 420.

aufweist.[314] Hierbei wird deutlich, dass vor allem bei intangiblen Ressourcen diese Unklarheit über Wirkungszusammenhänge eine Rolle spielen kann.[315]

Im Extremfall kann die kausale Ambiguität so groß sein, dass nicht einmal Manager des eigenen Unternehmens den Zusammenhang zwischen Handlungen und Ergebnissen bewusst nachvollziehen können.[316] Dies impliziert dann aber, dass es unmöglich ist, Ressourcen *gezielt* zur Erreichung von Wettbewerbsvorteilen einzusetzen.[317] Für die Nicht-Imitierbarkeit ist es notwendig, dass sich der Grad der Ungewissheit über Wirkungszusammenhänge symmetrisch auf alle aktuellen und potentiellen Wettbewerber verteilt, da sonst die Wissensträger abwandern könnten und somit der Wettbewerbsvorteil erodiert bzw. egalisiert wird.[318] Diese Überlegungen zeigen auf, dass es problematisch für die strategische Handlungsorientierung eines Unternehmens ist, wenn die Nicht-Imitierbarkeit und somit die Dauerhaftigkeit des Wettbewerbsvorteils nur auf kausaler Ambiguität beruht. Denn dann ist das Unternehmen nicht in der Lage, diese Ressource gezielt weiterzuentwickeln und einzusetzen, da es selbst nicht dessen Bestimmungsfaktoren bzw. Erfolgswirkungen kennt.[319] Insofern wäre ein hieraus resultierender Wettbewerbsvorteil nur das Ergebnis zufälliger und glücklicher Umstände.[320] Daher ist kausale Ambiguität als eine graduelle und nicht absolute Eigenschaft zu interpretieren, die im Zusammenspiel mit den anderen oben genannten Faktoren dazu beiträgt, dass die spezifische Ressourcenposition eines Unternehmens nur begrenzt imitierbar ist.

d) Begrenzt substituierbare Ressourcen

Schließlich liegt eine weitere Anforderung an eine Ressource, damit sie die Quelle eines dauerhaften Wettbewerbsvorteils darstellen kann, in der begrenzten Fähigkeit der Konkurrenten, diese Ressource durch eine *strategisch äquivalente* zu ersetzen.[321] Zwei wertvolle Unternehmensressourcen oder -bündel sind dann strategisch äquivalent, wenn sie beide getrennt voneinander zur Umsetzung der gleichen Strategie genutzt werden können.[322] Die Substituierbarkeit kann dabei zwei Formen annehmen: Zum einen kann der Fall eintreten, dass ein Konkurrent zwar eine wertvolle Ressource eines Unternehmens nicht imitieren, aber durch eine ähnliche Ressource mit vergleichbarer Wirkung substituieren kann.[323] Zum anderen kann es

314 Vgl. *Reed/DeFillippi* (1990), S. 91-91.

315 Vgl. *Rasche* (1994), S. 76.

316 Vgl. *Reed/DeFillippi* (1990), S. 90.

317 Vgl. *Reed/DeFillippi* (1990), S. 90-91.

318 Vgl. *Barney* (1991), S. 109; *Rasche* (1994), S. 77.

319 Vgl. *Collis* (1994), S. 147.

320 Vgl. *Rasche* (1994), S. 77-78.

321 Vgl. *Barney* (1991), S. 110-112; *Dierickx/Cool* (1989), S. 1509; *Rasche* (1994), S. 85-88.

322 Vgl. *Barney* (1991), S. 111.

323 BARNEY führt hierfür das Beispiel eines Unternehmens an, die den Wettbewerbsvorteil eines Konkurrenten durch den Aufbau einer ähnlich kompetenten Führungsmannschaft egalisieren will. Diese Unternehmung wird zwar nicht die Führungsmannschaft in ihrer individuellen Handlungs- und Wirkungsweise vollständig kopieren können, u.U. aber selbst ein qualitativ gleichwertiges Führungsteam entwickeln können, das letztendlich eine strategische äquivalente Ressource darstellt. Vgl. *Barney* (1991), S. 111.

möglich sein, eine wertvolle Ressource durch eine ganz andere, die aber die gleiche Wirkung hat, zu ersetzen. So mag z.B. ein charismatischer Geschäftsführer die gleiche strategische Wirkung für ein Unternehmen entfalten wie ein systematisch eingesetztes strategisches Planungssystem.[324] Darüber hinaus gilt es zu beachten, dass eine von einem Konkurrenten vorgenommene erfolgreiche Substitution die ursprünglich erfolgspotentialgenerierende Ressource einer Unternehmung teilweise oder vollkommen obsolet machen kann.[325] Im Vergleich zu den anderen o.g. Eigenschaften von Ressourcen stellt die Substitutionsgefahr diejenige Anforderung dar, auf die eine Unternehmung den tendenziell geringsten Einfluss ausüben kann, da sich das Substitutionspotential der Konkurrenz nur schwer abschätzen lässt.[326]

Der Grundgedanke des ressourcenorientierten Ansatzes lässt sich wie folgt zusammenfassen: Ausgangspunkt ist die Überlegung, dass Unternehmen in ihrer Ressourcenausstattung heterogen sind und Ressourcen nicht vollständig transferierbar sind. Damit spezifische Ressourcen eines Unternehmens dazu beitragen, dass ein dauerhafter Wettbewerbsvorteil besteht, müssen sie erstens wertvoll sein. Zweitens dürfen sie nicht unter den Konkurrenten weit verbreitet sein. Drittens dürfen die Ressourcen nicht durch Konkurrenten vollständig imitierbar und viertens auch nicht durch ähnliche oder andere Ressourcen substituierbar sein. Wenn diese Bedingungen erfüllt sind, stellt eine Ressource die Quelle eines dauerhaften Wettbewerbsvorteils dar und das Unternehmen ist in der Lage, überdurchschnittliche Gewinne im Sinne einer Rente zu erzielen. Abbildung 20 veranschaulicht nochmals diese Argumentation.

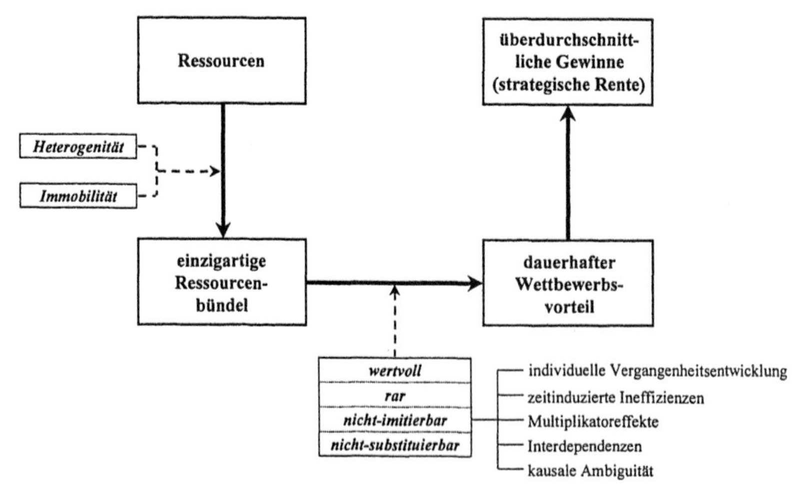

Abbildung 20: Grundgedanken der resource-based view[327]

324 Vgl. *Barney* (1991), S. 111-112.

325 Vgl. *Dierickx/Cool* (1989), S. 1509.

326 Vgl. *Rasche* (1994), S. 88. Das impliziert auch, dass diese Eigenschaft einer Ressource bzw. eines Ressourcenbündels somit von einem Forscher am schwierigsten zu identifizieren ist.

327 In Anlehnung an *Barney* (1991), S. 112 und *Rühli* (1994), S. 43

4. *Kritische Würdigung der resource-based view*

Die *resource-based view* - auch wenn sie sich nach wie vor im Entwicklungsstadium befindet[328] - wurde insbesondere in den einschlägigen englischsprachigen *journals*, inzwischen ausführlich diskutiert. Dabei hat der ressourcenorientierte Ansatz sowohl von Vertretern der verhaltenswissenschaftlich-basierten Organisationslehre als auch von Vertretern der industrieökonomisch-basierten Strategielehre Kritik erfahren.[329] Die wesentlichen Kritikpunkte an der *resource-based view* werden im Folgenden kurz wiedergegeben.

Erstens weist der ressourcenorientierte Ansatz *terminologische* Probleme auf.[330] Diese liegen vor allem beim Ressourcenbegriff. TEECE/PISANO/SHUEN konstatieren dazu, dass ein Großteil der Literatur zur *resource-based view* keinen hohen Grad an konzeptioneller Kohärenz und logischer Stringenz aufweist.[331] Darüber hinaus divergieren die verschiedenen Vertreter der *resource-based view* in ihren Begriffsauffassungen einer Ressource.[332]

Zweitens besteht beim ressourcenorientierten Ansatz gelegentlich keine Klarheit über den *hierarchischen Bezugspunkt*, also ob die Ausführungen sich auf die Geschäftsfeld- (*business*) oder Unternehmensgesamtebene (*corporate level*) beziehen.[333] Dabei lässt sich - wie PETERAF aufzeigt - die *resource-based view* durchaus auf beiden Ebenen anwenden.[334]

Verbunden mit diesen ersten beiden Schwachstellen der *resource-based view* ist der folgende, dritte Kritikpunkt: Es wird bemängelt, dass die Kriterien, die eine Ressource erfüllen muss, um erfolgspotentialgenerierend zu sein, *nicht ausreichend spezifiziert* sind.[335] Deutlich wird dies bei der Bedingung der eingeschränkten Mobilität einer Ressource. Z.B. gehen PRAHALAD/HAMEL, die erfolgspotentialgenerierende Ressourcen auf der Unternehmensgesamtebene angesiedelt sehen, davon aus, dass solche Ressourcen zwischen einzelnen Unternehmensbereichen transferiert werden müssen, damit sie zur Wertschöpfung beitragen.[336] Das bedeutet jedoch, dass entweder ein inhärenter Widerspruch zwischen der Immobilität und der Wertschöpfungsfähigkeit einer Ressource vorliegt oder zumindest genauere Bedingungen definiert werden müssen, wann eine erfolgspotentialgenerierende Ressource zwar unternehmensintern, aber nicht zwischen verschiedenen Unternehmen transferiert werden kann.[337]

---

328 Vgl. *Peteraf* (1993), S. 179.

329 Vgl. *Schulze* (1992), S. 37 und die dort angegebene Literatur. Die Kritik aus Sicht der verhaltenswissenschaftlichen Organisationstheorie besteht hauptsächlich darin, dass verhaltenswissenschaftliche Erkenntnisse nicht ausreichend in die *resource-based view* integriert sind. Vgl. *Zajac* (1992), S. 85-89.

330 Vgl. *Rasche* (1994), S. 398-399.

331 Vgl. *Teece/Pisano/Shuen* (1992), S. 15-16.

332 Vgl. *Peteraf* (1993), S. 180.

333 Vgl. *Rasche/Wolfrum* (1994), S. 511; *Rasche* (1994), S. 398-399.

334 Vgl. *Peteraf* (1993), S. 187-190.

335 Vgl. *Rasche* (1994), S. 400; *Schulze* (1992), S. 40.

336 Vgl. *Prahalad/Hamel* (1990), S. 90.

337 Vgl. *Schulze* (1992), S. 40. Siehe hierzu auch *Brumagim* (1994), S. 87. BRUMAGIM löst diesen Widerspruch auf, indem er eine Hierarchie erfolgspotentialgenerierender Ressourcen entwickelt. Vgl. *Brumagim* (1994) und Abschnitt D.IV.5.bb).

Als weitere Kritikpunkte an der *resource-based view* werden angeführt, dass der Aufbau erfolgspotentialgenerierender Ressourcen die *Flexibilität* des Unternehmens einschränken kann oder dass ehemals wettbewerbsvorteilserzeugende Ressourcen durch veränderte Umweltbedingungen sogar vollkommen obsolet werden können.[338] Durch irreversible Investitionen entstandene *sunk costs* oder eine in einem spezifischen historischen Kontext gewachsene Unternehmenskultur schränken die Anpassungsfähigkeit an Marktentwicklungen ein und beeinträchtigen eventuell die Innovationsfähigkeit eines Unternehmens.[339] Die Immobilität einer Ressource ist zwar eine notwendige Bedingung dafür, dass diese Ressource die Quelle eines Wettbewerbsvorteils darstellt. Aufgrund der eingeschränkten Flexibilität liegt in der Immobilität einer Ressource aber auch ein Risiko.[340] LEONARD-BARTON spricht daher von einer *paradoxen Wirkung von Kernkompetenzen* als erfolgspotentialgenerierende Ressourcen: Sie können sowohl innovationsförderlich wie auch innovationshinderlich sein.[341]

Weiterhin wird die *resource-based view* dafür kritisiert, dass sie eine zu sehr *vereinfachende Auseinandersetzung* mit der IO-basierten Strategielehre führt.[342] Die Kritik des ressourcenorientierten Ansatzes an der IO-basierten Strategielehre bezieht sich teilweise auf IO-Modelle der 70er Jahre, die vor der Verknüpfung des strategischen Managements mit der Industrieökonomik entwickelt wurden.[343] KNYPHAUSEN zeigt auch auf, dass sich die »neue« IO-basierte Strategielehre ähnlicher Konzepte (z.B. der »Spezifität von Investitionen« oder »irreversibler Investitionen«) wie der ressourcenorientierte Ansatz bedient, was eine Integrationsfähigkeit der beiden Ansätze nahelegt.[344] Darüber hinaus kann die *resource-based view* im Vergleich zur IO-basierten Strategielehre gar keine »gegensätzliche« Theorie der Unternehmensstrategie darstellen, da der Wert einer Ressource letztendlich durch den Markt bestimmt wird.[345] Der ressourcenorientierte Ansatz spezifiziert zwar die Bedingungen, die Ressourcen als Quelle von Wettbewerbsvorteilen erfüllen müssen. Die *resource-based view* erklärt aber nicht, wodurch eine Ressource »wertvoll« wird. Dazu ist die Analyse unternehmensexterner Faktoren - also eine Markt- bzw. IO-Perspektive - erforderlich.[346] Allein die Existenz einzigartiger, unternehmensspezifischer Ressourcen ist für die Wettbewerbsfähigkeit eines Unternehmen nicht ausreichend. Dazu müssen sich die Ressourcen auch am Markt behaupten.[347]

Schließlich erfährt der ressourcenorientierte Ansatz Kritik, weil auch er die eigentlichen *Quellen eines Wettbewerbsvorteils* nicht aufdeckt. Die Ursachenforschung wird durch die

---

338 Vgl. *Porter* (1991), S. 108; *Rasche* (1994), S. 400.

339 Vgl. *Rasche* (1994), S. 400.

340 Vgl. *Porter* (1991), S. 108.

341 Vgl. *Leonard-Barton* (1992), S. 112, 123.

342 Vgl. *Rasche* (1994), S. 405-408; *Porter* (1991), S. 107.

343 Vgl. *Porter* (1991), S. 107.

344 Vgl. *Knyphausen* (1993), S. 783-784. Siehe hierzu auch *Conner* (1994), S. 17.

345 Vgl. *Barney/Zajac* (1994), S. 6; *Porter* (1991), S. 108.

346 Vgl. *Bamberger/Wrona* (1996), S. 140-141; *Barney* (1994a), S. 5.

347 Vgl. *Rasche/Wolfrum* (1994), S. 511.

resource-based view lediglich vorverlagert, da jetzt die Entstehung erfolgspotentialgenerierender Ressourcen erklärt werden muss.[348] Der ressourcenorientierte Ansatz berücksichtigt nicht direkt, welche Faktoren oder Prozesse den Aufbau eines ressourcen-basierten Wettbewerbsvorteils behindern oder fördern,[349] und liefert auch keine Hinweise dafür, wie erfolgspotentialgenerierende Ressourcen zu entwickeln sind. Dazu bedarf es der Hinzunahme weiterer Theorien, z.B. Konzepte des *organisationalen Lernens* zur internen Entwicklung solcher Potentiale.[350] Die *resource-based view* begnügt sich damit, die Quelle einer erfolgspotentialgenerierenden Ressource in der Geschichte eines Unternehmens zu sehen.[351] Der ressourcenorientierte Ansatz begibt sich damit in die Gefahr, einer tautologischen oder zirkulären Argumentation zu verfallen, insbesondere wenn die Kernthese lautet, dass erfolgreiche Unternehmen erfolgreich sind, weil sie über einzigartige Ressourcen verfügen und deshalb diese Ressourcen gepflegt werden sollten.[352]

Trotz der o.g. Kritikpunkte stellt die *resource-based view* insgesamt eine *Ergänzung* und *Bereicherung* für die primär industrieökonomisch geprägten Bereiche des strategischen Managements und des strategischen Marketing dar. Erstens kann der ressourcenorientierte Ansatz als logische Fortsetzung der Auseinandersetzung mit der Problematik der *strategischen Implementation* gelten.[353] Gerade diese Problematik wurde von der IO-basierten Strategielehre weitgehend vernachlässigt. Insofern stellt die durch den ressourcenorientierten Ansatz bedingte stärkere Fokussierung *organisationaler* und *prozessualer* Aspekte im Hinblick auf die Erzielung strategischer Wettbewerbsvorteile einen ersten bedeutenden Beitrag dieses Ansatzes dar.[354] In diesem Zusammenhang beinhaltet die *resource-based view* das Potential, bei der Erklärung von strategischen Wettbewerbsvorteilen die traditionelle *Dichotomisierung* in strategische Inhalte einerseits und Prozesse andererseits zu überwinden. Nach dem ressourcenorientierten Ansatz können strategische Wettbewerbsvorteile sowohl durch die von Unternehmen gewählten Strategien (der »Inhalt«) als auch durch die Art der Strategieimplementierung (der »Prozess«) entstehen.[355]

Zweitens liefert die *resource-based view* theoretische Ansätze zur Erklärung strategischer Wettbewerbsvorteile, die sich von den aus der Industrieökonomik abgeleiteten Erklärungsansätzen deutlich unterscheiden. Zum einen beeinflusst laut dem ressourcenorientierten Ansatz die historische Evolution eines Unternehmens die Strategiewahl und damit seine Markt-

---

348 Vgl. *Rasche/Wolfrum* (1994), S. 512. PORTER (1991, S. 109) spricht in diesem Zusammenhang von „*the origins of the origins*."

349 Vgl. *West* (1994), S. 4.

350 Vgl. *Bamberger/Wrona* (1996), S. 141-142.

351 Vgl. *Fladmoe-Lindquist/Tallman* (1994), S. 49.

352 Vgl. *Black/Boal* (1994), S. 131; *Porter* (1991), S. 108. Allerdings unterliegt auch die IO-basierte Strategielehre der Gefahr eines Zirkelschlusses, wenn die Branchenattraktivität zur Erklärung des Unternehmenserfolgs herangezogen wird. Vgl. *Black/Boal* (1994), S. 131.

353 Vgl. *Barney/Zajac* (1994), S. 6.

354 Vgl. *Collis* (1991), S. 65-66; *Hennemann* (1997), S. 61; *Knyphausen* (1993), S. 777.

355 Vgl. *Barney* (1992), S. 56.

position und -ergebnisse. Zum anderen können nach der *resource-based view* komplexe soziale Phänomene die Quelle von Wettbewerbsvorteilen sein und die Organisationsstruktur eines Unternehmens unabhängig von der verfolgten Strategie beeinflussen.[356]

Inzwischen hat sich die Erkenntnis - auch bei Vertretern der *resource-based view* - durchgesetzt, dass der IO-basierte Ansatz und der ressourcenorientierte Ansatz des strategischen Managements keine unvereinbaren, gegensätzlichen Positionen darstellen. Vielmehr erscheinen die beiden Ansätze zueinander *komplementär*.[357] Der eine Ansatz erklärt den Wert von Wettbewerbsstrategien in Produktmärkten, während der andere Ansatz dynamische Aspekte des Verhaltens von Unternehmen hinsichtlich des Aufbaus von Ressourcenpotentialen aufgreift und erklärt, unter welchen Bedingungen solche Ressourcenpotentiale dauerhafte Wettbewerbsvorteile stiften können.[358] Insofern ergänzen sich die *resource-based view* und die IO-basierte Strategielehre in Bezug auf die theoretische Erklärung und die Gestaltung von Erfolgspotentialen.[359] COLLIS hebt dabei drei Punkte hervor, die eine Kombination der beiden Ansätze im strategischen Management als sinnvoll erscheinen lassen:[360] Erstens trägt die Kombination des ressourcenorientierten mit dem IO-basierten Ansatz zur Vollständigkeit in der Erklärung von Wettbewerbsvorteilen und in der Gestaltung von Strategien bei. Zusammengenommen repräsentieren die beiden Ansätze die Kombination interner und externer Analyse, die bereits im *SWOT*-Ansatz als die Basis erfolgreicher Strategieformulierung identifiziert wurden. Zweitens kann die Implementierung von Strategien, die nur auf externen Analysen beruhen, schwierig oder sogar unmöglich sein. Mit der Fokussierung interner Aspekte durch den ressourcenorientierten Ansatz werden die organisationalen Faktoren, die eine Strategiewahl beeinflussen oder beschränken, und die Hürden, die eine organisationale Anpassung behindern, ebenfalls mit beleuchtet. Drittens verdeutlicht der ressourcenorientierte Ansatz die Notwendigkeit, die strategische Analyse nicht nur auf die Wahl von Produkt-Markt-Positionen zu beschränken. Da strategische Wettbewerbsvorteile unabhängig von der verfolgten Strategie in organisationalen Faktoren begründet sein können, gewinnt die interne Analyse einen strategischen Rang.

Insgesamt leistet die *resource-based view* im Rahmen der strategischen Unternehmensführung einen wesentlichen Beitrag zur theoretisch fundierten Erklärung von strategischen Wettbewerbsvorteilen und zur Gestaltung von Erfolgspotentialen.[361] Dabei hat die *resource-based view* das Verständnis vor allem dafür, wie strategische Renten entstehen, wodurch ein Wettbewerbsvorteil dauerhaft bleibt und warum Unternehmen heterogen sind, vertieft und er-

---

356 Vgl. *Collis* (1991), S. 51.

357 Vgl. *Amit/Schoemaker* (1993), S. 35; *Bamberger/Wrona*, S. 143-145; *Collis* (1991), S. 65; *Hennemann* (1997), S. 63; *Knyphausen* (1993), S. 771, 778-779; *Mahoney/Pandian*, (1992), S. 371; *Rasche/Wolfrum* (1994), S. 513;

358 Vgl. *Collis* (1991), S. 65.

359 Vgl. *Bamberger/Wrona* (1996), S. 147. Für einen schematischen Überblick der jeweiligen Beiträge der Industrieökonomik und der *resource-based view* zur Erklärung von Wettbewerbsvorteilen vgl. *Bamberger/Wrona* (1996), S. 147, Tabelle 2.

360 Vgl. *Collis* (1991), S. 65.

361 Vgl. *Bamberger/Wrona* (1996), S. 150.

weitert.[362] Durch die Fokussierung auf unternehmensinterne Potentiale wie Ressourcen und Kompetenzen und deren explizite Hervorhebung als Basis dauerhafter Erfolgspotentiale sowie darauf aufbauenden Wettbewerbsvorteilen in den Produktmärkten erfährt das Feld des strategischen Managements eine wertvolle Perspektivenerweiterung.[363] In der Managementpraxis wurde der ressourcenorientierte Ansatz trotz seines als wertvoll einzustufenden Beitrags zum strategischen Management bis in die 90er Jahre jedoch kaum wahrgenommen.[364] Eine gewisse »Popularisierung« hat die *resource-based view* lediglich durch das *Kernkompetenzenkonzept* von PRAHALAD/HAMEL, das Gedanken der *resource-based view* aufgreift und plastisch wiedergibt,[365] erfahren.[366] Abbildung 21 stellt nochmals die theoretisch fundierte Perspektivenerweiterung[367] der industrieökonomisch geprägten Bereiche des strategischen Managements und des strategischen Marketing durch die *resource-based view* zusammenfassend dar:

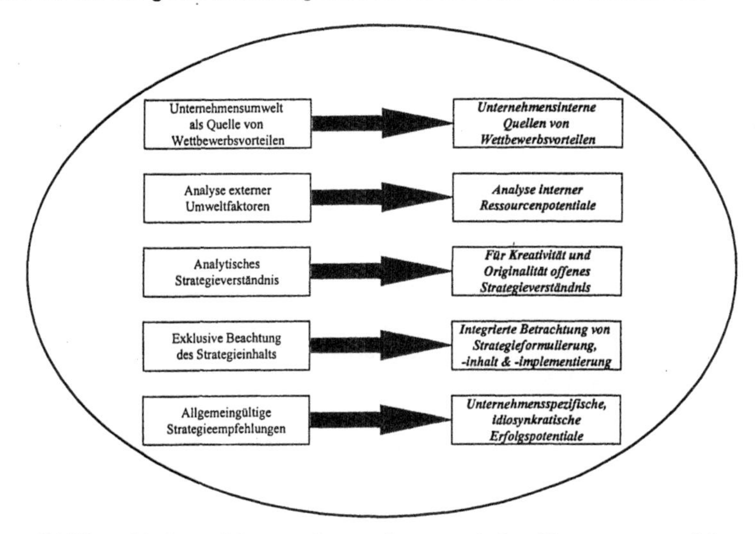

Abbildung 21: Perspektivenerweiterung des strategischen Managements und des strategischen Marketing durch den ressourcenorientierten Ansatz[368]

---

362 Vgl. *Peteraf* (1993), S. 179.

363 Vgl. *Rasche/Wolfrum* (1994), S. 510-511.

364 Dies zeigt sich auch darin, dass eine explizite Abhandlung des ressourcenorientierten Ansatzes im relativ praxisnahen HARVARD BUSINESS REVIEW erstmals in der Ausgabe von August-September 1995 erfolgte. Vgl. *Collis/Montgomery* (1995). Ein Grund für die mangelnde Beachtung mag dabei in der teilweise durch theoretische Spitzfindigkeiten und durch eine wenig plastische, sondern eher »hölzerne« Sprache geprägten Veröffentlichungen zur *resource-based view* liegen.

365 Vgl. *Prahalad/Hamel* (1990).

366 Vgl. *Wernerfelt* (1995), S. 170.

367 Hierbei wird aufgrund der Komplementarität des IO-basierten mit dem ressourcenorientierten Ansatz von einer Perspektiven*erweiterung* und nicht von einem Perspektiven*wechsel* gesprochen.

368 Quelle: In Anlehnung an die Ausführungen bei *Hennemann* (1997), S. 63.

5. *Effektives europäisches Brand Management als erfolgspotentialgenerierende Ressource*

Nachdem die *resource-based view* in ihren Grundgedanken dargestellt und kritisch gewürdigt wurde, soll in diesem Abschnitt nun diskutiert werden, inwieweit der ressourcenorientierte Ansatz auf das europäischen Brand Management übertragbar ist. Insbesondere soll dabei die Frage beantwortet werden, ob ein effektives europäisches Brand Management die Quelle eines ressourcenorientierten Wettbewerbsvorteils sein kann. Hierzu werden zunächst bisherige Anwendungen der *resource-based view* in den Bereichen des internationalen Managements und Marketing kurz vorgestellt.

a) Ressourcenorientierte Ansätze im internationalen Management und Marketing

Betrachet man die mit dem ressourcenorientierten Ansatz verbundene Perspektivenerweiterung des strategischen Managements, so lassen sich etliche *Parallelen* zu den Gedanken der Prozess-Schule des internationalen Managements und zur Kritik am klassischen Ansatz des internationalen Marketing feststellen. Dies betrifft vor allem die mangelnde Berücksichtigung der Umsetzungsproblematik durch den klassischen Ansatz des internationalen Marketing.[369] Die Parallelität offenbart sich z.B. bei der Kritik an der Überbetonung externer Umweltfaktoren und der Vernachlässigung unternehmensinterner Aspekte bei der Entwicklung internationaler Marketingkonzepte. Weitere Gemeinsamkeiten der *resource-based view* und der Prozess-Schule des internationalen Managements zeigen sich bei der integrierten Betrachtung von Strategieinhalt und -prozess, der Abkehr vom *structure-follows-strategy* Paradigma, der Bedeutung der historischen Entwicklung und organisationaler Aspekte eines Unternehmens für Strategie und Wettbewerbsvorteile sowie bei der Berücksichtigung »weicher«, intangibler Faktoren als Quelle von Wettbewerbsvorteilen.[370] Trotz dieser offensichtlichen Überschneidungen haben Vertreter der Prozess-Schule bisher noch keine *explizite* Einbindung der *resource-based view* in einen Bezugsrahmen des internationalen Managements bzw. Marketing vorgenommen.

Insgesamt liegen nur sehr wenige Übertragungen des ressourcenorientierten Ansatzes in die Bereiche des internationalen Marketing oder des internationalen Managements vor. Eine Ausnahme hierzu ist die Studie von COLLIS.[371] Er greift explizit auf die *resource-based view* zurück, um die globalen Wettbewerbsstrategien von drei Anbietern in der Kugellagerbranche fallbeispielhaft zu analysieren. Allerdings beziehen sich die Ergebnisse von COLLIS eher auf den allgemeinen Beitrag der *resource-based view* zur Erklärung von Wettbewerbsstrategien

---

369 Siehe Abschnitt B.II.1.d).

370 Durch PRAHALAD und HAMEL liegt auch eine personelle Verbindung des ressourcenorientierten Ansatzes und der Prozess-Schule vor.

371 Vgl. *Collis* (1991).

und -vorteilen in globalen Branchen als auf spezifische Fragestellungen des internationalen Managements bzw. Marketing.[372]

Auch TALLMAN untersucht in einer Studie den Beitrag, den die *resource-based view* zur Erklärung internationaler Strategien liefert.[373] TALLMAN zeigt anhand der ausländischen Automobilunternehmen in den USA, dass sich die Gedanken des ressourcenorientierten Ansatzes - insbesondere die, welche die Heterogenität von Unternehmen betreffen - sinnvoll in einen internationalen Kontext übertragen lassen. Dabei bietet die *resource-based view* laut TALLMAN eine fruchtbare Ergänzung der vorwiegend durch die Industrieökonomik und den Transaktionskostenansatz geprägten Interpretationen der Aktivitäten eines internationalen Unternehmens.[374] In einem weiteren Beitrag wird der ressourcenorientierte Ansatz modellhaft in das internationale Management bzw. internationale Marketing integriert. Zusammen mit FLADMOE-LINDQUIST entwickelt TALLMAN ein *resource-based model of international strategy*.[375] In diesem Modell bedingen unternehmensspezifische Ressourcen gemeinsam mit Branchen-, Gastland- und Stammlandfaktoren die internationale Strategiewahl und die daraus resultierenden Wettbewerbsvorteile. Dabei werden den Heimatmarktbedingungen eines internationalen Unternehmens[376] eine besondere Rolle für die Akkumulierung der firmenspezifischen Ressourcen und demzufolge für die Generierung von Wettbewerbsvorteilen zugesprochen.[377] Aufbauend auf diesem Modell leiten FLADMOE-LINDQUIST/TALLMAN sechs allgemeine Hypothesen aus einer ressourcenorientierten Perspektive zur internationalen Strategiewahl ab.[378] Von diesen Hypothesen beziehen sich fünf auf einen Zusammenhang zwischen Merkmalen des Stammlands eines Unternehmens und der Wahl der Markteintrittsstrategie (Export, Kooperation oder eigene Tochtergesellschaft). Nur eine der ressourcen-basierten Hypothesen betrifft die internationale Marktbearbeitung: FLADMOE-LINDQUIST/TALLMAN postulieren, dass ein internationales Unternehmen um so eher eine transnationale Strategie einsetzen wird, je mehr Erfahrung es in der Koordination internationaler Aktivitäten aufweist. Dabei stellt diese Erfahrung eine

---

372 Die zentralen Erkenntnisse von COLLIS sind: 1. Unternehmen treten auch in strukturell weniger attraktiven Märkten ein und können dort erfolgreich sein, wenn ihre spezifischen organisationalen Fähigkeiten in diesen Märkten wertvoll sind; 2. Die Wettbewerbsstrategie wird durch die historisch gewachsenen Ressourcenausstattung und Fähigkeiten des Unternehmens stark mitbestimmt, wobei diese von den Bedingungen auf dem Heimatmarkt des Unternehmens abhängen. Vgl. *Collis* (1991), S. 58-66.

373 Vgl. *Tallman* (1991).

374 Vgl. *Tallman* (1991), S. 69, 80. Bei den betrachteten Variablen bleibt TALLMAN aber auf einem eher allgemeinen Niveau. Er versucht nur die Zugehörigkeit zu strategischen Gruppen, die Markteintrittsstrategie (Export vs. Produktion vor Ort) und den Erfolg (gemessen als Marktanteilsveränderung) der in den USA präsenten europäischen und japanischen Automobilunternehmen durch Variablen wie Unternehmensgröße, Heimatmarkt und strategische Konfiguration der Aktivitäten zu erklären, wobei diese Variablen auch ressourcenorientiert interpretierbar sind. Vgl. *Tallman* (1991), S. 72-79.

375 Vgl. *Fladmoe-Lindquist/Tallman* (1994).

376 *Fladmoe-Lindquist/Tallman* beziehen sich dabei explizit auf PORTERs sog. Diamanten-Modell der Wettbewerbsvorteile von Nationen. Zu diesem Modell vgl. *Porter* (1990); *Porter* (1991), S. 111.

377 Vgl. *Fladmoe-Lindquist/Tallman* (1994), S. 54.

378 Vgl. *Fladmoe-Lindquist/Tallman* (1994), S. 58-67.

organisationale Ressource dar.[379] Insgesamt bleiben die Überlegungen von FLADMOE-LINDQUIST/TALLMAN zu einer ressourcenorientierten Sichtweise im internationalen Management bzw. Marketing auf einer relativ allgemeinen Ebene verhaftet.[380]

Eine andere Übertragung der *resource-based view* auf Problemstellungen des internationalen Managements und Marketing führen CARR/PERKS durch. Sie interpretieren die strategische Option der *internationalen Kooperation* aus ressourcenorientierter Sicht.[381] CARR/ PERKS zeigen dabei anhand der Fälle einiger japanischer Unternehmen auf, dass der Erfolg dieser Unternehmen auf ressourcenorientierte Strategien (Aufbau von Kernkompentezen und Eingehen internationaler Kooperationen) zurückzuführen ist.[382] In dieser Studie ist die Anwendung der *resource-based view* in einem internationalen Kontext jedoch auch auf die Frage der Markteintrittsstrategie beschränkt.

Darüber hinaus wurde die *resource-based view* im Rahmen der *Exporterfolgsfaktorenforschung* angewendet. Z.B. entwickelt MAKINEN einen ressourcenorientierten Bezugsrahmen für den Exporterfolg, den sie anhand finnischer Schmuckexporteure untersucht.[383] MAKINEN kommt zwar zu dem Schluss, dass bestimmte Ressourcen mit dem Exporterfolg zusammenhängen, allerdings spezifiziert sie diese erfolgspotentialgenerierenden Ressourcen nicht näher.[384] Auch ILLINITCH/PENG entwickeln ein ressourcen-basiertes Modell, in dem verschiedene intangible Ressourcen den Exporterfolg von Unternehmen bedingen. Auf Basis einer qualitativen empirischen Untersuchung in der amerikanischen Holzindustrie identifizieren sie die folgenden intangiblen Ressourcen als Erfolgsfaktoren des Exports: die Innovationsbereitschaft des Managements, das *commitment* zum Exportieren, die Kenntnis ausländischer Märkte und die Fähigkeit, Produkte und Dienstleistungen mit hoher Qualität anzubieten.[385] Dabei stimmen diese Ergebnisse durchaus mit anderen Untersuchungen zum Exporterfolg überein.[386] Der Unterschied zu anderen Studien besteht darin, dass ILLINITCH/ PENG ihr Modell des Exporterfolgs durch die *resource-based view* fundiert sehen und dadurch den intangiblen, firmenspezifischen Ressourcen eine besondere Bedeutung für die erfolgreiche

---

379 Vgl. *Fladmoe-Lindquist/Tallman* (1994), S. 64.

380 Das Gleiche trifft auf eine weitere Studie, an der TALLMAN beteiligt ist, zu. In dieser Studie wird ein Strukturgleichungsmodell, das auf einem ressourcenorientierten Bezugsrahmen zur Internationalisierung aufbaut, empirisch geschätzt. Die internationalen Strategie- und Organisationsvariablen sind dabei jedoch auf einem sehr allgemeinen Niveau gehalten. Vgl. *Tallman/ Geringer/Li* (1994).

381 Vgl. *Carr/Perks* (1994) sowie *Carr* (1993).

382 Vgl. *Carr/Perks* (1994), S. 30-31.

383 Vgl. *Makinen* (1994), S. 205-

384 Vgl. *Makinen* (1994), S. 211-212. MAKINEN beschreibt diese Ressourcen nur allgemein als einzigartige Fähigkeiten bei der Erzeugung »guter technischer Qualität« und bei der »Zusammenstellung eines breiten Sortiments attraktiver Produktmodelle«. Daneben führt sie noch personelle und informationelle Ressourcen an. Vgl. *Makinen* (1994), S. 208.

385 Vgl. *Ilinitch/Peng* (1994), S. 12-22.

386 Vgl. z.B. *Cavusgil/Zou* (1994), S. 1-21. Die Ergebnisse dieser empirischen Untersuchung zeigen, dass die Export-Marketingstrategie, die internationale Kompetenz eines Unternehmens und das *commitment* des Managements zum Export Schlüsselfaktoren für eine erfolgreiche Exportmarktbearbeitung sind.

Exportmarktbearbeitung zumessen.[387] Sowohl beim Bezugsrahmen von MAKINEN als auch beim Modell von ILLINITCH/PENG ist die Spezifikation exporterfolgsgenerierender Ressourcen jedoch wiederum sehr allgemein gehalten.

Insgesamt zeigt sich also, dass die vorhandenen Anwendungen der *resource-based view* auf spezifische Fragestellungen des internationalen Managements bzw. internationalen Marketings auf einem relativ *allgemeinen* Niveau ansetzen. Durchaus berechtigt erscheint daher die Kritik von KOGUT, dass der ressourcenorientierte Ansatz - zumindest so wie er bisher angewendet wurde - eigentlich keinen zusätzlichen *Erkenntnisgewinn* zu bereits vorhandenen Theorien der Internationalisierung und des internationalen Unternehmens liefert.[388]

Dennoch kann die Anwendung der *resource-based view* im internationalen Marketing durchaus zweckmäßig und sinnvoll sein. Zum einen zeigen die hier dargestellten Ansätze immerhin, dass verschiedene Problemstellungen einer internationalen Marketingstrategie (auch) ressourcenorientiert *interpretiert* werden können. Zum anderen liegt der Grund dafür, dass die *resource-based view* in den oben angeführten Untersuchungen keinen nennenswerten Beitrag zum internationalen Marketing liefert, in der zu oberflächlichen Betrachtungsweise von erfoglspotentialgenerierenden Ressourcen. Diese Studien nutzen letztendlich auch nicht die eigentliche Stärke des ressourcenorientierten Ansatzes (die durch ihn induzierte Perspektivenerweiterung), sondern verfallen eher der Schwäche der *resource-based view* (die ungenaue Spezifikation erfolgspotentialgenerierender Ressourcen).

Als vorläufiges Fazit kann daher zunächst festgehalten werden, dass der ressourcenorientierte Ansatz durchaus als *theoretische Grundlage* im internationalen Marketing und internationalen Management dienen kann. Damit die *resource-based view* jedoch zusätzliche Erkenntnisse zu vorhandenen Theorien der Internationalisierung bietet, erscheint eine genauere Erfassung erfolgspotentialgenerierender Ressourcen bei der Anwendung dieses Ansatzes im internationalen Marketing erforderlich. Mit dieser Problematik setzt sich der folgende Abschnitt auseinander.

b) Arten erfolgspotentialgenerierender Ressourcen

In der Literatur zur *resource-based view* werden die formalen Anforderungen, denen Ressourcen zur Erzeugung dauerhafter Wettbewerbsvorteile genügen müssen, theoretisch hergeleitet und ausführlich dargestellt.[389] Weniger umfassend und nur teilweise systematisch erscheint dagegen die Diskussion, welche Ressourcen bzw. *Ressourcenarten* eher diese formalen Anforderungen erfüllen und somit das Potential beinhalten, einen dauerhaften Wettbewerbsvorteil zu begründen. Die generelle Erkenntnis in der Literatur zur *resource-based view* besteht darin, dass wertvolle Ressourcen grundsätzlich verschiedene Gestalten annehmen:

---

387 Vgl. *Ilinitch/Peng* (1994), 22-24.

388 Vgl. *Kogut* (1994). KOGUT bezieht sich in seiner Kritik explizit auf das ressourcenorientierte Modell der internationalen Strategie von FLADMOE-LINDQUIST/TALLMAN. KOGUT zeigt z.B. auf, dass sich das »Eklektische Paradigma der Internationalisierung« von DUNNING mühelos ressourcenorientiert umformulieren lässt, allerdings - so KOGUT - ohne Erkenntnisgewinn. Vgl. *Kogut* (1994), S. 77-78.

389 Siehe hierzu Abschnitt D.IV.3. der vorliegenden Arbeit.

Solche Ressourcen können tangibel sein (z.B. ein Kabel, das ins Haus eines Kunden führt), intangible Vermögenswerte darstellen (z.B. Markennamen oder Technologie-Know-how) oder in Form von organisatorischen Fähigkeiten vorliegen, die in den Routinen, Prozessen oder der Kultur eines Unternehmens verankert sind.[390] Auf Basis theoretischer Überlegungen werden z.B. folgende »Ressourcen« als wertvoll, rar, nur begrenzt imitier- und substituierbar und damit als erfolgspotentialgenerierend herausgestellt:

- die Organisationskultur,[391]
- strategische Planungssysteme, Informationsverarbeitungssysteme, die Reputation eines Unternehmens bei seinen Abnehmern und Lieferanten,[392]
- technologische Fähigkeiten, Brand Management, schnelle Produktentwicklungszyklen, Kontrolle der oder besserer Zugang zu Distributionskanälen, Kunden-Lieferanten-Beziehungen, die Service-Organisation, die Reputation eines Unternehmens,[393]
- die Beziehungen zwischen Managern einer Unternehmung,[394]
- das Vertrauen in Austauschbeziehungen,[395]
- Strategieformulierungsprozesse[396] und
- eine schnelles und breites Reaktionsvermögen.[397]

Weiterhin liegen bereits einige empirische Studien zum ressourcenorientierten Ansatz vor, die einen Zusammenhang zwischen verschiedenen Ressourcen wie das Organisationsklima,[398] die Innovationsbereitschaft und das *commitment* des Managements,[399] die organisationale Anpassungsfähigkeit[400] oder strategische Planungssysteme[401] einerseits und Erfolgsvariablen andererseits aufzeigen.

Zusammenfassend kann auf Basis dieser konzeptionellen und empirischen Erkenntnisse zunächst festgehalten werden, dass erfolgspotentialgenerierende Ressourcen in der Regel solche Ressourcen sind, die sich entweder aus tangiblen und intangiblen Elementen *zusammensetzen* oder *sozial komplexe Phänomene* darstellen. Dies bedeutet, dass erfolgspotentialgenerierende Ressourcen - zumindest teilweise - im Unternehmen entwickelt werden müssen. Zwar können

---

390 Vgl. *Collis/Montgomery* (1995), S. 119-120.

391 Vgl. *Barney* (1986b).

392 Vgl. *Barney* (1991), S. 112-115.

393 Vgl. *Amit/Schoemaker* (1993), S. 36-37.

394 Vgl. *Barney* (1994a).

395 Vgl. *Barney/Hansen* (1994).

396 Vgl. *Hart/Banbury* (1994).

397 Vgl. *Nayyar/Bantel* (1994). Mit einem »breiten« Reaktionsvermögen ist die Möglichkeit eines Unternehmens gemeint, auf Wettbewerberaktionen mit einer Vielzahl verschiedener Maßnahmen zu reagieren.

398 Vgl. *Hansen/Wernerfelt* (1989).

399 Vgl. *Ilinitch/Peng* (1994).

400 Vgl. *Powell* (1992a).

401 Vgl. *Powell* (1992b).

am Markt erwerbbare Ressourcen auch die Basis zur Erzielung strategischer Renten bilden. *Nicht-erwerbbare* Ressourcen sind jedoch eher unternehmensspezifisch und beinhalten daher auch eher das Potential, die Quelle eines Wettbewerbsvorteils zu sein.[402] Die geringere Wahrscheinlichkeit dafür, dass rein physische oder am Markt erwerbbare Ressourcen die Quelle eines Wettbewerbsvorteils darstellen, liegt in der Regel an der mangelnden Unternehmensspezifität bzw. an der Imitierbarkeit derartiger Ressourcen. Die meisten der Faktoren, die die Imitation von Ressourcen bzw. Ressourcenbündeln verhindern,[403] sind direkt oder indirekt mit *Wissen* oder mit der Entwicklung von Wissen verbunden. Dies deutet darauf hin, dass das »Wissen« eine herausragende Rolle für die Erzeugung von Wettbewerbsvorteilen spielt.[404] Insgesamt werden daher vermehrt intangible Ressourcen zur Erklärung von strategischen Wettbewerbsvorteilen herangezogen, da die verborgene Komponente solcher Ressourcen die Transferierbarkeit oder Imitierbarkeit verhindert.[405] Allerdings stellen individuelle Fähigkeiten von Managern nur in seltenen Fällen eine erfolgspotentialgenerierende Ressource dar. Dagegen können die *kollektiven Fähigkeiten* des Managements und die Beziehungen der einzelnen Manager zueinander durchaus die Quelle von Wettbewerbsvorteilen sein.[406] Diese Überlegungen verdeutlichen, dass zur Beantwortung der Frage, welche Arten von Ressourcen erfolgspotentialgenerierend sind, der bisher verwendete Ressourcenbegriff[407] stärker differenziert werden muss.

ba) Ressourcen, (Kern-)Kompetenzen und dynamische Fähigkeiten

Bei einer stärkeren *Differenzierung* des Ressourcenbegriffs erscheint es sinnvoll, zunächst zwischen »Ressourcen« einerseits und »Fähigkeiten« bzw. »Kompetenzen« andererseits zu unterscheiden. Ressourcen sind der Bestand an Faktoren, über die das Unternehmen verfügt, und stellen die Inputs des Leistungserstellungsprozesses im weitesten Sinne dar.[408] Allerdings sind so definierte Ressourcen für sich genommen nicht produktiv. Unternehmerische Aktivität erfordert das Zusammenlegen von Ressourcen zu Ressourcenbündeln, also die Koordination verschiedener Ressourcen.[409] Der Begriff *Fähigkeiten* (oder synomym dazu *Kompetenzen*) bezieht sich dann auf das Vermögen eines Unternehmens, die Ressourcen durch organisationale Prozesse zu bündeln und einzusetzen.[410] Fähigkeiten beinhalten komplexe Interaktionsmuster zwischen Personen und zwischen Personen und anderen Ressour-

---

402 Vgl. *Conner* (1991), S. 137.

403 Für eine breite Darstellung solcher Imitationshindernisse vgl. *Mahoney/Pandian* (1992), S. 372-374.

404 Vgl. *von Krogh/Venzin* (1995), S. 419.

405 Vgl. *von Krogh/Venzin* (1995), S. 420.

406 Vgl. *Barney* (1994a), S. 19-36.

407 Vgl. Abschnitt D.IV.2. dieser Untersuchung.

408 Vgl. *Amit/Schoemaker* (1993), S. 35; *Grant* (1991), S. 118. Ressourcen nehmen den Charakter von firmenspezifschen Aktiva (*firm specific assets*) an, wenn sie begrenzt imitierbar bzw. wegen Transaktionskosten nur begrenzt zwischen Unternehmen transferierbar sind. Vgl. *Teece/Pisano/Shuen* (1992), S. 17-18.

409 Vgl. *Grant* (1991), S. 119.

410 Vgl. *Amit/Schoemaker* (1993), S. 35; *Grant* (1991), S. 119; *Teece/Pisano/Shuen* (1992), S. 18.

cen.[411] Insofern basieren Fähigkeiten auf der Erzeugung, Verbreitung und Verwendung von Wissen durch die Organisationsmitglieder.[412] »Kernfähigkeiten« bzw. »Kernkompetenzen« bezeichnen dann diejenigen Fähigkeiten, die für das Überleben des Unternehmens im Wettbewerb von kritischer Bedeutung sind und durch die sich das Unternehmen von anderen unterscheidet.[413] Eine Kernfähigkeit stellt daher ein integriertes, interdependentes Wissenssystem dar, das aus dem Know-how und den Fertigkeiten der Mitarbeiter, den technischen Systemen, den Managementsystemen sowie der Unternehmenskultur besteht.[414] Daher bezeichnen PRAHALAD/HAMEL Kernkompetenzen als das „kollektive Lernen in der Organisation“[415].

Die Wettbewerbsfähigkeit eines Unternehmens leitet sich von seinem Vermögen ab, solche Kernkompetenzen aufzubauen.[416] Organisationale Fähigkeiten sind zur Verfolgung jeder Wettbewerbsstrategie erforderlich. Dabei kann die Quelle eines Wettbewerbsvorteils selbst in den organisationalen Fähigkeiten liegen.[417] Als die wichtigsten Fähigkeiten eines Unternehmens werden dabei die *koordinativen Fähigkeiten* gesehen, also solche Fähigkeiten, die die verschiedenen funktionalen Fähigkeiten integrieren.[418]

Die bisherige Diskussion von Ressourcen und Fähigkeiten war durch eine statische Sicht geprägt. Eine Erweiterung der statischen Perspektive um eine *dynamische* ist jedoch erforderlich, denn die Fähigkeiten eines Unternehmens zeichnen sich dadurch aus, dass sie sich ständig weiterentwickeln.[419] Zum einen verlieren Fähigkeiten durch ihren Einsatz nicht an Wert, sondern werden als kollektives Lernen durch ihre Anwendung ausgebaut. Die Nicht-Verwendung von Fähigkeiten führt dagegen zu deren Verlust. Daher müssen Fähigkeiten »beschützt« und »gepflegt« werden.[420] Zum anderen können Veränderungen in der Unternehmensumwelt bewirken, dass Fähigkeiten ihren Wert verlieren. Der *Prozess zum Aufbau neuer Vorteilsquellen* erscheint daher genauso wichtig für die Wettbewerbsfähigkeit eines Unternehmens wie die inhaltliche Ausprägung eines Wettbewerbsvorteils zu einem gegebenen Zeitpunkt.[421] Aus dynamischer Sicht liegen die Wettbewerbsfähigkeit und die Quelle von Wettbewerbsvorteilen in der Steuerung der Entwicklung der Fähigkeiten und dem Aufbau neuer Fähigkeiten eines Unternehmens.[422] Das bedeutet, dass ein Unternehmen über Prozesse

---

411 Vgl. *Grant* (1991), S. 122.

412 Vgl. *Amit/Schoemaker* (1993), S. 35.

413 Vgl. *Leonard-Barton* (1992), S. 111; *Prahalad/Hamel* (1990), S. 83-84; *Teece/Pisano/Shuen* (1992), S. 18.

414 Vgl. *Leonard-Barton* (1992), S. 1134-114.

415 *Prahalad/Hamel* (1990), S. 82.

416 Vgl. *Prahalad/Hamel* (1990), S. 81.

417 Vgl. *Collis* (1991), S. 52; *Mahoney/Pandian* (1992), S. 365.

418 Vgl. *Grant* (1991), S. 121; *Prahalad/Hamel* (1990), S. 82; *Teece/Pisano/Shuen* (1992), S. 22-23.

419 Vgl. *Leonard-Barton* (1992), S. 417; *Teece/Pisano/Shuen* (1992), S. 22.

420 Vgl. *Prahalad/Hamel* (1990), S. 82.

421 Vgl. *McGrath/MacMillan/Venkataraman* (1995), S. 252-253; *Rumelt* (1984), S. 558.

422 Vgl. *Leonard-Barton* (1992), S. 112; *Teece/Pisano/Shuen* (1992), S. 12-13

verfügen muss, die Innovationen und kollektives Lernen ermöglichen und fördern.[423] Daher können die Fähigkeit zum Aufbau und zur Entwicklung von Fähigkeiten als »dynamische Fähigkeit« und die Prozesse, die diese Entwicklung steuern, als »dynamische Routinen« bezeichnet werden.[424] In dieser dynamischen Sicht ergibt sich dann jedoch das Problem eines *infiniten Regresses* bei der Erklärung strategischer Wettbewerbsvorteile durch solche organisationale Fähigkeiten.[425] Das Problem des infiniten Regresses kann nur erfolgreich konfrontiert werden, wenn eingeräumt wird, dass der Wert organisationaler Fähigkeiten kontextuell gebunden, also branchen- und zeitabhängig ist. Damit kann eine hinreichende Erklärung für die Quellen von Wettbewerbsvorteilen je nach Branchensituation auf verschiedenen Stufen liegen: entweder in vorteilhaften Marktpositionen (z.B. durch Aufbau von Markteintrittsbarrieren), in besserer Faktorausstattung (z.B. durch einen Standortvorteil), in überlegenen funktionalen Fähigkeiten (z.B. durch bessere Erforschung der Kundenbedürfnisse) oder in einer überlegenen dynamischen Fähigkeit (z.B. durch höhere Lernfähigkeit einer Organisation).[426]

Aufbauend auf diesem Verständnis von Ressourcen und Fähigkeiten wird im folgenden Abschnitt eine Klassifikation erfolgspotentialgenerierender Ressourcen und Fähigkeiten entwickelt. Dabei werden in der Literatur vorhandene Klassifizierungsansätze kurz vorgestellt und zur Entwicklung einer eigenen Klassifzierung herangezogen.

bb) Klassifizierung von erfolgspotentialgenerierenden Ressourcen und Fähigkeiten

In der Literatur zum ressourcenorientierten Ansatz finden sich verschiedene *Einteilungen* von Ressourcen. BARNEY beispielsweise unterteilt Ressourcen in drei Kategorien: physisches Kapital, Humankapital und organisationales Kapital.[427] BAMBERGER/WRONA beschreiben vier verschiedene Ressourcenarten: physische, intangible, finanzielle und organisationale Ressourcen.[428] GRANT nennt in Anlehnung an HOFER/SCHENDEL sechs Klassen von Ressourcen: finanzielle Ressourcen, physische Ressourcen, Humankapital, technologische Fähigkeiten, Reputation und organisationale Ressourcen.[429] Auch HUNT/MORGAN differenzieren sechs Kategorien von Ressourcen: finanzielle Ressourcen, physische Ressourcen, rechtliche

---

423 Vgl. *Collis* (1991), S. 52.

424 Diese Bezeichnungen gehen zurück auf TEECE/PISANO/SHUEN, die diesen Ansatz als "*dynamic capabilities approach*" und die Prozesse, durch die die Entwicklung von Fähigkeiten gesteuert werden, als „*dynamic routines*" bezeichnen. Vgl. *Teece/Pisano/Shuen* (1992), S. 12, 26-27.

425 Der infinite Regress bei der Erklärung strategischer Wettbewerbsvorteile kommt folgendermaßen zustande: Strategische Wettbewerbsvorteile basieren auf organisationalen Fähigkeiten, die sich wiederum aus der Fähigkeit zum Aufbau organisationaler Fähigkeiten ergeben. Die Fähigkeit zum Aufbau von Fähigkeiten resultiert aus der Fähigkeit zum Aufbau der Fähigkeiten zum Aufbau der Fähigkeiten usw. Vgl. *Collis* (1994), S. 147-149.

426 Vgl. *Collis* (1994), S. 149-150. Hier zeigt sich wieder, dass die ressourcenorientierte Sicht eine Branchenanalyse erfordert, also *resource-based view* und IO-basierte Strategielehre komplementär sind. Vgl. *Collis* (1994), S. 150.

427 Vgl. *Barney* (1991), S. 101.

428 Vgl. *Bamberger/Wrona* (1996), S. 133.

429 Vgl. *Grant* (1991), S. 119, *Hofer/Schendel* (1978), S. 145-148.

Ressourcen, Humankapital, organisationale Ressourcen, informationelle Ressourcen sowie beziehungsbezogene Ressourcen.[430] Diese einfachen Einteilungen von Ressourcen dienen dabei jedoch eher dem Aufzeigen der Bandbreite und der Vielfalt der Erscheinungsformen einer Ressource als einer systematischen Klassifizierung von Ressourcen hinsichtlich verschiedener Ressourcenmerkmale.

Ein Beispiel für eine einfache, aber *systematische Klassifikation* von Ressourcen liefert PORTER. Er unterteilt Ressourcen einerseits in tangible und intangible Ressourcen sowie anderseits in »interne« und »externe« Ressourcen. Interne Ressourcen sind solche, die innerhalb des Unternehmens liegen, während externe solche Ressourcen darstellen, die außerhalb des Unternehmens angesiedelt sind, z.B. Markenimage, Beziehungen und Netzwerke. Externe Resourcen sind wie die angeführten Beispiele in der Regel intangibel; sie können aber auch tangibel sein (z.B. Verträge).[431] Eine derartige Klassifikation erscheint jedoch nicht hinreichend zur Systematisierung erfolgspotentialgenerierender Ressourcen. Zum einen unterbleibt die wichtige Unterscheidung zwischen Ressourcen und Fähigkeiten, zum anderen besteht auch kein direkter Bezug zur Wettbewerbsvorteilserzeugung.

Eine andere Systematisierung von Ressourcen führt BRUMIGAM an. Er entwickelt eine *Hierarchie von Unternehmensressourcen*, die in vier Ebenen angesiedelt sind. Die erste und niedrigste Ebene besteht aus Ressourcen, die der eigentlichen Leistungserstellung einer Geschäftseinheit dienen. Auf der zweiten Ebene befinden sich die administrativen Ressourcen, die die Koordination und Integration verschiedener Geschäftseinheiten ermöglichen. Ressourcen der dritten Ebene sind solche, die sich auf die Lern- und Wandelfähigkeit einer Organisation beziehen. Die vierte und höchste Ressourcenebene wird durch solche Ressourcen repräsentiert, welche die Entwicklung, Verbreitung und Implementation von strategischen Visionen unterstützen.[432] Diese Einteilung stellt laut BRUMIGAM eine Hierarchie dar, da zum einen die Ressourcen einer höheren Ebene die Entwicklung der Ressourcen einer niedrigeren Ebene beeinflussen.[433] Zum anderen nimmt BRUMIGAM an, dass unternehmensspezifische Ressourcen einer höheren Ebene eher zur Nachhaltigkeit eines Wettbewerbsvorteils beitragen als Ressourcen einer niedrigeren Ebene.[434] Positiv an dieser Ressourcenhierarchie ist, dass sowohl die unterschiedliche Tragweite als auch die Interdependenz bestimmter Ressourcenarten verdeutlicht wird. Implizit greift diese Einteilung dadurch das Konzept der (dynamischen) Fähigkeiten auf. Dennoch erscheint diese Hierarchie auch noch nicht ausreichend, da eine explizite Unterscheidung zwischen Ressourcen und Fähigkeiten unterbleibt und die Klassifi-

---

430 Vgl. *Hunt/Morgan* (1995), S. 6-7.

431 Vgl. *Porter* (1991), S. 102.

432 Vgl. *Brumagim* (1994), S. 89-98.

433 Vgl. *Brumagim* (1994), S. 92. Allerdings können durchaus auch Auswirkungen von Ressourcen niedrigerer Ordnung auf solche höherer Ordnung ausgehen. Vgl. *Brumigam* (1994), S. 99.

434 Vgl. *Brumagim* (1994), S. 92.

kation - insb. auf der Geschäftsfeldebene - zu grob ist, um zur Identifikation erfolgspotentialgenerierender Ressourcen dienen zu können.[435]

Eine ähnliche Kategorisierung von Fähigkeiten nimmt COLLIS vor.[436] Die erste Kategorie besteht aus den Fähigkeiten eines Unternehmens, die grundlegenden *funktionalen Aktivitäten* im Wertschöpfungsprozess durchzuführen. Die zweite Kategorie beinhaltet die Fähigkeiten, die Durchführung von funktionalen Aktivitäten zu *verbessern*. Hierbei nimmt COLLIS explizit Bezug auf das Konzept *dynamischer Fähigkeiten* von TEECE/PISANO/ SHUEN.[437] In der dritten Kategorie sind schließlich die sogenannten *Meta-Fähigkeiten* (z.B. das »Lernen zu Lernen«) angesiedelt. COLLIS räumt dabei ein, dass eine strikte und eindeutige Zuordnung von organisationalen Fähigkeiten zu diesen drei Kategorien nur schwer möglich sei, da alle Fähigkeiten die Durchführung von Aktivitäten zur Transformation von Inputs zu Outputs betreffen.[438]

Eine weitere Systematisierung von erfolgspotentialgenerierenden Ressourcen geben LADO/ BOYD/WRIGHT vor. Sie unterscheiden vier *Quellen von einzigartigen Fähigkeiten* (*distinctive competencies*) eines Unternehmens. Diese einzigartigen Fähigkeiten liegen entweder in allgemeinen Management-Fähigkeiten, Input-bezogenen Fähigkeiten, Transformations-bezogenen Fähigkeiten oder Output-bezogenen Fähigkeiten. Diese verschiedenen Fähigkeitsarten bedingen sich wechselseitig, wobei auch in ihrer Verknüpfung die Quelle eines Wettbewerbsvorteils liegen kann.[439] Eine zentrale Rolle spielen dabei die Management-Fähigkeiten in der Entwicklung der anderen Fähigkeitsarten. Generelle Managementkompetenzen übernehmen eine Klammerfunktion und beeinflussen die Interaktion der anderen Fähigkeiten.[440] Vorteilhaft an der Systematisierung von LADO/BOYD/WRIGHT ist die direkte Bezugnahme der Kompetenzen eines Unternehmens zu seinen Wertschöpfungsaktivitäten.[441] Das Konzept der Transformations-bezogenen Fähigkeiten als diejenigen organisationalen Fähigkeiten, die notwendig sind, um Inputs zu Outputs umzuwandeln, ist dabei eng mit dem Konzept der Wertkette von PORTER verbunden.[442] Positiv an der Systematik von LADO/BOYD/WRIGHT erscheint auch ihre Hervorhebung der generellen Managementkompetenzen für die Erzeugung von Wettbewerbsvorteilen, die als koordinative Fähigkeiten in statischer Sicht und als dynamische Fähigkeiten interpretiert werden können. Allerdings kann bemängelt werden, dass eine explizite Trennung zwischen wettbewerbsvorteilsstiftenden Ressourcen und Fähigkeiten unterbleibt. Auch dadurch bedingt fehlt eine weitergehende Unterteilung der Ressourcen und Fähigkeiten hinsichtlich deren Erfolgspotentials.

---

435 Für weitere kritische Anmerkungen zu den Annahmen der Ressourcenhierarchie von BRUMAGIM vgl. *Barney* (1994b).

436 Vgl. *Collis* (1994), S. 145.

437 Vgl. *Collis* (1994), S. 145.

438 Vgl. *Collis* (1994), S. 145.

439 Vgl. *Lado/Boyd/Wright* (1992), S. 82.

440 Vgl. *Lado/Boyd/Wright* (1992), S. 83.

441 Vgl. *Rasche* (1994), S. 140.

442 Vgl. *Lado/Boyd/Wright* (1992), S. 85. Zum Konzept der Wertkette vgl. *Porter* (1986), S. 59-92.

Die systematischste Klassifikation von erfolgspotentialgenerierenden Ressourcen stammt von HALL, da er einen *Bezugsrahmen* zur Identifikation bestimmter Ressourcenarten als Quelle von Wettbewerbsvorteilen entwickelt, auch wenn seine Klassifizierung sich nur auf intangible Ressourcen bezieht.[443] Zunächst unterscheidet HALL zwischen intangiblen Ressourcen, die in Form von Aktivposten (*having*) bestehen, und solchen, die als Fähigkeiten (*doing*) vorliegen. Zu den ersten rechnet HALL z.B. Warenzeichen, Schutzrechte, Patente, Reputation und Netzwerke, während das Know-how der Mitarbeiter, das Qualitätsbewusstsein und die Lernbereitschaft zu den Fähigkeiten zählen.[444] Bei den Aktivposten unterscheidet HALL weiter, ob diese rechtlich geschützt werden können oder nicht. Die Fähigkeiten differenziert er danach, ob sie für die Ausführung einzelner Unternehmensfunktionen oder für die Koordination der Unternehmensaktivitäten eingesetzt werden.[445] Schließlich klassifiziert HALL alle Ressourcen hinsichtlich ihrer Personenabhängigkeit oder -unabhängigkeit.[446] Diese einzelnen Ressourcenklassen werden dann auf verschiedene Arten von Wettbewerbsvorteilen bezogen. Dazu greift HALL auf die Systematik von COYNE zurück.[447] Nach COYNE liegen die Quellen von Wettbewerbsvorteilen in vier verschiedenen Formen von Vermögens- bzw. Fähigkeitsdifferentialen (*capability differentials*) von Unternehmen. Wettbewerbsvorteile beruhen dabei entweder auf den Differenzierungspotentialen eines Unternehmens in der Ausübung einzelner Funktionen der Leistungserstellung (*functional differential*), in der Organisationskultur oder der Managementqualität (*cultural differential*), in den aus vorherigen Handlungen resultierenden spezifischen Positionen (*positional differential*) oder durch den Besitz bestimmter Rechte (*regulatory differentials*).[448] HALL ordnet dann in einem Bezugsrahmen den verschiedenen Typen von Wettbewerbsvorteilen die einzelnen Arten intangibler Ressourcen als Quellen dieser Wettbewerbsvorteile systematisch zu.[449] Funktionale und kulturelle Unterschiede beruhen danach auf den spezifischen Fähigkeiten eines Unternehmens während unternehmensspezifische Aktivposten die Grundlage für positionale und regulatorische Differenzen bilden.[450] Abbildung 22 stellt im die Klassifizierung intangibler Ressourcen und den Bezug der Ressourcenklassen zu verschiedenen Formen von Wettbewerbsvorteilen dar.

Trotz des unmittelbaren und systematischen Bezugs der Ressourcenklassen zu den Vermögens- und Fähigkeitsdifferentialen als Wettbewerbsvorteilsquellen erscheint auch die Klassifizierung von HALL zur Systematisierung erfolgspotentialgenerierender Ressourcen noch nicht hinreichend. Zum einen wird die simple Differenzierung von funktionalen und kulturellen Fähigkeiten noch nicht der übergeordneten Bedeutung von koordinativen Fähigkeiten

443 Vgl. *Hall* (1992), S. 136; *Hall* (1993), S. 607-608.

444 Vgl. *Hall* (1992), S. 136-139.

445 Vgl. *Hall* (1993), S. 609.

446 Vgl. *Hall* (1992), S. 139.

447 Vgl. *Hall* (1992), S. 136.

448 Vgl. *Coyne* (1986), S. 57-58.

449 Vgl. *Hall* (1992), S. 144; *Hall* (1993), S. 611.

450 Vgl. *Hall* (1992), S. 136.

gerecht. Zum anderen kommt die dynamische Komponente - die Fähigkeit zum Aufbau und zur Entwicklung von Fähigkeiten - nicht zum Vorschein. Schließlich findet der Wertschöpfungsprozessgedanke nicht ausreichend Berücksichtigung.

	Vermögens- und Fähigkeitsdifferentiale				
	Funktional	**Kulturell**	**Positional**	**Regulatorisch**	
Personenabhängig	Know-how der Mitarbeiter, Lieferanten und Distributoren	Qualitätsbewusstsein, Lernfähigkeit			**Fähigkeiten (*doing*)**
Personenabhängig			Reputation, Netzwerke		**Aktivposten (*having*)**
Personen-unabhängig			Kunden-datenbanken	Warenzeichen, Schutzrechte, Patente	**Aktivposten (*having*)**

Abbildung 22: Bezugsrahmen zur Identifikation erfolgspotentialgenerierender intangibler Ressourcen nach HALL[451]

Zur Entwicklung einer *eigenen Klassifizierung* erfolgspotentialgenerierender Ressourcen erscheint aufgrund der spezifischen Vor- und Nachteile der in diesem Abschnitt dargestellten Klassifizierungsansätze eine Synthese dieser Ansätze als sinnvoll. Dazu werden von BRUMIGAM bzw. COLLIS der Gedanke einer Ressourcenhierarchie, von LADO/BOYD/ WRIGHT die Zuordnung von Ressourcen zum Wertschöpfungsprozess und von HALL die systematische Bezugnahme zu Wettbewerbsvorteilsquellen übernommen.

Bei der Klassifizierung von Ressourcen (im weitesten Sinne) wird - wie oben bereits beschrieben - zwischen Ressourcen im engeren Sinn (*having*) und Fähigkeiten (*doing*) unterschieden. Entsprechend ihrer *Stellung im Wertschöpfungsprozess* werden die Ressourcen dann entweder als »Potentialfaktoren« oder als »Ergebnisfaktoren« bezeichnet. In *dynamischer Sicht* können dabei die Ergebnisfaktoren einer Periode (z.B. ein bestimmtes Markenimage) zu den Inputfaktoren der nächsten Periode werden. Fähigkeiten dienen der Transformation von Inputs zu Outputs und stellen dementsprechend »Prozessfaktoren« dar. Die Fähigkeiten werden weiter hierarchisch gegliedert. Die Fähigkeit, Ressourcen zur Ausübung einzelner Funktionen im Leistungserstellungsprozess zu *bündeln*, stellt eine Fähigkeit der ersten bzw. untersten Ebene dar und wird »funktionale Fähigkeit« genannt. Die Fähigkeit, diese verschiedenen Funktionen im Rahmen des gesamten Wertschöpfungsprozess *abzustimmen*,

451 Quelle: *Hall* (1992), S. 140.

wird hier als »koordinative Fähigkeit« bezeichnet und stelllt eine Fähigkeit der zweiten Ebene dar. Auf der dritten und höchsten Ebene sind die »dynamischen Fähigkeiten« angesiedelt, welche sich dadurch auszeichnen, dass sie Fähigkeiten der ersten und zweiten Ebene *aufbauen* und *entwickeln* können. Die Ressourcen und Fähigkeiten werden dann analog zu HALL den verschiedenen Vermögens- und Fähigkeitsdifferentialen von COYNE zugeordnet. Potential- und Ergebnisfaktoren begründen dabei regulatorische und positionale Differentiale. *Funktionale Differentiale* sind auf unternehmensspezifische Fähigkeiten der ersten Ebene zurückzuführen, während *kulturelle Differentiale* durch besondere koordinative Fähigkeiten erzeugt werden. Schließlich wird hier durch die Erweiterung der statischen Sicht um eine dynamische Perspektive der Begriff des »dynamischen Differentials« eingeführt, der auf Unterschiede zwischen Unternehmen in der Fähigkeit des Aufbaus und der Entwicklung von Fähigkeiten abstellt. Abbildung 23 stellt diesen Klassifizierungsansatz und Beispiele für einzelne Ressourcen- bzw. Fähigkeitsarten dar.[452]

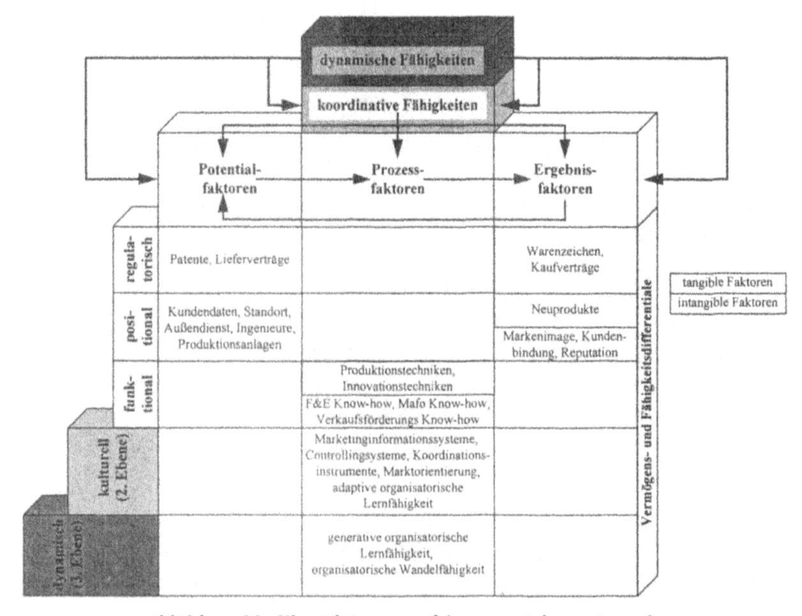

Abbildung 23: Klassifizierung erfolgspotentialgenerierender Ressourcen und Fähigkeiten

452 Es werden sowohl tangible als auch intangible Faktoren berücksichtigt. Dabei werden solche immaterielle Faktoren auch als tangibel bezeichnet, wenn sie kodifizierbar sind (z.B. Produktionstechniken), und solche auch aus materiellen Komponenten bestehenden Faktoren als intangibel bezeichnet, wenn ihre Funktionsweise wesentlich von immateriellen Faktoren abhängt (z.B. ein Marketinginformationssystem).

c) Ressourcenorientierter Wettbewerbsvorteil durch effektives europäisches Brand Management

Entsprechend der oben dargestellten Klassifzierung stellt ein europäisches Brand Management, das als Gestaltung, Steuerung und Umsetzung der Marketingaktivitäten europäisch tätiger Konsumgüterunternehmen definiert ist (siehe Abschnitt D.I.), einen *Prozessfaktor* dar. Zur Erzielung eines effektiven europäischen Brand Managements, das durch global-lokal Balance, internationale Lernfähigkeit, Flexibilität und Reagibilität sowie Implementierungsfähigkeit gekennzeichnet ist (siehe Abschnitt D.II.), muss der europäische Brand Managementprozess *marktorientiert* und *gerecht* gestaltet werden (siehe Abschnitt D.III.). Auf allen drei oben aufgezeigten Ebenen von Fähigkeiten liegen dabei einzelne Elemente eines effektiven europäischen Brand Managements vor: Auf der *funktionalen Ebene* beinhaltet effektives europäisches Brand Management z.B. die Erzeugung von Marktinformationen durch Marktforschungsaktivitäten, auf der *kulturellen Ebene* bspw. die konsequente Ausrichtung aller Unternehmensaktivitäten an den Marktbedürfnissen und auf der *dynamischen Ebene* z.B. das durch Marktinformationsverbreitung und Dialog induzierte generative organisationale Lernen. In Abbildung 24 werden verschiedene Aktivitäten und Fähigkeiten, die für einen effektiven europäischen Brand Managementprozess unterstützend wirken bzw. erforderlich sind, den einzelnen Fähigkeitsklassen aus Abbildung 23 zugeordnet.

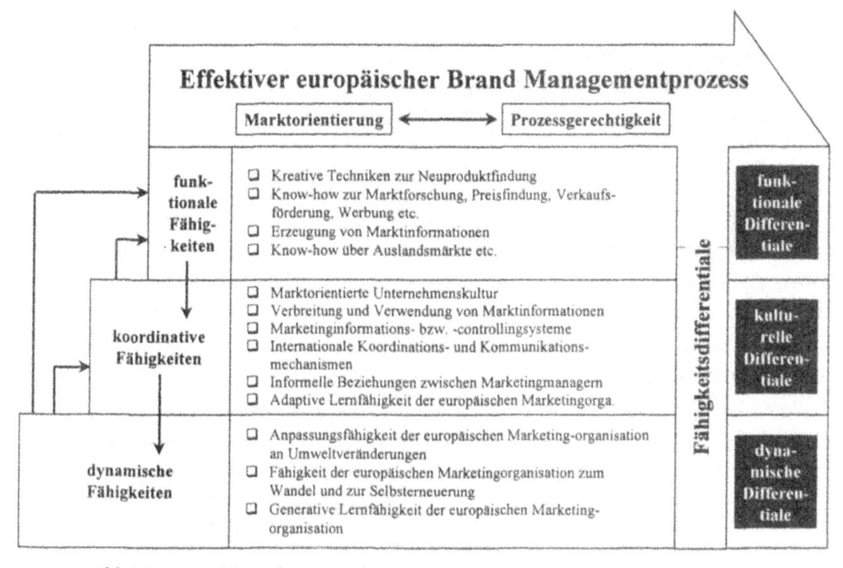

Abbildung 24: Klassifizierung der Fähigkeiten eines effektiven europäischen Brand Managementprozesses

Ein effektives europäisches Brand Management stellt also eine Ansammlung verschiedener *Fähigkeiten* dar, auf deren Basis sowohl funktionale, kulturelle als auch dynamische Differentiale begründet sein können. Damit diese Differentiale in einen strategischen Wettbewerbsvorteil münden, müssen die dahinterstehenden Fähigkeiten den formalen Anforderungen an erfolgspotentialgenerierende Ressourcen genügen. D.h., um die Quelle eines strategischen Wettbewerbsvorteils darzustellen, müssen diese Fähigkeiten wertvoll, rar, nicht imitierbar und nicht substituierbar sein.

ca) Effektives europäisches Brand Management als wertvolle Ressource

Damit ein effektives europäisches Brand Management eine wertvolle Ressource darstellt, muss es dazu beitragen, einen aus *Kundensicht wahrgenommen Nutzen* bei den Leistungen des Unternehmens zu schaffen.[453] Diese Bedingung wird von den verschiedenen zu einem effektiven europäischen Brand Management zugehörigen Fähigkeiten offensichtlich erfüllt. Durch diese Fähigkeiten werden die Abnehmerbedürfnisse in den verschiedenen Märkten identifiziert, nach innen in das Unternehmen kommuniziert und in den Leistungserstellungsprozess eingebunden. Gerade die Marktorientierung als koordinative Fähigkeit stellt die *abnehmernutzenstiftende Verknüpfung* zwischen den Potentialfaktoren und den Ergebnisfaktoren im Wertschöpfungsprozess eines Unternehmens dar.[454] Aber auch die der Prozessgerechtigkeit zugrundeliegenden Fähigkeiten des europäischen Brand Managements sind wertvoll. Diese Fähigkeiten ermöglichen den effektiven Abgleich eventuell unterschiedlicher Interessenlagen einzelner Märkte und Organisationseinheiten und unterstützen die Umsetzung europäischer Marketingkonzepte. Darüber hinaus trägt die empfundene Gerechtigkeit der europäischen Marketingentscheidungsprozesse zu guten Beziehungen zwischen den internationalen Marketing Managern bei. Diese guten Beziehungen fördern ebenfalls die Effizienz und Effektivität des europäischen Brand Managementprozesses, z.B. durch kostengünstigere und schnellere Kommunikation.[455]

cb) Effektives europäisches Brand Management als begrenzt imitierbare Ressource

Die meisten der Fähigkeiten, die mit einem effektiven europäischen Brand Management verbunden sind, können nicht auf Faktormärkten erworben werden. Lediglich diejenigen Fähigkeiten, die kodifizierbar sind (z.B. Techniken zur Neuproduktfindung) oder solche, die vollständig in einer Person liegen können (z.B. Know-how zur Verkaufsförderung),[456] lassen sich zwischen Unternehmen ohne Wertverlust transferieren. Die anderen Fähigkeiten beruhen dagegen größtenteils auf »weichen«, intangiblen und inter-individuellen organisationalen Faktoren wie Werten, Normen und Erfahrungen. Das bedeutet, dass diese Fähigkeiten des europäischen Brand Managements im Unternehmen aufgebaut und entwickelt werden müssen.[457] Damit das europäische Brand Management dann die Quelle eines Wettbewerbsvorteils

453 Vgl. hierzu Abschnitt D.IV.3.a).

454 Vgl. *Hunt/Morgan* (1995), S. 11; *Krulis-Randa* (1995), S. 377-378.

455 Vgl. *Kim/Mauborgne* (1991), S. 138. Für BARNEY stellen gute Beziehungen zwischen Managern als kollektive Fähigkeit eines Unternehmens eine wertvolle Ressource dar. Vgl. *Barney* (1994a), S. 29-30.

456 Selbst bei solchen funktionalen Fähigkeiten erscheint es jedoch wahrscheinlich, dass ein Teil der Fähigkeit auf dem Zusammenwirken mehrerer Personen untereinander in einem unternehmensspezifischen Kontext beruht und deshalb nur begrenzt zu anderen Unternehmen transferierbar ist.

457 Vgl. *Teece/Pisano/Shuen* (1992), S. 36.

darstellt, dürfen die dazugehörigen Fähigkeiten nicht oder nur eingeschränkt durch andere Unternehmen imitierbar sein.[458] Einzelne Elemente eines marktorientierten und gerechten europäischen Brand Managementprozesses können dabei durchaus von anderen Unternehmen dupliziert werden. Insgesamt liegen einem effektiven europäischen Brand Management jedoch solche komplexen sozialen Phänomene (wie eine marktorientierte Unternehmenskultur oder wie gute Beziehungen zwischen den Marketing Managern der verschiedenen Ländern) zu Grunde, deren einzelne Komponenten stark interdependent und daher auch nur begrenzt imitierbar sind. Ein strategischer Entscheidungsprozess, der eine vielschichtige Koordination verschiedener beteiligter Personen und anderer Potentialfaktoren erfordert (wie das europäische Brand Management), erscheint weitaus schwieriger zu imitieren als ein Prozessfaktor, der auf einem einzigen dominanten Potentialfaktor beruht.[459] Darüber hinaus basieren insbesondere die koordinativen und dynamischen Fähigkeiten des europäischen Brand Managements (aber auch einzelne funktionale Fähigkeiten wie das Know-how über Auslandsmärkte) auf *organisationalen Lernprozessen.* Solche Lernprozesse erfordern einen bestimmten Zeitraum und sind nicht in einer beliebig kurzen Zeit von anderen Unternehmen replizierbar. Außerdem erscheint es wahrscheinlich, dass solche lerninduzierten Fähigkeiten sich durch andauernde Anwendung verbessern. Aus diesen Gründen erscheinen die zu einem effektiven europäischen Brand Management dazugehörigen Fähigkeiten in ihrer Summe nur begrenzt durch Konkurrenten imitierbar.[460] Dabei liegt eine *eingeschränkte Imitierbarkeit* vor allem bei den Fähigkeiten höherer Ordnung vor.

cb) Effektives europäisches Brand Management als begrenzt substituierbare Ressource

Die Möglichkeit, dass ein effektives europäisches Brand Management durch ein anderes Ressourcenbündel gleichwertig ersetzt werden kann,[461] lässt sich nicht vollständig ausschließen, da dazu alle anderen möglichen Ressourcenbündel in ihrer Wirkung untersucht werden müssten. Allerdings sprechen einige *Indizien* für eine begrenzte Substituierbarkeit eines effektiven europäischen Brand Managements. Zum einen erscheint es praktisch unmöglich, einen mit vielen »weichen« Komponenten ausgestatteten effektiven europäischen Brand Managementprozess durch ein technisches, zentral gesteuertes Planungssystem zu ersetzen. Die Problemkomplexität einer europäischen Marketingentscheidung könnte nur begrenzt durch ein solches Planungssystem bewältigt werden, da erstens kaum sämtliche Einflussfaktoren und ihre Veränderungen erfasst werden könnten und die zur Problemlösung notwendige Kreativität stark eingeschränkt würde. Außerdem wäre ein solches System kaum in der Lage, das zur Umsetzung europäischer Marketingkonzepte erforderliche *commitment* bei den lokalen Marketing Managern zu erzeugen.[462] Zum anderen zeigen die in den vorangegangen Ab-

---

458 Vgl. Abschnitt D.IV.3.c).

459 Vgl. *Hart/Banbury* (1994), 255.

460 Vgl. *Barney* (1994a), S. 29-31; *Dickson* (1996), S. 104; *Hunt/Morgan* (1995), S. 13; *Krulis-Randa* (1995), S. 377.

461 Vgl. Abschnitt D.IV.3.d).

462 Ähnlich argumentiert BARNEY für die Nicht-Substituierbarkeit guter Beziehungen zwischen Managern eines Unternehmens. Vgl. *Barney* (1994a), S. 30-31.

schnitten geschilderten Fallbeispiele auf, welche negativen Auswirkungen eine wenig ausgeprägte Marktorientierung und/oder eine fehlende Prozessgerechtigkeit des europäischen Brand Managements auf das europäische Marketing dieser Unternehmen haben.[463] Insofern erscheint die Annahme, dass ein effektives europäisches Brand Management nur begrenzt substituierbar ist, durchaus plausibel.

cd) Effektives europäisches Brand Management als rare Ressource

Die letzte Bedingung, die ein effektives europäisches Brand Management erfüllen muss, damit es die Quelle eines strategischen Wettbewerbsvorteils darstellen kann, ist, dass die zugrunde liegenden Fähigkeiten rar sind.[464] Dies ist letztendlich eine Frage, die nur *empirisch* in den jeweiligen Branchen beantwortet werden kann.[465] Insgesamt sprechen aber einige Argumente dafür, dass die Fähigkeiten der internationalen Marktorientierung und der Prozessgerechtigkeit nicht bei allen Unternehmen gleichermaßen vorliegen. Zum einen zeigen die empirischen Untersuchungen zur Marktorientierung im allgemeinen, dass eine deutliche Varianz in der Ausprägung dieses Konstrukts bei den untersuchten Unternehmen vorliegt. Wenn alle Unternehmen über eine gleich starke Marktorientierung verfügen würden, könnte auch keine Wirkung der Marktorientierung auf den Unternehmenserfolg festgestellt werden.[466] Das gleiche Argument gilt auch für die Prozessgerechtigkeit, da die Untersuchungen von KIM/MAUBORGNE ebenfalls signifikante Unterschiede in der Ausprägung dieses Konstrukts bei den untersuchten Unternehmen vorfanden.[467] Zum anderen deuten auch die vom Verfasser der vorliegenden Arbeit durchgeführten Interviews darauf hin, dass ein marktorientierter und gerechter europäischer Brand Managementprozess keinen Faktor darstellt, über den alle Unternehmen in gleicher Qualität verfügen. Die Untersuchungsergebnisse weisen vielmehr darauf hin, dass nicht zu vernachlässigende Unterschiede in den einem effektiven europäischen Brand Management zugrunde liegenden Fähigkeiten zwischen den Unternehmen im Konsumgütersektor insgesamt, aber auch zwischen Unternehmen einer Branche auftreten. Dennoch soll hier nicht ausgeschlossen werden, dass in bestimmten Branchen alle oder ein Großteil der darin tätigen Unternehmen über ein ähnliches Niveau der Fähigkeiten zu einem effektiven europäischen Brand Management verfügen. In diesem Fall müssen entweder vorhandene strategische Wettbewerbsvorteile eines Unternehmens in dieser Branche eine andere Quelle haben als ein effektives europäisches Brand Management oder es liegen keine dauerhaften Wettbewerbsvorteile eines Unternehmens vor. Allerdings würde ein Unternehmen, dass über kein effektives europäisches Brand Management verfügt, während alle anderen Unternehmen der Branche diese Fähigkeiten besitzen, einen *Wettbewerbsnachteil* erleiden.

---

463 Vgl. hierzu insb. die angeführten Beispiele in den Abschnitten D.III.1.d), D.III.2.c) und D.III.3.

464 Vgl. Abschnitt D.IV.3.b).

465 Vgl. *Barney* (1994a), S. 31.

466 Vgl. *Hunt/Morgan* (1995), S. 11-12; *Krulis-Randa* (1995), S. 377.

467 Vgl. *Kim/Mauborgne* (1991); *Kim/Mauborgne* (1993a); *Kim/Mauborgne* (1993b).

d) Zusammenfassung

Die Überlegungen in den vorangegangen Abschnitten haben gezeigt, dass ein effektives europäisches Brand Management die Quelle eines strategischen Wettbewerbsvorteils darstellen kann. Die einem effektiven europäischen Brand Management zugehörigen Fähigkeiten sind im Sinne der *resource-based view* wertvoll und schwer imitierbar. Weiterhin sprechen etliche Indizien dafür, dass diese Fähigkeiten auch eine nicht-substituierbare und rare Ressource bei europäischen Konsumgüterunternehmen darstellen. Der strategische Wettbewerbsvorteil basiert dabei insbesondere auf den aus komplexen sozialen Phänomenen bestehenden *koordinativen und dynamischen Fähigkeiten* eines effektiven europäischen Brand Managementprozesses. Der Wert eines effektiven europäischen Brand Managements steigt mit der Bedeutung der koordinativen Fähigkeiten und der dynamischen Fähigkeiten für diesen Managementprozess. Während die Wirkung der Marktorientierung weitgehend unabhängig von moderierenden Faktoren erscheint,[468] liegt bei der Wirkung der Prozessgerechtigkeit durchaus eine moderierende Wirkung der Branchensituation vor. Die positive Wirkung der Prozessgerechtigkeit insbesondere auf die Implementierungsfähigkeit des europäischen Brand Managements ist um so größer, je stärker gleichzeitig Erfordernisse der globalen Integration und der lokalen Anpassung des Marketing vorliegen, also je größer der Koordinationsbedarf des europäischen Marketing ist.[469] Daraus lässt sich schließen, dass die koordinativen Fähigkeiten des europäischen Brand Managements vor allem für die Umsetzung einer transnationalen Marketingstrategie[470] von Bedeutung sind und um so wertvoller werden, je höher die simultanen Anforderungen der Standardisierung und der Differenzierung an das Marketing sind. Die dynamischen Fähigkeiten eines effektiven europäischen Brand Managements erscheinen wiederum um so wichtiger, je höher die Europäisierungsdynamik einer Branche ausgeprägt ist, also je stärker sich die Veränderungen der Umfeldbedingungen in Richtung einer »transnationalen« Branche entwickeln.[471]

Insgesamt kann daher gefolgert werden, dass ein effektives europäisches Brand Management eher in transnationalen Branchen einen strategischen Wettbewerbsvorteil begründet. Die Bedeutung eines Teils der Fähigkeiten eines effektiven europäischen Brand Management scheint dagegen in »multi-lokalen« oder »rein globalen« Branchen vergleichsweise geringer, so dass in solchen Umfeldsituationen ein effektives europäisches Brand Management auch weniger wahrscheinlich die Quelle eines dauerhaften Wettbewerbsvorteils darstellt. Für die europäisch aktiven Markenartikelhersteller gewinnen die Fähigkeiten eines effektiven europäischen Brand Managements - aufgrund der Veränderung ihrer Branchen in Richtung »transnational« -zunehmend an Bedeutung, da mit diesen Fähigkeiten ein strategischer

468 Vgl. Abschnitt D.III.1.de).

469 Vgl. Abschnitt D.III.2.ce).

470 Vgl. Abschnitt B.I.4.

471 Analog argumentieren NAYYAR/BANTEL, die herausstellen, dass Flexibilität und Reagiblität als organisationale Fähigkeiten insb. bei hoher Umweltkomplexität und hoher -dynamik die Quelle eines Wettbewerbsvorteils darstellen können. Vgl. *Nayyar/Bantel* (1994), S. 214.

Wettbewerbsvorteil aufgebaut werden kann bzw. ohne sie ein strategischer Wettbewerbsnachteil droht.

Schließlich haben die Ausführungen in den vorherigen Abschnitten gezeigt, dass sich die *resource-based view* sinnvoll - also mit einem Erkenntnisgewinn - in den Bereich des internationalen Marketing übertragen lässt. Der ressourcenorientierte Ansatz bietet letztendlich eine *theoretische Untermauerung* für die prozessuale Betrachtung des europäischen Brand Managements. Die *resource-based view* liefert dabei die Erkenntnis, dass aufgrund der spezifischen Koordinationsanforderungen des internationalen Marketing der *Prozess*, durch den internationale Marketingentscheidungen vorbereitet, getroffen und umgesetzt werden, von entscheidender Bedeutung ist und selbst die Quelle eines strategischen Wettbewerbsvorteils darstellen kann. Die aus dem ressourcenorientierten Ansatz abgeleitete differenzierte Betrachtung der erforderlichen Fähigkeiten für ein effektives europäisches Brand Management betont die besondere Rolle, die dem Aufbau und der Entwicklung der koordinativen und dynamischen Fähigkeiten zukommt. Insofern bietet die ressourcenorientierte Perspektive theoretisch fundierte, generelle Handlungsanweisungen für die Gestaltung des europäischen Brand Managementprozesses. Mit der konkreten Gestaltung dieses Prozesses beschäftigt sich nun das folgende Kapitel.

E. UMSETZUNG EINES EFFEKTIVEN EUROPÄISCHEN BRAND MANAGEMENTS

Dieses Kapitel beschäftigt sich mit der Frage, wie ein effektiver - also marktorientierter und gerechter - europäischer Brand Managementprozess realisiert werden kann. Im Fokus der Betrachtung stehen dabei die Gestaltung der dem europäischen Brand Management zugrunde liegenden Informationsprozesse und der Unternehmenskultur, da diese beiden Elemente als zentrale Gestaltungsparameter für die internationale Marktorientierung und die Prozessgerechtigkeit des europäischen Brand Managements identifiziert wurden.[1] Zunächst werden *allgemeine Gestaltungsrichtlinien* für den europäischen Brand Managementprozess entwickelt. Zur Konkretisierung dieser allgemeinen Richtlinien folgt eine - auch empirisch gestützte - Analyse der *Koordinationsinstrumente* für ein europäisches Brand Management. Dabei werden auf der Basis der theoretischen und empirischen Erkenntnisse dieses Abschnitts *Handlungsempfehlungen* für den Einsatz dieser Instrumente zur Umsetzung eines effektiven europäischen Brand Managementprozesses erarbeitet.

I. Gestaltungsrichtlinien für ein effektives europäisches Brand Management

Die Gestaltung der Informationsprozesse und der Organisationskultur stellt im Wesentlichen ein organisationales Problem dar. In diesem Abschnitt wird zunächst dafür argumentiert, dass rein strukturelle Implementierungsansätze für die Erzielung eines effektiven europäischen Brand Managements nicht ausreichen. Im Anschluss daran folgt eine kurze Diskussion der organisationalen Einflussfaktoren der Marktorientierung.[2] Auf Basis dieser Erkenntnisse wird dann in Anlehnung an den Modellen der »Transnationalen Organisation« von BARTLETT/ GHOSHAL und des »heterarchischen Multinationalen Unternehmens« von HEDLUND eine »horizontale Organisation« als *grundlegende Implementierungsform* eines effektiven europäischen Brand Managementprozesses propagiert.

1. *Die Unzulänglichkeit rein struktureller Implementierungsansätze*

In der Literatur zum internationalen Management wurden die Organisation internationaler Unternehmen, die Determinanten der Organisation und die Erfolgswirkungen verschiedener Organisationsvariablen häufig empirisch untersucht.[3] Der Fokus der Untersuchungen lag dabei jedoch meist in der Analyse »passender« *Organisationsstrukturen* für die Implementierung internationaler Strategien entsprechend dem »*structure follows strategy*« Paradigma der Organisationsgestaltung. Bei der Betrachtung und Bildung von Organisationstypen schenkte man in erster Linie nur der zweiten Hierarchieebene eines internationalen Unternehmens

---

1 Vgl. Abschnitt D.III.3.

2 Zum Einfluss der Organisation auf die Prozessgerechtigkeit liegen bisher keine Untersuchungen vor. KIM/MAUBORGNE weisen aber darauf hin, dass die Untersuchung des Einflusses organisationaler Variablen auf die Prozessgerechtigkeit in internationalen Unternehmen eine fruchtbare Ergänzung ihres Modells darstellen würde. Vgl. *Kim/Mauborgne* (1993a), S. 445.

3 Vgl. *Roth/Schweiger/Morrison* (1991), S. 369 und die dort beispielhaft angeführten Studien.

Aufmerksamkeit und blendete andere Formen der Koordination weitgehend aus.[4] Die Lösung des Implementierungsproblems international standardisierter Konzepte wurde vorschnell in der Zentralisierung von Entscheidungsprozessen und in der Errichtung global integrierter Organisationsstrukturen gesehen.[5] Dabei wurde folgendermaßen argumentiert: Eine notwendige Bedingung zur Erzielung von Globalisierungsvorteilen ist das Vorliegen von Ressourcen-Strömen - sowohl tangibler als auch intangibler Ressourcen - zwischen den Einheiten eines internationalen Unternehmens.[6] Diese unternehmensinternen Ressourcen-Ströme erfordern eine hohe Koordination der Aktivitäten der einzelnen Unternehmenseinheiten.[7] Die gängige These lautete, dass diese Koordination am besten durch eine Zentralisierung der Planungs- und Entscheidungsprozesse erfolgt.[8] Insgesamt liegen jedoch verschiedene, zum Teil widersprüchliche Ergebnisse zu dem Zentralisierungsgrad, dessen Determinanten und Wirkungen bei internationalen Unternehmen vor, so dass der Zusammenhang zwischen Zentralisierung und Koordination als *nicht* bestätigt gilt.[9]

Auch in der Praxis wurde vielfach versucht, das Problem der Implementierung internationaler Strategien durch eine einzige Organisationsvariable zu lösen, und zwar durch Veränderung bzw. Anpassung der *formalen Struktur*.[10] Lösungen wurden als die Wahl einfacher Alternativen dargeboten - geographische Organisation, globale Produkt(gruppen)organisation oder Matrix-Organisation als Kombination der beiden Ansätze und Zentralisierung versus Dezentralisierung.[11]

Wenn die strategischen Bestimmungsfaktoren für alle Funktionen und Geschäftsfelder eines internationalen Unternehmens eindeutig sind, dann ist die Festlegung der formalen Struktur maßgeblich für die Implementierung internationaler Strategien.[12] In den seltensten Fällen sprechen die Einflussfaktoren jedoch *eindeutig* für eine Lösung. Internationale Unternehmen sind meist dadurch gekennzeichnet, dass konkurrierende Bestimmungsfaktoren für Strategie und Organisation vorliegen.[13] Im besonderen Maße trifft diese Feststellung auf das europäische Marketing von Konsumgüterunternehmen zu, das durch gleichzeitig hohe Erfordernisse

---

4 Vgl. *Welge/Böttcher* (1991), S. 441. Zu den »Grundtypen« internationaler Organisationsstrukturen vgl. z.B. *Macharzina/Oesterle* (1995), S. 312-323.

5 Vgl. *Welge* (1992), S. 575; *Welge/Böttcher* (1991), S. 439, 448.

6 Vgl. *Kobrin* (1991); *Kogut* (1990); *Roth/Schweiger/Morrison* (1991), S. 372; *Roth/Morrison* (1992), S. 717.

7 Vgl. *Roth/Morrison* (1992), S. 717.

8 Vgl. *Roth/Morrison* (1992), S. 717.

9 Vgl. *Gates/Egelhoff* (1986), S. 72; *Hedlund* (1993), S. 5; *Roth/Morrison* (1992), S. 717. Für Beispiele von Studien zum Zentralisierungsgrad internationaler Entscheidungen bzw. zum Autonomiegrad von ausländischen Tochtergesellschaften vgl. *Gates/Egelhoff* (1986); *Garnier* (1982); *Hedlund* (1981); *Picard* (1977); *Welge* (1981) sowie den Überblick bei *Hedlund* (1993), S. 5.

10 Vgl. *Bartlett* (1981), S. 143; *Bartlett/Ghoshal* (1990a), S. 53, 251.

11 Vgl. *Biggadike* (1990), S. 310.

12 Vgl. *Hamel/Prahalad* (1983), S. 347; *Welge* (1992), S. 579; *Welge/Böttcher* (1991), S. 442; *White/Poynter* (1990), S. 96.

13 Vgl. *Welge* (1992), S. 579; *Welge/Böttcher* (1991), S. 442.

der globalen Integration und der lokalen Anpassung gekennzeichnet ist.[14] Die Umsetzung internationaler Strategien kann angesichts der Komplexität und Ambiguität der Einflussfaktoren sowie der Mehrdimensionalität des Entscheidungsproblems nicht mehr durch eindimensionale, hierarchische bzw. rein strukturelle Organisationslösungen gewährleistet werden.[15]

Weiterhin hat sich erwiesen, dass der alleinige Einsatz einer Matrix-Struktur auch nicht ausreicht, um gleichzeitig globale Effizienzen auszunutzen und lokale Besonderheiten zu berücksichtigen.[16] Problematisch an der rein strukturellen Matrix-Lösung war vor allem, dass dem dadurch institutionalisierten Konflikt zwischen der lokalen und globalen Perspektive keine *konsensbildenden Mechanismen* gegenübergestellt wurden, so dass ein Abgleich dieser beiden Perspektiven oftmals nicht erzielt werden konnte.[17]

Der Versuch, internationale Strategien nur durch Anpassung der formalen Organisationsstruktur umzusetzen, basiert letztendlich auf einer falschen Annahme - und zwar darauf, dass die Koordination internationaler Aktivitäten durch die Zuweisung der Entscheidungskompetenz an eine Stelle in der vertikalen Hierarchie des internationalen Unternehmens und mit einem entsprechenden vertikalen Informationsfluss erreicht werden kann.[18] Diese Annahme bedingt, dass einem höheren internationalen Koordinationsbedarf vielfach durch eine stärkere Zentralisierung von Entscheidungskompetenzen begegnet wird. Eine zu starke Zentralisierung führt jedoch zu erheblichen Problemen bei internationalen Unternehmen, dessen Aktivitäten auch an lokale Erfordernisse angepasst werden müssen. Diese Sichtweise schafft ein problematisches *Spannungsverhältnis* zwischen den Managern in der Zentrale und denen der Tochtergesellschaften. Während die Zentral-Manager damit beschäftigt sind, ihre Position als »Administratoren« der internationalen Strategie zu legitimieren und die Umsetzung der Strategie zu kontrollieren, bemühen sich die Tochtergesellschaften-Manager hauptsächlich darum, ihre Unabhängigkeit und Flexibilität zu bewahren.[19] Wenn die Manager der Tochtergesellschaften infolge hoher Zentralisierung lediglich die Rolle der lokalen Implementierer und Anpasser von globalen Direktiven zugewiesen bekommen, besteht die Gefahr, dass die Fähigkeiten der Tochtergesellschaften nicht ausreichend genutzt werden und dem internationalen Unternehmen gerade im Marketingbereich somit ein bedeutendes kreatives Potential entgeht. Außerdem führt eine starke Zentralisierung dazu, dass das lokale Management *demotiviert* wird und das für die Umsetzung eines internationalen Konzepts notwendige

14 Vgl. Abschnitt B.I.4.

15 Vgl. *Doz/Bartlett/Prahalad* (1981), S. 66; *Doz/Prahalad* (1991), S. 146; *Welge* (1992), S. 579; *Welge/Böttcher* (1991), S. 442.

16 Vgl. *White/Poynter* (1990), S. 97.

17 Vgl. *Bartlett/Ghoshal* (1990a), S. 51-52; *Ghoshal/Bartlett* (1995), S. 86. BARTLETT/GHOSHAL sprechen in diesem Zusammenhang sogar vom „Versagen der Matrix" (1990a, S. 52). Allerdings sollte nach Meinung des Verfassers die Matrix als organisationale Lösung deswegen nicht vollkommen abgelehnt werden. Einige der untersuchten Konsumgüterunternehmen setzen eine Matrix-Organisation zum europäischen Brand Management relativ erfolgreich ein. Entscheidend erscheint dabei, dass die Koordinationsaufgabe des europäischen Brand Managements nicht alleinig durch eine Matrix-Struktur gelöst wird.

18 Vgl. *White/Poynter* (1990), S. 97-98.

19 Vgl. *Bartlett/Ghoshal* (1986), S. 88.

commitment zu den globalen Zielen und Strategien des internationalen Unternehmens verliert.[20] Schließlich wurde bei der Änderung formaler Strukturen als alleinige organisationale Maßnahme auf gestiegenen Koordinationsbedarf übersehen, dass solche Strukturänderungen auch Machtverschiebungen in der Regel zu Ungunsten des lokalen Managements implizieren und somit diejenigen Personen, von denen der Implementierungserfolg internationaler Konzepte entscheidend abhing, zu den »Verlierern« der organisationalen Anpassung machte.[21]

Daher hat sich inzwischen die Erkenntnis durchgesetzt, dass der Rückgriff auf rein strukturelle Ansätze zur Implementierung international abgestimmter Konzepte nicht ausreicht und eine gefährliche Simplifizierung des Implementierungsproblems beinhaltet, da dieses Problem sich hinsichtlich seiner Auswirkungen auf das Managementsystem eines internationalen Unternehmens wesentlich vielschichtiger darstellt.[22] Die Lösung des Koordinationsproblems in einem Umfeld konkurrierender Anforderungen erfordert die Entwicklung und Steuerung eines Entscheidungsprozesses, der die multiplen Einflussfaktoren abgleicht und die Umsetzung von Entscheidungen gewährleistet.[23] Dazu bedarf es der Berücksichtigung weiterer, über die Organisationsform und den Zentralisierungsgrad hinausgehender Variablen, um die Komplexität der Entscheidungsfindung und -umsetzung bei internationalen Strategien adäquat zu erfassen.[24] Insbesondere das Verhältnis zwischen Zentrale und Tochtergesellschaft und die Einbindung des lokalen Managements in den Entscheidungsprozess über internationale Konzepte werden durch die alleinige Berücksichtigung des Zentralisierungsgrades nicht ausreichend konkretisiert. Ein wesentliches Merkmal einer effektiven Koordination internationaler Aktivitäten besteht gerade in der Überwindung der zwischen Tochtergesellschaft und Zentrale oftmals noch bestehenden traditionellen Rollenverteilung, die durch eine hierarchische Unterordnung der Tochter gekennzeichnet ist.[25]

Die Ergebnisse diverser Studien weisen auf die Bedeutung *prozessualer* und *informeller* Faktoren für die erfolgreiche Konzipierung und Umsetzung internationaler Konzepte hin.[26] Zur Steuerung des europäischen Brand Managementprozesses und zur Entwicklung der dazugehörigen organisationalen Fähigkeiten sind komplexe, weniger hierarchische Strukturen und Prozesse und mehr personenorientierte Koordinationsmechanismen notwendig.[27] Die Gestaltung des *Informationsflusses*, die *Unternehmenskultur* und die Entwicklung *informeller, horizontaler Netzwerke* erscheinen dabei wichtiger als die Gestaltung der formalen Organisations-

20 Vgl. *Bartlett/Ghoshal* (1986), S. 88; *Hedlund* (1986), S. 24; *Welge* (1992), S. 577; *Welge/Böttcher* (1991), S. 440.

21 Vgl. *Biggadike* (1990), S. 310.

22 Vgl. *Doz/Prahalad* (1987), S. 222; *Hedlund* (1993), S. 6; *Welge/Böttcher* (1991), S. 448.

23 Vgl. *Doz/Bartlett/Prahalad* (1981), S. 66-67; *Bartlett/Ghoshal* (1990a), S. 251.

24 Vgl. *Bartlett* (1981), S. 143; *Roth/Schweiger/Morrison* (1991), S. 370; *Welge* (1992), S. 579; *Welge/Böttcher* (1991), S. 441.

25 Vgl. *Welge/Böttcher* (1991), S. 441, 448.

26 Vgl. *Doz/Bartlett/Prahalad* (1981), S. 66-67; *Hedlund* (1981), S. 74-75; *Welge/Al-Laham* (1995), S. 67.

27 Vgl. *Bartlett/Ghoshal* (1990a), S. 53; *Welge/Böttcher* (1991), S. 448.

struktur.[28] Bei der Entwicklung von Gestaltungsrichtlinien für ein effektives europäisches Brand Management muss daher auf Organisationsmodelle zurückgegriffen werden, die die formale Organisationsstruktur transzendieren und die zugrunde liegenden Prozesse fokussieren.[29] Die »Transnationale Organisation« von BARTLETT/GHOSHAL und das »Heterarchische Multinationale Unternehmen« von HEDLUND sind solche Modelle. Bevor diese Ansätze dargestellt werden, sollen jedoch vorher noch die Erkenntnisse aus den Studien, welche die organisationalen Einflussfaktoren der Marktorientierung untersuchten, diskutiert werden.

2. *Organisationale Einflussfaktoren der Marktorientierung*

Einige der Studien zur Marktorientierung untersuchen explizit den Einfluss, den unterschiedliche organisationale Faktoren auf die Marktorientierung eines Unternehmens ausüben.[30] Grundannahme dabei ist, dass die Organisation eines Unternehmens die Marktinformationsprozesse und damit das marktorientierte Verhalten der Organisationsmitglieder beeinflusst.[31] KOHLI/JAWORSKI kategorisieren die *Antecedenzfaktoren*[32] der Marktorientierung in drei hierarchisch gegliederte Gruppen: (1) die Rolle des Top-Managements als Einflussfaktor auf der Ebene der Individuen, (2) die formellen und informellen Beziehungen der einzelnen Abteilungen zueinander als Einflussfaktor auf der Ebene der Gruppen in der Organisation und (3) die formelle Organisationsstruktur als Einflussfaktor auf der Ebene des gesamten Organisationssystems.[33]

Auf der *Individuen-Ebene* zeigt sich, dass die ständige Betonung der Bedeutung der Marktorientierung durch das Top-Management eine starke positive Wirkung auf marktorientiertes Verhalten hat. Eine hohe Risikoaversion des Top-Managements erweist sich dagegen als hinderlich für die Verwendung von Marktinformationen.[34]

Auf der *Gruppen-Ebene* können JAWORSKI/KOHLI nachweisen, dass Konflikte und Spannungen zwischen Abteilungen negative Auswirkungen auf die Informationsverbreitung und -verwendung haben, während die Intensität formeller und informeller, abteilungsübergreifender Kontakte der Organisationsmitglieder die Marktorientierung positiv beeinflusst.[35]

Auf der *Organisationssystem-Ebene* untersuchen JAWORSKI/KOHLI zum einen den Zusammenhang zwischen Strukturelementen der Organisation und der Marktorientierung. Dabei

---

28 Vgl. *Hedlund/Rolander* (1990), S. 33.

29 Vgl. *Doz/Prahalad* (1991), S. 146.

30 Dazu zählen die Studien von *Fritz* (1995), *Kohli/Jaworski* (1990), *Jaworski/Kohli* (1993) und *Moorman* (1995).

31 Vgl. *Moorman* (1995), S. 319.

32 Als Antecedenzfaktoren bezeichnen KOHLI/JAWORSKI diejenigen kausalen Bestimmungsfaktoren einer Organisation, die die Marktorientierung eines Unternehmens fördern oder behindern. Vgl. *Kohli/Jaworski* (1990), S. 6.

33 Vgl. *Kohli/Jaworski* (1990), S. 6-7. Zu den Wirkungshypothesen zwischen Variablen der jeweiligen Ebenen und den Komponenten marktorientierten Verhaltens vgl. *Kohli/Jaworski* (1990), S. 7-12. Die empirische Überprüfung dieser Hypothesen erfolgte in *Jaworski/Kohli* (1993).

34 Vgl. *Jaworski/Kohli* (1993), S. 61, 63.

35 Vgl. *Jaworski/Kohli* (1993), S. 61, 63.

können sie keinen Zusammenhang zwischen dem Ausmaß der Formalisierung und der Spezialisierung (gemessen als Anzahl der Abteilungen) und der Marktorientierung feststellen. Dagegen scheint eine negative Wirkung der Zentralisierung auf marktorientiertes Verhalten vorzuliegen.[36] Auch FRITZ kann in seiner Studie den positiven Zusammenhang zwischen dem Ausmaß der Entscheidungsdelegation und der Marktorientierung empirisch bestätigen.[37] Zum anderen zeigen JAWORSKI/KOHLI auf, dass die Orientierung des Entlohnungssystems für Manager an abnehmerbezogenen Größen (z.B. Kundenzufriedenheit) eine deutliche, positive Wirkung auf marktorientiertes Verhalten in Unternehmen entfaltet.[38] In seiner Studie analysiert FRITZ den Zusammenhang zwischen anderen Variablen der Organisationssystem-Ebene und der Marktorientierung. Allerdings lassen sich dabei keine weiteren positiven oder negativen Wirkungen empirisch feststellen: So besteht weder ein Zusammenhang zwischen der hierarchischen Verankerung des Marketing oder des Einflussbereichs des Marketing auf unternehmenspolitische Entscheidungen[39] noch der Institutionalisierung des Kundenmanagements mit der Marktorientierung.[40]

MOORMAN schließlich löst sich in ihrer Studie von der Betrachtung der Wirkung einzelner Organisationsvariablen, indem sie den Einfluss unterschiedlicher *Organisationskulturtypen* auf die verschiedenen, dem marktorientierten Verhalten zugrunde liegenden Marktinformationsprozessen untersucht. MOORMAN unterscheidet anhand der Kombination von zwei Dimensionen (interne versus externe Orientierung der Organisation und informelle versus formelle Steuerung) vier verschiedene Organisationskulturtypen: 1. die *Clan*-Kultur (intern-informell), 2. die *Hierarchy*-Kultur (intern-formell), 3. die *Market*-Kultur (extern-formell) und 4. die *Adhocracy*-Kultur (extern-informell).[41] Empirisch bestätigen sich dann folgende Zusammenhänge: Das Vorliegen einer *Clan*-Kultur korreliert signifikant und positiv mit der Verbreitung, der gemeinsamen Interpretation und der Verwendung von Marktinformationen; eine *Hierarchy*-Kultur übt dagegen einen signifikant negativen Einfluss auf die Verwendung

---

36 Vgl. *Jaworski/Kohli* (1993), S. 61, 63.

37 Vgl. *Fritz* (1995), S. 360.

38 Vgl. *Jaworski/Kohli* (1993), S. 61, 63.

39 Vgl. *Fritz* (1995), S. 285, 295.

40 Vgl. *Fritz* (1995), S. 360-361. Des Weiteren überprüft FRITZ den Zusammenhang zwischen verschiedenen organisationsdemographischen Merkmalen (z.B. Unternehmensgröße oder Rechtsform) und der Marktorientierung. Außer der Erkenntnis, dass die Unternehmensgröße keinen nennenswerten Einfluss auf die Marktorientierung ausübt, liegen jedoch keine Ergebnisse vor, die für die Umsetzung eines effektiven europäischen Brand Managements von Relevanz sind. Vgl. *Fritz* (1995), S. 299-331.

41 Vgl. *Moorman* (1995), S. 320-323. Die Typenbildung von MOORMAN geht dabei im wesentlichen zurück auf *Deshpandé/Webster* (1989) und *Ouchi* (1979).

von Marktinformationen aus. Zwischen den anderen Kulturtypen und marktorientiertem Verhalten liegen keine signifikanten Zusammenhänge vor.[42]

Aus diesen Studien lassen sich folgende Erkenntnisse für die organisatorische Umsetzung eines effektiven europäischen Brand Managements ableiten: Erstens besteht grundsätzlich ein *Zusammenhang* zwischen der Gestaltung der Organisation und der Marktorientierung. Allerdings muss auch von *Rück- und Wechselwirkungen* zwischen den organisationalen Einflussfaktoren einerseits und dem marktorientierten Verhalten der Organisationsmitglieder andererseits ausgegangen werden. So kann die Marktorientierung nicht nur die Konsequenz der Antecedenzfaktoren, sondern auch deren *Ursache* sein.[43] Dies trifft vor allem auf die »weichen«, organisationskulturellen Faktoren zu. Dabei ist zu beachten, dass JAWORSKI/KOHLI und MOORMAN Marktorientierung rein verhaltensbezogen definieren, während bei anderen Autoren (wie auch in dieser Arbeit) die Marktorientierung einen organisationskulturellen Bestandteil besitzt. Organisationskultur kann somit Einflussfaktor, Bestandteil und Ergebnis der Marktorientierung sein. Damit die Argumentation nicht vollständig tautologisch wird, muss zum einen stärker *differenziert* und zum anderen die Betrachtung *dynamisiert* werden. Organisationskultureller Bestandteil der Marktorientierung ist die von den Organisationsmitgliedern geteilte Überzeugung, dass die Unternehmensaktivitäten an den Markterfordernissen ausgerichtet werden sollten sowie ein gemeinsames weites Marktverständnis.[44] Somit liegt eine *inhaltliche* Ausrichtung der Organisationskultur für eine Marktorientierung vor. Die organisationskulturellen Einflussfaktoren der Marktorientierung sind dagegen solche gemeinsame Werte und Normen, die das Zusammenwirken der Organisationsmitglieder zur Erreichung der Unternehmensziele beeinflussen. Insofern besitzt die Organisationskultur als Antecedenzfaktor der Marktorientierung einen *prozessualen* Charakter und stellt eine allgemeine *verhaltenssteuernde, integrative Komponente* zur Koordination der Unternehmensaktivitäten dar. Auf Grund von organisationalen Lernprozessen kann es dann zu Rückwirkungen von marktorientiertem Verhalten sowohl auf die organisationskulturellen Einflussfaktoren der Marktorientierung als auch auf die organisationskulturellen Bestandteile der Marktorientierung kommen. Es zeigt sich also, dass - trotz der vielschichtigen Wirkungszusammenhänge - bei einer differenzierten und dynamischen Betrachtung der Marktorientierung und ihrer organisationalen Einflussfaktoren im Kontext des europäischen Brand Managements die Gefahr tautologischer Aussagen bezüglich der Stellung und Bedeutung organisationskultureller Aspekte überwunden werden kann.

---

42 Vgl. *Moorman* (1995), S. 327-328. Erstaunlich an den Ergebnissen von MOORMAN ist, dass die intern-orientierte *Clan*-Kultur am besten geeignet erscheint, Marktinformationen zu verbreiten und zu verwenden. Dieses Paradoxon erklärt sie u.a. durch ihren methodischen Ansatz, nach dem die einzelnen Kulturtypen sich nicht gegenseitig ausschließen müssen. Vielmehr können Elemente jedes Kulturtyps in einem Unternehmen gleichzeitig vorliegen. So zeigt sich bei ihr auch eine hohe Korrelation zwischen der *Clan*- und der *Market*-Kultur, woraus sich auf eine ausgeprägte Koexistenz dieser Kulturtypen schließen läßt. Laut MOORMAN zeigt dies die Bedeutung der externen Orientierung als Motivation für die Beschaffung von Marktinformationen und die Unterstützung der Marktinformationsverbreitung und -verwendung durch die auf gemeinsamen Werten und Partizipation basierende *Clan*-Kultur. Vgl. *Moorman* (1995), S. 328.

43 Vgl. *Fritz* (1995), S. 282-283.

44 Vgl. Abschnitt D.III.1.b).

Zweitens behindert eine zu starke Zentralisierung marktorientiertes Verhalten. Übertragen in den Kontext des europäischen Brand Managements bestätigt dies die bereits im vorherigen Abschnitt aufgezeigte, *dysfunktionale Wirkung* einer Zentralisierung von Entscheidungskompetenzen als Antwort auf gestiegenen Koordinationsbedarf des internationalen Marketing. Drittens zeigt sich, dass andere strukturelle Organisationsvariablen keinen oder nur einen geringen Einfluss auf die Marktorientierung eines Unternehmens ausüben.[45] Vielmehr sind es die *personenbezogenen* und *informellen* Organisationsfaktoren, die marktorientiertes Verhalten beeinflussen. Die der Marktorientierung zugrunde liegenden Informationsprozesse - insb. die Marktinformationsverbreitung und die gemeinsame Interpretation der Marktinformationen - werden maßgeblich durch solche »weiche« Faktoren gesteuert.[46]

Insgesamt bestätigen die Studien zu den organisationalen Einflussfaktoren der Marktorientierung die Unzulänglichkeit rein struktureller Implementierungsansätze. Im folgenden Abschnitt werden die bisherigen Erkenntnisse mit den organisatorischen Ansätzen der Prozess-Schule des internationalen Managements integriert und zu einem *idealtypischen Prinzip* zur Gestaltung eines marktorientierten und prozessgerechten europäischen Brand Managements zusammengefasst.

3. *Die »Horizontale Organisation« als Gestaltungsprinzip*

Das Grundprinzip bei der Gestaltung eines effektiven europäischen Brand Managementprozesses liegt in dem teilweisen Ersatz von vertikalen Hierarchien durch Strukturen, „die die Selbstkoordination einzelner Subsysteme ermöglichen".[47] Der Kerngedanke besteht dabei in der partiellen Aufhebung hierarchischer Strukturen und der Ergänzung vertikaler Informations- und Kommunikationswege durch horizontale und diagonale.[48] Die internationale Abstimmung der Marketingaktivitäten soll durch eine *institutionalisierte Interaktion* zwischen Managern aus verschiedenen Tochtergesellschaften und der Zentrale gewährleistet werden.[49] WHITE/POYNTER nennen eine derartige Gestaltung einer internationalen Unternehmensorganisation eine »Horizontale Organisation«,[50] HEDLUND spricht dabei von einem »Heterarchischen Multinationalen Unternehmen«[51] während BARTLETT/GHOSHAL dies als »Transnationales Unternehmen« bezeichnen.[52] Die letztgenannten Autoren gehen dabei sogar so

45 Den nicht vorhandenen Einfluss der Formalisierung auf die Marktorientierung erklären JAWORSKI/ KOHLI allerdings damit, dass nicht der Inhalt der Formalisierung erhoben wurde. So könnte eine Formalisierung marktorientierter allgemeiner Verhaltensregeln (z.B. in sog. *Brand Manuals*) durchaus positiv wirken, während eine Formalisierung als Zentralisierungsersatz negative Auswirkungen auf marktorientiertes Verhalten haben könnte. Vgl. *Jaworski/Kohli* (1993), S. 63.

46 Vgl. *Moorman* (1995), S. 32.

47 *Welge/Böttcher* (1991), S. 444.

48 Vgl. *Welge/Böttcher* (1991), S. 444; *Welge* (1992), S. 585.

49 Vgl. *Welge/Böttcher* (1991), S. 444.

50 Vgl. *White/Poynter* (1990).

51 Vgl. *Hedlund* (1986). Zum Begriff der »Heterarchie« vgl. *Hedlund* (1986), S. 9-12; *von der Oelsnitz* (1995b), S. 500-502.

52 Vgl. *Bartlett/Ghoshal* (1990a).

weit, dass sie das »Transnationale Unternehmen« weder als eine spezifische Strategie noch als eine spezifische Organisationsform, sondern als eine neue »Management Mentalität« beschreiben.[53] Die Organisationsaufgabe bei solchen horizontalen Organisationen besteht dann nicht mehr (primär) in der Zuweisung von Ressourcen und Zuständigkeiten und in der Kontrolle ihrer Verwendung, sondern vielmehr in der Beeinflussung des Verhaltens der Organisationsmitglieder und in der Schaffung eines *organisationalen Kontextes*, der es den Organisationsmitgliedern ermöglicht, durch Eigeninitiative »unternehmerisch« zu handeln, miteinander zu kooperieren und zu lernen.[54]

Die Erkenntnisse zu den Unzulänglichkeiten rein struktureller Organisationslösungen zur Umsetzung international abgestimmter Strategien und zu den organisationalen Einflussfaktoren der Marktorientierung lassen sich zu drei wesentlichen Gestaltungsrichtlinien für ein effektives europäisches Brand Management, das durch einen hohen Koordinationsbedarf gekennzeichnet ist, zusammenfassen. Eine »Horizontale Organisation« als allgemeines, *idealtypisches Gestaltungsprinzip* stellt erstens ein integriertes Netzwerk dar, ist zweitens durch eine ausgeprägte informelle Kommunikation gekennzeichnet und beruht drittens auf einer gemeinsam geteilten, international orientierten Unternehmenskultur.[55] Diese drei Gestaltungsrichtlinien für einen effektiven europäischen Brand Managementprozess werden im Folgenden vertiefend diskutiert und mit Aussagen der Interviewpartner veranschaulicht.

a) Integriertes Netzwerk

Der strukturelle Rahmen des horizontal organisierten europäischen Brand Managements wird durch ein *integriertes Netzwerk* gegeben. Eine integrierte Netzwerkstruktur eines internationalen Unternehmens zeichnet sich erstens durch eine breite Streuung spezialisierter Ressourcen und Kompetenzen bei den verschiedenen Unternehmenseinheiten aus. Zweitens findet dadurch ein intensiver, zweiseitiger Fluss an tangiblen und intangiblen Ressourcen - z.B. Komponenten, Produkte, Kapital, Personen, Informationen und Know-how - zwischen den Tochtergesellschaften und der Zentrale sowie zwischen den Tochtergesellschaften untereinander statt. Drittens verlaufen die Entscheidungsprozesse zu internationalen Marketingkonzepten im integrierten Netzwerk nicht (nur) hierarchisch-vertikal von der Zentrale hin zu den Tochtergesellschaften, sondern (auch) horizontal unter Partizipation des lokalen Managements.[56] BARTLETT/GHOSHAL porträtieren das integrierte Netzwerk als Alternative einerseits zum dezentralen »multinationalen Organisationsmodell«, andererseits zum zentralen »globalen Organisationsmodell«.[57] Durch die *interdependente Beziehungsstruktur* sollen mit dem inte-

53 Vgl. *Bartlett/Ghoshal* (1990a), S. 35.

54 Vgl. *Ghoshal/Bartlett* (1995), S. 96. GHOSHAL/BARTLETT sprechen dabei plakativ von der »*purpose-process-people* Doktrin« im Gegensatz zur traditionellen, aber angesichts der hohen Umweltkomplexität und -dynamik überkommenen »*strategy-structure-systems* Doktrin«. Vgl. *Ghoshal/Bartlett* (1995); *Bartlett/Ghoshal* (1995).

55 Vgl. *Atamer/Nunes/Berthelier* (1994), S. 208; *White/Poynter* (1990), S. 98.

56 Vgl. *Bartlett/Ghoshal* (1990a), S. 118-119.

57 Zur Darstellung der multinationalen und globalen Organisationsmodelle vgl. *Bartlett/Ghoshal* (1990a), S. 73-77.

grierten Netzwerk sowohl die Nachteile der Zentralisierung als auch die der Dezentralisierung überwunden und dabei gleichzeitig die Vorteile der jeweiligen Organisationsform erzielt werden.[58]

Das integrierte Netzwerk als horizontal organisiertes europäisches Brand Management trägt der Erkenntnis Rechnung, dass das Top-Marketing-Management in der Zentrale in einer Situation hoher Komplexität nicht mehr Lage ist, auf eine Vielzahl von Marketingentscheidungen direkten Einfluss zu nehmen.[59] Das Marketing Management in der Zentrale übt durchaus Einfluss im Entscheidungsprozess aus. Etliche Bereiche internationaler Marketingentscheidungen können sinnvollerweise nur von einer Zentrale aus koordiniert werden. Durch die horizontalen Verflechtungen und die Partizipation des lokalen Managements wird in einer horizontalen Organisation jedoch vermieden, dass der internationale Marketingentscheidungsprozess von der Zentrale dominiert wird.[60] Darüber hinaus besitzt keine einzelne organisatorische Dimension, wie Produkte oder Regionen, eine eindeutige Vormachtstellung bei einem integrierten Netzwerk.[61]

Im Rahmen des integrierten Netzwerks werden die ausländischen Tochtergesellschaften durch die Zuweisung und Ausübung strategischer Rollen für das gesamte internationale Unternehmen in ihrer Stellung aufgewertet. Dies bedingt auch, dass ein Teil der Koordinationsaufgaben auf Niederlassungen übertragen wird. Dabei können sich die Auslandstöchter unter Umständen innerhalb des Netzwerks direkt, d.h. ohne Umweg über die Zentrale abstimmen. Insgesamt wird dadurch die Partizipation des lokalen Marketing Managements an der Entwicklung gesamteuropäischer Marketingkonzepte unterstützt und ein Verständnis für Interdependenzen europäischer Marketingaktivitäten auf lokaler Ebene gefördert.[62] Die Übernahme strategischer Rollen durch das Management der Tochtergesellschaften bewirkt letztendlich, dass die eigentlich übliche, scharfe Trennung zwischen einer Zentrale und einer ausländischen Tochtergesellschaft unscharf wird.[63] Weiterhin weist eine horizontale Organisation einen flexiblen, situationsspezifischen Einsatz von Koordinationsinstrumenten zur Steuerung der einzelnen Subsysteme auf.[64] Die Marketingaktivitäten der einzelnen Tochtergesellschaften werden daher nicht unbedingt alle auf die gleiche Art und Weise gesteuert. Folgende Aussage eines Divisionsleiters bei der italienischen Tochtergesellschaft eines internationalen Markenartikelherstellers, der inzwischen eine integrierte Netzwerkstruktur in der Steuerung des europäischen Marketing aufweist, veranschaulicht den Grundgedanken eines integrierten Netzwerks als Basis der horizontalen Organisation:

---

58 Für einen schematischen Vergleich des transnationalen Organisationsmodells zu den multinationalen und globalen Organisationsmodellen vgl. *Bartlett/Ghoshal* (1990a), S. 92.

59 Vgl. *Bartlett/Ghoshal* (1987), S. 58.

60 Vgl. *White/Poynter* (1990), S. 98-99.

61 Vgl. *Hedlund* (1986), S. 22-23; *Hedlund/Rolander* (1990), S. 25.

62 Vgl. *Welge/Böttcher* (1991), S. 442.

63 Vgl. *Hedlund* (1986), S. 22; *Hedlund/Rolander* (1990), S. 25.

64 Vgl. *Hedlund* (1986), S. 23-24; *Hedlund/Rolander* (1990), S. 25.

„Yes, we needed to coordinate marketing, but it was not that easy. So, we passed from a concept of standardization rather to a concept of coordination, which is very important, because this is very different. Conversely, we put much more attention to R&D, to buying, and to manufacturing. Because here, you can really implement a total Euro approach. You can harmonize in many cases formats, bottle shapes, formulas, components, etc., even though when also you will buy locally in the cheapest country. I mean, for Italy I am not obliged to buy from (headquarters) some components. ...

So, let's say that in the early 90's, first we enlarged the coordination to all the other cost drivers. Manufacturing and purchasing were the first thing. And from a concept of standardization, which really didn't work, we went to a concept of more coordination. Then in the mid 90's, let's say 95, from this concept of bilateral relationships (of subsidiaries and HQ), we started also the concept of networking. More and more, besides the relationship between (headquarters) and the subsidiaries, we more and more take the initiative, because initially it was more people-based than motivated by (headquarters) - I mean, (headquarters) had nothing against it, but didn't do anything for it - but just because over the last three or four years all the people at my level were changed and were much younger than in the past, you had this kind of mechanism of people automatically talking to one another. I mean, I talk to my German colleague, to my French colleague, and so on. So, this networking also started to enrich the coordination, because it was no longer only a coordination of center to periphery, but also periphery to periphery. And this is a very informal coordination, because it's more a reflex or an attitude that when you have an idea, you fax it to your colleague: 'Just know that in Italy this is happening.' From my competitors, from the trade, from my factory. ... Everybody is free to put it away, to read it, to call me back for more details. So we start - and it is one and a half years now - to have this networking approach which enriches the coordination. And now, Euro projects that were essentially managed from (headquarters) some years ago, we are going to a new step which is to divide the projects between (headquarters) and the subsidiaries. ...

And this I think is a new way that (our company) is working. We try to balance better the Euro-Project development between the center and the periphery, recognizing to the periphery a minimum of strategic aptitude according to the franchise of the brand or the product. So, for BRAND A it was Italy on that project, because Italy had demonstrated for (this product group) to be by far the best country in Europe for historical reasons. If tomorrow we have a project in another category, then it might be France, because France is doing a fantastic job with (this other product group). So, more and more we have those projects[65]... I mean, we have basically 3 cases. A project can be born in (headquarters), developed by (headquarters) and then (headquarters) can say: 'You launch it everywhere.' Second case: a country develops a project, presents it to the central office, gets it approved and the project is launched in the country. Then the other countries might decide that they want to join - they are free to do so. Third, we can decide from scratch a joint project between two or three countries, or between (headquarters) and a country."

Eine integrierte Netzwerkstruktur mit den beschriebenen Eigenschaften stellt das »tragende Skelett« eines effektiven europäischen Brand Managementprozesses dar. Allerdings muss - wie auch die oben wiedergegebene Aussage zeigt - bei einer horizontalen Organisation der Blick über die Gestaltung von Strukturen und formalen Regeln hinaus gehen,[66] und - um die Analogie weiter zu verwenden - das »harte Skelett« durch »weiche« Faktoren ergänzt werden, damit der »Korpus« des europäischen Brand Managements effektiv funktioniert.[67]

65 Hierbei bezieht sich der Gesprächspartner auf zuvor geschilderte Beispiele zur Entwicklung von internationalen Marketingkonzepten. Die Beispiele betrafen u.a. Produktentwicklungen, Fragen der Verpackungsgestaltung sowie die Entwicklung internationaler Kommunikationskonzepte.

66 Vgl. *Bartlett/Ghoshal* (1990a), S. 221.

67 BARTLETT/GHOSHAL bedienen sich auch einer derartigen Analogie: Sie bezeichnen die formale Struktur eines Unternehmens als die Anatomie, Systeme und Informationsfluss als die Physiologie und die Kultur als die Psychologie einer Organisation. Vgl. *Bartlett/Ghoshal* (1990a), S. 252.

b) Informelle Kommunikation

Ein integriertes Netzwerk als struktureller Rahmen des europäischen Brand Managementprozesses erfordert, dass die einzelnen Punkte im Netz mit ausreichend Information als Grundlage einer Entscheidungsfindung versorgt werden. Aufgrund der Komplexität des Umfelds europäischer Marketingentscheidungen erscheint dieser vertikale, horizontale und diagonale Informationsaustausch zwischen den verschiedenen Einheiten des internationalen Unternehmens nicht alleine durch formale Strukturen oder Systeme bewältigbar. Ein bedeutender Teil der Marktinformationen wird vielmehr durch *informelle Kommunikation* ausgetauscht.[68]

Die Differenzierung zwischen formeller und informeller Kommunikation entspricht der auf BARNARD zurückgehenden Unterscheidung zwischen der formellen und der informellen Organisation eines Unternehmens.[69] Informelle Kommunikation ist Kommunikation zwischen Organisationsmitgliedern, die außerhalb der »offiziellen« Kommunikationskanäle und durch persönliche Kontakte stattfindet und für die keine unmittelbaren organisatorischen Regelungen vorliegen.[70] Eine strikte Trennung zwischen formeller und informeller Kommunikation ist jedoch nur schwer möglich, da informelle Kommunikation sich auch entlang formeller, institutionalisierter Kontakte vollziehen kann und die formelle Kommunikation ergänzt. Tendenziell läßt sich informelle im Vergleich zu formeller Kommunikation als eher spontan, weniger institutionalisiert und strukturiert sowie stärker auf persönlichen Beziehungen beruhend charakterisieren.[71]

In der Literatur wurde die Rolle von informeller Kommunikation bei der Verbreitung von Informationen in Unternehmen bisher nur wenig behandelt.[72] Bei fast allen der befragten Unternehmen wurde jedoch explizit auf die Bedeutung informeller Kommunikation und persönlicher Kontakte für die Koordination der europäischen Marketingaktivitäten hingewiesen. Einer der befragten Manager betonte dabei die Notwendigkeit, dass solche informellen Kommunikationsbeziehungen nicht nur auf Geschäftsführerebene, sondern auch auf den mittleren Ebenen des Marketing Managements stattfinden, um eine effektive Steuerung der europäischen Marketingaktivitäten zu erzielen. Im Folgenden werden die Funktionen der informellen Kommunikation und ihr Verhältnis zur formellen Kommunikation im Rahmen eines effektiven europäischen Brand Managementprozesses daher näher beleuchtet.

Nach ATAMER ET AL. erfüllen informelle Kommunikationsbeziehungen und die damit verbundenen persönlichen, informellen Netzwerke der Organisationsmitglieder *zwei Funktionen*

---

68 Vgl. *Atamer/Nunes/Berthelier* (1994), S. 226; *Bartlett/Ghoshal* (1990a), S. 253.

69 Vgl. *Martinez/Jarillo* (1989), S. 490; *Martinez/Jarillo* (1991), S. 431. BARNARD (1938), als erster Vertreter der verhaltenswissenschaftlichen Entscheidungstheorie, geht davon aus, dass informelle - also nicht organisatorisch geregelte - Beziehungen zwischen Organisationsmitgliedern unvermeidbarer Bestandteil von Organisationen sind und daher bei der Betrachtung von Entscheidungsprozessen berücksichtigt werden müssen. Vgl. *Berger/Bernhard-Mehlich* (1993), S. 157.

70 Im Englischen wird auch plastisch von *hall talk* - also von Gesprächen, die in den Gängen oder Fluren von Bürogebäuden stattfinden - gesprochen. Vgl. z.B. *Kohli/Jaworski* (1990), S. 5.

71 Vgl. *Martinez/Jarillo* (1989), S. 491-492; *Martinez/Jarillo* (1991), S. 432.

72 Vgl. *Kohli/Jaworski* (1990), S. 5; *Otto* (1994), S. 159.

beim Informationsaustausch zwischen den Einheiten des internationalen Unternehmens.[73] Zum einen können sie die Funktionsweise der institutionalisierten Kommunikationsaustauschmechanismen - wie Projektgruppen oder Konferenzen - *unterstützen* und *verbessern*, indem sie dazu beitragen, dass die beteiligten Personen sich besser kennen und eine »gemeinsame Sprache« sprechen.[74] Ein für die internationale Koordination des Marketing zuständiger Geschäftsführer eines deutschen Unternehmens betonte die damit verbundene Bedeutung des *persönlichen Kontakts* zu den Marketing Managern der ausländischen Tochtergesellschaften:

> „Also es ist sicher eines der wichtigsten Elemente, sagen wir der Mensch selbst ist das wichtigste Element dort. Das Verständnis für den Menschen, das Vertrauen zu den Menschen und das Vertrauen untereinander meine ich damit. Es muss nicht immer direkt vor Ort sein, aber es muss persönlicher Kontakt da sein, ganz klar. Die müssen wissen, wer ist das, was für Inhalte, mit welchem Vertrauen kann ich dem gegenüberstehen usw.“

Der Marketingleiter einer Auslandstochter desselben Unternehmens bestätigte die Bedeutung informeller Kommunikation und persönlicher Kontakte für einen funktionierenden Informationsaustausch und stellte heraus, dass solche Kontakte nicht durch technische Systeme ersetzbar seien:

> „... (informal communication) is also important. It shouldn't be substituted. It's not that or that - it's both of them. Human relations remain very important, picking up a phone, having contact, asking questions, passing by the Marketing Department whenever you are in (headquarters). These things you can't exchange with whatever kind of a system.“

Zum anderen kann informelle Kommunikation dazu dienen, die formelle Kommunikation dort zu *ergänzen*, wo sich ein institutionalisierter Informationsaustausch als zu bürokratisch, zu langsam und/oder zu kostspielig erweist.[75] Ein bei einem internationalen Unternehmen angestellter italienischer Marketing Manager berichtete z.B., dass das lokale Marketing Management durch informelle Kommunikationsbeziehungen selbst dann einen gewissen Einfluss auf europäische Marketingentscheidungen ausüben kann, wenn es nicht in die formalen Entscheidungsstrukturen eingebunden ist. Dieser Manager erwähnte dazu, dass beim Warten auf die formelle Kommunikation eine Beeinflussung des Entscheidungsprozesses zu spät käme, da die Entscheidungen bereits getroffen wären. Ein bei einer Auslandstochter tätiger französischer Marketing Manager deutete außerdem an, dass eine zu starke Institutionalisierung der Kommunikationsbeziehungen nicht ausreichend flexibel wäre und dem situationsspezifischen Informationsbedarf nicht gerecht würde. Allerdings wies er auch auf die Gefahr hin, dass fehlende Formalisierung der Kommunikation dazu führen könnte, dass eventuell wichtige Informationen nicht weitergegeben werden.[76] Ein bei einer ausländischen Tochtergesellschaft tätiger deutscher Marketing Manager führte weiterhin an, dass informelle Kommunikation direkt mit den Experten in der Zentrale - insbesondere bei Detailfragen - effizienter sei und eine »Überlastung« der durch die formelle Struktur vorgegebene internationale Koordinationsstelle verhindert:

---

73 Vgl. *Atamer/Nunes/Berthelier* (1994), S. 226.

74 Vgl. *Atamer/Nunes/Berthelier* (1994), S. 226-227.

75 Vgl. *Atamer/Nunes/Berthelier* (1994), S. 227.

76 Das Orginalzitat hierzu ist in Abschnitt E.I.3.c) wiedergegeben.

> „Wenn wir z.B. die MARKE A-Kampagne planen und Fragen (zum Produkt) oder zur Positionierung haben, das klären wir auf dem kleinen Dienstweg direkt mit den Marketingleuten. Es hätte keinen Sinn, bei solchen Dingen über einen Account-Team-Mann zu gehen, der vielleicht die Informationen ein bisschen verwischt und dann statt 100% nur 80% der Informationen ankommen. Gerade bei Themen, die weniger entscheidend sind, kann man mehr direkt mit den Leuten sprechen. ... Der Accounter wäre auch überlastet, wenn er sich um solche Kleinigkeiten kümmern müsste. Er könnte dann seine eigentlichen Aufgaben nicht erfüllen."

Ein Divisionsleiter bei der französischen Tochtergesellschaft eines internationalen Markenartikelherstellers stellte darüber hinaus fest, dass informelle Kommunikation notwendig sei, um in der Durchführung von Marketingaktivitäten auch »kleine« Synergien durch nicht zentral geregelte Abstimmung der Aktivitäten zwischen zwei Tochtergesellschaften untereinander zu erzielen. Dieser französische Marketing Manager wies schließlich auf eine weitere Funktion der informellen Kommunikation hin. Danach ist informelle Kommunikation auch deshalb wichtig, damit ein durch die Zentrale »ungefilterter« Informationsaustausch zwischen dem Marketing Management der Auslandstöchter stattfindet. Durch informelle Kommunikation zwischen den Tochtergesellschaften wird letztlich ein Gegengewicht zur Zentrale ermöglicht und dadurch eine aus ihrer besonderen Stellung im internationalen Informationsaustausch begründete Dominanz der Zentrale beim europäischen Brand Managementprozess verhindert.

Insofern stellt informelle Kommunikation einen *essentiellen Bestandteil* einer horizontalen Organisation dar. Während die integrierte Netzwerkstruktur den Hauptstrom der Kommunikation in einem internationalen Unternehmen ermöglicht, schafft informelle Kommunikation ein zusätzliches Netz von Seitenarmen, Querverbindungen und temporären Informationsprozessen, die den europäischen Brand Managementprozess sowohl auf flexible als auch subtile Art und Weise beeinflussen und unterstützen.[77] Fehlende informelle Kommunikationsbeziehungen verhindern letztendlich eine effektive Abstimmung europäischer Marketingaktivitäten. Die Aussage eines bei einer Auslandstochter tätigen niederländischen Marketing Managers unterstreicht dies nochmals:

> „Ich würde Folgendes sagen: Wenn ich jetzt meinen europäischen Kollegen begegnen würde, würde ich vielleicht ein oder zwei am Gesicht erkennen, die anderen habe ich noch niemals in meinem Leben gesehen, obwohl sie die gleiche Problematik haben, die gleiche Produktpalette vermarkten müssen wie ich. Das ist ja schon ein Zeichen dafür, dass es keine Abstimmung gibt."

Entscheidend erscheint dabei, dass die informelle Kommunikation zur Unterstützung und Ergänzung der formellen Kommunikation dient. Ein Mangel an formalisiertem vertikalen und horizontalen Kommunikationsaustausch kann ebenfalls der Effizienz und Effektivität der Koordination des europäischen Marketing abträglich sein. Zum *Verhältnis* zwischen formeller und informeller Kommunikation sagte ein in der Zentrale eines internationalen Unternehmens beschäftigter deutscher Marketing Manager beispielsweise Folgendes aus:

> „Irgendwo in der Mitte, weil ohne eine gewisse Formalität kommen Sie nicht aus. Also, weil ein *Meeting*, das nicht straff geführt wird auch von der Agenda aus, wird meistens ein Laber-*Meeting*. Insofern gibt es schon so formale Dinge, die da da sind. (Unser Unternehmen) positioniert sich in der Mitte, zwischen extrem formell und extrem informell. Ein gewisses Mittelmaß an Regeln ist notwendig, ansonsten ist es sehr informell..."

---

77 Vgl. *Bartlett/Ghoshal* (1990a), S. 254; *Otto* (1994), S. 161.

Die Aussage eines in der Zentrale tätigen deutschen Marketing Managers eines anderen Unternehmens verdeutlicht ebenfalls das für eine effektive internationale Steuerung des Marketing notwendige *Zusammenspiel* formeller und informeller Elemente beim Informationsaustausch:

> „Der formelle Weg ist immer mehr der an *systems and procedures* gebundene Weg und das ist im Prinzip immer der erfolgreiche, wenn die gesamte Firmenstruktur so ist; der nicht erfolgreiche, wenn es darum geht, offen zu sprechen und überzeugen zu können, gemeinsame Ziele oder im Sinne einer gemeinsamen Zielvereinbarung und Zieldefinition den besten Weg zu finden. ... Es hat sich bei uns eingebürgert, es erst einmal informell zu stärken, d.h. ruhig am Abendessen menschlich zueinander zu kommen, schon einmal die ersten Sachen auszuloten, aber am nächsten Tag muss natürlich sozusagen der formelle Sack zugebunden sein, mit einer entsprechenden Entscheidung muss man wieder abreisen können. Ansonsten war eine Reise erfolglos. Also informell und formell gekoppelt..."

Allerdings kann informelle Kommunikation für einen effektiven europäischen Brand Managementprozess auch *negative Begleiterscheinungen* beinhalten. Dysfunktionale Wirkungen können insbesondere dann auftreten, wenn durch informelle Kommunikation formelle Kommunikationskanäle umgangen und dadurch eigentlich zu informierende Personen aus dem Informationsaustauschprozess ausgeschlossen werden. Neben einer unzureichenden Informationsversorgung besteht dann auch das Problem, dass diese Personen den Entscheidungsprozess als nicht mehr gerecht beurteilen.[78] Ein deutscher Marketing Manager, der in der Zentrale eines Unternehmens für die internationale Marketingkoordination eines Produktbereichs zuständig ist, wies auf solche möglichen, mit informellen Kommunikationsbeziehungen verbundenen Gefahren hin:

> „Was aber machen Sie, wenn sich eine Front auftut, die sich mal hintenrum, z.B. nicht objektiv, nur aus vielleicht nicht vollständiger Information oder falsch interpretierter Information zusammentut und dann ein Produkt oder ein Projekt so quasi in einer stillen Kaffeepause oder ruhigen Minute oder zwischen Tür und Angel, wenn die sich da verabreden und sagen: 'Für mich ist das eigentlich gelaufen.' Dann ist es negativ. Die informellen Diskussionen wird es immer wieder geben. Ob die dann halb informell sind oder wie auch immer, das kann man nie richtig sagen. Entscheidend ist halt, dass diese Leute, die für den Informationsfluss vorhanden sind, möglichst sauber vorgehen. Wenn sie nicht sauber vorgehen, dann führt das dazu, dass Beteiligte schneller auf dem informellen Weg sich etwas holen. Und dann ist die Gefahr größer, wenn mal die Gefahr einer Falschinterpretation oder Halbinformation dann auftaucht, dass falsche Schlüsse gezogen werden. Und das auf einer informellen Ebene, das ist sehr gefährlich."

Auch ein anderer deutscher Marketing Manager bezeichnete die Umgehung formeller Kommunikationskanäle durch informelle Kommunikation und eine damit verbundene »Frontenbildung« einzelner Marketing Manager als ein Problem bei der internationalen Zusammenarbeit im Unternehmen.[79]

Daher ergibt sich das *Problem der Steuerung* der informellen Kommunikation, da sich informelle Beziehungen aufgrund ihrer Natur nicht (direkt) durch die Unternehmensleitung beein-

---

78 Ein solcher Fall kann beispielsweise eintreten, wenn Marketing Manager der Auslandstöchter der Meinung sind, dass die Marketing Manager des Stammlands aufgrund ihren informellen Kontakte immer besser und schneller informiert sind. Vgl. hierzu auch Abschnitt D.III.2.be).

79 Deswegen wird informelle Kommunikation auch gelegentlich in Verbindung mit der Bildung von »Seilschaften« und »Cliquen« innerhalb eines Unternehmens gebracht. Vgl. *Bartlett/Ghoshal* (1990a), S. 253.

flussen lassen.[80] Im Rahmen eines effektiven europäischen Brand Managements bestehen zwei zentrale Problemstellungen bezüglich informeller Kommunikationsbeziehungen:[81] Aufgrund der Bedeutung der informellen Kommunikation stellt sich einerseits die Frage, wie die Entstehung und Entwicklung solcher informeller Kommunikationsbeziehungen stimuliert und gefördert werden können. Wegen der Gefahren der informellen Kommunikation stellt sich aber andererseits die Frage, wie die informellen Kommunikationsbeziehungen so beeinflusst werden können, dass sie im Einklang mit den formalen Strukturen und den Zielen eines Unternehmens stehen und einen Beitrag zur Problemlösung für das europäische Marketing liefern. Die erste Frage erscheint vergleichsweise einfach lösbar, da sich eine Reihe *struktureller* Maßnahmen als förderlich für die Entstehung internationaler informeller Kommunikationsbeziehungen erwiesen haben.[82] Im Hinblick auf die zweite Frage können dagegen nur *organisationskulturelle* Maßnahmen als indirekte Steuerungsinstrumente einen Lösungsansatz bieten. Auch daher ergibt sich die Bedeutung einer gemeinsam geteilten Unternehmenskultur als integratives Element einer horizontalen Organisation. Dies wird im folgenden Abschnitt näher erläutert.

c) Kulturelle Koordination

Bei der Koordination von organisationalen Untereinheiten eines Unternehmens im allgemeinen bzw. von ausländischen Tochtergesellschaften eines internationalen Unternehmens im speziellen wird in der Regel zwischen bürokratischer und kultureller Koordination unterschieden.[83] *Bürokratische Koordination* beruht auf der expliziten Verwendung von Vorschriften und Richtlinien zur Steuerung der Aktivitäten der Organisationsmitglieder. *Kulturelle Koordination* wird dagegen durch die Existenz einer impliziten, verhaltenssteuernden Organisationskultur erzielt.[84] Die koordinierende Wirkung der Organisationskultur beruht allgemein darauf, dass die Organisationsmitglieder mit weitgehend ähnlichen Zielvorstellungen und Präferenzen ausgestattet sind, so dass sie auch in mehrdeutigen, komplexen Handlungssituationen stets wissen, welche Prioritäten bei der Alternativenwahl bestehen.[85] Die

---

80 Vgl. *Atamer/Nunes/Berthelier* (1994), S. 232; *Otto* (1994), S. 159-160. Da informelle Beziehungen im wesentlichen durch persönliche Kontakte entstehen, erscheint die Steuerung der informellen Kommunikation im internationalen Kontext noch vergleichsweise einfacher als im nationalen. Vgl. *Bartlett/Ghoshal* (1990a), S. 253-254.

81 Vgl. *Atamer/Nunes/Berthelier* (1994), S. 228.

82 Vgl. *Atamer/Nunes/Berthelier* (1994), S. 228-232. Im folgenden Abschnitt E.II. dieser Arbeit werden diese einzelnen Maßnahmen und dabei auch die Wirkung solcher Maßnahmen auf die Entstehung und Entwicklung informeller Kommunikationsbeziehungen zwischen Marketing Managern der verschiedenen Einheiten eines internationalen Unternehmens diskutiert.

83 Vgl. *Edström/Galbraith* (1977), S. 250-251; *Jaeger* (1982), S. 59; *Ouchi* (1979), S. 834. In der amerikanischen Literatur wird dabei von *bureaucratic* bzw. *cultural »control«* gesprochen. Der amerikanische Begriff »*control*« ist jedoch weiter gefasst als der deutsche Begriff der »Kontrolle« und entspricht eher dem Begriff der »Koordination« in der deutschen Literatur Vgl. *Kenter* (1985), S. 32-33; *Ouchi* (1979), S. 833. Zum Koordinationsbegriff siehe auch Abschnitt E.II. dieser Arbeit.

84 Vgl. *Jaeger* (1982), S. 59.

85 Vgl. *Kieser/Kubicek* (1992), S. 122.

Kontrastierung bürokratischer mit kultureller Koordination ist jedoch *idealtypisch*.[86] Diese beiden Koordinationstypen schließen sich nicht gegenseitig aus. Vielmehr kann der eine Typ nur partiell den anderen ersetzen, so dass diese beiden Koordinationsarten sich kumulativ ergänzen.[87]

Bei der horizontalen Organisation des europäischen Brand Managements erscheint der Einsatz kultureller Koordination allerdings notwendig.[88] Neben der Zuweisung von Rollen und der Gestaltung von Strukturen und Systemen sind Verhalten und Einstellungen der Marketing Manager entscheidend für die Effektivität des europäischen Brand Managements.[89] Rein bürokratische Koordination kann in einer horizontalen Organisation aufgrund der Komplexität der Entscheidungsprobleme und motivationaler Probleme keine effektive Steuerung der europäischen Marketingaktivitäten gewährleisten. Eine Koordination der Aktivitäten nur mittels marktähnlicher Mechanismen (Lenkpreissysteme oder Profit Center Prinzip) ist ebenfalls nicht ausreichend, da eine derartige Koordination die Interdependenzen zwischen den einzelnen Einheiten nicht hinreichend berücksichtigen kann und damit die für abgestimmte europäische Marketingaktivitäten oft notwendige Unterordnung lokaler für gesamteuropäische Ziele nicht sicherstellt.[90] Um den »zersplitternden Kräften« einer horizontalen Organisation entgegenzuwirken und zur Koordination der Marketingaktivitäten der europäischen Unternehmenseinheiten, ist die Entwicklung einer gemeinsamen Vision bei den Marketing Managern und bei den für Marketingentscheidungen relevanten Führungskräften erforderlich.[91] Eine horizontale Organisation zeichnet sich weiterhin dadurch aus, dass diese Manager sich der globalen Ziele und Strategien des Unternehmens sowie der kritischen Interdependenzen zwischen den einzelnen Unternehmenseinheiten bewusst sind.[92] Gemeinsam geteilte Werte, Normen und Annahmen im Sinne eines *cultural network* leisten dabei große Unterstützung für die Entscheidungs- und Umsetzungsprozesse im integrierten Netzwerk des europäischen Brand Managements, indem sie *Orientierungspunkte* für die Entwicklung europäischer Marketingkonzepte und für die Durchführung von Marketingprozessen setzen.[93] Gemeinsame Vorstellungen über die Ziele und Strategien des Unternehmens sowie dessen Stellung im internationalen Wettbewerb fördern darüber hinaus die für die Koordination des europäischen Marketing notwendigen *Informationsprozesse* der räumlich getrennten Marketing Manager. Eine solche gemeinsame Basis ermöglicht einen schnellen, (informellen) Informationsaustausch, eine ähnliche Interpretation von Ereignissen in der globalen Unternehmensumwelt und

86 Vgl. *Jaeger* (1982), S. 59.

87 Vgl. *Edström/Galbraith* (1977), S. 260-261; *Jaeger* (1989), Sp. 2019; *Kieser/Kubicek* (1992), S. 117.

88 Vgl. *Jaeger* (1989), Sp. 2021.

89 Vgl. *Bartlett/Ghoshal* (1990a), S. 222.

90 Vgl. *Hedlund* (1986), S. 24.

91 Vgl. *Bartlett/Ghoshal* (1990a), S. 222-223.

92 Vgl. *Hedlund* (1986), S. 24.

93 Vgl. *Kreutzer* (1989), S. 148; *White/Poynter* (1990), S. 106.

das Erkennen von den aus lokalen Aktionen resultierenden globalen Chancen und Risiken für das gesamte internationale Unternehmen.[94]

Die Organisationskultur als Koordinationsinstrument hat auch *Kritik* erfahren. Zum einen setzt sich die kulturelle Koordination dem Vorwurf des Managements durch Ideologie aus.[95] Zum anderen gilt es zu beachten, dass insbesondere eine zu starke Unternehmenskultur die Flexibilität und Reagibilität des Unternehmens einschränken kann.[96] Darüber hinaus lassen sich die Organisationskultur und die Organisationsstruktur konzeptionell nicht ohne weiteres trennen, da strukturelle Regelungen auch Manifestationen einer Organisationskultur sind.[97] Im internationalen Kontext kommt schließlich noch die Kritik hinzu, dass eine Organisationskultur zwar das Verhalten und die Einstellungen der Organisationsmitglieder oberflächlich beeinflussen kann (z.B. deren Sprache, Rituale, Umgangsformen sowie Verhaltensrichtlinien). Die zugrunde liegenden Basisannahmen der Organisationsmitglieder (z.B. über das Wesen der Menschen, deren Handlungen, Beziehungen und Umweltbezug[98]) seien jedoch in der nationalen Kultur verankert und daher durch unternehmenskulturelle Maßnahmen nur wenig beeinflussbar.[99] Es entsteht somit die Frage, ob die in einer Tochtergesellschaft angestellten ausländischen Mitarbeiter eines internationalen Unternehmens die propagierten Werte einer Organisationskultur nur befolgen oder ob sie sie tatsächlich inkorporieren. Aufgrund internationaler Kulturunterschiede kann die Wirksamkeit der kulturellen Koordination in einem internationalen Unternehmen daher eingeschränkt sein.[100] Die horizontale Organisation zur Erzielung eines effektiven europäischen Brand Managements sollte diese Einwände gegen eine kulturelle Koordination berücksichtigen. Es stellt sich dann die Frage, in welcher Form und mit welchen Inhalten eine kulturelle Steuerung der europäischen Marketingaktivitäten erfolgen kann.

Die kulturelle Koordination im Rahmen des europäischen Brand Managementprozesses erfordert daher eine Organisationskultur, die einerseits von allen Managern der einzelnen internationalen Organisationseinheiten geteilt werden kann und somit stark genug ist, um eine integrative Basis darzustellen, aber andererseits sowohl genügend Freiraum für kulturelle Unterschiede zwischen den Ländern als auch für Anpassungen des Unternehmens an Umweltveränderungen belässt. Hierdurch ergibt sich das Paradoxon, dass unternehmenskulturell fixierte, handlungsleitende Grundsätze gleichzeitig einen Spielraum für länderspezifische Abweichungen und dynamische Anpassungen benötigen. Die Organisationskultur muss es daher ermöglichen, dass innerhalb der Wertvorstellungen der Organisationsmitglieder nonkonformistisches

94 Vgl. *Atamer/Nunes/Berthelier* (1994), S. 226; *Hedlund* (1986), S. 24-25; *Schreyögg* (1990), S. 382.

95 Vgl. *Kieser/Kubicek* (1992), S. 123.

96 Vgl. *Kieser/Kubicek* (1992), S. 125; *Kreikebaum* (1995), S. 81; *von der Oelsnitz* (1995a), S. 712; *Schreyögg* (1992), Sp. 1532-1533; *Steinmann/Schreyögg* (1990), S. 547.

97 Vgl. *Kieser/Kubicek* (1992), S. 125. Dabei hängt diese Feststellung auch mit der Frage zusammen, ob ein Unternehmen eine Kultur *hat* oder eine Kultur *ist*. Vgl. hierzu *Smircich* (1983), S. 339-358.

98 Vgl. *Schreyögg* (1992), Sp. 1527-1528.

99 Vgl. *Hofstede* (1993), S. 204-207; *Schneider* (1988), S. 503.

100 Vgl. *Schneider* (1988), S. 503.

Denken akzeptiert - teilweise sogar gefördert -, dagegen ethnozentrisches Denken vermieden wird.[101] Das bedeutet letztendlich, dass nur eine Kultur, die selbst Internationalität, Offenheit und Flexibilität sowie Kommunikationsbereitschaft zu gemeinsamen Werten der Organisationsmitglieder erhebt, für eine effektive kulturelle Koordination des europäischen Marketing geeignet sein kann.[102]

Eine *international ausgerichtete* Unternehmenskultur beinhaltet das gemeinsam geteilte Verständnis bei den Marketing Managern, dass zum einen länderspezifische Unterschiede bei marketingrelevanten Einflussgrößen bestehen können, zum anderen aber auch aus Sicht des Gesamtunternehmens europäisch abgestimmte Marketingaktivitäten effizienter und/oder effektiver sein können, selbst wenn auf der Ebene einer Auslandstochter dies eine sub-optimale Lösung darstellt. Es bedeutet letztendlich die Bereitschaft zu erkennen, Vorteile aus dem internationalen Marketing zu ziehen und dabei Länderspezifika ausreichend zu berücksichtigen. Eine international orientierte Unternehmenskultur bewirkt die Entwicklung multidimensionaler Perspektiven auf der individuellen Ebene.[103] BARTLETT/GHOSHAL sprechen in diesem Zusammenhang von einer *Matrix in den Köpfen* der Manager.[104] Ein derartig multidimensionales, gemeinsam geteiltes Verständnis von Internationalität entfaltet einerseits eine integrative Wirkung für einen horizontal strukturierten, multipersonalen Entscheidungsprozess des europäischen Brand Managements, andererseits erlaubt es durch die grundsätzliche Akzeptanz länderspezifischer Belange Freiraum beim lokalen Management.

Darüber hinaus erfordert eine international ausgerichtete Unternehmenskultur, dass kein *ethnozentrischer Export* der Unternehmenskultur oder -philosophie stattfinden darf. Neben einer eventuellen Vernachlässigung kultureller Spezifika im Gastland bestünde dabei die Gefahr, dass die importierte Kultur für das lokale Management kein ausreichendes Identifikations- und Integrationspotential beinhaltet.[105] BARTLETT/GHOSHAL stellten in ihrer Untersuchung fest, dass solche Unternehmen am erfolgreichsten waren, welche den Aufbau eines gemeinsamen Verständnisses und die Identifikation der Mitarbeiter mit den Unternehmenszielen durch »Kooptation« der lokalen Manager, d.h. durch Zuweisung einer *aktiven Rolle* bei der Verwirklichung der gemeinsamen Vision förderten.[106]

Offenheit und *Flexibilität* stellen weitere notwendige Komponenten der international ausgerichteten Unternehmenskultur dar. Sie bewirken eine Toleranz für abweichende Meinungen, die für internationale - insbesondere generative - Lernprozesse förderlich sind. Diese Elemente sind weiterhin dafür erforderlich, dass Veränderungen bei relevanten Umfeldfaktoren wahrgenommen und bei Entscheidungsprozessen mitberücksichtigt werden. Große Offenheit und hohe Flexibilität als Kulturbestandteile verhindern, dass die Unternehmenskultur zu Verkru-

101 Vgl. *Kreutzer* (1989), S. 157.

102 Vgl. *Otto* (1994), S. 184; *Schreyögg* (1990), S. 390.

103 Vgl. *Bartlett/Ghoshal* (1990a), S. 246.

104 Vgl. *Bartlett/Ghoshal* (1990a), S. 246.

105 Vgl. *Kreutzer* (1989), S. 155.

106 Vgl. *Bartlett/Ghoshal* (1990a), S. 223.

stungen der Perzeptionen der Marketing Manager führt, indem sie ein gemeinsames, positives Verständnis von Wandel in und Anpassungen an dynamischen Umwelten transportieren.[107]

Ein weiteres notwendiges Element einer international orientierten Unternehmenskultur als Grundlage der kulturellen Koordination stellt schließlich die *Kommunikations-* bzw. *Dialogbereitschaft* der Organisationsmitglieder dar. Eine kulturell verankerte Dialogorientierung unterstützt die Informationsprozesse und fördert die perzipierte Gerechtigkeit der Entscheidungsprozesse.[108] Sie ist insbesondere im Rahmen der informellen Kommunikation notwendig. Die fehlende Strukturierung dieser Kommunikation erfordert, dass die einzelnen Marketing Manager gewillt sind, die für andere Organisationseinheiten potentiell relevanten Informationen freiwillig weiterzugeben. Dabei gilt es zu beachten, dass eine solche Kommunikationsform für den Informationsgeber zunächst nur Kosten und keinen unmittelbaren eigenen Nutzen beinhaltet. Effektive informelle Kommunikation setzt also eine Einstellung seitens der Marketing Manager voraus, diesen Informationsprozess von sich aus zum Nutzen des gesamten internationalen Unternehmens anzustoßen. Zusammen mit den anderen Kulturbestandteilen stellt eine unternehmenskulturell verankerte Kommunikationsbereitschaft die einzige Absicherung dafür dar, dass relevante Entwicklungen in der internationalen Marketingumwelt, deren Vorkommnis nicht durch formelle Kommunikationskanäle abgedeckt ist, trotzdem wahrgenommen werden und diese Informationen durch informelle Kommunikation im internationalen Unternehmen schnell und an die richtigen Stellen verbreitet werden. Die Aussage eines bei einer Auslandstochter angestellten französischen Marketing Managers verdeutlicht dies:

> „Yes, I would say on one hand, it (informal communication) is very convenient, otherwise we would spend our time in monthly meetings, and it could happen that one month we have nothing to say, and the other month we have so many things to say. On the other hand, it's obvious that we could miss something. I think, the truth should be in the common culture of everybody. We recently received, for example, a communication from the Product Manager in charge of the development of a (product), and he said: 'Please, I want to inform you that in France, a retailer has made a promotion with us, with the (product) and banners, and they told us that they will do the same in this and this country, so I will let you know the name of the responsible, and when the promotion starts.' So, I think that's a very good initiative, but that's because this person. I mean, (our Chief Executives) always say when we have large meetings or conventions, everyone should have the natural attitude to inform all the colleagues that could be interested by something.“

Insgesamt stellt sich die Frage, wie sich eine offene und flexible, international- und dialogisch orientierte Unternehmenskultur konkret auszeichnet. Allgemein manifestiert sich eine Unternehmenskultur in den unternehmensspezifischen und interpretationsbedürftigen *Symbolsystemen*, z.B. der Sprache oder bestimmten Verhaltensrichtlinien, aber auch in strukturellen Regelungen des Unternehmens.[109] Dabei ist es nicht ausreichend, dass bestimmte

---

107 Diese Gedanken entspringen dem Konzept der »strategischen Überwachung« von STEINMANN/SCHREYÖGG und ihrer Erkenntnis, dass Teile der strategischen Kontrolle sich einer organisatorischen Regelung entziehen und letztlich nur durch Sensibilisierung der Mitarbeiter kulturell verankert werden können. Vgl. *Steinmann/Schreyögg* (1990), S. 202-209.

108 Siehe Abschnitt D.III.2.ba).

109 Vgl. *Schreyögg* (1992), Sp. 1528.

Kulturmerkmale von der Unternehmensleitung als gültig »verkündet« werden. Insbesondere das lokale Management einer Auslandstochter erscheint äußerst sensibel für Diskrepanzen zwischen proklamierten und echten international orientierten Unternehmenskulturen. Dabei erweist sich vor allem die *Unternehmenssprache* als Ausdruck der zugrunde liegenden Mentalität als ein wichtiger Indikator für die internationale Orientierung. Einer der in Italien befragten Marketing Manager eines deutschen Unternehmens berichtete z.B. davon, dass der deutsche Geschäftsführer des Unternehmens bei einem Treffen zu ihm sagte, dass ihr Unternehmen ein »internationales« werden müsse. Einige Tage später bekam der italienische Manager ein Handbuch zu Unternehmensleitlinien und zur Unternehmensphilosophie zugesandt, wobei dies allerdings in deutscher Sprache verfasst war! Weiterhin erzählte der italienische Manager, dass er bei den »internationalen« Marketing Meetings öfters nicht teilgenommen habe, da bei diesen Meetings die Diskussionen oftmals in Deutsch geführt wurden, er aber kein Deutsch versteht. Die offizielle Firmensprache sei zwar Englisch, aber nur wenige der deutschen Manager würden sich daran halten. Der für Belgien zuständige Marketing Manager desselben Unternehmens stellte jedoch einen positiven Wandel hin zu einer offeneren, international orientierten Unternehmenskultur fest. Seine folgende Aussage veranschaulicht nochmals einige der Bestandteile einer solchen Kultur:

> „I ask myself another question. In what way do they (headquarters) need to have enough understanding of the Belgian market? I think, it's my responsibility to inform them on the situation here. So, if they are not well enough informed, it's my fault. I think this is a process, again. You don't have to expect miracles in one year. I see positive signals for the evolution towards a more comprehensive understanding of what is happening in other countries. And it's more a question of mentality, if you're open for it as a responsible person in Germany, or if you're not interested and say. 'I do what I want in Germany, and the rest follows.' I think it's a question of openness. I think that the future manager who will be responsible for European strategy will have to be someone who is enormously open, but who can take decisions on the other hand also, because if you're too much open, nothing happens, only discussions and no actions."

Ein bei der belgischen Tochtergesellschaft eines anderen deutschen Unternehmens angestellter Marketingleiter verdeutlichte mit seiner Aussage ebenfalls, wie sich der Kulturwandel in seinem Unternehmen durch Veränderungen in der Kommunikation und der Sprache äußerte:

> „No, it's an international company with people working for - not a real multinational, but with the same approach as people working in a multinational. And that changed already 10 years ago. I can talk about it, because it's now 15 years that I've been doing my job with (our company). So, it's a big change. For example, in the meetings, I'm talking about workshops, I'm talking about dialogue, I'm talking about exchange of information. 15 years ago, you went to Germany and it was in a monologue style, because they were reading their positioning papers and they were talking about their markets in German. Now everybody is talking English in an international meeting. So, it's changing very fast."

Insgesamt zeigt sich bei den untersuchten Konsumgüterunternehmen, dass insbesondere solche Unternehmen Schwierigkeiten mit einer fehlenden international orientierten Unternehmenskultur bzw. beim Aufbau einer solchen Kultur haben, die sich - historisch bedingt - aus einem großen Heimatmarkt heraus entwickelt haben. Dies trifft gerade für eine Vielzahl deutscher Unternehmen zu. Ein in der Zentrale bei einem deutschen Unternehmen tätiger und für die internationale Koordination eines Produktbereichs zuständiger Marketing Manager schilderte die Problematik folgendermaßen:

> „Es nutzt nichts, wenn Sie in Deutschland eine gute Kultur haben und eine Identifikation haben, sondern Sie müssen eine europäische Identifikation entwickeln für die Firma. ...
>
> Wir haben ein internes Thema noch in diesem Komplex, nämlich, dass alle unsere zentralen Abteilungen, alle die wir haben: zentrale Entwicklung, zentrale Information, zentrales *research*, also Marktforschung, zentrale SGE's, dass die alle in (Ort in Deutschland) sitzen. Unser Dilemma ist, dass unser *Headquarters* gleichzeitig am gleichen Standort ist wie das größte Geschäft. Das ist natürlich historisch so gewachsen. Wenn wir in Genf sitzen würden, sag ich mal, oder in Luxemburg, oder sonst irgendwo, hätten wir überhaupt kein Problem. Dann wären wir eine europäische Einheit, Steuerung, und die würde irgendwo in Brüssel sitzen. Hätte mit dem nationalen Geschäft nichts zu tun. Deswegen haben wir zum ersten in allen Funktionen, zuletzt in der Forschung, R&D, eine Trennung gemacht zwischen zentraler Forschung und deutscher AWT (Anwendungstechnik), das gab es bis vor zwei Monaten nicht, das war ein Apparat, die haben zentrale Entwicklung gemacht und gleichzeitig waren sie für die deutsche Anwendungstechnik da. Habe ich gesagt: 'Nicht im Leben'. Das habe ich z.B. durchgedrückt, ohne dass ich für die R&D verantwortlich bin. Also um Ihnen zu zeigen, welche Quervernetzung es gibt. Jetzt haben wir entschieden, es gibt eine deutsche Anwendungstechnik wie es eine französische gibt, und eine italienische und eine spanische. Die zentrale Entwicklung hat damit überhaupt nichts zu tun, ist völlig getrennt. ...
>
> Und wir haben zweitens, und das ist jetzt ein *soft factor*, aber ein wichtiger, die Mentalität der Leute, die dort arbeiten. Alle die, die in den zentralen Abteilungen sitzen, bis auf die SGE, waren alle früher zuständig für das deutsche Geschäft. ... Und die denken heute noch z.T. nur deutsch. Wenn Sie mit denen diskutieren, jedes dritte Argument ist: 'Ja, aber in Deutschland ist das so.' Dann hau' ich die immer in die Pfanne und sage: 'Wie bitte?' Dann merken sie plötzlich, was sie gesagt haben. Aber damit ertappen sie sich natürlich, dass sie immer noch deutsch denken. Und das ist eines unserer größten Probleme. Leider Gottes ist das ein Generationsthema. Sie können Leute, die ein bestimmtes Alter haben, nicht mehr verändern. ... Sie können das fünfmal erzählen und sechsmal drauf hauen, aber das nützt nichts. Sie verändern die nicht mehr. Also, das wächst sich aus, in zwei/drei Jahren wird sich das Thema erledigen, aber das ist wichtig, weil unsere Kollegen draußen solche Sensibilitäten haben, ist doch klar. Ich versetzte mich immer in deren Stuhl, permanent bin ich auf deren Stuhl und gucke, was die wohl glauben könnten. Das ist einer der wichtigsten Punkte."

Im Vergleich dazu erscheint der Aufbau einer offenen, flexiblen, international orientierten Unternehmenskultur bei solchen internationalen Unternehmen vergleichsweise einfacher, deren Heimatmarkt schon immer nur von geringer Bedeutung war und deren nationale Kultur historisch bedingt eine starke Interaktion mit anderen Kulturen hatte.

> „...that has to do with the Dutch culture, I think. You must be internationally oriented, because if you go half an hour to the east, then you're in Germany. If you go 2 hours, then you are in Belgium. 2 hours to the north, then you are in Denmark. It is such a small country, that we must speak languages. You learn to be more flexible towards other cultures. I think that that all helps. And I think that that means your orientation will be more international. I think that if you're based in Frankfurt, it can be an international company, but with a strong local flavor. I think that the local flavor here is hard to find. ... It's not for nothing that you find a lot of multinationals here in Holland, Philips, Shell, Unilever or whatever."[110]

Insgesamt verdeutlichen die angeführten Beispiele, dass die vier Elemente - Internationalität, Offenheit, Flexibilität und Kommunikationsbereitschaft - die notwendigen und hinreichenden *normativ-prozessualen* Bestandteile einer kulturellen Koordination als integrative Basis für ein effektives europäischen Brand Management darstellen. Das Zusammenspiel dieser Komponenten ermöglicht und unterstützt die dazu notwendigen formellen und informellen Informationsprozesse in horizontalen Strukturen. Zusammengenommen bilden sie den län-

110 Aussage eines niederländischen, in der Zentrale von Philips beschäftigten Marketing Managers.

derübergreifend verbindlichen *Kulturkern*, dessen Existenz die Grundlage einer reibungsarmen und effektiven Zusammenarbeit bildet.[111]

d) Zusammenfassung

Ein integriertes Netzwerk, informelle Kommunikation und die kulturelle Koordination stellen die drei Gestaltungsrichtlinien für die horizontale Organisation eines effektiven europäischen Brand Managements dar. Abbildung 25 fasst die wesentlichen Inhalte dieser Gestaltungsrichtlinien zusammen:

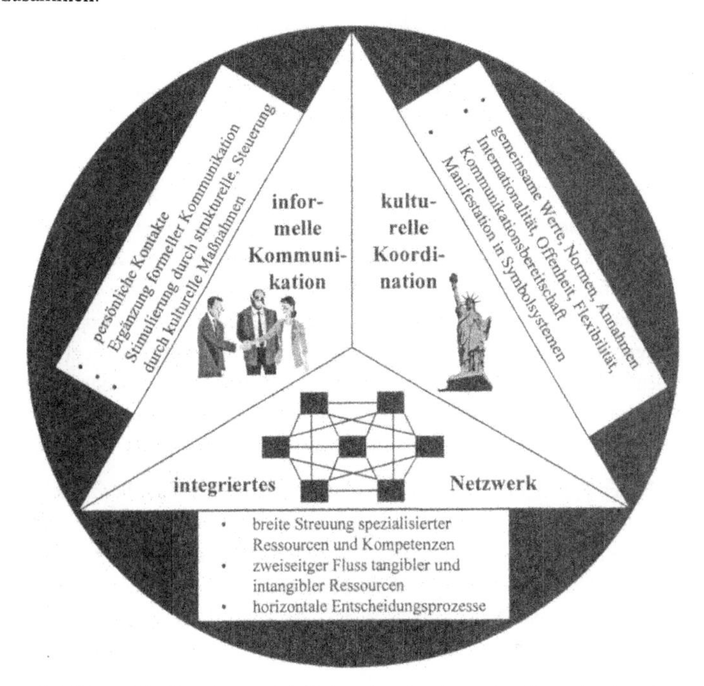

Abbildung 25: Gestaltungsrichtlinien einer horizontalen Organisation des europäischen Brand Managements

Diese drei Gestaltungsrichtlinien fördern und ermöglichen die Informationsprozesse, welche der Marktorientierung und der Prozessgerechtigkeit zugrunde liegen. Das kulturelle Fundament eines effektiven europäischen Brand Managements wird dabei durch die international ausgerichtete, offene und flexible sowie dialogorientierte Kultur in prozessualer Sicht und durch eine marktorientierte Kultur in inhaltlicher Sicht gebildet. Formelle und informelle Informationsprozesse sowie die Unternehmenskultur stellen somit die für einen marktorientierten und gerechten - also effektiven - europäischen Brand Managementprozess notwendige integrative Basis dar.

---

111 Vgl. *Kreutzer* (1989), S. 157.

Die drei dargestellten Gestaltungsrichtlinien der horizontalen Organisation des europäischen Brand Managements sind - wie bereits angedeutet - nicht unabhängig voneinander. Eine integrierte Netzwerkstruktur schafft beispielsweise die Voraussetzungen für informelle Kommunikation. Kulturelle Koordination und informelle Kommunikation sind notwendig für ein funktionierendes Netzwerk, wobei die informelle Kommunikation wiederum durch die Unternehmenskultur gelenkt werden muss. Außerdem manifestieren sich die organisationskulturellen Fundamente des europäischen Brand Managements ihrerseits in den vertikalen und horizontalen Strukturen. Schließlich tragen alle drei Elemente durch ihre Beeinflussung der Informationsprozesse zur Abstimmung der europäischen Marketingaktivitäten bei. Die integrativen Wirkungen der jeweiligen Gestaltungsrichtlinien können in ihrer Wirkung letztendlich nicht dissoziiert werden.[112] Daher muss eine horizontale Organisation zur Implementierung eines effektiven europäischen Brand Managementprozesses in ihrer Gesamtheit betrachtet und verstanden werden.

Insgesamt zeigt sich dabei zum einen die herausragende Bedeutung, die der Ergänzung vertikaler durch horizontaler Strukturen zukommt, um die zur internationalen Koordination der Marketingaktivitäten notwendigen Informationsströme zu erzeugen und zu lenken und auch um das zur Umsetzung europäischer Marketingkonzepte notwendige *commitment* auf lokaler Ebene zu sichern. Zum anderen wird deutlich, dass die Effektivität des europäischen Brand Managementprozesses maßgeblich von »weichen« Faktoren abhängt. Dies hat zur Folge, dass bei der Umsetzung eines effektiven Brand Managementprozesses der Fokus der Betrachtung nicht (primär) auf der Modifikation formeller administrativer Mechanismen, sondern auf der Gestaltung integrativer, partizipativer und personenorientierter Instrumente liegen sollte.[113]

Darin liegt allerdings auch eine Schwierigkeit bei der Umsetzung einer horizontalen Organisation, denn eine solche Organisation lässt sich nicht einfach beschreiben und in die üblichen strukturellen organisationalen Kategorien fassen.[114] Weiterhin stellt die horizontale Organisationsform als Gestaltungsprinzip des europäischen Brand Managements aufgrund ihrer »unscharfen« Konturen keinen Organisationstyp dar, der ausgeprägte Kontrollbedürfnisse des Top Managements befriedigt. Darüber hinaus ist der durch eine horizontale Organisation implizierte kommunikations- und konsensorientierte Entscheidungsprozess sehr zeitaufwendig, wobei die erforderliche Balance zwischen der Berücksichtigung verschiedener Perspektiven und dem Treffen von Entscheidungen nicht leicht zu bewahren erscheint.[115] Das bedeutet letztendlich, dass zur Implementierung eines effektiven europäischen Brand Managements und für einen begleitenden organisatorischen Wandel Strukturänderungen alleine nicht ausreichen, sondern subtile, auch erst langfristig wirkende Veränderungsprozesse erforderlich sind.[116]

---

112 Vgl. *Atamer/Nunes/Berthelier* (1994), S. 220, 232.

113 Vgl. *Roth/Schweiger/Morrison* (1991), S. 393.

114 Vgl. *Biggadike* (1990), S. 314; *Hedlund* (1986), S. 27.

115 Vgl. *Biggadike* (1990), S. 315-316.

116 Vgl. *Hedlund* (1986), S. 27.

Trotz der Betonung der Bedeutung horizontaler Strukturen und informeller sowie kultureller Aspekte bei der Implementierung eines effektiven europäischen Brand Managements wird hier kein Konzept der *radikalen Selbststeuerung*[117] propagiert. Bei der Gestaltung des europäischen Brand Managementprozesses soll durchaus der Erkenntnis Rechnung getragen werden, dass eine effektive und effiziente Koordination interdependenter Aktivitäten auch bei hoher Umweltkomplexität nicht ausschließlich durch kulturelle Sinnstiftung und heterarchische Selbstabstimmung erfolgen kann.[118] Die Gestaltung der einem effektiven europäischen Brand Management zugrunde liegenden organisationalen Prozesse - also die Implementierung einer horizontalen Organisation - erfordert vielmehr den *kombinierten* Einsatz struktureller und kultureller Maßnahmen.[119]

II. Koordinationsinstrumente eines effektiven europäischen Brand Managements

Koordination wird allgemein verstanden als „das Ausrichten von Einzelaktivitäten in einem arbeitsteiligen System auf ein übergeordnetes Gesamtziel."[120] Das Koordinationsproblem tritt überall dort auf, wo interdependente Elemente eines Systems aufeinander abgestimmt werden müssen. Das Koordinationsproblem ist komplementär zur organisatorischen Differenzierung und entsteht in allen arbeitsteiligen Systemen, nicht nur bei internationalen Unternehmen.[121] Es herrscht jedoch weitverbreitete Übereinstimmung darüber, dass beim Management internationaler Unternehmen aufgrund der Komplexität der Umwelt und des Unternehmens selbst sowie der physischen und kulturellen Distanz der Unternehmenseinheiten die Koordination im allgemeinen ein weitaus größeres und komplexeres Problem darstellt als beim Management nicht-internationaler Unternehmen.[122]

Nach WELGE besteht das zentrale Gestaltungsproblem bei der Führung internationaler Unternehmen einerseits in der Sicherstellung, dass in den Tochtergesellschaften Entscheidungen getroffen werden, die in *Einklang mit der Unternehmensstrategie* stehen, und andererseits in der Schaffung von *Motivation für unternehmerische Initiative*, die wesentlich von der Autonomie und Unabhängigkeit des Managements der Tochtergesellschaft abhängt. Bei der Lösung dieses Problems spielt die Gestaltung des Koordinationszusammenhangs zwischen den einzelnen Einheiten eine entscheidende Rolle.[123] Allgemein läßt sich feststellen, dass sich die

---

117 Selbststeuerung (oder synonym dazu Selbstorganisation) umfasst „alle Prozesse, die aus einem System heraus von selbst entstehen und in diesem »Selbst« Ordnung entstehen lassen, verbessern oder erhalten." *Probst* (1992), Sp. 2255.

118 Vgl. umfassend zum Konzept der Selbststeuerung, zur Kritik an einer radikalen Selbststeuerung sowie zur Relativierung der Basisannahmen dieses Konzepts *von der Oelsnitz* (1995a), S. 707-717.

119 Vgl. *Ghoshal/Bartlett* (1995), S. 96.

120 *Frese* (1988), S. 200. Eine weitgehend ähnliche Definition findet sich bei *Rühli* (1992), Sp. 1165. Für eine Darstellung verschiedener Koordinationsbegriffe siehe *Kenter* (1985), S. 30; für eine kurze Diskussion unterschiedlicher Ansätze der Operationalisierung von »Koordination« in der organisationstheoretischen Literatur vgl. *Kenter* (1985), S. 68-85.

121 Vgl. *Rühli* (1992), Sp. 1165.

122 Vgl. *Egelhoff* (1984), S. 82; *Martinez/Jarillo* (1989), S. 490.

123 Vgl. *Welge* (1989), Sp. 1182-1183.

organisatorische Absicherung der Koordination durch die *Formulierung von Entscheidungskompetenzen* und durch die *Regelung des Informationsaustausches* zwischen den Organisationseinheiten vollzieht.[124]

Der Einsatz und die Wirkung von Koordinationsmechanismen in internationalen Unternehmen ist in der Literatur zum internationalen Management bereits häufig - auch empirisch - untersucht worden.[125] Dabei hat ein Wandel bei der Analyse der Koordinationsinstrumente stattgefunden. Während der Fokus in früheren Untersuchungen fast ausschließlich auf formellen und strukturellen Mechanismen lag, werden in jüngeren Studien immer mehr auch *nicht-strukturelle, kulturelle und subtilere Formen der Koordination* berücksichtigt. Laut MARTINEZ/JARILLO folgt dieser Wandel bei der Analyse des Einsatzes internationaler Koordinationsinstrumente einer Evolution in der Unternehmenspraxis, die aus Veränderungen in der Unternehmensumwelt und daraus folgendem höheren Koordinationsbedarf resultierte.[126]

Im Zusammenhang mit der Implementierung internationaler Marketingkonzepte bestehen allerdings noch einige *Defizite* in der Literatur. Die Vertreter der Prozess-Schule des internationalen Managements diskutieren zwar allgemeine Prinzipien zur Umsetzung einer horizontalen Organisation, schließen aber keine systematische Analyse einzelner Koordinationsinstrumente an.[127] Bei anderen Autoren werden dagegen einzelne Koordinationsinstrumente diskutiert, allerdings werden sie in ihrer Wirkung meist isoliert betrachtet und nicht in den Gesamtzusammenhang der Implementierungsproblematik gestellt. Insofern mangelt es zum einen an einer *umfassenden* und *systematischen* Analyse des Einsatzpotentials von Koordinationsinstrumenten und deren Wirkung auf die Leistungsfähigkeit einer internationalen Unternehmensorganisation. Zum anderen fehlt eine Untersuchung möglicher *Interdependenzen* beim Einsatz einzelner Koordinationsmechanismen.

Die Analyse der einem Unternehmen zu Verfügung stehenden Koordinationsinstrumente in den folgenden Abschnitten soll dazu beitragen, diese Defizite zu beseitigen. Dabei wird wie folgt vorgegangen: Zunächst werden das Einsatzpotential und die konkreten Gestaltungsmöglichkeiten der einzelnen Koordinationsinstrumente beleuchtet. Neben den Erkenntnissen von anderen Autoren durchgeführten Studien greift die Analyse vertieft auf die praktischen Erfahrungen der untersuchten Unternehmen bei der Koordination internationaler Marketingaktivitäten zurück. Dabei wird sich zeigen, dass etliche für die Unternehmenspraxis bedeutende Möglichkeiten der Koordination in der Literatur bisher nur stiefmütterlich behandelt wurden. Danach folgt eine Beurteilung, inwieweit die einzelnen Koordinationsinstrumente

124 Vgl. *Frese* (1988), S. 201.

125 Einen guten Überblick über die wichtigsten Studien zu internationalen Koordinationsmechanismen bis Ende der 80er Jahre sowie eine Zusammenfassung der Ergebnisse dieser Studien liefern *Martinez/Jarillo* (1989), S. 493-500. Neuere empirische Untersuchungen, die sich mit internationalen Koordinationsmechanismen auseinandersetzen, sind z.B. die Studien von *Ghoshal/Nohria* (1989), *Martinez/Jarillo* (1991), *Nohria/Ghoshal* (1994), *Roth/Morrison* (1992), *Roth/Nigh* (1992) und *Roth/Schweiger/Morrison* (1991). In der deutschsprachigen Literatur sind darüber hinaus v.a. die Beiträge von *Kenter* (1985), *Macharzina* (1993) und *Welge* (1982) zu nennen.

126 Vgl. *Martinez/Jarillo* (1989), 490.

127 Vgl. z.B. *Bartlett/Ghoshal* (1990a), S. 175-266; *Prahalad/Doz* (1987), S. 186-216.

geeignet erscheinen, die Gestaltungsrichtlinien einer horizontalen Organisation zu realisieren und damit zur Implementierung eines marktorientierten und gerechten europäischen Brand Managementprozesses beizutragen. Diese beiden Untersuchungsschritte werden dabei für alle hier diskutierten Koordinationsmechanismen vollzogen. Im Anschluss daran findet eine vergleichende Analyse aller Koordinationsinstrumente hinsichtlich ihrer Wirkung auf die Umsetzung eines effektiven europäischen Brand Managements statt. Abschließend erfolgt eine Untersuchung der Wirkungsinterdependenzen beim Einsatz der verschiedenen Koordinationsinstrumente. Insgesamt sollen die Erkenntnisse dieser Abschnitte zur Vervollständigung eines handlungsleitenden Bezugsrahmens zum europäischen Brand Managements und zur Orientierung bei der Gestaltung des organisatorischen Kontextes dieses Managementprozesses dienen. In Anlehnung an MACHARZINA/OESTERLE und KIESER/KUBICEK bietet sich hierbei eine Einteilung in technokratische, partizipative und personenorientierte Koordinationsinstrumente an.[128] Die drei Arten von Koordinationsinstrumenten unterscheiden sich dabei in ihrem Grad der *Institutionalisierung* und der *Personenbezogenheit* ihrer Funktion.

Bei den *technokratischen* Koordinationsinstrumenten ist das Medium der Koordination weitgehend institutionalisiert, und die Koordinationswirkung der Instrumente ist größtenteils unabhängig von den beteiligten Organisationsmitgliedern.[129] Zu den technokratischen Instrumenten können die Zentralisierung von Entscheidungskompetenzen, Pläne und Budgets, Formalisierung und Prozessstandardisierung, Koordinationsstellen sowie Informationsaustauschsysteme gerechnet werden. *Personenorientierte* Koordinationsinstrumente sind dagegen in ihrer Wirkung von den Personen, die als Koordinationsmedium fungieren, abhängig. Diese Mechanismen, zu denen das Instrumentarium der internationalen Personalpolitik zählt, sind zwar auch institutionalisiert, die Koordinationswirkung jedoch nicht. Die *partizipativen* Koordinationsinstrumente nehmen eine Mittelstellung zwischen den anderen beiden Arten ein. Bei diesen Instrumenten ist die Interaktion der Organisationsmitglieder und die daraus resultierende Koordinationswirkung einerseits institutionalisiert, andererseits findet insb. der Informationsaustausch über Personen statt. Dabei sind der Grad der Institutionalisierung schwächer als bei den technokratischen und die Personenbezogenheit geringer als bei den personen-

---

128 Vgl. *Kieser/Kubicek* (1992), S. 10-117; *Macharzina/Oesterle* (1995), S. 326-333. Bei der Analyse der Koordination internationaler Aktivitäten wurden eine Vielzahl verschiedener Einteilungen der Koordinationsinstrumente vorgenommen. Z.B. unterscheidet KENTER zwischen technokratischen und personenorientierten Koordinationsmechanismen. Vgl. *Kenter* (1985), S. 104-113. BARTLETT/GHOSHAL bzw. GHOSHAL/NOHRIA führen Zentralisierung, Formalisierung und Sozialisierung als die drei Arten der Koordination internationaler Aktivitäten an. Vgl. *Bartlett/Ghoshal* (1990a), S. 202-210; *Ghoshal/Nohria* (1989), S. 325-326. PRAHALAD/DOZ differenzieren zwischen personen-, informationsmanagement- und konfliktlösungsorientierten Koordinationsmechanismen. Vgl. *Prahalad/Doz* (1981), S. 198. MARTINEZ/JARILLO unterteilen Koordinationsinstrumente in strukturelle und formelle Mechanismen einerseits, sowie in eher informelle und subtile Mechanismen andererseits. Vgl. *Martinez/Jarillo* (1989), S. 491-492. WELGE gliedert die Koordinationsmechanismen in strukturelle, technokratische und personelle. Vgl. *Welge* (1981), S. 80-91. MEFFERT/BOLZ differenzieren zwischen struktureller, technokratischer und kultureller Koordination. Vgl. *Meffert/Bolz* (1994), S. 240. Insgesamt ähneln sich die verschiedenen Einteilungen, da sie mit wenigen Ausnahmen die gleichen Koordinationsinstrumente anführen. Zum Teil wurden sie nur mit anderen Begriffen versehen und/oder zu anderen Kategorien zusammengeführt.

129 Vgl. *Kieser/Kubicek* (1992), S. 107.

orientierten Koordinationsinstrumenten. Zu den partizipativen Koordinationsmechanismen gehören bilaterale Meetings, internationale ad-hoc Workshops, internationale Tagungen, internationale Gremien, Teams und Projektgruppen sowie das Lead-Country-Konzept. Tabelle 4 stellt die hier gewählte Einteilung von internationalen Koordinationsinstrumenten dar:[130]

Technokratische Koordinations-instrumente	**Partizipative Koordinations-instrumente**	**Personenorientierte Koordinations-instrumente**
• Zentralisierung • Pläne und Budgets • Formalisierung und Prozess-standardisierung • Koordinationsstellen • Informations-austauschsysteme	• Konferenzen • Internationale Entscheidungs-gremien • Teams und Projektgruppen • Lead-Country Prinzip	• Internationaler Transfer von Marketing Managern • Internationale Aus- und Weiterbildung • Auswahl europä-ischer Marketing Manager • Entlohnug europä-ischer Marketing Manager

Grad der Institutionalisierung

Grad der Personenbezogenheit

Tabelle 4: Arten internationaler Koordinationsinstrumente

1. Technokratische Koordinationsinstrumente

a) Zentralisierung

In der Organisationstheorie bestehen kein einheitliches Verständnis und dementsprechend auch unterschiedliche Operationalisierungen für die Begriffe Zentralisierung und Dezentralisierung.[131] In vielen Studien der Bereiche internationales Marketing und Management wird das *Ausmaß der Zentralisierung* bzw. Dezentralisierung *von Entscheidungskompetenzen* oder

130 Hierbei wird auf die Betrachtung von Kontrollprozessen im engeren Sinne, also auf eine vergangenheitsbezogene Regelung auf der Basis von Soll-Ist-Vergleichen, verzichtet. Solche Kontrollprozesse entfalten zwar auch eine koordinative Wirkung, sie ist jedoch rückwirkend, da versucht wird, bereits vorhandene Gleichgewichtsstörungen zu korrigieren. Daher bezeichnen KIESER/KUBICEK diese Art der Koordination als *Feedbackkoordination.* Vgl. *Kieser/Kubicek* (1992), S. 100-101. Im Rahmen der Gestaltung des europäischen Brand Managementprozesses ist jedoch insbesondere die *Vorauskoordination* von Bedeutung. Dabei findet eine vorausschauende Abstimmung der Aktivitäten statt, wodurch die Möglichkeit des Eintretens eines Zustands des Nicht-Koordiniertseins von vornherein ausgeschlossen oder zumindest verhindert werden soll. Vgl. *Kenter* (1985), S. 31. Die Festlegung von Kontrollkriterien hat zwar auch eine vorausschauende koordinative Wirkung. Vgl. *Kieser/Kubicek* (1992), S. 281. Sie kann aber unter die Planung und Budgetierung subsumiert werden. Insofern entspricht der hier verwendete Koordinationsbegriff dem Steuerungsbegriff von KENTER, der Steuerung als Summe jener Instrumente bezeichnet, *„die geeignet sind, auf der Basis prospektiv orientierter Vorkopplungen die Aktivitäten einzelner Subsysteme* (Tochtergesellschaften) *aufeinander abzustimmen* und durch ihren Einsatz ein 'abdriften vom Gesamtziel von vornherein zu verhindern.'" *Kenter* (1985), S. 36 (Hervorhebungen im Original).

131 Vgl. *Beuermann* (1992), Sp. 2611-2622.

komplementär hierzu der *Grad der Entscheidungsautonomie* des lokalen Managements zur Charakterisierung des Verhältnisses der ausländischen Tochtergesellschaften zu der Zentrale des internationalen Unternehmens verwendet, wobei in der Regel die Zentralisierung als Möglichkeit der Steuerung standardisierter internationaler Aktivitäten gesehen wird.[132] Die Ergebnisse dieser Studien sind jedoch nur schwer vergleichbar, da das Konstrukt Zentralisierung verschieden operationalisiert wurde.[133] Insgesamt kondensiert sich aus den diversen Studien heraus, dass in der Regel sowohl Unterschiede in der Zentralisierung (wie immer sie auch operationalisiert ist) *zwischen* verschiedenen Funktionalbereichen als auch *innerhalb* eines Funktionalbereichs wie Marketing bei einzelnen Entscheidungen vorliegen.[134] Allerdings liegen keine eindeutigen Erkenntnisse bezüglich der Determinanten der Zentralisierung im internationalen Kontext vor, und es konnten auch keine einheitlichen Beziehungen zwischen der Zentralisierung von Marketingentscheidungen einerseits und der Standardisierung von Marketinginstrumenten und -prozessen andererseits empirisch ermittelt werden.[135]

Versteht man die Zentralisierung bzw. Dezentralisierung in Anlehnung an WELGE als den *Grad der Einflussnahme* der Zentrale bzw. der ausländischen Tochtergesellschaft auf die Aktivitäten der Auslandstochter, dann ist offensichtlich, dass eine solche Einflussnahme nicht nur durch die Festlegung formaler Entscheidungskompetenzen erfolgt. Eine formalisierte Beeinflussung der Aktivitäten der Tochtergesellschaft kann vielmehr auch durch Verfahrensrichtlinien, Standardisierung der Planungsprozesse oder durch die Ableitungsrichtung der internationalen Planung erreicht werden.[136] Außerdem kann bei der gleichen Verteilung formaler Entscheidungskompetenz zwischen Zentrale und Tochtergesellschaft je nach Ausge-

---

132 Vgl. z.B. *Beutelmeyer/Mühlbacher* (1986); *Gates/Egelhoff* (1986); *Garnier* (1982); *Hedlund* (1981); *Otterbeck* (1981); *Picard* (1977); *Roth/Schweiger/Morrison* (1991); *Welge* (1981); *Welge* (1982); *Wiechmann* (1976) sowie *Hedlund* (1993), S. 5 und die dort angegeben Studien.

133 GARNIER z.B. versteht Zentralisierung als Grad der Verteilung von Entscheidungskompetenzen zwischen der Zentrale und den Tochtergesellschaften. Er operationalisiert das Konstrukt eindimensional durch Erfragung, auf welcher Ebene vorgegebene Entscheidungen getroffen werden, und aggregiert die Antworten zu einem globalen Autonomieindex. Vgl. *Garnier* (1982), S. 894-897. GATES/EGELHOFF verfahren ähnlich, wobei sie allerdings getrennte Zentralisierungsindices für Entscheidungen aus den Bereichen Marketing, Produktion und Finanzen ermitteln. Vgl. *Gates/Egelhoff* (1986), S. 72-74. ROTH/SCHWEIGER/MORRISON operationalisieren Zentralisierung entsprechend den *Aston*-Skalen, betrachten aber nur die allgemeine Ebene, auf der eine Entscheidung getroffen wird, und nicht die Aufteilung der Entscheidungskompetenz zwischen Zentrale und Auslandstochter. Vgl. *Roth/Schweiger/Morrison* (1991), S. 386, 396-397. WELGE dagegen definiert den Zentralisierungsgrad bzw. den Autonomiegrad einer Tochtergesellschaft als den Einflussgrad, den die Zentrale bzw. das lokale Management auf bestimmte Entscheidungen ausüben kann. Dabei operationalisiert er das Zentralisierungskonstrukt mehrdimensional, da er einerseits zwischen verschiedenen betrieblichen Funktionen differenziert (Personal, Marketing, Produktion und Finanzen), von ihm als strategische und operative bezeichnete Entscheidungen unterschiedlich gewichtet und den perzipierten Einfluss sowohl des lokalen als auch des zentralen Managements auf die unterschiedlichen Entscheidungen zur Bestimmung des Zentralisierungsgrades heranzieht. Vgl. *Welge* (1982), S. 812-819. Vgl. auch *Bolz* (1992), S. 147, FN 195 für weitere Unterschiede in den Operationalisierungen des Zentralisierungskonstrukts.

134 Vgl. *Bolz* (1992), S. 148; *Gates/Egelhoff* (1986), S. 75; *Hedlund* (1981), S. 31; *Hedlund* (1993), S. 5-6; *Picard* (1977), S. 114-118; *Welge* (1982), S. 813-815.

135 Dabei widersprechen sich z.T. auch die Hypothesen verschiedener Autoren zu den Einflussfaktoren der Zentralisierung und den Zusammenhängen zwischen der Zentralisierung und Koordinationsinstrumenten. Vgl. *Bolz* (1992), S. 148-150; *Gates/Egelhoff* (1986), S. 72.

136 Vgl. *Welge* (1982), S. 813; *Welge* (1992), S. 575.

staltung anderer Koordinationsinstrumente der Einfluss des lokalen Managements auf bestimmte Entscheidungen erheblich variieren.[137] Diese *Vielschichtigkeit* und *Interdependenz* des Zentralisierungskonstrukts spiegelt sich auch in den Aussagen der interviewten Manager wider. Für die Betrachtung der Koordinationsinstrumente im Rahmen des europäischen Brand Managements erscheint es dennoch zweckmäßig, Aspekte wie die Formalisierung oder die Standardisierung von Planungsprozessen[138] separat zu diskutieren, denn bei einer weiten Begriffsauffassung von Zentralisierung wäre eine Unterscheidung zum Koordinationsbegriff kaum mehr möglich. Insofern wird Zentralisierung hier enger aufgefasst und analog zu BOLZ als das Ausmaß verstanden, mit dem *Planungs-* und *Entscheidungskompetenzen* in der Zentrale eines internationalen Unternehmens *konzentriert* sind.[139] Im Folgenden werden nun verschiedene, auch durch die durchgeführten Interviews sich herauskristallisierende Aspekte einer so verstandenen Zentralisierung von Marketingaktivitäten im Rahmen des europäischen Brand Managements diskutiert. Dabei soll die Interdependenz und Komplexität der Wirkung einer Zentralisierung aber nicht außer Acht gelassen werden.

aa) Zentralisierung der Marketingstrategie

Bei der Aufteilung von Marketingplanungs- und -entscheidungskompetenzen zwischen der Zentrale und den Tochtergesellschaften liegt oftmals eine Trennung entlang *strategischer* und *operativer* Marketingaktivitäten vor. Dabei zeigt sich einerseits, dass das lokale Management insbesondere bei klassischen Vertriebstöchtern im Ausland gar keine großen Freiheitsgrade bezüglich strategischer Marketingentscheidungen haben kann. Ein in der Zentrale eines deutschen Automobilunternehmens tätiger Marketing Manager führt hierzu aus, dass für eine ausländische Vertriebstochter von vornherein nur begrenzter Handlungsspielraum vorliegt. Das Produkt sei weitgehend vorgegeben, die Distributionskanäle ebenfalls, die Positionierung durch das Marken- und Herkunftslandimage prädeterminiert und bei der Preispolitik bestünde auch keine große Freiheit für das lokale Management. Lediglich im Rahmen der Kommunikationspolitik hätten die Tochtergesellschaften die Möglichkeit, lokale Akzente von strategischer Relevanz für den Markterfolg zu setzen. Diese grundsätzliche Überlegung einer ohnehin stark eingeschränkten Autonomie bei strategischen Marketingentscheidungen trifft bei den untersuchten Unternehmen nicht nur auf ausländische Vertriebstöchter der Automobilhersteller, sondern gleichfalls auf die anderen Gebrauchsgüterhersteller sowie teilweise auch auf die Hersteller von *fast moving consumer goods* zu, wenn auch mit unterschiedlichen Ausprägungen. Dabei ist oftmals sogar der Handlungsspielraum des lokalen Managements in der Kommunikationspolitik durch die Vorgabe zentral erarbeiteter Konzepte stark eingeschränkt, so dass auch in diesem Bereich kein großer Autonomiegrad vorliegt.

---

137 Z.B. wäre der Einfluss des lokalen Managements anders zu bewerten, wenn im Vorfeld einer zentral getroffenen Entscheidung eine Erarbeitung und Diskussion der Handlungsalternativen in einem internationalen Team stattfände als wenn die Entscheidung ohne derartige Konsultationen des Managements der Auslandstöchter erfolgte.

138 Siehe hierzu die folgenden Abschnitte E.II.1.b) und c).

139 Vgl. *Bolz* (1992), S. 146.

Eine *strategische Richtlinienkompetenz* der Zentrale eines internationalen Unternehmens wird vom Management der Tochtergesellschaften durchaus akzeptiert und befürwortet. Es zeigt sich sogar, dass das Fehlen einer zentral entwickelten internationalen Marketingstrategie und daraus resultierende hohe lokale Autonomie von lokalen Marketing Managern als negativ kritisiert wird. Zum einen würden ihnen dann Orientierungspunkte für Entscheidungen über lokale Marketingaktivitäten fehlen. Zum anderen erkennen die Manager auf lokaler Ebene, dass daraus eine mangelhafte internationale Abstimmung der Marketingaktivitäten resultiert.[140] Bei den Unternehmen, die eine explizite internationale Marketingstrategie besitzen bzw. im Rahmen ihrer Planung erarbeiten, liegt die Entscheidungskompetenz für die zukünftige internationale *Produkt-Markt-Strategie* in der Zentrale.[141] Ansonsten existieren bei den untersuchten Unternehmen insgesamt deutliche Unterschiede bezüglich der *inhaltlichen Konkretisierung* und der *Verbindlichkeit* strategischer Vorgaben für die Gestaltung und lokale Durchführung von Marketingaktivitäten. Bei einem der untersuchten Unternehmen, das im Körperpflege- und Kosmetikbereich tätig ist, werden sämtliche Marketingkonzepte zentral erarbeitet und an die Auslandstöchter weitergegeben, ohne dass das lokale Management die Möglichkeit hat, Anpassungen am Konzept vorzunehmen. Produkt, Packungsgestaltung, Sortiment, Produkt- und Preispositionierung, Werbebotschaft und -gestaltung (TV und Print) sowie POS-Material für neue Produkte bzw. Produktlinien sind dadurch inhaltlich fixiert und international standardisiert. Das lokale Management besitzt dagegen volle Autonomie bei der Umsetzung des Konzepts, ist also u.a. verantwortlich für die Mediaplanung und Übersetzung der Werbebotschaft, die Entwicklung und Durchführung von Verkaufsförderungsaktionen, das Merchandising, die Händlerbetreuung und die Außendienststeuerung. Darüber hinaus ist das lokale Management zuständig für die Erarbeitung von Absatzförderungskonzepten für bereits am Markt befindliche Produkte, für die keine internationalen Kampagnen geplant sind.[142]

Bei anderen Unternehmen sind die Vorgaben weniger inhaltlich fixiert bzw. liegen größere Entscheidungskompetenzen beim Marketing Management der Tochtergesellschaften auch für eher strategische Aspekte des Marketing. Dafür besitzen sie zum Teil auch geringere Autonomie bei operativen Marketingentscheidungen. Frühere Untersuchungen zum Zentralisierungsgrad von Marketingaktivitäten haben ergeben, dass im Durchschnitt insbesondere produktpolitische Entscheidungen stark zentralisiert sind, während für vertriebspolitische Maßnahmen eine vergleichsweise hohe lokale Autonomie vorliegt. Für kommunikations- und preispolitische Aspekte können dagegen keine eindeutigen Tendenzaussagen getroffen wer-

140 Aussagen mehrerer lokaler Marketing Manager, die bei Auslandstöchtern verschiedener deutscher Unternehmen tätig sind.

141 Dies gaben beispielsweise verschiedene der befragten Marketing Manager von Parfums Christian Dior, Philips, Sony, Staedtler Mars und Tefal an.

142 Auskunft verschiedener in der Zentrale und bei ausländischen Tochtergesellschaften dieses Unternehmens beschäftigten Marketing Manager.

den.[143] Allgemein werden diese Feststellungen auch durch die im Rahmen dieser Untersuchung durchgeführten Interviews untermauert. Dennoch ergeben sich bei einer differenzierten Betrachtung durchaus interessante Abweichungen. Daher soll im Folgenden eine kurze Betrachtung der ermittelten Gestaltungsvarianten des Zentralisierungsgrades auf der Ebene der Marketinginstrumente erfolgen.

ab) Zentralisierung der Produktpolitik

Im Rahmen der *Produktpolitik* zeigt sich, dass die Verantwortung für die *Markenpositionierung* i.d.R. in der Zentrale angesiedelt ist. Dies trifft insbesondere für Unternehmen zu, die eine internationale Dachmarken- oder Markenfamilienstrategie verfolgen. Lediglich für rein lokale Marken kann eine Auslandstochter die Entscheidungskompetenz in diesem Bereich besitzen.[144] Die Zuständigkeit für die *Produktentwicklung* sowie für die Gestaltung der Produkte und der Packungen liegt ebenfalls meist in der Zentrale.[145] Allerdings bedeutet eine derartige Zentralisierung nicht zwangsläufig auch eine internationale Standardisierung. Über lokale Anpassungen kann das Management der Tochtergesellschaft jedoch nicht alleine entscheiden, sondern muss die Genehmigung dafür in der Zentrale einholen. Wenn überhaupt besitzen die Tochtergesellschaften produktpolitischen Entscheidungsspielraum nur in der engeren *Auswahl der Sortimente*, die sie in ihrem Land anbieten wollen, und in der genauen Bestimmung des *Zeitpunkts einer Produkteinführung*.[146] Lediglich eines der untersuchten Unternehmen verfügt über größere Autonomie in der Produktpolitik. Dieses Unternehmen ist insgesamt sehr dezentral organisiert; die Produktionsgesellschaften im Stammland verfügen über keine unmittelbare Weisungsbefugnis über die ausländischen Tochtergesellschaften, sondern müssen ihre Produkte an die Auslandstöchtern »vermarkten«. Dabei besitzen letztere die Möglichkeit, die ins Programm eines Landes aufgenommenen Marken und Produkte weitgehend autonom zu positionieren. Bei der internationalen Holding ist zwar eine zentrale Marketingabteilung vorhanden. Diese besteht aber aus nur drei Personen und verfügt über keine Entscheidungsbefugnis, sondern übt nur eine Beratungsfunktion aus.[147]

ac) Zentralisierung der Kommunikationspolitik

In der *Kommunikationspolitik* sind insgesamt dagegen größere Unterschiede im Zentralisierungsgrad sowohl zwischen verschiedenen kommunikationspolitischen Bereichen als auch

---

143 Vgl. *Backhaus/Büschken/Voeth* (1996), S. 215; *Bolz* (1992), S. 147-148. Interessant erscheint hierbei, dass BACKHAUS/BÜSCHKEN/VOETH und BOLZ trotz Bezugnahme auf dieselben empirischen Studien zu unterschiedlichen Schlüssen bezüglich des Zentralisierungsgrades kommunikationspolitischer Entscheidungen kommen. Während BACKHAUS/BÜSCHKEN/VOETH auf Basis der Untersuchungsergebnisse von WIECHMANN, BEUTELMEYER/MÜHLBACHER und HEDLUND feststellen, dass kommunikationspolitische Entscheidungen eher dezentral getroffen werden, kommt BOLZ zu dem Schluss, dass die Kommunikationspolitik eher zentralisiert sei.

144 Aussage mehrerer Marketing Manager verschiedener deutscher Unternehmen.

145 Dies gilt z.B. laut Auskunft der befragten Marketing Manager für Beiersdorf, Bosch und Siemens Hausgeräte, Parfums Christians Dior, Philips, Procter & Gamble und Groupe SEB bzw. Tefal.

146 Aussage verschiedener der interviewten Marketing Manager.

147 Auskunft eines bei einer ausländischen Tochtergesellschaft dieses Unternehmens angestellten Marketing Managers.

zwischen den untersuchten Unternehmen vorhanden. Bei der *klassischen Werbung* reicht das Spektrum von totaler zentraler Vorgabe von Werbekonzepten ohne Möglichkeit der Abweichung durch das lokale Management bis hin zur totalen lokalen Verantwortung für die inhaltliche und formelle Gestaltung der Werbeaktivitäten. Die meisten Konsumgüterunternehmen sind jedoch zwischen diesen beiden Extremen angesiedelt. Bei der *TV-Werbung* verfügen die Tochtergesellschaften in der Regel zumindest über die Möglichkeit der lokalen Anpassung zentral produzierter Werbefilme durch freie Übersetzung der Werbebotschaft, Änderung einer Schnittfolge oder anderen geringfügigen Adaptionen.[148] Weiterhin ist bei einigen Unternehmen zentrale Produktion mit partieller dezentraler Entscheidungskompetenz gekoppelt. D.h., das lokale Management kann entscheiden, ob es einen zentral entwickelten Werbespot einsetzt oder nicht. Dabei kann gelegentlich zwischen verschiedenen Alternativen gewählt werden, oder wenn die Tochtergesellschaft den zentral produzierten Film für nicht adäquat hält, steht es ihr dann frei, im Rahmen der allgemeinen Gestaltungsrichtlinien für den Markenauftritt eigene Werbung zu produzieren.[149] Bei anderen Unternehmen besitzt das Management der Auslandstöchter keine Entscheidungskompetenz im Bereich der TV-Werbung, verfügt aber über weitgehende Autonomie bei der *Print-Werbung*.[150] Eine weitere Variante der Aufteilung der Entscheidungskompetenz im Werbebereich zeigt das Beispiel eines deutschen Unternehmens: Dort wird bei Neuprodukteinführungen ein *kommunikatives Rahmenziel* zentral vorgegeben. Für die weitere inhaltliche Ausgestaltung der Werbung ist jedoch dann das lokale Management zuständig.[151] Bei der *Verkaufsförderung* liegt die Entscheidungskompetenz wieder durchgängig beim lokalen Management. Bei manchen Unternehmen wird aber beispielsweise POS-Material zentral produziert und den Tochtergesellschaften dann freigestellt, dieses mit zu übernehmen. Der Geschäftsführer der italienischen Tochtergesellschaft eines deutschen Unternehmens berichtete hierzu beispielsweise Folgendes:

> „Darüber hinaus kann man sagen, dass Verkaufsförderungsaktivitäten - also was so p.o.s. und solche Dinge angeht - heute auch schon standardisiert angeboten werden. Deutschland macht also einen Aktionsplan für Europa, wo man weiß, dass sie dann und dann folgende Aktionen geplant haben, und da wird dann vorher abgefragt, bevor es natürlich gedruckt wird, wird das Material herausgeschickt: 'Wollt Ihr das haben?' Es ist also eine freie Entscheidung der Gesellschaft. ... Und es wird dann ein komplettes Paket, vom *price ticket* bis zur Anzeige, wenn es notwendig ist, mit italienischem Text dann drin, wird es international abgearbeitet. Vor allem wenn neue Produkte eingeführt werden, das ist meine Philosophie, ist das kein schlechtes Konzept. Wenn man gute Leute hat in Deutschland, die auch kreativ verstehen, das attraktiv zu machen, dass es international einsetzbar ist, und ich hatte da gute Erfahrungen bis jetzt, mit dem was die bisher gemacht haben in (der Zentrale), dann war mir das immer recht, weil wir haben ja keine Riesenbudgets, und dann ist auch so, dass die Qualität meistens besser ist, wenn das von der Zentrale gemacht wird als wenn das irgendwo zwischen zwei Werbeleuten und von einer kleinen Agentur gemacht wird. Und das was aus Deutschland kommt hat in der Regel Hand und Fuß, und sind qualitativ *top*, gute Materialien. ... Also es wird gerade da, p.o.s. oder *promotion*, eigentlich viel gemacht, das gut und interessant ist. ...wobei die Tendenz bei der Verkaufsförderung eindeutig dahin geht, dass

---

148 Auskunft mehrerer der befragten, in Auslandstöchtern angestellten Marketing Manager.

149 Aussage mehrerer der befragten lokalen Marketing Manager.

150 Auskunft verschiedener, in der Zentrale und bei Auslandsgesellschaften tätigen Marketing Manager.

151 Auskunft eines in der Zentrale dieses Unternehmens tätigen deutschen Marketing Managers.

mehr und mehr aus Deutschland kommt - was nicht unbedingt Druck ist, es ist aber recht gut, was die da machen, deswegen kommt es an.“

Auch für die *Mediaplanung* liegt die Entscheidungskompetenz weitgehend beim Marketing Management der Auslandstöchter. Dies betrifft sowohl die Verteilung des Werbebudgets als auch die Schaltung der Werbemittel. Die Zentrale erteilt bei einigen Unternehmen lediglich Empfehlungen, z.B. für die Selektion bestimmter Werbeträger oder die Plazierung von Anzeigen in Zeitschriften.[152] Insgesamt kann für den Zentralisierungsgrad der Kommunikationspolitik festgestellt werden, dass bei den untersuchten Gebrauchsgüterunternehmen tendenziell ein höherer Autonomiegrad in diesem Bereich im Vergleich zu den Verbrauchsgüterherstellern vorliegt. Allerdings zeigt auch ein Vergleich der beiden direkten Konkurrenten SONY und PHILIPS, dass in derselben Branche, bei der gleichen Marken- und Wettbewerbsstrategie sowie bei einem ähnlichen Standardisierungsgrad der Produkt-, Marken- und Kommunikationspolitik in Europa durchaus unterschiedliche Zentralisierungsgrade vorliegen können. Bei SONY verfügen die ausländischen Tochtergesellschaften über deutlich mehr Autonomie bei der Werbung als die Auslandstöchter von PHILIPS, obwohl bei SONY sogar auf europäischer Ebene eine eigenständige Organisationseinheit zur Steuerung der Kommunikationspolitik existiert, während bei PHILIPS dies nicht der Fall ist.

ad) Zentralisierung der Distributionspolitik

In der *Distributionspolitik* ist der Autonomiegrad dagegen bei den Tochtergesellschaften aller untersuchten Unternehmen im Vergleich zu den anderen Instrumentalbereichen relativ hoch. Das *trade marketing* und auch das *Key Account Management* liegen voll im Zuständigkeitsbereich der Auslandstöchter, da diese Aktivitäten ohnehin kundenindividuell erfolgen.[153] Nur bei sogenannten *Euro-Key-Accounts*, z.B. Continente oder Schlecker, die ihrerseits einen Teil ihrer Aktivitäten auf europäischer Ebene koordinieren, wird die Betreuung dieser Händler zentral vorgenommen. Dabei werden diese Euro-Key-Accounts nicht unbedingt aus der Zentrale des internationalen Unternehmens betreut, sondern aus dem Land, in dem der Euro-Key-Account selbst seinen Hauptsitz hat.[154] Allerdings planen auch einige Unternehmen, separate organisatorische Einheiten in einer Zentrale zur Betreuung der europaweit agierenden Händler zu bilden, oder sie verfügen bereits über ein solches institutionalisiertes Euro-Key-Account-Management.[155] Weiterhin fallen auch die *Außendienststeuerung* und die *Absatzlogistik* bei den untersuchten Unternehmen, sofern es sich nicht um strategische Grundsatzentscheidungen aus diesen Bereichen handelt, in den Zuständigkeitsbereich des lokalen Marketing- und Vertriebsmanagements.

---

152 Auskunft mehrerer der befragten Marketing Manager.

153 Aussage mehrerer der interviewten, in der Zentrale und lokal tätige Marketing Manager.

154 So z.B. auch die Aussage eines in der niederländischen Tochtergesellschaft eines deutschen Unternehmens tätigen Marketing Managers.

155 Dies ist z.B. bei Sony der Fall, laut Auskunft einer der befragten Marketing Manager. Für eine differenzierte, theoretisch und empirisch fundierte Analyse der organisatorischen Gestaltung eines *Euro-Key-Account-Managements* im allgemeinen sowie der Zentralisierung der damit verbundenen Aufgaben im speziellen vgl. *Brielmaier* (1997), S. 171-296.

ae) Zentralisierung der Preispolitik

In der *Preispolitik* ist die Spreizung des Zentralisierungsgrades im Vergleich zur Distributionspolitik größer. Bei einigen der untersuchten Unternehmen sind die ausländischen Tochtergesellschaften vollkommen autonom bezüglich preispolitischer Entscheidungen.[156] Bei den Unternehmen, die von der *Reimportproblematik* bzw. von der *Europäisierung des Handels* stärker betroffen sind, ist die preispolitische Autonomie des lokalen Managements teilweise eingeschränkt. Bei den untersuchten Automobilunternehmen sowie bei den Herstellern hochpreisiger Kosmetika und Körperpflegeprodukte liegt die Kompetenz für die *Preispositionierung* in der Zentrale. Preispolitischer Anpassungsspielraum besteht dann nur noch durch andere Produktausstattungen wie im Automobilbereich und/oder durch die Auf- bzw. Abrundung zur Bestimmung des konkreten (empfohlenen) Endverbraucherpreises. Bei anderen Unternehmen behält sich die Zentrale die Festlegung eines *Preiskorridors* für die Nettoabgabepreise an den Abnehmer vor. Innerhalb des Korridors kann das lokale Management die Preise selbst bestimmen, eine Unterschreitung erfordert jedoch die Zustimmung der Zentrale.[157] Schließlich erfolgt bei einem der befragten Unternehmen eine (indirekte) Beeinflussung der Preispolitik der Tochtergesellschaften, indem die Zentrale eine *konsolidierte Marge* pro Produkt als Ziel vorgibt. Bei diesem Unternehmen lassen sich darüber hinaus in letzter Zeit aufgrund der Reimportproblematik verstärkt Bemühungen zur Einflussnahme auf die Preisgestaltung seitens der Zentrale feststellen, wie der Marketingleiter der deutschen Tochtergesellschaft dieses Unternehmens berichtete. In der konkreten inhaltlichen Festlegung der einzelnen *Konditionenbestandteile* ist das Management der Tochtergesellschaften bei den untersuchten Unternehmen wiederum weitgehend autonom, sofern eventuell vorhandene Preiskorridore nicht verletzt werden.

ae) Zentralisierung der Marktforschung

Nach der Betrachtung des Zentralisierungsgrades der einzelnen Mixbereiche soll schließlich noch die *Marktforschung* untersucht werden. Bei Durchsicht der einschlägigen Literatur hierzu fällt auf, dass die Marktforschung weder in den funktionsübergreifenden noch in den nur den Marketingbereich behandelnden empirischen Studien zur internationalen Zentralisierung angeführt wird. Lediglich in der Untersuchung von PICARD wird die Marktforschung explizit miteinbezogen, wobei er zu dem Ergebnis kommt, dass die ausländischen Tochtergesellschaften bei Marktforschungsentscheidungen bei fast allen von ihm befragten Unternehmen vollkommen autonom sind.[158] Auch konzeptionell wurde die organisatorische Veranke-

---

156 Auskunft von mehreren befragten lokalen Marketing Managern verschiedener deutscher Unternehmen.

157 Aussage von mehreren, in der Zentrale tätigen Marketing Manager verschiedener Unternehmen.

158 Vgl. *Picard* (1977), 115-116.

rung der Markforschung im internationalen Kontext praktisch nicht behandelt.[159] Dies ist erstaunlich, da die Marktforschung auch zur Fundierung von internationaler Marketingentscheidungen eine nicht zu vernachlässigende Rolle einnimmt.[160]

Im Rahmen der hier vorgenommenen Untersuchung des europäischen Brand Managements ergaben sich hinsichtlich des Zentralisierungsgrades der Marktforschung vollkommen andere Ergebnisse verglichen mit der oben genannten Studie von PICARD. Bei den meisten der anlysierten Unternehmen ist die Marktforschung laut Auskunft der hierzu befragten Marketing Manager sehr stark zentralisiert. Die Ergebnisse von *Handels-* oder *Haushaltspanels* werden soweit möglich auf zentraler Ebene aggregiert und auf lokaler Ebene weitaus detaillierter zur Verfügung gestellt. Die Entscheidungskompetenz für die Wahl des Instituts liegt jedoch meist in der Zentrale, wenn europaweit solche Panelinformationen verfügbar sind. *Ad-hoc-Studien* oder *qualitative Marktforschungsstudien*, z.B. zur Analyse des Markenimages oder zum Test von Neupoduktkonzepten, werden oftmals direkt von der Zentrale aus durchgeführt, da zum einen die Zentrale in der Regel über höhere Kompetenz und größere Erfahrung in der Durchführung solcher Studien verfügt und zum anderen dadurch eine Vergleichbarkeit der Ergebnisse erzielt werden soll. Das lokale Management nimmt dabei nur eine unterstützende Rolle ein, indem es z.B. Empfehlungen für die Auswahl von Untersuchungseinheiten ausspricht. Auch die Art der Durchführung einer allgemeinen *Markt-* und *Wettbewerbsanalyse* wird in der Regel von der Zentrale vorgegeben, um eine vergleichbare Grundlage für die internationale Marketingplanung zu erhalten. Insgesamt scheint bei den untersuchten Unternehmen der Zentralisierungsgrad der Marktforschung mit der *Bedeutung*, die Marktforschungsinformationen im Marketingentscheidungsprozess einnehmen, positiv zusammenzuhängen. Ein in der Zentrale tätiger Marketing Manager eines deutschen Unternehmens, das intensiv das gesamte Spektrum der Marktforschung (also von Panels über Testmarktsimulationen bis hin zu Gruppendiskussionen) auch international einsetzt, berichtete dazu Folgendes:

> „Und gerade was die Marktforschungs-Researchprojekte anbetrifft, sind wir extrem standardisiert. Das war einer unserer ersten Hebel zur Zentralisierung: Marktforschung. Weil das bei uns natürlich eine große Rolle spielt. Und zwar sowohl von den Instrumenten, als auch von den Standards, als auch vom Prozess. Das ist europäisch einheitlich geregelt. Wir sind inzwischen jetzt soweit, dass wir sogar über LOTUS einheitliche Standards, Berichte haben, so dass in jedem Land, ob das Griechenland, Türkei oder sonst (ein Land) ist, die die gleichen Formulare (haben), die gleiche Fragestellung sowieso, das ist alles schon klar, das wird einheitlich sofort überspielt, so dass wir im Grunde genommen jetzt direkte Vergleichbarkeit haben. Das ist unabdingbar, weil wir haben so viele Marktforschungsprojekte laufen.“

---

159 Bei STAHR/BACKES findet sich z.B. gar nichts zu diesem Thema. Vgl. *Stahr/Backes* (1995), S. 69-100. Bei AUERBACH wird die Frage nach der Zentralisierung des internationalen Marketing-Controlling, zu dem er auch die internationale Marktforschung zählt, nur allgemein behandelt, indem dort darauf hingewiesen wird, dass diese Frage unter Berücksichtigung der Transaktionskosten zu beantworten sei. Vgl. *Auerbach* (1994), S. 288-289. In der Studie von BOLZ wird zumindest die internationale Standardisierung der Marktforschung im Sinne einer Prozessstandardisierung untersucht. Vgl. *Bolz* (1992), S. 72-73. Allerdings ist eine Standardisierung konzeptionell von einer Zentralisierung zu trennen.

160 BOLZ (1992, S. 72) bezeichnet die Marktforschung sogar „als kritische(n) Erfolgsfaktor sowohl für die länderübergreifende als auch landesspezifische Planung.“

af) Zusammenfassende Beurteilung

Zusammenfassend lassen sich bezüglich der Zentralisierung der Marketingaktivitäten im Rahmen des europäischen Brand Managementprozesses auf Basis der durchgeführten Interviews folgende Erkenntnisse gewinnen:

Erstens scheint eine scharfe Demarkation bei der Verteilung von Entscheidungskompetenzen zwischen Zentrale und Tochtergesellschaften nur eingeschränkt möglich. Bei einem der untersuchten Unternehmen wird sogar bewusst ein *Verwischung der Abgrenzung lokaler und zentraler Kompetenzen* herbeigeführt, so dass de facto ein fließender Übergang besteht. Auf die Frage nach der Struktur und der Kompetenzverteilung antwortete ein für einen Produktbereich in Deutschland verantwortlicher Marketing Manager Folgendes:

> „...wobei auf der Euroseite der Schwerpunkt mehr auf der Kategorieverantwortung liegt, auf der strategischen Verantwortung. Bei der lokalen Organisation ist die direkte *responsibility* für lokale *volume, share, profit, sales*. Das ist die lokale Verantwortung und die *responsibilities* sind auf der einen Seite relativ klar definiert, aber dann doch wieder schwimmend, und da fängt es dann an sich zu zeigen, wie gut die Organisation oder der Prozess funktioniert oder nicht."

Ein in der Zentrale desselben Unternehmens tätiger Marketing Manager bestätigte durch seine Aussage diese unscharfe Trennung der Zuständigkeiten:

> „Das ist relativ fließend, es gibt gewisse Funktionen, die sich auf Euro-Ebene sammeln und das Prinzip ist zu sagen, wo macht es am meisten Sinn, das auf europäischer Ebene zusammenzuführen, und wo macht es Sinn, auf der anderen Seite lokal zu bleiben. Ein paar Beispiele dazu, ohne jetzt ins Detail zu gehen, sind sicherlich Sachen, die etwas mit dem Produkt zu tun haben oder bspw. der Produktentwicklung, der ganze Bereich der Packungsentwicklung, der ganze Bereich der Verpackungskommunikation, das ist etwas, was mehr auf der europäischen Ebene zusammenläuft. Während bspw. die ganze Entwicklung der Kommunikation, die in Richtung Handel geht, und Konsumentenkommunikation, die relativ kurzfristig ist, das wird wiederum auf der lokalen Ebene sein. Die Entwicklung von Copy oder von Werbung im generellen ist ein Bereich der einmal da ist und einmal da ist. Das ist dann abhängig vom Fall. ... Also es gibt da kein Dogma, das läuft also mehr auf der pragmatischen Seite, also das, was Sinn macht, zu koordinieren."

Bei diesem Unternehmen erscheint es daher prinzipiell schwierig, von Zentralisierung bzw. Dezentralisierung der Entscheidungskompetenzen zu sprechen. Insgesamt zeigen sich derartige Unschärfen auch bei anderen Unternehmen, wobei meist die klassische Werbung, aber auch die Verkaufsförderung, die Preispolitik und das Key Account Management davon betroffen sind. Nicht zuletzt deswegen läßt sich wiederum die grundsätzliche Eignung eines Zentralisierungskonstrukts als Koordinationsinstrument in Frage stellen.[161] Zumindest weisen die Ergebnisse der Interviews darauf hin, dass eine äußerst differenzierte, mehrdimensionale Betrachtung der Zentralisierung im Rahmen der Umsetzung europäischer Marketingkonzepte erforderlich ist.

Zweitens setzt sich die Vielschichtigkeit des Zentralisierungskonstrukts auch bei der Betrachtung seiner *Kontextfaktoren* fort. In der Literatur werden die verschiedensten situativen Einflussfaktoren für den Autonomiegrad des lokalen Managements angeführt, z.B. die Unternehmensgröße, die Größe der Tochtergesellschaft, die (relative) Größe des Auslandsmarktes, die

161 Vgl. *Hedlund* (1993), S. 6.

nationale Herkunft des Unternehmens, das Ausmaß der Leistungsverflechtung zwischen Zentrale und Tochtergesellschaft, der Managementstil, die Heterogenität der Markt- und Wettbewerbsbedingungen, die Umweltdynamik, die kulturelle Distanz zwischen Zentrale und Tochtergesellschaft, die historische Evolution des Unternehmens, die Qualifikation des lokalen Managements und die verfolgte internationale Marketingstrategie.[162] Diese bei weitem nicht vollständige Auflistung zeigt bereits, dass eine fast unüberschaubare Vielzahl von potentiellen Einflussfaktoren auf die Zentralisierung von Entscheidungskompetenzen vorliegt. Darüber hinaus sind diese Einflussfaktoren in ihrer Wirkung nicht unabhängig voneinander. Daher und aufgrund der Interdependenz der Zentralisierung mit anderen Koordinationsinstrumenten - z.B. mit der Formalisierung - erscheint es weder möglich noch sinnvoll, einfache »Wenn-Dann-Beziehungen« zwischen situativen Faktoren und dem Zentralisierungsgrad bei internationalen Marketingentscheidungen aufzustellen. Dies trifft v.a. dann zu, wenn es sich um »normale« - also nicht-extreme - Ausprägungen der Zentralisierung handelt.[163] Die Erkenntnis, dass von situativen Einflussfaktoren i.d.R. keine simplen Rückschlüsse auf die Vorteilhaftigkeit bestimmter Zentralisierungsgrade für Marketingaktivitäten gezogen werden können, zeigt sich auch bei den zum europäischen Brand Management untersuchten Unternehmen.

Drittens kann festgehalten werden, dass die zentrale Verankerung strategischer Entscheidungskompetenz und die lokale Zuständigkeit für die operative Durchführung zentral entwickelter Konzepte im Marketing das Gesamtbild alleine nicht hinreichend beschreiben. Damit eine derartige Verteilung der (formellen) Entscheidungskompetenz zwischen Zentrale und Auslandstöchter nicht eine Demotivation und ein mangelndes *commitment* des lokalen Managements und damit eine niedrigere Effektivität des europäischen Brand Managementprozesses nach sich zieht, muss mindestens eine der folgenden Bedingungen erfüllt sein: Entweder die operativen Marketingaufgaben, für die das lokale Management zuständig ist, sind für den Markterfolg von herausragender Bedeutung und bieten genügend *Handlungsspielraum* und kreative *Entfaltungsmöglichkeiten* für die lokalen Marketing Manager, oder das lokale Marketing Management besitzt mittels anderer Instrumente die Möglichkeit, strategische Marketingentscheidungen der Zentrale zu *beeinflussen.*

Viertens weisen die Ergebnisse der Interviews darauf hin, dass die Europäisierung der Märkte *nicht* gleichzusetzen ist und keinesfalls automatisch gleichgesetzt werden darf mit einer Zentralisierung von Marketingentscheidungskompetenzen. Bei einigen der untersuchten Unternehmen hat eine zunehmende Europäisierung sogar zu einer stärkeren *Dezentralisierung* im Marketingbereich geführt, hauptsächlich um lokale Markterfordernisse stärker im Entschei-

162 Vgl. z.B. *Berekoven* (1985), S. 211-212; *Egelhoff* (1984), S. 90; *Garnier* (1982), S. 895; *Gates/Egelhoff* (1986), S. 73-83; *Picard* (1977), S. 120-121; *Roth/Schweiger/Morrison* (1991), S. 370-380; *Welge* (1982), S. 811; *Welge* (1989), Sp. 1188-1190 und die bei *Kenter* (1985), S. 210-223 dargestellte Übersicht zu den im Rahmen weiterer internationaler Managementstudien verwendeten Kontingenzfaktoren der Zentralisierung bzw. Dezentralisierung.

163 Vgl. *Hedlund* (1981), S. 65.

dungsprozess zu berücksichtigen, obwohl insgesamt eine intensivere Koordination der Marketingaktivitäten erfolgt.[164]

Insgesamt erscheint aus den angeführten Gründen *keine positive Wirkung* der Zentralisierung auf die Gestaltungsrichtlinien der horizontalen Organisation zu bestehen. Eine Variation des Autonomiegrades ändert nichts an einer integrierten Netzwerkstruktur, fördert nicht die Entstehung oder Steuerung informeller Kommunikation und trägt auch nicht zur Entwicklung einer international orientierten Unternehmenskultur bei. Eine zu starke Beschneidung der Autonomie des lokalen Marketing Managements ohne Kompensation durch andere Einflussmöglichkeiten im europäischen Brand Managementprozess kann allerdings *negative Auswirkungen* auf die horizontale Organisation mit sich bringen. Es besteht zum einen die Gefahr, dass die peripheren Einheiten zu stark isoliert werden und die Netzwerkstruktur damit desintegriert, wenn die vertikalen Beziehungen die horizontalen dominieren. Zum anderen kann es dann zu der unerwünschten Wirkung informeller Kommunikation durch Umgehung formeller Kanäle kommen, da dies dann die einzige verbleibende Möglichkeit für das lokale Management darstellt, Einfluss auf Marketingentscheidungen auszuüben. Schließlich kann der unkompensierte Verlust von Entscheidungsautonomie bei lokalen Marketing Managern die intendierte Bindungswirkung unternehmenskultureller Maßnahmen einschränken oder vollkommen untergraben. Damit bestätigt sich der oben bereits beschriebene, negative Zusammenhang zwischen Zentralisierung und *Marktorientierung*.[165] Die nachteiligen Auswirkungen einer hohen Zentralisierung greifen dabei zum einen auf der kulturellen Ebene, zum anderen auf der Verhaltensebene durch eine Behinderung der Marktinformationsverbreitung. Die *Prozessgerechtigkeit* wird durch eine Zentralisierung des Marketing dagegen nur am Rande beeinflusst. Ein hoher Zentralisierungsgrad kann sich negativ auf den zweiseitigen Kommunikationsfluss zwischen Zentrale und Tochter auswirken, da dadurch die Gefahr besteht, dass die Dialogbereitschaft sinkt und das lokale Management den Status als »echter« Gesprächspartner verliert. Mit den anderen Elementen der Prozessgerechtigkeit scheint dagegen kein direkter Zusammenhang vorzuliegen. Insgesamt erscheint es ratsam, zur Bewältigung der Koordinationsanforderungen des europäischen Brand Managements keine Erhöhung des Zentralisierungsgrades ohne andere, den lokalen Autonomieverlust kompensierende Maßnahmen durchzuführen.

b) Marketingpläne und -budgets

Planung bedeutet im allgemeinen das „Setzen von Zielen und die gedankliche Antizipation der Wirkungen bestimmter Handlungen zum Erreichen dieser Ziele.“[166] Als »prospektives Denkhandeln«[167] bezieht sich Planung auf Systeme und Prozesse wie strategische Planung, Ziel- und Maßnahmenplanung und Budgetierung, die die Handlungen verschiedener Organi-

---

164 So z.B. bei zwei der untersuchten Gebrauchsgüterhersteller, laut Aussage dort tätiger Marketing Managern.

165 Vgl. Abschnitt E.I.2.

166 *Diller* (1980a), S. 3.

167 Vgl. *Diller* (1980a), S. 3; *Kenter* (1985), S. 87.

sationseinheiten in arbeitsteiligen Organisationen lenken.[168] Die Marketingplanung im speziellen beinhaltet auf der strategischen Ebene die Auswahl von Produkt-Markt-Feldern sowie die Entwicklung geschäftsfeldspezifischer Produkt-Markt-Konzepte und auf der taktisch-operativen Ebene die Bestimmung des Marketing-Mix-Einsatzes.[169] Durch die Vorgabe von Zielen und Maßnahmen zur Erreichung dieser Ziele entfaltet die Marketingplanung eine *koordinative Wirkung* auf die Durchführung von Marketingaktivitäten der Tochtergesellschaften eines internationalen Unternehmens.[170] Für die Koordinationsfunktion der Planung ist dabei wichtig, dass die einzelnen Subeinheiten die Ergebnisse der Planung in Form von Plan- bzw. Sollvorgaben erhalten. Insofern stellen *Marketingpläne*, als Ergebnisse der Marketingplanung, und *Marketingbudgets*, als schriftliche Niederlegung von in Geldeinheiten quantifizierten Sollgrößen,[171] Instrumente zur Koordination der Marketingaktivitäten dar.[172] Einen Eindruck, wie durch Planung die internationalen Marketingaktivitäten koordiniert werden, vermittelt die folgende Schilderung eines für die internationalen Koordination eines Produktbereichs zuständigen Marketing Managers:

> „Um die Unternehmenspläne für (unsere Sparte) zu machen, beginnen wir bspw. jetzt in diesen Tagen sog. strategische Treppen auszuarbeiten. ... Es ist ein Instrument, wie und welche Aktivitäten z.B. ein Land in den kommenden Jahren abwickelt. Ich nehme mal das Beispiel Österreich heraus. ... Das ist der Herr N., der hat z.B. vor, in Österreich im Jahre 1995 dieses Produkt einzuführen. Der strategische Bereich 2 wird diese Produkte einführen, der Bereich 3 diese usw. Wir machen mit (7. Bereich) in 1995 nichts, da wird nur die eine oder andere Aktivität überprüft. ... Dann gibt es den gleichen Plan für 1996, da passiert bei uns wieder viel und bei den anderen weniger. Und dann gibt es eine Perspektive für 1997, 1998 bis zum Jahr 2000, also einen groben Ausblick, was an großen Aktivitäten laufen kann. Und das können entweder sein neue Marken oder Relaunches oder Line-Extensions. Das macht jeder SGF-Leiter für sich, dann wird es in dem Bereich, in dem er zuständig ist, im größeren Rahmen mit anderen abgestimmt, dann stimmen wir das noch mal als Produktkoordination insgesamt ab, dann stimmen wir das noch mal, das ist alles hier konzernintern noch, mit den Plänen von Business Development (ab), die das ja auch koordinieren wollen, weil die sagen: 'Na gut, die Produktkoordination hat die Vorstellung, z.B. das Projekt A, B, C, D, E, F mit den Ländern zu machen. Aber das Land hat nur Kraft für das Projekt A, B, C, D und vielleicht noch F, aber die dazwischen müssen wir (streichen) oder aufgrund von Prioritäten irgendwie anders machen.' Das sind Abstimmungsprozesse, die wir ganz kollegial nach festgelegten Prioritätsschwerpunkten (durchführen). Dazu setzen wir uns dann ... im großen Gremium zusammen, zwischen Produktkoordination und zwischen Business Development, dann geht die Business Development her und checkt das noch mal für sich, gibt dann uns Feedback und schickt, ... wenn wir uns vereinbart haben, als gemeinsame Meinung von der Konzernzentrale - und das ist das Entscheidende: Wir bilden eine gemeinsame Meinung, wie wir, die Konzernzentrale, egal welcher Abteilung wir angehören, wie wir uns die Weiterentwicklung des Geschäftes in dem Land vorstellen. Die geben das dann raus an die Länder und die Länder ... (gehen) dann her mit diesen drei Seiten, wo dann alle Aktivitäten hauptsächlich für das nächste und das übernächste Jahr drauf sind und ein Ausblick bis in das Jahr 2000, und (fangen) dann an, richtig zu planen. ... Die entscheiden oder prüfen auch noch mal selbst, ist der Vorschlag, den sie von der Zentrale bekommen, denn der richtige, oder müssen sie aus der nationalen Sicht anders vorgehen. ... In der Regel ist es dann so, dass wir beginnend ab

---

168 Vgl. *Martinez/Jarillo* (1991), S. 432.

169 Vgl. *Böcker* (1992), S. 693-696. Auf einer Meta-Ebene beschäftigt sich die Marketingplanung außerdem mit der »Planung der Planungsgrundlagen«. Vgl. *Böcker* (1992), S. 696; *Diller* (1980a), S. 4.

170 Vgl. *Kenter* (1985), S. 86-96.

171 Vgl. *Diller* (1980b), S. 115-116.

172 Vgl. *Kenter* (1985), S. 86.

> April in die Länder hinausfahren ... und mit diskutieren dann mit den Ländern... Und dann versuchen wir wieder, eine Meinung zu bilden, ... um einen festen Aktivitätenplan, der auch einen Finanzplan enthält, zu fixieren. Diese Gespräche ... münden letztlich, nachdem diese Länderbesuche gelaufen sind, in einen sog. PMP-Plan, einem Produkt-Marketing-Plan. Dieser PMP-Plan wird irgendwann im Sommer fertig und abgeschlossen sein mit den Ländern, und der mündet dann letztlich ... im Herbst in einen Unternehmensplan 1996. Und dieser Prozess läuft jedes Jahr. Das ist ein Instrument, wie wir strategisch den Aktivitätenplan von der Konzernzentrale mit den Ländern aussteuern."

Obwohl in der Regel alle Unternehmen ihre Marketingaktivitäten »planen«, bestehen verschiedene *Komplexitäts-* und *Detailliertheitsgrade* der verwendeten Planungssysteme und dementsprechend eine unterschiedliche Intensität beim Einsatz der Marketingplanung zur Koordination der Marketingaktivitäten der Tochtergesellschaften.[173] Bei eher komplexeren und detaillierteren Planungssystemen - wie auch in dem oben angeführten Beispiel - erfolgt die Erarbeitung und das Zusammenspielen von internationalen und landesspezifischen Marketingplänen in einem *mehrstufigen Prozess.* Meist werden dabei die Planungen von der Zentrale aus initiiert, dann strategische Rahmenpläne an die Landesgesellschaften weitergeleitet und dort detaillierter ausgearbeitet und abschließend in der Zentrale konsolidiert. Ein solches Vorgehen ist offensichtlich auch mit erheblichen Kosten und Zeitaufwand für die beteiligten Marketing Manager verbunden. Bei einem der untersuchten Unternehmen, das ebenfalls ein sehr komplexes und detailliertes Planungssystem zur Steuerung der internationalen Marketingaktivitäten aufweist,[174] wurde deshalb der Planungsprozess um eine Stufe verkürzt. Früher wurden zuerst in der Zentrale strategische Rahmenpläne entwickelt, dann eine rollierende Drei-Jahres-Planung und daraus abgeleitet Marketingpläne erstellt. Inzwischen ist man bei diesem Unternehmen dazu übergegangen, die letzen beiden Stufen zusammenzufassen und nur noch eine Zwei-Jahres-Planung inklusive Marketingplan durchzuführen. Der Marketingleiter der deutschen Tochter dieses Unternehmens bemerkte hierzu, dass das dreistufige System zu komplex und vor allem zu zeitaufwendig war, so dass die Marketing Manager zu viel Zeit mit dem Planungsprozess verbringen mussten.

Der Einsatz der Marketingplanung und -budgetierung als Koordinationsinstrument steht oftmals in einem engen *Zusammenhang mit der Zentralisierung*, da zentral getroffene Marketingentscheidungen in Form detaillierter Pläne und Budgets an die Tochtergesellschaften weitergegeben werden.[175] Die Erarbeitung von strategischen Rahmenplänen, in denen z.B. festgelegt wird, welche Produkt-Markt-Felder zukünftig stärker entwickelt werden, was die globalen Marketingziele sind und was für grundsätzliche Produkt-Markt-Konzepte zum Einsatz kommen, erfolgt in der Regel in der Zentrale und korrespondiert mit der zentralisierten strategischen Richtlinienkompetenz. Dazu bedarf es aber noch keines sehr komplexen und detaillierten Planungssystems.

Bei dem untersuchten Unternehmen, das den höchsten Zentralisierungsgrad für Marketingentscheidungen aufweist, wird das dort bestehende, sehr komplexe Planungssystem verwendet,

---

173 Vgl. *Kenter* (1985), S. 141-143; *Martinez/Jarillo* (1991), S. 441.

174 Aussage verschiedener Marketing Manager dieses Unternehmens.

175 Vgl. *Kieser/Kubicek* (1992), S. 281.

um einerseits das Treffen von zentralen Marketingentscheidungen durch die Beschaffung von Informationen aus den Ländern zu ermöglichen und andererseits die Marketingmaßnahmen auf Länderebene durch detaillierte Vorgaben inhaltlich zu steuern. Die folgenden Aussagen der Marketingleiterin der deutschen Tochtergesellschaft und einer Produktgruppen-Managerin der italienischen Tochtergesellschaft vermitteln einen Eindruck, welches Gewicht das Planungssystem im Zusammenhang mit der starken Zentralisierung in diesem Unternehmen einnimmt, sowohl zur Ressourcenallokation und Produkt-Markt-Entwicklung auf internationaler Ebene als auch bei der Festlegung essentieller Bestandteile des Marketing-Mix:

> „Einmal wird jedes Jahr analysiert: 'Was haben wir für ein Portfolio, mit welchen Stärken, mit welchen Schwächen, auf welchen Märkten?' Hier wird jede Filiale über ihre Situation berichten, das Ganze zusammengefasst und dann geographisch beobachtet: Europa, Asien, Amerika, also die drei wichtigen geographischen Unterschiede. Daraus entsteht eine Bedarfsanalyse... Das sind natürlich alles Erkenntnisse, die man erst von den Märkten zusammenführen muss, um sie dann in der Marketingabteilung in der Zentrale zusammenzutragen, zu analysieren und daraus zu entscheiden, wo brauchen wir das, wo haben wir ein Bedürfnis. ... Wir haben also diese Berichte, standardisiert, die gehen alle nach Frankreich, daraufhin gibt es natürlich Rückfragen, meistens dann auch Meetings, wo wir das Ganze noch mal diskutieren. Und dann hören wir lange Zeit erst mal nichts. Da geht dann jeder in die Tiefe des Berichts rein und analysiert ... für die drei darauf folgenden Jahre ... die Bedürfnisse. Hier wird sich also ergeben, dass wir z.B. spätestens im Jahre '98 ein neues (Produkt im Bereich X) brauchen. ... Insofern weiß unser Haus jetzt seit zwei Jahren, dass spätestens im Jahre '98 ein neues Produkt im Bereich X kommen muss, sprich es wird schon daran gearbeitet. Wir sind aber als Filiale in dieser Phase noch nicht involviert. Wir wissen, es wird etwas gemacht, aber wir hören erst mal nichts - es ist *top secret* und bleibt in der kleinen Marketing-Entwicklungsmannschaft. Das Gleiche macht man mit (den anderen Produktbereichen)."

> „... maybe I can give you the example if I can explain to you how we construct our marketing plan at the beginning of the year. ...this year we received in June a marketing plan for 1996 in which the International told us which were the products to be launched for next year and all the material that they can provide us for these launches, p.o.s. material, samples, (advertising prints) ..., everything. So we receive a big document in which every little thing is listed. And so we begin to construct our marketing plan on the basis of the launches, and the launches are fixed in a certain period of the year. And, if the International does not give us support for basic lines, for a range of products that are already on the market, we begin to think, to invent a series of actions to support all the lines. And so we construct our marketing plan with the launching and with the support to the basic lines. ... We construct our plan, and ... put everything together then to construct a budget for the next year .... and send it to France. After this, normally in September, there is a discussion on the budget for the next year ... with France. And when the budget is approved, we begin to work operatively. And then, for the rest of the year, we follow the launches and the support to all the lines in every aspect, so after having decided how to launch it, our job is to control that everything is made in the way we decided."

Allerdings muss ein detailliertes und komplexes Planungssystem nicht unbedingt mit einer starken Zentralisierung der Entscheidungskompetenz im Marketing zusammenhängen. Dies zeigt das Beispiel des am meisten dezentralisierten internationalen Unternehmens, das ebenfalls ein sehr detailliertes Planungssystem einsetzt. In diesem Unternehmen wird die Planung im Prinzip als einziges Koordinationsinstrument zur Steuerung der strategischen Marketingaktivitäten der Produktionsgesellschaften und der ausländischen Tochtergesellschaften verwendet. Die Zentrale legt auf Basis der detaillierten Ländermarkt- und Produktpläne lediglich Formalziele fest und entscheidet letztendlich nur über die Ressourcenallokation für einzelne

Produktbereiche bzw. Marken. Die Auslandstöchter sind weitgehend autonom in der inhaltlichen Bestimmung der Produkt-Markt-Strategie und des Marketing-Mix-Einsatzes.[176]

Es zeigt sich also, dass nicht nur unterschiedliche Komplexitätsgrade bei internationalen Marketingplanungssystemen vorliegen, sondern dass auch ähnlich detaillierte Planungssysteme zur Koordination des europäischen Brand Managements unterschiedlich eingesetzt werden - in einem Fall zur Unterstützung der starken Zentralisierung, im anderen Fall zur Unterstützung der starken Dezentralisierung.

Auf eine weitere koordinative Wirkung der Marketinglanung und -budgetierung wies ein in der Zentrale tätiger, hochrangiger Marketing Manager hin. Für diesen Manager ist es weniger von Bedeutung, *was* die einzelnen Tochtergesellschaften im Rahmen der globalen strategischen Vorgaben inhaltlich planen, sondern für ihn ist es wichtig, *dass* überhaupt Marketingpläne und -budgets erstellt werden und das lokale Marketing Management sich auch diesen Plänen verpflichtet fühlt. Dadurch wird auch eine *Informationsbasis* für die Zentrale erzeugt und sichergestellt, dass bei der Bestimmung von Marketingaktivitäten auf lokaler Ebene *systematisch* vorgegangen wird. Somit gewährleistet ein Marketingplanungssystem eine Koordination des europäischen Brand Managements auf einer *formal-prozessualen Ebene*, obwohl das lokale Marketing Management durchaus autonom über bedeutende Inhalte des Marketingkonzepts entscheiden kann.

Im Gegensatz zur Zentralisierung kann die Anwendung von komplexen und detaillierten Marketingplanungssystemen als Koordinationsinstrument einen positiven Einfluss auf die Gestaltungsrichtlinien der horizontalen Organisation ausüben. Die hauptsächliche Wirkung des Einsatzes eines Marketingplanungssystems besteht jedoch in der Gestaltung und Steuerung der *vertikalen Informationsströme* in der integrierten Netzwerkstruktur.[177] Durch das Marketingplanungssystem wird die Beschaffung von *Marktinformationen* in den Auslandsmärkten stimuliert und insbesondere dafür Rechnung getragen, dass diese Informationen von »außen nach innen« fließen und in der Zentrale als Basis der Entscheidungsfindung zur Verfügung stehen. Nur dadurch wird das Fällen zentraler Entscheidungen, die aber auch die Bedürfnisse der Auslandsmärkte hinreichend berücksichtigen, möglich. Darüber hinaus kann ein Know-how über Auslandsmärkte in der Zentrale akkumuliert werden. Von einem Marketingplanungssystem geht somit ein positiver Einfluss auf *marktorientiertes Verhalten* in der internationalen Marketingorganisation durch eine strukturierte Marktinformationserzeugung, die vertikalen Verbreitung dieser Informationen und deren Verwendung zur Entscheidungsfindung in der Zentrale. Sofern die Marketingplanung nicht als Oktroi der Zentrale, sondern nach dem *Gegenstromprinzip* abläuft, also unter aktiver Teilnahme des lokalen Marketing Managements,[178] bewirkt sie auch die Entstehung *zweiseitiger Kommunikation* und kann der Tochter-

---

176 Auskunft des in der deutschen Tochtergesellschaft dieses Unternehmens tätigen Marketing Direktors.

177 Vgl. *Kenter* (1985), S. 88.

178 Vgl. *Kreutzer* (1989), S. 87; *Welge/Böttcher* (1991), S. 440; *Welge* (1992), S. 577-578 sowie die dort angegebene Literatur.

gesellschaft eine Einflussnahme auf zentral verabschiedete Marketingpläne gewährleisten.[179] Dies wirkt sich vorteilhaft auf die perzipierte Gerechtigkeit des Entscheidungsprozesses aus. Die Gefahr eines zu komplexen Planungssystems liegt jedoch in der *Überfrachtung* der einzelnen Einheiten einer integrierten Netzwerkstruktur mit Planungsaufgaben. Die Entwicklung des *horizontalen Informationsaustauschs* wird durch das Vorliegen von Planungssystemen nicht gefördert. Hierfür erscheint der Einsatz anderer Koordinationsinstrumente notwendig.

Die Verwendung von Marketingplänen und -budgets als Koordinationsinstrument trägt nur bedingt zur Entwicklung *informeller Kommunikationsbeziehungen* bei. Vielmehr deutet einiges darauf hin, dass ein gut funktionierendes Marketingplanungssystem und der dazugehörige Informationsaustausch auf formellen Informationskanälen eine intensive informelle Kommunikation benötigt - zumindest vertikal-bilateral zwischen der Zentrale und den Tochtergesellschaften. Der Marketingleiter der deutschen Tochtergesellschaft eines internationalen Unternehmens, das ein mehrstufiges, sehr detailliertes Marketingplanungssystem zur Koordination internationaler Aktivitäten verwendet, erläuterte, dass die ausgefeilten Marketingpläne lediglich das Ende eines langen Prozesses sind. Im Laufe dieses Planungsprozesses kommt es zu häufigen persönlichen Kontakten und ausgiebiger informeller Kommunikation zwischen den aus der Zentrale und aus den Tochtergesellschaften beteiligten Marketing Managern. Die erarbeiteten Marketingpläne stellen schließlich das *formalisierte Ergebnis* der informellen Kommunikation dar. Der Einsatz eines Marketingplanungssystems beruht somit auf einem *Wechselspiel formeller und informeller Elemente*: Informelle Kommunikation ist die Basis für die Erarbeitung formeller Pläne, während zugleich formalisierte Pläne als Plattform für informelle Kommunikation dienen.

Auf die Entwicklung einer gemeinsamen, international orientierten *kulturellen Basis* hat der intensive Einsatz eines Marketingplanungssystems ebenfalls nur einen schwachen Einfluss. Zwar kann ein solches System dazu beitragen, dass bestimmte Planungspraktiken und systematische Analysen zur Entscheidungsfindung im internationalen Unternehmen verbreitet und von allen Marketing Managern angewandt werden. Dies betrifft jedoch nur die oberflächlichste Manifestation einer Unternehmenskultur. Daher kann nicht davon ausgegangen werden, dass die Verwendung detaillierter Pläne und Budgets als Koordinationsinstrument die Einstellungen der Marketing Manager hin zu einer international orientierten, flexiblen und dialogorientierten Unternehmenskultur nachhaltig positiv beeinflusst.

c) Formalisierung und Prozessstandardisierung

Formalisierung bezeichnet das Ausmaß, in dem Unternehmenspolitiken, Richtlinien und Regeln oder auch Stellenbeschreibungen *schriftlich fixiert* sind und getroffene Entscheidungen bzw. durchgeführte Aktivitäten dadurch das Resultat *expliziter Routinen* darstellen.[180] Eng verbunden mit der Formalisierung ist das Konzept der *Prozessstandardisierung*. Bei der Prozessstandardisierung geht es im Gegensatz zur internationalen Programmstandardisierung des

179 So z.B. auch die Aussage eines der befragten, lokalen Marketing Managers.

180 Vgl. *Hedlund* (1981), S. 66-67; *Martinez/Jarillo* (1991), S. 431.

Marketing um die Frage, inwieweit „Vorgehensweisen zur Entwicklung und Durchsetzung von Marketingkonzepten sowie die sie begleitenden und durchdringenden Informations-, Planungs-, Steuerungs-, und Kontrollprozesse standardisiert werden können."[181] Der Grad der internationalen Prozessstandardisierung bezeichnet also das Ausmaß, mit dem Marketingentscheidungsprozesse sowie die Werkzeuge (*tools*), die zur Entwicklung und Implementierung von Marketingkonzepten dienen, länderübergreifend vereinheitlicht werden.[182] Zwischen der Formalisierung und der Prozessstandardisierung besteht ein enger *Zusammenhang*, da eine internationale Prozessstandardisierung durch Formalisierung der Entscheidungsprozesse erreicht wird bzw. die Formalisierung im internationalen Kontext einer Prozessstandardisierung entspricht. Im Folgenden werden daher die Begriffe synonym verwendet.

Eine internationale Prozessstandardisierung entfaltet eine *koordinative Wirkung* auf die internationalen Marketingaktivitäten eines Unternehmens, da die verschiedenen internationalen Einheiten Marketingentscheidungen nach den gleichen Richtlinien mit Unterstützung der gleichen Verfahren fällen. Darüber hinaus schafft eine Prozessstandardisierung durch die Verwendung einheitlicher Standards und der Routinisierung von Handlungsmustern eine bessere Transparenz über die Planungsschritte und -ergebnisse der Auslandstöchter. Dies erleichtert eine inhaltliche Abstimmung der Marketingaktivitäten. Insofern trägt eine Prozessstandardisierung zu einer Entlastung der Planungs- und Entscheidungsträger sowie zu einer Reduktion der Komplexität von Entscheidungsprozessen in internationalen Unternehmen bei.[183] BARTLETT/GHOSHAL bezeichnen daher Routine und Effizienz als die charakteristischen Merkmale der formalisierten Koordination.[184]

Häufig wird die Formalisierung in einen positiven Zusammenhang mit der internationalen *Zentralisierung* von Entscheidungskompetenzen gestellt. Eine starke Formalisierung wird als Mittel angesehen, zentral getroffene Entscheidungen durchzusetzen, so dass ein hoher Zentralisierungsgrad mit einem hohen Formalisierungsgrad einher geht.[185] Allerdings lässt sich theoretisch auch ein inverser Zusammenhang begründen. So kann eine Prozessstandardisierung die Grundlage für eine Formalzielsteuerung von Subeinheiten und eine dementsprechende Autonomie über die inhaltliche Gestaltung der Marketingaktivitäten darstellen.[186] Konzeptionell lässt sich dieser scheinbare Widerspruch auflösen, indem man einerseits eine Formalisierung im Sinne von *Zweckprogrammen* und andererseits im Sinne von *Routineprogrammen* unterscheidet. Bei Routineprogrammen werden Handlungen zur Reaktion auf das Eintreten *vorher spezifizierter* Situationen festgelegt. Zweckprogramme erklären dagegen ein bestimmtes *Handlungsergebnis* als verbindlich und überlassen es dem Aufgabenträger, die

---

181 *Kreutzer* (1989), S. 60.

182 Vgl. *Jain* (1989), S. 71; *Sorenson/Wiechmann* (1975), S. 54, 166-167.

183 Vgl. *Kreutzer* (1989), S. 65-67.

184 Vgl. *Bartlett/Ghoshal* (1990a), S. 206.

185 Vgl. *Bolz* (1992), S. 149-151; *Hedlund* (1981), S. 69-70; *Welge/Böttcher* (1991), S. 439.

186 Ein derartiger inverser Zusammenhang zwischen Zentralisierung und Formalisierung wurde auch in den klassischen Studien der Organisationsforschung postuliert. Vgl. hierzu *Blau/Schoenherr* (1971); *Child* (1972), S. 1-22.

geeigneten Mittel hierzu zu finden. Dabei werden Zweckprogramme in der Regel mehrstufig formuliert und durch zusätzliche Bestimmungen angereichert, welche die Wahl der Mittel einschränken. Im Vergleich zu Routineprogrammen erlauben Zweckprogramme dem Aufgabenträger größeren Handlungsspielraum. Der faktische Autonomiegrad hängt dabei vom Spezifikationsgrad der Zwecke und den zusätzlichen Selektionsregeln ab.[187] Routine- und mehrstufige Zweckprogramme werden beide durch eine Formalisierung bzw. eine Prozessstandardisierung umgesetzt, wobei durchaus gleich hohe Standardisierungsgrade beispielsweise der Informationsprozesse sowohl bei der einen als auch der anderen Form der Programmierung denkbar und sinnvoll erscheinen.

In der Literatur zum internationalen Marketing haben sich insbesondere KREUTZER und BOLZ bereits ausführlich mit der Prozessstandardisierung auseinandergesetzt. KREUTZER stellt die Prozessstandardisierung neben einem globalen Steuerungssystem, einer *Global Corporate Identity*, einem globalen Human-Ressourcen-Management und der globalen Programmstandardisierung als einen Baustein einer *Global Marketing*-Konzeption dar. KREUTZER diskutiert dabei die *konzeptionellen Grundlagen* einer Prozessstandardisierung; vor allem, welche Ziele mit einer Prozessstandardisierung verfolgt werden, welche Voraussetzungen Prozesse zur Standardisierung erfüllen müssen und wo grundsätzliche Ansatzpunkte für eine Prozessstandardisierung bei der Planung, beim Controlling und beim Human-Ressourcen-Management eines internationalen Unternehmens liegen.[188] Bei BOLZ liegt dagegen der Schwerpunkt der Diskussion weniger auf einer konzeptionellen Ebene; vielmehr nimmt er eine umfassende *empirische Betrachtung* der Prozessstandardisierung vor und überprüft von ihm aufgestellte Zusammenhangs- und Wirkungshypothesen. Dabei untersucht BOLZ unter anderem den Zusammenhang zwischen der Prozessstandardisierung und der Standardisierung von Marketingstrategien und -instrumenten, die Auswirkung umweltbezogener und unternehmensbezogener Einflussfaktoren auf das Ausmaß der Prozessstandardisierung und die Erfolgswirkung der Prozessstandardisierung.[189]

Folgende zentrale Erkenntnisse zur Prozessstandardisierung lassen sich aus den Studien von KREUTZER und BOLZ zusammenfassen: Erstens ist eine Repetitivität, Präzisierbarkeit und Beobachtbarkeit der Prozessaktivitäten notwendig, um eine Prozessstandardisierung vornehmen zu können.[190] Zweitens besitzen verschiedene Marketing- bzw. Marketing-Managementprozesse daher ein unterschiedliches Standardisierungspotential und einen unterschiedlich hohen zweckmäßigen Standardisierungsgrad.[191] Drittens wirken - ähnlich wie bei der Zentralisierung - eine Vielzahl von (interdependenten) Einflussfaktoren auf den Grad der Formalisierung.[192] Problematisch bei beiden Studien erscheint jedoch, dass die Prozessstandardisierung

---

187 Vgl. *Steinmann/Schreyögg* (1990), S. 385-386 und die dort angegebene Literatur.

188 Vgl. *Kreutzer* (1989), S. 60-83, 89-99, 103-109, 166-187.

189 Vgl. *Bolz* (1992), S. 82-178 und die kritische Würdigung der Studie von BOLZ in Abschnitt B.II.3.b).

190 Vgl. *Bolz* (1992), S. 70-71; *Kreutzer* (1989), S. 68-69.

191 Vgl. *Bolz* (1992), S. 71-82; *Kreutzer* (1989), S. 63-64, 72-73.

192 Vgl. *Bolz* (1992), S. 90-107, 113-127, 130-142, 146-154, 157-164; *Kreutzer* (1989), S. 69-72. Ähnliches konstatierte HEDLUND bereits in seiner Untersuchung. Vgl. *Hedlund* (1981), S. 69-70.

konzeptionell von anderen Koordinationsmechanismen getrennt und nicht in einen Gesamtrahmen zur Umsetzung internationaler Marketingkonzepte eingebettet wird. Bei einer integrierten Betrachtung in einem Gesamtrahmen wäre offensichtlich, dass die Prozessstandardisierung lediglich eines von mehreren Instrumenten zur Koordination internationaler Marketingaktivitäten darstellt. Aus dem Blickwinkel des internationalen Marketing Managements erscheint es daher notwendig, den Einsatz der Prozessstandardisierung im Gesamtzusammenhang mit dem anderen Koordinationsinstrumenten zu sehen und zu verstehen. Das bedeutet dann letztendlich auch, dass eine Prozessstandardisierung per se nicht erstrebenswert ist, sondern im unternehmensspezifischen Kontext des gesamten Koordinationsinstrumentariums ein zweckmäßiger Formalisierungsgrad besteht.[193] Im Folgenden wird aufgezeigt, welche konkreten Ausprägungen eine Prozessstandardisierung und welchen Stellenwert sie im Konzept der horizontalen Organisation des europäischen Brand Managementprozesses annehmen kann.

Für eine Prozessstandardisierung bestehen im Marketingbereich eines internationalen Unternehmens verschiedene *Ansatzpunkte*. KREUTZER differenziert zwischen dem Informationsmanagement, dem Planungs-/Controlling-Management, dem Human-Ressourcen-Management und dem Marketing-Management. Unter letzterem subsumiert er beispielsweise den Prozess der Neuprodukteinführung, den Aufbau weiterer Vertriebsstätten und die Neuproduktentwicklung.[194] In einer vergleichbaren Einteilung unterscheidet BOLZ zwischen der Standardisierung von Informations-, Planungs- und Kontroll- sowie Personalprozessen.[195] Dabei operationalisiert er die Prozessstandardisierung insgesamt mittels neun verschiedener Teildimensionen aus diesen Bereichen: Informationssysteme, Firmensprache, Marktforschung, Marketing-Controlling, Produktplanung, Werbeplanung, Vertriebsplanung, Personalauswahl und -entwicklung sowie Personalbewertungs- und -anreizsysteme.[196] Im Folgenden wird eine ähnliche Einteilung zur Diskussion des Spektrums der Prozessstandardisierung gewählt. Zunächst soll die Standardisierung von *Informationsprozessen* diskutiert werden. Im Anschluss daran werden Ansatzpunkte zur Standardisierung von *Planungsprozessen* aufge-

193 Darüber hinaus sollten die Schlüsse, die BOLZ aus seiner empirischen Analyse zieht, mit Vorsicht bedacht werden. Für ihn gelten Hypothesen als bestätigt, wenn die Pfadkoeffizienten betragsmäßig größer als 0,1 sind. Z.B. liegt aber nur bei einer der umweltbezogenen Einflussfaktoren ein Pfadkoeffizient eines direkten Effekts auf die Prozessstandardisierung vor, der betragsmäßig größer als 0,3 ist. Die totalen Effekte auf die Prozessstandardisierung im Kausalmodell sind sogar alle betragsmäßig kleiner als 0,2. Vgl. *Bolz* (1992), S. 107-113, 193. Es erscheint jedoch zweifelhaft, ob man bei solch niedrigen Koeffizienten überhaupt von einem inhaltlich substanziierten Wirkungszusammenhang sprechen sollte. Außerdem verwendet BOLZ bei der Analyse des Zusammenhangs zwischen der Prozessstandardisierung und organisationaler Einflussgrößen lediglich bivariate Zusammenhangsmaße. Vgl. *Bolz* (1992), S. 146-170. Dies widerspricht jedoch dem Gedanken eines kontextabhängigen Koordinations*mix* interdependenter Instrumente zur Umsetzung internationaler Marketingkonzepte.

194 Vgl. *Kreutzer* (1989), S. 83.

195 Vgl. *Bolz* (1992), S. 71-82.

196 Vgl. *Bolz* (1992), S. 82-83, 210.

zeigt. Schließlich wird noch auf die Formalisierung *inhaltlicher Elemente* des Brand Managements eingegangen.[197]

ca) Internationale Standardisierung von Informationsprozessen

Der länderübergreifenden Vereinheitlichung *informationsgewinnender* und *informationsverwertender* Prozesse kommt beim Einsatz der Prozessstandardisierung als Koordinationsinstrument eine besondere Bedeutung zu. Sie bildet die Grundlage für einen funktionierenden Informationsaustausch zwischen den Einheiten des internationalen Unternehmens und stellt somit eine Basis für eine effiziente und effektive Koordination der internationalen Marketingaktivitäten dar.[198] Darüber hinaus sind standardisierte Informationsprozesse auch die Voraussetzung für standardisierte Planungs-, Budgetierungs- und Kontrollprozesse im Marketing.[199]

Ausgangspunkt und erstes zentrales Element der Standardisierung von Marketinginformationsprozessen ist der Aufbau einer *einheitlichen Firmensprache*.[200] Eine einheitliche Sprachregelung im internationalen Unternehmen trägt insbesondere zur Erleichterung der internen Kommunikation bei, indem durch die gemeinsame sprachliche Basis Missverständnisse und Informationsverluste bei der Kommunikation vermieden werden. Eine gemeinsame Firmensprache enthält zum einen eine Regelung darüber, dass der Informationsaustausch zwischen den internationalen Unternehmenseinheiten in *einer bestimmten Sprache* stattfinden soll.[201] In der Regel wird dies Englisch sein.[202] Bei einigen der befragten Unternehmen liegt jedoch keine einheitliche Sprachregelung vor, sondern es wird eher pragmatisch und fallweise die Sprache angewandt, welche die in einer Situation Beteiligten beherrschen.[203] Bei diesen Unternehmen scheint jedoch die Sprache des Stammlandes zu dominieren. Allerdings besteht die Gefahr bei einer inkonsequenten Anwendung einer Sprachregelung, dass Personen, welche nicht die dominierende Sprache beherrschen, vom Kommunikationsprozess zumindest partiell ausgeschlossen werden.[204] Zum anderen benötigt eine gemeinsame Firmensprache auch einheitliche Regelungen zum Bedeutungsinhalt zentraler Planungs- und Marketingbegriffe. Dies kann z.B. durch die präzise Bestimmung von Kennzahlen, Marktdeskriptoren, Erfolgsgrößen usw. in einem *Definitionshandbuch* erfolgen. Damit wird auch die für die Steuerung von Marketingaktivitäten unfruchtbare Diskussion darüber vermieden, ob Ergebnisunterschiede defi-

---

197 Auf eine Diskussion der Standardisierung personalpolitischer Prozesse wird hier verzichtet. Es erscheint zweckmäßiger, das personenorientierte Koordinationsinstrumentarium geschlossen zu diskutieren. In Abschnitt E.II.2. wird dabei auch auf die Standardisierung der Personalauswahl eingegangen. Darüber hinaus geht bei den personenorientierten Koordinationsinstrumenten die koordinative Wirkung insgesamt stärker vom Einsatz dieser Instrumente als von deren Standardisierung aus.

198 Vgl. *Bolz* (1992), S. 71-72; *Kieninger* (1993), S. 23.

199 Vgl. *Bolz* (1992), S. 79; *Kieninger* (1993), S. 24.

200 Vgl. *Bolz* (1992), S. 72; *Kreutzer* (1989), S. 103.

201 Vgl. *Bolz* (1992), S. 72; *Kreutzer* (1989), S. 105, *Waning* (1994), S. 324.

202 Vgl. *Auerbach* (1994), S. 293.

203 Aussage von verschiedenen Marketing Managern dieser Unternehmen.

204 So z.B. die Aussage eines betroffenen lokalen Marketing Managers, der bei der italienischen Tochtergesellschaft eines deutschen Unternehmens tätig ist.

nitorisch oder sachlich bedingt sind.[205] Außerdem erscheinen solche einheitlichen Definitionen hilfreich bei der Verständigung über international abzustimmende Inhalte des Marketing. Ein Beispiel für die semantische Unschärfe von Positionierungsinhalten bei fehlenden schriftlich fixierten Definitionen liefert die folgende Aussage eines deutschen Marketing Managers eines im Food-Bereich tätigen Unternehmens:

> „Ich habe den Leiter dieses damaligen Teams gebeten, bei dieser Veranstaltung einmal aufzutreten und über diese Bedürfnisfelder zu sprechen, weil wir zum Teil ein falsches Verständnis haben. Der eine sagt plötzlich bei »Hunger«, dann kann ich ja den oder dieses oder jenes Produkt nicht bei »Hunger« hineinbringen, weil es schmeckt ja gut. Das wäre ja eine »Genuss« Position. Was eigentlich Blödsinn ist. Sie merken dann da, wie unsensibel manche Leute da rangehen. Um das einmal klarzumachen, dass eine »Snack« Position durchaus z.B. ein (Produkt) ist, das gut schmeckt. Das ist aber anders, als wenn ich sage, das ist ein Snack, der gut schmeckt oder es ist ein (Produkt), das gut schmeckt und ist snackig aufbereitet. Das sind völlig andere Positionen. Auch wenn das jetzt zunächst im Wort erstmal nur eine Semantik ist, wenn man sagt, das ist gesund und schmeckt oder es schmeckt und ist gesund, das sind zwei verschiedene Positionen, das sind zwei verschiedene Ausprägungen und diese Feinheit im Gefühl in der Semantik, die geht völlig verloren, weil wir haben im Moment auf internationaler Basis einfach diese Kultur nicht."

Der zweite zentrale Baustein bei der Vereinheitlichung von Informationsprozessen besteht in der Standardisierung der *Marktinformationsgenerierung*, insbesondere der Marktforschung. Im Bereich der *Marktforschung* knüpft die Prozessstandardisierung an den Erhebungs- und Auswertungsmethoden an. Eine unmittelbare Vergleichbarkeit von Marktforschungsergebnissen ist nur gegeben, wenn diese Methoden international standardisiert eingesetzt werden. Standardisierte Marktforschungsprozesse werden auch eingesetzt, um lokale Anpassungen des Marketingkonzepts von ausländischen Tochtergesellschaften zu rechtfertigen.[206] Allerdings lassen sich durchaus auch theoretische Einwände gegen ein standardisiertes Vorgehen bei der Marktforschung vorbringen. Ein international standardisiertes Vorgehen im Rahmen der Primärforschung kann dazu führen, dass die Ergebnisse durch den kulturellen Bias der Forscher, durch kulturspezifische Reaktionsweisen auf bestimmte Messmethoden, Erhebungsverfahren oder auch durch ein kulturell bedingt anderes konzeptionelles Verständnis des Untersuchungsgegenstandes verfälscht werden.[207] Um eine echte Vergleichbarkeit der Informationen zu erreichen, sollte daher sichergestellt sein, dass eine weitgehende *konzeptionelle* und *methodische Äquivalenz* bei der Durchführung von internationaler Marktforschung gegeben ist. Dies kann jedoch erfordern, dass das Marktforschungsdesign nicht mehr standardisiert angewendet werden kann, sondern teilweise länderspezifisch angepasst werden muss.[208] In der von KREUTZER durchgeführten explorativen empirischen Untersuchung gaben 10 der befragten 19 internationalen Unternehmen (bzw. 4 von 9 Konsumgüterunternehmen) an, standardisierte Erhebungskonzepte in der Marktforschung einzusetzen. Allerdings bezieht sich dies auf eine

---

205 Vgl. *Kieninger* (1993), S. 194; *Kreutzer* (1989), S. 104-105.

206 Vgl. *Bolz* (1992), S. 72-74; *Kreutzer* (1989), S. 107-108.

207 Dies bezeichnet HOLZMÜLLER als das Kernproblem der interkulturellen Forschung. Vgl. *Holzmüller* (1995), S. 50-57.

208 Zu einer detaillierten Diskussion möglicher Ursachen eingeschränkter interkultureller Äquivalenz sowie verschiedener Möglichkeiten zur Erreichung einer derartigen Äquivalenz bei internationalen Primärerhebungen vgl. *Holzmüller* (1995), S. 90-276.

weltweite Standardisierung.[209] Die im Rahmen der Untersuchung des europäischen Brand Managements befragten Unternehmen scheinen die Bedenken gegen mögliche kulturbedingte Einschränkung der Äquivalenz weniger zu berücksichtigen bzw. nicht für ausschlaggebend zu halten, da sie pragmatisch vorgehen und weitgehend standardisierte Marktforschungsprozesse anwenden. Dies trifft insbesondere für diejenigen befragten Unternehmen zu, die einen sehr intensiven Einsatz von Marktforschung betreiben. Dabei wird bei den meisten der untersuchten Unternehmen die Standardisierung derartiger Marktinformationserhebung jedoch gar nicht als Koordinationsinstrument eingesetzt, da die Durchführung der Marktforschung ohnehin vollkommen oder sehr stark zentralisiert ist. Eine Standardisierung der Marktinformationserhebung kommt dagegen eher bei der Berichterstattung der Tochtergesellschaften über die *allgemeine Markt- und Wettbewerbssituation* auf den Produktmärkten als Koordinationsinstrument zum Einsatz. Diese Informationen - z.B. über die konjunkturelle Lage, das Wachstum des Marktes und die Stärken und Schwächen des eigenen Unternehmens relativ zum Wettbewerb - benötigt die Zentrale in vergleichbarer und daher standardisierter Form als Grundlage für die Entwicklung internationaler Marketingstrategien.[210]

cb) Internationale Standardisierung von Planungsprozessen

Ansatzpunkte für eine Prozessstandardisierung liegen auch im *Planungssystem* eines internationalen Unternehmens. Neben der bereits oben erwähnten Präzisierung zentraler Planungsbegriffe in einem Definitionshandbuch betrifft dies vor allem die Bestimmung der zu erstellenden Pläne und der formalen Gestaltung des Planungsprozesses auf lokaler Ebene durch Vorgabe bestimmter *Planungsschritte* sowie die Festlegung der einzusetzenden *Planungsmethoden* zur Unterstützung des Planungsprozesses.[211] Dazu werden dann auch bestimmte Richtlinien für die Durchführung der Marketingplanung und -budgetierung schriftlich fixiert und als verbindlich für die Tochtergesellschaften erklärt.[212]

Insgesamt zeigt sich bei den untersuchten Unternehmen, dass eine starke Standardisierung der Planungsprozesse einhergeht mit dem Einsatz eines detaillierten Planungssystems zur Koordination internationaler Marketingaktivitäten.[213] Es scheint offensichtlich wenig sinnvoll, ein komplexes Planungssystem zur Koordination der Tochtergesellschaften einzusetzen, wenn das Planungssystem nicht international standardisiert ist.

cc) Formalisierung inhaltlicher Elemente des Brand Managements

Die Prozessstandardisierung wird in der Regel über das Medium eines Handbuchs oder eines Leitfadens transportiert.[214] Neben prozessualen Aspekten, wie der Festlegung zu befolgender Marketingplanungsschritte, kann sich die über Handbücher oder Leitfäden verwirklichte For-

---

209 Vgl. *Kreutzer* (1989), S. 109.

210 Aussage mehrerer der befragten lokalen Marketing Manager.

211 Vgl. *Kreutzer* (1989), S. 90.

212 Auskunft verschiedener, in der Zentrale und lokal tätigen Marketing Manager.

213 Dies kann auch aus den Aussagen mehrerer Marketing Manager aus Unternehmen, die ein detailliertes Planungssystem zur Koordination internationaler Marketingaktivitäten einsetzen, geschlossen werden.

214 Vgl. *Kreutzer* (1989), S. 89-90.

malisierung auch auf Elemente der *inhaltlichen Gestaltung* des Marketing im Rahmen des Brand Managements beziehen. Diese üblicherweise als *Brand Manuals*[215] bezeichneten Richtlinien regeln die Präsentation der Marke (im weitesten Sinne), wobei im Rahmen der internationalen Koordination das Ziel darin besteht, einen einheitlichen Markenauftritt zu gewährleisten. Der Einsatz solcher *Brand Manuals* zur Abstimmung internationaler Marketingaktivitäten ist daher auch dem Bereich der Formalisierung bzw. Prozessstandardisierung zuzurechnen. In der Literatur zum internationalen Marketing werden *Brand Manuals* zwar erwähnt, ihr Einsatz als Koordinationsinstrument aber nicht näher beleuchtet. Im Folgenden sollen daher das Einsatzpotential solcher *Brand Manuals* zur Koordination internationaler Marketingaktivitäten kurz diskutiert und anhand einiger im Rahmen der durchgeführten Interviews geschilderten Beispiele verdeutlicht werden.

Die *Bandbreite* und der *Detailliertheitsgrad* von in der Praxis eingesetzten *Brand Manuals* variieren erheblich. Da sie auf die Regelung des (international einheitlichen) Markenauftritts abzielen, beziehen sie sich überwiegend auf *gestalterische Elemente* im Bereich der *Markierung* und *Kommunikationspolitik.*

Bei einigen Unternehmen beschränken sich die schriftlich formulierten Richtlinien auf die formale Gestaltung des *Markenlogos*. Dies ist meist auch sehr detailliert geregelt, insbesondere wenn es sich um die Verwendung des Logos einer Dachmarke oder einer Markenfamilie handelt. Die Gestaltungsvorschriften beziehen sich dann auf alle Bereiche, bei denen dieses Markenlogo in Erscheinung tritt, also z.B. Werbung, Verpackungen, Kundendienstfahrzeuge, Visitenkarten oder Briefpapier. Festgelegt werden dann Aspekte wie die Farbe der Markensymbole und des Hintergrunds oder der Schrifttyp des Markenlogos. Für die weiteren Inhalte des Markenauftritts ist die Tochtergesellschaft dann entweder autonom oder es kommen andere Koordinationsinstrumente dafür zum Einsatz.[216]

Bei anderen Unternehmen werden auch zusätzliche *formale Gestaltungselemente* der Kommunikationspolitik durch *Brand Manuals* geregelt. Neben der Verwendung der Markennamen und Markenlogos wird dort z.B. auch die Gestaltung von Promotion-Flächen beschrieben, die Verwendung von Hintergrundfarben für einzelne Produktbereiche festgelegt, die Gestaltung des Anzeigenaufbaus vorgeschrieben oder die Plazierung des Markenslogans bestimmt.[217]

Schließlich versuchen manche Unternehmen auch durch den Einsatz von *Brand Manuals* die *Positionierung der Marke* in den Auslandsmärkten abzustimmen. Dann werden neben den eher formalen Gestaltungsparametern des Markenauftritts auch Richtlinien zu Aspekten erlassen, die stärker bestimmte Assoziationen der Konsumenten mit Eigenschaften der Marke bei deren Wahrnehmung z.B. in der Werbung hervorrufen sollen. In solchen Richtlinien kann festgelegt sein, dass Umweltverträglichkeit, technische Kompetenz, Frische oder Design-

215 Dabei werden in der Praxis auch andere Bezeichnungen für das prinzipiell gleiche Instrument verwendet, z.B. *Design Charts*, *Markenhandbuch*, *Brand Guidelines*, *Advertising Booklet*, *CI-Manual*, *House Style Manual* etc.

216 So laut Auskunft der befragten Manager z.B. bei Bongrain, Bosch und Siemens Hausgeräte und Tefal.

217 Z.B. bei Parfums Christian Dior, Philips, Schöller und Sony, laut Auskunft der befragten Manager.

orientierung (als Bespiele für mögliche Positionierungsdimensionen unterschiedlicher Produkte bzw. Marken) durch den Markenauftritt symbolisiert werden sollen. Darüber hinaus können in Brand Manuals auch die Verwendung bestimmter sogenannter *key visuals* oder *brand signals* bei der Werbegestaltung vorgeschrieben werden, um diese Assoziationen beim Verbraucher zu erzeugen. Für die weitere konkrete inhaltliche Gestaltung bestehen dann aber nicht unbedingt zusätzliche detaillierte Vorschriften.[218] Ein Beispiel, bei dem sowohl übergeordnete allgemeine Positionierungsinhalte wie auch detailliertere Vorschriften zur Umsetzung der Markenpositionierung in den einzelnen Mixbereichen erfolgen, stellt das *Brand Philosophy Manual* der Marke NIVEA dar. Abbildung 26 gibt die Gliederung dieses Handbuchs und einige Auszüge aus den eher allgemeinen sowie den eher spezifischen Richtlinien zum internationalen Markenauftritt dieser Marke wieder.

Insgesamt hängt die Bandbreite der Richtlinien - also welche Bereiche des Markenauftritts geregelt sind - anscheinend mit dem *Zentralisierungsgrad* zusammen. Die Gestaltungsbereiche, die bereits stark zentralisiert sind, benötigen zur internationalen Koordination keine Formalisierung. Auch der Detailliertheitsgrad der Formalisierung einzelner Bereiche geht mit dem Ausmaß der Zentralisierung einher. Bei insgesamt stark zentralisiertem Marketing scheinen die Bereiche des Markenauftritts, die nicht zentral durchgeführt werden, mittels detaillierter, in Handbüchern niedergelegten Vorschriften, geregelt zu werden. Insofern ist die Prozessstandardisierung mittels Brand Manuals zum einen *partieller Ersatz* für die Zentralisierung, zum anderen *Mittel zur Durchsetzung* der Zentralisierung.

Die Festlegung der formalen Gestaltungselemente des Markenauftritts erweist sich als weitgehend unproblematisch und wird in der Regel von den Tochtergesellschaften akzeptiert und konform umgesetzt. Der Versuch, auf die Positionierung von Marken mittels *Brand Manuals* einzuwirken, um dadurch einen stärker international vereinheitlichten Markenauftritt zu erreichen, erscheint dagegen weitaus schwieriger. Dabei ist es nicht mal notwendig, dass die Interpretation von Symbolen durch Konsumenten kulturbedingt anders ausfällt.[219] Die Probleme in der Umsetzung des Ziels der einheitlichen Markenpositionierung können schon eine Stufe vorher beginnen, und zwar mit einer anderen als von der Zentrale vorgesehen *Interpretation* der schriftlich fixierten Positionierungseigenschaften durch das lokale Marketing Management und eine dementsprechend andere *kommunikationspolitische Umsetzung* dieser Inhalte.

---

218 Z.B. bei Bahlsen und Grundig, laut Auskunft der befragten Manager.

219 Klassische, in der internationalen Marketing Literatur auch oftmals angeführte Beispiele sind die kulturell bedingte unterschiedliche Symbolik von Tieren oder Farben. Vgl. hierzu z.B. *Meffert/Bolz* (1994), S. 187; *Kreutzer* (1989), S. 328; *Ricks* (1983), S. 32-34, 51, 54.

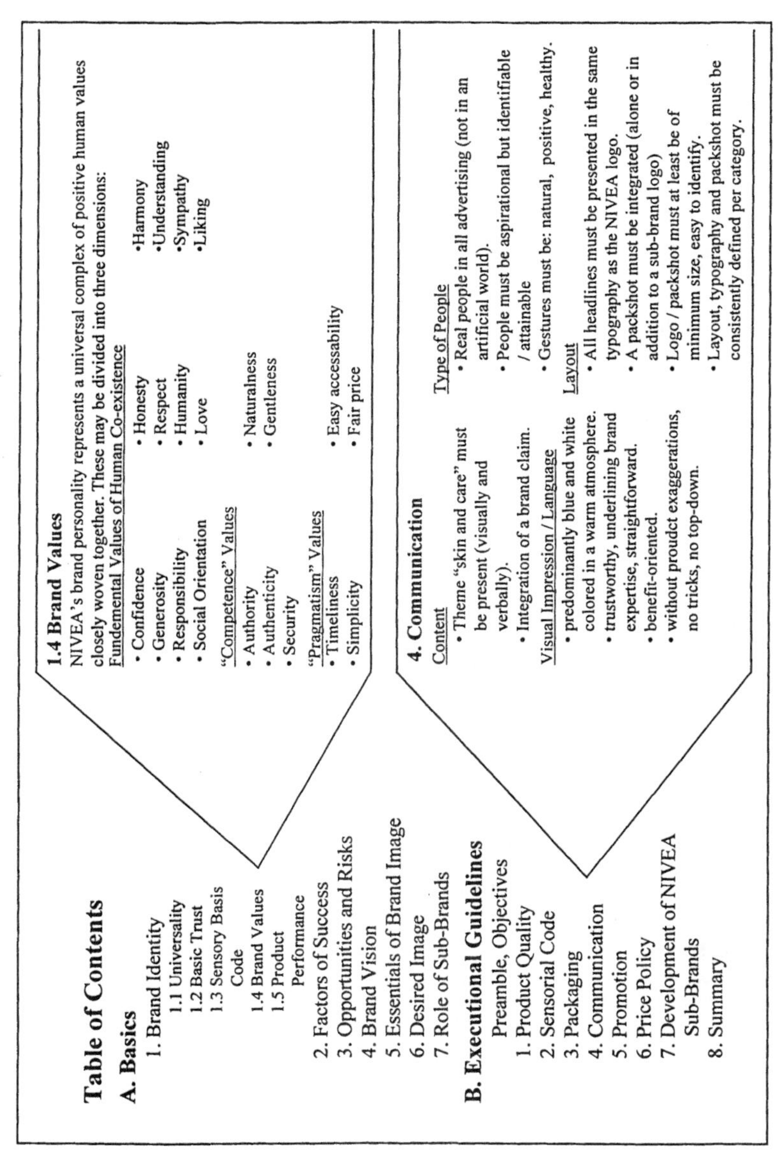

Table of Contents

A. Basics

1. Brand Identity
   - 1.1 Universality
   - 1.2 Basic Trust
   - 1.3 Sensory Basis Code
   - 1.4 Brand Values
   - 1.5 Product Performance
2. Factors of Success
3. Opportunities and Risks
4. Brand Vision
5. Essentials of Brand Image
6. Desired Image
7. Role of Sub-Brands

B. Executional Guidelines

Preamble, Objectives
1. Product Quality
2. Sensorial Code
3. Packaging
4. Communication
5. Promotion
6. Price Policy
7. Development of NIVEA Sub-Brands
8. Summary

1.4 Brand Values

NIVEA's brand personality represents a universal complex of positive human values closely woven together. These may be divided into three dimensions:

Fundemental Values of Human Co-existence
- Confidence
- Generosity
- Responsibility
- Social Orientation
- Honesty
- Respect
- Humanity
- Love
- Harmony
- Understanding
- Sympathy
- Liking

"Competence" Values
- Authority
- Authenticity
- Security
- Naturalness
- Gentleness

"Pragmatism" Values
- Timeliness
- Simplicity
- Easy accessability
- Fair price

4. Communication

Content
- Theme "skin and care" must be present (visually and verbally).
- Integration of a brand claim.

Visual Impression / Language
- predominantly blue and white colored in a warm atmosphere.
- trustworthy, underlining brand expertise, straightforward.
- benefit-oriented.
- without proudct exaggerations, no tricks, no top-down.

Type of People
- Real people in all advertising (not in an artificial world).
- People must be aspirational but identifiable / attainable
- Gestures must be: natural, positive, healthy.

Layout
- All headlines must be presented in the same typography as the NIVEA logo.
- A packshot must be integrated (alone or in addition to a sub-brand logo)
- Logo / packshot must at least be of minimum size, easy to identify.
- Layout, typography and packshot must be consistently defined per category.

Abbildung 26: Aufbau und Auszüge des Brand Philosophy Manual von NIVEA

Dass eine solche, auch auf inhaltliche Aspekte der Markenpositionierung ausgerichtete Formalisierung durchaus einen bedeutenden Stellenwert im Rahmen der Koordination internationaler Marketingaktivitäten einnehmen kann, welche Probleme dabei auftauchen können und wie bei der Umsetzung einer solchen Formalisierung vorgegangen werden kann, zeigt das Beispiel eines der untersuchten Unternehmen. Ein in der Zentrale des Unternehmens tätiger

Marketing Manager schilderte, dass eine Standardisierung der Werbung zur Erreichung eines europaweit einheitlichen Markenauftritts auf verschiedene Wege versucht wurde: Zuerst wurde der Weg einer *Zentralisierung* gegangen, der jedoch am Widerstand der Tochtergesellschaften scheiterte. Danach wurde versucht, eine Reduktion der Werbekonzepte auf quasidemokratischem Wege zu erreichen, in dem verschiedene internationale Einheiten Konzepte entwickeln konnten und aus den besten Konzepten jede Tochtergesellschaft sich das passende Werbekonzept heraussuchen konnte. Dieses Vorgehen führte zwar einerseits zu einer gewissen Vereinheitlichung, da letztendlich nicht mehr in jedem (großen) Auslandsmarkt eigene Werbekonzepte entwickelt und umgesetzt wurden. Allerdings erwies sich auch dieses Vorgehen als nicht haltbar, da eine komplette Wahlfreiheit für Tochtergesellschaften in Ländern wie die Schweiz oder Österreich, die durch hohen Media-Spillover aus einem großen Markt gekennzeichnet sind, auch nicht gegeben war, und sich daraus dann Interessenskollisionen und Konflikte bei der Aufteilung der Werbeproduktionskosten ergaben. Inzwischen geht dieses Unternehmen einen anderen Weg und versucht, einen international einheitlichen Markenauftritt und eine stärker standardisierte Werbung durch Formalisierung zu erreichen. Hierzu sagte der befragte Manager Folgendes:

> „Es gibt mittlerweile bestimmte Rahmenvorgaben die möglichst von allen beachtet werden sollen. Eigentlich haben sie einen Muss-Charakter. Wir haben ein CI-Programm, und da kam uns die Idee, dass wir gesagt haben: 'Moment mal - in unserem CI-Programm ... gibt es ja auch so etwas wie *Corporate Design*.' ... Wir können das auch übertragen auf das Design unserer Werbung. Dann haben wir uns angeschaut, wie (unsere) Werbung weltweit aussieht. Und dabei haben wir festgestellt, obwohl es keine Gestaltungsregeln gab, hatten sich gewisse gemeinsame Ausprägungen herausgebildet, in der Gestaltung von (unseren) Anzeigen z.B. Und das haben wir uns dann zu Nutze gemacht und haben gesagt, man kann bestimmte Gestaltungsvorgaben fest vorgeben..., hat aber trotzdem die Möglichkeit, das als System zu sehen, innerhalb dessen man variieren kann. Aber wenn man diese ganz wenigen Regeln beachtet, dann kommt man letzten Endes immer - zumindest mal optisch - zu einem einheitlichen Eindruck. Und das waren ganz wenige Dinge - dass (unsere) Anzeigen z.B. die gleiche Schrifttype haben, dass (unsere) Anzeigen prinzipiell gerahmt sein sollten, dass man versucht, ein bestimmtes Ungleichgewicht innerhalb der Anzeige zu schaffen zwischen *Headline* und Logo, dass das Logo immer an einer Stelle stehen muss - nämlich rechts unten in den Ländern, wo man von links nach rechts liest, und in den Ländern, wo man von rechts nach links liest, halt links unten -, und das Logo steht zentriert über der *baseline*, dem Slogan ..., und das Logo steht auch immer einigermaßen freigestellt, also dass immer viel Platz drum herum ist, dass man es genau erkennt. Und die Schrifttype war festgelegt worden und eben diese Sache, wo das Logo zu stehen hat, und dann bestimmte Regeln wie Text aufgebaut ist - gestaltungs- und *lay-out*-mäßig. Und über die Schiene haben wir zumindest einen optisch gleichgerichteten Auftritt in der Werbung bekommen. Das hat funktioniert, das ist akzeptiert worden. Das war auch etwas, was wir bei einer Marketingtagung vorgestellt haben, zunächst mal als Konzept, wo wir gesagt haben: 'Wir haben uns die Werbung angeschaut; haben festgestellt, dass es bestimmte Gemeinsamkeiten in (unserer) Werbung von seiten der Gestaltung gibt, und wir leiten daraus bestimmte Regeln ab. Seit ihr damit einverstanden, dass wir da ein Regelwerk erstellen?' Dann haben die Tochtergesellschaften 'Ja' gesagt, und es ist dann gemacht worden mit Anwendungsbeispielen und allem drum und dran, wo wir gesagt haben: 'Also eine Anzeige kann dann mit großem Bild, mit kleinem Bild, mit viel Text, mit wenig Text, da kann die Headline im Bild sein, die Headline kann außerhalb des Bildes stehen, einseitig sein, doppelseitig sein, wenn es um doppelseitige Anzeigen geht, kann die Headline links und rechts sein, also sie kann sich im Bild verteilen usw.' Also es war mit den möglichsten Gestaltungsvarianten, aber trotzdem war immer festzustellen, es gibt da konstante Elemente, die dafür sorgen, dass man immer erkennt, dass das nur (unsere) Anzeige sein kann. Und das ist dann auch akzeptiert worden. Dabei haben wir festgestellt: Man kann einen festen Rahmen vorgeben, wenn man aber den Leuten den Spielraum lässt, innerhalb dieses

> Rahmens selbst zu gestalten, also jedem die Selbstverwirklichung ermöglichen, dann gibt es keine Schwierigkeiten."

Dieses Beispiel zeigt, dass eine gewisse Abstimmung der Werbeaktivitäten und ein dadurch bedingter einheitlicher Markenauftritt mittels Formalisierung möglich ist, ohne die lokale Autonomie stark zu beschneiden. Dabei erscheinen zwei Punkte verantwortlich dafür, dass dieses Vorgehen erfolgreich war: Zum einen entwickelte die Zentrale die Gestaltungsrichtlinien *nicht »am grünen Tisch«*. Vielmehr wurden bestehende Konzepte auf formelle Gemeinsamkeiten hin überprüft und daraus allgemeingültige Regeln abgeleitet. Zum anderen wurde dieses Konzept den Tochtergesellschaften *nicht oktroyiert*, sondern ihnen wurde die Sinnhaftigkeit dargelegt und ihre Zustimmung erzielt. Insofern ist der Prozess der Entwicklung dieser Verfahrensvorschriften als *marktorientiert* und *gerecht* einzustufen. Ermutigt durch die erfolgreiche Umsetzung dieses Konzepts versuchte die Zentrale, eine weitere Standardisierung in der Werbung durch Vorgabe und einheitliche Fokussierung bestimmter Positionierungsinhalte zu erreichen. Dies erwies sich jedoch als schwieriger. Der befragte Marketing Manager berichtete, dass bei der Diskussion um die Positionierung eines Neuprodukts zwischen der Zentrale und den Auslandsmanagern durchaus Übereinstimmung über die inhaltlichen Schwerpunkte der Positionierung erzielt wurde. Mit der anschließenden bildlichen Umsetzung der Positionierung waren die Auslandsmanager jedoch nicht mehr einverstanden, da sie andere Assoziationen mit den Positionierungsinhalten hatten, auf die man sich zwar geeinigt hatte, aber nur verbal und eher allgemein beschrieben waren. Um solche Schwierigkeiten zu vermeiden, wurde ein neuer Weg bei der Erzielung eines Konsenses über die Positionierung eines Neuprodukts und die *kommunikative Umsetzung* der Positionierung gegangen. Der deutsche Marketing Manager schilderte Folgendes hierzu:

> „Das wird schwierig, wenn man in Inhalte geht. Dann bleibt es weitgehend harmonisch, solange man auf der strategischen Ebene miteinander redet. Wenn es dann in die Umsetzung geht, in die Interpretation der Strategie, da fängt es dann an zu haken. Wir haben jetzt mal versucht, da einen Weg zu gehen, dass wir - das ist bisher ganz gut angekommen - gesagt haben: 'Okay, da stehen ja jetzt wieder Einführungen neuer Produkte an.' Und dazu haben wir das Ganze nicht nur verbal beschrieben, sondern haben mal versucht, die Beschreibung auch in Bildern umzusetzen, die nicht als Vorgabe dienen sollen, sondern als Einstimmung darauf, wie man sich das Ganze bildlich vorstellen kann. ... Und da haben wir mal versucht, aus vielem Bildmaterial Kollagen zusammenzustellen, ... um da schon mal die Bildvorstellungen unserer Kollegen in eine bestimmte Richtung zu lenken, damit das nicht zu weit auseinandergeht. ... Die Idee als solche ist sehr positiv aufgenommen worden. Das war auch bei der Präsentation des Konzepts, die ich zum Teil selbst gemacht habe, den Leuten eigentlich sofort klar, warum wir das so machen. Wir sind diesmal den umgekehrten Weg gegangen. Bisher sind wir immer den Weg gegangen, wir haben eine Strategie entwickelt, da haben wir Einigung erzielt, und hinterher bei der Umsetzung, da kam es zu Differenzen. Diesmal gehen wir den Weg - wenn man so will - umgekehrt. Wir haben natürlich schon irgendwo eine Strategie im Kopf, aber wir haben erst mal die Bilder, die uns zuerst gekommen sind, die wir im Kopf hatten, die haben wir jetzt erst mal hier sortiert, und stellen die jetzt vor. Und die Strategie, die kann man immer noch sozusagen hinterher schreiben. Und wir haben also klar gemacht, wir wollten nicht zuerst die Wörter erzeugen und dann die Bilder, sondern wir haben zuerst mal die Bilder erzeugt und machen uns jetzt zusammen Gedanken über die Wörter. Und das hat wunderbar funktioniert. ... Und das scheint eher akzeptiert zu werden, weil man eben damit offensichtlich auch den Handlungsspielraum da belässt, auch den Gestaltungsspielraum letzten Endes belässt. Man gibt nur einen Pfad vor, an dem links und rechts Leitposten angebracht sind, wo jeder weiß: 'Aha, in meiner Interpretation habe ich da Dinge, an denen ich mich orientieren kann.'"

Dieses Beispiel verdeutlicht, dass eine internationale Abstimmung inhaltlicher Positionierungselemente *nur* durch Formalisierung an gewisse Grenzen stößt, selbst wenn zwischen der Zentrale und dem lokalen Management Einigkeit über die grundsätzliche Strategie besteht. Bei einer geschickten Umsetzung erscheint es jedoch zumindest teilweise möglich, auch eine internationale Konvergenz der inhaltlichen Werbegestaltung zu erzielen, trotz Beibehaltung lokaler Autonomie. Das Vorgehen, die gewünschten Positionierungsinhalte nicht nur verbal, sondern auch *visuell* in solchen Richtlinien darzustellen, hatte in dem geschilderten Fall einen entscheidenden Anteil daran.

cd) Zusammenfassende Beurteilung

Zusammenfassend kann festgehalten werden, dass eine Prozessstandardisierung an verschiedenen Stellen ansetzen und mit unterschiedlicher Intensität zur Koordination internationaler Marketingaktivitäten eingesetzt werden kann. Eine gewisse Standardisierung von Basis-Informationsprozessen scheint eine unumgängliche Voraussetzung für einen effizienten und effektiven europäischen Brand Managementprozess zu sein. Die Diskussion der verschiedenen Ansatzpunkte hat weiterhin gezeigt, dass der Einsatz anderer Elemente der Prozessstandardisierung nicht isoliert von der Gestaltung des Zentralisierungsgrades und dem Einsatz eines komplexen internationalen Planungssystems erfolgen kann. Die Wirkung einer starken Prozessstandardisierung auf die Entwicklung einer horizontale Organisation ähnelt dabei teilweise der Wirkung einer starken Zentralisierung; zum Teil hat sie aber auch eine vergleichbare Wirkung wie der Einsatz detaillierter Pläne und Budgets.

Die Standardisierung insbesondere der Informations- und Planungsprozesse trägt in erster Linie zur Steuerung der *vertikalen Informations- und Know-how-Flüsse* bei. Primär wird dabei die Beschaffung von Markinformationen und ihre Verbreitung von außen nach innen geregelt. Somit trägt eine Prozessstandardisierung in ähnlicher Weise wie der Einsatz von Marketingplanungssystemen zur Marktorientierung des europäischen Brand Managements bei. Allerdings bewirkt eine Prozessstandardisierung auch einen Know-how-Transfer von der Zentrale in Richtung der Peripherie durch Vermittlung von Planungsprozeduren und Erfahrungswerten der Marktbearbeitung.[220] Darüber hinaus stellt die Standardisierung der Informationsprozesse auch eine Voraussetzung für formalisierte horizontale Kommunikation dar, beispielsweise mittels allgemein zugänglicher internationaler *Marktinformationssysteme*. Schließlich kann eine Prozessstandardisierung, sofern die Aufstellung der Richtlinien auch durch Partizipation von lokalen Managern erfolgt, die Entstehung *zweiseitiger Kommunikation* fördern und eine indirekte Einflussnahme auf die Steuerung der internationalen Marketingaktivitäten durch das Management der Tochtergesellschaften ermöglichen. Dadurch wird der Prozess der Entwicklung von Verfahrensvorschriften als gerecht beurteilt und die daraus resultierende Formalisierung bestimmter Marketingbereiche von den Auslandsmanagern eher akzeptiert und konform angewendet. Eine sehr starke und vor allem sehr starre Formalisierung kann jedoch ähnliche negative Wirkungen wie ein hoher Zentralisierungsgrad bzw. ein sehr detailliertes Planungssystem auf die Entscheidungs- und Umsetzungsprozesse in der integrierten Netzwerkstruktur

220 Vgl. *Kreutzer* (1989), S. 83, 91.

ausüben. Zum einen besteht die Gefahr, dass durch *Über-Formalisierung* die Bereitschaft des lokalen Marketing Managements zu kreativem und innovativem Handeln schwindet.[221] Eine sehr starke Prozessstandardisierung stellt de facto auch eine Beschneidung der Handlungsautonomie der Tochtergesellschaften dar und kann bewirken, dass die lokalen Manager keine Motivation verspüren, sich im Planungsprozess zu engagieren und sich der Gesamtstrategie und globalen Marketingzielen des Unternehmens zu verpflichten.[222] Zum anderen kann eine sehr starre Formalisierung verhindern, dass durch das System nicht vorhergesehene, aber strategisch bedeutende Marktinformationen in den Planungsprozess eingebracht werden.[223] Deswegen wird in verschiedenen Veröffentlichungen eine stark ausgeprägte Prozessstandardisierung zur Koordination internationaler Aktivitäten abgelehnt, trotz der offensichtlichen Effizienzvorteile die sie bieten kann.[224]

Auf die Entstehung und Steuerung *informeller Kommunikationsbeziehungen* hat eine Prozessstandardisierung keinen unmittelbaren Einfluss. Ähnlich wie beim Einsatz von Plänen und Budgets zur Koordination internationaler Marketingaktivitäten besteht jedoch ein (indirektes) *Wechselspiel* zwischen der Formalisierung und informeller Kommunikation. Informelle, persönliche Kommunikation erscheint zum einen zur Kompensation des durch Prozessstandardisierung bedingten Flexibilitätsverlusts, zum anderen zur effektiven Funktionsweise standardisierte Informations- und Planungsprozesse erforderlich. Zum anderen dienen die durch Prozessstandardisierung geschaffenen formellen Informationsbeziehungen wiederum als Plattform für informelle Kommunikation. Dabei gilt es jedoch zu beachten, dass eine sehr starke Prozessstandardisierung und ein damit verbundener Verlust an lokaler Autonomie zu einem der hohen Zentralisierung ähnlich unerwünschten Verlauf informeller Kommunikation führen kann, und zwar in dem die formellen Kanäle umgangen werden, um Einfluss auf Entscheidungen ausüben zu können.

Auf die Verbreitung einer gemeinsamen *Unternehmenskultur* kann eine Prozessstandardisierung eine gewisse, wenn auch beschränkte Wirkung haben. Insbesondere die Sprachangleichung durch Aufbau einer gemeinsamen Firmensprache und die Kommunikation in einer Verkehrssprache kann bewirken, dass sich die Denkschemata der Unternehmensmitglieder auch teilweise angleichen.[225] Dies kann durch die mit einer Prozessstandardisierung verbundenen Verbreitung von Planungs-Know-how und Markterfahrung noch verstärkt werden. Darüber hinaus kann die Anwendung von *Brand Manuals* wie das von NIVEA dazu beitragen, dass die Werte, für welche die Marke steht, und die letztendlich auch die Werte des Top Managements der Zentrale repräsentieren, an die ausländischen Tochtergesellschaften kommuniziert werden. Einschränkend muss dabei jedoch erwähnt werden, dass dadurch nicht unbedingt die Einstellungen und Werte des lokalen Managements nachhaltig verändert werden.

221 Vgl. *Bartlett/Ghoshal* (1990a), S. 208.

222 Vgl. *Welge/Böttcher* (1991), S. 440; *Welge* (1992), S. 577.

223 Vgl. *Hedlund* (1980), S. 26; *Welge/Böttcher* (1991), S. 439-440; *Welge* (1992), S. 577.

224 Vgl. *Welge/Böttcher* (1991), S. 439; *Welge* (1992), S. 575 sowie die dort angegebene Literatur.

225 Vgl. *Kreutzer* (1989), S. 103-104 sowie die dort angegebene Literatur.

Außerdem wird durch die verschiedenen Ansatzpunkte einer Prozessstandardisierung nicht zwangsläufig eine Hinwendung zu einer international ausgerichteten, flexiblen und offenen sowie dialogorientierten Unternehmenskultur erzielt. Wie oben bereits angeführt, kann eine sehr starre Prozessstandardisierung vielmehr eine gegenteilige unternehmenskulturelle Wirkung erzeugen.

d) Informationsaustauschsysteme

Die Formalisierung und Standardisierung von Informationsprozessen beinhaltet in der Regel auch die Festlegung bestimmter Informationspflichten einzelner Stellen in der internationalen Marketingorganisation.[226] Dabei können vielfältige *Formen der Informationsübermittlung* zum Einsatz kommen.[227] Nach AUERBACH basiert der Ablauf der Informationsprozesse im wesentlichen auf zwei Komponenten: *persönlicher Kommunikation* und *EDV-gestützter Kommunikation*.[228] Für den Marketingplanungs- und -controllingprozess im engeren Sinne trifft dies durchaus zu. Bei den befragten Unternehmen hat sich bei der Informationsübermittlung zur Steuerung internationaler Marketingaktivitäten darüber hinaus eine dritte Komponente als bedeutend herauskristallisiert. Dies ist der Informationsaustausch mittels in relativ kurzen Zeitabständen regelmäßig zusammengestellter *Newsletter*, *Informationsbroschüren* oder *-mappen*. In diesem Abschnitt soll eine kurze Diskussion solcher Informationsaustauschmechanismen sowie von EDV-Systemen zum Informationsaustausch erfolgen.[229]

Betrachtet man die Ausführungen zu *EDV-gestützten internationalen Marketing-Informationssystemen* in der Literatur,[230] erscheint eine Lücke zwischen dem aufgezeigten Anwendungspotential und der Bedeutung solcher Systeme zur Koordination internationaler Marketingaktivitäten einerseits und dem tatsächlichen Einsatz solcher Systeme bei den befragten Unternehmen andererseits zu bestehen. Diese Lücke resultiert entweder daraus, dass die untersuchten Unternehmen noch nicht die *state-of-the-art* Technologie im Bereich der Informationssysteme anwenden oder dass die (relative) Bedeutung solcher Systeme in der Literatur überschätzt wird. In einigen Bereichen finden bei den untersuchten Unternehmen EDV-gestützte internationale Informationsaustauschsysteme durchaus schon Anwendung. Ein Bereich betrifft z.B. die elektronische Aufbereitung von *Haushalts-* bzw. *Handelspaneldaten* und die Zugriffsmöglichkeit auf diese Daten durch das Marketing Management der Zentrale und der Tochtergesellschaften. Dabei können die üblicherweise in solchen Panels enthaltenen Informationen (z.B. Marktanteile der Marken, der Produktvarianten oder der Vertriebskanäle

226 Vgl. *Kreutzer* (1989), S. 134-136.

227 Vgl. *Kreutzer* (1989), S. 136-140.

228 Vgl. *Auerbach* (1994), S. 290-291.

229 Die persönliche Kommunikation wird hier nicht thematisiert, da sie nicht zu den technokratischen Koordinationsinstrumenten zählt. Außerdem ist es fraglich, ob die persönliche Kommunikation für sich genommen überhaupt ein eigenständiges Koordinationsinstrument darstellt. Vielmehr scheint sie das Ergebnis des Einsatzes anderer Koordinationsinstrumente zu sein. Nicht weiter thematisiert werden hier die technischen Medien - Telefon, Fax, e-mail usw. - des Informationsaustausches.

230 Vgl. z.B. *Stahr/Backes* (1995), S. 71-98; *Hagström* (1990), S. 164-170.

in einem Markt) pro Land oder im Ländervergleich abgerufen werden.[231] Ein weiterer Anwendungsbereich von EDV-gestützten Systemen besteht in der internationalen Marketingplanung. Beispielsweise werden in einem der untersuchten Unternehmen die Angaben für die Marketingplanung von den Tochtergesellschaften direkt in ein EDV-System eingegeben und an die Zentrale elektronisch übermittelt.[232] Die koordinative Wirkung dieses Vorgehens beruht jedoch nicht auf der EDV-Unterstützung, sondern vielmehr auf der Standardisierung und dem hohen Detailliertheitsgrad der Planung. Ein anderes Einsatzgebiet zeigt das Beispiel eines der befragten Unternehmen. Dort existiert ein EDV-System, in das die Zentrale bei jeder Neuprodukteinführung *Informationen zu den Produktspezifikationen* und auch Antworten zu möglichen Fragen, die die Anwendung des Produkts betreffen, einspeist. Auf dieses System können die Tochtergesellschaften zur Betreuung ihrer Kunden zugreifen.[233] Zum Zeitpunkt der Befragung waren darüber hinaus einige Unternehmen dabei, die Einführung EDV-gestützter Systeme zum Informationsaustausch zu planen.[234] Das ausgefeilteste System, das eines der befragten Unternehmen plante, ermöglicht den Abruf einer Vielzahl von Marktforschungsdaten und anderen Informationen zu einem Produkt durch jeden lokalen Produkt Manager. Der Produkt Manager eines bestimmten Produkts in Italien könnte z.B. durch dieses System erfahren, welche *Ad-hoc-Studien* zu diesem Produkt auf europäischer Ebene in den vergangenen Jahren durchgeführt wurden, welche Ergebnisse diese Studien lieferten, was für Resultate *Copy Tests* für dieses Produkt in anderen Ländern erzielten und sich die jeweilig verwendete *Copy* visualisieren lassen. Bisher musste der Produkt Manager derartige Informationen von der Zentrale anfordern und bekam dann einen Bericht zugesandt. Das System soll letztendlich dazu beitragen, dass die mittlere Ebene des lokalen Marketing Managements besser international *vernetzt* wird und durch den einfach gemachten internationalen Vergleich ein besseres Verständnis der Vermarktungsprobleme sowie für Lösungsansätze erhält.[235] Insgesamt scheinen EDV-gestützte Informationsaustauschsysteme bei den untersuchten Unternehmen zur Koordination internationaler Marketingaktivitäten derzeit - wenn überhaupt - nur begrenzt eingesetzt zu werden. Selbst bei den Unternehmen, die bereits über EDV-gestützte Informationsaustauschsysteme verfügen, spielt dieses Koordinationsinstrument im Vergleich zu anderen - speziell auch im Vergleich zu andern Arten des Informationsaustauschs - *keine besonders herausragende* Rolle.

Newsletter, *Informationsbroschüren* oder *Informationsmappen* werden bei den untersuchten Unternehmen im Vergleich zu EDV-gestützten Systemen stärker zur Abstimmung der inter-

---

231 Auskunft mehrerer befragter Marketing Manager.

232 Auskunft eines befragten Marketing Managers dieses Unternehmens.

233 Aussage eines lokalen Marketing Managers, der in der französischen Tochtergesellschaft eines internationalen Unternehmens tätig ist.

234 Auskunft mehrerer Marketing Manager verschiedener Unternehmen.

235 Aussage eines Marketing Managers dieses Unternehmens. Allerdings scheint die Implementierung dieses Systems in den Tochtergesellschaften nicht so einfach wie vorgesehen abzulaufen, wie ein Marketing Manager desselben Unternehmens aus einem anderen Land berichtete.

nationalen Marketingaktivitäten herangezogen.[236] Dabei betrifft der Informationsaustausch mittels dieser Instrumente im wesentlichen drei Gebiete: erstens Informationen über *Produktneuheiten* des eigenen Unternehmens, zweitens Informationen über *Marktentwicklungen* und *Marketingmaßnahmen der Konkurrenz* in den einzelnen Ländermärkten, drittens Informationen über die *kommunikationspolitischen Aktivitäten* der verschiedenen Einheiten des internationalen Unternehmens.[237]

Der Informationsaustausch über Newsletter zum ersten Gebiet hat in erster Linie die Funktion, das lokale Marketing Management über *Produktentwicklungen und -adaptionen* auf dem Laufenden zu halten. Z.B. erscheint ein derartiger Newsletter *monatlich* bei einem der untersuchten Unternehmen, bei dem die Tochtergesellschaften relativ hohe Autonomie in der Zusammenstellung des Produktprogramms haben, das sie in ihrem Land anbieten. Für die lokale Marketingplanung ist es daher erforderlich zu wissen, welche produktpolitischen Änderungen die Zentrale vornimmt.[238] Durch die Verwendung eines Newsletterformats wird die Vermittlung derartiger Informationen systematischer; außerdem sind dadurch visuelle Darstellungen möglich.

Das Informieren des lokalen Management über *Entwicklungen* und *Konkurrenzmaßnahmen* auf anderen Märkten mittels eines Newsletter scheint im wesentlichen die Aufgabe zu haben, die lokalen Marketing Manager systematisch mit Marketingproblemstellungen in anderen Ländern zu konfrontieren und sie dadurch in die Lage zu versetzen, Rückschlüsse auf ihre eigene Märkte ziehen zu können. Letztendlich soll damit auch zur Sensibilisierung des lokalen Marketing Managements für die internationale Dimension des Wettbewerbs beigetragen werden. Eine derartige Verbreitung von internationalen Marktinformationen wird von den Marketing Managern der Tochtergesellschaften auch geschätzt.[239] Zum Inhalt eines derartigen Newsletter berichtete einer der befragten Marketing Manager in der Zentrale eines internationalen Unternehmens Folgendes:

> „and in most of the cases it's a new product launch (of our competitors), because that can influence your whole positioning game. So, every 2 or 3 months - it depends a bit on how often we need it - we have the so-called XXX Newsletter, and then we interchange all these things. It could be that consumer testing in France is also interesting for the rest of the countries, that it came out best and that they can use, introductions of competitors, what the features are, what the positioning is, so that they have already a look what consequences this will have for their local market, etc."

Der mittels Informationsmappen stattfindende Austausch von Informationen zu *kommunikationspolitischen* Aktivitäten des eigenen Unternehmens betrifft hauptsächlich diejenigen Bereiche, die bei den untersuchten Unternehmen nicht stark zentralisiert sind und die Abstim-

---

236 In der Literatur zum internationalen Marketing bzw. Management werden diese Instrumente nicht explizit diskutiert.

237 Daneben werden *Newsletter* von einigen Unternehmen auch im Sinne von internen Mitarbeiterzeitschriften eingesetzt. Allerdings besteht das Ziel dabei vielmehr in der Entwicklung einer Corporate Identity als im Austausch von Informationen zur Abstimmung internationaler Marketingaktivitäten laut Auskunft eines Marketing Managers, dessen Unternehmen einen derartigen Newsletter verwendet.

238 Auskunft eines belgischen Marketing Managers dieses Unternehmens.

239 Aussage verschiedener lokaler Marketing Manager eines der untersuchten Unternehmen.

mung nicht über internationale Teams erfolgt. Daher sind dies in der Regel hauptsächlich Informationen zu Verkaufsförderungsmaßnahmen oder Händlerprogrammen, bei Unternehmen mit (partiell) dezentralisierter Werbung aber auch Informationen zu Print Anzeigen oder TV-Spots. In diesem Gebiet findet ein internationaler Informationsaustausch bei den untersuchten Unternehmen auch am häufigsten statt.[240] In solchen Mappen werden dann z.B. alle Promotionmaßnahmen, die die einzelnen Länder durchgeführt haben, beschrieben, zum Teil mit visuellem Anschauungsmaterial hinterlegt, gesammelt und je nach Unternehmen ein bis vier Mal pro Jahr an die Tochtergesellschaften verteilt. Einige der befragten Marketing Manager von Tochtergesellschaften bemängelten jedoch, dass die darin enthaltenen Informationen für die *unmittelbare Erzielung von Synergien* durch gemeinsame Durchführung solcher Maßnahmen mit anderen Ländern zu spät käme. Allerdings kann das Ziel eines derartigen Informationsaustausches auch nicht darin bestehen. Dazu müsste bereits in der Planungsphase solcher Marketingaktivitäten ein internationaler Informationsaustausch stattfinden. Dafür scheint eine Informationsmappe aber nicht geeignet zu sein. Vielmehr sollen die lokalen Marketing Manager dadurch Anregungen für die Durchführung *zukünftiger* Maßnahmen erhalten und in ihrer Kreativität stimuliert werden. Etliche der befragten Marketing Manager konnten konkrete Beispiele dafür angeben, wie sie durch einen derartigen Informationsaustausch gute Vermarktungsideen - vor allem im operativen Bereich - aus anderen Ländermärkten erhielten und dann auch umgesetzt haben. Bei Unternehmen, die keinen derartig systematischen Informationsaustausch praktizieren, wurde das Fehlen eines solchen Systems bemängelt bzw. dessen Einrichtung für gut befunden.[241] Einer der befragten Marketing Manager wies allerdings darauf hin, dass es wichtig sei, nicht nur Informationen zur Gestaltung, sondern auch zur Erfolgswirkung solcher Maßnahmen auszutauschen, damit das lokale Marketing Management die in anderen Ländern durchgeführten Aktionen bewerten könne:

> „And also, when (our company) is doing a certain promotion in a country, we would like to have a good feedback on it, that they say if it was successful or if it was not successful, and that they had that and that response, the amount of additional sales, etc., because otherwise it can happen that someone says: 'Well, this is a nice promotion. We would like to do that.' - but it was not successful. But we interchange all these promotions, whether successful or not, and that is once a year that we interchange it in a big booklet. In this there are all promotions that we had in the last year. That's good for the countries, they get some ideas, promotional ideas that have been carried out, and they know whether it was successful or not."

Insgesamt spielt der Einsatz von Mechanismen zum Informationsaustausch bei der Verwirklichung einer *horizontalen Organisation* und damit eines marktorientierten und gerechten europäischen Brand Managementprozesses eine kleine, aber durchaus nützliche Rolle. Positive Wirkung für das *integrierte Netzwerk* entfalten die hier aufgezeigten Informationsaustauschmechanismen vor allem dann, wenn durch sie ein *horizontaler Informationsfluss* stattfindet und die einzelnen Marketingeinheiten dadurch »informatorisch« besser vernetzt werden. Weiterhin stellen solche Informationsaustauschsysteme ein sehr gutes Instrument zur Anregung und damit Entwicklung *informeller, persönlicher Kommunikationsbeziehungen* zwischen den Marketing Managern aus den verschiedenen Ländern dar. Darüber hinaus können

240 Aussage mehrerer, in der Zentrale und lokal tätigen Marketing Manager.

241 Aussagen mehrerer hierzu befragten, in Auslandstöchtern tätigen Marketing Manager.

die hier beschriebenen Instrumente einen gewissen Beitrag zum Aufbau einer *international orientierten Unternehmenskultur* leisten. Der Austausch von Informationen unterstützt eine *Sensibilisierung* lokaler Marketing Manager für die Bedürfnisse anderer Märkte und schafft ein besseres *Verständnis* für Wettbewerbs- und Marktzusammenhänge auf europäischer bzw. internationaler Ebene.

e) Koordinationsstellen

Als *Koordinationsstellen* werden Stellen bezeichnet, die in der Marketingorganisation *strukturell verankert* und *permanent besetzt* sind und deren *Hauptaufgabe* in der Koordination internationaler Marketingaktivitäten besteht. In der Literatur zum internationalen Marketing bzw. Management wird die Rolle solcher Stellen bei der länderübergreifenden Abstimmung internationaler Marketingaktivitäten nicht näher beleuchtet.[242] Dies ist erstaunlich, denn die Analyse des europäischen Brand Managements der 15 im Rahmen dieser Studie untersuchten Konsumgüterunternehmen ergab, dass zum einen solche Koordinationsstellen durchaus eine *bedeutende Rolle* bei der Koordination internationaler Marketingaktivitäten spielen. Zum anderen zeigte sich, dass *deutliche Unterschiede* bei den untersuchten Unternehmen bezüglich der *Einsatzintensität* derartiger Koordinationsstellen existieren. Daher soll in diesem Abschnitt eine systematische Betrachtung des Einsatzes von Koordinationsstellen und ihrer Rolle im Rahmen der Abstimmung internationaler Marketingaktivitäten erfolgen.[243] Insbesondere wird dabei auf die Aufgaben, die solche Stellen wahrnehmen, auf die Anforderungen an die Stelleninhaber und auf ihre Wirkung in der horizontalen Organisation eingegangen.

Bei der Analyse von Koordinationsstellen lassen sich insgesamt *drei Arten* von Stellen im Marketingbereich identifizieren: Die erste Art ist speziell für die internationale Koordination einer bestimmten *Funktion* oder eines bestimmten *Marketinginstruments* zuständig. Solche Stellen betreffen bei den untersuchten Unternehmen insbesondere den kommunikationspolitischen Bereich oder die Marktforschung. Bei der zweiten Art der Koordinationsstelle handelt es sich um eine *länder-* bzw. *regionenspezifische* Abstimmung bestimmter Marketingaufgaben. Die dritte Art der Koordinationsstelle ist schließlich für die internationale Koordination des Marketing für eine *Marke* oder einen *Produktbereich* zuständig. *Hierarchisch* sind in der

242 Z.B. werden bei MARTINEZ/JARILLO integrative Rollen und integrative Abteilungen zwar genannt, aber es folgen keine weiteren Ausführungen zu ihrem Stellenwert bei der internationale Koordination. Auch in ihrer empirischen Erhebung werden solche Stellen nicht berücksichtigt. Vgl. *Martinez/Jarillo* (1991), S. 432. Bei ROTH/SCHWEIGER/MORRISON wird zumindest der Einsatz von Stellen zur internationalen Koordination als einer von insgesamt 12 integrativen Mechanismen erhoben. Allerdings wird auch nicht näher auf ihre Rolle im gesamten Koordinationsmix eingegangen. Vgl. *Roth/Schweiger/ Morrison* (1991), S. 386, 397. Lediglich in den Studien zum europäischen Key-Account Management wird die Rolle solcher Koordinationsstellen ansatzweise diskutiert. Vgl. z.B. *Brielmaier* (1997); *Diller* (1992). Allerdings erfolgt zum einen die Betrachtung institutionalisierter Euro-Key-Account-Managementstellen unabhängig vom Einsatz anderer Koordinationsinstrumente. Zum anderen betrifft die Aufgabe solcher Stellen primär die länderübergreifende Steuerung kundenindividueller Aspekte des Marketing. Der Fokus in dieser Untersuchung liegt jedoch auf der länder- und kundenübergreifenden Steuerung internationaler Marketingaktivitäten im Rahmen des europäischen Brand Management. Deswegen werden Euro-Key-Account-Managementstellen hier nicht näher thematisiert.

243 Die Ausführungen und Beispiele dieses Abschnitts beruhen auf Angaben der befragten Marketing Manager.

Regel sowohl die regionalen als auch die produkt- bzw. markenspezifischen Koordinationsstellen bei divisional organisierten Unternehmen direkt unterhalb der Spartenleitung - ansonsten unterhalb des Geschäftsführungs- oder Vorstandsbereichs Marketing - als eine Stabsstelle angesiedelt. Funktionale Koordinationsstellen sind teilweise auch in einer zentralen Marketingabteilung angesiedelt und meist hierarchisch niedriger eingestuft. Bei einigen Unternehmen sind alle drei Arten von Koordinationsstellen vorhanden. Darüber hinaus existieren bei einigen Unternehmen eigenständige *Koordinationsabteilungen*, in denen solche Stellen organisatorisch zusammengefasst sind. Bei einem der untersuchten europäischen Unternehmen, das intensiv solche Stellen zur Koordination internationaler Marketingaktivitäten einsetzt, ist dies beispielsweise der Fall. In einer seiner Sparten, mit dem das Unternehmen weltweit einen Jahresumsatz von etwa 3 Mrd. DM erzielt (circa 30% Stammland, 45% restliches Europa, 25% Rest der Welt), sind 24 produktbezogene, 13 regionenbezogene und 13 funktionale Marketing-Koordinationsstellen in mehreren Abteilungen zusammengefasst und unterhalb des Spartenleiters angesiedelt.

Die speziellen *Aufgaben*, für die die Koordinationsstellen verantwortlich sind, variieren in der Regel mit der Art und der hierarchischen Verankerung der Koordinationsstellen. *Funktionale Koordinationsstellen* sind in der Regel für die Abstimmung operativer Aspekte der entsprechenden Instrumentalbereiche verantwortlich. Solchen Stellen kommt dabei häufig eine *Liaison-* und *Informationsmittler* Rolle zu. Sie sind beispielsweise verantwortlich für die Sammlung der Information, welche Verkaufsförderungsaktionen in den Auslandsmärkten durchgeführt wurden, die Zusammenstellung und Aufbereitung dieser Informationen in einem Folder und die anschließende Verteilung der Informationen an die Tochtergesellschaften. Darüber hinaus sind solche Stellen gelegentlich auch zuständig für die zentrale Durchführung bestimmter operativer Aufgaben, wie die Produktion von Werbemitteln, Promotionmaterial oder Displays oder die Durchführung von Marktforschungsstudien oder Werbeforschungsstudien, um Spezialisierungsvorteile in diesen Bereichen zu erzielen. Auf lokaler Ebene finden sich dann dementsprechend keine solchen funktional spezialisierten Stellen. Insofern haben funktionale Koordinationsstellen oftmals den Charakter eines internen *Dienstleisters* für die ausländischen Tochtergesellschaften. Bei Unternehmen mit einer (spartenübergreifenden) Dachmarke übernehmen solche funktionalen Koordinationsstellen im Kommunikationsbereich auch stärker Aufgaben *konzeptioneller* Art und sind hierarchisch dementsprechend höher angesiedelt. Ihnen fällt dann auch die Aufgabe zu, internationale Teams oder Projekte in diesem Bereich zu leiten oder auch Briefings mit den Lead-Agenturen durchzuführen, wobei die Werbeinhalte i.d.R. mit dem (internationalen) Produkt Management abgestimmt werden.

Unterschiedliche Ausprägungen hinsichtlich des Aufgabenbereichs liegen ebenfalls bei den *regionalen Koordinationsstellen* der untersuchten Unternehmen vor. Bei einigen Unternehmen, die zentral produzieren, nehmen solche Stellen *Exportsachbearbeitungsaufgaben* wahr. D.h., sie sind im Prinzip für die Abwicklung des Exports von der Muttergesellschaft an bestimmte Ländergesellschaften zuständig, lösen operative Probleme in diesem Bereich und nehmen auch eine Feinabstimmung der landesspezifischen operativen Marketingplanung vor, insbesondere der Mengen- und Preisplanung. Bei solchen Stellen besteht die Aufgabe im wesentlichen in der *bilateralen* Abstimmung der operativen Pläne zwischen der Zentrale und jeweils einer Tochtergesellschaft, auch wenn eine Stelle für mehrere Länder zuständig ist. In einem der untersuchten Unternehmen waren solche regionale Koordinationsstellen auch für die produktübergreifende *Ressourcenallokation*, für die Koordination der *(Marketing-)Investitionen* sowie für das internationale *Marketing-Controlling* zuständig. Bei einigen Unternehmen sind jedoch auch regionale Koordinationsstellen vorhanden, die stärker mit der länderübergreifenden *inhaltlichen* Abstimmung des Marketing betraut sind. Dort nehmen diese Stellen quasi die *Interessenvertretung* eines oder mehrerer Länder in der Zentrale wahr und sind auch für die Abstimmung bestimmter Aktivitäten wie der Definition länderspezifischer Produktanforderungen mit anderen Tochtergesellschaften zuständig. Dabei wirken diese Stellen auch in der Erarbeitung von Neuprodukteinführungskonzepten mit. Der Marketing Leiter der italienischen Tochtergesellschaft eines deutschen Unternehmens beschrieb die Aufgabe einer solchen länderbezogenen Koordinationsstelle folgendermaßen:

> „Es gibt innerhalb von (unserem Unternehmen) sog. *Account-Teams*, d.h. wir haben z.B. einen Mitarbeiter, den wir unseren »Anwalt im Werk« nennen, der für uns der Anlaufpunkt ist, und der von dort aus ausschwärmt und in die einzelnen Bereiche unsere Informationen trägt. Und wir bekommen auch über diese Person unseren Input. Das ist ein wenig umstrukturiert worden. Früher hatten wir ein größeres Account-Team von 4 bis 5 Leuten. Jetzt ist es nur noch eine Person, die speziell für Italien zuständig ist. ... Er ist direkt unter dem Vorstandsmitglied für Vertrieb und Marketing angesiedelt. Dieses Vorstandsmitglied betreut also die *National Sales Companies*. Unter ihm ist dann der Herr X, das ist unser *Account-Team*-Leiter. Er ist die Zwischenperson zwischen Italien und dem Vorstand. ... (Er ist also in der Hierarchie) sehr hoch angesiedelt. Man muss dazu sagen, dass wir für (unser Unternehmen) der größte Auslandsmarkt sind, also nach Inland der größte Vertriebsmarkt. Deshalb muss eine Anordnung auf höherer Ebene schon da sein. Herr X befasst sich vornehmlich mit wirklich wichtigen Themen, d.h. Volumen, (Produkt)mengen, Preise(n) und anderen Themen wie (Produktgestaltung), Marketing, und auch welche Strategie jetzt bei (Neuprodukt)."

Produkt- oder *markenbezogene Koordinationsstellen* sind in der Regel diejenige Art von Koordinationsstelle, die am stärksten mit der internationalen Abstimmung der Marketingaktivitäten der einzelnen Tochtergesellschaften involviert sind. Für solche Stellen werden üblicherweise Bezeichnungen wie *International Product Manager* oder *Euro Brand Manager* gewählt. Neben einer *Informationsbündelungs-* und *-verbreitungsfunktion* wirken diese Stellen *aktiv* bei der Entwicklung internationaler Marketingkonzepte für ihren Produktbereich mit. Sie *initiieren* in der Regel den internationalen Planungsprozess in ihrem Produktbereich und *leiten* internationale Teams oder Projektgruppen - sofern solche eingesetzt werden. Schließlich sind sie auch für die *inhaltliche Kontrolle der Umsetzung* der Marketingkonzepte in den Ländern verantwortlich. Darüber hinaus kommt solchen produktbezogenen Koordinationsstellen die wichtige Aufgabe der Abstimmung der (internationalen) Marketingaktivitäten mit *anderen Funktionsbereichen* (wie beispielsweise F&E) zu. Wenn produktbezogene Koordinationsstellen gleichzeitig mit anderen Arten von Koordinationsstellen eingesetzt werden, dann nehmen die internationalen Produkt- bzw. Brand Manager in der Regel die *Hauptaufgabe* bei der länderübergreifenden inhaltlichen Abstimmung des Marketing vor, da sie für die Entwicklung internationaler Produkt-Markt-Konzepte zuständig sind.

Aufgrund ihrer prominenten Aufgabe und ihres hohen Einflusses bei der Koordination internationaler Marketingaktivitäten sind die *Anforderungen* an produktbezogene Koordinationsstellen relativ hoch. Schließlich treten bei diesen Stellen üblicherweise die oftmals konfligierenden Anforderungen der globalen Integration und der lokalen Anpassung zu Tage, wobei die Aufgabe der Stellen gerade im Abgleich dieser verschiedenen Anforderungen besteht. Einer der befragten französischen Marketing Manager formulierte dies folgendermaßen:

> „... it's a very difficult position, because - to give you an image - you receive stones at you from the subsidiaries who are angry with you, and on the other hand you have the product companies who ask you to have the T-Ford. It's a very, very difficult position, but it's so interesting."

Dazu erscheint es absolut notwendig, eine *strikte Trennung* des Kompetenzbereichs einer solchen Stelle von direkter Marktverantwortung auf dem Stammlandmarkt vorzunehmen. Ein Abgleich der Anforderungen der unterschiedlichen Ländermärkte wäre sonst - insbesondere aus Sicht der lokalen Marketing Manager - kaum gewährleistet. Idealerweise sollten produktbezogene Koordinationsstellen mit Personen besetzt werden, die selbst über *operative Markterfahrung* und auch *Auslandserfahrung* verfügen. Wenn derartige Erfahrungen bei den Koordinatoren fehlen, wird dies vor allem vom lokalen Management bemängelt. Weiterhin erscheint es erforderlich, dass solche Koordinatoren sich *vor Ort* über die Ländermärkte informieren. Die Koordinationsaufgabe, insbesondere die Interpretation und Bewertung der Marktinformationen aus den Ländern erscheint nur begrenzt möglich, wenn die Koordinatoren nicht regelmäßig die Auslandsmärkte besuchen. Eine besondere Bedeutung kommt schließlich der Person bzw. der Persönlichkeit des Stelleninhabers zu, wie vor allem von einigen Marketing Managern der Auslandsgesellschaften betont wurde. Wichtig erscheint, dass der Stelleninhaber wirklich international orientiert ist und nicht die Bedürfnisse des Stammlandmarktes überproportional berücksichtigt. Die Ausage eines hochrangigen Marketing Managers eines deutschen Unternehmens verdeutlicht nochmals die Anforderung an produkt- bzw. markenbezogenen Koordinationsstellen:

> „Unsere Marketing Manager, die wir sitzen haben, sind alles Leute, die sehr hoch - also vom *Ranking* - angesiedelt sind, sehr erfahren sind, viele Jahre in der Firma und alle schon draußen waren, alle schon in den Ländern gearbeitet haben. Und zweitens, die haben also Sach- und Fachkenntnis usw., und drittens lege ich Wert darauf, dass sie von ihrer Persönlichkeitsstruktur her genau das mitbringen, was dieser Job erfordert. Das ist das Wichtigste überhaupt, nämlich offen zu sein für das, was draußen vor sich geht, Kenntnisse zu haben, Sensibilität zu haben und unterscheiden zu können, was ist aus der spezifischen Situation wirklich wichtig und was ist nur vorgeschoben."

Positiv wirkt dabei, wenn solche Koordinationsstellen auch mit Personen besetzt werden, die nicht aus dem Heimatmarkt des Unternehmens stammen. Einer der befragten französischen Marketing Manager berichtete jedoch, dass eine Besetzung solcher Stellen in der Zentrale durch Ausländer bisher in seinem Unternehmen nicht gelungen sei, obwohl es bereit mehrfach derartige Angebote gegeben hätte. Er mutmaßte, dass sich die ausländischen Marketing Manager zum einen nicht in die Schusslinie einer solchen Position begeben wollten und zum anderen ihnen die »Kultur« und der Einflussbereich der Stelle eines internationalen Produkt Managers nicht bewusst waren, so dass sie dies als einen Schritt rückwärts in ihrer Karriere empfunden hätten. Bei anderen Unternehmen werden solche Koordinationsstellen jedoch durchaus von »Ausländern« besetzt.

Die Wirkung des Einsatzes von Koordinationsstellen auf die *horizontale Organisation* ist weitgehend positiv. Solche Stellen tragen wesentlich zu Steuerung des vertikalen und horizontalen Informationsflusses bei. Sie sind maßgeblich an der Verbreitung von Marktinformationen zwischen der Zentrale und den Tochtergesellschaften sowie an der Informationsverbreitung zwischen den Tochtergesellschaften beteiligt. Darüber hinaus tragen sie auch zur Verbreitung von Marktinformationen zwischen den einzelnen Funktionalbereichen eines internationalen Unternehmens bei. Im Rahmen des integrierten Netzwerks fungieren Koordinationsstellen letztendlich als unverzichtbare *Informationsknotenpunkte*. Hierdurch und aufgrund ihrer besonderen Rolle in der Interaktion zwischen Tochtergesellschaft und Zentrale beeinflussen sie unmittelbar das *marktorientierte Verhalten* und die *Prozessgerechtigkeit* des europäischen Brand Managements. Dabei scheint eine Einschätzung des europäischen Brand Managementprozesses als gerecht auch von der Person des Koordinationsstelleninhabers abzuhängen. Die durchgeführten Interviews lassen weiterhin den Schluss zu, dass bei Unternehmen, die in mehreren Geschäftsfeldern tätig sind und/oder mehrere internationale Marken führen, dem Einsatz von produkt- bzw. markenbezogenen Koordinationsstellen eine besondere Bedeutung zukommt. Dies zeigt sich daran, dass das Fehlen solcher Koordinationsstellen bei derartigen Unternehmen vor allem von den lokalen Marketing Managern als problematisch erachtet wird oder derartige Unternehmen dabei sind, solche Koordinationsstellen einzurichten. Auf die Entwicklung und Steuerung informeller Kommunikation sowie auf die Entwicklung einer international orientierten Unternehmenskultur hat der Einsatz von Koordinationsstellen zur länderübergreifenden Abstimmung von Marketingaktivitäten keinen unmittelbaren Einfluss. Die Ausführungen - insbesondere zu den Anforderungen an eine produktbezogene Koordinationsstelle - haben jedoch nochmals verdeutlicht, wie eng die Wirkung des Einsatzes technokratischer Koordinationsmechanismen mit dem Einsatz partizipativer (z.B. die Integration von Koordinationsstellen in internationalen Teams) und personenorientierter Koordinationsinstrumente (z.B. die personalpolitischen Aspekte der Koordinationsstellen) zusammenhängt. In den folgenden Abschnitten werden diese Formen der Koordination des internationalen Marketing näher erläutert.

2. *Personenorientierte Koordinationsinstrumente*

Der Einsatz personenorientierter Koordinationsinstrumente[244] wurde in Studien zum internationalen Management und Marketing bereits häufig aufgegriffen und sowohl auf *konzeptioneller Ebene* diskutiert als auch *empirisch analysiert*.[245] Dabei besteht - im Gegensatz zur Zentralisierung und zur Prozessstandardisierung - weitgehend Einigkeit erstens über die *große Bedeutung* des Einsatzes personenorientierter Koordinationsinstrumente zur Steuerung internationaler (Marketing)Aktivitäten und zweitens über die *Wirkungsweise* der personenorientierten Steuerung. Sowohl die im Rahmen dieser Untersuchung durchgeführten Interviews als auch andere empirische Studien zeigen deutlich, dass internationale Unternehmen personen-

---

244 Dabei wurde der Einsatz personenorientierter Koordinationsinstrumente auch unter die Begriffe »Sozialisierung« (Vgl. z.B. *Barltett/Ghoshal* (1990a), S. 208-210; *Kenter* (1985), S. 106-110) oder »kulturelle Kontrolle« (Vgl. z.B. *Jaeger* (1982), S. 59-72) subsumiert.

245 Vgl. z.B. *Bartlett/Ghoshal* (1990a), S. 208-210; *Edström/Galbraith* (1977); *Jaeger* (1982); *Jaeger* (1989); *Kenter* (1985), S. 106-113; *Kreutzer* (1989), S. 165-188; *Lei/Slocum/Slater* (1990).

orientierte Koordinationsinstrumente auf verschiedene Art und Weise und mit unterschiedlicher Intensität zur Abstimmung internationaler Marketingaktivitäten verwenden. Zunächst werden die Ausprägungsformen der verschiedenen personenorientierten Koordinationsinstrumente aufgezeigt. Dabei wird weder auf allgemeine Probleme der *internationalen Personalpolitik*[246] noch auf spezifische Fragestellungen des *interkulturellen Personalmanagements*[247] eingegangen. Im Fokus der Betrachtung steht die *koordinative Wirkung* der Instrumente einer internationalen Personalpolitik sowie ihr Beitrag zur Entwicklung einer horizontalen Organisation und somit zur Umsetzung eines effektiven europäischen Brand Managements.

a) Internationaler Transfer von Marketing Managern

Unter einem internationalen Transfer von Managern wird die Versetzung einer Führungskraft in eine Einheit des Unternehmens in einem anderen Land verstanden, wobei der Auslandseinsatz in der Regel zwar zeitlich begrenzt ist, aber mindestens ein bis zwei Jahre dauert.[248] Nach EDSTRÖM/GALBRAITH existieren drei allgemeine *Ziele* für den internationalen Transfer von Managern: erstens die Besetzung von Stellen bei den Tochtergesellschaften, zweitens die Führungskräfteentwicklung und drittens die Entwicklung der Organisation.[249] KENTER differenziert beim dritten Ziel weiterhin zwischen dem Know-how Transfer in die Tochtergesellschaft einerseits und der Koordination und Kontrolle der Tochtergesellschaften sowie der Übertragung einer gemeinsamen Unternehmenskultur andererseits.[250] In praxi stehen die Transferziele insgesamt in einem komplexen Wirkungsgefüge aus verschiedenen umwelt- und unternehmensbezogenen Einflussgrößen, wobei die Art des internationalen Transfers vom Ziel der Entsendung abhängt bzw. abhängen sollte.[251] Zur Beschreibung der Art eines Transfers eines internationalen Unternehmens können folgende Dimensionen herangezogen werden: die relative Anzahl der Transfers, die betroffenen Funktionalbereiche, die Art des Gastlands, die Richtung des Transfers, die Häufigkeit des Transfers für einen Manager, die hierarchische Stellung des Managers, sein Alter und seine Nationalität.[252]

Bei den untersuchten Konsumgüterunternehmen liegt laut Auskunft der befragten Marketing Manager ein breites *Spektrum an Transferarten* bzw. Transferpolitiken vor. Bei einigen der Unternehmen wird kein systematischer internationaler Transfer von Marketing Managern betrieben. Wenn dort ein Marketing Manager in einer Einheit des Unternehmens in einem ande-

246 Vgl. hierzu z.B. *Ackermann/Pohl* (1989); *Clackworthy* (1992); *Domsch/Lichtenberger* (1992); *Kenter* (1989); *Marr/Schmölz* (1989); *Miller* (1989); *Oechsler* (1989); *Rosenstiel* (1992); *Schuler* (1995); *Steinmann/Kumar* (1984); *Yuen/Kee* (1993).

247 Vgl. hierzu z.B. *Hentze/Kammel* (1994); *Hofstede* (1992); S. 315-323; *Schneider* (1988).

248 Vgl. *Kenter* (1989), Sp. 1925. Nicht unter diesen Begriff fallen daher Auslandspraktika oder Auslandsaufenthalte im Rahmen eines Traineeprogramms. Diese werden in Abschnitt E.II.2.b) diskutiert.

249 Vgl. *Edström/Galbraith* (1977), S. 252-253.

250 Vgl. *Kenter* (1989), Sp. 1927-1928.

251 Vgl. *Edström/Galbraith* (1977), S. 252-253; *Kenter* (1989), Sp. 1931. KENTER präsentiert dort auch einen Bezugsrahmen für wichtige Komponenten der Entsendungsentscheidung.

252 Vgl. *Edström/Galbraith* (1977), S. 253. In einer Tabelle ordnen EDSTRÖM/GALBRAITH dort bestimmte Ausprägungen dieser Dimensionen den drei Zielen eines internationalen Transfers zu.

ren Land arbeitet, hat dies eher *zufälligen* Charakter. In anderen Unternehmen finden internationale Transfers durchaus statt, die Positionen der Marketing- und/oder Verkaufsleiter werden in den Auslandstöchtern jedoch bewusst mit einheimischen Führungskräften besetzt. Bei solchen Unternehmen ist der Transfer stark *einseitig* von der Zentrale in die Tochtergesellschaften und betrifft häufig die Entsendung von Geschäftsführern für die ausländischen Niederlassungen. Weiterhin finden sich bei verschiedenen Unternehmen systematische Versetzungen von Marketing Managern aus den ausländischen Tochtergesellschaften in die Zentrale, um dort *Koordinationsstellen* zu besetzen. Schließlich existieren bei manchen der befragten Unternehmen *institutionalisierte Programme* zur Forcierung des internationalen Transfer von Marketing Managern auf mehreren Ebenen sowie in verschiedene Richtungen und ein mehrjähriger Auslandsaufenthalt wird dort als integraler Karrierebestandteil eines Marketing Managers angesehen. Allerdings findet de facto bei einem der untersuchten Unternehmen fast kein Austausch von Marketing Managern statt, obwohl ein sogenanntes Mobilitätsprogramm zur Förderung internationaler Transfers existiert.[253]

Der systematische internationale Transfer von Marketing Managern hat ein Reihe von direkten und indirekten *positiven Auswirkungen* auf die Gestaltungsrichtlinien einer *horizontalen Organisation*. Der regelmäßige Austausch von Marketing Managern bewirkt erstens einen *Transfer und den Aufbau von Know-how* im *integrierten Netzwerk*.[254] Marketing Manager, die von einer ausländischen Tochtergesellschaft in die Zentrale transferiert werden, transportieren dabei nicht nur spezifisches Wissen über den einzelnen Auslandsmarkt in die Zentrale. Durch ihre Arbeitserfahrung bringen sie auch allgemeines Know-how über die Erfordernisse an das Marketing und über die Implementierung von Marketingkonzepten aus Sicht einer Tochtergesellschaft in die Zentrale hinein.[255] Analog dazu führt der Transfer eines Marketing Managers aus der Zentrale in die Tochtergesellschaft auch dort zu einem erhöhten Know-how. Befragte Marketingleiter einer Tochtergesellschaft schilderten z.B., dass sie aufgrund ihrer mehrjährigen Tätigkeit in der Zentrale ein gutes Verständnis der internationalen Ziele und Strategien sowie gute Kenntnisse der internationalen Planungsprozesse des Unternehmens besitzen. Dieses Know-how können sie aktiv bei der Planung und Durchführung von Marketingaktivitäten in den Tochtergesellschaften anwenden. Insgesamt wird durch diese Transfers bei den Marketing Managern ein Know-how über Markt- und Wettbewerbszusammenhänge sowohl auf europäischer Ebene als auch auf lokaler Ebene und ein Verständnis für den Abgleich dieser oftmals konfligierenden Anforderungen erzeugt.[256] Dabei verbreitet sich dieses Know-how nach ihrem Transfer in der gesamten Organisation im Rahmen der multi-personalen Entscheidungsprozesse im Marketing. Durch die Verbreitung von Know-how über Marketingplanungsprozesse in der Zentrale und den Tochtergesellschaften

---

253 Aussage von befragten Marketing Managern dieses Unternehmens.

254 Vgl. *Atamer/Nunes/Berthelier* (1994), S. 215-216; *Edström/Galbraith* (1977), S. 251; *Kreutzer* (1989), S. 179; *Welge/Böttcher* (1991), S. 444.

255 Aussage eines in die belgische Tochtergesellschaft eines deutschen Unternehmens entsandten Marketing Managers.

256 Vgl. *Bartlett/Ghoshal* (1990a), S. 238; *Kreutzer* (1989), S. 179.

trägt ein internationaler Transfer von Marketing Managern auch dazu bei, dass der *formalisierte Informationsaustausch* im integrierten Netzwerk effizienter verläuft.[257]

Ein systematischer internationaler Transfer von Marketing Managern führt zweitens zur Entstehung und zum Ausbau *informeller Kommunikation*. Der Transfer erzeugt die multiplen persönlichen Kontakte innerhalb der internationalen Organisation, die zum Aufbau persönlicher Kommunikationsbeziehungen notwendig sind, und erhöht die Wahrscheinlichkeit, dass diese Kontakte zur Informationsgenerierung und -verbreitung auch verwendet werden.[258] Manager, die bereits transferiert wurden, kommunizieren in der Regel häufiger mit anderen Einheiten des Unternehmens.[259] Einer der befragten Marketing Manager beschrieb die Bedeutung internationaler Transfers für die Erzeugung eines informellen Netzwerks folgendermaßen:

> „Well, if you take a French guy and put him in Italy or Germany, immediately you have a strong relationship between France and Italy, or France and Germany. So, the ideal thing would be to put a French in Italy, an Italian in Germany, and a German in France, and a French in Spain. This way you immediately create networking, because - I mean, you will have a lot of mixed relationships that will create this automatically for cultural reasons. ... Because obviously, if you have been working for years in a country, when you return to your original country, you have created local relationships. So, obviously you will more easily take your phone and say: „Hey, I have an issue. What do you think about it?“ If you have always been working in the same company, same country, then you won't do it - not as automatically.“

Drittens trägt der internationale Transfer von Marketing Managern maßgeblich zur *Verbreitung von Werten und Normen* innerhalb des Unternehmens und zur *Entwicklung einer international orientierten, offenen und dialogorientierten Unternehmenskultur* bei.[260] Dabei wirkt die internationale Rotation von Marketing-Personal in vielfältiger Weise auf die Entstehung und Verbreitung einer gemeinsamen Unternehmenskultur hin. Zum einen führt der längere Auslandsaufenthalt in der Regel bei den betroffenen Managern zu einem besseren Verständnis der lokalen und europäischen Marktverhältnisse und bewirkt dadurch eine Abschwächung eventuell vorhandener ethnozentrischer Denkschemata.[261] Zum anderen werden durch den Kontakt und die Zusammenarbeit lokaler mit transferierten Managern Werte und Normen im internationalen Unternehmen verbreitet. Schließlich fördert der Transfer durch die Entstehung persönlicher Kontakte über Ländergrenzen hinweg auch die Dialogbereitschaft im Rahmen des europäischen Brand Managementprozesses. Insgesamt erscheint es schwierig, eine international orientierte Unternehmenskultur ohne systematischen Transfer von Managern zu erzielen.[262] So beschwerte sich beispielsweise ein befragter Marketing Manager, der in der italienischen Tochtergesellschaft eines Unternehmens ohne

---

257 Vgl. *Edström/Galbraith* (1977), S. 258.

258 Vgl. *Atamer/Nunes/Berthelier* (1994), S. 215-216; *Bartlett/Ghoshal* (1990a), S. 238; *Edström/Galbraith* (1977), S. 251, 252, 258. *Waning* (1994), S. 318. Dies bestätigten auch mehrere der befragten Marketing Manager durch ihre Aussagen.

259 Vgl. *Edström/Galbraith* (1977), S. 258.

260 Vgl. *Edström/Galbraith* (1977), S. 251; *Jaeger* (1989), Sp. 2020; *Kreutzer* (1989), S. 178-179; *Waning* (1994), S. 318; *Welge/Böttcher* (1991), S. 444.

261 Vgl. *Edström/Galbraith* (1977), S. 255; *Kreutzer* (1989), S. 179.

262 Vgl. *Hedlund* (1986), S. 29.

systematischen internationalen Personaltransfer tätig ist, über die mangelnde internationale Orientierung des Managements in der Zentrale und führt diesen Mangel darauf zurück, dass die Marketing Manager der Zentrale zwar zum Urlaub ins Ausland reisen, aber noch nie im Ausland gearbeitet haben.

Insgesamt zeigt sich, dass ein intensiver internationaler Transfer von Marketing Managern die *Marktorientierung* und die *Gerechtigkeit* der Entscheidungs- und Umsetzungsprozesse in einer horizontalen Organisation auf vielfältige Art und Weise fördert, insbesondere durch den Aufbau und die Verbreitung von Know-how, persönlicher Kommunikationsbeziehungen und einer kulturellen Basis.[263] Drei Dimensionen erscheinen dabei maßgeblich für die Intensität und damit für das *Ausmaß der koordinativen Wirkung* des internationalen Transfers von Marketing Managern: die Richtungen der Transfers, die Anzahl der transferierten Marketing Manager und die einbezogenen Hierarchiestufen.

Hinsichtlich der *Richtung des Transfers* lassen sich drei Arten unterscheiden: erstens Marketing Manager aus der Zentrale, die in die Tochtergesellschaften transferiert werden, zweitens Marketing Manager aus den Tochtergesellschaften, die in die Zentrale wechseln, drittens Marketing Manager, die von einer Tochtergesellschaft zu einer anderen versetzt werden. Die Intensität des Einsatzes dieses Instruments und seine koordinative Wirkung nimmt dabei mit jeder zusätzlichen Transferrichtung zu. D.h., am geringsten ist die koordinative Wirkung, wenn nur ein einseitiger Transfer - entweder von Zentrale zur Tochtergesellschaft oder andersherum - stattfindet. Bei zweiseitigem Transfer - also von Zentrale zur Tochtergesellschaft und andersherum - erhöht sich das dadurch erzielbare Ausmaß der Koordination überproportional. Die größte Wirkung ist erzielbar, wenn der internationale Transfer in alle Richtungen verläuft, also zusätzlich zum Austausch zwischen Zentrale und Tochtergesellschaften auch ein Austausch zwischen den Tochtergesellschaft untereinander stattfindet. Der Grund hierfür ist offensichtlich: In je mehr Richtungen der Transfer verläuft, desto stärker wird ein Know-how in den einzelnen Einheiten über spezifisch lokale und gesamteuropäische Marktzusammenhänge aufgebaut, desto stärker und breiter wird die Verflechtung informeller Kommunikationsbeziehungen und desto mehr wird eine gemeinsame international orientierte Unternehmenskultur aufgebaut und verbreitet. Bezüglich der *Anzahl der von einem internationalen Transfer unmittelbar betroffenen Marketing Manager* besteht eine analoges Verhältnis: Je mehr Marketing Manager »rotiert« werden, um so höher wird das Ausmaß der koordinativen Wirkung, da mit steigender Zahl von Transfers die informationelle und kulturelle Vernetzung in der horizontalen Organisation zunimmt. Schließlich erhöht sich mit einer steigenden »*hierarchischen Reichweite*« der von den Transfers betroffenen Stellen auch die koordinative Wirkung dieses personalpolitischen Instruments. Je mehr Hierarchieebenen in einen internationalen Transfer integriert werden, desto umfassender gestaltet sich das Informationsnetzwerk einer horizontalen Organisation und desto mehr diffundiert eine internationale Orientierung im Unternehmen.

263 Vgl. *Edström/Galbraith* (1977), S. 258; *Jaeger* (1989), Sp. 2020.

Nur eines der untersuchten Konsumgüterunternehmen führt einen intensiven internationalen Transfer von Marketing Managern entlang aller drei dieser Dimensionen durch.[264] Einige der befragten Manager gaben jedoch an, dass in ihren Unternehmen die Bedeutung dieses Koordinationsinstruments erkannt wurde und internationale Transfers in Zukunft intensiviert werden sollen.

b) Internationale Aus- und Weiterbildungsprogramme

Etliche der analysierten internationalen Konsumgüterunternehmen setzen im Rahmen ihrer Führungskräfteentwicklung institutionalisierte Programme zur Aus- und Weiterbildung von Marketing Managern ein. Allgemein lässt sich dabei zwischen *Traineeprogrammen* für den Managementnachwuchs und *Führungskräfteseminaren* zu bestimmten Themen zur Weiterbildung etablierter Marketing Manager unterscheiden, wobei letzere sowohl intern als auch bei externen Bildungsinstitutionen durchgeführt werden können. Bei beiden Arten stellen neben der Vermittlung von Fachkenntnissen und spezifischen Managementfertigkeiten die »Akkulturation« der Programmteilnehmer sowie die Entwicklung von kommunikativen und interkulturellen Fähigkeiten in der Regel wichtige Ziele dar.[265] In dem Maß, wie solche Führungskräfteentwicklungsinstrumente international ausgerichtet werden, können sie auch ein personenorientiertes Koordinationsinstrument im Rahmen des europäischen Brand Managements darstellen. Bei Traineeprogrammen kann eine internationale Komponente zum einen durch das systematische Einbeziehen verschiedener Nationalitäten in ein solches Programm und zum anderen durch geplante Auslandsaufenthalte im Rahmen dieses Programms erfolgen. Bei Führungskräfteseminaren wird die Internationalität dadurch erzielt, indem die Teilnehmer aus unterschiedlichen Ländergesellschaften stammen und/oder spezifisch internationale Themen behandelt werden.[266] Zum Teil werden solche Führungskräfteseminare speziell zur Unterstützung oder Begleitung des internationalen Transfers von Marketing Managern durchgeführt. Bei einem der untersuchten Unternehmen wird in der Zentrale und auch unter Beteiligung des Top-Managements des Gesamtunternehmens jährlich ein 14-tägiges Seminar für die Manager, die in den vorangegangenen zwei Jahren am Programm zum internationalen Managementtransfer teilnahmen, durchgeführt.[267] Zur Vorbereitung auf den Auslandseinsatz von Marketing Managern oder zu dessen Begleitung erschiene es auch sinnvoll, wenn diese Manager an speziellen Schulungen zur Vermittlung interkultureller Kompetenz teilnehmen würden. Sonst besteht nämlich die Gefahr, dass die erwünschte unternehmenskulturelle Wirkung im Hinblick auf eine zunehmende internationale Orientierung und Öffnung für andere Kulturen unterbleibt, vor allem wenn bei den Managern durch die Auslandserfahrung lediglich vorhandene Vorurteile bestätigt oder Fehlinterpretationen aus oberflächlichen Erfahrungen gezo-

264 Auskunft der befragten Marketing Manager dieses Unternehmens.

265 Vgl. *Bartlett/Ghoshal* (1990a), S. 236-237; *Bunk* (1996), S. 90; *Hedlund* (1986), S. 32; *Hentze/Kammel* (1994), S. 271; *Kreutzer* (1989), S. 175-176; *Waning* (1994), S. 318; *White/Poynter* (1990), S. 107.

266 Vgl. *Bunk* (1996), S. 91; *Kreutzer* (1989), S. 175. Diverse Beispiele hierfür wurden von mehreren der befragten Marketing Manager genannt.

267 Auskunft eines Marketing Managers dieses Unternehmens.

gen werden.[268] Trotz dieser Gefahr setzen nur wenige Unternehmen solche spezifischen Trainingsmaßnahmen systematisch ein, so dass die Überwindung kultureller Stereotype letztendlich nur der individuellen Kompetenz eines Managers überlassen wird.[269]

Insgesamt entfalten international ausgerichtete Aus- und Weiterbildungsprogramme eine ähnliche *Wirkung auf die Entwicklung einer horizontalen Organisation* wie der internationale Transfer von Marketing Managern. Der Einsatz von internationalen Traineeprogrammen und Führungskräfteseminaren führt zum Ausbau und zur Diffusion von Know-how im integrierten Netzwerk, erzeugt die für informelle Kommunikationsbeziehungen notwendigen persönlichen Kontakte und trägt zur Entwicklung und Verbreitung einer international orientierten und gemeinsam geteilten Unternehmenskultur bei.[270]

c) Auswahl europäischer Marketing Manager

Im Vordergrund der Auswahlproblematik steht in erster Linie die Bestimmung von *Selektionskriterien* für europäische Marketing Manager. Das Ziel besteht dabei im Auffinden von Kriterien, die gewährleisten, dass die gewählten Marketing Manager effizient und effektiv in einer horizontale Organisation arbeiten und somit zur Effektivität des europäischen Brand Managements beitragen. Dabei liegen noch keine empirisch gesicherten Erkenntnisse darüber vor, welcher *Persönlichkeitstyp* am besten zu einer horizontalen Organisation passt.[271] Einigkeit besteht jedoch darüber, dass neben bestimmten Fachkenntnissen allgemeine Persönlichkeitsmerkmale aus dem - allerdings nicht klar spezifizierten - Bereich der *Sozialkompetenz* von großer Bedeutung sind.[272] Üblicherweise werden in der Literatur bestimmte *Kriterienkataloge* oder *Idealprofile* für europäische Marketing Manager auf der Basis von Plausibilitätsüberlegungen angeführt. Diese Kataloge enthalten meist Kriterien wie Kommunikationsfähigkeit, Teamfähigkeit, Offenheit gegenüber anderen Kulturen, Innovationsfähigkeit, Flexibilität, Lernfähigkeit, Risikobereitschaft und persönliche Integrität.[273] Die Bedeutung von solchen Merkmalen für europäische Marketing Manager im Vergleich zur rein fachlichen Kompetenz betonte auch ein in der Zentrale eines internationalen Unternehmens tätiger, hochrangiger Marketing Manager in seiner im Folgenden wiedergegebenen Aussage:

> „Sie müssen sich die richtigen Leute aussuchen. Also Sie müssen genau wissen, was die für Verantwortungen zu erfüllen haben. Wobei das Einfachste sind noch die sachlichen Anforderungen - von Kenntnissen, Fähigkeiten, Erfahrungen. Das wirklich Schwierige ist, die richtigen Leute zu finden, die dieses wirklich sensibel aber bestimmt managen können. ... Die Persönlichkeitsstruktur, die Bereitschaft auf der einen Seite sehr offen zu sein, sehr integrativ zu sein, aber gleichzeitig genau zu wissen, wo es lang gehen muss zwangsläufig und wo man

268 Vgl. *Hentze/Kammel* (1994), S. 271.

269 Vgl. hierzu insb. *Fischer* (1996), S. 203-205 und die dort angegebene Literatur.

270 Vgl. *Atamer/Nunes/Berthelier* (1994), S. 231; *Bartlett/Ghoshal* (1990a), S. 238; *Kreutzer* (1989), S. 175-176; *Jaeger* (1989), Sp. 2020. Dies wird auch durch die Aussagen von mehreren der interviewten Marketing Managern aus unterschiedlichen Unternehmen bestätigt.

271 Vgl. *Hedlund* (1986), S. 30-31.

272 Vgl. *Dufour* (1994), S. 238-239; *Hentze/Kammel* (1994), S. 271; *Kreutzer* (1989), S. 168.

273 Vgl. *Bunk* (1996), S. 90; *Dufour* (1994), S. 237; *Hedlund* (1986), S. 31; *Hentze/Kammel* (1994), S. 271; *Kreutzer* (1989), S. 169, *Waning* (1994), S. 317.

keine Kompromisse machen darf. Das hämmere ich unseren Leuten auch immer ein. Das ist das *soft feeling*, das sie haben müssen. Sie müssen alle Leute, alle wichtigen Länder mit einbeziehen, müssen auch zuhören können, auch unterscheiden können, ob etwas wichtig ist oder nicht. Dürfen aber ihre Linie, ihre strategische Linie nicht aus den Augen verlieren. Dürfen sich von denen nicht in die Ecke führen lassen, dürfen auch nicht überall ja sagen. Und das ist eine Fähigkeit, die haben nicht viele Leute. Das ist auch eine gewisse Frage der ... Kompetenz und Glaubwürdigkeit als Partner - dass man ihnen dann traut und sagt: 'Er meint das ehrlich, er will nichts gegen uns, er will etwas mit uns machen und ich habe ein gutes Gefühl mit ihm.'"

Die Bestimmung von Kriterien für die Auswahl europäischer Marketing Manager übt in zweifacher Weise eine *koordinative Wirkung* im Rahmen des europäischen Brand Managements aus. Zum einen wird durch die Erzielung eines *Fits* der Gestaltungsrichtlinien der horizontalen Organisation mit den Persönlichkeitsanforderungen der Manager, die in einer solchen Organisation tätig sind, die Funktionsweise dieser Organisation unterstützt.[274] Die Anforderungskriterien können dann aus den Prinzipien einer horizontalen Organisation abgeleitet werden.[275] Insofern übt die Auswahl europäischer Marketing Manager zwar einen indirekten, aber dennoch nicht zu vernachlässigenden Einfluss auf die Koordination der europäischen Marketingaktivitäten aus. Eine Fehlbesetzung kann letztendlich die länderübergreifende Abstimmung aufgrund der Bedeutung weicher Faktoren behindern. Der Stellenwert der »richtigen« Auswahl von Managern wird darüber hinaus deutlich, wenn man bedenkt, dass Probleme in der Zusammenarbeit zwischen Zentrale und Tochtergesellschaft, die sich sowohl in mangelhafter Verbreitung von *Marktinformationen* als auch in einer geringeren *Prozessgerechtigkeit* äußern können, häufig in den Persönlichkeiten der beteiligten Manager und nicht in einer ungenügenden Fachkompetenz begründet liegen.[276]

Zum anderen entsteht eine koordinative Wirkung bei der *länderübergreifend standardisierten Anwendung von Selektionskriterien* bei der Auswahl europäischer Marketing Manager. Dabei kann durchaus eine gewisse länderspezifische Anpassung im Detail oder bei einzelnen Kriterien erfolgen. Aus einer weitgehenden Übereinstimmung der Auswahlkriterien resultiert tendenziell eine Homogenität bei den allgemeinen Persönlichkeitsmerkmalen der selektierten Manager. Diese *Basis-Homogenität* erleichtert wiederum die *formelle und informelle Kommunikation* zwischen den Marketing Managern aus unterschiedlichen Ländern, trägt zur Entstehung eines Zusammengehörigkeitsgefühls bei und unterstützt damit die Entwicklung und Verbreitung einer *gemeinsamen unternehmenskulturellen Basis*.[277]

274 Vgl. *Murtha/Lenway/Kimmel* (1994), S. 148; *Welge/Böttcher* (1991), S. 444.

275 Dabei werden letztendlich ähnliche wie oben genannte Selektionskriterien eine Rolle spielen. Hier soll jedoch keine weitere Diskussion über die inhaltliche Spezifikation von Selektionskriterien für europäische Marketing Manager und auch nicht über die Problematik der Messung solcher Kriterien erfolgen. Ein Ansatz zur Messung der »Transnationalen Mentalität« von Managern findet sich z.B. bei *Murtha/Lenway/Kimmel* (1994) Vielmehr soll hier auf einer übergeordneten Ebene die Frage diskutiert werden, inwieweit die Bestimmung solcher Kriterien eine Koordination der europäischen Marketingaktivitäten unterstützt.

276 Vgl. *Fischer* (1996), S. 202-206; *Hentze/Kammel* (1994), S. 267-268; *Kreutzer* (1989), S. 169-170.

277 Vgl. *Bolz* (1992), S. 79-80; *Kreutzer* (1989), S. 170-173 und die dort angegebene Literatur.

d) Beurteilungs- und Anreizsysteme für europäische Marketing Manager

Zum Abschluss dieses Abschnitts über personenorientierte Koordinationsinstrumente soll noch die Gestaltung von *Beurteilungs- und Anreizsystemen* im Hinblick auf ihre koordinative Wirkung kurz diskutiert werden. Im Allgemeinen definieren Beurteilungs- und Anreizsysteme die Beziehung zwischen einer Organisation und ihren Mitgliedern, indem in solchen Systeme die Werte und Handlungsnormen spezifiziert sind, die von den Mitgliedern befolgt werden sollen.[278] LEI/SLOCUM/SLATER unterscheiden *zwei grundsätzliche Ansätze zur Gestaltung von Beurteilungs- und Anreizsystemen*: zum einen ein »hierarchie-basiertes« (*hierarchy-based*) und zum anderen ein »leistungs-basiertes« (*performance-based*) System. Der Schlüssel im *hierarchie-basierten* Beurteilungs- und Anreizsystem besteht im Verhältnis zwischen Untergebenen und Vorgesetzen, der die Bewertung persönlich durchführt. Die Beurteilung der Mitarbeiter erfolgt in einem solchen System zwar auch anhand quantitativer Leistungsmaßstäbe (wie ROI, Umsatz oder Marktanteil). Eine zumindest gleich große Rolle spielen aber qualitative Bewertungsfaktoren. Darüber hinaus steht in einem hierarchie-basierten System die Gruppenleistung über der Individualleistung. Dadurch soll unter anderem eine langfristige Beziehung zwischen Individuum und Organisation entwickelt und das *commitment* des Organisationsmitglieder gestärkt werden. Beim *leistungs-basierten* Bewertungs- und Anreizsystem werden die Mitarbeiter überwiegend anhand der Erzielung bestimmter quantitativer Zielgrößen bewertet. Die persönliche Interaktion mit dem Vorgesetzten spielt bei dieser Art der Bewertung keine große Rolle. Weiterhin steht in einem leistungs-basierten System die Individual- über der Gruppenleistung. Auch die Sozialisierung der Mitarbeiter ist kein Ziel eines derartigen Bewertungssystems.[279] LEI/SLOCUM/SLATER postulieren einen *Fit* zwischen der Art des Beurteilungssystems und der verfolgten *internationalen Strategie*: Für eine Strategie der globalen Integration ist ein hierarchie-basiertes System am besten geeignet, da es die Abstimmung von Aktivitäten und die Ressourcenströme zwischen den interdependenten Einheiten des Unternehmens unterstützt. Für eine Strategie der lokalen Anpassung ist dagegen ein leistungs-basiertes System am geeignetsten, da Markt-basierte quantitative Erfolgsmaßstäbe die Ausschöpfung lokaler Chancen bei weitgehend dezentralisierten Einheiten des Unternehmens und unterschiedlichen Umweltkonstellationen fördern.[280]

Diese hier nur kurz wiedergegebene Argumentation für einen *Fit* zwischen internationaler Strategie und der Art des Beurteilungs- und Anreizsystems ist nachvollziehbar und erscheint plausibel. Die Frage stellt sich allerdings dann, welche Art von System für die Verfolgung einer *transnationalen Strategie*, bei der sowohl die Anforderungen der globalen Integration als auch der lokalen Anpassung simultan zu erfüllen sind. Eine Fortsetzung der Logik der transnationalen Strategie würde dementsprechend auch eine *wohl-balancierte Mischung* der beiden Arten von Systemen zur Gestaltung eines Bewertungs- und Anreizsystems für Marketing Manager im Rahmen des europäischen Brand Managements implizieren.

278 Vgl. *Lei/Slocum/Slater* (1991), S. 29.

279 Vgl. *Lei/Slocum/Slater* (1991), S. 29-31.

280 Vgl. *Lei/Slocum/Slater* (1991), S. 33-34; *Kreutzer* (1989), S. 185-186.

Jedenfalls wird deutlich, dass der Entwurf eines adäquaten Beurteilungs- und Anreizsystems im Rahmen der horizontalen Organisation problematisch ist und eine zu einseitige Ausrichtung in die eine oder andere Richtung negative Auswirkungen haben kann.[281] Grundsätzlich erscheint es sinnvoll, lokale Marketing Manager nicht ausschließlich nach lokalen Erfolgskriterien zu bewerten. Ein solches Vorgehen würde zum einen verhindern, dass lokal sub-optimale Marketingkonzepte mit vollem *commitment* umgesetzt werden. Zu Spannungen in der Organisation kann es vor allem dann kommen, wenn lokale Marketing Manager anhand von quantitativen Erfolgsgrößen des lokalen Marktes beurteilt und über Bonussysteme auch teilweise entlohnt werden, aber aus ihrer Sicht die freie Mittelwahl zur Zielerreichung aufgrund einer zentralisierungsbedingten Standardisierung der Marketingaktivitäten und damit die Verantwortung für ein (unbefriedigendes) Ergebnis nicht gegeben erscheint.[282] Aus Motivationsgründen sollte bei der Gestaltung des Anreizsystems in einer horizontalen Organisation nicht gänzlich auf die Beurteilung lokaler Marketing Manager anhand des auf ihrem Markt erzielten Erfolgs verzichtet werden. Zum anderen enstünde kein Anreiz zur Kooperation und Abstimmung von Marketingaktivitäten mit anderen Unternehmenseinheiten. Letztendlich stellt ein solches System starke Anreize für das lokale Management zu einer nationalen, nicht-europäischen Orientierung dar.[283] Daher ist ein reines *Profitcenter Prinzip* für die Bewertung der lokalen Marketing Manager im Rahmen der horizontalen Organisation des europäischen Brand Managements nicht geeignet und kann sogar die Erzielung von Vorteilen durch länderübergreifende Abstimmung von Marketingaktivitäten verhindern.[284] Um Anreize zur Koordination internationaler Marketingaktivitäten zu setzen, erscheint es daher zweckmäßiger, lokale Marketing Manager (auch) anhand pan-europäischer Erfolgsmaßstäbe zu beurteilen. Allerdings besteht auch hier die Problematik der Zuordnung von Verantwortung und Ergebnis, vor allem wenn dabei rein mechanisch nach quantitativen Zielgrößen vorgegangen wird.[285] Eines der untersuchten internationalen Unternehmen hat diesen inhärenten Konflikt eines horizontal organisierten europäischen Brand Managements gelöst bzw. zumindest entschärft, indem es eine Mischung aus hierarchie- und leistungs-basierter Bewertung vornimmt. Lokale Marketing Manager werden laut Auskunft einer der befragten Marketing Manager zum einen nach ihrem Abschneiden auf dem lokalen Markt gemessen, zum anderen aber auch daran,

> „...wie sie die Strategie für Europa beeinflussen, wie ihr Input hilft, die Strategie für ein Produkt in Europa festzulegen."

---

281 Vgl. *Hedlund* (1986), S. 29-30. So auch die Aussage eines der befragten Marketing Managers.

282 Aussage eines der befragten Marketing Managers.

283 Aussage eines der befragten lokalen Marketing Managers. Genauso unzweckmäßig ist es, Marketing Manager aus der Zentrale, die für die internationale Koordination von Marketingaktivitäten zuständig sind, anhand der Marktentwicklung im Stammland zu beurteilen, worauf ein anderer der befragten, lokalen Marketing Manager hinwies. Auch daher erscheint eine Trennung von Koordinationsstelle und Marktverantwortlichkeit für das Stammland geboten.

284 Vgl. *Kreutzer* (1989), S. 186; *White/Poynter* (1990), S. 109. Dies bestätigen auch die Aussagen einiger der befragten Marketing Manager.

285 Vgl. *Hedlund* (1986), S. 30.

Diese Beurteilung erfolgt nicht anhand eines formalisierten Messsystems, sondern - dem hierarchisch-basierten System entsprechend - anhand einer qualitativen Beurteilung. Der interviewte Marketing Manager dieses Unternehmens führte auf die Frage, wie lokale Marketing Manager bewertet werden, noch Folgendes dazu aus:

> „... wie sie sich strategisch engagieren. Man kann in dem System als Land Konsument sein, also ich lasse die anderen machen und nehme alles, was die machen, und implementiere das in mein Land, oder man kann aktiv auch Anbieter sein. Wenn man sagt: 'Ich habe das und das Verbraucherverhalten in meinem Land analysiert und da schließe ich daraus, dass wir in die Richtung gehen müssen. Ich versuche, das in Europa einzubringen oder vielleicht auch als Strategie durchzusetzen.' Und das ist eine Sache, wo wir bei unseren Brand Managern schon darauf sehen, ganz einfach weil wir die irgendwann auch mal als General Manager haben wollen, wo sie das gezwungenermaßen machen müssen. Und genauso werde ich drangehen müssen, zu sehen, inwiefern Deutschland zu dieser Eurostrategie beiträgt oder nicht."

Zusammenfassend kann festgehalten werden, dass die Signale, die Personalbewertungs- und Anreizsysteme für Marketing Manager aussenden, durchaus auch einen Einfluss auf die Koordination europäischer Marketingaktivitäten ausüben. Insbesondere die zu einseitige, leistungs-basierte Orientierung an lokalen Marktzielgrößen kann *negative Auswirkungen* auf die horizontale Organisation durch die damit verbundene *Negierung der vorhandenen Interdependenzen* des integrierten Netzwerks und durch die *Untergrabung einer international orientierten Unternehmenskultur* ausüben. Das zuletzt geschilderte Beispiel weist darüber hinaus erneut auf die Gefahr hin, einzelne Koordinationsinstrumente *isoliert* zu betrachten und einzusetzen. Damit das dort praktizierte Bewertungsverfahren funktioniert, benötigt die europäische Marketingorganisation unter anderem auch Foren, in denen die lokalen Marketing Manager Beiträge zur Entwicklung europäischer Strategien und Konzepte systematisch einbringen können. Möglichkeiten hierzu bieten die im folgenden Abschnitt diskutierten partizipativen Koordinationsinstrumente.

3. *Partizipative Koordinationsinstrumente*

Partizipative Koordinationsinstrumente nehmen eine Zwischenstellung zwischen den technokratischen und personenorientierten Koordinationsinstrumenten ein, da ihre koordinative Wirkung sowohl auf einer *institutionalisierten* als auch einer *persönlichen Interaktion* der Organisationsmitglieder beruht. Das Grundanliegen partizipativer Organisationsformen besteht in der *Nutzung und Koordination dezentraler Ressourcen ohne Rekurs auf hierarchisch-direktive Strukturen.*[286] Partizipative Koordinationsinstrumente können somit zu den Konzepten der *Selbstabstimmung* gerechnet werden[287] und sind im internationalen Kontext dadurch gekennzeichnet, dass sie eine unmittelbare, in der Regel mittels institutionalisierter, persönlicher Interaktion stattfindende *Einflussnahme* des Marketing Managements ausländischer Tochtergesellschaften auf Marketingentscheidungen im europäischen Brand Managementprozess erlauben und beabsichtigen. MACHARZINA/OESTERLE führen

---

286 Vgl. *Macharzina/Oesterle* (1995), S. 328-329; *Wiendieck* (1992), Sp. 2378.

287 Nach KIESER/KUBICEK können drei Arten der Selbstabstimmung unterschieden werden: 1. Fallweise Interaktion nach eigenem Ermessen; 2. Themenspezifische Interaktion, bei der die Selbstabstimmung beim Auftreten bestimmter Probleme zur Pflicht wird; 3. Institutionalisierte Interaktion durch Gremien. Vgl. *Kieser/Kubicek* (1992), S. 107-109.

regelmäßige Konferenzen, globale Koordinationsgruppen und das *Lead-Country*-Konzept als partizipative Koordinationsinstrumente an,[288] während BOLZ in seiner Studie - unter der Bezeichnung struktureller Koordinationsinstrumente - auf strategische Koordinationsgruppen, internationale Entscheidungsgremien und das *Lead-Country*-Konzept eingeht.[289] Die durchgeführten Interviews zeigten jedoch, dass die unternehmerische Praxis sich zum einen einer größeren Vielfalt von partizipativen Koordinationsinstrumenten bedient und zum anderen die verschiedenen Instrumentearten nicht strikt trennbar sind, sondern eher fließende Übergänge aufweisen. Im Folgenden sollen die verschiedenen *Ausprägungsformen* partizipativer *Koordinationsinstrumente* und ihre koordinative Wirkung im Rahmen einer horizontalen Organisation aufgezeigt werden.

a) Bilaterale Meetings

Bilaterale Meetings zwischen Marketing Managern einer Tochtergesellschaft und der Zentrale werden im Prinzip von allen internationalen Unternehmen eingesetzt, z.T. jedoch mit unterschiedlicher Zwecksetzung und Intensität. Zum einen finden solche Treffen regelmäßig im Rahmen des *internationalen Marketingplanungsprozesses* statt. In solchen bilateralen Meetings wird die Ableitung der Planung lokaler Marketingaktivitäten aus den strategischen Vorgaben zur Vorbereitung des internationalen Marketingplans diskutiert und/oder Tochtergesellschaften präsentieren ihre Marketingpläne und -budgets.[290] Zum anderen werden solche Meetings von der Zentrale dazu verwendet, *neue (europäische) Marketingkonzepte* vorzustellen, *Feedback* des lokalen Managements einzuholen und es von der Notwendigkeit bzw. Sinnhaftigkeit solcher Konzepte zu überzeugen.[291] Darüber hinaus finden solche bilaterale Meetings statt, wenn sich in einem Ländermarkt *spezifische Probleme*, z.B. in der Umsetzung eines europäischen Marketingkonzepts oder in lokalen Marktbearbeitungsmaßnahmen, ergeben.[292]

Die koordinative Wirkung bilateraler Meetings besteht vor allem in der engen *informationellen Verzahnung* der Zentrale mit den jeweiligen Tochtergesellschaften und einer entsprechenden Verbreitung von Marktinformationen. Durch dieses Instrument können aber nicht nur Informationen ausgetauscht werden, sondern auch ihre Bedeutung dem lokalen bzw. zentralen Marketing Management erläutert werden. Dies ist notwendig, um *organisationale Lernprozesse* hin zu einem Verständnis für lokale Spezifika in der Zentrale und für pan-europäische Belange des Marketing in der Auslandstochter zu erzeugen. Dadurch kann dieses Instrument ebenfalls eine - wenn auch begrenzte - unternehmenskulturelle Wirkung entfalten[293] und die Marktorientierung des europäischen Brand Managements auch auf kultureller Ebene fördern. Schließlich ermöglichen bilaterale Meetings auch die Entwicklung *informeller Kommunikationsbeziehungen* zwischen den Marketing Managern der Zentrale und der Tochtergesell-

---

288 Vgl. *Macharzina/Oesterle* (1995), S. 330-334.

289 Vgl. *Bolz* (1992), S. 151-154.

290 Auskunft von mehreren befragten Marketing Manager. Vgl. auch Abschnitt E.II.1.b).

291 Aussage verschiedener der interviewten Marketing Manager.

292 Aussage verschiedener, in der Zentrale tätiger Marketing Manager.

293 Vgl. *Jaeger* (1989), Sp. 2020.

schaften. Weiterhin ist dieses Instrument sehr gut dafür geeignet, dass die Zentrale in einem Dialog flexibel auf die *individuellen Belange* des lokalen Marketing Managements eingehen kann. Dadurch tragen bilaterale Meetings zur Prozessgerechtigkeit des europäischen Brand Managements positiv bei. Insgesamt gesehen besteht die hauptsächliche Funktion und damit auch die Koordinationswirkung bilateraler Treffen in der *Unterstützung anderer Koordinationsinstrumente*, insb. des Einsatzes detaillierter internationaler Planungssysteme oder der Zentralisierung einzelner Marketingbereiche, oder in der *Ergänzung* von solchen Mechanismen, mit denen eine Differenzierung einzelner Tochtergesellschaften nicht möglich ist.

b) Internationale ad-hoc Workshops

Ein weiteres partizipatives Koordinationsinstrument sind *internationale ad-hoc Workshops*, bei denen Marketing Manager aus verschiedenen Ländergesellschaften sich zur Diskussion und Lösung einer auf lokaler Ebene gemeinsam vorhandenen Problematik treffen - in der Regel ohne Beteiligung von Marketing Managern aus der Zentrale. Der Marketingleiter der belgischen Tochtergesellschaft eines internationalen Unternehmens berichtete z.B., dass das lokale Management ein Programm zur Betreuung von Kunden mit dem Namen *„perfection plus“* entwickelt hat. Über den formalisierten Informationsaustausch erfahren auch die anderen Ländergesellschaften davon, und der befragte Marketing Manager war sich sicher, dass dieses Programm Interesse im internationalen Konzern generieren und deshalb dann ein Workshop zu dieser Thematik veranstaltet werden würde.

> „For example, we are now conducting a new program, the so-called „Perfection Plus“. ... Well, that's a project that we are running. I'm sure that in the coming years, colleagues from other countries are going to call on us to have information and to organize a workshops on this „Perfection Plus“. That's an international transfer of know-how. ... (The information exchange) is being used. I'm calling on colleagues, too, when I see something. When we have a common opportunity or problem, we're organizing workshops, too. For instance, when you have a phase-out of a product, and Holland, Belgium and France have the same problem, then we sit together and we try to find together a solution, but it will not always be the same solution.“

Solche Workshops stellen ein relativ *fortschrittliches* Koordinationsinstrument dar, da der Einsatz eines solchen Instruments erstens voraussetzt, dass ein guter *horizontaler Informationsfluss* bereits stattfindet. Ansonsten wäre es nicht möglich, überhaupt gemeinsam vorhandene Marketingprobleme zu identifizieren. Zweitens müssen die lokalen Marketing Manager von der *grundsätzlichen Vorteilhaftigkeit* einer internationalen Abstimmung von Marketingaktivitäten und der Übernahme von anderswo entwickelten Konzepten überzeugt sein, damit sie Zeit und Geld in einen derartigen Workshop investieren. Daher setzt die Durchführung von solchen »freiwilligen« Treffen eine gewisse international orientierte Unternehmenskultur voraus. Die koordinative Wirkung dieses Instruments besteht letztendlich auch darin, dass es bereits vorhandene - formelle und informelle - *horizontale Informationsbeziehungen* in der europäischen Marketingorganisation *ergänzt* und über die durch den Know-how Transfer in Gang gesetzten Lernprozesse eine internationale Unternehmenskultur *verstärkt*.

c) Internationale Tagungen

Ähnlich wie bilaterale Meetings führen fast alle internationalen Unternehmen auch *internationale Tagungen* durch. An solchen meist einmal jährlich stattfindenden Veranstaltungen nehmen internationale Marketing Manager von allen ausländischen Tochtergesellschaften (oder von Tochtergesellschaften einer Region wie Europa) sowie Marketing Manager aus der Zentrale teil. Auf diesen Tagungen werden meist die allgemeine Unternehmensentwicklung und geplante Strategie, vom Unternehmen neu entwickelte Produkte und/oder von der Zentrale erarbeitete Marketingkonzepte präsentiert.[294] Bei manchen der befragten Unternehmen stellt dies auch der Startpunkt für den internationalen Marketingplanungsprozess dar.[295]

Die koordinative Wirkung von internationalen Tagungen besteht zum einen in der vertikalen *Informationsübermittlung* zwischen Zentrale und Tochtergesellschaften. Der Informationsfluss ist dabei *überwiegend einseitig*, da es auf solchen Veranstaltung primär um das Informieren der Tochtergesellschaften geht. Allerdings erhält die Zentrale auch durch erste Reaktionen des lokalen Managements auf präsentierte Konzepte einen Feedback, wodurch die Tochtergesellschaften letztendlich einen gewissen - wenn auch beschränkten - Einfluss auf die weitere internationale Marketingplanung geltend machen können.[296] Weiterhin besteht der Zweck solcher Tagungen auch in der Verbreitung eines gemeinsamen Markenverständnisses und auch einer *gemeinsamen Unternehmenskultur*, nicht zuletzt durch die Erzeugung eines *Zusammengehörigkeitsgefühls* bei den Teilnehmern.[297] Schließlich bieten internationale Tagungen auch die Möglichkeit, dass die Marketing Manager der Tochtergesellschaften sich untereinander besser kennenlernen und *persönliche Kommunikationsbeziehungen* auf- oder ausbauen. Die Funktion und Wirkung internationaler Tagungen beschrieb ein in der Zentrale tätiger Marketing Manager folgendermaßen:

> „Das einzige, was einigermaßen institutionalisiert ist, ist, dass in regelmäßigen Abständen diese internationalen Marketingtagungen stattfinden. ... Es sind nicht unbedingt »Entscheidungstagungen«, wo gesagt wird: 'So, jetzt entscheiden wir über dies oder jenes Projekt.' Vieles, was zu entscheiden ist, das läuft in den Gesprächen zur langfristigen Unternehmensplanung. Da werden Entscheidungen getroffen. Diese Tagungen haben mehrere Zwecke. Natürlich ist der Informationstransfer ganz wichtig: Was läuft hier in der Zentrale, worüber denkt man hier in der Zentrale nach. ... Es gibt manchmal auch die Möglichkeit, dass man eine Regionalkonferenz macht, z.B. wir treffen die Kollegen aus dem fernöstlichen Bereich in Singapur - die kommen alle dahin. Oder man trifft sich mal mit den Europäern auf regionaler, europäischer Ebene. Aber diese großen Tagungen mit den Präsidenten und Marketingleitern der Tochtergesellschaften sind halt zum einen da, mal über generelle Projekte zu berichten - was läuft hier so -, um alle auf einen einheitlichen Informationsstand zu bringen. ... Ein anderer Zweck dieser Marketingtagungen ist natürlich auch, das *Feedback* aus den Tochtergesellschaften zu bekommen, sei es im persönlichen Gespräch. Man hat dann eben mal die Möglichkeit, mit Kollegen unter vier Augen oder im bilateralen Kontakt zu sprechen, zumindest mal bei denen, die weiter weg sind. Die Kollegen haben untereinander die Möglichkeit, miteinander Kontakt zu haben, persönlichen Kontakt. Natürlich ist es so, dass die sich auch mal gerne persönlich austauschen. Natürlich könnten sie zum Telefonhörer greifen und der Neuseeländer kann den Amerikaner anrufen. ... Aber es ist immer etwas

---

294 Auskunft von mehreren der befragten Marketing Manager.

295 Auskunft verschiedener Marketing Manager dieser Unternehmen.

296 Aussage mehrerer in der Zentrale und lokal tätiger Marketing Manager verschiedener Unternehmen.

297 Vgl. *Atamer/Nunes/Berthelier* (1994), S. 211. So auch die Aussage mehrerer Marketing Manager.

anderes, ob ich jemand an dem anderen Ende einer Telefonleitung habe oder ob ich jemandem persönlich gegenüber sitze und sehe wie der reagiert usw. Das ist eben auch eine wichtige Funktion, dass es auf der menschlichen Ebene stimmt. Und ein wesentlicher Grund ist auch eine Motivationsgeschichte. ... Diese Marketingveranstaltungen haben natürlich auch sogar vielleicht als wichtigsten Zweck, ein gemeinsames Markenverständnis überhaupt zu kreieren."

d) Internationale Gremien und internationale Teams

Als *Gremien*[298] können organisatorische Einheiten eines Unternehmens bezeichnet werden, die durch folgende Merkmale gekennzeichnet sind: Die Mitglieder der Gremien stammen meist aus unterschiedlichen Bereichen des Unternehmens; die Mitgliederzahl ist nicht groß; das Gremium ist auf Dauer angelegt, tritt aber nur zeitweise zusammen; die Zusammenarbeit ist grundsätzlich hierarchiefrei (kollegial) und das Gremium übt eine koordinierende Funktion aus.[299] Ein *internationales Marketing Gremium* ist eine solche Organisationsform, die sich aus Marketing Managern unterschiedlicher Tochtergesellschaften und der Zentrale zusammensetzt. Ein *internationales Marketing Team* stellt eine Art Gremium dar, besitzt in der Regel jedoch eine spezifischere Aufgabenstellung.[300] Die Grenzen zwischen diesen beiden Formen sind in praxi jedoch nur schwer zu ziehen, so dass diese beiden partizipativen Koordinationsinstrumente hier gemeinsam diskutiert werden.[301]

Als *allgemeine Anlässe zur Bildung* von Gremien oder Teams werden folgende genannt: (1) die Bewältigung von *Aufgabenkomplexität*, die die Informationsverarbeitungs- und Steuerungskapazität einer auf (hierarchischen) Einzelentscheidungen beruhenden Organisationsstruktur überfordert; (2) die Ausschöpfung des *kreativen Potentials* und die *Motivation* der Mitglieder; (3) die *Legitimationskrise hierarchisch-direktiver Strukturen* und die *Regelung systemimmanenter Konflikte* im Unternehmen.[302] Die Gegenüberstellung dieser Anlässe mit den simultanen Anforderungen der globalen Integration und der lokalen Anpassung an das europäische Brand Management zeigt, dass internationale Gremien und Teams zur Bewältigung koordinativer Aufgaben in einer horizontalen Organisation prinzipiell sehr gut geeignet sind.

In allen untersuchten Konsumgüterunternehmen kommen solche internationale Gremien zum Einsatz, allerdings mit deutlich unterschiedlicher Intensität und auch in verschiedener Art und Weise. Zunächst sollen das Spektrum der *Einsatzmöglichkeiten* und die *Einbindung* internationaler Gremien und Teams im *europäischen Brand Managementprozess* anhand verschiede-

---

298 Als synonym zu Gremien gelten auch Begriffe wie Komitees, Kollegien, Ausschüsse oder Kommissionen. Vgl. *Mag* (1992), Sp. 253; *Seidel* (1992), Sp. 714.

299 Vgl. *Mag* (1992), Sp. 252-253; *Seidel* (1992), Sp. 714.

300 Zur Definition von »Teams« vgl. *Wiendick* (1992), Sp. 2375-2377 und die dort angegebene Literatur.

301 Es wird somit weder der Einteilung von MACHARZINA/OESTERLE in »Konferenzen« und »globalen Koordinationsgruppen« gefolgt, noch in Anlehnung an BOLZ die Differenzierung in »internationale Entscheidungsgremien« vorgenommen. Vgl. *Bolz* (1992), S. 152; *Macharzina/Oesterle* (1995), S. 330-331. Eine eindeutige Zuweisung der bei den untersuchten Unternehmen vorgefundenen internationalen (Marketing) Gremien zu diesen Formen war nicht möglich. Daher werden diese sich sowieso stark ähnelnden Formen partizipativer Koordinationsinstrumente hier unter dem Oberbegriff »internationale Gremien« gemeinsam behandelt.

302 Vgl. *Mag* (1992), Sp. 253-254; *Wiendieck* (1992), Sp. 2377-2378.

ner Beispiele mit intensivem Einsatz dieses Koordinationsinstruments aufgezeigt werden. Im Anschluss daran wird die koordinative Wirkung internationalen Gremien und Teams zusammenfassend diskutiert.

Unternehmen mit sehr intensivem Gebrauch von internationalen Gremien zur Koordination der europäischen Marketingaktivitäten haben meist solche Gremien für Marketing Manager *verschiedener Hierarchieebenen.* Bei einem der untersuchten Unternehmen treffen sich die lokalen Marketing Manager circa alle zwei Monate mit ihren Pendants aus der Zentrale für zwei Tage, sowohl auf der Ebene der Brand Manager als auch auf der Ebene der Marketingleiter eines Produktbereichs. Hierdurch entsteht eine *dauerhafte informationelle Vernetzung* im Unternehmen auf verschiedenen Ebenen, so dass jedes Land an verschiedenen Stellen des Entscheidungsprozesses die Möglichkeit hat, Input zu liefern und auf eventuell vorhandene lokale Spezifika hinzuweisen.[303] Der Marketingleiter der belgischen Tochtergesellschaft dieses Unternehmens beschrieb dies folgendermaßen:

> „When I say that we meet, this means the European Category Manager together with the European Marketing Group meets with the me, the Marketing Director of the different countries once every 2 months. First of all, there is an agenda - at (our company) it never happens that you go out in the wild and have some fun together and just brainstorm - mostly these meetings are very well prepared, and they are focused on issues. Focused on issues in terms of: what is the competition doing, and how can we best react. Issues like: we have this new product idea coming up, what is the best way to exploit it. Issues like: market share is flat, what can we learn from each other to bring share up. So, mostly the way it is being done is that issues are identified, we agree commonly before that these are the right issues to discuss, the European Group then prepares a kind of discussion guideline, on which the local Marketing Directors then input, and after that a summary is written, which is then used as a basis for action. And that is an ongoing process. And then the next time you see each other, you review the process on this certain issue, or you review new issues. ... And mostly what happens is that the issues, as they are being discussed in my group, have been discussed by the Brand Managers the week before. And the discussion guideline that the European Group is proposing is kind of what has come out of the discussion with the Brand Managers. And then, how do you resolve the issues then, that can be the question. Once everyone has given their input, it is then brought to the European Manager who then decides. And then you can be happy or unhappy. But what is certainly done is that you have had the opportunity to input in that process.“

Bei einem anderen untersuchten Unternehmen fand in den vergangenen Jahren ein deutlicher Wandel von einem einzigen internationalen Marketing Gremium hin zu einer Struktur mit mehreren internationalen Marketing Teams statt, die im Rahmen der gesamten Europäischen Marketing Strategie *spezifische Aufgabenstellungen* verfolgen. Das ursprüngliche internationale Marketing Team, das sich 1990 konstituierte, war zusammengesetzt aus den Marketingleitern oder Geschäftsführern der wichtigen europäischen Tochtergesellschaften (Frankreich, Italien, Belgien, Österreich und Schweiz), den deutschen Leitern der drei international aktiven Geschäftseinheiten und dem deutschen Geschäftsführer Marketing, der ebenfalls für die internationale Koordination der Marketingaktivitäten zuständig ist. Dieses Gremium traf sich circa

303 Aussage verschiedener Marketing Manager dieses Unternehmens.

alle zwei Monate.[304] Die damalige *Zielsetzung* des internationalen Gremiums beschrieb ein deutscher Marketing Manager wie folgt:

> „Also wir haben zunächst erst einmal ... uns einen Existenzgrund formuliert. Warum muss ein solches Team überhaupt existieren, was hat das für eine Funktion. Letztendlich die Umsetzung der vom Unternehmensbereich gesetzten Ziele auf internationaler Basis. Sie hatte die Funktion der Markenführung, der Markenentwicklung und wir wollen versuchen, das ist jetzt kein Versprecher, »Benchmarketing« zu machen. D.h. uns selber erst einmal international zu überprüfen, wo stimmen welche Faktoren nicht, welches sind die Faktoren, die den Markt treiben und wo müssen wir besser werden, intern und dann ein Benchmarking extern."

Diskutiert wurden in diesem Gremium verschiedene Themen: *Produktneuentwicklungen* und ihre Einsetzbarkeit in den Auslandsmärkten, *spezifische Anforderungen der Auslandsmärkte*, die *internationale Markenstrategie und -positionierung* sowie die Entwicklung eines internationalen *Marktinformationssystems* und die Standardisierung der Marktinformationsbasis.[305] Die Zusammenarbeit in diesem Gremium gestaltete sich aber durchaus als problematisch, wie alle befragten Marketing Manager dieses Unternehmens bestätigen konnten. Der belgische Marketingleiter sagte hierzu:

> „There we had a lot of discussions and fights between different countries, between different countries and Germany, and no satisfactory results for each party. ... Well, there were some structural problems of the meeting. ...you had 2 problems mainly: No clear definition of who was responsible for what. Everybody did a little of everything. There was also a problem of persons, who were not open enough for problems of other countries. If you take a very firm attitude and if you're not able to give and take, then it's very hard to work together in a team. And this was also a problem that occurred. I think that those were the main 2 problems."

Seit Ende 1995 wurde die bisherige Gremienstruktur aufgelöst und in drei internationale Teams überführt. Im ersten Team werden alle *operationalen Marketingprojekte* ausgetauscht. Das zweite Team beschäftigt sich mit der *internationalen Positionierung* der Marken des Unternehmens und das dritte mit der *Entwicklung von Neuprodukten* und den Anforderungen der Auslandsmärkte an die Produktentwicklung. Nicht jede Auslandstochter ist in jedem einzelnen Team personell vertreten, aber jede Tochtergesellschaft nimmt zumindest an einem dieser Teams teil. Der belgische Marketingleiter ist z.B. Mitglied des ersten Teams und sein Geschäftsführer Mitglied des zweiten. Dabei besteht auch eine Aufgabe der Teams darin, die anderen Teams über ihre Arbeit und Ergebnisse über ein Marketinginformationssystem zu informieren.

Zum Zeitpunkt der Befragung war dieses Modell verschiedener Gremien noch nicht lange im Einsatz. Die interviewten Manager waren jedoch der Meinung, dass diese internationale Teamstruktur einen systematischen Informationsaustausch und die Beteiligung der Auslandstöchter an der Entwicklung europäischer Marketingkonzepte gewährleisten würde und im Vergleich zum vorherigen Modell aufgrund der klaren Aufgabenstellung effizienter und effektiver funktionieren würde. Dennoch wurde das Vorgängermodell nicht als grundsätzlich schlecht beurteilt. Vielmehr es stellte einen *wichtigen Schritt* hin zum derzeitigen europäi-

---

304 Aussage eines deutschen, in der Zentrale tätigen und eines belgischen, lokal tätigen Marketing Managers dieses Unternehmens.

305 Auskunft der hierzu befragten, in der Zentrale und lokal tätigen Marketing Manager dieses Unternehmens.

schen Brand Management dar. Trotz der Probleme in der Zusammenarbeit bewirkte das erste internationale Marketing Team, dass ein internationaler Austausch an Informationen überhaupt stattfand, die einzelnen Marketing Manager sich gegenseitig kennenlernten und insgesamt sich eine stärkere *internationale Orientierung und Sensibilisierung* für europäische und lokale Erfordernisse sowohl bei den ausländischen als auch bei den deutschen Marketing Managern entwickelte.[306] Diesen *Entwicklungsprozess* resümiert nochmals die im Folgenden wiedergegebene Aussage des Marketingleiters der französischen Tochtergesellschaft:

> „Damals gab es das internationale (Marketingteam), das einfach die Aufgabe hatte, zu informieren, auszutauschen, den Status der Projekte zu zeigen. Eine Integrierung der internationalen Gedanken fand da nicht statt. ... Es gab aber zumindest mal dieses Team, damals war einfach ein großer Bedarf an Informationen nötig. Aus der Retroperspektive war das gar nicht so falsch, dass man das so machte. Auf der anderen Seite habe ich schon damals gemerkt, dass da Emotionen in allen Seiten hochkamen, die sagen, dass dies Deutschland- und nicht international orientiert ist. Das hat sich mit der Zeit verbessert aufgrund der Tatsache, dass wir einfach einen internationalen Prozess hatten, einfach auch einen sozialen Prozess, wo man sich öffnete, gesagt hat: 'Ich verstehe dein Problem, ich gehe auf dich ein, bring' es ein.' So dass so langsam aber sicher ein Verständnis auch bei den deutschen Kollegen für internationale Belange aufkam. ... Durch diesen Austausch in der Vergangenheit habe ich mir auch ein Netzwerk aufgebaut. Ich kann heute meine österreichischen oder schweizerischen Kollegen viel schneller anrufen... Und dadurch hat sich auch ein gewisses Verständnis entwickelt. Wir reagieren viel weniger emotional, weil wir einfach den Markt kennen."

Eine weitere Einsatzmöglichkeit eines internationalen Gremiums zeigt das Beispiel eines anderen internationalen Unternehmens. Bei diesem Unternehmen wird der Produktentwicklungsprozess und die Produkt-Markt-Konzeption sehr stark von der Unternehmenszentrale aus gesteuert. Der *Prozess einer Neuprodukteinführung* nach der Entwicklung eine Produkts dauert dort circa zwei Jahre. Der Einführungsprozess wird dabei durch internationale »Strategisches Marketing Team« begleitet. Solche Teams existieren für jeden Produktbereich und für jede Weltregion und treten einmal im Jahr zusammen. Mitglieder der europäischen Teams sind die Divisionsleiter sowie die jeweils zuständigen Produktmanager der vier wichtigsten Auslandstöchter (Deutschland, Frankreich, Italien und UK) sowie die internationalen Produktmanager aus der Zentrale. Das produktbereichsspezifische internationale Gremium hat in diesem Fall weniger die Funktion eines primären Informationsaustauschs. Die zur Konzipierung internationaler Marketingkonzepte notwendigen Informationen beschafft sich die Zentrale mittels anderer Koordinationsinstrumente, insbesondere einer intensiven zentralisierten Marktforschung, bilateralen Meetings und internationalen Projektgruppen. Das internationale Gremium hat vielmehr eine *Controlling-Funktion* und soll sicherstellen, dass die zentral entwickelten Konzepte auch den Bedürfnissen der wichtigsten Auslandsmärkte entsprechen. Daneben wird durch dieses Gremium eine *Feinabstimmung* auf internationaler Ebene erreicht, wodurch die lokale Umsetzbarkeit der entwickelten Marketingkonzepte gewährleistet wird.[307]

---

306 Aussage eines belgischen Marketing Managers dieses Unternehmens.

307 Auskunft von lokal und in der Zentrale tätigen Marketing Managern dieses Unternehmens.

Ein *innovatives Beispiel* für die Gestaltung eines internationalen Marketing Gremiums repräsentiert der letzte hier in diesem Zusammenhang ausführlicher dargestellte Fall.[308] 1995 wurden bei diesem deutschen Unternehmen Überlegungen zu einer internationalen *Vereinheitlichung der Markenpositionierung* und einer internationalen Abstimmung der Werbung angestellt. Es wurden Treffen mit internationaler Beteiligung abgehalten, bei denen die damalige Position der Dachmarke und die zukünftige Kommunikationsstrategie diskutiert wurden. Zur Erreichung des Ziels einer stärkeren Standardisierung der Werbung wurde ein internationales Gremium gebildet. Mitglieder dieses Gremiums waren die Marketingleiter der vier wichtigsten Auslandsgesellschaften (Italien, Frankreich, UK und Spanien) und Marketing Manager aus der Zentrale in Deutschland. Bis zu diesem Zeitpunkt war die Kommunikationspolitik in diesem Unternehmen vollkommen dezentralisiert. so dass die einzelnen Tochtergesellschaften auch ihre jeweils eigenen Werbeagenturen hatten. Anstatt die vorhandenen Beziehungen zu lösen und eine einzige europaweit vertretene Werbeagentur mit der Betreuung der Werbeaktivitäten zu beauftragen, entschied man sich, zu diesem internationalen Marketing Team die Account Manager der fünf Werbeagenturen hinzu zu ziehen. Durch diese eher ungewöhnliche Konstruktion eines internationalen Gremiums sollten zum einen die teilweise langjährigen Beziehungen nicht unterbrochen werden, zum anderen das kreative Potential eines internationalen Teams mit unterschiedlichen Werbeagenturen ausgeschöpft werden. Darüber hinaus war durch diese Konstruktion auch beabsichtigt, dass die teilnehmenden Marketing Manager durch die internationale Zusammenarbeit eine europäische anstelle ihrer eher lokalen Orientierung entwickeln. Die ersten Treffen dieses Gremiums wurden dazu verwendet, Verfahrensvorschriften für die Zusammenarbeit im Team gemeinsam festzulegen. Das Prozedere wurde dann auch schriftlich in einem *letter-of-intent* fixiert und die beteiligten Landesgesellschaften verpflichteten sich zur Einhaltung dieser Vorschriften. Inhaltlich beschäftigt sich dieses Gremium mit der Entwicklung von Einführungskampagnen für neue Produkte und von pan-europäischen Markenkampagnen sowie mit der Markenpositionierung. Darüber hinaus dient es als ein internationaler Ideen-Pool und zum internationalen Informationsaustausch. Das internationale Gremium trifft sich dazu mindestens einmal pro Monat, bei Bedarf auch öfters. Was die konkrete Arbeitsweise betrifft, so wird in diesem Gremium auf Basis eines gemeinsam erarbeiteten Positionierungskonzepts für das Neuprodukt ein Briefing an die Agenturen durchgeführt. Die Agenturen erarbeiten jeweils für sich Vorschläge für Werbespots und Printanzeigen und treffen eine Vorauswahl. Zur Koordination der Aktivitäten der Werbeagenturen wurde auch noch eine separater, externer Koordinator beauftragt. Die von den Agenturen vorselektierten Konzepte werden dann den Marketing Managern des Unternehmens präsentiert. Um Voreingenommenheit zu vermeiden, darf laut den Verfahrensrichtlinien nicht offengelegt werden, aus welchem Land ein bestimmter Vorschlag stammt. Im internationalen Gremium und unter Beteiligung des Unternehmensvorstandes wird dann über die Vorschläge entschieden. Bei der ersten Einführungskampagne wurden drei Vorschläge für TV-Spots und 20 Vorschläge für Printanzeigen

---

308 Die inhaltlichen Ausführungen beruhen auf Aussagen sowohl von Makreting Managern aus der deutschen Unternehmenszentrale als auch von in Auslandstöchtern angestellten Marketing Managern und eines Vertreters der französischen Werbeagentur dieses Unternehmens.

im internationalen Team vorgestellt. Es wurde letztendlich entschieden, zwei TV-Spots und eine Adaption sowie 15 Printanzeigen von diesen Vorschlägen zu produzieren. Aus diesem Pool können sich alle Landesgesellschaften - auch die kleineren, die nicht im Gremium vertreten sind - für ihre lokale Kommunikationspolitik bedienen. Hinsichtlich der ursprünglichen Zielsetzung war dieses Vorgehen durchaus erfolgreich. Bei der vorherigen Einführungskampagne wurden beispielsweise noch sieben unterschiedliche Werbefilme gedreht und die verwendeten Anzeigen waren in ihrer formalen Gestaltung und Optik vollkommen unterschiedlich. Darüber hinaus wurde dieses Vorgehen von den beteiligten lokalen Marketing Managern nach anfänglichen Bedenken im Hinblick auf eine zu starke Dominanz der deutschen Vorstellungen weitgehend akzeptiert.

Das Prinzip der Zusammenarbeit in diesem Team besteht darin, dass es keine »Gewinner« oder »Verlierer« bei der internationalen Konzipierung und Auswahl von Werbekonzepten gibt, sondern die größtmögliche Kreativität durch die Beteiligung verschiedener Auslandstöchter und Agenturen und damit ein pan-europäischer Kompromiss auf hohem Niveau erzielt wird. Als entscheidend für den bisherigen Erfolg dieses Vorgehens bei der Konzipierung und Umsetzung internationaler Werbekonzepte hat sich jedoch die Beteiligung der Auslandsgesellschaften erwiesen - sowohl bei der Gestaltung der Prozesse als auch bei der inhaltlichen Entwicklung von Konzepten. Als derzeit noch größtes Problem in der Zusammenarbeit im Team wird die Überwindung der lokalen Orientierung der Marketing Manager gesehen. Den Beteiligten ist jedoch bewusst, dass dieser Prozess mehrere Jahre dauern wird.

Auch die anderen untersuchten Unternehmen setzen internationale Gremien im europäischen Brand Managementprozess ein. Viele dieser Gremien haben primär eine *Informationsaustauschfunktion*, manche eher eine *Controlling-Funktion*, bei einigen geht es auch um die *Erarbeitung konkreter europäischer Marketingkonzepte* wie einen teilstandardisierten, paneuropäischen Produktkatalog.[309] Die koordinative Wirkung verschiedener Arten von internationalen Gremien und Teams ist prinzipiell die gleiche. Erstens trägt der Einsatz solcher Gremien zur Entwicklung eines integrierten Netzwerks bei. Internationale Gremien fördern die internationale *Verbreitung von Marktinformationen*, sowohl *vertikal* zwischen Zentrale und den Tochtergesellschaften als auch *horizontal* zwischen den beteiligten Tochtergesellschaften eines internationalen Unternehmens. Weiterhin gewähren internationale Gremien die *Nutzung der geographisch gestreuten Kompetenzen* zur Entwicklung von Marketingkonzepten. Außerdem stellen solche Gremien eine Möglichkeit zur *Umsetzung horizontaler Entscheidungsprozesse* dar. Die Teilnahme der Tochtergesellschaften an internationalen Gremien hat darüber hinaus einen maßgeblichen Einfluss auf die *Prozessgerechtigkeit* durch die unmittelbare Beteiligung des lokalen Managements am Entscheidungsprozess. Zweitens bieten internationale Gremien einen strukturellen Rahmen für die *Entstehung persönlicher Kontakte* und darauf basierende informeller Kommunikation zwischen Marketing Managern aus unterschiedlichen Einheiten des internationalen Unternehmens. Darüber hinaus kann die Bereitstellung ausreichender Kommunikationsmöglichkeiten in internationalen Gremien verhindern, dass infor-

309 Auskunft von mehreren Marketing Managern verschiedener Unternehmen.

melle Kommunikation *außerhalb erwünschter Kanäle* verläuft. Drittens können die durch internationale Gremien in Gang gesetzte Lernprozesse bei den Teilnehmern bewirken, dass sich eine *international- und dialogorientierte Unternehmenskultur* entwickelt, verstärkt und verbreitet.[310] Einer der befragten Marketing Manager eines internationalen Unternehmens, das keinen intensiven internationalen Transfer von Marketing Managern durchführt, sagte z.B., dass die Mitgliedschaft in internationalen Gremien das primäre Instrument zur Erzeugung einer internationalen Orientierung der einheimischen, lokalen Marketing Manager sei:

> „(Unser Unternehmen) hat eine sehr starke internationale Ausrichtung, und zwar durch europäische Gremien, von denen es jede Menge gibt. ... Heute ist es so, dass fast alle Funktionen im Managementbereich in internationalen Gremien vertreten sind, so dass jeder Manager einer *local company* auch irgendwo international mit tätig ist, sei es jetzt als Mitglied einer *task force* o.ä.. Es gibt eine Menge reguläre internationale Meetings, die monatlich z.B. stattfinden. Insofern ist die Ausrichtung sehr stark international bzw. v.a. europäisch. ... Es fängt an mit dem *Product Group Board*, was einmal monatlich stattfindet, wo die Topmanager der Unternehmen drin sitzen, die *Business* Verantwortlichen der einzelnen Länder und die einzelnen Marketingchefs. Dann geht es weiter über die *Business Groups*, die regelmäßig mit den PMs europäische Meetings veranstalten, um bestimmte Zeiträume zu besprechen in Bezug auf Produktsteuerung und dergleichen. Dann internationale Vertriebsgremien, wo die Vertriebschefs der einzelnen Länder zusammenkommen, um über internationale Accounts zu sprechen, auch wieder unter Mithilfe der *Business Groups* hier. Also es gibt eine Menge an institutionalisierten Meetings, die regelmäßig stattfinden und auch notwendig sind, um das Geschäft nicht ausufern zu lassen in Bezug auf regionales, einseitiges Denken."

Die Analyse des europäischen Brand Managements der betrachteten Konsumgüterunternehmen läßt den Schluss zu, dass das *Ausmaß der koordinativen Wirkung* von internationalen Gremien von deren *Einsatzintensität* abhängt. Die Einsatzintensität solcher Gremien erscheint dabei v.a. durch folgende Faktoren bestimmt: Die *Häufigkeit des Zusammentreffens* solcher Gremien, die *Anzahl solcher Gremien* und die durch sie abgedeckte Breite der Marketingorganisation, die *Einbindung* internationaler Gremien *in den regulären europäischen Brand Managementprozess* und damit schließlich die *Zuweisung spezifischer Aufgaben* im Rahmen dieses Prozesses. Allerdings haben die hier angeführten Beispiele erneut angedeutet, dass auch die Wirkung dieses partizipativen Koordinationsinstruments vom Einsatz anderer Mechanismen abhängt und seine *isolierte Anwendung* nicht unbedingt die erwünschten Effekte erzielt.

e) Internationale Projektgruppen

Internationale Projektgruppen ähneln internationalen Teams sehr stark, allerdings mit einer Ausnahme: Im Gegensatz zu Teams sind Projektgruppen *zeitlich befristet* und lösen sich nach Beendigung der ihr zugewiesenen Aufgabe wieder auf.[311] Bei den untersuchten Unternehmen werden internationale Projektgruppen in verschiedener Art und Weise im Rahmen des europäischen Brand Managementprozesses eingesetzt. Insgesamt konnten *vier Typen* von internationalen Projektgruppen identifiziert werden.

Zwei dieser Typen von Projektgruppen werden dabei nicht unmittelbar im Rahmen des fortlaufenden europäischen Brand Managementprozesses eingesetzt. Bei einem der untersuchten

310 Vgl. *Atamer/Nunes/Berthelier* (1994), S. 221, 232; *Seidel* (1992), S. 722-723.

311 Vgl. *Grün* (1992), Sp. 2107.

Unternehmen dienen internationale Projektgruppen zur *strategischen Reflexion* für das Top Management, die in einem solchen Kreis Gedanken über strategische Visionen und zukünftige Strategien für das Gesamtunternehmen austauschen.[312] Beim zweiten Typ werden internationale Projektgruppen für die *Lösung spezifischer, nicht regelmäßig auftretender Probleme* gebildet, z.B. für die Entwicklung eines internationalen Logistikkonzepts oder der Installation eines neuen internationalen EDV-Systems.[313] In einem der untersuchten Unternehmen wurde eine derartige internationale Projektgruppe mit dem Ziel einer internationalen Standardisierung von Packungsvarianten und -größen sowie der Entwicklung eines damit zusammenhängenden Verbundkonzepts für Produktion und Logistik eingesetzt. An dieser Projektgruppe waren neben Marketing- und Produktionsmanagern aus der Zentrale anfänglich auch Produktionsleiter europäischer Tochtergesellschaften mit eigener Produktionsstätte beteiligt. Nachdem die Zielsetzung und grundsätzliche Vorgehensweise abgestimmt und genau spezifiziert waren, schieden die Manager der Tochtergesellschaften aus dem Projekt aus. Die internationale Koordination bei der konkreten Umsetzung des Projekts wurde dann durch *bilaterale Meetings* von internationalen Marketing-Koordinatoren mit den lokalen Marketing Managern bewirkt.[314]

Der dritte Typ einer internationalen Projektgruppe wird zur *operativen Umsetzung* von in internationalen Gremien entwickelten Marketingkonzepten verwendet. Die detaillierte Ausarbeitung und Realisierung internationaler Marketingkonzepte würde in einem internationalen Gremium zu viel Zeit und Managementkapazität beanspruchen. Daher wird in einem internationalen Marketinggremium oftmals nur die Zielsetzung bestimmt, die operative Umsetzung dann auf eine internationale Projektgruppe ausgelagert.[315]

Der vierte und bei den untersuchten Unternehmen am häufigsten anzutreffende Typ internationaler Projektgruppen beschäftigt sich schließlich mit der *Entwicklung internationaler Marketingkonzepte* im Rahmen des europäischen Brand Managementprozesses. Solche Projektgruppen kommen meist funktionsspezifisch im Bereich der Neuproduktentwicklung oder der Kommunikationspolitik zum Einsatz. Bei manchen Unternehmen steht die Einberufung einer solchen Projektgruppe im Ermessen der Marketing Manager der Zentrale. Dabei geht es oftmals um die Entwicklung von produktpolitischen oder werbepolitischen Konzepten innerhalb eines bereits von der Zentrale vorgegebenen Rahmens.[316] Einige Unternehmen verwenden solche internationalen Projektgruppen systematisch im Rahmen des europäisch Brand Managementprozesses, wo sie eine zentrale Stellung bei der Entwicklung internationaler Marketingkonzepte einnehmen.[317] Ein in der Zentrale eines deutschen Unternehmens tätiger Mar-

---

312 Aussage von einem in der Zentrale tätigen Marketing Manager dieses Unternehmens.

313 Auskunft von mehreren der befragten Marketing Manager.

314 Auskunft von einem in der Zentrale tätigen Marketing Manager dieses Unternehmens.

315 Aussage von verschiedenen interviewten Marketing Manager.

316 Aussage von mehreren der befragten Marketing Manager.

317 Auskunft mehrerer Marketing Manager.

keting Manager beschrieb den Einsatz von internationalen Projektgruppen dieses Typs folgendermaßen:

> „Die häufigste ... Art der Organisation ist die Projektgruppe. Die ist meistens aus 3 bis 4 Ländern bestückt mit entsprechenden Disziplinen und der SGE. Das sind dann 6 bis 7 Mann. ... Wenn es eine sehr frühe (Projekt-) Phase ist, sind es überwiegend die *R&D-people*, wenn es eine späte Phase ist, dann sind sehr viele Markt-Leute drin. Also das kann durchaus im Zeitablauf auch in der Struktur ein bisschen wechseln. ... (Solche Projektgruppen werden für) alles (eingesetzt). Das sind neue Produktentwicklungen, wenn wir also neue Produktideen haben, die wir dann auf den Markt bringen... Aber das sind auch Marketing-Projekte, also eine neue Kampagne. ... Wenn wir eine Werbekampagne suchen für eine neue Marke oder für eine Marke, weil wir nicht zufrieden sind mit dem, was da ist, dann gibt's die Aufgabe: 'Jetzt mach' eine bessere Werbekampagne, die mehr *persuasion shift* hat.' Und dann gibt's eine Projektgruppe, die setzt sich aus den Länderverantwortlichen zusammen und auf der anderen Seite sitzt die Agentur. Das wird allerdings meistens gesteuert von dem ... (Euro-) Brand-Manager... Nehmen wir mal an, es geht um ein neues Werbekonzept für XYZ, dann haben wir drei Länder, die in diesem Projekt sind: Italien, Belgien und Österreich. Gesteuert wird das von dem XYZ-Brand-Manager, dem Euro-Manager. Die Agentur haben die dabei sitzen. Und dann wird ein Briefing geschrieben und dann wird das Briefing abgestimmt und dann kriegt die Agentur den Auftrag. ... Und da wird ein Zeitplan abgestimmt und nach 6 Wochen präsentieren die. Dann wird selektiert von dem Projektteam, da bin ich i.d.R. schon dabei und manchmal sogar mein Chef - das ist der, der die Sparte führt. Das hängt ein bisschen von der Bedeutung ab. Also entweder selektiert das Team vor und präsentiert dann oder wir machen das zusammen."

Im Vergleich zu internationalen Gremien sind in internationalen Projektgruppen oftmals auch weniger Personen und damit auch weniger Ländergesellschaften vertreten. Die *Mitglieder* internationaler Projektgruppen werden dabei in der Regel so selektiert, dass Auslandsmärkte mit *spezifischer Kompetenz in einem Produktbereich* oder mit *besonderer Marktbedeutung* teilnehmen, und dass für größere Regionen (z.B. Nordeuropa und Südeuropa) *typische Auslandsmärkte* repräsentiert sind, damit die unterschiedlichen Konsumentenbedürfnisse solcher Regionen berücksichtigt werden.[318] Um zu gewährleisten, dass die in der Projektgruppe entwickelten internationalen Konzepte auch den Anforderungen der nicht in der Gruppe vertretenen Tochtergesellschaften entsprechen, besteht beim vierten Typ solcher Projektgruppen in der Regel ein enges Zusammenspiel mit den internationalen Gremien des Unternehmens. Die internationalen Projektgruppen präsentieren den Entwicklungstand des Projekts regelmäßig vor internationalen Gremien. Hierdurch können nicht an der Projektgruppe beteiligte Tochtergesellschaften Input an das Projektteam geben und überprüfen, ob entwickelte Konzepte in ihrem Markt umsetzbar sind.[319]

Die grundsätzliche koordinative Wirkung internationaler Projektgruppen ist weitgehend vergleichbar zu der von internationalen Gremien oder Teams. So bewirkt der Einsatz internationaler Projektgruppen eine *informationelle Vernetzung* in der horizontalen Organisation, fördert die *Entwicklung* und *Verbreitung* einer *international orientierten Unternehmenskultur* und fördert die *Entstehung persönlicher Kommunikationsbeziehungen.* Die *Einsatzintensität* und damit der Grad der koordinativen Wirkung internationaler Projektgruppen hängt von ähnlichen Einflussfaktoren wie jene bei internationalen Teams ab: der *Einsatzhäufigkeit*, der

---

318 Auskunft mehrerer Marketing Manager.

319 Aussage verschiedener Marketing Manager der Unternehmen, die solche Projektgruppen einsetzen.

Breite der abgedeckten Problemstellungen, dem Ausmaß der *Entscheidungsbefugnis* und von der *systematischen Einbindung* in den europäischen Brand Managementprozess. Darüber hinaus unterstützen internationale Projektgruppen bei multi-funktionaler Besetzung auch marktorientiertes Verhalten durch eine *funktionsübergreifende Verbreitung von Marktinformationen* im internationalen Unternehmen.

f) Lead-Country-Konzept

Als letztes partizipatives Koordinationsinstrument soll schließlich das sogenannte *Lead-Country-Konzept* diskutiert werden, das dem partizipativen Gedanken am stärksten Rechnung trägt.[320] In der deutschen Literatur zum internationalen Marketing bzw. Management wurde diese Koordinationskonzept bereits beleuchtet.[321] Dabei wird das Lead-Country-Konzept übereinstimmend definiert als die *Übernahme einer führenden Position* im internationalen Unternehmen durch eine Landesgesellschaft bei der Entwicklung eines internationalen Marketingkonzepts für eine bestimmte Marke, ein Produkt- oder einen Produktbereich. Das sogenannte Lead Country übt als *primus inter pares* die Rolle des internationalen Koordinators für eine Region oder den Weltmarkt aus. Bei diesem Konzept wird letztendlich die internationale Marketingverantwortung für einen Proukt-Markt-Bereich auf eine Tochtergesellschaft übertragen, wobei dies auch die Gesellschaft des Stammlandes sein kann.[322] Von den fünfzehn untersuchten Unternehmen setzen *drei* ein Lead-Country-Konzept im Rahmen des europäischen Brand Managements ein. Allerdings zeigte sich bei der Analyse dieser Unternehmen, dass verschiedene *Spielarten* dieses Koordinationsinstruments verwendet werden, die sich von der gängigen Auffassung dieses Konzepts in der Literatur *unterscheiden.*

Bei zwei dieser Unternehmen wird eine Variante des Lead-Country-Konzept eher *sporadisch* eingesetzt und stellt eine *Ergänzung* der üblicherweise stattfindenden Entwicklung europäischer Marketingkonzepte durch internationale Projektgruppen dar. De facto stellt diese Art des Lead-Country-Konzepts eine spezielle Form der internationalen Projektgruppe dar, bei der die Entwicklung eines Konzepts zwischen der Koordinationsabteilung in der Zentrale und dem lokalen Marketing Management einer Tochtergesellschaft erfolgt. Durchaus beabsichtigt bei diesem Vorgehen ist zwar, dass das Konzept international übertragbar gestaltet wird, anderen Tochtergesellschaften bleibt es aber überlassen, ob sie das entwickelte Konzept übernehmen. Eine derartige Konstruktion wurde angetroffen, wenn eine Tochtergesellschaft eine besondere Initiative bei einem Projekt ergriff oder die Tochtergesellschaft in diesem Produktbereich eine dominante Rolle einnimmt.[323]

---

320 Vgl. *Macharzina/Oesterle* (1995), S. 331.

321 Vgl. *Bolz* (1992), S. 151-153, 156-157; *Macharzina/Oesterle* (1995), S. 331-334; *Meffert* (1989b), Sp. 1424-1426; *Raffée/Kreutzer* (1986), S. 16-18; *Rall* (1991), S. 432-433; *Waning* (1995), S. 312-313; *Welge/Böttcher* (1991), S. 442; *Welge* (1992), S. 584.

322 Vgl. *Macharzina/Oesterle* (1995), S. 331; *Meffert* (1989b), Sp. 1424; *Rall* (1991), S. 432; *Waning* (1995), S. 312; *Welge/Böttcher* (1991), S. 442; *Welge* (1992), S. 584.

323 Auskunft von mehreren Marketing Managern dieser beiden Unternehmen.

Eine weitere Variante des Lead-Country-Konzepts kommt bei einem der Unternehmen für *Zweitmarken* und für den *Kosmetikbereich* zum Einsatz. Die Entwicklung von internationalen Marketingkonzepten wird zwar weiterhin mittels einer internationalen Projektgruppe durchgeführt, eine bestimmte Tochtergesellschaft ist jedoch immer in solchen Projektgruppe vertreten und spielt innerhalb der Gruppe eine hervorgehobene Rolle. Z.B. übernimmt die französische Tochtergesellschaft in internationalen Projektgruppen eine solche Lead-Funktion im Kosmetikbereich, da der Weltmarktführer L'Oréal dort seinen Heimatmarkt hat und dementsprechend viele Produktentwicklungen in diesem Sektor französischen Ursprungs sind.[324] Im Gegensatz zu der in der Literatur vertretenen Auffassung verbleibt die koordinierende Rolle in den hier geschilderten Varianten bei der *Koordinationsabteilung* in der Zentrale.

Lediglich eines der untersuchten Konsumgüterunternehmen setzt das Lead-Country-Konzept *systematisch und institutionalisiert* im europäischen Brand Managementprozess ein. Das bei dem näher analysierten Geschäftsbereich verwendete Lead-Country-Konzept unterscheidet sich aber deutlich von dem in der Literatur dargestellten Ansatz. Zum einen wird das Lead-Country nicht über produktbezogene Kompetenz festgelegt. Vielmehr übernimmt jede europäische Tochtergesellschaft *abwechselnd* und *projektbezogen* die Lead-Funktion. Zum anderen erfolgt die Entwicklung des internationalen Marketingkonzepts *gemeinsam* mit Marketing Managern aus der Zentrale, die die koordinierende Rolle beibehalten.[325] Einer der befragten Marketing Manager dieses Unternehmens schilderte den Einsatz des Lead-Country-Konzepts folgendermaßen:

> „Also bei (diesem Geschäftsbereich) ist es so, das ist das sogenannte *lead country*... D.h., das Land übernimmt für Europa die *lead* für bestimmte Projekte. (Die Zentrale) koordiniert, macht aber bis auf wenige Ausnahmen nichts selbst, und das *lead country* entwickelt eine Initiative, eine Werbung, Konzepte stellvertretend für ganz Europa. Die entwickeln das natürlich mit ihren lokalen Konsumenten, mit ihrer lokalen Organisation. (Die Zentrale) ist im Prinzip da mit involviert, um einfach sicherzustellen, dass das für Europa applizierbar ist und dass das Ganze der *Euro strategy* folgt. Die Rolle von (der Zentrale) beschränkt sich darauf, dass die im Prinzip Input geben und versuchen, dass das Ganze den roten strategischen Faden behält, dass also ein Land nicht irgend etwas entwickelt, das sehr länderspezifisch ist..., wobei auch alle anderen Länder Input geben können. Dazu dient (ein internationales Marketing Gremium), wo solche Projekte dann auch vorgestellt werden... Da wird ein Status abgegeben, da wird die Denke geteilt und dann können alle Länder ihren Input dazugeben - müssen ihn auch geben, da es ihre einzige Chance ist, Projekte zu beeinflussen. Wenn sie mal fertig sind und qualifiziert sind, dann rollt die Maschinerie, dann kann ein einzelnes Land nicht mehr viel machen, um da noch etwas zu stoppen oder zu ändern. ... D.h., man muss im Prinzip, wenn man als Land Einfluss nehmen will auf Strategie usw., muss man den Bereich nutzen, um seine Denke mit einfließen zu lassen. Also ein *lead country* hat eine Initiative, eine Copy oder einen *product relaunch*, entwickelt das, testet das, vielleicht wird es dann noch in einem anderen europäischen Land getestet, in der Regel nicht und dann ... wird das in allen anderen Ländern ausgerollt, mit vielleicht zweimonatiger Verspätung. ... Wir haben eine *Europe Project List* und jedes Land nimmt die *lead* für ein bestimmtes Projekt. Z.B. Deutschland hat jetzt eine neue Werbung entwickelt, im Prinzip schon ein kleiner strategischer Schwenk in der Werbung und Deutschland hat dafür das Briefing gemacht, mit der Agentur das Konzept entwickelt, die Werbung entwickelt und hat mit der Agentur die Werbung produziert und mit der Agentur die Werbung in Deutschland getestet. (Die Zentrale) war immer involviert, hat immer Input gegeben. Die anderen Länder wussten von dem Projekt, die wussten auch in je-

---

324 Auskunft von verschiedenen Marketing Managern dieses Unternehmens.

325 Auskunft von einem der befragten Marketing Manager dieses Unternehmens.

dem Stadium, was so passiert, aber Deutschland hat im Prinzip das ge-*managed.* ... (Die Bestimmung der *lead countries*) ... ist projektbezogen. Es ist ein bisschen anders bei (einem anderen Produktbereich), insofern dass für diesen Bereich der einzig relevante Markt in Europa Deutschland ist und dann noch ein bisschen die Schweiz. In den anderen ist es relativ unterentwickelt. Da hat dann gezwungenermaßen Deutschland die *lead* bei sehr vielen Projekten. Bei (diesem Produktbereich) ist es anders. Die neue Initiative wird jetzt z.B von England entwickelt, *direct mailings* von Griechenland - das ist in ganz Europa verteilt und man versucht irgendwo, die *work load* auch über ganz Europa zu verteilen. Was (die Zentrale) selbst macht ist eigentlich mehr intern Initiativen zu qualifizieren, wo es auch sehr viel darauf ankommt, mit der Organisation vor Ort zusammen zu arbeiten. Wenn jetzt z.B. ein Produkt *relaunch*, ein *performance upgrade* (ansteht), dann müssen Managemententscheidungen getroffen werden, in welche Richtung man geht, wie viele Kosten man dem Ganzen erlauben will, und das wird als Projekt von der (Zentrale) ge-*handled.* Ab einem gewissen Zeitpunkt übernimmt es dann ein *lead country.* Dass man sagt, OK, der *upgrade* ist jetzt soweit getestet mit Konsumenten von Europa. Wir machen das, ja. Dann, was ist das erste *roll-out country*, und diese *roll-out country* wird in diesem Moment *lead country*, entwickelt die Copy, entwickelt den Marketingplan, *direct mail*, was an Marketing-Mix gemacht wird, um das Produkt zu vermarkten. Und dann fließt das an alle Länder."

Bei diesem Unternehmen *ersetzt* das Lead-Country-Konzept letztendlich internationale Projektgruppen. Konsequenterweise werden dort solche Projektgruppen im Rahmen des regulären europäischen Brand Managementprozesses nicht eingesetzt. Die *koordinative Wirkung* des Lead-Country-Konzepts kommt vor allem in der integrierten Netzwerkstruktur zum Tragen. Die projektbezogene Übernahme pan-europäischer Kompetenzen durch das lokale Marketing Management bei der Entwicklung eines internationalen Marketingkonzepts bewirkt starke *Interdependenzen* zwischen den internationalen Einheiten der horizontalen Organisation.[326] Dabei werden das traditionelle hierarchische Verhältnis zwischen Zentrale und Tochtergesellschaft weitgehend aufgehoben und ein reger *horizontaler Informationsfluss* und Know-how-Transfer stimuliert. Durch die kontinuierliche Übernahme von Lead-Funktionen erhalten die Manager der Tochtergesellschaften auch strategische Kompetenzen im Marketing. Auf die Entstehung informeller Kommunikation und die Verbreitung einer international orientierten Unternehmenskultur hat das Lead-Country-Konzept für sich genommen keine große Wirkung. Vielmehr *setzt* der Einsatz eines Lead-Country-Konzepts *voraus*, dass sowohl ein sehr gut funktionierender (formeller und informeller) Informationsaustausch als auch eine ausgeprägte und gemeinsam geteilte, international- und dialogorientierte Unternehmenskultur *bereits bestehen.* Dies erscheint notwendig, damit ein lokales Marketing Management ein europaweit tragfähiges Konzept entwickeln kann.[327] Dies bestätigt erneut die starken *Interdependenzen* zwischen den einzelnen Koordinationsinstrumenten. Die Anwendung des Lead-Country-Konzepts im europäischen Brand Managementprozess bei den betrachteten Unternehmen ist offensichtlich an den intensiven Einsatz von *Koordinationsstellen* sowie *internationalen Gremien* oder *internationalen Projektgruppen* gebunden.

326 Vgl. *Rall* (1991), S. 432.

327 Auch RALL kommt zu dem Ergebnis, dass die Anwendung des Lead-Country-Konzept letztendlich international sehr erfahrenen Unternehmen vorbehalten bleibt. Vgl. *Rall* (1991), S. 433.

4. *Vergleichende Bewertung der Koordinationsinstrumente*

Tabelle 5 fasst die Wirkung der verschiedenen Koordinationsinstrumente auf die Gestaltungsrichtlinien einer horizontalen Organisation des europäischen Brand Managementprozesses zusammen. Bei der Interpretation der in der Tabelle zusammengefassten Ergebnisse der Analyse der Koordinationsinstrumente gilt es zu beachten, dass die angegebenen *relativen Wirkungsstärken* sich auf einen Vergleich der Wirkung der einzelnen Koordinationsinstrumente auf die horizontale Organisation bei einem *intensiven Einsatz* der jeweiligen Instrumente beziehen. Folgende *zentrale Erkenntnisse* können aus diesem Vergleich gewonnen werden:

Erstens erfordert die Realisierung einer *integrierten Netzwerkstruktur* mit der Entwicklung und Nutzung breit gestreuter Ressourcen und Kompetenzen sowie dem partiellen Ersatz vertikaler Hierarchien durch horizontale Entscheidungsprozesse den intensiven Einsatz *mehrerer*, insbesondere *technokratischer und partizipativer Koordinationsinstrumente*. Während die technokratischen Instrumente vor allem für den *vertikalen Fluss* von Marktinformationen sorgen, tragen die partizipativen Koordinationsinstrumente auch stark zur *horizontalen informationellen Vernetzung* und zum Austausch, zur Nutzung und Weiterentwicklung des im internationalen Unternehmen verbreiteten *Know-hows* bei.

Zweitens nehmen *Koordinationsstellen* in der integrierten Netzwerkstruktur eine herausragende Bedeutung ein. Sie stellen essentielle *Informationsknotenpunkte* sowohl für die vertikale als auch horizontale Marktinformationsverbreitung dar.

Drittens erfolgen die Entwicklung und Nutzung *informeller Kommunikationsbeziehungen* und die *kulturelle Koordination* im Rahmen eines horizontal organisierten europäischen Brand Managementprozesses überwiegend durch *systematische persönliche Interaktionen* der Marketing Manager. Die Steuerung des Prozesses in dieser Hinsicht erfordert daher zum einen eine *Europäisierung der Personalpolitik* und zum anderen den Einsatz *partizipativer Koordinationsinstrumente*, insbesondere von internationalen Gremien und Projektgruppen.

Viertens entfalten bei einer isolierten Betrachtung der Koordinationsinstrumente der intensive Einsatz internationaler Gremien, Teams und Projektgruppen sowie der nachhaltige internationale Transfer von Marketing Managern die insgesamt stärkste positive Wirkung auf die Gestaltungsrichtlinien einer horizontale Organisation.

Fünftens zeigte die Diskussion der verschiedenen Koordinationsinstrumente, dass vielfältige *Interdependenzen* in der Wirkung auf die horizontale Organisation beim Einsatz dieser Instrumente existieren. Insofern besteht die Herausforderung bei der konkreten Umsetzung eines effektiven europäischen Brand Managements im Auffinden eines zweckmäßigen *Mix an Koordinationsinstrumenten.* Die Wirkungsbeziehungen zwischen den einzelnen Koordinationsinstrumenten des europäischen Brand Managements werden im folgenden Abschnitt näher beleuchtet.

	Gestaltungsrichtlinien der horizontalen Organisation					
	integriertes Netzwerk		Informelle Kommunikation		Kulturelle Koordination	
Zentralisierung	nicht positiv, zu starke Zentralisierung evtl. negativ	M	nicht positiv, zu starke Zentralisierung evtl. negativ	S	nicht positiv, zu starke Zentralisierung evtl. negativ	S
Pläne & Budgets	positiv, v.a. bei Gegenstromprinzip	L	Wechselspiel, z.T. Plattform für informelle Kommunikation	S	positiv, aber nur oberflächlich	S
Formalisierung & Prozessstandardisierung	positiv, zu starke und starre Formalisierung aber negativ	L	Wechselspiel, zu starke Formalisierung aber negativ	S	positiv bei Verbreitung von Werten, zu starke aber negativ	M
Informations-austauschsysteme	positiv	L	postive Stimulation	M	positiv durch Sensibilisierung	M
Koordinations-stellen	essentieller Bestandteil	●	keine direkte Wirkung	○	keine direkte Wirkung	○
Internationaler Transfer	positiv	L	positiv	L	positiv	●
Internationale Aus- und Weiterbildung	positiv	M	positiv	M	positiv	L
Auswahl europäischer Marketing Manager	positiv, wichtig v.a. bei Koordinationsstellen	S	kaum direkte Wirkung	○	positiv	M
Beurteilungs- und Anreizsysteme	positiv bei richtiger Mischung, negativ bei starkem Profitcenter	M	keine Wirkung	○	positiv bei richtiger Mischung, negativ bei starkem Profitcenter	S
Bilaterale Meetings	positiv, v.a. aber indirekte Wirkung	M	positiv für Komm. zwischen Zentrale - Tochtergesellschaft	M	positiv durch Lernprozesse	M
Internationale ad-hoc Workshops	positive Ergänzung	S	positive Ergänzung	S	positiv durch Lernprozesse	S
Internationale Tagungen	positiv	M	positiv	M	positiv, Verbreitung von Werten und "Wir"-Gefühl	M
Internationale Gremien & Teams	positiv, starke Vernetzung	●	positiv	L	positiv	L
Internationale Projektgruppen	positiv, starke Vernetzung	●	positiv	L	positiv	L
Lead-Country-Konzept	positiv, starke Vernetzung	●	nur positiv verstärkend	S	nur positiv verstärkend	S

Legende:	● sehr starke Wirkung	(L) starke Wirkung	(M) mittlere Wirkung	(S) schwache Wirkung	○ keine Wirkung

Tabelle 5: Relative Wirkung des intensiven Einsatzes der Koordinationsinstrumente auf die horizontale Organisation

5. *Wirkungsbeziehungen der Koordinationsinstrumente*

In der Literatur zum internationalen Marketing oder Management fehlt bisher eine systematische Analyse potentieller Interdependenzen beim Einsatz von Koordinationsinstrumenten. Auf Basis der Erkenntnisse der vorangegangenen Abschnitte, in dem die einzelnen Koordinationsinstrumente in ihrer Wirkung auf die Gestaltungsrichtlinien einer horizontalen Organisation ausführlich diskutiert wurden, soll im Folgenden der Versuch unternommen werden, die Interdependenzen systematisch zu erfassen und zu spezifizieren. Dabei konnten *fünf Arten von Wirkungsbeziehungen* bei den Instrumenten zur Koordination internationaler Marketingaktivitäten identifiziert werden.

Erstens können sich die Koordinationsinstrumente in ihrer Wirkung auf die Entwicklung einer horizontalen Organisation *ergänzen* und *verstärken.* Z.B. ergänzen bilaterale Meetings internationale Tagungen bei der Gestaltung des integrierten Netzwerks und bei der Stimulierung informeller Kommunikation. Bei internationalen Tagungen läuft der Informationsfluss primär einseitig von der Zentrale zu den Tochtergesellschaften, während bilaterale Meetings einen intensiven zweiseitigen Informationsfluss zwischen Zentrale und Tochtergesellschaft ermöglichen. Daher liegt der Informationszweck bei Tagungen im Informieren einer Vielzahl von Tochtergesellschaften über Sachverhalte, die für alle Beteiligten ähnliche Bedeutung einnehmen, während bilaterale Meetings eher zur Informationssammlung und zur Diskussion von Aspekten, die für eine Tochtergesellschaft spezifischer Natur sind, nützlich erscheinen. Weiterhin dienen internationale Tagungen eher zum Knüpfen persönlicher Kontakte zwischen Marketing Managern der verschiedenen Tochtergesellschaften. Dagegen bieten bilaterale Meetings die Gelegenheit der Intensivierung informeller Kommunikationsbeziehungen zwischen »zentralen« und lokalen Marketing Managern. Eine andere ergänzende und verstärkende Interdependenz besteht zwischen dem Einsatz personenorientierter und partizipativer Koordinationsinstrumente. Durch den Einsatz beider Instrumentearten wird die Sozialisierungswirkung auf die betroffenen Marketing Manager verstärkt und damit die Entwicklung einer international orientierten Unternehmenskultur sowie die Nutzung informeller Kommunikationskanäle stärker gefördert als bei der Addition der Wirkungen des isolierten Einsatzes solcher Instrumente.

Zweitens liegen zwischen etlichen Koordinationsinstrumenten *substitutionale* Beziehungen vor, d.h., dass ein Koordinationsinstrument in seiner Wirkung - zumindest partiell - durch ein anderes ersetzt werden kann. Z.B. erzielen internationale Teams und internationale Projektgruppen weitgehend ähnliche Wirkungen auf die Gestaltungsrichtlinien einer horizontalen Organisation. Insgesamt die gleiche Wirkung kann sowohl mit einem intensiven Einsatz an Teams und nur geringer Anwendung von Projektgruppen oder durch die systematische Einbindung von Projektgruppen in den europäischen Brand Managementprozess mit einem internationalen Team, das lediglich eine Controlling-Funktion wahrnimmt, erzielt werden. Bei der Analyse solcher substitutionalen Beziehungen lässt sich feststellen, dass zum einen diese Art von Interdependenz nur zwischen Instrumenten derselben Kategorie auftritt - also z.B. zwischen partizipativen Koordinationsinstrumenten untereinander. Zum anderen existieren dabei nie rein substitutionale, sondern alternativ immer auch *komplementäre* Beziehungen. So kann z.B. die gleichzeitige Anwendung von internationalen Teams und Projektgruppen auf verschiedenen Ebenen der europäischen Marketingorganisation einen verstärkenden Effekt auf die Informationsflüsse in der horizontalen Organisation ausüben.

Drittens bestehen potentiell *konfligierende* Beziehungen zwischen einzelnen Instrumenten. Dies betrifft vor allem die Gestaltung der Belohnungs- und Anreizsysteme europäischer Brand Manager. In Konflikt gerät dieses Instrument mit einem starken Zentralisierungsgrad aber auch mit dem Einsatz internationaler Teams, Projektgruppen oder dem Lead-Country-Konzept, wenn das Anreizsystem stark und ausschließlich an der Erzielung lokaler quantitativer Marktergebnisse geknüpft ist. Ein solches Anreizsystem erscheint nur sinnvoll, wenn lokale Marketing Manager in der Wahl ihrer Mittel zur Erzielung der Marktergebnisse relativ frei sind und sich nicht an die Anweisungen aus der Zentrale und/oder nach dem in einem Team erzielten internationalen Kompromiss richten müssen.

Viertens können bestimmte Koordinationsinstrumente die negative Wirkung anderer Instrumente (partiell) *kompensieren*. Insbesondere der Einsatz partizipativer und/oder personenorientierter Mechanismen vermag die negativen Auswirkungen einer starken Zentralisierung auf die Gestaltungsrichtlinien einer horizontalen Organisation verhindern oder zumindest abschwächen. Durch partizipative Koordinationsinstrumente sind Tochtergesellschaften in der Lage, direkten Einfluss auf internationale Marketingentscheidungen auszuüben, auch wenn die formelle Entscheidungskompetenz zentralisiert ist. Auch durch einen intensiven, beiderseitigen Transfer von Marketing Managern zwischen Zentrale und Tochtergesellschaft wird die negative Wirkung eines hohen Zentralisierungsgrades gemildert, da dadurch »Advokaten« der Auslandsmärkte in die Zentrale gelangen.

Die fünfte Art der Wirkungsbeziehung liegt dann vor, wenn der Einsatz eines Koordinationsinstruments den gleichzeitigen Einsatz eines anderen *voraussetzt*. Die Anwendung eines detaillierten Marketingplanungssystems zur Koordination internationaler Marketingaktivitäten bedingt z.B. häufige bilaterale Meetings, damit die informationelle Abstimmung der Pläne zwischen der Zentrale und den Tochtergesellschaften und die Konsolidierung der Pläne vollzogen werden kann und die Tochtergesellschaften sich der Umsetzung der Pläne verpflichtet fühlen. Auch der Einsatz des Lead-Country-Konzepts erweist sich an das Vorliegen von Koordinationsstellen und von internationalen Gremien gebunden. Ohne den simultanen Einsatz dieser Instrumente wird nicht gewährleistet, dass die zur Entwicklung internationaler Marketingkonzepte notwendigen Marktinformationen aus den verschiedenen Ländern zum Lead-Country fließen und dass das entwickelte Konzept auch international implementierbar ist. Tabelle 6 liefert einen systematischen Überblick über die mittels der Interviews und auch der bereits von anderen Autoren durchgeführten Studien zum Einsatz internationaler Koordinationsinstrumente identifizierten Wirkungsbeziehungen zwischen den verschiedenen Instrumenten:

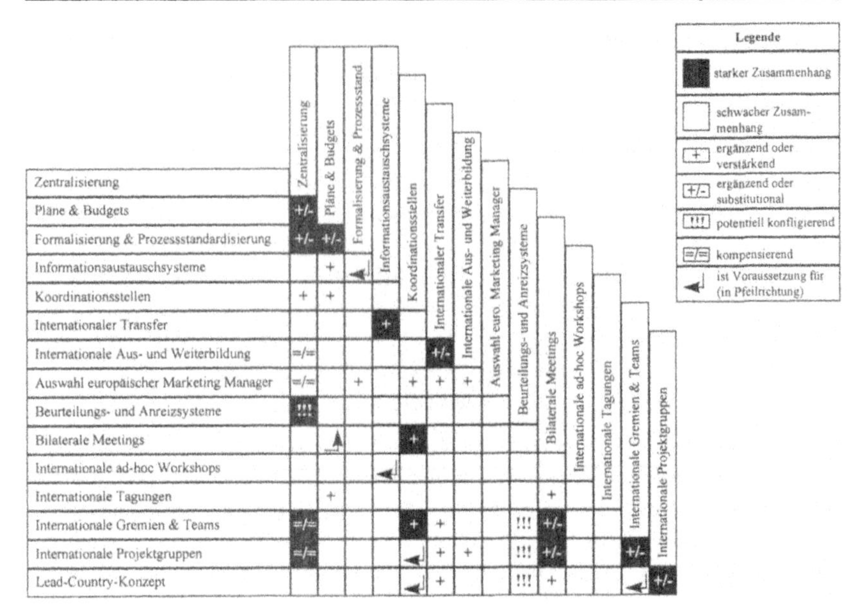

	Zentralisierung	Pläne & Budgets	Formalisierung & Prozessstand	Informationsaustauschsysteme	Koordinationsstellen	Internationaler Transfer	Internationale Aus- und Weiterbildung	Auswahl euro. Marketing Manager	Beurteilungs- und Anreizsysteme	Bilaterale Meetings	Internationale ad-hoc Workshops	Internationale Tagungen	Internationale Gremien & Teams	Internationale Projektgruppen
Zentralisierung														
Pläne & Budgets	**+/-**													
Formalisierung & Prozessstandardisierung	**+/-**	**+/-**												
Informationsaustauschsysteme		+	←											
Koordinationsstellen	+	+												
Internationaler Transfer				**+**										
Internationale Aus- und Weiterbildung	=/=					**+/-**								
Auswahl europäischer Marketing Manager	=/=		+		+	+	+							
Beurteilungs- und Anreizsysteme	**!!!**													
Bilaterale Meetings		↑			**+**									
Internationale ad-hoc Workshops				←										
Internationale Tagungen		+								+				
Internationale Gremien & Teams	**=/=**				**+**	+			!!!	**+/-**				
Internationale Projektgruppen	**=/=**				←	+	+		!!!	**+/-**			**+/-**	
Lead-Country-Konzept					←	+			!!!	+			←	**+/-**

Tabelle 6: Wirkungsbeziehungen der Koordinationsinstrumente des europäischen Brand Managements

Die Analyse der Interdependenzen zwischen den einzelnen Koordinationsinstrumenten lässt für die Gestaltung des europäischen Brand Managementprozesses zusätzlich zu den bereits oben getroffenen *folgende Schlüsse* zu:

Erstens werden alle Koordinationsinstrumente von solchen Interdependenzen erfasst. Einige Instrumente stehen dabei sogar in einer Wirkungsbeziehung zu vier oder mehr Instrumenten. Damit werden die Zweckmäßigkeit einer isolierten Betrachtung einzelner Koordinationsinstrumente und darauf aufbauende Handlungsempfehlungen über den Einsatz solcher Instrumente in Frage gestellt. Vielmehr erscheint es sinnvoll, Aussagen über die Vorteilhaftigkeit eines Instruments nur im *Gesamtzusammenhang* der Einsatzintensität aller anderen Koordinationsinstrumente zu treffen. Zweitens unterstreicht die Herausstellung der Wirkungsbeziehungen nochmals die *Bedeutung der partizipativen und personenorientierten Koordinationsinstrumente*. Zum einen verstärken sich diese beiden Instrumentearten in ihrer positiven Wirkung gegenseitig. Insbesondere der Informationsaustausch zwischen Tochtergesellschaften und die daraus entstehenden Synergieeffekte bei der Abstimmung von internationalen Marketingaktivitäten war bei den Unternehmen am größten, die einen intensiven Einsatz von personenorientierten und partizipativen Koordinationsinstrumenten vornehmen. Zum anderen schwächen die partizipativen und personenorientierten Instrumente auch die negativen Wirkungen der technokratischen Instrumente ab. So zeigte sich, dass einige der untersuchten Unternehmen einen hohen Zentralisierungs- und Formalisierungsgrad sowie einen Einsatz detaillierter Pläne zur Koordination der internationalen Marketingaktivitäten aufweisen und dennoch die Bedürfnisse der lokalen Märkte ausreichend berücksichtigen, da sie einen intensiven formellen und informellen Informationsfluss und eine ausgewogene Perspektive lokaler Spezifika und pan-europäischer Erfordernisse durch intensiven Einsatz bilateraler Meetings bzw. internationaler Teams sowie einer europäisch ausgerichteten Personalpolitik erzielten.

Drittens zeigt die Betrachtung der Interdependenzen, dass technokratische Instrumente einen nicht zu vernachlässigenden Teil des gesamten Koordinationsmix darstellen und ihre Wirkung sich mit derer partizipativer Instrumente häufig positiv ergänzt.

Viertens kann aus der Analyse der Wirkungsbeziehungen geschlossen werden, dass viele Kombinationen von Einsatzniveaus der einzelnen Instrumente eine prinzipiell gleich positive Wirkung auf die Entwicklung einer horizontalen Organisation ausüben. Durch besondere *Flexibilität* zeichnen sich die partizipativen Koordinationsinstrumente aus. Vor allem kann durch diese Instrumente auch der Anforderung einer *Rollendifferenzierung der Tochtergesellschaften* je nach Kompetenz und strategischer Bedeutung des lokalen Umfelds entsprochen werden. Die Flexibilität beim Einsatz und die daraus resultierende Rollendifferenzierung kann z.B. durch die Häufigkeit bilateraler Meetings, die Besetzung internationaler Teams oder Projektgruppen oder der Bestimmung des Lead-Country gesteuert werden, ohne eine strukturelle Änderung in der europäischen Marketingorganisation vorzunehmen und eine Minderung der Prozessgerechtigkeit durch inkonsistente Behandlung der anderen Tochtergesellschaften zu bewirken.

F. DER HANDLUNGSLEITENDE BEZUGSRAHMEN FÜR EFFEKTIVES EUROPÄISCHES BRAND MANAGEMENT

Das abschließende Kapitel dieser Studie fasst die in den vorherigen Abschnitten gewonnenen zentralen Erkenntnisse nochmals kurz zusammen und verdichtet sie in einem *Bezugsrahmen für ein effektives europäisches Brand Management*. Der in einem Wechselspiel aus Deduktion und Induktion hergeleitete Bezugsrahmen soll handlungsleitend für die Entwicklung und Umsetzung europäischer Marketingkonzepte sein und dient als konkreter *Leitfaden für die Gestaltung des europäischen Brand Managementprozesses*. Schließlich werden noch mögliche Einschränkungen des Bezugsrahmens und die Übertragbarkeit der darin enthaltenen Handlungsempfehlungen diskutiert.

Die Analyse der Umfeldbedingungen der europäischen Konsumgüterindustrie ergab, dass das europäische Brand Management aufgrund der Europäisierung des Wettbewerbs und des Handels in einem zunehmenden *Koordinationsbedarf* der europäischen Marketingaktivitäten resultiert. Aufgrund der nach wie vor bestehenden Heterogenität der Märkte in Europa, insbesondere hinsichtlich des Konsumentenverhaltens und kultureller Hintergrundfaktoren, muss das europäische Brand Management grundsätzlich lokale Spezifika im Entscheidungsprozess berücksichtigen. Das europäische Brand Management wird mit der *Herausforderung* konfrontiert, bei der Entwicklung europäischer Marketingkonzepte und der länderübergreifenden Abstimmung des Marketing den zum Teil gegensätzlichen Anforderungen der globalen Integration und der lokalen Anpassung gerecht zu werden. In der Literatur zum internationalen Marketing besteht jedoch ein deutliches Defizit an Lösungsansätzen zur Bewältigung dieser Herausforderung. Der klassische Ansatz des internationalen Marketing erweist sich dazu als ungeeignet, insbesondere wegen der Überbetonung der Standardisierung des Marketing, der Pauschalisierung von Handlungsempfehlungen und der Vernachlässigung der Umsetzungsproblematik. Auch Veröffentlichungen jüngeren Datums, die sich explizit mit der Thematik des europäischen Brand Managements oder mit verwandten Problemstellungen des internationalen Marketing auseinandersetzten, vermochten diese Lücke nicht zu schließen.

Daher wurde in dieser Untersuchung ein radikaler *Perspektivenwechsel* zur Überwindung der Defizite des klassischen Ansatzes im internationalen Marketing vollzogen. Ausgangspunkt des Perspektivenwechsels waren dabei Gedanken der *Prozess-Schule* des internationalen Managements. Anstelle von Überlegungen zur inhaltlichen Gestaltung des internationalen Marketing wird eine konsequente Fokussierung der *internationalen Marketingentscheidungsprozesse* vorgenommen. Somit wurde die Suche nach dem »richtigen« Standardisierungsgrad der Marketinginstrumente aufgegeben zugunsten der Frage nach der »richtigen« *Gestaltung eines Prozesses*, der als Ergebnis ein europäisches Marketingkonzept mit dem richtigen Standardisierungsgrad aufweist. Das Hauptziel dieser Arbeit bestand in der Entwicklung eines theoretisch fundierten und empirisch gestützten Bezugsrahmens, aus dem konkrete Handlungsempfehlungen für den europäischen Brand Managementprozess hervorgehen. Bedingt insbesondere durch den Neuheitsgrad dieser Perspektive im internationalen Marketing, der Komplexität der Wirkungsbeziehungen und der sich abzeichnenden Bedeutung »weicher« Faktoren erschien es dabei zweckmäßig, das interpretative Paradigma als methodologische Leitlinie bei der Entwicklung des Bezugsrahmens zum europäischen Brand Management heranzuziehen.

Die Entwicklung des Bezugsrahmens erfolgte im wesentlichen in fünf Schritten. Zuerst wurden die Kriterien spezifiziert, welche die *Effektivität* des europäischen Brand Managementprozesses beschreiben. Als maßgeblich hierfür gelten die global-lokal Balance, die internationale Lernfähigkeit, die Flexibilität und Reagibilität sowie die Implementierungsfähigkeit des europäischen Brand Managements. Daran anschließend fand im zweiten Schritt eine Diskussion der Faktoren statt, welche die Orientierung des Entscheidungsprozesses, den Prozessinput und die Schnittstellenüberwindung und somit die Erfolgswirksamkeit des europäischen Brand Managementprozesses bestimmen. Als *zentrale Erfolgsfaktoren* wurden dabei die internationale Marktorientierung und die Prozessgerechtigkeit identifiziert. Im dritten Schritt stand die Frage im Vordergrund, ob ein so konzipiertes europäisches Brand Management auch die Quelle eines *strategischen Wettbewerbsvorteils* darstellt. Zur Beantwortung dieser Frage wurde auf die *resource-based view* zurückgegriffen. Die Diskussion hierzu zeigte, dass die *resource-based view* zum einen eine theoretische Fundierung für den vollzogenen Perspektivenwechsel bietet und zum anderen ein effektiver europäischer Brand Managementprozess das Potential eines ressourcenorientierten Wettbewerbsvorteils beinhaltet. Ein weiteres Ergebnis dieser ersten drei Schritte bestand in der Identifikation der allgemeinen Bedeutung von *Informationsprozessen* und *unternehmenskulturellen Faktoren* für ein effektives europäisches Brand Management. Konkretisiert wurde diese Erkenntnis im vierten und fünften Schritt, die sich mit der *organisatorischen Gestaltung* des europäischen Brand Managements auseinandersetzten. Zunächst wurde die horizontale Organisation des europäischen Brand Management als allgemeines Gestaltungsprinzip aufgestellt und dann systematisch analysiert, welche Koordinationsinstrumente zur Realisierung dieses Gestaltungsprinzips geeignet sind. Dabei haben sich die *europäische Führungskräfteentwicklung* und die *institutionalisierte Gewährung von Einflussnahme* des Marketing Managements der Tochtergesellschaften mittels personenorientierter und partizipativer Koordinationsinstrumente als die entscheidenden Wege zur Umsetzung eines effektiven europäischen Brand Managements herauskristallisiert. Die Ergebnisse zum Einsatz der verschiedenen Koordinationsinstrumente vervollständigen den Bezugsrahmen zur Gestaltung des europäischen Brand Managementprozesses. Abbildung 27 stellt diesen Bezugsrahmen dar und fasst somit die zentralen Ergebnisse der Untersuchung zum europäischen Brand Management zusammen.

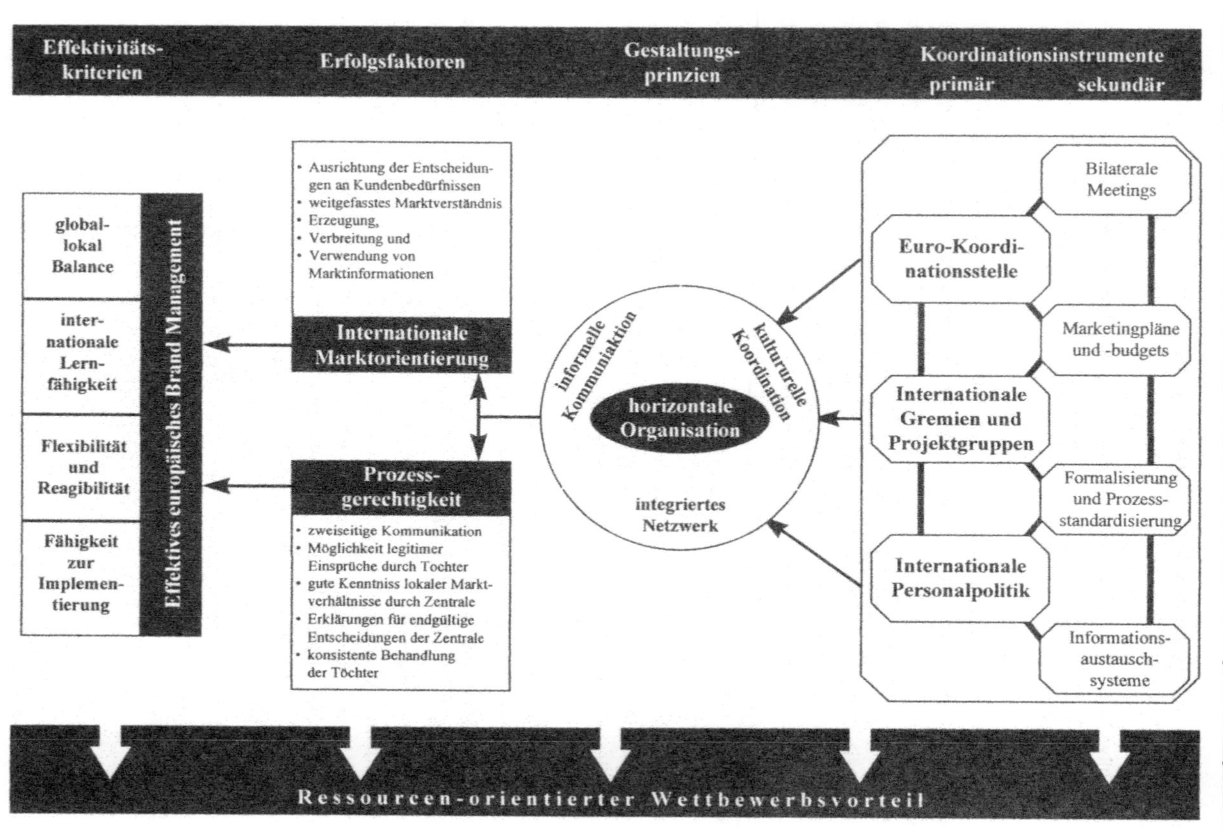

Abbildung 27: Der handlungsleitende Bezugsrahmen für einen effektiven europäischen Brand Managementprozess

Es stellen sich schließlich die Fragen, inwieweit der Bezugsrahmen auf andere Unternehmen *übertragen* werden kann und ob er in seiner Anwendung durch bestimmte Faktoren *eingeschränkt* wird. Es erscheint dabei plausibel, dass der Bezugsrahmen auf andere Unternehmen übertragbar ist, die sich mit einer ähnlichen Situation - hoher Koordinationsbedarf der Marketingaktivitäten bei gleichzeitig hohen Anforderungen der globalen Integration und lokalen Anpassung - konfrontiert sehen. Insofern besitzt der Bezugsrahmen auch Gültigkeit für Unternehmen, die nicht der Konsumgüterindustrie angehören, und für Marketingaktivitäten, die außerhalb Westeuropas liegen, sofern die *gleiche Problemkonstellation* vorliegt.[1] Allerdings können vier grundsätzliche Einwände gegen die Anwendbarkeit des Bezugsrahmens eingebracht werden.

Ein möglicher Einwand betrifft die Analyse der Wirkung der Koordinationsinstrumente, da diese überwiegend hinsichtlich ihrer Effektivität durchgeführt wurde. Unter *Effizienzgesichtspunkten* kann angeführt werden, dass der Einsatz der als sehr bedeutend herausgestellten partizipativen und personenorientierten Koordinationsinstrumente *hohe Kosten* verursacht, z.B. in Form von Reisekosten bei häufigen bilateralen Meetings oder Treffen internationaler Gremien oder durch die Gehaltszulagen entsandter Manager. Es steht auch außer Zweifel, dass die unmittelbaren Kosten der kulturellen Koordination in der Regel weit über denen einer rein bürokratischen Koordination mittels technokratischer Instrumente liegen.[2] Hinzu kommt, dass die internationale Abstimmung des Marketing mittels partizipativer Instrumente einen hohen *Zeitaufwand* erfordert.[3] Allerdings hat sich gezeigt, dass es nicht möglich ist, nur durch bürokratische Kontrolle bzw. durch Veränderungen in der Organisationsstruktur den zunehmenden Koordinationsbedarf des europäischen Brand Managements zu bewältigen. Insbesondere erscheint ein effektiver Abgleich globaler und lokaler Anforderungen an das Marketing und die Gewährleistung der Umsetzung europäischer Marketingkonzepte auf lokaler Ebene nur durch einen intensiven ergänzenden Einsatz der komplexeren und in ihrer Wirkung subtileren partizipativen und personenorientierten Koordinationsinstrumente möglich.[4] Während technokratische Koordinationsinstrumente durchaus für die Gestaltung des europäischen Brand Managementprozesses von Bedeutung sind, können sie nicht die für eine Konzipierung und Umsetzung effektiver europäischer Marketingkonzepte notwendige *internationale Orientierung* beim Marketing Management in der Zentrale und in den Tochtergesellschaften erzeugen.[5]

---

1 Die bei SCHÜTZ angeführten Beispiele zweier Unternehmen verdeutlichen, dass ähnliche Beziehungen, die im Bezugsrahmen zum europäischen Brand Management dargestellt werden, auch für Unternehmen mittlerer Betriebsgröße mit traditionell gewachsenen Organisationsstrukturen, die nicht der Konsumgüterindustrie angehören, bei der Steuerung internationaler Marketingaktivitäten und bei der Erzielung von Wettbewerbsvorteilen gelten. Vgl. *Schütz* (1993), S. 152-155.

2 Vgl. *Ghoshal/Nohria* (1989), S. 327; *Jaeger* (1982), S. 73; *Jaeger* (1989), Sp. 2021; *Roth/Schweiger/Morrison* (1991), S. 394.

3 Vgl. *Lorange/Probst* (1990), S. 155.

4 Vgl. *Jaeger* (1989), Sp. 2021; *Martinez/Jarillo* (1991), S. 441-442; *Roth/Nigh* (1992), S. 283.

5 Vgl. *Roth/Nigh* (1992), S. 295; *Roth/Schweiger/Morrison* (1991), S. 393.

Um die Kosten und vor allem den Zeitaufwand für die beteiligten Manager bei horizontalen Entscheidungsprozessen nicht unnötig zu erhöhen, sollte eine effiziente Organisation internationaler Meetings durch gute Vorbereitung, klare Agenden und straffe Führung sichergestellt werden.[6] Eine Koordinationsstelle erscheint dabei für die operative Durchführung dieser Aufgaben prädestiniert. Darüber hinaus verdeutlichte die Diskussion der *resource-based view* schließlich, dass die Erzielung von Wettbewerbsvorteilen im allgemeinen den Aufbau und die Entwicklung von unternehmensspezifischen organisationalen Fähigkeiten erfordert. Für das europäische Brand Management im speziellen kristallisierte sich dabei vor allem die Bedeutung der koordinativen und kulturellen Fähigkeiten als wettbewerbsvorteilsgenerierende Ressourcen heraus. Insofern stellen die Ausgaben und der Aufwand für eine europäische Führungskräfteentwicklung und den Einsatz partizipativer Koordinationsinstrumente durch ihre Stimulierung von *organisationalen Lernprozessen* eine Investition in die zukünftige internationale Wettbewerbsfähigkeit eines Unternehmens dar.[7]

Ein zweiter Einwand gegen die Anwendbarkeit des handlungsleitenden Bezugsrahmens zum effektiven europäischen Brand Management kann in einem Verweis darauf bestehen, dass die Realisierung des Bezugsrahmen bereits eine starke *Ressourcenbasis* bzw. ausgeprägte organisationale Fähigkeiten erfordern würde, über die viele Unternehmen nicht verfügen. Die Umsetzung des Bezugsrahmens scheint insbesondere hohe Anforderungen an die *personellen Voraussetzungen* der Unternehmen zu stellen. Die Verwirklichung eines marktorientierten und gerechten europäischen Brand Managementprozesses hängt schließlich unmittelbar von der »Qualität« der Marketing Manager ab.[8] Bei diesem Einwand gilt es jedoch zu berücksichtigen, dass der Bezugsrahmen letztendlich als ein Instrument zur *Organisationsentwicklung* aufzufassen ist. Zum einen greift Bezugsrahmen explizit Aspekte der Personalauswahl und der *Führungskräfteentwicklung* auf und zeigt, wie diese zur Erzielung eines effektiven europäischen Brand Managements eingesetzt werden können.[9] Zum anderen wurde bei der Diskussion sowohl der theoretischen Zusammenhänge als auch der organisatorischen Umsetzung der Handlungsprinzipien stets auf den dynamischen Charakter der Elemente des Bezugsrahmens hingewiesen.[10] Ein essentieller Bestandteil des handlungsleitenden Bezugsrahmens besteht schließlich in der notwendigen Berücksichtigung von *Lernprozessen.* Insofern kann der entwickelte Bezugsrahmen auch als handlungsleitend für solche Unternehmen gelten, deren bisherige Ausstattung an Ressourcen und Kompetenzen (noch) nicht ausreicht, um ein effektives europäisches Brand Management umzusetzen, da die im Bezugsrahmen eingebetteten Gestaltungsprinzipien zum Aufbau und zur Entwicklung solcher Ressourcen bzw. Kompetenzen führen.

---

6 Vgl. *Lorange/Probst* (1990), S. 150.

7 Vgl. *Schütz* (1993), S. 152.

8 Besonders deutlich wurde dies bei der Diskussion der Anforderungen an internationale Koordinationsstellen. Vgl. Abschnitt E.II.1.3).

9 Vgl. hierzu insb. Abschnitt E.II.2.

10 Vgl. z.B. die Abschnitte D.II.3.b), D.III.3., D.IV.5., E.II.3.d).

Ein dritter Einwand betrifft die potentielle *kulturelle Dependenz* der im Bezugsrahmen dargestellten Wirkungsbeziehungen. Die unterschiedlichen landeskulturellen Hintergründe der am internationalen Marketingentscheidungsprozess beteiligten Manager können dabei die Wirksamkeit der Informationsprozesse und der unternehmenskulturellen Maßnahmen auf zwei Arten beeinträchtigen. Zum einen besteht weitgehend Einigkeit über die Kulturgebundenheit personalpolitischer Instrumente.[11] Im Zusammenhang mit dem europäischen Brand Management kann dies dann problematisch werden, wenn die durch den Einsatz personenorientierter Koordinationsinstrumente intendierte unternehmenskulturelle Wirkung in ein konfligierendes Verhältnis mit der nationalen kulturellen Prägung des Marketing Managers gerät.[12] Starke Kulturunterschiede können daher die Entwicklung und den Aufbau einer gemeinsamen Unternehmenskultur behindern.[13] Zum anderen können solche Kulturunterschiede auch die Zusammenarbeit in multikulturell besetzten Gremien oder Projektgruppen durch die unterschiedlichen Arbeitsweisen und -mentalitäten der Mitglieder erschweren.[14]

Der Einwand einer eingeschränkten Gültigkeit des Bezugsrahmens aufgrund seiner kulturellen Dependenz lässt sich in der Tat nicht vollständig entkräften.[15] Allerdings kann gegen diesen Einwand angeführt werden, dass die im Bezugsrahmen des europäischen Brand Managements dargestellten Instrumente auch dazu dienen, Kulturdifferenzen bei den europäischen Marketing Managern zu überbrücken.[16] Insbesondere der Aufbau *persönlicher Kommunikationsbeziehungen* kann durch besseres »Kennenlernen« dazu beitragen, kulturbedingte Probleme der Zusammenarbeit in internationalen Unternehmen zu überwinden.[17] Darüber hinaus kann kulturelle Heterogenität auch die *Kreativität* eines Teams oder einer Projektgruppe positiv beeinflussen.[18] Insgesamt sollte aber die Möglichkeit interkultureller Managementprobleme bei der Gestaltung des europäischen Brand Managements *bewusst berücksichtigt* werden.[19] Dies kann z.B. durch eine länderspezifische Anpassung des personalpolitischen Instrumentariums erfolgen.[20] Weiterhin erscheint aufgrund möglicher interkultureller Konflikte das Erzielen eines gemeinsamen Verständnisses in einem offenen

---

11 Vgl. *Hentze/Kammel* (1994), S. 266.

12 Einen Überblick über mögliche Konflikte findet sich bei *Schneider* (1988), S. 504-509.

13 Vgl. *Schneider* (1988), S. 503.

14 Vgl. *Mayer/Soliman/Niehues* (1994), S. 120.

15 Dies ist allein schon aus logischen Gründen nicht möglich, denn gegen jedes Argument, dass die Kulturinvarianz des Bezugsrahmens versucht zu belegen, kann eingewendet werden, dass dieses Argument selbst letztendlich aus einer spezifischen Kultur heraus entwickelt wurde und damit nicht kulturfrei sei und somit auch nicht die Kulturinvarianz des Bezugsrahmens belegen könne. Allerdings erscheint ein derartiger totaler kultureller Relativismus wenig sinnvoll, da dann überhaupt Erkenntnisse über internationale Zusammenhänge keine erzielbar wären.

16 Vgl. z.B. *Jaeger* (1982), S. 72; *White/Poynter* (1990), S. 107.

17 Vgl. *Atamer/Nunes/Berthelier* (1994), S. 226-227.

18 Zu den allgemeinen Vor- und Nachteilen homogener und heterogener Teamzusammensetzungen vgl. z.B. *Wiendick* (1992), Sp. 2379-2380.

19 Vgl. *Hentze/Kammel* (1994), S. 267.

20 Vgl. *Schneider* (1988), S. 511.

Kommunikationsprozess über die Arbeitsweise in partizipativen Foren notwendig, um die kulturelle Heterogenität der Teilnehmer zur Erzeugung innovativer Problemdefinitionen und -lösungen zu nutzen.[21] Insofern stellt die Gestaltung eines effektiven europäischen Brand Managementprozesses auch eine Herausforderung an das *interkulturelle Management*, insbesondere an das interkulturelle Personalmanagement dar.

Ein vierter grundsätzlicher Einwand gegen den Bezugsrahmen des effektiven europäischen Brand Managements kann schließlich die *methodologische Basis* und damit die *Validität* des Bezugsrahmens betreffen. Nach den Maßstäben der quantitativen empirischen Sozialforschung stellt der Bezugsrahmen lediglich ein erstes Hypothesensystem dar, das es in einer weiteren Untersuchung empirisch zu falsifizieren gelte. Aus dieser Sicht könnte der Bezugsrahmen noch keine Gültigkeit für sich in Anspruch nehmen, weder für die in der Untersuchung einbezogenen noch für andere Unternehmen. Eine derartige Sichtweise erscheint jedoch zu beschränkt. Die Ergebnisse der Untersuchung deuten auch im Nachhinein darauf hin, dass der qualitative Ansatz des interpretativen Paradigmas zur Entwicklung des Bezugsrahmens angemessen war. Dafür sprechen vor allem die durch die Untersuchung aufgedeckten komplexen Wirkungszusammenhänge der einzelnen Bestandteile des Bezugsrahmens. Weiterhin konnten aufgrund der für diese Untersuchung gewählten Methodologie sowohl der Facettenreichtum als auch der Gesamtzusammenhang des europäischen Brand Managements verdeutlicht und darüber hinaus Zusammenhänge bei Aspekten, die bislang in der Literatur trotz offensichtlicher praktischer Relevanz nicht oder kaum behandelt wurden, entdeckt und aufgegriffen werden.

Im Rahmen des interpretativen Paradigmas ist die Frage einer Validität im Sinne der quantitativen empirischen Sozialforschung ohnehin von untergeordneter Bedeutung. Entscheidend für die Güte eines Bezugsrahmens ist vielmehr die »lebensweltliche Authentizität«, also ob der Bezugsrahmen die Realität aus der Perspektive der Akteure in angemessener Weise widerspiegelt.[22] Indem der Bezugsrahmen unmittelbar durch einen *ausgiebigen kommunikativen Prozess* mit europäischen Marketing Managern aus der Unternehmenspraxis und in einem Wechselspiel von Deduktion und Induktion entwickelt wurde, erscheint durchaus eine hohe Wahrscheinlichkeit gegeben zu sein, dass der entwickelte Bezugsrahmen die Realität des europäischen Brand Managements *angemessen reflektiert*.

---

21 Vgl. *Hentze/Kammel* (1994), S. 270.

22 Eine wissenschaftliche Überlegenheit dieses Ansatzes soll hier aber nicht proklamiert werden. Dies wäre ohnehin nicht möglich, da »objektive« Vergleichsmaßstäbe für die Vorteilhaftigkeit des einen oder anderen Paradigmas nicht bestehen. Personen, die einem bestimmten Paradigma unwiderruflich verhaftet sind, kann daher nie die Überlegenheit des anderen Paradigmas bewiesen werden, und ihnen werden Forschungsergebnisse aus dem anderen Paradigma stets suspekt erscheinen. Vgl. hierzu *Wollnik* (1993), S. 294-295.

ANHANG: THEMENMATRIX DER DOKUMENTIERTEN INTERVIEWS

In der folgenden Tabelle sind die Zeilen der Themenmatrix, die bei der Auswertung der Interviews erstellt wurde, wiedergegeben. Die grau unterlegten Felder geben die Oberthemen an; die darunter stehenden bezeichnen spezifische Aspekte, die im Rahmen des Oberthemas in einem Interview angesprochen wurden. In der rechten Spalte ist die Summe der dokumentierten Nennungen zu dem jeweiligen Themengebiet angegeben. Auf eine Darstellung der Spalten wurde verzichtet, da in den Spaltenbezeichnungen nur die jeweiligen Gesprächspartner bzw. Unternehmen angegeben sind. Die vollständige Themenmatrix hat eine Größe von ca. 50x300 Feldern.

	Anzahl der Nennungen
Europäisierung	**23**
allgemein	5
Wettbewerb	4
Handel	13
Verbraucher	1
Regionalisierung	**1**
Verbraucher	1
Spezifika des Auslandsmarktes	**83**
allgemein	6
Segmente	8
Konsumenten	15
Wettbewerber	9
Produktanforderungen	8
bezügl. Positionierung/Kommunikation	13
historische Unternehmensentwicklung	5
Wettbewerbsposition	12
Handel	5
Marktentwicklungsgrad	2

Standardisierungsgrad des Marketing	**58**
allgemein	2
Produkt	14
Sortiment	5
Werbung	15
Preis	5
Strategie	1
Positionierung	11
Distribution/Vertrieb/Trade-Marketing	3
Timing der Markteinführung	1
Notwendigkeit der Standardisierung	1
zunehmende Standardisierung	**54**
allgemein	3
Produkt	2
Sortiment	1
Werbung	6
Preis	4
Positionierung	2
Vorgehen/Durchsetzung	9
Hinderungsgründe	15
Ziele	9
Vertrieb	2
Logistik	1
Beispiele für Synergien	**5**
allgemein	1
Ideenaustausch	1
konkrete Einsparungen	2
nicht ausgeschöpfte	1
Länderfürsten	**2**
Vermeidung der Problematik	1
Entmachtung	1

besondere Probleme Frankreich	**4**
allgemein	2
andere Managementkultur	2
besondere Probleme Preispolitik	**16**
allgemein	10
Einführung Preiskorridor	6
besondere Probleme UK	**2**
allgemein	1
andere Managementkultur	1
Durchsetzung von lokalen Anpassungen	**35**
allgemein	1
Voraussetzungen	15
Vorgehen	15
Schwierigkeiten	4
Kleine Länder Problematik	**15**
allgemein	5
Umgehung durch internationale Kooperation	3
Notwendigkeit der Übernahme internationaler Konzepte	5
Besondere Bedeutung der Beteiligung für kleine Länder	2
Zentralisierungsgrad / Aufgabenverteilung Mutter-Tochter	**82**
allgemein	20
Produkt	6
Sortiment	4
Werbung	18
Preis	7
Distribution/Vertrieb/Trade-Marketing	11
Strategie	6
Positionierung	2
Marktforschung	5
Europäisierung = Dezentralisierung	3

Funktionen der Zentrale	**27**
allgemein	2
Service	4
Initiator	5
Moderator	3
Katalysator	1
Beratung	3
Finanzkontrolle	1
Informationssammlung und -verteilung	5
Konzeptentwicklung	1
Strategie	2
Koordinationsstellen	**42**
allgemein	2
für einzelne Länder/Regionen zuständig	10
für Produkte/Produktgruppen	6
für Key Accounts	1
Organisatorische/hierarchische Verankerung	5
für Funktionen	1
Aufgaben	7
Anforderungen	7
Probleme	3
Formalisierte / institutionalisierte Koordinationsinstrumente	**37**
allgemein	3
Handbücher, brand manuals	12
Pläne und Budgets	12
Richtlinien	6
formalisierte und standardisierte Entscheidungsprozesse	3
Weisungen	1
Profit-Center Prinzip zur internationalen Steuerung	**3**
allgemein	1
Problematik bei einheitlicher Markenpolitik	2

Internationale Teams	**34**
allgemein	6
Zusammensetzung	11
Aufgaben	11
Probleme in der Zusammenarbeit	3
Problematik des Aufwands: Zeit/Personal	3
Internationale Projektgruppen	**26**
allgemein	10
Zusammensetzung	8
Aufgaben	8
Internationale ad hoc Workshops, Tagungen und Meetings	**43**
allgemein	4
Meetings	21
Tagungen	14
Workshops	4
Lead-Country Prinzip	**11**
allgemein	3
Aufgaben	2
für Projektentwicklung/Koordination	4
für Markteinführung	2
Internationale Aufbauorganisation	**18**
allgemein	7
Regionale Struktur	8
Matrix	3

Beurteilung des Informationsaustauschs	**121**
allgemein	15
Mutter-Tochter	18
Tochter-Tochter	14
Voraussetzungen	3
Mechanismen/Vorgehensweise	8
Formalisierung/Institutionalisierung	12
e-mail, cc-mail	8
Newsletter	5
Gegenstand des Informationsaustauschs	13
Video Konferenzen	3
Folder	9
EDV-System für Marktinformationen	5
Ebenen des Informationsaustauschs	8
Informelle Kommunikation	**43**
Gegenstand	6
Bedeutung des persönlichen Kontakts	11
informelles Lobbying	3
Bedeutung der informellen Kommunikation	12
Verhältnis zur formellen Kommunikation	9
negative Erscheinungsformen	1
Entstehung	1
Internationales Personalmanagement	**59**
allgemein	2
Internationale Job Rotation	26
internationale Ausbildungs-/ Traineeprogramme	6
(veränderte) Anforderungen an Manager	3
Bedeutung der Auslandserfahrung	4
Beurteilung der Manager	5
internationale Führungskräfteseminare	8
Führungsperson(en) von P&G	3
Bedeutung der Zentralerfahrung	2

Unternehmenskultur	**45**
allgemein	4
internationale Orientierung vs. Heimatmarktorientierung	25
internationale Managementkulturunterschiede	4
gezielte Maßnahmen zur Herstellung einer starken Kultur	6
Durchsetzung einer internationalen Unternehmenskultur	3
Bedeutung gemeinsamer Werte	2
Firmensprache	1
internationale Kommunikation	**5**
Sprache	3
Schwierigkeiten	2
Entscheidungsfindung über internationale Lösungen	**31**
allgemein	3
Voraussetzungen	5
Vorgehen	15
Zielsetzung	2
Probleme	6
Einbezug in Entscheidungen	**34**
allgemein	17
Produkt	10
Sortiment	1
Werbung	2
Strategie	2
Voraussetzungen	2
Prozessgerechtigkeit	**39**
allgemein	2
2-seitige Kommunikation	7
begründeter Widerspruch möglich	8
Kenntnis lokaler Situation	14
Endgültige Entscheidungen werden begründet (und verstanden)	3
konsistente Entscheidungsfindung (auch gleiche Infos für alle)	5

Marktorientierung	**29**
allgemein	3
Koordination zwischen Tochter/Mutter	6
Kundennähe bzw. Berücksichtigung der Kundenbedürfnisse	10
interfunktionelle Koordination	6
als Werthaltung	4
Marktforschung/Marktinformationen	**37**
allgemein	9
einheitliche Marktdefinitionen	2
Umsetzung standardisierter Marktdefinitionen	1
Probleme der Durchführung von Marktstudien	2
Bedeutung für Durchsetzung lokaler Anpassungen	2
Markt-Monitoring	3
Tests	9
Standardisierung	6
Durchführung	2
Probleme der Standardisierung	1
Global lokal Balance	**44**
allgemein	4
Berücksichtigung der Bedürfnisse der Auslandsmärkte	14
Berücksichtigung der Europäisierungsbedürfnisse	4
Offenheit in Zentrale für lokale Spezifika	6
Offenheit in Tochter für Europäisierungserfordernisse	2
made-in Image	2
Trennung von Stammland und Zentrale	6
Beispielhafte Ausprägung	6
Flexibilität und Reagibilität	**3**
allgemein	1
differenzierte Rollen für Länder	2
Implementierung	**4**
allgemein	2
Umsetzung trotz lokaler Sub-Optimalität	2

organisationales Lernen/Know-how Transfer	**37**
allgemein	10
in Mutter durch Tochter	4
in Tochter durch Mutter	1
Entstehung von Innovationen/Neuproduktideen	5
Bedeutung von Innovationen	2
Bedeutung der Schnelligkeit bei der Einführung	2
Transfer of Best Practice	2
Übernahme von Ideen/Konzepten	11
Vor- bzw. Nachteile vs. Konkurrenz	**14**
Vorteile	7
Nachteile	7
Beziehungen zwischen Unternehmenseinheiten	**12**
allgemein	4
Mutter-Tochter	1
Tochter-Tochter	2
Netzwerk	5
Wandel zur europäischen Marketingorganisation	**25**
allgemein	6
langsamer Prozess	6
Bedeutung eines internen Promotoren, change agents	1
Änderungen der Machtstrukturen	4
konkrete Vorschläge	2
personalpolitische Aspekte	2
Regionalisierung (z.B. Benelux, Europa)	3
organisatorische Verankerung	1

Änderungsvorschläge	**28**
mehr Sensibilisierung für Auslandsbedürfnisse	3
stärkere Regionalisierung (Nord/Süd)	1
flexible, internationale Strukturen	1
weniger Autonomie für kleine Länder wegen Kosten/Personal	1
mehr Verantwortung an die Märkte/Mehr Informationsinput aus Märkten	1
Informationsaustausch	8
europäische Strategie	2
Standardisierung bei Werbung/Werbematerialien	1
Verbesserung internationaler Projektorganisationen	1
bessere Abstimmung bei Werbung	1
mehr Berücksichtigung der Auslandsbedürfnisse/mehr Flexibilität	1
mehr Zeit für internationale Treffen, Kontakt zur Koordination	2
mehr Markterfahrung für Koordinatoren in Zentrale	2
besseren internationalen Personalaustausch, insb. outside-in	1
Aufbau von Strukturen und klaren Zuständigkeiten	2
Zusammenhängende Fälle	**23**
Neuprodukteinführung	4
internationale Akquisition	1
Abstimmung über Positionierung und Werbung	1
Europaprojekte	1
Werbung für Neuprodukteinführung	2
Packungsstandardisierung	1
erfolgreiche internationale Neuprodukteinführung (Duschmilk)	1
Entwicklung der Unternehmensorga./Koordination 80er-90er	3
Produkteinführung (Markterweiterung)	1
Neuproduktentwicklung	1
länderspezifisches Produkt mit potentiell internationalem Einsatz	1
Euro-Kampagne, die lokal nicht passt, und Rolle der Agentur	2
Internationale Entscheidungsfindung über ein product upgrade	1
europäischer Produktkatalog	3

QUELLENVERZEICHNIS

A.C. Nielsen Co. (1990). Nielsen European Passport - A Strategic Assessment of the New European Grocery Marketplace, o. O. 1990.

Ackermann, Karl-Friedrich / Pohl, Gustav (1989). Entlohnung, internationale, in: *Macharzina, Klaus / Welge, Martin* (Hrsg.), Handwörterbuch Export und internationale Unternehmung, Stuttgart 1989, Sp. 379-391.

Amit, Raphael / Schoemaker, Paul J.H. (1993). Strategic Assets and Organizational Rent, in: Strategic Management Journal, Vol. 14, S. 33-46.

Amt für amtliche Veröffentlichungen der Europäischen Gemeinschaft (Hrsg.) (1991). Panorama der EG-Industrie 1991-1992, Luxemburg 1991.

Anders, Hans-Jürgen (1989). Wie europäisch ist der europäische Verbraucher, in: Markenartikel, 49. Jg., Nr. 8, S. 414-421.

Andrews, K.R. (1971). The Concept of Corporate Strategy, Homewood (Ill.) 1971.

Argyris, Chris / Schön, Donald A. (1978). Organizational Learning: A Theory of Action Perspective, Reading (Mass.) 1978.

Atamer, Tugrul / Nunes, Pancho / Berthelier, Michel (1994). Integrating Diversity: Case Studies, in: *Calori, Roland / De Woot, Philippe* (eds.). A European Management Model, New York - London 1994, S. 197-235.

Auerbach, Heiko (1994). Internationales Marketing-Controlling, Stuttgart 1994.

Backhaus, Klaus / Büschken, Joachim / Voeth, Markus (1996). Internationales Marketing, Stuttgart 1996.

Backhaus, Klaus / Hensmann, Jan / Meffert, Heribert (1990). Thesen zum Marketing im Europäischen Binnenmarkt, in: *Meffert, Heribert / Kirchgeorg, Manfred* (Hrsg.), Marktorientierte Unternehmensführung im Europäischen Binnenmarkt, Stuttgart 1990, S. 209-213.

Bamberger, Ingolf / Wrona, Thomas (1996). Der Ressourcenansatz und seine Bedeutung für die Strategische Unternehmensführung, in: zfbf - Schmalenbachs Zeitschrift für Betriebswirtschaftliche Forschung, 48. Jg., Nr. 2, S. 130-153.

Barnard, Chester I. (1938). The Functions of the Executive, Cambridge (Mass.) 1938.

Barney, Jay B. (1986a). Strategic Factor Markets: Expectations, Luck, and Business Strategy, in: Management Science, Vol. 32, No. 10, S. 1231-1241.

Barney, Jay B. (1986b). Organizational Culture: Can It Be a Source of Sustained Competitive Advantage?, in: Academy of Management Review, Vol. 11, No. 3, S. 656-665.

Barney, Jay B. (1989). Asset Stocks and Sustained Competitive Advantage: A Comment, in: Management Science, Vol. 35, No. 12, S. 1511-1513.

Barney, Jay B. (1991). Firm Resources and Sustained Competitive Advantage, in: Journal of Management, Vol. 17, No. 1, S. 99-120.

Barney, Jay B. (1992). Integrating Organizational Behavior and Strategy Formulation Research: A Resource Based Analysis, in: *Shrivastava, Paul / Huff, Anne / Dutton, Jane* (eds.), Advances in Strategic Management, Vol. 8, Greenwich Connecticut 1992, S. 39-61.

Barney, Jay B. (1994a). Bringing Managers Back In: A Resource-Based Analysis of the Role of Managers in Creating and Sustaining Competitive Advantages for Firms. Paper presented at the Annual National Meetings of the Academy of Management, Dallas TX, August 1994.

Barney, Jay B. (1994b). COMMENTARY: A Hierarchy of Corporate Resources (A.L. Brumagim), in: *Shrivastava, Paul / Hull, Anne / Dutton, Jane* (eds.), Advances in Strategic Management, Vol. 10 (Part A), Resource-Based View of the Firm, Greenwich Connecticut 1994, S. 113-125.

Barney, Jay B. / Hansen, Mark H. (1994). Trustworthiness as a Source of Competitive Advantage. Paper presented at the Annual National Meetings of the Academy of Management, Dallas TX, August 1994.

Barney, Jay B. / Zajac, Edward J. (1994). Competitive Organizational Behavior: Toward an Organizationally-Based Theory of Competitive Advantage, in: Strategic Management Journal, Vol. 15 Special Issue (Winter 1994), S. 5-9.

Bartlett, Christopher A. (1981). Multinational Structural Change: Evolution vs. Reorganization, in: *Otterbeck, Lars* (ed.). The Management of Headquarters-Subsidiary Relationships in Multinational Corporations, Aldershot 1981, S. 121-146.

Bartlett, Christopher A. / Ghoshal, Sumantra (1986). Tap Your Subsidiaries for Global Reach, in: Harvard Business Review, Vol. 64, No. 6, S. 87-94.

Bartlett, Christopher A. / Ghoshal, Sumantra (1987). Arbeitsteilung bei der Globalisierung, in: HARVARD MANAGER, 2/87, S. 49-59.

Bartlett, Christopher A. / Ghoshal, Sumantra (1990a). Internationale Unternehmensführung, Frankfurt a.M. - New York 1990.

Bartlett, Christopher A. / Ghoshal, Sumantra (1990b). Managing Innovation in the Transnational Corporation, in: *Bartlett, Christopher A. / Doz, Yves / Hedlund, Gunnar* (eds.), Managing the Global Firm, London - New York 1990, S. 215-255.

Bartlett, Christopher A. / Ghoshal, Sumantra (1991). Global Strategic Management: Impact on the New Frontiers of Strategy Research, in: Strategic Management Journal, Vol. 12, Special Issue (Summer 1991), S. 5-16.

Bartlett, Christopher A. / Ghoshal, Sumantra (1995). Changing the Role of Top Management. Beyond Systems to People, in: Harvard Business Review, May-June 1995, S. 132-142.

Belz, Christian / Müller, Roland / Müller, Frank (1996). Euromarketing: ein Zwischenfazit, in: THEXIS, 1/96, S. 2-8.

Berekoven, Ludwig (1985). Internationales Marketing, 2. Aufl., Berlin 1985.

Berekoven, Ludwig (1986). Grundlagen der Absatzwirtschaft, 3. Aufl., Berlin 1986.

Berger, Ulrike / Bernhard-Mehlich, Isolde (1993). Die Verhaltenswissenschaftliche Entscheidungstheorie, in: *Kieser, Alfred* (Hrsg.), Organisationstheorien, Stuttgart 1993, S. 127-160.

Berndt, Ralph / Altobelli, Claudia F. / Sander, Matthias (1995). Internationale Kommunikationspolitik, in: *Hermanns, Arnold / Wißmeier, Urban Kilian* (Hrsg.), Internationales Marketing-Management, München 1995, S.176-224.

Beuermann, Günter (1992). Zentralisierung und Dezentralisierung, in: *Frese, Erich* (Hrsg.), Handwörterbuch der Organisation, 3. Aufl., Stuttgart 1992, Sp. 2611-2625.

Beutelmeyer, W. / Mühlbacher, H. (1986). Standardisierung der Marketingpolitik transnationaler Unternehmen, Wien 1986.

Biggadike, E. Ralph (1990). Research on Managing the Multinational Company - A Practitioner's Experience, in: *Bartlett, Christopher A. / Doz, Yves / Hedlund, Gunnar* (eds.) Managing the Global Firm, London - New York 1990, S. 303-325.

Black, Janice A. / Boal, Kimberly B. (1994). Strategic Resources: Traits, Configurations and Paths to Sustainable Competitive Advantage, in: Strategic Management Journal, Vol. 15, Special Issue (Summer 1994), S. 131-148.

Blackwell, Norman / Bizet, Jean-Pierre / Child, Peter / Hensley, David (1991). Shaping a Pan-European Organization, in: McKinsey Quarterly, 2/1991, S. 94-111, entnommen aus: *Blackwell, Norman / Bizet, Jean-Pierre / Child, Peter / Hensley, David.* Shaping a Pan-European Organization, in: *Halliburton, Chris / Hünerberg, Reinhard* (eds.), European Marketing - Readings and Cases, Cambridge (U.K.) 1993, S. 361-373.

Blau, P.M. / Schoenherr, R.A. (1971). The Structure of Organizations, New York 1971.

Bodenbach, Bernd F. (1996). Internationale Handelsmarkenpolitik im europäischen Lebensmitteleinzelhandel, Regensburg 1996.

Böcker, Franz (1990). Strategische Konsequenzen des Europäischen Binnenmarktes für das Konsumgütermarketing, in: DBW Die Betriebswirtschaft, 50. Jg., Nr. 5., S. 665-673.

Böcker, Franz (1992). Marketingplanung, in: *Diller, Hermann* (Hrsg.), Vahlens Großes Marketinglexikon, München 1992, S. 692-696.

Bolz, Joachim (1992). Wettbewerbsorientierte Standardisierung der internationalen Marktbearbeitung: Eine empirische Analyse in europäischen Schlüsselmärkten, Darmstadt 1992.

Bovet, David (1993). Logistics Strategies for Europe in the Nineties, in: *Halliburton, Chris / Hünerberg, Reinhard* (eds.), European Marketing - Readings and Cases, Cambridge (UK) 1993, S. 246-254.

Bower, J.L. (1970). Managing the Resource Allocation Process: A Study of Corporate Planning and Investment, Boston 1970.

Braun, Ingolf / Schiele, Thomas P. / Schlickmann, Paul (1996). PWA Waldhof - Die Markenpolitik eines expandierenden Unternehmens, in: *Dichtl, Erwin / Eggers, Walter* (Hrsg.), Markterfolg mit Marken, München 1996, S. 139-162.

Brielmaier, Andreas (1996). Innovative Konzepte mit Euro Key Accounts, Arbeitspapier Nr. 50 des Lehrstuhls für Marketing, Universität Erlangen-Nürnberg, Nürnberg 1996.

Brielmaier, Andreas (1997). Euro Key Account Management, Diss., Nürnberg 1997.

Bruhn, Manfred (1989). Europa 1992 - Herausforderungen an das Marketing im europäischen Binnenmarkt, in: *Bruhn / Wehrle* (Hrsg.), Europa 1992 - Chancen und Risiken für das Marketing, Münster-Hiltrup 1989, S. 19-32.

Brumagim, Alan L. (1994). A Hierarchy of Corporate Resources, in: *Shrivastava, Paul / Hull, Anne / Dutton, Jane* (eds.), Advances in Strategic Management, Vol. 10 (Part A), Resource-Based View of the Firm, Greenwich Connecticut 1994, S. 81-112.

Budäus, Dietrich / Dobler, Christian (1977). Theoretische Konzepte zur Beurteilung der Effektivität von Organisationen, in: Management International Review, Vol. 17, No. 3, S. 61-75.

Bukhari, Imaan (1992). Pricing Conditions in the European Common Market: An Empirical Cross-Country Analysis, Arbeitspapier Nr. 17 des Lehrstuhls für Marketing, Universität Erlangen-Nürnberg, Nürnberg 1992.

Bukhari, Imaan / Cordes, Claudia (1994). Ein Modell zur Prognose des Schadenspotentials von Arbitragehandel für einen Gebrauchsgüterhersteller, Arbeitspapier Nr. 29 des Lehrstuhls für Marketing, Universität Erlangen-Nürnberg, Nürnberg 1994.

Bunk, Burkhardt (1996). Kultiviert führen, in: absatzwirtschaft 4/96, S. 86-91.

Buzzell, Robert D. (1968). Can You Standardize Multinational Marketing?, in: Harvard Business Review, Vol. 46, No. 6, S. 102-113.

Calori, Roland / Lawrence, Peter (1992). 1992 - Diversity Still Remains - Views of European Managers, in: Long Range Planning, Vol. 25 (1992), No. 2, S. 33-43.

Carr, Christopher (1993). Global, National and Resource-Based Strategies: An Examination of Strategic Choice and Performance in the Vehicle Components Industry, in: Strategic Management Journal, Vol. 14, S. 551-568.

Carr, Christopher / Perks, Helen (1994). International Collaboration as a Resource Based Option in the Context of Globalisation: Four Case Studies of Anglo-Japanese Cooperation, Paper submitted to the Strategic Management Society Conference »Strategy Styles«, Groupe HEC, Paris, 20-23 Sept. 1994.

Carr, Emma / Texeraud, Murielle (1993). The CIRCLE Approach Applied to Pan-European Product Strategy in the European Food Sector, in: *Halliburton, Chris / Hünerberg, Reinhard* (eds.), European Marketing - Readings and Cases, Cambridge (U.K.) 1993, S. 177-200.

Cavusgil, S. Tamer / Zou, Shaoming (1994). Marketing Strategy-Performance Relationship: An Investigation of the Empirical Link in Export Market Ventures, in: Journal of Marketing, Vol. 58 (January 1994), S. 1-21.

Chandler, A.D. (1962). Strategy and Structure, Cambridge (Mass.) 1962.

Chi, Tailan (1994). Trading in Strategic Resources: Necessary Conditions, Transaction Cost Problems, and Choice of Exchange Structure, in: Strategic Management Journal, Vol. 15, No. 4, S. 271-290.

Child, J. (1972). Organizational Structure, Environment and Performance, in: Sociology, Vol. 6, S. 1-22.

Clackworthy, Dennis (1992). Training von Stammhausfach- und -führungskräften für den Auslandseinsatz, in: *Kumar, Brij Nino / Haussmann, Helmut* (Hrsg.), Handbuch der internationalen Unternehmenstätigkeit, München 1992, S. 809-824.

Collis, David J. (1991). A Resource-Based Analysis of Global Competition: The Case of the Bearings Industry, in: Strategic Management Journal, Vol. 12, Special Issue (Summer 1991), S. 49-68.

Collis, David J. (1994). Research Note: How Valuable are Organizational Capabilities?, in: Strategic Management Journal, Vol. 15, Special Issue (Winter 1994), S. 143-152.

Collis, David J. / Montgomery, Cynthia A. (1995). Competing on Resources: Strategy in the 1990s, in: Harvard Business Review, July-August 1995, S. 119-128.

Conner, Kathleen R. (1991). A Historical Comparison of Resource-Based Theory and Five Schools of Thought Within Industrial Organization Economics: Do We Have a New Theory of the Firm?, in: Journal of Management, Vol. 17, No. 1, S. 121-154.

Conner, Kathleen R. (1994). The Resource-Based Challenge to the Industry-Structure Perspective, in: Academy of Management Best Paper Proceedings, Dallas 1994, S. 17-21.

Cool, Karel / Schendel, Dan (1988). Performance Differences Among Strategic Group Members, in: Strategic Management Journal, Vol. 9, S. 207-233.

Cova, Bernard / Halliburton, Chris (1993). Towards the New Millennium - a New Perspective for European Marketing, in: *Halliburton, Chris / Hünerberg, Reinhard* (eds.), European Marketing - Readings and Cases, Cambridge (U.K.) 1993, S. 411-430.

Coyne, Kevin (1986). Sustainable Competitive Advantage - What It Is, What It Isn't, in: Business Horizons, Vol. 29, No. 1, S. 54-61.

Dawson, Mike (1993). In Europa rollt eine Discountwelle, in: LZ-Journal, Nr. 8 vom 26.2.1993, S. J4-J8.

Day, George S. (1994). The Capabilities of Market-Driven Organizations, in: Journal of Marketing, Vol. 58, October 1994, S. 37-52.

Day, George S. / Nedungadi, Prakash (1994). Managerial Representations of Competitive Advantage, in: Journal of Marketing, Vol. 58, No. 2, S. 31-44.

De Geus, Arie P. (1988). Planning as Learning, in: Harvard Business Review, Vol. 66, No. 2, S. 70-74.

Denison, Daniel R. (1996). What is the Difference Between Organizational Culture and Organizational Climate? A Native's Point of View on a Decade of Paradigm Wars, in: Academy of Management Review, Vol. 21, No. 3, S. 619-654.

Deshpandé, Rohit / Webster, Frederick E., Jr. (1989). Organizational Culture and Marketing: Defining the Research Agenda, in: Journal of Marketing, Vol. 53, January 1989, S. 3-15.

Deutsch, Christian (1992). Sackgasse Europa, in: Wirtschaftswoche, Nr. 42 vom 9.10.1992, S. 76-80.

Dichtl, Erwin / Dohet, Annick (1992). Der europäische Binnenmarkt, in: Marketing Zeitschrift für Forschung und Praxis, 14. Jg., Heft 4, S. 221-226.

Dichtl, Erwin / Müller, Stefan (1992): Auf ins nächste Jahrtausend, in: Lebensmittelzeitung Nr. 47 vom 20.11.1992, S. 85-86.

Dickson, Peter Reid (1992). Toward a General Theory of Competitive Rationality, in: Journal of Marketing, Vol. 56 (January 1992), S. 69-83.

Dickson, Peter Reid (1994). Marketing Management, Forth Worth, Texas 1994.

Dickson, Peter R. (1996). The Static and Dynamic Mechanics of Competition: A Comment on Hunt and Morgan's Comparative Advantage Theory, in: Journal of Marketing, Vol. 60, No. 4, S. 102-106.

Dierickx, Ingemar / Cool, Karel (1989). Asset Stock Accumulation and Sustainability of Competitive Advantage, in: Management Science, Vol. 35, No. 12, S. 1504-1510.

Diller, Hermann (1975). Produkt-Management und Marketing-Informationssysteme, Berlin 1975.

Diller, Hermann (1980a). Planungstechniken im Marketing, in: *Diller, Hermann* (Hrsg.), Marketingplanung, München 1980, S. 3-15.

Diller, Hermann (1980b). Budgetierungstechniken, in: *Diller, Hermann* (Hrsg.), Marketingplanung, München 1980, S. 115-125.

Diller, Hermann (1989). Key-Account-Management als vertikales Marketing-Konzept, in: Marketing Zeitschrift für Forschung und Praxis, 11. Jg., S. 213-223.

Diller, Hermann (1992). Euro-Key-Account-Management, in: Marketing Zeitschrift für Forschung und Praxis, 14. Jg., Heft 4, S. 239-245.

Diller, Hermann (1994). State of the Art: Kundenmanagement, Arbeitspapier Nr. 30 des Lehrstuhls für Marketing, Universität Erlangen-Nürnberg, Nürnberg 1994.

Diller, Hermann / Bukhari, Imaan (1994). Pricing Conditions in the European Common Market, in: European Management Journal, Vol. 12, No. 2, June 1994, S. 163-170.

Diller, Hermann / Heinzelbecker, Klaus (1992). Marketing-Informationssystem (MAIS), in: *Diller, Hermann* (Hrsg.), Vahlens Großes Marketing Lexikon, München 1992, S. 667-669.

Disselkamp, Marcus A.W. (1995). Eurobrands: Development Strategies and Managerial Issues in the European Food Industry, Dissertation, Darmstadt 1995.

Domsch, Michel / Lichtenberger, Bianca (1992). Einsatz von lokalen vs. entsandten Managern in Auslandsniederlassungen, in: *Kumar, Brij Nino / Haussmann, Helmut* (Hrsg.), Handbuch der internationalen Unternehmenstätigkeit, München 1992, S. 787-808.

Douglas, Susan P. / Craig, C. Samuel (1992). Advances in international marketing, in: International Journal of Research in Marketing, Vol. 9, No. 4, S. 291-318.

Douglas, Susan P. / Wind, Yoram (1987). The Myth of Globalization, in: Columbia Journal of World Business, Vol. 22, No. 4 (Winter 1987), S.19-29. Zitiert aus: *Douglas, Susan P. / Wind, Yoram.* The Myth of Globalization, in: *Vernon-Wortzel, Heidi / Wortzel, Lawrence H.* (eds.) Global Strategic Management - The Essentials, 2nd ed., New York 1991, S.319-335.

Doz, Yves L. (1987). International Industries: Fragmentation and Globalization, in: *Guile, B.K. / Brooks, H.* (eds.). Technology and Global Industry, Washington D.C. 1987, S. 96-118. Entnommen aus: *Doz, Yves.* International Industries: Fragmentation and Globalization, in: *Vernon-Wortzel, Heidi / Wortzel, Lawrence H.* (eds.) Global Strategic Management - The Essentials, 2nd ed., New York 1991, S. 18-34.

Doz, Yves L. / Bartlett, Christopher A. / Prahalad, C.K. (1981). Global Competitive Pressures and Host Country Demands - Managing Tensions in MNCs, in: California Management Review, Vol. 23, No. 3, S. 63-74.

Doz, Yves L. / Prahalad, C.K. (1987). A Process Model of Strategic Redirection in Large Complex Firms: The Case of Multinational Corporations, in: *Pettigrew, Andrew* (ed.), The Management of Strategic Change, Oxford 1987, S. 63-83, entnommen aus: *Doz, Yves L. / Prahalad, C.K.*, A Process Model of Strategic Redirection in Large Complex Firms: The Case of Multinational Corporations, in: *Hedlund, Gunnar* (ed.), Organization of Transnational Corporations, United Nations Library on Transnational Corporations, Vol. 6, London - New York 1993, S. 222-243.

Doz, Yves L. / Prahalad, C. K. (1991). Managing DMNCs: A Search for a New Paradigm, in: Strategic Management Journal, Vol. 12 (1991), Special Issue (Summer 1991), S. 145-164.

Doz, Yves / Prahalad, C.K. / Hamel, Gary (1990). Control, Change, and Flexibility: The Dilemma of Transnational Collaboration, in: *Bartlett, Christopher A. / Doz, Yves / Hedlund, Gunnar* (eds.), Managing the Global Firm, London - New York 1990, S. 117-143.

Dülfer, E. (1981). Zum Problem der Umweltberücksichtigung im »Internationalen Management«, in: *Pausenberger, E.* (Hrsg.), Internationales Management, Stuttgart 1981, S. 1-44.

Dufour, Bruno (1994). Changes in Management Education and Development: A European Perspective, in: *Calori, Roland / De Woot, Philippe* (eds.). A European Management Model, New York - London 1994, S. 236-257.

Edström, Anders / Galbraith, Jay R. (1977). Transfer of Managers as a Coordination and Control Strategy in Multinational Organizations, in: Administrative Science Quarterly, Vol. 22, S. 248-263.

Egelhoff, William G. (1984). Patterns of Control in U.S., UK, and European Multinational Corporations, in: Journal of International Business Studies, Vol. 15, No. 3, S. 73-83, entnommen aus: *Egelhoff, William G.*, Patterns of Control in U.S., UK, and European Multinational Corporations, in: *Hedlund, Gunnar* (Ed.), Organization of Transnational Corporations, United Nations Library on Transnational Corporations, Vol. 6, London - New York 1993, S. 82-96.

Elinder, Erik (1961). How International Can Advertising Be?, in: International Advertiser, December 1961, S. 12-16.

Elinder, Erik (1965). How International Can European Advertising Be?, in: Journal of Marketing, Vol. 29, No. 2, S. 7-11.

Engelhard, Johann / Dähn, Matthias. Internationales Management, in: DBW Die Betriebswirtschaft, 54. Jg., Nr. 2, S. 247-266.

Ernst-Motz, Antje (1992). Spätes Erwachen in der Provinz - Europa-Strategie von Melitta, in: Top-Business, Juli 1992, S. 68-75.

Esch, Franz-Rudolph (1995). Realisation globaler Kommunikationsstrategien in europäischen Märkten - ein pragmatischer Ansatz der verhaltenswissenschaftlichen Marketingforschung, in: *Scholz, Christian / Zentes, Joachim* (Hrsg.). Strategisches Euro-Management, Stuttgart 1995, S. 175-199.

Euler, Götz Rüdiger (1990). Die marketinggerechte Europa-Organisation schaffen, in: absatzwirtschaft Sondernummer, 52. Jg., Oktober 1990, S. 72-75.

Fatt, Arthur C. (1964). A Multinational Approach to Advertising, in: International Advertiser, September 1964, S. 17-20.

Fatt, Arthur C. (1967). The Danger of Local International Advertising, in: Journal of Marketing, Vol. 31, No. 1, S. 60-62.

Fayerweather, John (1969). International Business Management: A Conceptual Framework, New York 1969.

Fayerweather, John (1978). International Business Strategy and Administration, Cambridge (Mass.) 1978.

Fayerweather, John (1981). A Conceptual Framework for the Multinational Corporation, in: *Wacker, Wilhelm / Haussmannn, Helmut / Kumar, Brij* (Hrsg.), Internationale Unternehmensführung, Berlin 1981, S. 17-31.

Fischer, Matthias (1996). Interkulturelle Herausforderungen im Frankreichgeschäft, Wiesbaden 1996.

Fladmoe-Lindquist, Karin / Tallman, Stephen (1994). Resource-Based Strategy and Competitive Advantage Among Multinationals, in: *Shrivastava, Paul / Hull, Anne / Dutton, Jane* (eds.), Advances in Strategic Management, Vol. 10 (Part A), Resource-Based View of the Firm, Greenwich Connecticut 1994, S. 45-72.

Fouraker, L.E. / Stopford, J.M. (1968). Organization Structure and Multinational Strategy, in: Administrative Science Quarterly, Vol. 13, No. 1, S. 47-64.

Frese, Erich (1988). Grundlagen der Organisation, 4. Aufl., Wiesbaden 1988.

Frese, Erich (1992). Organisationstheorie, 2. Aufl., Wiesbaden 1992.

Frese, Erich (1993). Die organisationstheoretische Dimension globaler Strategien, in: *Neumann, Manfred* (Hrsg.), Unternehmensstrategie und Wettbewerb auf globalen Märkten und Thünen-Vorlesung, Berlin 1993, S. 53-80.

Fritz, Wolfgang (1995). Marketing-Management und Unternehmenserfolg, 2. Aufl., Stuttgart 1995.

Garnier, Gérard H. (1982). Context and Decision Making Autonomy in the Foreign Affiliates of U.S. Multinational Corporations, in: Academy of Management Journal, Vol. 25, No. 4, S. 893-908.

Gascard, Andreas (1992). Frauenhygiene in Europa - Unterschiede im Konsumentenverhalten oft einstellungsbedingt, in: dynamik im handel, 12/92, S. 80-83.

Gates, Stephen (1994). The Changing Role of the Foreign Subsidiary Manager. Herausgegeben von: The Conference Board, New York - Brüssel - Ottawa 1994.

Gates, Stephen R. / Egelhoff, William G. (1986). Centralization in Headquarters-Subsidiary Relationships, in: Journal of International Business Studies Vol. 20, No. 2, S. 71-92.

Gaul, Wolfgang / Lutz, Ulrich (1993). Paneuropäische Tendenzen in der Preispolitik: Eine empirische Studie, in: der markt, 32. Jg., Nr. 4, S. 189-204.

George, Gert / Diller, Hermann (1993). Internationalisierung als Wachstumsstrategie im Einzelhandel, in: *Trommsdorf, Volker* (Hrsg.). Handelsforschung 1992/93 - Handel im integrierten Europa, Jahrbuch der FfH e.V., Wiesbaden 1993, S. 165-186.

GfK / G&I Lebensstilforschung (Hrsg.) (1989). Euro-Styles. Ein neues Informationssystem, Nürnberg 1989.

Ghoshal, Sumantra / Bartlett, Christopher A. (1995). Changing the Role of Top Management: Beyond Structure to Processes, in: Harvard Business Review, January-February 1995, S. 86-96.

Ghoshal, Sumantra / Nohria, Nitin (1989). Internal Differentiation Within Multinational Corporations, in: Strategic Management Journal, Vol. 10, S. 323-337.

Giersch, Herbert (1990). Mehr Wettbewerb im freieren EG-Binnenmarkt, in: *Meffert, Heribert / Kirchgeorg, Manfred* (Hrsg.), Marktorientierte Unternehmensführung im Europäischen Binnenmarkt, Stuttgart 1990, S. 3-20.

Glaser, Barney G. / Strauss, Anselm L. (1979). The Discovery of Grounded Theory: Strategies for Qualitative Research, 10th Ed., Chicago 1979.

Grant, Robert M. (1991). The Resource-Based Theory of Competitive Advantage: Implications for Strategy Formulation, in: California Management Review, Vol. 33, No. 3, S. 114-135.

Gresens, Mary-Jo (1992). VAG: Von Wolfsburg nach Europa, in: *Arthur D. Little* (Hrsg.), Management der Europa-Strategie, Wiesbaden 1992, S. 126-133.

Grün, Oskar (1992). Projektorganisation, in: *Frese, Erich* (Hrsg.), Handwörterbuch der Organisation, 3. Aufl., Stuttgart 1992, Sp. 2102-2116.

Gupta, Anil K. / Govindarajan, V. (1991a). Knowledge Flow Patterns, Subsidiary Strategic Roles, and Strategic Control within MNCs, in: Academy of Management Best Paper Proceedings 1991, S. 21-25.

Gustavsson, Peter / Melin, Leif / MacDonald, Stuart (1994). Learning to Glocalize, in: Advances in Strategic Management, Vol. 10B, S. 255-288.

Habermas, Jürgen (1981). Theorie des kommunikativen Handelns, Band I, Frankfurt a.M. 1981.

Hagström, Peter (1990). New Information Systems and the Changing Structure of MNCs, in: *Bartlett, Christopher A. / Doz, Yves / Hedlund, Gunnar* (eds.), Managing the Global Firm, London - New York 1990, S. 164-185.

Hall, Richard (1992). The Strategic Analysis of Intangible Resources, in: Strategic Management Journal, Vol. 13, S. 135-147.

Hall, Richard (1992). A Framework Linking Intangible Resources and Capabilities to Sustainable Competitive Advantage, in: Strategic Management Journal, Vol. 14, S. 607-618.

Halliburton, Chris / Hünerberg, Reinhard (1993a). Marketing in a European Environment, in: *Halliburton, Chris / Hünerberg, Reinhard* (eds.), European Marketing - Readings and Cases, Cambridge (U.K.) 1993, S. 3-22.

Halliburton, Chris / Hünerberg, Reinhard (1993b). Pan-European Marketing - Myth or Reality?, in: *Halliburton, Chris / Hünerberg, Reinhard* (eds.), European Marketing - Readings and Cases, Cambridge (U.K.) 1993, S. 26-44.

Halliburton, Chris / Hünerberg, Reinhard / Töpfer, Armin (1993). Strategic Marketing Options in the Single European Market, in: *Halliburton, Chris / Hünerberg, Reinhard* (eds.), European Marketing - Readings and Cases, Cambridge (U.K.) 1993, S. 93-115.

Hamel, Gary / Prahalad, C.K. (1983). Managing Strategic Responsibility in the MNC, in: Sloan Management Review, Vol. 24, S. 341-351.

Hamel, Gary / Prahalad, C.K. (1986). Haben Sie wirklich eine globale Strategie?, in: HARVARD manager, 1/1986, S. 90-97.

Hamman, Peter (1990). Konsumgütermarketing im europäischen Markt nach 1992, in: *Meffert, Heribert / Kirchgeorg, Manfred* (Hrsg.), Marktorientierte Unternehmensführung im europäischen Binnenmarkt, Stuttgart 1990, S. 41-52.

Hamman, Peter / Erichson, Bernd (1994). Marktforschung, 3. Aufl., Stuttgart 1994.

Hampl, Peter (1996). Internationalisierung des Einkaufs - Vision und Realität. Vortragsunterlagen seines Referats anläßlich der Tagung „Innovatives Euro-Management“ der GIM - Gesellschaft für Innovatives Marketing e.V. vom 29.-30.4.1996 im Maritim Hotel, Nürnberg.

Hansen, Gary S. / Wernerfelt, Birger (1989). Determinants of Firm Performance: The Relative Importance of Economic and Organizational Factors, in: Strategic Management Journal, Vol. 10, S. 399-411.

Hart, Stuart / Banbury, Catherine (1994). How Strategy-Making Processes Can Make a Difference, in: Strategic Management Journal, Vol. 15, S. 251-269.

Harvey, Michael G. (1993), A Model to Determine Standardization of the Advertising Process in International Markets, in: Journal of Advertising Research, Vol. 33, No. 4, S. 57-64.

Hedewig-Mohr, Sabine (1991). Fischzug durch die Waschmittelindustrie, in: LZ-Journal, Nr. 41 vom 11.10.1991, S. J50.

Hedlund, Gunnar (1981). Autonomy of Subsidiaries and Formalization of Headquarters-Subsidiary Relationships in Swedish MNCs, in: *Otterbeck, Lars* (ed.). The Management of Headquarters-Subsidiary Relationships in Multinational Corporations, Aldershot 1981, S. 25-78.

Hedlund, Gunnar (1986). The Hypermodern MNC - A Heterarchy?, in: Human Resource Management, Vol. 25, No. 1, S. 9-35.

Hedlund, Gunnar (1993). Organization and Management of Transnational Corporations in Practice and Research, in: *Hedlund, Gunnar* (ed.). Organization of Transnational Corporations, United Nations Library on Transnational Corporations, Vol. 6, London - New York 1993, S. 1-21.

Hedlund, Gunnar / Rolander, Dag (1990). Action in Heterarchies: New Approaches to Managing the MNC, in: *Bartlett, Christopher A. / Doz, Yves / Hedlund, Gunnar*. Managing the Global Firm, London - New York 1990, S. 15-46.

Hehl, Klaus (1994). Informationsgrundlagen der europäischen Marktforschung, in: *Bruhn, Manfred* (Hrsg.), Handbuch Markenartikel, Stuttgart 1994, S. 412-429.

Heisenberg, W. (1965). Das Naturbild der heutigen Physik, Hamburg 1965.

Hennemann, Carola (1997). Organisationales Lernen und die lernende Organisation, München und Mehring 1997.

Hentze, Joachim / Kammel, Andreas. Erfolgsfaktoren im internationalen Management: Zur Bedeutung der interkulturellen Personalführung in der multinationalen Unternehmung, in: Die Unternehmung, 48. Jg., Nr. 4, S. 265-275.

Hermanns, Arnold (1995). Aufgaben des internationalen Marketing-Managements, in: *Hermanns, Arnold / Wißmeier, Urban Kilian* (Hrsg.), Internationales Marketing-Management, München 1995, S. 23-68.

Herskovits, M.J. (1967). Les bases de l'anthropologie culturelle, Paris 1967.

Hildebrandt, Lutz (1992). Erfolgsfaktoren, in: *Diller, Hermann* (Hrsg.), Vahlens Großes Marketinglexikon, München 1992, S. 272-274.

Hilker, Jörg (1993). Marketingimplementierung, Wiesbaden 1993.

Hirn, Wolfgang (1992). Trommeln für Europa, in: manager magazin, 22. Jg., 8/1992, S. 152-157.

Hölper, Isabelle (1994). Die Wettbewerbschancen der deutschen Süßwarenindustrie im EG-Binnenmarkt, Bergisch Gladbach - Köln 1994.

Hofer, C.W. / Schendel, Dan (1978). Strategy Formulation: Analytical Concepts, St. Paul, Minnesota 1978.

Hofstede, Geert (1992). Die Bedeutung von Kultur und ihren Dimensionen im internationalen Management, in: *Kumar, Brij Nino / Haussmann, Helmut* (Hrsg.), Handbuch der internationalen Unternehmenstätigkeit, München 1992, S. 303-324.

Hofstede, Geert (1993). Interkulturelle Zusammenarbeit: Kulturen - Organisationen - Management, Wiesbaden 1993.

Holzmüller, Hartmut H. (1995). Konzeptionelle und methodische Probleme in der interkulturellen Management- und Marketing-Forschung, Berlin 1995.

Homma, N. (1991). The Continued Relevance of Cultural Diversity, in: Marketing and Research Today, November 1991, S. 251-259.

Hoopen, Jan-Paul ten / Kern, Georges (1996). Das Euromarketing von TAG Heuer, , in: THEXIS, 1/96, S. 24-29.

Hünerberg, Reinhard (1993a). Marktstrategien in Europa - Herausforderungen durch veränderte Rahmenbedingungen in West und Ost, in: der markt, 32. Jg., Nr. 4, S. 205-219.

Hünerberg, Reinhard (1993b). Nischenstrategien im Europäischen Marketing - eine aktuelle Neubewertung eines klassischen Konzepts, in: Betriebswirtschaftliche Forschung und Praxis, 6/93, S. 666-686.

Hunt, Shelby / Morgan, Robert M. (1995). The Comparative Advantage Theory of Competition, in: Journal of Marketing, Vol. 59, No. 2, S. 1-15.

Ibielski, Erich (1990). Markenbegriffe im Neuland - zur Situation im kommenden EG-Binnenmarkt, in: Markenartikel 9/1990, S. 413-419.

Ilinitch, Anne Y. / Peng, Mike W. (1994). A Resource-Based Model of Export Performance. Paper presented at the Business Policy and Strategy Division, Annual National Meetings of the Academy of Management, Dallas TX, August 1994.

Institut der deutschen Wirtschaft (Hrsg.) (1993). Deformierte Pyramide, in: iwd, 19. Jg., 9.12.1993, S. 1.

Jacobsen, Robert (1988). The Persistence of Abnormal Returns, in: Strategic Management Journal, Vol. 9, S. 415-430.

Jaeger, Alfred M. (1982). Contrasting Control Modes in the Multinational Corporation: Theory, Practice, and Implications, in: International Studies of Management and Organization, Vol. 12, No. 1, S. 59-82.

Jaeger, Alfred M. (1989). Steuerung, personale, in: *Macharzina, Klaus / Welge, Martin* (Hrsg.), Handwörterbuch Export und internationale Unternehmung, Stuttgart 1989, Sp. 2018-2022.

Jain, Subhash C. (1989). Standardization of International Marketing Strategy: Some Research Hypotheses, in: Journal of Marketing, Vol. 53, No. 1, S. 70-79.

Jaworski, Bernard J. / Kohli, Ajay K. (1993). Market Orientation: Antecedents and Consequences, in: Journal of Marketing, Vol. 57 (July 1993), S.53-70.

Jenner, Thomas (1994). Internationale Marktbearbeitung - Erfolgreiche Strategien für Konsumgüterhersteller, Wiesbaden 1994.

Johnson, Gerry (1994). Commentary: Learning to Glocalize, in: Advances in Strategic Management, Vol. 10B, S. 289-295.

Jones, Robert E. / Jacobs, Lester W. / Spijker, Willem van't (1992). Strategic Decision Processes in International Firms, in: Management International Review, Vol. 32, No. 3, S. 219-236.

Kapferer, Jean-Noël (1992). Die Marke - Kapital des Unternehmens, Landsberg/Lech 1992.

Kashani, Kamran (1989). Beware the Pitfalls of Global Marketing, in: Harvard Business Review, Vol. 67, No. 5, S. 91-98.

Kaynak, Erdener (1984). Future Directions of Research in International Marketing, in: *Kaynak, Erdener* (Hrsg.), International Marketing Management, New York 1984, S. 337-344.

Keller, Eugen von (1982). Management in fremden Kulturen, Bern - Stuttgart 1982.

Kelz, Andreas (1989). Die Weltmarke, Idstein 1989.

Kenter, Michael E. (1985). Die Steuerung ausländischer Tochtergesellschaften, Frankfurt a.M. 1985.

Kenter, Michael E. (1989). Stammhausdelegierte(n), Entsendung von, in: *Macharzina, Klaus / Welge, Martin* (Hrsg.), Handwörterbuch Export und internationale Unternehmung, Stuttgart 1989, Sp. 1925-1937.

Kieninger, Michael (1993). Gestaltung internationaler Berichtssysteme, München 1993.

Kieser, Alfred / Kubicek, Herbert (1992). Organisation, 3. Aufl., Berlin - New York 1992.

Kim, W. Chan / Mauborgne, Renée A. (1991). Implementing Global Strategies: The Role of Procedural Justice, in: Strategic Management Journal, Vol. 12, Special Issue (Summer 91), S. 125-143.

Kim, W. Chan / Mauborgne, Renée A. (1993a). Effectively Conceiving and Executing Multinationals' Worldwide Strategies, in: Journal of International Business Studies Vol. 24, No. 3, S. 419-448.

Kim, W. Chan / Mauborgne, Renée A. (1993b). Making Global Strategies Work, in: Sloan Management Review, Vol. 34, No. 3 (Spring 1993), S. 11-27.

Klaus, Peter (1987). Durch den Strategien-Theorien-Dschungel, in: DBW Die Betriebswirtschaft, 47. Jg., Nr. 1, S. 50-68.

Klein, Werner (1995). Neue Logistikstrategien für Europa, in: Lebensmittel Zeitung Nr. 43 vom 27.10.1996, S. 54-55.

Klenkler, E. (1982): Persuasive Strategien der französischen Werbung, Konzeptionelle Varianten von Zeitschriften-Anzeigen, Diss., Freiburg i. Br. 1982.

Kluckhohn, C. / Kelley, W. (1972). Das Konzept der Kultur, in: *König, R. / Schmalfuss, A.* (Hrsg.), Kulturanthrolopogie, Düsseldorf 1972, S. 68-90.

Knyphausen, Dodo zu (1993). Why are firms different?, in: DBW Die Betriebswirtschaft 53. Jg., Nr. 6, S. 771-792.

Knyphausen-Aufsess, Dodo zu (1995). Theorie der strategischen Unternehmensführung, Wiesbaden 1995.

Kobrin, Stephen (1991). An Empirical Analysis of the Determinants of Global Integration, in: Strategic Management Journal, Vol. 12 (Special Issue), S. 17-31.

Koch, Volker (1996). Der europäische Lebensmittelhandel: Entwicklung und Perspektiven. Vortragsunterlagen seines Referats anläßlich der Tagung „Innovatives Euro-Management" der GIM - Gesellschaft für Innovatives Marketing e.V. vom 29.-30.4.1996 im Maritim Hotel, Nürnberg.

Köhler, Richard (1991). Beiträge zum Marketing-Management, 2. Aufl., Stuttgart 1991.

Kogut, Bruce (1990). International Sequential Advantages and Network Flexibility, in: *Bartlett, Christopher A. / Doz, Yves / Hedlund, Gunnar* (eds.), Managing the Global Firm, London - New York 1990, S. 47-68.

Kohli, Ajay K. / Jaworski, Bernard J. (1990). Market Orientation: The Construct, Research Propositions, and Managerial Implications, in: Journal of Marketing, Vol. 54 (April 1990), S. 1-18.

Kohli, Ajay K. / Jaworski, Bernard J. / Kumar, Ajith. MARKOR: A Measure of Market Orientation, in: Journal of Marketing Research, Vol. 30 (November 1993), S. 467-477.

Kogut, Bruce (1990). International Sequential Advantages and Network Flexibility, in: *Bartlett, Christopher A. / Doz, Yves / Hedlund, Gunnar* (eds.), Managing the Global Firm, London - New York 1990, S. 47-68.

Kogut, Bruce (1994). COMMENTARY: Resource-Based Strategy and Competitive Advantage Among Multinationals (K. Fladmoe-Lindquist and S.B. Tallman), in: *Shrivastava, Paul / Hull, Anne / Dutton, Jane* (eds.), Advances in Strategic Management, Vol. 10 (Part A), Resource-Based View of the Firm, Greenwich Connecticut 1994, S. 73-80.

Kotler, Philip (1989). Marketing-Management, 4. Aufl., Stuttgart 1989.

Kotler, Philip (1991). Marketing Management - Analysis, Implementation and Control, 7th Ed., Englewood Cliffs 1991.

Kramer, Sabine (1991). Europäische Life-Style-Analysen zur Verhaltensprognose von Konsumenten, Hamburg 1991.

Kreikebaum, Hartmut (1995). Europäisierungsstrategien und interkulturelles Management, in: *Scholz, Christian / Zentes, Joachim* (Hrsg.). Strategisches Euro-Management, Stuttgart 1995, S. 73-84.

Kreutzer, Ralf (1989). Global Marketing - Konzeption eines länderübergreifenden Marketing, Wiesbaden 1989.

Kreutzer, Ralf (1991). Standardisierung der Marketing-Instrumente im internationalen Marketing, in: Betriebswirtschaftliche Forschung und Praxis 5/91, S. 363-398.

Kroeber, A.L. / Kluckhohn, C. (1952): Culture: A Critical Review of Concepts and Definitions, Harvard University Peabody Museum of American Archeology and Ethnology Papers, 47, H. 1, Cambridge, 1952.

Kroeber-Riel, Werner (1990). Konsumentenverhalten, 4. Aufl., München 1990.

Kroeber-Riel, Werner (1992). Globalisierung der Euro-Werbung - Ein konzeptioneller Ansatz der Konsumentenforschung, in: Marketing Zeitschrift für Forschung und Praxis, 14. Jg., 4/1992, S. 261-266.

Krogh, Georg von / Venzin, Markus (1995). Anhaltende Wettbewerbsvorteile durch Wissensmanagement, in: Die Unternehmung, 49. Jg., Nr. 6, S. 417-436.

Krogh, Georg von / Roos, Johan / Slocum, Ken (1994). An Essay on Corporate Epistemology, in: Strategic Management Journal, Vol. 15, Special Issue, S. 53-71.

Krulis-Randa, Jan (1995). Customer Focus and Competitive Advantage. Kundenfokussierung und Wettbewerbsvorteil, in: Die Unternehmung, 49. Jg., Nr. 6, S. 373-379.

Kulhavy, Ernest (1989). Informationsbedarf für internationale Marketingentscheidungen, in: *Macharzina, Klaus / Welge, Martin* (Hrsg.), Handwörterbuch Export und internationale Unternehmung, Stuttgart 1989, Sp. 831-841.

Kumar, Brij Nino (1988). Interkulturelle Managementforschung - Ein Überblick über Ansätze und Probleme, in: WiSt, Heft 8, 1988, S. 389-394.

Kumar, Brij Nino (1993). Globale Wettbewerbsstrategien für den Europäischen Binnenmarkt, in: *Haller, Matthias, et al.* (Hrsg.), Globalisierung der Wirtschaft - Einwirkungen auf die Betriebswirtschaftslehre, Wien 1993, S. 49-76.

Kutschker, Michael (1993). Dynamische Internationalisierungsstrategie, Diskussionsbeitrag Nr. 41 der Wirtschaftswissenschaftlichen Fakultät Ingolstadt, Ingolstadt 1993.

Kux, Barbara / Rall, Wilhelm (1990). Marketing im globalen Wettbewerb, in: *Welge, Martin K.* (Hrsg.). Globales Management - Erfolgreiche Strategien für den Weltmarkt, Stuttgart 1990, S. 73-84.

Lademann, Rainer P. (1993). Europa gibt dem Handel Impulse, in: Lebensmittel Zeitung, Nr. 17 vom 30.4.1993, S. 87-88.

Lado, Augustine A. / Boyd, Nancy G. / Wright, Peter (1992). A Competency Model of Sustainable Competitive Advantage: Toward a Conceptual Integration, in: Journal of Management, Vol. 18, No. 1, S. 77-91.

Lamnek, Siegfried (1988). Qualitative Sozialforschung, Band 1 - Methodologie, München 1988.

Lamnek, Siegfried (1989). Qualitative Sozialforschung, Band 2 - Methoden und Techniken, München 1989.

Langner, Heike (1991). Segmentierungsstrategien für den europäischen Binnenmarkt, Wiesbaden 1991.

Lannon, Judie (1993). Branding Essentials and the New Environment, in: admap, Vol. 28, No. 6, S. 17-22.

Lawless, Michael W. / Bergh, Donald B. / Wilsted, William D. (1989). Performance Variations Among Strategic Group Members: An Examination of Individual Firm Capability, in: Journal of Management, Vol. 15, No. 4, S. 649-661.

Lawrence, P.R. / Lorsch, J.W. (1967). Organization and Environment, Boston 1967.

Learned, E.P. / Christensen, C.R. / Andrews, K:R. / Guth, W. (1969). Business Policy, Homewood (Ill.) 1969.

Lebensmittel Zeitung (Hrsg.) (1995). Der Lebensmittelhandel in Europa 95 - Unternehmen, Strukturen, Entwicklungen, o. O., 1995.

Lei, David / Slocum, John W. Jr. / Slater, Robert W. (1990). Global Strategy and Reward Systems: The Key Roles of Management Development and Corporate Culture, in: Organizational Dynamics, Vol. 19, S. 27-41.

Leonard-Barton, Dorothy (1992). Core Capabilities and Core Rigidities: A Paradox in Managing New Product Development, in: Strategic Management Journal, Vol. 13, S. 111-125.

Lerner, Wilhelm (1991). Expansion durch Akquisition. Ein schneller und effizienter Weg zu einer europaweiten Erfolgsmarke, in: LZ Journal, Nr. 41 vom 11.10.1991, S. J44.

Leventhal, G.S. (1980). What Should Be Done With Equity Theory? New Approaches to the Study of Fairness in Social Relationships, in: Gergen, K. / Greenberg, M. / Willis, R. (eds.), Social Exchange: Advances in Theory and Research, New York 1980, S. 27-55.

Levitt, Theodore (1983). The Globalization of Markets, in: Harvard Business Review, Vol. 61, S. 19-27.

Lind, E.A. / Tyler, T.R. (1988). The Social Psychology of Procedural Justice, New York 1988.

Lippman, S.A. / Rumelt, Richard P. (1982). Uncertain Imitability: An Analysis of Interfirm Differences in Efficiency Under Competition, in: The Bell Journal of Economics, Vol. 13, No. 2, S. 418-438.

Lorange, Peter / Probst, Gilbert (1990). Effective Strategic Planning Processes in the Multinational Corporation, in: *Bartlett, Christopher A. / Doz, Yves / Hedlund, Gunnar* (eds.), Managing the Global Firm, London - New York 1990, S. 144-163.

Low, George S. / Fullerton, Ronald A. (1994). Brands, Brand Management, and the Brand Manager System: A Critical-Historical Evaluation, in: Journal of Marketing Research, Vol. 31, S. 173-190.

Lücking, Joachim (1995). Marktaggressivität und Unternehmenserfolg - Theoretische Ansätze und empirische Untersuchung in Märkten für technische Gebrauchsgüter, Berlin 1995.

M+M Eurodata (Hrsg.) (1993). EuroTrade - Strukturen, Umsätze und Vertriebslinien des Lebensmittelhandels Food/Nonfood in Europa, Frankfurt a.M. 1993.

M+M Eurodata (Hrsg.) (1995). M+M EuroTrade 1995/1996 - Strukturen, Umsätze und Vertriebslinien des Lebensmittelhandels Food/Nonfood in Europa, Band 1 und Band 2, Frankfurt a.M. 1995.

Macharzina, Klaus (1992a). Internationalisierung und Organisation, in: Zeitschrift für Organisation, Nr. 1/92, S. 4-11.

Macharzina, Klaus (1993). Unternehmensführung: Das internationale Managementwissen; Konzepte - Methoden - Praxis, Wiesbaden 1993.

Macharzina, Klaus / Oesterle, Michael-Jörg (1995). Internationalisierung und Organisation unter besonderer Berücksichtigung europäischer Entwicklungen, in: *Scholz, Christian / Zentes, Joachim* (Hrsg.). Strategisches Euro-Management, Stuttgart 1995, S.203-225.

Mag, Wolfgang (1992). Ausschüsse, in: *Frese, Erich* (Hrsg.), Handwörterbuch der Organisation, 3. Aufl., Stuttgart 1992, Sp. 252-262.

Mahoney, Joseph T. / Pandian, J. Rajendran (1992). The Resource-Based View Within the Conversation of Strategic Management, in: Strategic Management Journal, Vol. 13, S. 363-380.

Makinen, Helen (1994). The Exports of Small Jewellery Manufactures in Light of Competitive Advantages, in: *Oblój, Krzysztof* (ed.), High Speed Competition in a New Europe, Proceedings of the 20th Annual Conference of the European International Business Association, Volume 1, Warsaw 1994, S. 197-218.

Marr, Rainer / Schmölz, Anton (1989). Stellenbesetzung, internationale, in: *Macharzina, Klaus / Welge, Martin* (Hrsg.), Handwörterbuch Export und internationale Unternehmung, Stuttgart 1989, Sp. 1969-1680.

Martinez, Jon I. / Jarillo, J. Carlos (1989). The Evolution of Research on Coordination Mechanisms in Multinational Corporations, in: Journal of International Business Studies Vol. 20, No. 3, S. 489-514.

Martinez, Jon I. / Jarillo, J. Carlos (1991). Coordination Demands of International Strategies, in: Journal of International Business Studies Vol. 22, No. 3, S. 429-444.

Maucher, Helmut / Brabeck-Lethmathe, Peter (1991). Auswirkungen des Gemeinsamen Marktes auf die Möglichkeit regionaler Produkt- und Preisdifferenzierung - dargestellt am Beispiel der Nahrungsmittelindustrie, in: zfbf - Zeitschrift für betriebswirtschaftliche Forschung, 43. Jg., (12/92), S. 1108-1128.

Mayer, Alexander Geza / Soliman, Peter / Niehues, Alexander (1994). Im nächsten Zug - die Europa-Organisation, in: Harvard Business Manager 4/1994, S. 116-125.

McGrath, Rita Gunther / MacMillan, Ian C. / Venkataraman, S. (1995). Defining and Developing Competence: A Strategic Process Paradigm, in: Strategic Management Journal, Vol. 16, No. 4, S. 251-275.

Meffert, Heribert (1986a). Marketing im Spannungsfeld von weltweitem Wettbewerb und nationalen Bedürfnissen, in: Zeitschrift für Betriebswirtschaft, 56. Jg., S. 689-712.

Meffert, Heribert (1986b). Marketing - Grundlagen der Absatzpolitik, 7. Aufl., Wiesbaden 1987.

Meffert, Heribert (1989). Globalisierungsstrategien und ihre Umsetzung im internationalen Wettbewerb, in: Die Betriebswirtschaft, 4/1989, S. 445-463.

Meffert, Heribert (1989b). Marketingstrategien, globale, in: *Macharzina, Klaus / Welge, Martin* (Hrsg.), Handwörterbuch Export und internationale Unternehmung, Stuttgart 1989, Sp. 1412-1427.

Meffert, Heribert (1990a). Euromarketing im Spannungsfeld zwischen nationalen Bedürfnissen und globalem Wettbewerb. in: *Meffert, Heribert / Kirchgeorg, Manfred* (Hrsg.), Marktorientierte Unternehmensführung im Europäischen Binnenmarkt, Stuttgart 1990, S. 21-37.

Meffert, Heribert (1990b). Implementierungsprobleme globaler Strategien, in: *Welge, Martin K.* (Hrsg.). Globales Management - Erfolgreiche Strategien für den Weltmarkt, Stuttgart 1990, S. 93-115.

Meffert, Heribert / Althans, Jürgen (1982). Internationales Marketing, Stuttgart 1982.

Meffert, Heribert, / Bolz, Joachim (1989). Europa 1992 und Unternehmensführung - Ergebnisse einer empirischen Untersuchung, in: *Bruhn, M. / Wehrle* (Hrsg.), Europa 1992 - Chancen und Risiken für das Marketing, Münster-Hiltrup 1989, S. 33-53.

Meffert, Heribert / Bolz, Joachim (1991). Globalisierung des Marketing bei internationaler Unternehmenstätigkeit, Arbeitspapier Nr. 64 der Wissenschaftlichen Gesellschaft für Marketing und Unternehmensführung e.V., Hrsg.: *Meffert, H. / Wagner, H. / Backhaus, K.*, Münster 1991.

Meffert, Heribert / Bolz, Joachim (1994). Internationales Marketing-Management, Stuttgart 1994.

Meffert, Heribert / Bolz, Joachim (1995). Erfolgswirkungen der internationalen Marketingstandardisierung, in: *Scholz, Christian / Zentes, Joachim* (Hrsg.), Strategisches Euro-Management, Stuttgart 1995, S. 135-156.

Meffert, Heribert / Meurer, Jörg (1993). Internationales Marketing im neuen Europa, in: der markt, 32. Jg. (1993), Nr.127, S. 220-230.

Mei-Folter, Antonella (1991). Zwischen national und global. Auch Euro-Marken gehen nicht immer standardisiert ihren Weg, in: LZ Journal, Nr. 41 vom 11.10.1991, S. J18-J19.

Meissner, Hans Günther (1989). Mehr Chancen - mehr Marktforschung, in: absatzwirtschaft 5/89, S. 78-82.

Meissner, Hans Günther (1990). Marketing im Gemeinsamen Europäischen Markt, in: *Berg, H. / Meissner, H.G. / Schünemann, W.B.* (Hrsg.), Märkte in Europa, Stuttgart 1990, S. 99-160.

Meissner, Hans Günther (1991). Strategisches Globales Marketing, in: Betriebswirtschaftliche Forschung und Praxis, 5/91, S. 416-425.

Meissner, Hans-Günther (1994). Internationale Markenstrategien, in: *Bruhn, Manfred* (Hrsg.), Handbuch Markenartikel, Stuttgart 1994, S.673-685.

Melin, Leif (1992). Internationalization as a Strategy Process, in: Strategic Management Journal, Vol. 13, S. 99-118.

Meyer, Norbert (1992). Sony: Eine japanische Europa-Strategie, in: *Arthur D. Little* (Hrsg.), Management der Europa-Strategie, Wiesbaden 1992, S. 177-188.

Michaelidis, D. (1991). Der kleine Laden nebenan - Der Lebensmitteleinzelhandel in Griechenland, in: dynamik im handel 12/91, S. 38-41.

Miller, Edwin L. (1989). Auslandseinsatz, in: *Macharzina, Klaus / Welge, Martin* (Hrsg.), Handwörterbuch Export und internationale Unternehmung, Stuttgart 1989, Sp. 73-83.

Molle, Patrick (1992). Le Commerce et la Distribution en Europe, Paris 1992.

Moorman, Christine (1995). Organizational Market Information Processes: Cultural Antecedents and New Product Outcomes, in: Journal of Marketing Research, Vol. 32 (August 1995), S. 318-335.

Morwind, Klaus (1992). Standardisierung im internationalen Marketing - am Beispiel des internationalen Wasch- und Reinigungsmittelmarktes in Europa, in: Jahrbuch der Werbung 1992, Düsseldorf 1992, S. 84-93.

Müller, Frank U. (1994). Das Transnationale Unternehmen in der europäischen Automobilindustrie: Neuere Entwicklungen, in: Die Betriebswirtschaft, Jg. 54, Nr. 3, S. 315-326.

Müller, Stefan / Kornmeier, Martin (1994). Internationales Marketing - eine interkulturelle Perspektive, Dresdner Beiträge zur Betriebswirtschaftslehre Nr. 1/94, Technische Universität Dresden, Fakultät Wirtschaftswissenschaften.

Müller, Stefan / Kornmeier, Martin (1995). Internationales Konsumgütermarketing, in: *Hermanns, Arnold / Wißmeier, Urban Kilian* (Hrsg.), Internationales Marketing-Management, München 1995, S. 339-386.

Müller, Stefan / Kornmeier, Martin (1996). Grenzen der Standardisierung im Internationalen Marketing, in: *GfK* (Hrsg.), Jahrbuch der Absatz- und Verbrauchsforschung, 42. Jg. (1/96), S. 4-29.

Murtha, Thomas P. / Lenway, Stefanie A. / Kimmel, Susan K. (1994). Mind over Matrix: Measuring Individual Potential for Transnational Thought, in: Academy of Management Best Paper Proceedings 1994, S. 148-152.

Narver, John C. / Slater, Stanley F. (1990). The Effect of Market Orientation on Business Profitability, in: Journal of Marketing, Vol. 54 (October 1990), S. 20-35.

Nayyar, Praveen R. / Bantel, Karen A. (1994). Competitive Agility: A Source Of Competitive Advantage Based On Speed And Variety, in: *Shrivastava, Paul / Hull, Anne / Dutton, Jane* (eds.), Advances in Strategic Management, Vol. 10 (Part A), Resource-based View of the Firm, Greenwich Connecticut 1994, S. 193-222.

Nieschlag, Robert / Dichtl, Erwin / Hörschgen, Hans (1991). Marketing, 16. Aufl., Berlin 1991.

Noelle-Neumann, Elisabeth (1992). Individualität im neuen Europa - Eine Trendanalyse aus der Sicht der Markt- und Meinungsforschung, in: *Österreichische Werbewissenschaftliche Gesellschaft* (Hrsg.). Was kostet die grenzenlose Freiheit? - Bericht der 39. Werbewirtschaftlichen Tagung in Wien, Wien 1992, S. 85-98.

Nohria, Nitin / Ghoshal, Sumantra (1994). Differentiated Fit and Shared Values: Alternatives for Managing Headquarters-Subsidiary Relationships, in: Strategic Management Journal, Vol. 15, S. 491-502.

Nonaka, I. / Takeuchi, H. (1995). The Knowledge-Creating Company: How Japanese Companies Create the Dynamics of Innovation, New York 1995.

o.V. (1992a). Euromarken gewinnen an Gewicht, in: Lebensmittel Zeitung, Nr. 46 vom 13.11.1992, S. 71.

o.V. (1992b), Vileda wird Euromarke, in: LP international 13/92, S. 6.

o.V. (1992c). Die klassische Zielgruppe ist tot, in: Lebensmittel Zeitung, Nr. 42 vom 16.10.1992, S. 63.

o.V. (1992d). Hershey auf Brautschau in Europa, in: Lebensmittel Zeitung, Nr. 51 vom 18.12.1992, S. 16.

o.V. (1992e). Verkrustete Strukturen lösen sich, in: Lebensmittel Zeitung Nr. 50 vom 11.12.1992, S. 68.

o.V. (1992f). Dynamische Entwicklung im spanischen Handel, in: DER BINNENMARKT 10/92, S. 28-30.

o.V. (1993a). Nestlé-Konzern sieht in Europa Wachstumspotential, in: Lebensmittel Zeitung, Nr. 19 vom 14.5.1993, S. 15.

o.V. (1993b). Gipfeltreffen von Metro und Rewe, in: Lebensmittel Zeitung, Nr. 19 vom 14.5.1993, S. 13.

o.V. (1993c). Europa in der Rezession, in: Lebensmittel Zeitung, Nr. 49 vom 10.12.1993, S. 80.

o.V. (1993e). Promodès - ein Europäer von internationaler Dimension, in: dynamik im handel 6/93, S. 34-35.

o.V. (1993f). Dossier: Italien - Noch kein Land für Discounter, in: LP international 5/93, S. 12-15.

o.V. (1994a). Barilla will Position ausbauen, in: Lebensmittel Zeitung, Nr. 40 vom 7.10.1994, S. 15.

o.V. (1996b). Supermarkt noch vorn, in: LP international, 10/96, S. 6.

o.V. (1996c). Chancen und Gefahr des Ruins: Europäische Eigenmarken-Studien, in: LP international, 10/96, S. 7.

o.V. (1996d). Bahlsen setzt stark auf Innovationen, in Lebensmittel Zeitung, Nr. 4 vom 26.1.1996, S. 18.

Oechsler, Walter A. (1989). Managementaus- und -weiterbildung, internationale, in: *Macharzina, Klaus / Welge, Martin* (Hrsg.), Handwörterbuch Export und internationale Unternehmung, Stuttgart 1989, Sp. 1357-1370.

von der Oelsnitz, Dietrich (1995a). Individuelle Selbststeuerung - der Königsweg «moderner» Unternehmensführung?, in: DBW Die Betriebswirtschaft, 55. Jg., Nr. 6, S. 707-720.

von der Oelsnitz, Dietrich (1995b). Das Heterarchieprinzip, in: WISU, 24. Jg., Heft 6, S. 500-502.

Osterloh, Margit (1993). Interpretative Organisations- und Mitbestimmungsforschung, Stuttgart 1993.

Otterbeck, Lars (1981). Concluding Remarks - And a Review of Subsidiary Autonomy, in: *Otterbeck, Lars* (ed.). The Management of Headquarters-Subsidiary Relationships in Multinational Corporations, Aldershot 1981, S. 337-343.

Otto, Andreas (1994). Unternehmenssteuerung im internationalen Wettbewerb, Bergisch Gladbach 1994.

Ouchi, William G. (1979). A Conceptual Framework for the Design of Organizational Control Mechanisms, in: Management Science, Vol. 25, No. 9, S. 833-848.

Paitra, Jacques (1993). The Euro-Consumer, Myth or Reality?, in: *Halliburton, Chris / Hünerberg, Reinhard* (eds.), European Marketing - Readings and Cases, Cambridge (U.K.) 1993, S. 63-70.

Perlmutter, Howard V. (1969). The Tortuous Evolution of the Multinational Corporation, in: Columbia Journal of World Business, Vol. 4, No. 1, S. 9-18.

de la Perrière, Thibaut Brac / Lours, Hervé (1992). Moulinex: Der Sprung nach Europa, in: *Arthur D. Little* (Hrsg.), Management der Europa-Strategie, Wiesbaden 1992, S. 206-215.

Peteraf, Margaret A. (1993). The Cornerstones of Competitive Advantage: A Resource-based View, in: Strategic Management Journal, Vol. 14, No. 3, S. 179-192.

Peteraf, Margaret A. (1994). Commentary: The Two Schools Of Thought In Resource-Based Theory: Definitions and Implications for Research (*W. S. Schulze*) , in: *Shrivastava, Paul / Hull, Anne / Dutton, Jane* (eds.), Advances in Strategic Management, Vol. 10 (1994) (Part A), Resource-Based View of the Firm, Greenwich Connecticut 1994, S. 153-158.

Picard, Jacques (1977). How European Companies Control Marketing Decisions Abroad, in: Columbia Journal of World Business, Vol. 12 (Summer), S. 113-121.

Plinke, Wulff (1990). Auswirkungen der europäischen Normung auf die Investitionsgüterindustrie - eine Branchenanalyse, in: *Meffert, Heribert / Kirchgeorg, Manfred* (Hrsg.), Marktorientierte Unternehmensführung im Europäischen Binnenmarkt, Stuttgart 1990, S. 67-76.

Porter, Michael E. (1981). The Contributions of Industrial Organization To Strategic Management, in: Academy of Management Review, Vol. 6, No. 4, S. 609-620.

Porter, Michael E. (1986). Wettbewerbsvorteile, Frankfurt a.M. 1986.

Porter, Michael E. (1987). Wettbewerbsstrategie, 4. Aufl., Frankfurt a.M. 1987.

Porter, Michael E. (1990). The Competitive Advantage of Nations, New York 1990.

Porter, Michael E. (1991). Towards a Dynamic Theory of Strategy, in: Strategic Management Journal, Vol. 12, S. 95-117.

Powell, Thomas C. (1992a). Organizational Alignment as Competitive Advantage, in: Strategic Management Journal, Vol. 13, S. 119-134.

Powell, Thomas C. (1992b). Strategic Planning as Competitive Advantage, in: Strategic Management Journal, Vol. 13, S. 551-558.

Prahalad, C.K. / Doz, Yves L. (1981). Strategic Control - The Dilemma in Headquarters-Subsidiary Relationships, in: *Otterbeck, Lars* (ed.). The Management of Headquarters-Subsidiary Relationships in Multinational Corporations, Aldershot 1981, S. 187-204.

Prahalad, C.K. / Doz, Yves L. (1987). The Multinational Mission, New York 1987.

Prahalad, C.K. / Hamel, Gary (1990). The Core Competence of the Corporation, in: Harvard Business Review, May-June 1990, S. 79-91.

Probst, Gilbert J.B. (1992). Selbstorganisation, in: *Frese, Erich* (Hrsg.), Handwörterbuch der Organisation, 3. Aufl., Stuttgart 1992, Sp. 2255-2269.

Quelch, John A. / Hoff, Edward J. (1986). Customizing Global Marketing, in: Harvard Business Review, Vol. 64, No. 3, S. 59-68.

Raffée, Hans / Kreutzer, Ralf (1986). Organisatorische Verankerung als Erfolgsbedingung eines Global-Marketing, in: Thexis, 3. Jg., Nr. 2, S. 10-21.

Rall, Wilhelm (1991). Organisatorische Anforderungen an ein globales Marketing, in: BFuP Betriebswirtschaftliche Forschung und Praxis, 5/1991, S. 426-435.

Rasche, Christoph (1994). Wettbewerbsvorteile durch Kernkompetenzen - Ein ressourcenorientierter Ansatz, Wiesbaden 1994.

Rasche, Christoph / Wolfrum, Bernd (1994). Ressourcenorientierte Unternehmensführung, in: DBW Die Betriebswirtschaft 54. Jg., Nr. 4, S. 501-517.

Reber, Gerhard (1992). Lernen, organisationales, in: *Frese, Erich* (Hrsg.), Handwörterbuch der Organisation, 3. Aufl., Stuttgart 1992, Sp. 1240-1255.

Reed, Richard / DeFillippi, Robert J. (1990). Causal Ambiguity, Barriers to Imitation, and Sustainable Competitive Advantage, in: Academy of Management Review, Vol. 15, No. 1, S. 88-102.

Remmerbach, Klaus-Ulrich (1989). Europäischer Binnenmarkt 1992 - Chancen für das Konsumgütermarketing, in: *Bruhn, Manfred / Wehrle* (Hrsg.), Europa 1992 - Chancen und Risiken für das Marketing, Münster-Hiltrup 1989, S. 67-76.

Remmerbach, Klaus-Ulrich / Walters, Michael (1994). Markenstrategien im europäischen Binnenmarkt, in: *Bruhn, Manfred* (Hrsg.), Handbuch Markenartikel, Stuttgart 1994, S. 653-672.

Reuter, Alexander (1991). Euro-Marketing: Betriebswirtschaftlicher Wunsch und europarechtliche Realität, in: zfbf - Zeitschrift für betriebswirtschaftliche Forschung, 43. Jg. (1/1991), S. 75-87.

Ricks, David A. (1983). Big Business Blunders: Mistakes in Multinational Marketing, Homewood, Illinois 1983.

Riesenbeck, Hajo / Freeling, Anthony (1991). How Global are Global Brands?, in: The McKinsey Quarterly, 4/1991, S. 3-18.

Rohleder, Peter J. / Gratzer, Walter (1990). Euro-Marketing - Strategien für den EG-Binnenmarkt, in: Markenartikel 10/1990, S. 473-480.

Rosenstiel, Lutz von (1992). Menschenführung im Ausland: Motivation und Führungsstil in Auslandsniederlassungen, in: *Kumar, Brij Nino / Haussmann, Helmut* (Hrsg.), Handbuch der internationalen Unternehmenstätigkeit, München 1992, S. 825-838.

Roth, Kendall / Morrison, Allen J. (1992). Implementing Global Strategy: Characteristics of Global Subsidiary Mandates, in: Journal of International Business Studies, Vol. 23, No. 4, S. 715-735.

Roth, Kendall / Nigh, Douglas (1992). The Effectiveness of Headquarters-Subsidiary Relationships: The Role of Coordination, Control, and Conflict, in: Journal of Business Research, Vol. 25, S. 277-301.

Roth, Kendall / Schweiger, David M. / Morrison, Allen J. (1991). Global Strategy Implementation at the Business Unit Level: Operational Capabilities and Administrative Mechanisms, in: Journal of International Business Studies, Vol. 22, No. 3, S. 369-402.

Rühli, Edwin (1992). Koordination, in: *Frese, Erich* (Hrsg.), Handwörterbuch der Organisation, 3. Aufl., Stuttgart 1992, Sp. 1164-1175.

Rühli, Edwin (1994). Die Resource-Based View of Strategy, in: *Gomez, P. / Hahn, D. / Müller-Stewens, G. / Wunderer, R.* (Hrsg.), Unternehmerischer Wandel, Konzepte zur organisatorischen Erneuerung, Wiesbaden 1994, S. 31-57.

Ruekert, Robert W. / Walker, Orville C. (1987). Marketing's Interaction With Other Functional Units: A Conceptual Framework and Empirical Evidence, in: Journal of Marketing, Vol. 51, No. 1, S. 1-19.

Rüschen, Gerhard (1988): Der europäische Markt - eine Herausforderung für den Markenartikel, in: Markenartikel 6/1988, S. 234-244.

Rumelt, Richard P. (1984). Toward a Strategic Theory of the Firm, in: *Lamb, R.B.* (ed.), Competitive Strategic Management, Engelwood Cliffs 1984, S. 556-570.

Rumelt, Richard P. (1991). How Much Does Industry Matter, in: Strategic Management Journal, Vol. 12, S. 167-185.

Schalk, Willi (1990). Europa 92 - Perspektiven im Werbemarkt, in: *Meffert, Heribert / Kirchgeorg, Manfred* (Hrsg.), Marktorientierte Unternehmensführung im Europäischen Binnenmarkt, Stuttgart 1990, S.149-161.

Schein, Edgar H. (1984). Coming to a New Awareness of Organizational Culture, in: Sloan Management Review, Vol. 25, No. 2 (Winter), S. 3-16.

Schein, Edgar H. (1992). Organizational Culture and Leadership, (2nd ed.). San Francisco 1992.

Schlitt, Petra (1993c). PWA organisiert bei Hygiene um, in: Lebensmittel Zeitung, Nr. 29 vom 23. Juli 1993, S. 18.

Schlitt, Petra (1995a). Kimberly-Clark schafft breitere Europa-Basis, in: Lebensmittel Zeitung, Nr. 29 vom 21.7.1995, S. 12.

Schlitt, Petra (1995b). Sorge um den Standort Deutschland, in: Lebensmittel Zeitung, Nr. 48 vom 1.12.1995, S. 12.

Schlitt, Petra (1996a). Wem gehört die Zukunft?, in: Lebensmittel Zeitung, Nr. 12 vom 22.3.1996, S. 46-47.

Schmalensee, Richard (1985). Do Markets Differ Much?, in: American Economic Review, Vol. 75, S. 341-351.

Schneider, Susan C. (1988). National vs. Corporate Culture: Implications for Human Resource Management, in: Human Resource Management, Vol. 27, No. 2, S. 213-246. Entnommen aus: *Schneider, Susan C.*, National vs. Corporate Culture: Implications for Human Resource Management in: *Vernon-Wortzel, Heidi / Wortzel, Lawrence H.* (eds.) Global Strategic Management - The Essentials, 2nd ed., New York 1991, S. 502-513.

Schnell, Rainer / Hill, Paul B. / Esser, Elke (1993). Methoden der empirischen Sozialforschung, München 1993.

Scholz, Christian (1992). Effektivität und Effizienz, organisatorische, in: *Frese, Erich* (Hrsg.), Handwörterbuch der Organisation, 3. Aufl., Stuttgart 1992, Sp. 533-552.

Schreyögg, Georg (1990). Unternehmenskultur in multinationalen Unternehmen, in Betriebswirtschaftliche Forschung und Praxis, 5/90, S. 379-390.

Schreyögg, Georg (1992). Organisationskultur, in: *Frese, Erich* (Hrsg.), Handwörterbuch der Organisation, 3. Aufl., Stuttgart 1992, Sp. 1525-1537.

Schroeder, M. (1991). France-Allemagne: la publicité. L'existence de deux logiques de communication, in: Recherche et Applications en Marketing, Vol. VI (1991), n° 3, S. 97-109.

Schütz, Peter (1993). Die hausgemachte Enge, in: absatzwirtschaft, Sondernummer Oktober 1993, S. 150-155.

Schuler, Randall S. (1995). Internationales Personalmanagement: Eine europäische Perspektive, in: *Scholz, Christian / Zentes, Joachim* (Hrsg.). Strategisches Euro-Management, Stuttgart 1995, S. 259-276.

Schulze, William S. (1992). The Two Resource-Based Models of the Firm: Definitions and Implications for Research, in: Academy of Management Best Paper Proceedings 1992, S. 37-41.

Schwalbach, Joachim (1993). Stand und Entwicklung der Industrieökonomik, in: *Neumann, Manfred* (Hrsg.), Unternehmensstrategie und Wettbewerb auf globalen Märkten und Thünen-Vorlesung, Berlin 1993, S. 93-109.

Segler, Kai (1986). Basisstrategien im internationalen Marketing, Mannheim 1986.

Seidel, Eberhard (1992). Gremienorganisation, in: *Frese, Erich* (Hrsg.), Handwörterbuch der Organisation, 3. Aufl., Stuttgart 1992, Sp. 714-724.

Seidel, Fred (1995). Interkulturelles Marketing im europäischen Kontext, in: *Scholz, Christian / Zentes, Joachim* (Hrsg.), Strategisches Euro-Management, Stuttgart 1995, S. 157-174.

Senge, P.M. (1990). The Fifth Discipline, New York 1990.

Shapiro, Benson P. (1988). What the Hell is Market Oriented?, in: Harvard Business Review, Vol. 66 (November-December 1988), S. 119-125.

Shipman, Alan (1993a). Power Struggle, in: International Management, April 1993, S. 50-53.

Shipman, Alan (1993b). Eurotrends, in: International Management, July/August 1993, S. 10.

Simon, Herbert A. (1979). Rational Decision Making in Business Organizations, in: American Economic Review, Vol. 69, S. 493-513.

Simon, Hermann (1992). Preismanagement, 2. Aufl., Wiesbaden 1992.

Simon, Hermann / Wiese, Carsten (1992). Europäisches Preismanagement, in: Marketing Zeitschrift für Forschung und Praxis, 14. Jg., Heft 4, S. 246-256.

Sinkula, James M. (1994). Market Information Processing and Organizational Learning, in: Journal of Marketing, Vol. 58 (January 1994), S. 35-45.

Slater, Stanley F. / Narver, John C. (1994). Does Competitive Environment Moderate the Market Orientation-Performance Relationship?, in: Journal of Marketing, Vol. 58 (January 1994), S. 46-55.

Slater, Stanley F. / Narver, John C. (1995). Market Orientation and the Learning Organization, in: Journal of Marketing, Vol. 59 (July 1995), S. 63-74.

Smircich, Linda (1983). Concepts of Culture and Organizational Analysis, in: Administrative Science Quarterly, Vol. 28, S. 339-358.

Soldner, Helmut (1984). International Business Theory and Marketing Theory: Elements for International Marketing Theory Building, in: *Hampton, G.M. / Gent, A. van* (eds.), Marketing Aspects of International Business, Boston 1984, S. 25-57.

Sommerlatte, Tom / Maier-Rothe, Christoph / Lerner, Wilhelm (1992). Unternehmensstrategien zur Nutzung des europäischen Potentials, in: *Arthur D. Little* (Hrsg.), Management der Europa-Strategie, Wiesbaden 1992, S. 35-122.

Sorensen, Ralph Z. / Wiechmann, Ulrich E. (1975). How Multinationals View Marketing Standardization, in: Harvard Business Review, Vol. 53, No. 3, S. 38-54, 166-167.

Sprengel, Rolf (1990). EUROPA 93 - Sind vorhandene Markennamen einsetzbar?, in: Markenartikel 9/1990, S. 410-413.

Staehle, W.H. / Grabatin, G. (1979). Effizienz von Organisationen, in: DBW Die Betriebswirtschaft, 39. Jg., S. 89-102.

Stahr, Gunter R.K. / Backes, Sylvia (1995). Marktforschung und Informationsmanagement im internationalen Marketing, in: *Hermanns, Arnold / Wißmeier Urban Kilian* (Hrsg.), Internationales Marketing Management, München 1995, S. 69-99.

Stegmüller, Bruno (1995). Internationale Marktsegmentierung als Grundlage für internationale Marketing-Konzeptionen, Bergisch-Gladbach 1995.

Steinmann, Horst (1978). Betriebswirtschaftslehre als normative Handlungswissenschaft, in: *Steinmann, Horst* (Hrsg.), Betriebswirtschaftslehre als normative Handlungswissenschaft, Wiesbaden 1978, S. 73-102.

Steinmann, Horst / Kumar, Brij Nino (1984). Personalpolitische Aspekte von im Ausland tätigen Unternehmen, in: *Dichtl, Erwin / Issing, Otmar* (Hrsg.), Exporte als Herausforderung für die deutsche Wirtschaft, Köln 1984, S. 397-427.

Steinmann, Horst / Schreyögg, Georg (1990). Management - Grundlagen der Unternehmensführung: Konzepte, Funktionen, Praxisfälle, Wiesbaden 1990.

Stelzer, Matthias (1994). Internationale Werbung in supranationalen Fernsehprogrammen - Möglichkeiten und Grenzen aus der Sicht der Werbungtreibenden in Europa, in: Werbeforschung & Praxis, 1/94, S. 15-26.

Stopford, J.M. / Wells, L.T. (1972). Managing the Multinational Enterprise, New York 1972.

Takeuchi, Hirotaka / Porter, Michael E. (1986). Three Roles of International Marketing in Global Strategy, in: *Porter, M.E.* (ed.), Competition in Global Industries, Boston 1986, S. 110-146.

Tallmann, Stephen B. (1991). Strategic Management Models and Resource-Based Strategies Among MNEs In a Host Market, in: Strategic Management Journal, Vol. 12, S. 69-82.

Tallman, Stephen B. / Geringer, J. Michael / Li, Eldon (1994). The Resource-Based View of the Firm and Multinationalization: A Structural Equation Model and Empirical Test. Paper presented at the International Management Division, Annual National Meetings of the Academy of Management, Dallas TX, August 1994.

Teece, David J. / Pisano, Gary / Shuen, Amy (1992). Dynamic Capabilities and Strategic Management, Working Paper, University of California, Berkeley, Harvard University 1992.

Terpstra, Vern (1987), International Marketing, 4th Ed., New York 1987.

Thibault, J. / Walker, L. (1975). Procedural Justice: A Psychological Analysis, Hillsdale, New Jersey 1975.

Thibault, J. / Walker, L. (1978). A Theory of Procedure, in: California Law Review, Vol. 66, S. 541-566.

Tietz, Bruno (1990). Euro-Marketing, 2. Aufl., Landsberg/Lech 1990.

Tietz, Bruno (1992). Produktmanagement(s), Organisation des, in: *Frese, Erich* (Hrsg.), Handwörterbuch der Organisation, 3. Aufl., Stuttgart 1992, Sp. 2067-2077.

Tiphine, Bruno / Lehmann, Ulrich (1991). Den Königsweg gibt es nicht. Was bestimmt die Wahl der richtigen Markenstrategie?, in: LZ-Journal, Nr. 41. vom 11.10.1991, S. J10-J12.

Töpfer, Armin / Hünerberg, Reinhard (1990). Wettbewerbsstrategien im Europäischen Binnenmarkt, in: Marketing ZFP, 12. Jg., Heft 2, S. 77-90.

Twardawa, Wolfgang (1996). Euro-Marketing aus Sicht der Marktforschung. Vortragsunterlagen seines Referats anläßlich der Tagung „Innovatives Euro-Management“ der GIM - Gesellschaft für Innovatives Marketing e.V. vom 29.-30.4.1996 im Maritim Hotel, Nürnberg.

Veitengruber, Dieter (1992). Unterschiedliche Produktakzeptanz in Europa, in: dynamik im handel 12/92, S. 45-48.

Walters, Peter G.P. (1986). International Marketing Policy: A Discussion of the Standardization Construct and its Relevance for Corporate Policy, in: Journal of International Business Studies, Vol. 17, No. 2, S. 55-69.

Waning, Thomas (1994), Markteintritts- und Marktbearbeitungsstrategien im globalen Wettbewerb, Münster - Hamburg 1994.

Weber, Max (1951). Soziologische Grundbegriffe, in: *Weber, Max*, Gesammelte Aufsätze zur Wissenschaftslehre, 2. Aufl., Tübingen 1951, S. 527-565.

Weinberg, Peter (1992). Euro-Brands. Erlebnisstrategien auf europäischen Konsumgütermärkten, in: Marketing Zeitschrift für Forschung und Praxis, 14. Jg., Nr. 4, S. 257-260.

Welge, Martin K. (1981). The Effective Design of Headquarter-Subsidiary Relationships in German MNCs, in: *Otterbeck, Lars* (ed.). The Management of Headquarters-Subsidiary Relationships in Multinational Corporations, Aldershot 1981, S. 79-106.

Welge, Martin K. (1982). Entscheidungsprozesse in komplexen, international tätigen Unternehmungen, in: ZfB - Zeitschrift für Betriebswirtschaft, 52. Jg., Heft 9, S. 810-833.

Welge, Martin K. (1989). Koordinations- und Steuerungsinstrumente, in: *Macharzina, Klaus / Welge, Martin* (Hrsg.), Handwörterbuch Export und internationale Unternehmung, Stuttgart 1989, Sp. 1182-1191.

Welge, Martin K. (1992). Strategien für den internationalen Wettbewerb zwischen Globalisierung und lokaler Anpassung, in: *Kumar, Brij Nino / Haussmann, Helmut* (Hrsg.), Handbuch der Internationalen Unternehmenstätigkeit, München 1992, S. 569-589.

Welge, Martin K. / Al-Laham, Andreas (1995). Probleme der Implementierung von Wettbewerbsstrategien, in: *Scholz, Christian / Zentes, Joachim* (Hrsg.). Strategisches Euro-Management, Stuttgart 1995, S. 57-71.

Welge, Martin K. / Böttcher, Roland (1991). Globale Strategien und Probleme ihrer Implementierung, in: DBW Die Betriebswirtschaft, 51. Jg., Nr. 4, S. 435-449.

Wernerfelt, Birger (1984). A Resource-based View of the Firm, in: Strategic Management Journal, Vol. 5, S. 171-180.

Wernerfelt, Birger (1995). The Resource-Based View of the Firm: Ten Years After, in: Strategic Management Journal, Vol. 16, S. 171-174.

West, G. Page III (1994). Distinctive Inadequacies and Resource Weakness. Paper presented at the Business Policy and Strategy Division, Annual National Meetings of the Academy of Management, Dallas TX, August 1994.

White, Roderick / Poynter, Thomas A. (1990). Organizing for World-Wide Advantage, in: *Bartlett, Christopher A. / Doz, Yves / Hedlund, Gunnar* (eds.),. Managing the Global Firm, London - New York 1990, S. 95-113.

Wiechmann, Diethard (1991). Sicherheit im Produkt, in: LZ-Journal, Nr. 41 vom 11.10.1991, S. J16.

Wiechmann, Ulrich E. (1976). Marketing Management in Multinational Firms: The Consumer Packaged Industry, New York 1976.

Wiendieck, Gerd (1992). Teamarbeit, in: *Frese, Erich* (Hrsg.), Handwörterbuch der Organisation, 3. Aufl., Stuttgart 1992, Sp. 2375-2384.

Wind, Yoram / Douglas, Susan P. / Perlmutter, Howard V. (1973). Guidelines for Developing International Marketing Strategies, in: Journal of Marketing, Vol. 37, No. 2, S. 14-23.

Winkhaus, Hans-Dietrich (1990). Chancen und Risiken der Konsumgüterindustrie im europäischen Binnenmarkt, in: *Meffert, Heribert / Kirchgeorg, Manfred* (Hrsg.), Marktorientierte Unternehmensführung im Europäischen Binnenmarkt, Stuttgart 1990, S. 53-64.

Wißmeier, Urban Kilian (1992). Strategien im internationalen Marketing, Wiesbaden 1992.

Witte, Eberhard (1992). Entscheidungsprozesse, in: *Frese, Erich* (Hrsg.), Handwörterbuch der Organisation, 3. Aufl., Stuttgart 1992, Sp. 532-565.

Wörner, Herbert / Mollenhauer, Michael / Maier-Rothe, Christian (1992). Bosch-Siemens Hausgeräte: Integration und eigenständige Marken, in: *Arthur D. Little* (Hrsg.), Management der Europa-Strategie, Wiesbaden 1992, S. 216-226.

Woesler-de Panafieu, C. (1988). Vision '92. Der Euro-Verbraucher - sozio-kulturelle Zielgruppen als Basis globalen Marketings, in: *Nürnberger Akademie für Absatzwirtschaft* (Hrsg.). Europa 1992 - Grenzenloser Wettbewerb in einem grenzenlosen Markt?, Nürnberg 1990, S. 53-69.

Wollnik, Michael (1993). Interpretative Ansätze in der Organisationstheorie, in: *Kieser, Alfred* (Hrsg.), Organisationstheorien, Stuttgart 1993, S. 277-295.

Yip, G.S. (1989). Global Strategy... In a World of Nations?, in: Sloan Management Review, Vol. 30; No. 1 (Fall), S. 29-41.

Yuen, Edith C. / Kee, Hui Tak (1993). Headquarters, Host-Culture and Organizational Influences on HRM Policies and Practices, in: Management International Review, Vol. 33, No. 4, S. 361-383.

Zajac, Edward J. (1992). Relating Economic and Behavioral Perspectives in Strategy Research, in: *Shrivastava, Paul / Huff, Anne / Dutton, Jane* (eds.), Advances in Strategic Management, Vol. 8, Greenwich Connecticut 1992, S. 69-96.

Zentes, Joachim (1993). Europäisierungsstrategien des Lebensmittelhandels, in: WiSt, Heft 11, November 1993, S. 564-568.

Aus unserem Programm

Thorsten Bagschik
Gebrauchsüberlassung komplexer Konsumgüter
Eine ökonomische Analyse
1999. XV, 299 Seiten, Broschur DM 108,-/ ÖS 788,-/ SFr 96,-
"Markt- und Unternehmensentwicklung", hrsg. von Prof. Dr. Dr. h. c. Arnold Picot, Prof. Dr. Dr. h. c. Ralf Reichwald, Prof. Dr. Egon Franck
GABLER EDITION WISSENSCHAFT
ISBN 3-8244-6887-5
Die klassische Form der Gebrauchsüberlassung von Produkten, der Verkauf, wird in den verschiedensten Wirtschaftsbereichen zunehmend von alternativen Formen, wie beispielsweise dem Leasing, abgelöst.

Martina Botschen
Marketingorientierung und Unternehmenserfolg
Integration austausch- und beziehungstheoretischer Ansätze
1999. XVI, 152 Seiten, 17 Abb., 28 Tab., Broschur DM 84,-/ ÖS 613,-/ SFr 76,-
DUV Wirtschaftswissenschaft
ISBN 3-8244-0432-X
Die Autorin erläutert den Zusammenhang zwischen Marketingorientierung und Unternehmenserfolg und entwickelt ein psychometrisches Messinstrument, das Einstellungen und Intentionen ermittelt.

Markus Böttcher
Marketing im japanischen Investitionsgüter-Produktgeschäft
1999. XXIII, 366 Seiten, 82 Abb., 21 Tab., Br. DM 118,-/ ÖS 861,-/ SFr 105,-
"Business-to-Business-Marketing", hrsg. von Prof. Dr. Rolf Weiber (schriftf.)
GABLER EDITION WISSENSCHAFT
ISBN 3-8244-6864-6
Der Autor untersucht Strukturspezifika der japanischen Industrie im Markt für Investitionsgüter und diskutiert, in welcher Form sich deutsche Anbieter im japanischen Markt engagieren.

Alexander G. C. Dony
Market Entry Strategies for the PR China
An Empirical Study on the Beer and Softdrink Industry
1999. XXVI, 234 Seiten, 32 Abb., 15 Tab.,
Broschur DM 98,-/ ÖS 715,-/ SFr 89,-
GABLER EDITION WISSENSCHAFT
ISBN 3-8244-6781-X
The author examines market entry behaviour in China on the basis of a structured empirical analysis and discusses the crucial issues of a successful entry strategy.

Kerstin Endres
Individuelles strategisches Handeln im Marketing
1999. XVIII, 236 Seiten, 24 Abb., 21 Tab.,
Broschur DM 98,-/ ÖS 715,-/ SFr 89,-
DUV Wirtschaftswissenschaft
ISBN 3-8244-0438-9
Führungskräfte und Mitarbeiter in Unternehmen werden zunehmend mit komplexen Aufgabenstellungen konfrontiert. Dies gilt vor allem für Marketingexperten. Wie kann ihr Problemlöseverhalten verbessert werden?

Klaus Erlbeck
Kundenorientierte Unternehmensführung
Kundenzufriedenheit und -loyalität
1999. XVI, 219 Seiten, 50 Abb., Broschur DM 89,-/ ÖS 650,-/ SFr 81,-
DUV Wirtschaftswissenschaft
ISBN 3-8244-0415-X
Der Autor zeigt, daß sich Kundenorientierung nur durch eine ganzheitliche Ausrichtung des Unternehmens auf den Kunden erzielen läßt, und diskutiert, wie die verschiedenen Bereiche konsequent kundenbezogen ausgestaltet werden können.

Stephan Gutthal
Chancen und Risiken des Expressgutmarktes
1999. XVII, 219 Seiten, 20 Abb., 42 Tab.,
Broschur DM 89,-/ ÖS 650,-/ SFr 81,-
DUV Wirtschaftswissenschaft
ISBN 3-8244-0443-5
Stephan Gutthal analysiert die Attraktivität des Expressgutmarktes auf der Grundlage einer Primärdatenerhebung bei den wichtigsten Anbietern und Nachfragern und identifziert strategische Gruppen mit den zugehörigen Eintritts- und Mobilitätsbarrieren.

Dieter Köster
Wettbewerb in Netzproduktmärkten
1999. XXI, 224 Seiten, 42 Abb., 7 Tab.,
Broschur DM 98,-/ ÖS 715,-/ SFr 89,-
"Beiträge zur betriebswirtschaftlichen Forschung", hrsg. von
Prof. Dr. Dr. h. c. mult. Horst Albach, Prof. Dr. Sönke Albers,
Prof. Dr. Dr. h. c. Herbert Hax, Prof. Dr. Klaus von Wysocki,
Band 89
ISBN 3-8244-9014-5
Anhand der Strategiebereiche Preiswettbewerb, Wettbewerb der Standards, Innovationswettbewerb und Kapazitätswettbewerb identifiziert der Autor spezifische, die jeweilige Unternehmensstrategie und Marktstruktur beeinflussende Netzeffekte.

MIX
Papier aus verantwortungsvollen Quellen
Paper from responsible sources
FSC® C105338

Printed by Books on Demand, Germany